面向21世纪课程教材
Textbook Series for 21st Century

·"十二五"普通高等教育本科国家级规划教材·
·教育部面向21世纪人力资源管理系列教材·

薪酬管理

（第5版）

Compensation

刘昕 编著

中国人民大学出版社
·北京·

总　序

由中国人民大学人力资源开发与管理研究中心组织全国人力资源管理领域著名专家学者编写的人力资源管理系列教材第五版以全新面貌与读者见面了。

中国人民大学人力资源开发与管理研究中心成立于2000年，聚集了学术界、政府研究机构的专家学者，致力于我国人力资源开发与管理研究。中心自成立以来，除了组织编写本系列教材之外，还翻译了我国第一套人力资源管理译丛。

改革开放以来，中国经济的高速增长为世人所瞩目。究其原因，学者们的共识是，成就主要源于两个因素：一是体制改革所造就的制度创新和激励机制；二是改革对生产要素，特别是劳动力要素的解放。改革使大量人力资源摆脱了旧体制的束缚，以各种方式投身于经济建设，使我国人力资源的优势得到充分发挥。正因为如此，在传统体制下从来没有被认为是一门科学的人力资源管理，在改革开放后特别是20世纪90年代以来，得到了企事业单位的高度关注。如何确定组织的人力资源战略、做好组织的人力资源规划，如何招聘、留住、开发以及激励组织需要的各类人才，如何把握好职位分析、绩效管理、薪酬管理等人力资源管理中的关键环节，如何建设良好的组织文化，已经成为企事业各级领导考虑的最重要的问题。随着移动互联网的发展、全球化步伐的进一步加快、人工智能等最新科学技术的发展以及90后开始大量进入职场，各种组织的人力资源管理面临诸多新的挑战，很多组织的人员数量增长可能会逐渐停止甚至下降，但对员工的质量要求却大大提升，这就对组织的人力资源管理水平提出了更高的要求。

从我国改革开放30多年的历程中可以清楚地看到，人力资源的确是推动中国经济发展的最重要资源，堪称"第一资源"。更为重要的是，如今，我国自然资源的人均占有量与世界相比并不占优势，国民财富生产中自然资源消耗水平已经很高，可以毫不夸张地说，我国经济与社会实现可持续发展的唯一出路在于进一步发挥人力资源的优势。需要指出的是，发挥人力资源优势并不像有些人所想象的，只是靠廉价的人工成本去竞争。世界各国发展的经验已经证明，人工成本必然会随着经济发展水平而不断提高。一个国家的人力资源优势主要体现在两个方面：一是人力资源的教育素质，它体现为潜在的生产力；二是对已经实现就业的人力资源的管理水平，它体现为对人力资源的开发利用程度。我国的教育，特别是基础教育，在世界上是有竞争力的，培养了一支高素质的劳动力队伍。而我国的管理水平，尤其是人力资源管理水平，与世界发达国家相比差距仍然较大。因此，提高我国企事业单位以及政府机构的人力资源管理水平是发挥我国人力资源优势的当务之急。近几十年来，我国几代领导人都强调人才对于国家发展的重要作用，人才是第一资源日益得到广泛的认同，国家领导人一再强调的人才强国战略更是将人力资源和人才问题提升到整个国家战略的高度。

为了提高我国人力资源管理水平，我们通过翻译教材与专著、邀请外国专家讲学等方法，努力将发达国家在人力资源管理方面的先进理念和经验介绍到国内。但是，人力资源管理是管理学诸学科中受到一个国家文化传统影响最大的领域，对人的管理必然受到社会价值观念、法律制度、人文传统等方面的影响，因此，仅仅依靠舶来品是不能真正解决自身问题的。

中国的管理学经过30多年的恢复和成长，已经到了建立具有自身特色的符合中国文化的管理理论的时候。鉴于管理学的文化根基特征，可以说，建立中国特色管理理论的关键在于建立具有中国特色的人力资源管理理论。

总而言之，无论是提高我国人力资源管理水平，还是建立具有中国特色的管理理论体系，都需要培养大批具有先进管理理念、掌握科学管理方法的人力资源管理专业人才。近年来，社会对人力资源管理专业人才的需求一直名列高校毕业生需求榜的前列。旺盛的需求同样导致供给的增加。据统计，自1993年中国人民大学在我国开设第一个人力资源管理本科专业以来，到目前为止，全国已经有500多所高校开设了人力资源管理本科专业，人力资源方向的硕士和博士培养也已经上规模。尤为可喜的是，不仅面向私营部门的人力资源管理专业人才培养日渐成熟，面向公共部门的人力资源管理专业人才培养也已经在很多高校中渐成规模，并且对公共部门人力资源管理水平的提高发挥了积极的作用。从2001年开始出版的本系列教材的第一版，到目前为止已完成了四次全面的再版修订工作，本套教材对于满足我国各高校人力资源管理专业的教学需要起到了非常积极的作用，得到广大教师和学生的一致好评。

优秀的教材必须随着社会经济的发展与教学改革的深化而不断完善。我们根据作者的教学体会和使用的教师对本系列教材第四版的反馈，组织了这次重新修订工作。本系列教材从一开始起步阶段，就在编写中把握了以下三个重要原则：第一，优选教材作者。本系列教材的作者不拘泥于一个学校，而是从我国各著名高校中最早从事人力资源管理教学与研究的著名学者中遴选，每位作者必须是在人力资源管理的相关领域或模块中的真正专家。同时要求这些学者必须亲自主笔，以保证教材的质量。第二，优化教材体系。本系列教材包括《人力资源管理概论》《人力资源战略与规划》《组织行为学》《工作分析的方法与技术》《人力资源战略与规划》《培训与开发》《战略性绩效管理》《薪酬管理》《劳动经济学》《劳动关系》等，既可以满足人力资源管理专业的学生系统学习人力资源管理知识的需要，也可以为非人力资源管理专业的管理类学生根据需要选用。第三，重视本国案例的运用。最近几十年来，随着我国市场经济的长足发展以及企业人力资源管理水平的不断提高，涌现出大量有价值的本土化人力资源管理案例。因此，在修订时，我们特别强调多运用中国改革开放以来的案例，以帮助学生更好地理解和掌握相关理论与方法。

尽管已经付出了很大努力，我们仍然清楚地认识到，这套教材还存在许多可以不断完善和修改的地方。我们真诚地希望广大读者不吝赐教，提出修改意见和建议，使之日臻完善，以更快地推动我国人力资源管理水平的提高。

董克用
中国人民大学人力资源开发与管理研究中心

前言

在整个人力资源管理体系中，恐怕没有哪一种职能会像薪酬管理这样总是如此令人注目，因为对于任何一家企业来说，无论有多少吸引、留住和激励员工的手段，薪酬恐怕都是其中最根本的一种。而对于绝大多数员工来说，无论从事某种工作的原因有多少，获得报酬恐怕都是其中最重要的一个。极端地说，一家企业可以没有职位分析，没有科学的规划和招募甄选，没有培训和开发，甚至可以没有绩效管理，但却不可以没有薪酬管理。

当然，现代意义上的薪酬管理绝不能脱离组织的战略和人力资源管理体系而单独存在。薪酬管理的复杂性表现在它不仅涉及薪酬支付的成本有效性以及组织的财务承受能力（经济学），而且涉及企业通过支付的薪酬对员工产生的激励力度和方向是否恰当，能否吸引和留住人才（管理学），同时还涉及给员工带来的公平感、成就感、归属感等心理感受（心理学）。最后，它还涉及一家企业支付的薪酬水平以及薪酬支付方式是否合法合规（法学）。此外，必须承认的一个事实是，移动互联网的发展给企业的薪酬管理带来更大的挑战，薪酬保密越来越不可能，企业必须有能力在一个开放、透明和分享的时代做好自己的薪酬管理工作。

作者自 1987 年考入中国人民大学劳动人事学院学习劳动经济学专业开始，就正式接触到了人力资源管理以及工资收入分配等方面的问题，在多年的学习和工作生涯中，一个长期萦绕在我脑海里的问题就是：对人进行管理和激励的最基本的规律是什么？有人说金钱很重要，“有钱能使鬼推磨”；有人说考核很重要，考核什么才能得到什么；有人说文化很重要，文化决定人的行为和绩效；又有人说，感情很重要，重视情感管理才能促使员工产生高绩效……这些说法尽管都有自己的道理，但都有些片面。实际上，薪酬管理乃至整个人力资源管理在本质上都涉及一个最根本的问题，这就是人性的问题。

说到人性，很多人会觉得是老生常谈，其实不然。中国自古便有人性本善和人性本恶之争，而在西方，也存在理性人或经济人假设、社会人假设以及复杂人假设等各种人性假设，最终似乎并无定论。而在现实中，很多企业经营者会发现，按 X 理论的思想去搞管理会有问题，按 Y 理论的思想去搞管理同样会有问题，于是很多人变得有些不知所措。

西方经济学和管理学的一个最基本的假设——理性人假设，即人性自私假设，曾在相当长一段时间内遭到国内学者的批判。但这很可能是出于一种误解，因为理性人假设中所谓的“自私”并不是指损人利己、损公肥私以及小气、喜欢占便宜等道德层面的不良特征，只不过强调人都在乎自己的利益，这就是所谓的“趋利避害”。

一方面，不同的人对利益的解释各不相同，用经济学的语言来说，只要是能够给一个人带来效用或满足的东西对其而言都属于利益。比如，很多有宗教信仰的人会把个人的部分甚至全部财产捐赠给教会或者寺庙，还有一些人会牺牲个人的金钱或物质利益去无私地帮助别人，当然他们在做这些事情的时候能够从中得到快乐甚至得到心灵上的安慰，对他们而言便属于利益。另一方面，每个人对自己利益的追求并不是坏事，正如亚当·斯密在《国富论》中早已阐明，没有人性的自私，社会便会失去发展和进步的动力。追求个人的利益并不一定是干坏事，关键要看制度对人性产生了怎样的引导。从本质上来说，人们更愿意用一种符合社会道德规范的、与组织规则相适应的，同时也是正大光明的、体面的方式来获得自己的利益。

因此，一个希望健康发展的组织（社会和国家也是如此）需要满足的一个最根本要求就是：设计出一种能够让人们体面、心安理得甚至有成就感和自豪感地获得利益的机制。这种机制的存在是一切长期有效激励的基础，一个组织只有达到这个基础性要求，才有可能引导员工尽心尽力地工作，承担起组织使命，实现组织战略，达成组织的各项经营目标。同时，也只有形成这样一种机制，一个组织才有可能塑造出真正的高绩效文化，对员工产生长久的激励。相反，如果一个组织不能提供这样的机制，那么人们恐怕只有两种选择：一是离开；二是用对组织不利的方式来牟取自己的利益，比如消极怠工、侵吞组织资财或贪污腐败等。因此，只有深刻理解人性的这种特点，才能知道如何通过制度设计来正确地引导（而不是改变或改造）人性，从而获得组织需要的行为、态度和绩效。事实上，薪酬管理乃至整个人力资源管理的精髓就在于此：了解员工对哪些利益（薪酬福利、晋升、个人发展、认可与尊重、成就感、自由等）有需求，然后建立一种机制，用组织的资源提供这些利益，去交换员工的工作时间、努力以及忠诚，从而帮助组织实现目标。

值得一提的是，薪酬管理的理论和实践并非仅适用于组织，在日常生活中我们也经常会遇到一些需要运用这方面原理的情形。作者在哈佛大学访问期间，曾经对在美国上小学三年级的女儿实行过有意思的“绩效奖励”计划，从中感受到了绩效奖励计划的优点，同时也发现了绩效奖励计划可能存在的一些问题。此外，对薪酬和福利各自优势的理解，有助于我们更加了解如何在结婚成家以后让自己的父母更加开心。总之，薪酬管理（以及人力资源管理）的很多基本原理和方法不仅可以帮助企业更好地处理组织和员工之间的关系，也能帮助我们更好地处理很多家庭关系。

作者从 1999 年开始在中国人民大学劳动人事学院为本科生开设“薪酬管理”这门课程，此后又分别面向各类学生、企业中高层管理人员以及人力资源经理讲授这门课程，在 2004 年还成为总报酬协会（WAW）在中国的首位签约认证专家，用其提供的标准教材在国内讲授 IMHR 课程，这使得作者有机会不断形成和整理关于薪酬和薪酬管理的思想体系以及相关技术和工具。加入总报酬协会之后，作者利用该协会发布的大量研究成果和工具方法进一步夯实了自己在薪酬管理理论和实践方面的基础。此外，自 1995 年赴华为主持设计销售办事处主任年薪制方案开始，二十多年来，作者一直在同各类企事业单位接触，有更多的机会了解薪酬管理实践一线的诸多疑问、企业经验以及大量活生生的案例。帮助中央电视台《新闻调查》节目设计的栏目组绩效奖励方案以及帮助中国建设银行设计的二级分行行长年薪制方案等都取得了很好的实践效果，这些经历大大丰富了作者对薪酬问题的理解。最近几年，通过参加国家人力资源和社会保障部资助的关于公务员工资和企业相当人员工资比较的课题，作者对薪酬管理的重要性及其复杂性有了更为深刻的认识。

在第5版中，作者更正了上一版存在的瑕疵，根据读者尤其是全国各地高校老师的反馈做了多处更新和完善。第5版最大的变化表现在以下几个方面：第一，对本书统领性的前两章内容进行了重新整理和完善，对薪酬和薪酬管理的总体内容做了更为清晰的讲述，使教材开篇第1章的逻辑更加清晰，重点更加突出，内容更为精练实用。在第2章中，对总报酬体系做了更新，详细讲述了三个总报酬模型的发展变化情况及其含义。第二，精心编写和整理了谷歌的薪酬管理、万科的事业合伙人制度、梅奥诊所医生的独特薪酬体系等最新的案例，力图反映薪酬福利领域出现的最新变化及其发展趋势。第三，将雾霾补贴、护士打麻将被扣奖金、互赠假期福利、苹果专卖店员工的薪酬等鲜活的案例纳入小专栏，使教材的可读性更强。同时调整了一些案例和小专栏的位置，以便与正文的内容更好地匹配。第四，根据最新的发展变化对我国上市公司股权激励以及员工持股计划等内容做了全面的更新，特别关注了创业型企业的虚拟股权激励问题。

在本书第一版的编写以及后面四版的修订过程中，一些研究生给我提供了很多帮助，他们是修琳、张珂、林南山、曹铁、何育明、许锡艳等。在这里对他们付出的辛勤劳动表示感谢。

自本书第一版出版以来，作者收到很多学生、教师以及企业界朋友的电子邮件和电话，他们或者指出本书早期版本中存在的问题或模糊不清的地方，或者提供很好的修订和改进建议，从而帮助作者通过不断的修订使本书的内容更加准确、全面，更容易理解。在这里，作者对广大读者对本书的关注和厚爱表示衷心的感谢，同时希望大家能一如既往地提供好的意见和建议。我的电子邮件地址：lxin@ruc.edu.cn，通信地址：中国人民大学公共管理学院组织与人力资源研究所，邮政编码：100872，办公室电话：010－62519357。

刘　昕

目　录

第 1 章　薪酬与薪酬管理基础 …… 001

引　例　谷歌公司的薪酬管理 …… 001

第 1 节　薪酬概论 …… 005

第 2 节　薪酬管理概论 …… 022

案例与讨论　东航云南分公司飞行员的“集体返航”事件 …… 034

第 2 章　战略性薪酬管理 …… 037

引　例　海底捞的秘密武器 …… 037

第 1 节　战略性薪酬管理与总报酬体系 …… 040

第 2 节　薪酬战略与企业战略及生命周期 …… 060

第 3 节　薪酬管理与组织文化 …… 065

案例与讨论　华为公司的薪酬战略与薪酬管理 …… 070

第 3 章　职位评价与职位等级设计 …… 076

引　例　A 公司薪酬福利管理制度 …… 076

第 1 节　职位薪酬体系及其职位分析基础 …… 080

第 2 节　职位评价 …… 087

案例与讨论　M 电信集团公司的薪酬体系 …… 116

第 4 章　薪酬水平决策 …… 120

引　例　用“薪”关爱员工的胖东来 …… 120

第 1 节　薪酬水平及其外部竞争性决策 …… 122

第 2 节　薪酬水平决策的主要影响因素 …… 129

第 3 节　市场薪酬调查 …… 137

案例与讨论　公务员的薪酬水平低吗？ …… 154

第 5 章　薪酬结构设计 …… 156

引　例　美国联邦政府通用薪酬标准表 …… 156

第 1 节　薪酬结构的原理及其设计 …… 157

第 2 节　薪酬宽带 …… 174
案例与讨论　M 电信集团 H 省公司薪酬体系实施细则 …… 185

第 6 章　技能及能力薪酬体系 …… 188
引　例　印刷企业的生产岗位及技能等级 …… 188
第 1 节　技能薪酬体系 …… 189
第 2 节　能力薪酬体系 …… 211
案例与讨论　一线技术工人薪酬高于应届毕业生? …… 221

第 7 章　绩效奖励 …… 223
引　例　证券分析师的薪酬难题 …… 223
第 1 节　绩效奖励的基本原理 …… 225
第 2 节　绩效奖励的种类 …… 233
第 3 节　特殊绩效认可计划 …… 275
案例与讨论　皇家威士忌公司促销员的薪酬管理难题 …… 282

第 8 章　员工福利管理 …… 287
引　例　祥鹏航空公司员工可互赠假期 …… 287
第 1 节　员工福利概论 …… 288
第 2 节　员工福利的种类 …… 296
第 3 节　员工福利的规划与管理 …… 307
案例与讨论　雾霾补贴 …… 313

第 9 章　特殊员工群体薪酬 …… 315
引　例　万科的事业合伙人制度 …… 315
第 1 节　销售人员的薪酬管理 …… 319
第 2 节　专业技术人员的薪酬管理 …… 334
第 3 节　外派员工的薪酬管理 …… 341
第 4 节　管理人员的薪酬管理 …… 345
案例与讨论　证券公司的员工薪酬 …… 355

第 10 章　薪酬预算、控制与沟通 …… 357
引　例　亚马逊试行每周 30 小时工作制 …… 357
第 1 节　薪酬预算 …… 358
第 2 节　薪酬控制 …… 367
第 3 节　薪酬沟通 …… 382
案例与讨论　三菱银行薪酬整合触雷 …… 390

第1章
薪酬与薪酬管理基础

学习目的

读完本章之后，你应当能够：

1. 理解薪酬的多元化视角
2. 了解薪酬的简要发展历史
3. 掌握工资、薪酬、总薪酬以及报酬的内涵与外延
4. 理解报酬的相关结论及其对组织人力资源管理的启示
5. 熟悉薪酬管理的主要内容、政策及公平性要求
6. 说明薪酬管理与人力资源管理其他职能之间的关系

引例

谷歌公司的薪酬管理

谷歌是由拉里·佩奇（Larry Page）和谢尔盖·布林（Sergey Brin）于1998年共同创建的一家大型跨国科技公司，主要提供互联网搜索、云计算、广告技术等大量互联网产品和服务。2004年8月19日，谷歌公司在纳斯达克上市。谷歌的使命是整合全球信息，使人人皆可访问并从中受益，其行为准则是“拒绝邪恶的事物”（No evil）。到2016年为止，谷歌已经在《财富》杂志公布的美国最佳雇主百强榜上七次蝉联榜首。

像谷歌这样的技术型公司特别依赖信息技术人力资本，因此，谷歌公司多年来一直保持着在薪酬和福利方面的领导地位，在必要时会采取果断的行动来确保自己能够吸引、激励和留住最优秀的人才。正如谷歌公司前首席执行官（CEO）拉斯洛·博克（Laszlo Bock）所言，“如何安排员工的薪酬，如何保证公平并与我们公司的价值观保持一致，在谷歌一直是一个很严肃的问题。事实上，作为管理层，薪酬问题是除招聘问题之外我们在所有人力资源问题中思考用时最多的”。

上市之前，谷歌的薪酬水平并不高，由于公司所在地圣克拉拉和圣马特奥是全美消费水平最高的地区之一，所以全公司的平均薪酬低于当地中等收入家庭的8.7万美元。当时，几乎所有的新员工进公司时拿到的薪酬都比原来的公司低，但公司将这一点作为甄选新员工的标准，他们认为，只有敢于冒险的企业家型人才能接受这种幅度达2万、5万甚至10万美元的降薪。当

然，当时公司为新员工提供了与降薪幅度对等的优先认股权（谷歌上市后的股票价值使这些员工当年接受的降薪得到1 000倍的回报）。

然而，低薪加首次公开募股（IPO）股权承诺的薪酬分配方式对于最优秀人才的吸引力不会一直存在下去。2005年布林就指出，当谷歌只有几百人的时候，股权是一个非常大的激励因素，因为所有人都能拿到足够多的股权，而且有机会赚很多的钱。但是在公司人数多了之后，这种激励的效果就不那么明显了，股权分配之后被摊得太薄。此外，当一家公司从成长阶段转向成熟阶段，发展速度继而股票价格的增速都会放缓，员工从股票期权中能够获得的收益也会随之下降。事实上，2009年，由于谷歌公司的股价大幅下跌，极大地降低了员工持有的股票期权的价值，谷歌不得不实施一项股票期权交换计划，对764万股期权重新定价，允许员工将自己原来的股票期权替换为一种新的股票期权。谷歌全体20 200名员工中，有15 642名员工利用这次机会替换了原有的期权，行权价格从原来的522美元调整为308.57美元，这样，员工更有可能从未来的股价上涨中获利。仅此一项，谷歌的支出就高达约20亿美元。

不仅如此，2011年，许多公司都在冻结加薪或仅提供2%左右的加薪，谷歌公司却宣布要给全体员工加薪10%，此举被认为部分是为了应对Facebook和其他一些公司与自己进行的人才争夺。据估计，谷歌此次的加薪成本高达4亿美元。公司的一份内部文件显示，这些成本将通过削减股票分红以及员工优先认股权来部分抵消。因此，在谷歌的报酬结构中，现金薪酬部分变得更加重要，甚至超过股权激励。

在美国人才招募网站Glassdoor.com发布的2015年美国薪酬水平最高的25家公司中，谷歌排名第五（其他几家基本都是咨询公司），其员工平均总薪酬达到15.4万美元，平均固定薪酬达到12.3万美元，苹果公司未能进入该榜单。谷歌公司的软件工程师在硅谷的薪酬水平是最高的，超过了Facebook公司、苹果公司、易趣公司等。据说，谷歌公司手里有一份不长的名单，上面列出了谷歌会设法阻止员工加入的公司（据说包括Facebook公司、Twitter公司以及Square公司）。为了留住员工，任何被这三家公司中的一家录取的员工都将获得更大的加薪幅度或反要约。

谷歌还制定了很多单项奖励计划，比如，为了给Chrome 12浏览器查找漏洞，谷歌向相关研究人员支付了9 970美元的奖金。奖金额位居榜首的一位研究人员因发现一处“高危”漏洞而得到3 133美元的奖金，还有几位研究人员分别获得2 000美元、1 370美元、1 000美元和500美元的奖金。

当然，谷歌公司的福利长期以来也同样被大家津津乐道。公司为员工提供免费且豪华的早、中、晚餐，咖啡厅和果汁酒吧分散在整个园区。公司还为往返旧金山和公司办公地点的员工提供带有wifi服务的免费班车和渡轮服务。巧克力、懒人球（一种开会用的球状坐椅）以及巨型积木随处可见，使这里更像是托儿所。公司还提供健身中心、理发、按摩、医疗服务以及各种高科技清洗服务。第一次做爸爸的员工将享有12周带薪休假，新晋妈妈则可获得18周带薪休假，并且在这段时间里员工依然可以享受股权授予以及奖金。2013年初，谷歌推出了一项新福利：如果员工不幸去世，其配偶在未来10年中将享受去世员工的半数薪酬，同时他们的未成年子女每月可以收到1 000美元的生活费直至19周岁。除此之外，配偶还能获得去世员工的股权。

然而，谷歌并不希望员工因为获得高薪而失去奋斗的动力，而是希望员工能够求知若渴、保持雄心，从而创造更大的影响力。为此，公司一方面不断调整外部激励因素，另一方面注意创造合适的环境，确保内在激励因素（公司使命、对透明度的关注、员工对公司运转的话语权、在自由探索中经历失败并学习、有助于协作的物理空间）能够继续保持。在这方面，谷歌坚持以下四条重要原则：

第一，薪酬水平应该拉开差距。谷歌认为，同级别岗位上的员工薪酬水平相差不到 20% 并不叫公平，只有薪酬与贡献相匹配才能算得上公平。在一个组织中，员工的绩效并不是服从正态分布，而是服从一种幂分布。换言之，绩效优秀者对组织做出的贡献远远超过绝大多数绩效一般者，他们可以拉动的平均数远高于中位数，因此他们得到的薪酬应当与一般员工形成巨大的差异。在谷歌，两个做相同工作的人由于产生的影响不同，得到的奖金可能相差百倍。几乎每个级别上的薪酬差异都很容易达到 300%～500%。同样，尽管谷歌认为大多数与自己规模相当的科技公司不再向全体员工提供实实在在的配股是不对的，但股权分配要看工作表现。曾经发生过这样一件事，在相同领域工作的两位谷歌员工最终得到的股权却是 1 万美元和 100 万美元。当然，要想施行这种极端的奖励政策，谷歌认为企业必须具备两种能力：一是必须准确评估员工个人和环境等因素对绩效产生的影响，这样才能在不超预算的情况下让大家接受巨大的薪酬差异，同时让优秀员工有留下来的理由，所有员工有追求更远大目标的动力；二是公司中必须有能够充分理解奖励体系的管理者，从而确保这种极端的分配方式能够达到结果公平和程序公平的要求，同时还能向大家解释为什么有人得到的奖励可以如此之高。

第二，不恰当的金钱激励反而让大家更不开心。谷歌在上市三个月后第一次颁发创始人奖（Founders' Awards），两个团队获得了以谷歌股票单位（GSU）形式颁发的价值 1 200 万美元的奖励，之后一年又向 11 个团队颁发了价值超过 4 500 万美元的奖励。但问题接踵而来。一是获得这种奖励的大部分是工程师和产品经理，同样做出非凡成绩的非技术人员感到不受重视。二是由于产品之间存在很大差异，所以技术人员也认为这个奖很难拿到，觉得奖励是公司为几个核心产品团队预留的。那些本来也可以获奖，但却被一刀切下来的人更是不满。三是获奖者也不开心，原本以为自己能得到 100 万美元的获奖者最后发现并非如此，因为这个奖项的下限只有 5 000美元。此外，那些最优秀的、最富有创造力和洞察力的技术人员由于意识到自己不可能通过同样的产品两次获得这种奖励，所以他们倾向于获奖后立即转移到新的产品领域，而不是在原有的工作领域继续创新。最终，谷歌发现，这种无意中让大家变得“以金钱为荣”的奖励让所有人都不开心。于是，谷歌逐渐把这个奖项改为每年一次，隔年一次，一直到很久都不再颁发。

不仅如此，谷歌还开始探索从金钱奖励转变为体验奖励。尽管谷歌在员工调查中发现，大家更倾向于获得现金奖励，认为现金比体验的实际意义更大，但谷歌决定开始做实验，对照组中的员工继续获得现金奖励，而实验组的员工则得到旅行、团队活动以及与现金价值相当的礼品等奖励，把原来的股票奖励转变为送获奖团队去夏威夷度假，小额金钱奖励变成健康疗养中心休闲活动、团队美食或赠送家用谷歌电视。结果令人震惊，尽管员工之前说更倾向于现金奖金，但实验组认为自己得到的奖励更有趣、更令人难忘、更细心周到，而且，他们获得的喜悦要比获得现金奖励的人持续时间更长。五个月之后，获得现金奖励的员工的开心程度下降了 25%，实验组员工的开心程度反而比获奖时还要高。也就是说，金钱带来的喜悦转瞬即逝，体验奖励带来的美好记忆却永远留在员工的脑海中。

正因为如此，谷歌更加强调提升员工的体验，而不是仅仅关注金钱。公司公开进行体验奖励，私下给予差异化奖金和股权激励，这样的结果是，员工变得比以前更开心了。

第三，请员工参与奖励工作。谷歌设计了一个方便员工赞扬其他同事的简单好用的工具 gThanks。员工只要输入想要赞扬的某个人的名字，再输入消息就可以公开表示对那位员工的赞扬，这让点赞者和被赞扬者都很开心。与之配套的还有同事奖金，即向那些做出突出贡献的同事颁发的奖金。在谷歌，任何一位员工都可以给其他员工提供上限为 175 美元的现金奖励，而且不需要任何管理层监督或签字授权。在十多年的时间里，公司中几乎没有发生过私下交易以及滥用同事奖金体系的情况，即使偶尔发生错误使用的情形，也是由员工自己维持这个体系的秩序。这种允许员工相互之间奖励的做法，营造了一种互相认可和相互服务的文化氛围，提醒员工们应该像主人翁一样思考问题。

第四，对失败也应当提供奖励。谷歌认为，尽管激励因素和目标很重要，但经过精心筹划的冒险之举也值得奖励，否则，员工都不愿意冒险了。谷歌曾经有一个项目遭遇重大失败，但公司依然给大家发了奖金，虽然奖金数额不太多，也很难达到大家原来的期望。谷歌希望通过这样的做法确保那些承担巨大风险的员工不用受到惩罚，这对于培育冒险的文化至关重要。

然而，谷歌的薪酬管理并非一帆风顺。2015 年 7 月，谷歌前员工艾瑞卡·贝克尔（Erica Baker）在推特上讲述了自己曝光谷歌内部员工薪酬不平等事件的始末。据说，她和几位谷歌同事在一个周日突然聊起了薪酬问题，然后他们突发奇想地设计了一个电子表格，将自己的薪酬填到表格中，并将其上传到谷歌内部的社交平台，结果这份电子表格以极快的速度传遍谷歌，员工们纷纷开始晒自己的薪酬。艾瑞卡在推特账号上暗示谷歌内部存在薪酬不平等问题，通过对电子表格中的信息加以整理她还发现，这种薪酬不平等现象与员工的性别和种族有很大的相关性。据称大约有 5%的员工填写了那份电子表格，许多人基于相关数据要求管理层提供更公平的薪酬。很多同事还因此给艾瑞卡颁发“同事奖金”。但谷歌公司对此感到很不愉快。艾瑞卡没有领到“同事奖金”，最终从谷歌离职，在离开前她还坚称自己曝光薪酬的行为将造福很多人。

2017 年伊始爆出的关于谷歌的一大新闻就是，由于领导层变化、战略犹豫不决以及竞争对手不断挖墙脚等原因，曾经志在千里的谷歌汽车项目逐渐冷清，过去一年离职人员骤增。有意思的是，导致大批人员离职的一个重要原因竟然是谷歌给他们发的薪酬实在太多了！据说，2010 年加入谷歌汽车团队的最早一批员工享有一种将薪酬与项目绩效挂钩的不同寻常的薪酬制度，除现金薪酬之外，这些员工还获得了奖金和股权。几年之后，这些奖励的价值很快倍增（据说有人拥有的奖金和股权价值在四年内增长了 16 倍），并可以部分或全部兑现。到 2015 年底，几位老项目成员的薪酬已经很高，这使他们不再需要就业保障，因而对外部其他机会变得更加开放，不少人选择了离职创业。2016 年 12 月，原谷歌汽车项目变成一家名为 Waymo 的独立企业，原来的不切实际的旧薪酬制度被更加统一的薪酬结构取代，所有员工在新制度下一律平等。但这也招致一些分析师的质疑，即谷歌是不是打算用这种方式来削减关键人才。

此外，2017 年 1 月，谷歌因在美国劳工部的一次反歧视审查中拒绝上交员工薪酬数据而遭到起诉。近些年，美国劳工部加大了对硅谷科技企业存在的歧视情况的执法力度。硅谷目前的大部分员工都是白人和亚裔男性，黑人、拉丁裔和女性员工数量非常少。一些大型公司公开承诺将聘用更多的女性和少数族裔员工，但实际进展却非常缓慢。作为一家联邦政府合同承包商，企业禁止对员工的种族、肤色、宗教、性别、性取向、性别认同、民族和身体缺陷等实施歧视。美国劳工部下属的联邦政府合同合规办公室（Office of Federal Contract Compliance Programs，OFCCP）对谷歌的就业机会均等计划进行了例行审查，谷歌以不愿交出员工私人信息为由拒绝提交薪酬数据和其他信息。美国劳工部要求谷歌履行作为联邦政府合同承包商的义务，否则有可能取消该公司已经与政府签订的合同，并禁止它日后获得政府合同。

资料来源：1. 拉斯洛·博克．重新定义团队：谷歌如何工作．北京：中信出版集团，2015.

2. 谷歌公司官网：http：//www. google. com.

3. Kristen V. Brown. What happens when Googlers share their salaries. ［2015－07－29］. http：//fusion. net/story/174299/salary-sharing-at-google/amp/.

4. 其他网站.

第 1 节　薪酬概论

一、薪酬的多元化视角及其发展简史

（一）薪酬的多元化视角

自从人类从农业社会进入工业社会，与之相伴随的雇佣关系成为一种普遍现象，薪酬就成了一种影响千家万户、企业等各种组织以及整个社会的一个重要事物。劳动者之所以愿意将自己的劳动（包括时间、技能等）贡献给一个组织或一位雇主，很重要的原因是他们期望获得与个人劳动价值相符的经济回报或经济报酬，这种回报最主要的体现形式就是薪酬。因此，薪酬天然地与劳动者和企业有关，此外，薪酬还与政府有关。当我们从员工、企业和社会三个不同角度来审视薪酬时，会看到它们的关注点存在差异，甚至彼此之间存在利益上的矛盾。

1. 员工的薪酬视角

借鉴马斯洛的需要层次理论，我们很容易看出，员工对薪酬会产生以下几个不同层次的需要，这些方面的需要反过来也能够说明薪酬对员工产生的影响。

其一，生存和稳定的需要。毫无疑问，对于绝大多数劳动者个人及其家庭来说，薪酬是一种重要的甚至是唯一的收入来源，它对于劳动者及其家庭的日常生活和正常运转所起到的保障作用是其他任何手段都无法替代的。一方面，薪酬对劳动者的保障作用并不仅仅体现在满足衣食住行等方面的基本生存需要，同时还要能够满足员工在娱乐、子女教育、自我开发等方面的需要。另一方面，薪酬不仅要满足劳动者及其家庭当前的生活和发展需要，还要能够满足劳动者退休之后或者是在疾病、失业等未知风险情况下的基本需要。总之，薪酬对员工及其家庭的生存状态、生活方式以及生活质量等都有极大的影响，而员工总是期待自己的薪酬水平能够不断提高，同时保持足够的稳定性。

其二，地位和尊重的需要。对于员工来说，薪酬具有重要的信号传递功能。这是因为，在现代社会中，由于人们在企业之间甚至地区之间频繁流动，因此在相对固化的传统社会中用来确定一个人的社会地位的那些信号，如年龄、出身、家族势力等逐渐衰弱，而薪酬作为流动社会中一种重要的很容易辨认和对比的市场信号，能够在相当程度上代表一个人的生活层次和社会地位。人们可以根据一个人的薪酬水平来判断其家庭、朋友、职业、受教育程度、生活状况等情况。在一个组织内部，员工的相对薪酬水平高低往往也代表了员工在组织内部的地位和层次，代表了组织对个人的能力和工作价值的肯定。因此，员工对薪酬的关注实际上反映了员工对自身在社会以及组织内部的地位和价值的关注，反映了他们渴望得到尊重的需要。毫无疑问，员工在与社会上以及组织中的其他人员相比时，总是期望自己的薪酬更高一些。

其三，公平公正的需要。很显然，对公平公正的需要是人类的天性（甚至也是动物的需要，请参见小专栏 1－1），这种需要在经济领域很多时候体现得比在政治和社会领域更为突出，这是因为金钱更容易进行客观的衡量和相互比较。正如我们在后面的章节中将会谈到的，员工对薪酬公平的需要主要体现在与社会上同类人之间的薪酬比较、与组织内部其他职位上的员工以及同类职位上绩效不同的其他员工之间的比较，还体现在对薪酬管理过程公平性的要求等方面。公平理论告诉我们，员工会将个人的投入产出之比与其他人进行比较，一旦他们觉得自己得到的薪酬不公平，就很可能会采取很多后续行动，比如争取薪酬的增加、降低努力程度、离职或者是破坏企业财物等。

其四，自我实现的需要。在马斯洛的需要层次理论中，自我实现强调的是一个人对自己的天赋和潜力等进行充分的开发和利用而产生的自我满足感。因此，从理论上来说，再高水平的薪酬本身也不能与自我实现画等号。但从某种意义上来说，当一个人通过不断挖掘自身潜力在组织中获得理想的晋升，薪酬水平随之不断上涨时，当一个人竭尽全力通过达成更高的绩效水平得到高额绩效奖励时，薪酬往往成为一个人的潜力得到发挥的信号，在一定程度上能够满足员工的自我实现需要。此外，高水平的薪酬还能够让员工进入一种更为自由的生存状态，不会为了生存而选择职业或工作，相反，他们有能力去选择更适合自己的工作和更有意义的事情，更充分地达到自我实现的境界。

最后，正如对马斯洛的需要层次理论所做的不断修补一样，总的来说，员工在薪酬方面的低层次需要得到满足以后，通常会产生更高层次的需要，但是，也不能认为必须先满足员工在薪酬方面的初级需要，然后才会顺序产生高级需要。事实上，员工的薪酬需要往往是多层次并存的，因此，企业必须注意同时满足员工对薪酬多个不同层次的需要。

小专栏 1-1

美国埃默里大学（Emory University）的研究者做了一个有趣的实验，专门考察卷尾猴对不公平的报酬会做出何种反应。研究者有意让一些猴子用捡到的鹅卵石交换甜葡萄，而让另一些猴子用鹅卵石交换黄瓜片。实验发现，如果一只猴子用鹅卵石换到的是黄瓜片，那么当它看到自己旁边的猴子能用鹅卵石换来甜葡萄时，它就会摔掉鹅卵石，或者是拒绝吃黄瓜片。因此，从道德的意义上来说，即使是较低级的灵长类动物也会要求在薪酬方面得到公平对待。

资料来源：Nicholas Wade. Play fair：your life may depend on it. The New York Times，September 12，2003.

2. 企业的薪酬视角

企业对薪酬的看法与员工差异很大。对企业来说，薪酬一方面是一种不得不付出的经营成本，另一方面是可以用来吸引、留住、激励和开发员工的手段。

首先，薪酬是一种成本。企业存在最主要的目的是获得利润，而利润本身等于收入和成本之间的差额。很显然，在企业的经营收入和其他成本不变的情况下，作为经营成本一部分的薪酬成本越低，企业能够获得的利润就会越多。虽然薪酬成本在不同行业和不同企业的经营成本中所占的比重不同，但是对于任何企业来说，薪酬成本都是经营成本中最为重要的组成部分之一。一般而言，总薪酬在大多数企业的总成本中占 40%～90%。比如，薪酬成本在制造业的总成本中很少会低于 20%，而在服务行业，薪酬总额占总成本的比重更大，往往高达 80%～90%。通过合理控制薪酬成本，企业能够将总成本降低 40%～60%。此外，从薪酬成本和总收入的比例关系来看，平均而言，薪酬成本往往占到企业总收入的 1/4 左右。有些企业会将 40%甚至更多的收入用于支付员工薪酬。① 正因为如此，企业存在强烈的控制甚至压低薪酬成本的动机。

其次，薪酬是一种投资。对于企业来说，薪酬不仅仅是一种成本，同时还具有对利润发挥积极作用的潜力，这就是，在运用得当的情况下，薪酬能够充分发挥吸引、保留、激励和开发员工的作用，引导员工表现出企业需要的正确行为和结果，帮助企业实现战略目标、提升绩效并获得更高的利润。换言之，对企业来说，降低成本并非提高利润的唯一方式，相反，如果薪酬成本的上升能够帮助企业吸引更多的优秀人才，而这些人才能够创造更高的价值、达成更高的生产率，尽管企业薪酬总成本高于同行竞争对手，最终企业却能够获得更高的利润和更大的投资回报率。这种情况已经在很多高薪企业的管理实践中得到了证实。所以，对于企业来说，最重要的一点是如何在薪酬成本和产生的经济收益之间达成最佳的平衡。

3. 社会的薪酬视角

薪酬对于社会和政府来说同样具有重大意义。薪酬的社会目标主要表现在促进经济发展、维护社会公正以及平衡政治利益三个方面。

其一，薪酬应当有利于经济的繁荣和发展。首先，薪酬在经济中有着非常重要的地位，在各国的国民生产总值中，大约 60%是以薪酬的形式体现出来的。因此，薪酬水平的高低会直接影响到国民经济的正常运行。在经济全球化的今天，一国的薪酬水平还可能会影响到该国的产品竞争力，在过去的三十多年中，我国由于劳动力成本较低而吸引了国际上的大批投资，但随着近十几年来薪酬水平快速上升，我国的劳动力成本优势逐渐削弱，很多外资企业将生产活动转移到其他国家和地区，甚至像福耀玻璃这样的国内企业开始到美国这样一些劳动力成本较高的国家和地区投资办厂。尽管薪酬成本不是企业在投资时考虑的唯一成本因素，但仍然有着重大影响。其次，薪酬是劳动力市场的价格信号，一个国家的人力资源正是通过这样一种市场信号被配置到不同的岗位、企业、职业以及地区中的，同时，很多人力资本决策也受到薪酬这个价格信号的影响。如果薪酬受到过多不合理的干预，导致价格信号失真，则会对一个社会的人力资源配置效率产生不利的影响。实际上，政府干预等原因导致劳动力成本过高的问题，一直是一个争论焦点。

其二，薪酬应当有助于促进社会公正和稳定。一国劳动者的总体薪酬水平是衡量该国总体社会经济发展水平的一个重要指标。合理的薪酬可以满足人们的多种需要，不断提高人民的生活质量，促进社会繁荣；一旦薪酬分配不合理，尤其是提供的保障功能不足，则有可能引发社会动荡，带来许多社会问题。正是由于薪酬不仅仅是企业和劳动者之间的一种经济交易，它还会影响到整个社会收入分配的公平公正，影响到整个社会的稳定，因此，世界各国对薪酬都很重视。市场经济国家也从早期的薪酬不干预政策转变到制定一系列法律法规来确保薪酬管理的规范。政府在这方面的努力主要表现在制定最低工资，促进同工同酬和反收入分配歧视，加强社会保障体系建设以及确保薪酬及时、足额支付等。

其三，薪酬应当有助于平衡各方面政治力量的利益诉求。薪酬不仅是一个经济问题、一个社会问题，同时也是一个政治问题。雇主、劳动者、作为劳动力联盟的工会、不同的政治

---

① Saratoga Institute. 2000 Human Capital Benchmarking Report，2000；Saratoga/PriceWaterhouseCoopers. Key Trends in Human Capital：A Global Perspective，2006；PriceWaterhouseCoopers UK Web site. Publications page. www. pwc. co. uk.

派别以及其他方面的政治力量，都会在涉及收入分配、反歧视、反贫困、资本和劳动之间的矛盾等问题时，表达自己的政治见解，提出相应的利益诉求和解决问题的政策建议。比如，在存在集体谈判的市场经济国家，工会对企业的薪酬问题甚至国家的相关立法会施加较大的影响。此外，不同的政党或学派对于政府应当在多大程度上干预企业的薪酬福利存在不同的观点，举例来说，到现在为止，在政府是否应当实施最低工资立法的问题上，依然存在较大的争论。

（二）薪酬发展简史①

一个多世纪以来，薪酬一直是经济学界和管理学界关注的一个热门话题，同时也是人力资源管理中的一大难题。从工业革命早期工厂中的生存工资，到科学管理时代泰勒的差别计件工资和老福特的效率工资②，从19世纪初就已经开始在宝洁等公司实行的利润分享计划，到20世纪中期的收益分享计划，从20世纪六七十年代强调根据物价水平和资历调薪以及增加福利的稳定薪酬，到八九十年代强调薪酬的灵活多样以及期权、股权等的激励性薪酬体系，从一开始几乎完全取决于雇主甚至监工的工资决策机制，到由政府法规、集体谈判、内部劳动力市场等共同决定的薪酬管理体制，薪酬的内涵及其形式在过去一个世纪中不断发生变化。

1. 工业革命时代的薪酬起源与发展

工资这种劳动报酬支付形式是在人类社会从农业社会向工业社会过渡时期逐渐形成的。在工业革命初期，工资或劳动工资通常表现为以货币形式向劳动者支付的劳动报酬。当时一种比较流行的观点是，只有那些饿得要死的工人才是最听话，干活也最卖力的人。因此，雇主们尽可能地降低工人的工资，从而使工资刚刚够维持劳动者个人及其家庭生存所必需的最低生活水平。他们认为，这样就可以让工人尽快把钱花完，然后不得不回到工厂来工作。③

随着工业化进程的进一步深入，这种思想逐渐被早期的“经济人”思想所取代。新的思想认为，货币可以对人发挥积极的激励作用，人们为了获得更多的报酬就会更加努力地工作。在这种思想的引导下，一部分雇主开始对员工试行积极的劝诱政策。这种政策包括两个方面的内容：一是为激励监工的监督劳动而实施的转包合同制度④；二是早期的计件工资制。在转包合同制度下，由监工本人来负责雇佣、解雇、确定工资以及控制生产率和劳动力成本等方面的工作。他们为了获得更多的剩余，通常会制定非常苛刻的罚款规定，工人本来

---

① George T. Milkovich, Jennifer Stevens. From Pay to Rewards—100 Years of Change. ACA Journal, First Quarter 2000, Volume 9, Number 1.

② 亨利·福特在1913年将制造工人的日工资从2.34美元提高到5美元，并且将工作日长度从原来的9个小时减少到8个小时。

③ 这主要是因为受到亚当·斯密、大卫·李嘉图以及马尔萨斯等人的生存工资理论的影响。比如，亚当·斯密认为，“需要靠劳动过活的人，其工资至少须足够维持其生活。在大多数场合，工资还得稍稍超过足够维持生活的程度，否则劳动者就不能赡养家室而传宗接代了”。此外，虽然“对工资劳动者的需求，必定随着预定用来支付劳动工资的资金的增加而成比例地增加”，但是“劳动者的增加却自然会超过需要雇佣的人数”，“劳动者的工资，本来足够养活他们各自的身家而且还有剩余，不久就会使工资减低到合乎一般人道标准的最低工资”。亚当·斯密．国民财富的性质和原因的研究：上．北京：商务印书馆，1988.

④ 所谓转包合同，是指有些雇主为了将监督工人劳动的任务进一步交给监工去做，提高他们的监督积极性，首先给各种需要完成的任务确定一个承包价格，然后与监工签订某种承包合同。由这些人负责支付工人的工资，采购原材料，并承担工厂的各种风险。他们可以得到的收益就是承包价格和各种费用之间的差额。

就不多的工资经常被克扣，这种情况导致工人劳动状况的进一步恶化。[①] 而计件工资制的本来用意是按劳动成果支付工资，因此，它对工人的劳动积极性还是有一定的激励作用的。然而，由于雇主的本意并不是提高工人的工资水平，而是通过引诱工人生产更多的成品使自己获得更多的利润，因此，往往在工人拼死拼活地提高产量从而刚刚获得稍高的工资时，雇主就想方设法地提高工作标准，从而降低工资支付数量。这样，在工人与雇主之间就常常会因为工作标准和工资的计算问题发生冲突，不仅导致生产质量出现下降，计件工资制的激励作用也被极大地削弱。

20 世纪初，科学管理运动的开创者弗雷德里克・W. 泰勒（Frederick W. Taylor）提出了新的激励性工资计划。泰勒基于时间研究和动作研究来制定科学的日工作标准，在此基础上实行差别计件工资。这种工资制度既将工资和绩效紧密结合在一起，消除了原来单纯的利润分享计划[②]所无法避免的消极怠工行为，又根据作业标准和时间定额设定不同的工资率，解决了原来的简单计件工资计划存在的计件单价不合理，同时随意变动的问题。因此，泰勒的差别计件工资计划在提出之后迅速被奉为最优管理实践。美国工业联合会（National Industrial Conference Board）于 1920 年进行的一项调查发现，60%以上的制造商报告说采用了计件工资制。在实行计件工资制的企业中，拿计件工资的工人占到全部工人人数的 80%。

不过，泰勒认为，利润分享以及群体激励计划对于员工来说激励性都不会很大，因为员工很难看到个人的努力和最终的工资收入之间的关系。然而，尽管如此，收益分享计划在 20 世纪 40 年代还是逐渐被企业界所接受。20 世纪初期的个人计件工资制逐渐被团队或公司范围内的绩效奖励计划和绩效加薪计划所取代。

收益分享计划的创始人是约瑟夫・斯坎伦（Joseph Scanlon），他在为钢铁工人工会（Steelworkers Union）工作期间提出了这一计划。这个计划是对原来的利润分享计划的一种改进，其目的是鼓励工会与管理当局进行合作，以共同解决各种生产问题，提高生产率，从而降低成本，而工人能够得到的回报则是有权分享节约下来的成本（而不是企业的最终利润）。收益分享计划在 1945 年首次实施成功之后，迅速得到推广和使用。到 1953 年，50%的美国工人都被某种形式的集体奖励计划所覆盖。

2. 政府与工会干预下的薪酬发展

20 世纪初，企业很少在总货币薪酬之外提供任何其他报酬。只有少数企业向技术工人提供养老金、利润分享计划以及有保障的工资。当时也没有什么政府规章对工资问题作出规定，员工的经济保障程度完全取决于市场的不确定性以及公司的业绩。但是，美国经济在 1929—1933 年出现的大萧条以及接下来的第二次世界大战使情况发生了很大的变化。1939 年，美国的失业率超过了 30%，美国企业员工的工资水平下降了 60%～80%。工作一个月只能拿到相当于原来一天工资的人觉得自己还能有一份工作就已经很幸运了。在这种情况下，美国的工会获得了较快的发展，力量大大增强[③]，并且越来越多地参与薪酬决策过程。此时的美国政府预见到，如果不进行干预，将会产生大规模的社会动荡，因此政府进行了很

① ［美］雷恩．管理思想的演变．北京：中国社会科学出版社，1992：57.

② 早在 1890 年，受福利资本主义思潮的影响，宝洁等 40 多家美国企业就已经开始实施利润分享计划和其他一些福利计划。

③ 1930 年，美国工会会员人数只占劳动力队伍的 11.6%，20 世纪三四十年代，工会会员人数急剧增加，到 1945 年达到了 35%的顶峰。

多立法，制定了大量的公共工程建设计划。作为罗斯福新政的一部分出台的很多法律都对薪酬问题进行了规范，比如1935年颁布的《社会保障法》和《瓦格纳法》①，还有1938年颁布的《公平劳工标准法》。

美国第二次世界大战战时稳定委员会及其在20世纪50年代朝鲜战争期间的复活对美国的薪酬管理实践产生了极大的影响。由于该委员会控制战时的工资增长，即实施“工资冻结”的收入政策，导致大量企业采纳给员工增加福利待遇的做法，同时推动企业普遍采用职位评价方式来使得工资分配更加合理化。到40年代末期，正规的薪酬决策程序、政府的规章制度以及工会和企业之间的谈判，取代了监工和主管对薪酬决策的控制权。薪酬制度从20世纪初的那种个人合同、市场取向的工资制度转变为一种受管制的正规化制度。内部劳动力市场逐渐形成，各种规则和制度、集体谈判条款以及政府相关法律和机构共同决定着企业的薪酬。至少对于大企业中的员工来说，只要他们的绩效能够达到令人满意的水平，他们就可以在一家企业中实现终身就业。医疗看护、养老金、休假以及更高程度的工作保障性等，成为总薪酬体系中的有机组成部分。

20世纪六七十年代，由于过于强调资历和根据生活成本调整工资，各种形式的绩效工资计划逐渐衰落。美国劳工统计局在1968—1970年间所做的调查显示，只有大约20%的制造业工人是根据奖励计划拿工资的。管理人员和专业技术人员的工资主要基于业绩评价、工作经验以及公司的加薪预算。通常只有少数高层管理人员的薪酬与生产率改善以及企业经营绩效挂钩。与20世纪初的高度不确定性不同，工资已经变得具有可预测性。这时，员工的工资与消费价格指数是高度相关的，是大公司和工会之间的模式化集体谈判的结果。管理人员和其他未加入工会的员工的工资增长常常也是根据工会集体谈判的结果来确定的。1963年，美国《公平工资法》对《公平劳工标准法》和1964年《民权法案》第七章的内容进行了修订，强调同工同酬以及报酬的内部公平性。于是，薪酬决策变得越来越制度化和具有可预测性。绩效加薪方格、资历加薪、生活成本加薪条款以及职业进步阶梯、内部公平性等，使得建立在详细的职位分析和职位评价基础上的薪酬体系大行其道。

在当时，个人奖励计划的使用越来越少，而福利却变得越来越重要。1950年，福利在总薪酬中所占的比重只有12%，到1975年已经上升到28%。② 从时间上来看，20世纪初期，各种福利计划就已经在一些企业中出现，但并不是很普遍。1929年美国只有5%的大公司实施了利润分享计划，15%的公司有医疗和意外保险，2%的公司有集体养老金计划。而且大部分福利计划都要求员工在企业中达到一定的工作年限（5～10年）才能参加，年轻员工和流动率很高的非技术工人往往被排除在外。在大萧条时期，一些原来已有的福利计划被迫中断或无法维持。与此同时，为减轻大萧条所引起的混乱而制定的经济和社会方面的立法又使得其他一些公司开始或重新实施各种福利计划。

重新对福利感兴趣的一个主要原因是，工会会员人数的急剧上升以及工会活动的大规模展开。工会推动企业实施有保障的工资计划，并且将资历作为决定工资、晋升以及解雇的一个重要依据。工会还努力使得美国战时劳工委员会确信，在工资冻结的情况下，应当允许“间接”薪酬即所谓的“小额”福利有所增长。据说，“小额”福利能够提高员工的士气和忠

---

① 《瓦格纳法》也被称为《国家劳资关系法》，该项法案积极支持而不是阻碍集体谈判的举行。结果，工会的会员人数从1933年的300万人（总就业量的7.7%）上升到1939年的880万人（总就业量的19.2%）。

② 1970年，《哈佛商业评论》上的一篇文章甚至预测，到1984年，福利的比重会上升到50%。

诚度，并且减少工资冻结所产生的不良影响。提供福利计划的企业数量在 1940—1946 年间整整增加了一倍。强化福利在总薪酬中的地位的另外一个重要因素是 1949 年美国最高法院的一项裁决，这项裁决迫使雇主必须就福利问题与工会进行集体谈判。虽然工会会员占工人总数的比例自那时起已经开始下降（从 1975 年的 25%下降到了 1998 年的大约 13%），但是福利仍然受到了广泛的欢迎。这样，在 20 世纪初，少数持有福利资本主义思想的企业为了在经济不稳定、社会动荡以及战争的情况下稳定劳动力队伍而把福利作为一种独特的薪酬战略来使用，福利就开始成为"小额"薪酬。20 世纪 80 年代中期，由于福利的成本上升得越来越快（每年上升 15%～20%），福利前面惯用的"小额"一词就被废弃不用了。现在，企业已经将福利看成是企业总薪酬或总薪酬包中的一个组成部分，尽管大部分企业仍然将福利与其他形式的薪酬区别开来加以管理。

3. 新经济与全球化时代的薪酬发展

20 世纪八九十年代，随着新经济的出现，全球竞争压力的增强，战略重组、兼并、收购活动越来越多，各种企业战略联盟层出不穷。企业为适应市场变化、持续提高生产率、保持竞争优势、提高顾客满意度以及控制成本，越来越多地需要保持灵活性。此外，以信息技术为基础的生产率提高，也需要能够不断学习和有较强适应能力的员工。在这种情况下，一种新的雇佣关系出现了，从原来强调员工长期在一家企业工作，转向强调能够在若干家企业工作的可雇佣性或就业能力（employability），企业在人员使用方面从过去大量雇用永久性员工，转向通过雇用部分核心员工再加上业务外包的方式来进行生产和经营。在这种背景下，企业对薪酬管理的战略性、灵活性的要求越来越高。企业纷纷在薪酬中设立绩效工资、绩效奖金以及利润分享等绩效薪酬。曾经盛行的以功劳或资历为重点的薪酬，很快转变成强调团队和个人绩效的薪酬；福利从通用性福利计划转变成让员工有一定选择权的弹性福利计划。①

在实践中可以看到的一个最为明显的变化是，20 世纪初期和中期，员工的薪酬体系中很少包括基于个人贡献的奖励、利润分享奖金、股票期权，以及各种可供选择的福利和服务。到 20 世纪末，这种总薪酬体系已经变得非常普遍了，比尔·盖茨在 20 世纪 80 年代率先在微软推出的全员持股计划很快在信息技术行业传播开来。绩效奖励计划也越来越普遍，翰威特公司的一项调查结果显示，绝大多数大公司都采用了某种形式的奖励性薪酬，奖励性薪酬在货币性薪酬总额中所占的比重达到 11.8%。1991 年，面向大部分员工实施浮动薪酬计划的公司还只占 50%左右，到了 2008 年已经达到 90%。② 各公司实施这种绩效工资的原因在于，它们需要持续不断地提高生产率、保持竞争力，同时提升客户满意度、控制劳动力成本。

20 世纪 90 年代中期，由于员工福利的成本不断提高，在总薪酬中所占的比重不断加大，所谓的总薪酬管理的思想被明确提了出来。总薪酬管理又称为"总薪酬战略"。其主导思想就是，企业应当将福利也作为一种非常重要的薪酬加以管理，对福利的管理要纳入战略性薪酬管理的范畴，服务于公司的经营战略以及吸引、保留和激励员工的重要目标。要注意

---

① 1974 年，TRW 公司（汤普森·拉莫·伍尔德里奇公司）首次引进弹性福利计划。该计划包括三个医疗计划、八个人寿保险计划、赡养人人寿保险以及补充意外死亡/伤残福利。随着美国税法的调整，弹性福利计划在 1982—1984 年间获得最大幅度的增长，数量增长了 127%。

② Hewitt Associates. Hewitt Study：While Salary Increases in 2008 Remain Modest，Variable Pay Awards Reach Record High. ［2007 - 08 - 21］. www. hewittassociates. com.

增加福利使用的成本有效性，不能再将福利视为一种仅仅起一定保健作用的货币薪酬的不重要的补充。

20 世纪末与 20 世纪初的很多情况似乎是一样的，即都强调基于绩效的个人浮动工资，对流动性很大的高技能员工都展开了激烈的竞争，都非常强调外部市场。这一时期有几个突出情况：第一，薪酬管理越来越具有战略性，更多地强调员工的主动性和创新性，而不仅是对员工的“偷懒”行为进行约束。薪酬决策的目的在于将经营战略和企业关注的有价值的员工行为联系在一起，薪酬管理不是简单的对员工贡献的承认和回报，而是要能够促进有助于实现公司战略目标和价值观的具体员工行动。第二，由于 20 世纪 90 以来的竞争是全球性的，跨国经营成为一种常态，国外员工以及外派人员的薪酬管理问题开始受到企业的重视，不同国家在雇佣、税收、社会福利等方面的法律和社会情况的差异以及不同地区的生活成本、国际汇率的变化等因素使薪酬管理变得更加复杂。第三，激烈的竞争对于组织灵活性提出了更高的要求，传统层级式组织和僵化的内部管理模式受到挑战，组织结构扁平化、流程再造成为一种潮流，企业需要能力多样化和具有灵活性的员工，在这种情况下，传统的多薪酬等级、窄薪酬区间的薪酬结构受到批判，宽带薪酬逐渐被很多企业尤其是高科技企业所接纳。第四，20 世纪 90 年代的网络泡沫破裂及其引发的一系列问题，比如安然公司和世界通信公司的倒闭等，使国际社会对高管人员薪酬问题高度关注。在后来应对 2007 年世界金融危机的过程中，企业高管人员过高薪酬的合理性再次受到社会和政府的重视。

21 世纪前后，企业对员工激励的视野进一步扩大，单纯的薪酬和福利已经不足以解释员工的很多工作行为、流动行为以及生产率高低。企业中的知识型员工越来越多，对于企业的重要性日益凸显，而这些员工对职业发展与进步、组织与领导的认可、工作与生活的平衡以及工作本身的挑战性及其带来的成就感等的需求越来越高，这就迫使企业不得不关注员工对非物质性报酬的需求的满足。在这种大背景下，一个外延更大的总报酬体系的概念提了出来，它是在传统的薪酬和福利之外，增加了一些重要的内在报酬之后形成的新激励体系。

总之，随着经济的不断发展，在工业革命初期发展起来的单一计件或计时工资，已经演变为内容和形式各异的薪酬乃至报酬计划。一方面，这大大丰富了企业向员工提供报酬的形式；另一方面，更大的经营风险、更不稳定的市场环境、更为激烈的竞争以及客户多变而苛刻的需求给企业的薪酬管理带来了更大的挑战。

二、薪酬及其相关概念

（一） 工资与薪酬

薪酬概念出现的时间晚于工资，所以直到今天，人们很多时候还是习惯使用工资而不是薪酬的概念，此外，在经济学文献中，也一直使用工资（wage）或工资率（wage rate）的概念，而很少见到薪酬一词。在资本主义发展初期，工资主要有两种形式，一种是计件工资，一种是计时工资。计件工资是根据劳动者生产的产品数量支付的工资，它是一种与劳动者的生产率或工作成果挂钩的工资。计时工资则是根据劳动者提供的劳动时间支付的工资，它是相对固定的，与劳动者的生产率或工作成果无关。那时，工厂中的生产活动相对简单，机器设备也不复杂，因此计件工资占的比重很大，但随着生产技术不断改进以及工业生产系统日益复杂化，即使是在工厂工作中，计时工资占的比重也越来越大。然而，计时工资存在一个很大的缺陷，就是它无法激励员工达成高生产率或取得高水平的工作成果，在这种情况下，企业开始通过各种方式将员工的一部分工资与个人、群体或组织的某种或某些绩效指标挂钩，从而使员工的一部分工资成为固定工资，一部分工资则变成与绩效挂钩的浮动工资或奖金。再后来，企业开始向员工提供另一种具有经济价值的报酬形式——福利，这样，劳动报酬的形式日益多样化，为了更好地反映这样一种发展趋势，薪酬的概念应运而生。

与工资有关的两个最常见的英文单词是 wage 和 salary，其中，wage 一般直译为“工资”，它以小时为单位确定，等于小时工资率乘以实际工作小时数，通常用于蓝领员工。而 salary 一般翻译为“薪资、薪金或薪水”，它以年为单位确定，通常用于白领员工，这种薪资表现为年薪，尽管也可能按周或双周发放。从上述定义来看，这里的工资和薪资有两个共同特征：一是两者都体现为货币化的劳动报酬，不涉及福利；二是两者都没有体现绩效或奖励的成分，要么按工作小时数固定发放，要么按年固定发放。

薪酬最常见的英文是 compensation，原本的含义是弥补和补偿之意，而薪酬显然属于雇主或企业针对员工提供的劳动而给予的一种补偿或回报。由于在市场经济的发展过程中，企业为员工劳动所提供的经济补偿或回报不仅体现为固定工资，还体现为在企业中日渐得到广泛运用的绩效奖励或奖金，甚至还体现为各种福利，因此，用包容性更强的薪酬概念取代原来的工资或薪资概念就有明显的现实意义和实用价值。

然而，即使在英语中，不同的使用者往往也会对薪酬的内涵和外延做出不同的界定。对薪酬概念的界定通常有三种。第一种是窄口径的界定，即员工因为雇佣关系的存在而从雇主那里获得的各种形式的货币报酬。显然，这种薪酬概念仅仅包括货币性劳动报酬，它是基本薪酬和可变（或浮动）薪酬的总和，福利并不包括在内。（美国）总报酬协会（WAW）——原美国和加拿大薪酬管理协会（ACA）——就采用了这种定义（具体内容请参见本书第 2 章第一节中关于总报酬战略的讨论），美国联邦政府人事管理署以及美国劳工统计局也倾向于使用这种定义。[①] 在实践中，大多数企业也采用这种定义，很多公司人力资源部门下设薪酬与福利管理业务模块（简称 C&B）。第二种是中等口径的界定，即员工因为雇佣关系的存在而从雇主那里获得的各种形式的经济报酬及有形服务和福利。这一薪酬概念不仅包括上述窄口径的内容，还将福利包括进来。这一概念将薪酬定义为直接经济报酬，而将福利定义为间接经济报酬。国外的一些人力资源管理和薪酬管理教材采用了这种定义。[②] 第三种是宽口径的界定，即“员工因为完成工作而获得的全部内在报酬和外在报酬的总和”[③]。这种薪酬概念实际上等同于广义的报酬概念，不仅包括窄口径的薪酬和福利，甚至还包括一些心理上的收益。不过，这种过宽口径的薪酬定义并不常见。

在本书中，我们采用薪酬的第一种窄口径定义方式，即认为薪酬仅仅包括当期支付的货币性报酬，即薪酬由基本薪酬（basic compensation）或固定薪酬（fixed compensation）以及浮动薪酬（variable compensation）或奖励薪酬（incentive compensation）两部分组成，但不包括福利（各种保险、带薪休假和员工服务等非货币性或延期支付的经济报酬）（关于一家猎头公司的固定薪酬和浮动薪酬的设计，请参见小专栏 1－2）。

---

① 在美国劳工统计局的薪酬词典中，compensation 的含义等同于 earnings 和 remuneration，是指一位或一群劳动者由于在特定时期为雇主提供服务而获得的各种薪酬或工资之和。

② 加里·德斯勒．人力资源管理：第 12 版．北京：中国人民大学出版社，2012：422.

③ 约瑟夫·马尔托奇奥．战略性薪酬管理：第 7 版．北京：中国人民大学出版社，2015：5.

小专栏 1-2

一家猎头公司的固定薪酬和浮动薪酬

埃贡-泽德国际公司是全球最大的猎头公司之一。公司自1964年成立以来，一直非常注重将薪酬与资历紧密挂钩。公司合伙人的收入来自三个方面：基本薪酬、股票分红、利润分享。由于各国生活费用不同，不同国家的合伙人在基本薪酬方面存在一定差异。在股权分配方面，无论工作年限长短，每一位合伙人的股权都是相同的。企业每年会将10%～20%的利润返还给公司，因此，股权价值每年都在增长。公司会把每年利润的80%～90%用两种方式在合伙人之间进行分配。这部分利润的60%由合伙人平分，其余的40%根据合伙人的资历长短进行分配（这部分利润总额除以所有合伙人的资历年限之和得出每一年资历的单价，然后将单价乘以个人的资历年限，即为合伙人根据个人资历获得的报酬，但每个人计算利润分配的资历年限最长不超过15年）。该公司对非合伙人的报酬方式也与其他公司不同。这些人拿年度奖金，但奖金的依据并非个人的业绩（即拿到的订单数量），而是看他们是否很好地为同事提供了支持以及对公司的声誉作出了怎样的贡献（比如在著名的商业刊物上发表文章等）。

显然，这种薪酬制度并不鼓励突出个人业绩。它一方面避免了员工将个人利益凌驾于客户利益以及整个组织利益之上的做法，鼓励整个公司内部的全面合作；另一方面免除了为计算谁做了哪个项目、谁在哪个项目上作出多大的贡献而耗费的大量时间和精力。但这样一来，人们还会有那么大的动力去工作吗？实践证明，这种薪酬制度的实施给该公司带来了明显的效果，不仅利润持续上升，而且公司咨询师的年流动率只有2%（而行业的平均离职率为30%）。其中的奥秘在哪里？正如该公司创始人兼董事长埃贡·泽德明确指出的那样，“注重资历是很不时尚的做法，尤其是在美国。这个国家更加崇尚年轻与活力，但我们的体系有助于我们积累正确类型的人力资本”。事实上，这种薪酬制度有助于招募到真正善于团队合作的人，他们的自我表现欲较弱，能够从团队合作中得到更多的愉悦，而这正是一家全球性猎头公司最需要的。当然，该公司在员工的招募和甄选方面是极为苛刻的，它必须确保不具有这种价值观的人从一开始就被剔除出去。

资料来源：埃贡．泽德．更简单的支付方式．哈佛商业评论，2001（4）//薪酬管理．北京：中国人民大学出版社，2004：72-87.

在英文中，与薪酬（compensation）含义相同的还有三个常见的单词，其中最常用的是pay，很多时候它可以与compensation相互替换，比如，“基本薪酬”也可以翻译为basic pay，“薪酬与福利”也可以翻译为pay and benefits，payroll就是用于统计和发放薪酬的表格和单据（即我们常说的工资表或工资单），payday则是指发薪日。此外，earnings（可译为“工资性报酬”）以及remuneration（可译为“货币报酬”）与我们关于薪酬的界定大体一致，都是指员工在一定时期内因为向组织提供服务而获得的全部货币性报酬。

实践中，企业在决定员工个人的薪酬时，往往会通盘考虑员工的固定薪酬和浮动薪酬，即根据劳动力市场上的通行薪酬水平以及企业的整体薪酬战略首先确定员工的年度总体薪酬标准。即使是在浮动薪酬不仅与员工个人绩效挂钩，而且与组织绩效挂钩的情况下，企业也会首先对员工一年的总体薪酬水平有一个整体考虑。然后，企业以某种方式将这种整体薪酬水平以一定的比例划分为固定薪酬和浮动薪酬两大组成部分。通常情况下，绩效比较容易量化和衡量的职位，比如营销、生产等类型的职位，浮动薪酬所占的比例更大一些，而人力资源管理、财务管理等职能管理类职位，其固定薪酬所占的比例更大一些。浮动薪酬所占的比例越大，员工的薪酬风险越高，即员工在绩效优秀时能够获得的总薪酬水平越高，当他们的绩效不佳时，所能得到的总薪酬也越低。

需要指出的是，由于一些历史习惯以及为了用语简练和行文的方便，无论在实践中还是本书中，有时候也会简单地用“薪酬”一词来代指下面将要讨论的“总薪酬”，即薪酬有时候指代的是薪酬加福利，而不仅仅是这里定义的薪酬的范畴。比如，在说“薪酬管理”时，实际上是指对薪酬和福利两个方面的管理，而“薪酬调查”包括对薪酬和福利两方面内容的调查。

（二） 总薪酬及其构成

所谓总薪酬（total compensation），很多咨询公司称为薪酬包（compensation package），主要指薪酬和福利的总和。总薪酬的概念在 20 世纪 90 年代开始流行，甚至上升到总薪酬战略的高度。这个概念出现的主要原因是，企业过去更多地依赖薪酬（包括固定和浮动薪酬）这一种经济报酬来吸引、激励以及留住员工。到了 90 年代，知识经济、全球化、互联网等各种因素导致企业之间的竞争日益激烈，经营风险不断提高，企业之间的人才争夺愈演愈烈，在这种情况下，企业迫切需要运用更多的“武器”帮助自己在人才争夺战中获胜，从而在人才的吸引、激励以及保留方面获得竞争优势。于是，企业的目光就从传统的直接货币薪酬扩展到福利这种间接的经济激励手段，探索如何综合利用薪酬和福利两种力量来帮助企业打赢人才战。因此，总薪酬这一概念的提出实际上是为了强调作为报酬一种独特的组成部分的福利的作用，它代表企业能够为员工提供的全部经济报酬（即薪酬与福利），而不是只有薪酬。

1. 基本薪酬或固定薪酬

基本薪酬（basic pay），简称基薪，又称固定薪酬，是员工因在企业中工作而获得的较为稳定的经济报酬，它不仅为员工提供了基本的生活保障和稳定的收入来源，而且往往是确定可变薪酬（包括年终奖）等的一个重要基础。它是一个组织根据员工承担的职位及相应的工作职责，或者是员工所具备的完成工作的技能或能力等，向员工支付的相对稳定的经济性报酬。大多数情况下，企业根据员工承担的工作或职位的重要性、难度或者对企业的价值来确定员工的基本薪酬（职位薪酬体系）。在另一些情况下，企业也可能基于员工完成工作的知识、技能或能力高低来确定他们的基本薪酬（知识薪酬体系、技能薪酬体系或能力薪酬体系）。

员工的基本薪酬在确定之后并不是一成不变的，而是会随着一些因素的变化不断调整。基本薪酬调整的主要依据有：第一，职位调薪，即随着员工的职位变化而进行的基本薪酬调整。在实行职位薪酬制的情况下，由于员工晋升到更为重要或责任更大的职位，职位级别相应上升，基本薪酬一般会随晋升而上调。相反，如果员工因绩效不佳或能力不足等原因被降职或降级使用，其基本薪酬很有可能随之下降。第二，能力调薪。当员工本人具备的知识、技能和经验等人力资本发生变化，尤其是知识、技能和能力出现较为明显的提高时，基本薪酬随之上涨。在实行技能薪酬的情况下，员工通过参加培训获得了更高水平的技能或者考取相关的资格证书，或者是通过边干边学的方式积累了更多的工作经验，往往会得到相应的加薪。第三，绩效调薪。很多企业会根据员工上一年的工作绩效考核结果对他们的基本薪酬进行调整，主要表现为绩效加薪（merit pay）。通常是绩效评价结果越好，加薪的百分比越高

（如15%），绩效评价结果不达标者往往加薪比例小（如5%）或不加薪，甚至有可能被降薪。当然，在决定调薪幅度时，组织的整体绩效也是一个重要的考虑因素。第四，年资调薪。很多企业习惯于每年或每两年左右根据员工在本企业的连续服务年限给员工适当加薪。有些企业会在薪酬体系中单独设置一个年功工资（或工龄补贴）模块，有些企业则通过在一个浮动范围内上调基本薪酬来体现年资的因素。第五，生活成本调薪，即根据当地生活费用或物价变动的情况调整基本薪酬。特别在通货膨胀或物价快速上涨时，企业往往需要提高员工的基本薪酬，以抵消员工薪酬的实际购买力的下降。

有些基本薪酬的调整是单独发生的，比如职位调薪和技能调薪，是针对职位等级或技能等级变化的员工，因而不属于普遍调薪，没有发生这些方面变化的员工不会被调薪。而年资调薪、生活成本调薪以及绩效调薪属于普遍调薪，因此，这些调薪很可能会在综合考虑的基础上合并实施。此外，前一种调薪往往伴随着员工个人所在的薪酬等级的变化，而后一种调薪只是表现为员工在同一个薪酬等级内部的薪酬水平调整。

2. 可变薪酬或奖励薪酬

可变薪酬（variable pay）是薪酬体系中与绩效直接挂钩的经济性报酬，有时也被称为浮动薪酬、绩效薪酬、绩效奖励或奖金。实行可变薪酬的目的是在绩效与薪酬之间建立一种直接的联系，而这种绩效既可以是员工个人的业绩，也可以是企业中某一业务单位、员工群体、团队甚至整个公司的业绩。由于在绩效与薪酬之间建立起直接的联系，因此，可变薪酬对于员工具有很强的激励性，对于企业绩效目标的实现起着非常积极的作用。它有助于企业强化员工个人、员工群体乃至公司全体员工的优秀绩效，从而达到节约成本、提高产量、改善质量以及增加收益等多种目的。

通常情况下，我们可以将可变薪酬划分为短期可变薪酬和长期可变薪酬两种。短期可变薪酬或短期奖金一般建立在非常具体的绩效目标基础之上。而长期可变薪酬的目的则在于鼓励员工努力实现跨年度或多年度的绩效目标，最常见的就是股票期权以及员工持股等长期激励计划。股票期权是针对企业高层管理人员以及一些核心管理人员、专业技术人员的长期激励计划。此外，员工所有权计划或员工持股计划也属于一种长期的可变薪酬，这是因为管理者或员工从这类计划中得到的股权或期权的价值与企业长期目标（如投资收益、市场份额、净资产收益等）的实现情况挂钩，因而可以上下波动。这些计划实际带来的收益或者与公司股票价格的变化相关，或者与公司利润水平从而与分红多少有关。与短期奖励相比，长期奖励能够将员工的薪酬与企业长期目标的实现联系在一起，并且能够对一个企业的组织文化起到更为强大的支持作用。

需要说明的一点是，虽然绩效加薪和可变薪酬都与员工的绩效联系在一起，但是两者之间存在两个重要的区别。首先，绩效加薪是对员工过去的绩效和优秀表现的一种奖励，它以员工的基本薪酬为基础，绩效加薪的百分比往往取决于企业当年的经营业绩以及员工个人的绩效评价等级。因此，绩效加薪的百分比不需要而且往往也不可能与员工事先协商或沟通。但可变薪酬及奖金往往是以影响员工的未来行为或业绩为目的的，所以，奖金的多少、收益分享的比率以及股权授予的日期等都是事先约定好的。其次，更为重要的一个区别是，绩效加薪一旦确定，就会永久地纳入基本薪酬，第二年会在上一年已经加过的基本薪酬的基础上再加薪。这样，绩效加薪就会产生一种累积作用。而可变薪酬往往不存在这种累积作用，它只适用于员工和企业约定的某个绩效周期。一旦绩效周期结束，奖金兑现，过去的约定就不复存在，双方必须开始下一轮新的约定，员工必须重新努力工作才能获得新的绩效奖励。因此，由于绩效加薪的累积效应，虽然它在较短的时间内不会对企业的成本开支构成太大的问题，但是在一段较长的时间内很有可能给企业带来较大的成本压力。尤其是当企业面临困境的时候，绩效加薪可能会对企业的现金流量和运营成本构成威胁。而可变薪酬基本上没有这方面的问题，由于它与员工的业绩或者企业的整体经营业绩联系在一起，因而具有较大的灵活性，一般不会对公司的成本构成持续性的影响。因为一旦员工的绩效或者企业的绩效下滑，员工可以得到的奖金数量也会随之下降。

3. 福利或间接薪酬

与基本薪酬和可变薪酬不同的是，员工福利（employee benefit）或服务不是以员工为企业工作的时间为计算单位的。它一般包括各种法定社会保险、企业补充保险、非工作时间付薪、向员工个人及其家庭提供的服务（如儿童看护、家庭理财咨询、工作餐等）、健康及医疗保健等。作为一种不同于基本薪酬的薪酬支付手段，福利这种薪酬支付方式有其独特的价值。首先，由于福利不是以现金形式支付给员工的，因此，企业和员工双方都可能通过这种方式达到适当避税的目的。其次，福利为员工将来的退休生活和一些可能发生的不测事件提供了保障（有些间接薪酬被员工看成是“以后可以用的钱”）。最后，福利亦是调整员工购买力的一种手段，它使得员工能以较低的成本购买自己所需的产品，比如眼镜、健康保险、人寿保险等。因此，近年来，福利和服务成本在国外许多企业中的上升速度是相当快的，许多企业采取了自助餐式的福利计划来帮助员工从福利和服务中获取更大的价值。

在近年来的高科技公司人才竞争中，福利也成为企业重要的吸引和保留人才的利器。比如，谷歌公司除了提供有竞争力的薪酬，员工甚至他们的家人可以享受丰厚的福利也为公司吸引和留住人才做出了重要贡献。谷歌为员工提供近乎豪华的、免费的一日三餐及咖啡、饮料和零食；开通了从旧金山到公司所在地山景城的带 wifi 的免费班车；为女性员工提供长达 18 周的带薪产假，同时为初为人父的男性员工提供 12 周的带薪假期；提供免费的健身课程和健身房；帮助员工安排干洗衣服、修车、洗车、理发等杂事（费用需要员工支付）。不仅如此，谷歌还有一些创新的福利，比如，一旦谷歌员工在职期间去世，其配偶可在之后 10 年内获得相当于死者生前一半薪酬的补助，子女可以每月得到 1 000 美元抚恤金直到年满 19 岁，全职学生可领取到 23 岁。

我国企业对福利的看法经历过较大的变化。计划经济时期，企业和国家的福利边界模糊，存在所谓的“企业办社会”现象。市场经济改革之后，又走向另一个极端，认为企业不应该搞，甚至提出“福利工资货币化”的极端结论。[①] 在国有企业改革过程中，很多企业的食堂等福利设施被关停或者卖掉。但后来发现，一些必要的企业福利实际上是很有价值的，不仅对于企业的人才吸引、保留非常重要，而且比从社会上购买相关服务的价格更低，质量更有保证。到目前为止，福利的重要性重新被我国很多企业认识到，它们在福利方面开展了很多积极的探索。

不过，作为总薪酬的一个重要组成部分，福利存在两个方面的主要问题。一是福利本身具有平均主义的性质，往往与员工的组织成员身份有关，而与个人绩效关系不大，保健作用大过激励作用。如果不能将员工福利与组织的战略目标和人力资源管理需要相结合，很可能

---

① 刘昕．福利是否需要全部货币化．中国人力资源开发，2001（1）．

导致企业的福利成本很高，但价值不大。二是很多福利项目的潜在成本很高，尽管刚开始试行的时候成本不算高，但长期实施下去，成本会快速上升，最终可能超出企业可以承受的范围。

除了上面提到的基本薪酬、可变薪酬以及福利，在企业支付给员工的薪酬中还包括一些不太好分类的部分，主要有两部分：一部分是在员工的各种假期支付的报酬，比如，带薪休假工资、节假日工资、病假以及事假工资等；另一部分是各种津补贴项目（比如轮班津贴、生活成本补贴等）以及在正常工作日或节假日加班产生的加班费。美国劳工统计局进行全国薪酬调查（National Compensation Survey）主要是为了定期统计美国企业因雇用员工而实际产生的薪酬和福利的总成本，在其发布的报告中，将上述带薪假期工资、津补贴和加班费作为福利的一部分进行统计。主要原因是，这些薪酬项目尽管都是以现金形式现期发放的，但既不是与绩效挂钩的浮动薪酬，也不是固定发放的基本薪酬，而是具有明显的福利性质。按照这种口径统计，2016 年 9 月，美国私营企业（不含农业部门）支付的总薪酬中，基本薪酬占 69.8%，福利占 30.2%。如果对薪酬福利总成本按照现期支付的现金部分和延期支付的非现金部分重新划分，则两部分的比例为 80.3%和 19.7%。此外，美国私营部门中的生产企业（不含农林牧渔业）每小时的薪酬福利总成本或总薪酬成本为 38.99 美元，其中薪酬成本为 25.9 美元，福利成本为 13.09 美元（其中包括各类带薪休假工资 2.5 美元，各种津补贴以及加班工资 1.5 美元），而服务企业每小时的薪酬福利总成本或总薪酬成本为 30.88 美元，其中薪酬成本为 21.82 美元，福利成本为 9.06 美元（其中包括各类带薪休假工资 2.15 美元，各种津补贴以及加班工资 1.09 美元）。①

小专栏 1-3

关于薪酬的一些基本结论

1. 员工对薪酬的最大不满来自强烈的不公平感，薪酬水平及其决定机制和分配机制对员工而言同等重要。

2. 极少有人认为自己的报酬过高，约 80%的员工认为自己的绩效超过组织平均水平。

3. 在不同公司中，员工对薪酬满意和不满意的百分比变动范围很大，满意的百分比从 25%到 78%不等，不满意的从 10%到 58%不等。总体而言，只有大约 26%的人对自己的薪酬表示不满，51%的员工对自己的薪酬表示满意。

4. 员工在组织中的层级越高，对自己的薪酬就越满意。

5. 员工对薪酬的满意度越高，对组织的整体满意度及对管理者的信任度也越高。

6. 在薪酬水平很低的情况下，对薪酬的态度主要取决于薪酬的多少，而在另一些极端情况下，薪酬满意度在很大程度上取决于各种比较产生的结果。

7. 在企业经营状况良好且员工感觉自己能够从公司的成果中分享到好处时，他们对

---

① 美国关于加班的规定与我国不同：一是我国把每天正常工作八小时以上视为加班，而美国将每周工作时间超过 40 个小时认定为加班。二是美国员工有豁免类员工和非豁免类员工之分。豁免类员工（exempt employees）在周工作时间超过 40 个小时的情况下，企业可以不用支付加班工资。而非豁免类员工（nonexempt employees ）加班时，企业必须支付加班工资。员工类别取决于他们承担的责任以及薪酬水平。2016 年，年薪在 134 004 美元以上且仅仅承担经营管理、行政管理、专业技术工作的员工属于豁免类员工，而年薪在 47 476 美元以下（或周薪在 913 美元以下）的员工属于非豁免类员工。一项估计预测，美国 20%以上的员工属于豁免类员工。

较大的薪酬差距的接受度更高。

8. 员工并非为公司工作便要获得极高的薪酬，绝大多数员工都是现实的和通情达理的，经营形势好时他们期待更多的薪酬和薪酬增长，经营形势不佳时，则要求较少，经营很糟糕时甚至愿意接受降薪，尤其是可以因此避免或降低被解雇风险时。

9. 员工对薪酬的满意度主要取决于：与其他公司员工的薪酬对比情况；薪酬是否随着时间而增长；薪酬增长程度能否反映本人的实际贡献；薪酬增长能否反映生活费用上涨程度；薪酬之外的福利的丰富性；普通员工与高层管理者之间的薪酬差距。

资料来源：戴维·西洛塔．激活：让员工享受工作：第 2 版．北京：中国人民大学出版社，2016.

（三） 报酬

1. 报酬的概念及其分类

报酬（reward）是一个比总薪酬外延更大的概念，通常情况下，我们将一位员工为某个组织工作而获得的所有本人认为有价值的要素统称为报酬（reward）。很显然，员工在一个组织工作的时候，除了能够获得薪酬和福利这样一些经济报酬，还能够获得一些心理方面的收益或非经济报酬，比如组织中的地位、得到尊重、个人能力的提升以及成就感等。因此，首先，我们可以将报酬划分为经济报酬（financial reward）和非经济报酬（non-financial reward）。经济报酬通常包括各种形式的薪酬与福利（其中，薪酬称为直接经济报酬，福利称为间接经济报酬），非经济报酬则包括上级和同事的认可、个人成长与发展、富有挑战性的工作、决策参与、良好的工作环境和办公地点等。其次，报酬还可以划分为内在报酬（intrinsic reward）和外在报酬（extrinsic reward），主要区别在于报酬对劳动者而言是一种来自外部的刺激，还是一种来自内心的激励。如表 1－1 所示，所有的经济报酬都属于外在报酬，而在非经济报酬中，一部分（比如良好的办公环境、诱人的头衔等）属于外在报酬，另一部分（比如认可与尊重、有挑战性的工作、成长和进步的机会等）则属于内在报酬。比如，小专栏 1－4 中提到的雷尼尔效应就属于一种典型的外在报酬，同时也是一种非经济报酬。

表 1－1　报酬的分类

	外在报酬	内在报酬
经济报酬	●薪酬：基本薪酬、加班费、津补贴、各种奖金、利润分享、股票所有权等 ●福利：各类法定保险和企业自定保险、员工服务、带薪休假、学费报销及其他福利	无
非经济报酬	●理想的工作地点 ●良好的办公环境 ●私人秘书 ●诱人的头衔	●参与决策 ●具有挑战性的工作 ●感兴趣的工作或任务 ●上级和同事的认可与组织内地位 ●学习与成长的机会 ●多元化活动 ●工作保障性

小专栏 1-4

雷尼尔效应

位于美国西雅图的华盛顿大学选择了一处地点，准备修建一座体育馆。消息一传出，立刻引起了教授的反对。于是校方只好顺从教授的意愿，取消了这项计划。教授为什么会反对校方修建体育馆呢？原因是校方选定的位置是校园内的华盛顿湖畔，体育馆一旦建成，就会挡住从教职工餐厅可以看到的窗外的湖光山色。

为什么校方会如此尊重教授的意见呢？原来，与美国教授的平均工资水平相比，华盛顿大学教授的工资要低一些。教授之所以不愿意到薪酬水平更高的其他一些大学去寻找教职，完全是因为留恋西雅图的湖光山色：西雅图濒临太平洋，大大小小的湖泊星罗棋布，天气晴朗时可以看到美洲最高的雪山之一——雷尼尔山峰，还可以开车去圣海伦火山……为了美好的景色而牺牲更高的收入机会，被华盛顿大学经济系的教授戏称为“雷尼尔效应”。

对报酬概念所做的研究丰富了人们对于员工激励问题的认识。对于薪酬福利之外的其他一些非物质报酬的重要性，我们可以从很多理论研究中看到依据。比如，美国学者弗里德里克·赫茨伯格在20世纪50年代末提出的双因素理论就指出，使员工感到满意的因素通常是成就、赏识、挑战性的工作、增加的工作责任以及成长和发展的机会等，而使员工感到不满的因素主要包括公司政策、管理措施、监督、人际关系、工作条件、工资、福利等，他把前者叫做激励因素，后者叫做保健因素。保健因素提供得再多，顶多起到不让员工产生不满的作用，即处于既不是满意又不是不满意的中性状态，只有提供更多的激励因素才能使员工产生满意感以及积极的工作态度和更强的工作动机。由于赫茨伯格的这一研究结论是基于他的同事对在匹兹堡附近一些工商业机构中就职的大约200位专业人士所做的调查，因此，这一结论对于今天的知识型员工的管理来说仍然具有重要的借鉴意义。

此外，理查德·哈克曼（Richard Hackman）和格雷格·奥尔德汉姆（Greg Oldham）在20世纪70年代提出的工作特征模型（job characteristics model）指出，内在报酬对于员工的工作动机、行为以及工作结果具有重要意义。[①] 该理论指出，如果能够确保一种工作满足技能多样性、任务完整性、任务重要性、自主性以及反馈性五个方面的要求，就会使员工体会到三种关键的心理状态，即感受到工作的意义、感受到工作的责任以及了解工作的结果，而这三种心理状态会对员工的内在工作动力、工作满意度以及绩效水平、离职率和缺勤率产生积极的影响。总之，内在报酬能够对员工产生对组织有利的内在激励或自我激励。

到了20世纪90年代，尤其是进入21世纪以来，随着知识型员工的不断增多以及人才竞争的日益激烈，企业不得不努力应对来自员工和竞争对手两个方面的挑战，基于更大外延的报酬的概念，而不是仅仅依靠传统的薪酬和福利来吸引、留住以及激励员工的思想日益受到重视。在这种情况下，总报酬或全面报酬（total rewards）的概念被提了出来，咨询公司、企业以及人力资源专业机构纷纷提出自己的总报酬模型，除了薪酬和福利这两个核心经济报酬内容，还增加了其他一些非经济报酬尤其是内在报酬方面的元素，比如学习和成长的机会、工作和生活的平衡、认可等。这里，我们不对总报酬模型以及总报酬战略进行过多的

---

① Hackman J. R., Oldham G. R. Motivation Through The Design of Work: Test of a Theory. Organizational Behavior & Human Performance, 1976, 16 (2): 250-279.

讨论，相关内容我们会在第 2 章中做较为详细的叙述。

2. 关于报酬的几个基本结论

关于非经济报酬以及内在报酬等对于员工激励的重要性，在企业管理实践中还必须注意以下几点。

第一，由于员工将自己在一家企业中工作而获得的所有自认为有价值的东西都视为报酬，即视为他们为企业付出劳动的交换物，并且各种报酬的构成都有可能影响员工的工作态度、工作行为以及他们的满意度、绩效以及离职率，因此，当员工将不良的行为、绩效以及离职等归咎于薪酬的时候，企业必须清醒地意识到，薪酬很可能不是唯一的原因，或者并非最主要的原因。相反，员工对薪酬的抱怨很可能会掩盖他们对组织中其他方面——比如领导风格、职业发展机会、工作成就感、对工作的影响力和自由度以及决策参与机会等——的不满。员工有时甚至会要求提高外在报酬尤其是薪酬来作为对内在报酬不足的一种补偿。因此，在有些情况下，简单地提高薪酬水平并不能从根本上消除员工的不满。比如，美国联合包裹速递服务公司（UPS）通过研究发现，公司负责送货的司机之所以离职率过高，主要原因是工作内容安排不合理，而不是对薪酬不满。

第二，尽管从理论上来说，所有属于报酬的元素都会对员工产生激励，但我们必须认识到，由于不同的人在需求或个人偏好方面存在一定的差异，因此，对一位员工来说属于报酬的因素，对另一位员工来说却未必如此，或者不同的人对同一种报酬的价值大小所做的判断是存在差异的。比如，工作得到上级的认可或受到领导的尊重对于某些员工来说是一种非常有价值的报酬，但对于另一些员工来说，这种报酬的价值可以忽略不计，甚至不被视为报酬。因此，企业在设计报酬体系的时候，既要重视共性的因素，又要重视对个性化报酬元素的挖掘和设计，不同的性别、年龄、学历、家庭状况、价值观和个性等都会对员工重视的报酬元素产生影响，这就要求企业必须对员工或员工群体的需求和偏好有所了解，否则，企业很容易陷入在薪酬福利等经济报酬以及其他一些非经济报酬方面支出巨大，但组织绩效和利润的效果不佳的困境。

第三，企业必须在外在报酬与内在报酬之间实现平衡。首先，经济报酬或外在报酬是基础。与内在报酬相比，员工和企业一般都注重薪酬福利等经济报酬或外在报酬，这是因为外在报酬比较容易定性，也容易衡量，同时还便于在不同的个人及组织之间进行比较，而内在报酬往往难以清晰定义、讨论或者进行比较和谈判。其次，不要试图通过增加内在报酬来降低企业的薪酬成本。企业可以通过工作设计、增加员工的决策参与机会、提升领导者和管理者的领导力和管理能力、提供更多的培训和开发机会等为员工提供更多的内在报酬，但是这种做法本身不一定能起到降低企业薪酬成本的作用。实际上，它反而可能导致员工要求更高的薪酬。然而，由于内在报酬有可能会激发员工的献身精神，提高其工作潜力，同时对绩效、间接劳动力成本、创新及员工队伍灵活性等产生积极的影响，因此，即使内在报酬无法帮助企业降低在薪酬方面的开支，它对企业仍然具有积极作用。最后，企业还应当注意针对不同的情况有选择地使用外在报酬和内在报酬。在很多情况下，如果企业将薪酬以及其他外在报酬与员工的行为和绩效过于紧密地挂起钩来，反而有可能会削弱对他们的内在激励。因此，管理者必须决定把外在报酬还是内在报酬作为激励员工的主要方式，以及不同的内在报酬和外在报酬组合适用的场合和时间，以防止薪酬或其他外在报酬削弱内在激励所导致的不良后果。比如，对于能够对组织的成本或利润产生显著影响的结果性绩效应当提供薪酬激励，对于有助于企业降低成本的员工的发明或建议以及具有重要经济价值的产品质量改进或产品创新，企业应当为员工提供奖金。而对于员工积极帮助其他同事的行为或主动合作的行为，不宜以经济奖励的方式加以强化，相反，同事之间的正式认可或赞扬制度能够起到更好的作用。

小专栏 1-5

对产品和服务的热忱能够弥补低薪酬吗?

苹果公司专卖店员工的年薪大约只有2.5万美元，这个薪酬水平比最低工资水平高一些，也比盖普公司（Gap）的商店员工高一些，但比美国电话电报公司（AT&T）和威瑞森无线公司（Verizon Wireless）的店面销售员工的年薪要低，这两家公司销售人员的年薪能达到5万～6万美元，有些甚至能拿到10万美元。苹果公司把专卖店中的员工称为“专员”而非“销售人员”，这些典型的专员都是20岁上下的年轻人，他们没有配偶和孩子（这将降低企业的医疗保险成本），乐于过一种简朴的生活，能适应苹果专卖店中工作（有时是高压和狂热）的需要。他们通常还会成为苹果公司产品的狂热爱好者，常常能够感受到他们是在为一个更高和更宏伟的目标而工作，这就是丰富人们的生活。

然而，苹果专卖店的员工还是得考虑经济上的问题以及这份事业的可持续性。一方面，薪酬水平不算高；另一方面，晋升的机会（这将带来更高的薪酬收入）也很少。苹果公司通过内部员工态度调查发现了员工在这方面的担忧，于是公司做出决定，除了让员工能够从工作中获得无形收益，有形的收益（比如薪酬）也需要提高，只有这样才能使苹果公司的工作更加具有可持续性，从而留住员工。苹果公司告诉员工，他们的薪酬可以大幅提高。不过，在增加内部晋升机会方面公司取得的进展似乎还比较小，虽然在出现管理职位空缺时，苹果公司一般会设法从内部提拔人员来填补。

资料来源：David Segal. Apple's Retail Army, Long on Loyalty but Short on Pay. New York Times, June 24, 2012.

第2节　薪酬管理概论

一、薪酬管理的重要决策与公平性要求

（一）薪酬管理及其重要决策

所谓薪酬管理，在广义上是指一个组织为了实现组织战略和经营目标，维护企业文化以及吸引、留住、激励和开发员工，制定组织的薪酬战略、薪酬政策和薪酬制度，并且实施各项薪酬管理任务的整个过程。从狭义的角度来说，薪酬管理主要是组织针对员工提供的服务确定他们的薪酬体系、薪酬水平、薪酬结构、薪酬支付方式以及付诸实施的过程。广义的薪酬管理实际上强调的是战略性薪酬管理，而狭义的薪酬管理更多是指各种薪酬事务的处理。

关于战略性薪酬管理问题，我们将在下一章中具体讲述，这里我们重点看一看狭义及具

体的薪酬管理问题。在日常薪酬管理过程中，企业必须就薪酬体系、薪酬水平、薪酬结构以及特殊员工群体的薪酬等具体的薪酬管理问题作出决策并予以实施。同时，作为一种持续的组织过程，企业还要持续不断地制定薪酬计划，拟定薪酬预算，就薪酬管理问题与员工进行沟通，同时对薪酬体系本身的有效性作出评价，并不断完善。在这里，我们重点谈谈薪酬管理过程涉及的四个方面最为重要的决策，即薪酬体系决策、薪酬水平决策、薪酬结构决策以及薪酬管理政策决策。

1. 薪酬体系

对于任何一个组织来说，薪酬体系决策需要解决的两大问题是：薪酬体系的构成；基本薪酬的决定方式。

首先，薪酬体系需要明确组织的薪酬构成，即组织支付给员工的具有经济价值的全部劳动报酬包括哪些组成部分或模块或项目。正如前面的分析所指出的，总薪酬一般包括基本薪酬、浮动薪酬或奖金以及福利三部分内容。因此，根据这三大方面来对薪酬体系进行分类时，大体上可以划分为以下三种：

第一种是固定薪酬体系（实践中也称“固定工资制”）。也就是说，这种薪酬体系中没有浮动薪酬或奖金部分，薪酬全部体现为相对固定的基本薪酬。比如，我国当前的公务员薪酬体系基本上就属于这种模式，虽然公务员也有所谓的年终奖，但这种年终奖基本上属于第 13 个月基本薪酬，与公务员个人的绩效以及地方政府或整个国家的绩效基本上没有关系。有些企业对全部或部分员工采用这种固定薪酬体系。

第二种是绩效薪酬体系（实践中也称“绩效工资制”“浮动工资制”或“奖金制”）。与前一种薪酬体系相反，这种薪酬体系中没有固定的基本薪酬，全部采用浮动薪酬或奖金的形式发放，员工没有绩效就得不到薪酬，比如，针对一些销售人员采用的纯粹佣金制或提成制。

第三种是混合薪酬体系。顾名思义，就是企业的薪酬体系中既包括固定薪酬，也包括绩效薪酬或浮动薪酬。这是最常见的一种薪酬体系。当然，在实践中，完全意义上的固定薪酬体系或绩效薪酬体系并不常见，因此，一般情况下，可以根据固定和浮动两部分薪酬在整个薪酬体系中所占的比例来对薪酬体系加以区分。进而言之，可以将固定薪酬比绩效薪酬所占的比例更大的混合薪酬体系称为固定薪酬体系，而将绩效薪酬比固定薪酬所占的比例更大的混合薪酬体系称为绩效薪酬体系。

其次，薪酬体系决策需要明确企业确定员工基本薪酬的基础是什么。当前，国际上通行的薪酬体系主要有三种，即职位（或称岗位）薪酬体系、技能薪酬体系以及能力薪酬体系，其中以职位薪酬体系的运用最为广泛。职位薪酬体系、技能薪酬体系以及能力薪酬体系是指企业在确定员工的基本薪酬水平时所依据的分别是员工从事工作的自身价值、员工的技能水平以及员工所具备的胜任能力或综合任职资格。其中，职位薪酬体系是以工作和职位为基础的薪酬体系，技能和能力薪酬体系则是以人为基础的薪酬体系。由于基本薪酬通常称为薪资，因此，很多时候，我们也说职位薪资体系、技能薪资体系以及能力薪资体系。关于薪酬体系的问题，我们将在第 3 章和第 4 章中做专门的论述。

在薪酬体系尤其是薪酬构成方面，需要注意的是，尽管我们在薪酬体系中仅仅讨论了基本薪酬、浮动薪酬以及福利这三大模块，但在现实中，企业薪酬体系的构成非常复杂。特别是在我国计划经济时期，劳动者的工资完全被国家控制，工资水平基本类似于“生存工资”，主要是为了满足劳动力再生产的需要，完全没有劳动的市场价值的概念。在这种情况下，我国计划经济时期的工资往往水平不高，但项目很多，在一张工资条上同时罗列十几项的情况很常见。这种计划经济的工资设计逻辑后来被很多企业沿用。举例来说，在一张工资条上可能会出现基本工资（或基础工资）、岗位工资、职务工资、绩效工资（或奖金）、书报费、洗理费、通勤费、物价补贴、学历津贴、工龄津贴、艰苦地区津贴等若干个工资项目。

为什么我国很多企业设计的薪酬构成（或平时常说的“工资构成”）要比西方企业复杂、混乱得多？这与计划经济时期的薪酬决定和支付逻辑有关。由于计划经济时期发的基本工资只是用于购买粮油食品，所以，必须增加书报费、洗理费、通勤费等项目用于其他开支。由于基本工资水平数年不调整或者调整幅度过小，而物价水平在不断变化或发生通货膨胀，因此不得不增加各种物价补贴（粮油补贴、副食补贴、煤电补贴等）。由于基本工资或岗位工资仅仅反映级别、学历、工龄等因素，无法反映岗位对人的技能要求以及工作环境的差别，因此，不得不增加大量的岗位津贴（高空津贴、井下津贴、流动施工津贴、野外工作津贴、海岛津贴、夜班津贴以及适用于学校班主任、公安干警、环卫人员等各类人员的岗位津贴）、技术津贴（特级教师补贴、工人技师津贴、中药老药工技术津贴、特殊教育津贴等）、保健津贴（卫生防疫津贴、医疗卫生津贴、科技保健津贴等）、年功津贴（高温津贴、井下津贴）。至于津贴和补贴的区别，按照官方的定义，津贴是为了补偿职工特殊或额外的劳动消耗及因其他特殊原因支付给职工的，而补贴则是为了保证职工工资水平不受物价影响而支付给职工的。

因此，我国计划经济下的薪酬构成复杂化的根本原因在于，工资不是市场决定的，而是政府或计划按照劳动力供给的需要决定的。而在市场经济条件下，劳动者薪酬水平最重要的决定因素是此类劳动力在市场上的供求关系①，因此，很多企业支付给员工的货币薪酬就是基于市场薪酬水平确定的固定薪酬和浮动薪酬，还有一些企业甚至就支付一笔固定薪酬，而不是像很多企业那样把薪酬构成设计得那么复杂。另外，在市场经济条件下，企业的基本薪酬基本上根据岗位价值决定，因此，在岗位工资中就已经把岗位的工作环境或工作条件、对任职者的技能要求、需要承担的责任大小、工作强度和压力等各种因素考虑进去了（参见第3章中职位评价的相关内容），用一个岗位薪酬或基本薪酬就取代了各种各样的津补贴。此外，在大多数情况下，员工获得的货币薪酬在水平上会超出基本生存需要，至于员工在衣食住行等各方面如何支配自己的薪酬，跟企业无关，所以就不需要设置那么多细致的薪酬项目或条目。最后，需要强调的一点是，从薪酬管理的角度来看，一个组织的薪酬项目设置得越多，不仅会使薪酬管理工作变得更复杂，而且会导致薪酬与组织和个人绩效之间的关系越疏远，对员工的激励效果更差。

2. 薪酬水平

薪酬水平是指企业中各职位、各部门以及整个企业的平均薪酬水平，薪酬水平决定了企业薪酬的外部竞争性。这里需要指出的是，在传统的薪酬水平概念中，我们更多关注的是企业的整体薪酬水平，而在当前全球经济一体化以及竞争日趋激烈的市场环境中，人们开始越来越多地关注职位和职位之间或者不同企业中同类工作之间的薪酬水平对比，而不是笼统的

---

① 举个例子来说，劳动力的市场价格决定逻辑与白菜的原理是一样的，白菜的价格绝不仅仅取决于白菜的种子、农药、化肥、土地、运输以及人工等各种成本的高低，更重要的一个决定因素是市场上有没有人愿意买白菜以及他们愿意买多少。

企业平均水平的对比。这是因为，随着竞争的加剧以及企业对自身在产品市场和劳动力市场上的灵活性的强调，企业对薪酬的外部竞争性的考虑日益超越了对内部薪酬一致性的考虑。

对企业的薪酬水平决策产生影响的主要因素包括：同行业或地区中竞争对手支付的薪酬水平；企业的支付能力和薪酬战略；社会生活成本指数；在集体谈判情况下的工会薪酬政策等。

3. 薪酬结构

在我国企业中，大家通常习惯于将薪酬结构理解为企业的总薪酬体系所包括的薪酬项目，比如，浮动工资、岗位工资、工龄工资等内容。但是，在标准用法中，这些项目实际上是指薪酬体系的构成。薪酬结构则是指在同一组织内部，一共有多少个基本薪酬等级以及相邻的两个薪酬等级之间的薪酬水平差距。形象地说，就是薪酬等级一共有多少级阶梯，相邻的两级阶梯之间的差距有多大。由于薪酬结构通常是指相对固定的基本薪酬部分的等级数量以及等级差距，所以在大多数时候，国外的教材还是习惯于称之为薪酬结构。在企业总体薪酬水平一定的情况下，员工对企业内部的薪酬结构是极为关注的，这是因为，企业内部的薪酬结构实际上反映了企业对职位和技能价值的看法。企业既可以设立很多基本薪酬等级，但是各薪酬等级之间的薪酬水平差距很小，也可以设立较少的薪酬等级，但是各薪酬等级之间的水平差距较大。因此，如果说企业的总体薪酬水平会对员工的吸引和保留产生重大影响，那么，薪酬结构合理与否，往往会对员工的流动率和工作积极性产生重大影响。一般来说，企业往往通过正式或非正式的职位评价以及外部市场薪酬调查，来确保薪酬结构的公平性和合理性。

在薪酬结构中，如何合理地保持不同薪酬等级之间的薪酬差距是一个值得注意的问题。如果薪酬差距过小，则当员工具体承担的工作岗位在重要性、复杂性以及难度和压力等方面相差很大时，薪酬水平会很接近，这往往导致从事重要工作的员工报酬过低，而从事次要或辅助类工作的员工报酬过高，这种“薪酬压缩”的现象很容易因为没有合理拉开薪酬内部差距而导致逆向选择问题，即优秀员工很难留住，而能力较差的员工却不愿意离开。[①] 比如，我国有些企业经常抱怨“想留的人留不住，不想留的人一个也不走”，往往与此有一定的关系。从另一个方面来看，组织内部的薪酬差距过大容易造成普通员工的不公平感，不利于建设共赢的企业文化。每一家企业的内部薪酬差距主要取决于所在行业、企业规模、发展阶段、企业文化以及社会文化等多方面因素。

4. 薪酬管理政策

薪酬管理政策主要涉及企业的薪酬成本与预算控制方式，以及企业的薪酬制度、薪酬规定和员工的薪酬水平是否保密等问题。薪酬管理政策必须确保员工对薪酬体系公平性的感知以及薪酬体系有助于组织和员工个人目标的实现。

有时候，薪酬管理政策往往会涉及一些很细微的决策，但是这种决策却会对员工的工作积极性产生较大的影响，因而企业需要对自己的薪酬政策很好地进行评估。例如，在美国，大部分餐馆服务员的报酬主要来自小费，就餐客人通常都会向服务员支付相当于总就餐费用15%～20%的小费，如果客人用信用卡付账，信用卡公司通常会向餐馆收取一笔相当于账单总额1.5%～3%的手续费。如果小费是用信用卡支付的，则信用卡公司对这笔小费也同样

---

① ［美］爱德华·拉齐尔．人事管理经济学．北京：三联书店，2000：64.

收取手续费。一些餐馆为了控制成本，选择从服务员应得的小费中扣除这些小费所产生的手续费，尽管这种做法符合美国联邦政府的法律规定，但一些餐馆发现，这种做法不仅引起服务员的不满，而且导致客人的抱怨，一些客人在了解到餐馆的这种政策之后，开始用现金来支付小费。最后，一些餐馆发现，扣除小费手续费的政策对餐馆而言实际上是得不偿失的，因此就废除了这种管理政策。

在薪酬管理政策中比较有争议的一个问题是薪酬保密。过去，国内很多企业往往以薪酬保密是国际惯例为借口，实施薪酬保密政策。现在，很多美国公司在薪酬方面都已经变得非常公开了。这一方面是因为美国面临劳动力市场紧张的状况，吸引人才很困难，企业希望培养和员工之间的良好关系；另一方面是因为美国劳资关系委员会明确规定，企业必须让员工有在工作场所谈论薪酬的自由——就像员工在工作场所谈论工作一样。同时，很多企业也不得不承认，人们喜欢进行相互比较，这是人的一种天性，因此，提供准确的信息而不是让谣言主导舆论是很有必要的。

事实上，我们必须清醒地意识到，薪酬管理的真正目的并不是让大家在没有任何争议的情况下将薪酬分配下去，即将注意力放在分配过程上；相反，薪酬管理的真正目的是让员工了解薪酬分配的原则和依据，使大家理解组织对什么样的行为和绩效感兴趣。如果我们试图通过薪酬保密来化解在员工中可能出现的抱怨和不满，薪酬的重要激励功能就可能会丧失。因此，真正经得起公开检验的薪酬决策反而是好的薪酬管理的体现。

（二）薪酬管理的公平性要求

薪酬管理对于几乎任何一个组织来说都是一个比较棘手的问题，这主要是因为企业的薪酬管理体系一般要同时实现公平性、有效性和合法性三大目标。所谓公平性，是指员工对于企业薪酬管理体系以及管理过程的公平性、公正性的看法或感知。这种公平性涉及员工对比本人薪酬与企业外部劳动力市场薪酬、对比本人与企业内部不同职位上的人以及类似职位上的人的薪酬水平的结果。所谓有效性，是指薪酬管理体系在多大程度上能够帮助组织实现预定的经营目标。这种经营目标并不仅仅包括利润率、销售额、股票价格上涨等方面的财务指标，而且包括客户服务水平、产品或服务质量、团队建设以及组织和员工的创新和学习能力等方面的定性指标的完成情况。所谓合法性，是指企业的薪酬管理体系和管理过程是否符合国家的相关法律规定。从国际通行的情况来看，与薪酬管理有关的法律主要包括最低工资立法、同工同酬立法或反歧视立法等。

然而不仅在这三大目标之间有时会存在一些冲突，即使是在公平性这一目标上，企业往往也处于两难境地。比如，员工对于薪酬公平性的一个重要判断基础是，本人与其他同类企业中同类人员的薪酬状况对比。在其他条件相同的情况下，本企业的薪酬水平越高，员工的公平感就会越强。但是，如果薪酬水平过高，又会对企业形成成本压力，对企业的利润产生不利影响，从而在薪酬的公平性和有效性之间产生了矛盾。此外，在薪酬管理的合法性和有效性之间有时也会产生类似的冲突，即企业有时在不守法的情况下可能会增加收益，比如不遵守最低工资立法的规定，给工人支付低工资。因此，企业在很多时候必须在薪酬的公平性、有效性以及合法性三大目标之间找到平衡。

薪酬的公平性本身也是一个非常复杂的问题。事实上，薪酬问题在很大程度上就是一个公平性的问题，而公平性是一个主观色彩较浓的概念，把握起来难度比较大。管理学中的公平理论指出：人们往往通过与他人所受待遇的对比来评价自己所受待遇的公平程度，即一个人会把他所认为的个人所获收益（例如薪酬、福利、工作条件等）与他所认为的个人投入（例如努力、能力和经验等）之比与作为参照的其他人的同一比率进行比较，以判断自己是否受到了公平对待。因此，就薪酬问题而言，员工常常通过与其他人的对比来评价自己得到的薪酬。薪酬水平高的员工的满意度未必就高于薪酬水平低的员工。此外，即使管理层或者其他同事认为某位员工得到的薪酬已经相当多了，但是作为当事人的员工并不一定持同样的看法，这是因为员工掌握的信息或选取的比较对象与企业的管理层或者其他同事可能是不一样的。

员工一旦认为自己在薪酬方面受到了不公平对待，就会采取以下三种方法力图恢复公平或者找到心理平衡：一是减少个人的投入，比如不再那么卖力地工作，而是消极怠工；二是以不正当的手段来增加个人的工作收益，比如，偷窃公司财物或者出卖公司秘密或其他信息来牟利；三是从心理到身体都试图远离自己认为产生不公平的地方，比如，拒绝与自己认为所获报酬过高的同事共事或合作，或者干脆离开企业。如果某些较大的员工群体对于企业的薪酬公平性感到不满，他们还有可能采取停工或罢工等集体行动来维护自己的权利。例如，北京某外语培训机构的数位教师由于与该机构在薪酬问题上发生矛盾，在一次本该上课的时间突然集体消失，使该培训机构非常被动。再比如，2010 年 5 月 27 日，位于我国广东的本田南海汽车生产厂员工由于对薪酬过低以及日方员工与本土员工之间的巨大薪酬差距感到不满，在没有通知管理方的情况下直接采取了罢工的做法。[①] 因此，无论员工试图采用哪种途径来恢复公平，都很可能会对企业造成损害，薪酬公平性的问题必须引起企业的高度重视。

任何一个组织的薪酬管理都必须达到以下四个方面的要求。

1. 薪酬的外部公平性

薪酬的外部公平性也称为薪酬的外部竞争性，它考虑的是员工会将本人的薪酬与外部劳动力市场或其他企业中从事同样工作的员工所获得的薪酬进行比较。由于这种比较的结果常常会影响到求职者是否选择到某家企业去工作或者影响企业现有的员工是否会作出跳槽的决策，所以，一般情况下，企业会借助市场薪酬调查来避免员工产生强烈的外部不公平感（关于市场薪酬调查的内容，我们将在本书的第 4 章中讲述）。

2. 薪酬的内部公平性

薪酬的内部公平性也称为薪酬的内部一致性，它关注的是一家企业内部不同职位之间的薪酬对比问题。在企业采用职位薪酬体系（即主要以职位本身的价值来确定员工基本薪酬的薪酬体系）的情况下，员工常常把自己的薪酬与比自己等级低的职位、等级相同的职位（可能属于不同的技能类别或不同的部门）以及等级更高的职位上的人所获得的薪酬进行对比，通过这种对比来判断企业对本人从事的工作所支付的薪酬是否公平合理。员工经过这种比较所得出的结论不仅会影响到他们的总体工作态度，如是否愿意被调换到企业内部的其他职位上去、是否愿意接受晋升，同时还会影响到在不同的工作、不同的职能领域以及不同的生产班组中员工之间的合作倾向，以及他们对企业的组织承诺度。在实践中，企业往往通过职位评价来强化员工对薪酬的内部公平性的认可（关于职位评价以及职位等级结构的建立，我们将在本书的第 3 章中讲述）。

---

① 梁钟荣，徐峰．本田南海厂“罢工”事件追击．21 世纪经济报道，2010－05－28。

3. 薪酬的个人公平性

员工通常还会将自己的薪酬与本企业中从事相同或类似工作的其他人的薪酬进行比较。如果员工认为，在一家企业中从事相同或类似工作的员工，无论其绩效是优秀、一般还是不良，都能够拿到大体相同的薪酬，那么，他们也会产生不公平感。因此，企业通常用绩效加薪以及其他绩效奖金等方式来体现业绩水平不同的员工对企业的贡献大小（关于绩效奖励的内容，我们将在本书的第7章中讲述）。

4. 薪酬管理过程的公平性

最后，薪酬管理过程和薪酬政策的实施方式也会影响员工对企业薪酬制度的公平性的看法。暗箱操作式的薪酬决策方式以及薪酬保密的政策往往导致员工对企业薪酬制度的不信任，而公开、透明和通过与员工的沟通所作出的薪酬决策以及由此制定的薪酬制度，则往往容易产生员工对企业薪酬公平性的认同，使其接受起来更为容易，薪酬体系的有效性也会相应提高（关于薪酬控制与沟通的内容，我们将在本书的第10章中讲述）。

二、薪酬管理与其他人力资源管理职能的关系

薪酬管理是整个人力资源管理（human resource management）系统以及组织运营和变革过程中的一个重要组成部分，它与其他人力资源管理职能共同构成公司使命、愿景以及战略目标实现的重要基石。作为现代企业人力资源管理的一个重要组成部分，薪酬管理必须与职位设计、招募甄选、培训开发、绩效管理等其他人力资源管理职能紧密结合才能发挥最大效用（参见小专栏1-6）。

小专栏1-6

薪酬与员工的招募、调动与留任

在市场经济下，政府也需要将薪酬管理与其他人力资源管理职能相结合。美国联邦政府就明确规定了奖励性薪酬与高级公务员的招募、调动以及留任等其他人力资源管理实践之间的关系。首先，联邦政府机构在招募职业化的高级公务员时，如果认为不支付一笔奖金就很难招到合适的候选人，则可向合格的候选人支付一笔招募奖金，奖金额不得高于此人刚入职时基本年薪的25%与服务期内一定工作年限（含一个不完整的年份；总共不超过四年）的乘积。其次，如果联邦政府机构认为，不支付一笔奖金就很难让一位高级公务员愿意接受工作调动，到其他地区去工作，从而导致该职位空缺难以填补，便可向愿意接受调动者支付一笔调动奖金。前提是这位高级公务员在绩效评价中至少能够达到合格水平，并且此奖金额与上述招募奖金遵守相同的规定。最后，如果联邦政府机构认为一位高级公务员拥有极高的或独一无二的资质，或对其服务有特别需要，但在不提供留任奖金的情况下，此人可能会离开联邦政府机构，或者是联邦政府机构需要此人在目前任职的办公室、项目等关闭或搬走之前继续留任一段时间，若不提供一笔留任奖金，此人很可能会到联邦服务机构中的其他部门任职，则联邦政府机构可向这位高级公务员提供留任奖金，支付奖金的前提同样是绩效评价至少合格，奖金额不得超过基本年薪的25%。

现代企业人力资源管理的总体思路可以用图1－1加以描述。在图1－1中，我们大体可以看出薪酬管理与职位分析和职位设计、员工招募与甄选、绩效管理、人力资源培训和开发等其他人力资源管理职能之间的密切联系。

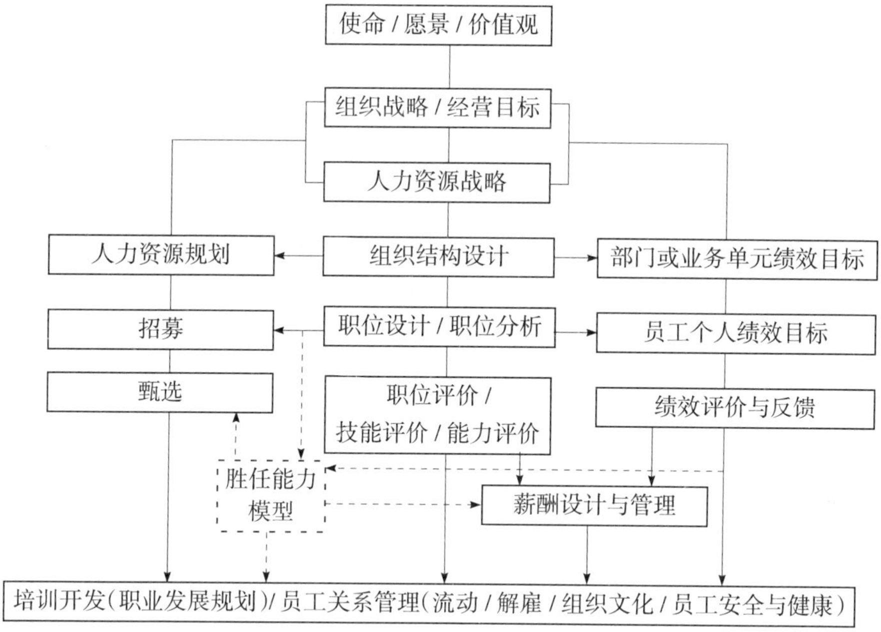

图1－1　现代人力资源管理体系中的薪酬管理

（一）薪酬管理与职位设计

长期以来，人力资源管理都是以职位为中心，薪酬管理也同样如此，但随着企业经营环境不确定性上升以及对员工的灵活性要求逐渐提高，很多企业中的职位特征发生变化，传统上那种划分过细的职位分类以及范围狭窄的职位描述越来越难以适应竞争的需要，而界定范围较为宽泛的职位越来越多，这就要求员工承担范围更大的职责和任务，具备更多的技术和能力。此外，很多情况下，企业还越来越强调团队工作方式，而不是独立的个人工作和单个职位的概念。在这种情况下，企业的薪酬体系就必须适应和支持这种新的发展趋势，并对员工的工作行为加以引导。相应的改革措施可能包括建立技能或知识薪酬体系、能力薪酬体系，制定以小组或团队为单位的薪酬方案等。目前在国际上非常流行的所谓宽带薪酬结构实际上也是企业的薪酬体系对各种内外变化所作出的一种反应。

从另一方面来看，职位本身的设计不合理也会给薪酬管理带来一些麻烦。比如，职位划分过细会导致企业的薪酬等级划分过细，导致员工在不同职位之间的轮换变得很困难，同时，员工会紧盯职位的等级而不是个人的绩效和能力。再比如，我国一些企业中还存在这样的问题，一个职位上20%的工作任务需要硕士生去做，而80%的工作任务本科生或大专生就能完成。这样，企业一方面必须用较高的薪酬雇用一位硕士生从事这个职位的工作；另一方面，如果采用职位评价去评价职位本身的重要性，这个职位本身的价值对企业可能并不那么大。因此，企业就陷入了一个两难境地，但事实上，这种矛盾是由于职位本身的设计不合理造成的，矛盾的根源不在薪酬设计，而在于职位设计本身有问题。

（二） 薪酬管理与员工的招募和甄选

薪酬管理与企业的员工招募与甄选活动存在一种相互影响的关系。一方面，企业的薪酬设计会对企业的招募和甄选工作的速度、所获得的员工的数量与质量以及人格特征产生影响。

首先，企业薪酬水平的高低对于员工的招募和甄选来说无疑是一个非常关键的因素。这是因为，虽然员工为企业工作并不仅仅是为了企业所提供的薪酬，但是对于一位尚未进入企业的准员工而言，薪酬之外的其他报酬要素，比如良好的企业文化和同事关系、较高的管理水平、工作的挑战性等，在很大程度上都还是未知数，唯有薪酬是可以与其他企业直接进行比较的一个明显特征。因此，薪酬在员工的就业决策中是一个影响非常大的变量。通常情况下，高于市场水平的薪酬对于企业的员工招募和甄选活动来说是非常有利的。高水平的薪酬可以以较快的速度吸引大批合格的求职者，因此，企业的甄选标准也可以适当提高，从而保证企业较快地获得高素质的员工；反之，如果企业没有其他方面的报酬支持，薪酬水平又不高，那么企业的员工招募和甄选活动就会遇到困难。

其次，通过企业的薪酬制度所传递出来的特定信息，比如企业的经济实力、等级制度、价值导向以及企业文化等，会在劳动力市场充当一种有效的筛选机制，帮助企业吸引那些与组织的文化和需要相匹配的员工，同时使那些与组织的文化和需要不相匹配的劳动者通过自我选择另谋高就，从而提高企业员工招募与甄选活动的效率，缩减相关开支。比如，在总体薪酬水平相当的情况下，一家基本薪酬较高而浮动薪酬或奖金较少的企业所吸引的往往是那些不喜欢承担风险的员工，而这些员工往往会比较在意工作的稳定性，愿意在某种工作岗位上长时间地从事相同的工作。而一家采取相反薪酬设计方式的公司所吸引的则是那些不满足于获得稳定报酬的人，他们愿意承担风险，但是也需要企业为他们所承担的这种风险支付相应的报酬。[①] 此外，直接薪酬和间接薪酬之间的比例关系对于企业所招募到的员工类型具有类似的影响。[②]

另一方面，企业所要招募的员工类型，对于候选员工的知识、经验以及能力水平的要求的高低等，又会直接影响到企业的薪酬水平和薪酬结构。当企业要求员工能够承担较多或难度较大的职责和任务从而具备较高的任职资格条件时，企业往往需要支付较高水平的薪酬；而如果希望招募到的员工是有远见、富有冒险精神、勇于创新的，企业通常在薪酬中设计较大份额的绩效奖励或奖金，比较稳定和固定的基本薪酬所占的比重则会相对低一些。

（三） 薪酬管理与培训开发

进入21世纪以后，随着全球经济一体化以及市场竞争的日趋激烈，新的技术和能力、新的行为，甚至新的价值观，都成为决定企业竞争地位的重要筹码，因此，员工的培训、开发以及职业生涯设计成为企业核心竞争力的一个重要源泉。当前，企业普遍在朝着学习型组

---

① ［美］爱德华·拉齐尔．人事管理经济学．北京：三联书店，2000：97－98.

② ［美］伊兰伯格，史密斯．现代劳动经济学：理论与公共政策：第8版．北京：中国人民大学出版社，2007：240－244.

织的方向发展，但是只有设计出与学习型组织相适应的薪酬制度和薪酬体系，对员工的学习行为尤其是学习之后的运用结果给予反馈和奖励，才有助于推动员工与企业所倡导的这种新型文化保持一致。比如，以技能和能力为基础的薪酬体系本身就是一种激励员工不断学习、不断提高自身能力的薪酬制度；而以团队为基础的薪酬结构有利于知识、经验以及技能在团队内部的分享。总之，薪酬管理对于企业的培训开发活动能够起到很好的支持和引导作用：薪酬体系的合理设计有助于引导员工主动接受培训、努力进行自我技能开发、不断巩固和提高自身的业务素质，从而增强员工适应工作的能力，帮助组织获得更大的灵活性。

举个例子来说，在国内某航空公司，在国际航线值机柜台办理登机服务的值机员需要操作公司所代理的国外航空公司的电脑订座系统，但是不同国家的航空公司所使用的订座系统并不相同。在这种情况下，有些优秀的值机员可能会操作三四家航空公司的订座系统，而一些值机员却只会操作一家航空公司的订座系统，但两类人的薪酬水平几乎是一样的。这样，即使公司号召大家多掌握集中订座系统，这些人也没有积极性去学习新的技能，甚至当公司组织大家去接受培训时，很多人也没有积极性。但是，如果公司略微改变自己的薪酬设计，使值机员的基本薪酬与他们所能够操作的订座系统的种类有一定的联系，那么员工一定会比过去有更大的积极性去学习和掌握更多新的订座系统。如果大多数值机员都能够掌握两三种订座系统，那么，即使相对提高这些员工的薪酬水平，公司也能从因此而导致的人员精简中获得成本的节约。

（四） 薪酬管理与绩效管理

绩效管理是现代企业人力资源管理的一个核心内容，绩效评价指标体系的建立、绩效目标的制定、绩效监督以及绩效评价与反馈机制是任何一家现代企业得以达到目标以及持续发展的重要动力。可以说，在竞争激烈的今天，企业比以往任何时候都更需要绩效管理，尤其是对我国的大多数企业来说。但是，企业的绩效管理系统要想得到管理者和员工的认可以及支持，企业的绩效文化要想得到贯彻，没有相应的绩效报酬制度是很难想象的。事实上，绩效与薪酬之间的关系日益紧密是 20 世纪 90 年代以后企业薪酬制度变革的一个重要内容。过去那种单纯以职位作为报酬的主要依据的薪酬体系越来越无法适应竞争的需要，企业越来越多地在考虑如何在基本薪酬钉住市场的情况下，使员工个人以及团队的薪酬与他们的绩效挂起钩来。不仅如此，过去的绩效加薪政策也越来越多地被不具有累积性质的绩效奖励政策所取代。

从绩效管理本身来看，过去那种一维的、静态的绩效评价方法逐渐被全方位的、动态的绩效评价方法所取代。企业不仅关心员工的业绩目标实现情况，同时也关心员工实现业绩的过程以及在这一过程中所表现出来的行为、态度以及能力；不仅关心企业的短期绩效，更关心企业的长期绩效。其原因在于，在一个不确定性增加的环境中，只有这样才能对员工进行更为公正的、导向性更为明确的评价，同时也最有利于企业的长期发展。事实上，在这种以能力模型为中心的人力资源管理系统中，企业的薪酬管理已经从过去主要考虑绩效和薪酬之间的关系，发展到不仅关心员工的业绩目标实现，而且关心员工的整体素质、所掌握的技能以及未来的潜力提升等。以技能和能力为基础的薪酬体系被越来越多的企业所应用，正是这种发展趋势的一种现实证据。

（五） 薪酬管理与胜任能力模型

所谓胜任能力，就是指与特定组织中特定工作岗位上的人的工作业绩水平有因果关联的任职者的个体特征和行为。它能够将特定工作岗位上表现优秀的员工与表现一般的员工区分开来。胜任能力模型是从组织的战略发展需要出发，以提高任职者实际工作绩效以及强化组织竞争力为目标的一种独特的人力资源管理思维方式、工作方法以及操作流程。这种方法起源于 20 世纪 70 年代哈佛大学心理学家麦克莱兰（McClelland）教授帮助美国国务院改进外交官选拔办法的研究。进入 90 年代以后，随着世界经济一体化的加剧、市场竞争的日益激烈、高素质人才的供不应求以及与此相关的人才争夺战，各公司发现它们的成功比以往任何时候都更加依赖于其员工的技术和能力表现。所以，很多国际著名大公司以及发达国家的一些政府机构都在设法建立适用于本组织以及本组织中各种人员的胜任能力模型。

胜任能力模型与人力资源管理中的多种职能存在紧密的联系。比如，能力模型的建立有赖于对某一类岗位上的绩效优异人员的业绩、行为以及思维方式等的考察。同时，能力模型一旦建立起来，对企业的岗位重新设计以及绩效管理过程的改善又会产生积极的影响。再比如，能力模型从一开始就是为提高员工甄选的效度、确保任职者的工作绩效而建立起来的，因此，它对于企业改善自身的员工招募和甄选效果显然具有重要意义。此外，能力模型与一个组织的培训和开发体系也有着密不可分的关系。它使一个组织的人力资源开发与培训活动变得更加有效，更有利于提高员工在当前以及未来岗位上的工作绩效，改善企业的培训和开发活动的效果。

从薪酬管理方面来说，能力模型以及基于能力评价和能力等级评定而建立的薪酬体系，有利于消除传统的以职位为中心的薪酬体系可能带来的一些不利影响。比如，员工可能会为了得到更高的薪酬而盲目追求职位等级的晋升和工作职责、权限的扩大，而不是自身能力的提高和绩效的改善。虽然以职位价值（职位评价结果）来确定员工基本薪酬的薪酬体系仍然适用于大多数组织，但是，在一些职位特征不是那么明显或重要，而员工的综合工作能力对于组织的竞争力和经营绩效影响更大，且组织对员工工作安排的灵活性要求更高的情况下，以能力模型为基础的薪酬体系就显示出其独特的优势。这种薪酬体系不仅鼓励员工积极提高与实现高绩效有关的能力，而且有助于弱化行政级别的概念，打造一种积极的以能力为中心的高绩效组织，提高员工的工作安排弹性和工作适应性。需要注意的是，并不是所有的企业都适合建立以胜任能力为平台的人力资源管理系统（以及薪酬系统）。一般来说，适合建立这种人力资源管理系统的企业包括：知识型员工占主体的高科技企业；服务型员工占主体的服务型企业；组织结构扁平化、网络化和团队化的企业；外界环境变化迅速的企业等。

（六）薪酬管理与员工关系管理

员工关系管理是指企业为了在经济契约的基础上与员工之间形成一种对双方都有利的心理契约而采取的各种管理措施，主要包括劳动关系管理、员工参与管理、员工满意度监测与流动管理、组织文化建设、争议处理程序、员工援助计划等多项内容。妥善处理企业与员工之间的关系无疑有利于组织目标的实现以及组织的长期发展。薪酬管理与员工关系管理之间的关系主要体现在以下几个方面：第一，薪酬设计和薪酬管理过程及其结果本身会影响到员工关系的塑造。如果企业的薪酬管理能够严格遵守国家的法律法规，充分体现程序和结果的公平性和公正性，薪酬总是能够及时发放，则有利于强化员工对企业的公平的认知，提高员工对企业的满意度；相反，则会带来紧张的员工关系。第二，薪酬水平的高低会直接影响到员工的流动性。在其他条件一定的情况下，高水平的薪酬有助于抑制员工的离职倾向，提高员工的组织承诺度或敬业度，而低水平的薪酬则不利于留住员工和提高员工的工作积极性。第三，薪酬体系本身会导致形成或强化不同的文化。比如，如果薪酬体系中大量体现了对绩效的奖励，则有助于形成或强化绩效文化；如果薪酬体系重视对团队绩效的奖励，则有助于形成或强化组织中的团队合作文化。再比如，如果在薪酬中体现出对工作年限的一定程度的认可，则有助于在企业和员工之间形成对彼此的一种长期承诺。第四，企业对员工采取的一些纪律处罚措施可能会涉及员工的薪酬扣减。企业并不是在任何情况下都可以对员工采取罚款的措施，在制定和实施相关的制度时，首先要符合法律法规的基本要求，其次要确保公平公正，即使是在合法的情况下，对员工的薪酬扣罚也不能有失公平（参见小专栏 1－7）。

小专栏 1－7

护士下班后打麻将被扣工资

2017 年 2 月 10 日，由贵阳市第一人民医院下发的《关于对马某君同志在公共场所打麻将的处理意见》在网络上热传。文件称，1 月 18 日 15 时至 17 时，贵州省纪委检查组在检查中发现，贵阳市第一人民医院普外二科护士马某君在南明区御庭轩餐饮店打麻将，给医院和科室造成了很坏的影响。按照贵阳市卫计委纪委的要求，结合科室处理意见，经讨论决定，对普外二科及马某君个人进行全院通报批评，扣罚科主任及护士长当月绩效奖。对于马某君本人，要求其做出书面检查，同时扣罚 3 个月绩效奖。

据了解，2014 年 2 月 10 日，贵阳市纪律检查委员会、贵阳市监察局出台《关于全市党员、干部参与打麻将“三不许”的公告》，明确提出公职人员不许在工作时间、工作场所进行打麻将等类似活动，不许在除家庭以外的公共场所进行打麻将等类似活动，不许与利益相关人员进行打麻将等类似活动。凡举报查实的，对实名举报者按有关规定进行奖励。

律师质疑医院的处分行为属于变相克扣工资。律师指出，贵阳市第一人民医院职工属于事业单位编制，按《劳动法》第五十条的规定，工资应当以货币形式按月支付给劳动者本人。不得克扣或者无故拖欠劳动者的工资。非工作时间进行娱乐活动是该职工的自由，医院无权对其在非工作时间的行为进行管理，医院据此扣除 3 个月绩效奖的处分行为属于变相克扣工资，违反了《劳动法》的规定。此外，根据《治安管理处罚法》第七十条的规定，以营利为目的，为赌博提供条件的，或者参与赌博赌资较大的，处五日以下拘留或者五百元以下罚款；情节严重的，处十日以上十五日以下拘留，并处五百元以上三千元以下罚款。也就是说，如果员工参与赌博，处罚单位是公安机关，与用人单位无关。目前该事件尚未有涉嫌赌博的信息披露。

纪委可对该职工进行纪律处分。党纪是党的各级组织和全体党员必须遵守的行为规范。根据《中国共产党纪律处分条例》第一百二十八条，违背社会公序良俗，在公共场所有不当行为，造成不良影响的，给予警告或者严重警告处分；情节较重的，给予撤销党内职务或者留党察看处分；情节严重的，给予开除党籍处分。

资料来源：赵蕾，刘经宇．护士下班后打麻将，被扣 3 个月绩效．新京报，2017－02－11.

◆ 本章小结

对于薪酬可以从不同的视角来审视，员工、企业和社会在薪酬方面的期望和目标是存在差异的，但各自目标的实现又是相辅相成的。

薪酬从工业革命时期开始，逐渐从简单的计时和计件工资，发展出个人和群体绩效奖励的部分，后来又增加了福利成分，最后发展出总报酬的概念。在不同的经济发展时期，企业面临的环境和主要任务不同，因此薪酬管理的重心也存在差异。

从工资、薪酬、总薪酬到报酬是一个外延不断扩大的过程，这些概念之间既有区别，又存在重要的联系。总薪酬通常包括基本薪酬、可变薪酬以及间接薪酬或员工福利与服务三大部分内容。而报酬则包括与经济报酬无关的其他一些内在报酬和外在报酬。

在薪酬管理中，需要就薪酬体系、薪酬水平、薪酬结构以及薪酬管理政策四大方面的问题做出决策，同时确保组织的薪酬具有外部、内部、个人以及管理过程的公平性。

薪酬管理是整个人力资源管理体系中的一个单元，战略性人力资源管理的基本原理要求它必须与招募、甄选、绩效管理、培训、开发等其他人力资源管理职能紧密配合，才能发挥其作用。

◆ 关键术语

工资（wage）
薪资（salary）
薪酬（compensation）
总薪酬（total compensation）
基本薪酬（basic pay）
可变薪酬（variable pay）
员工福利（employee benefit）
报酬（reward）
经济报酬（financial reward）
非经济报酬（non-financial reward）
内在报酬（intrinsic reward）
外在报酬（extrinsic reward）
人力资源管理（human resource management）

◆ 复习与思考

1. 请从员工、企业以及社会的不同视角谈谈薪酬的含义及影响。
2. 请简述薪酬的起源及其发展过程。
3. 工资、薪酬、总薪酬以及报酬的概念之间存在哪些联系与区别?
4. 从报酬的角度来看，组织在进行人力资源管理时应当注意哪些方面的问题?
5. 总薪酬包括哪三个组成部分? 它们的主要功能分别是什么?
6. 薪酬管理中需要做出的重要决策包括哪些?
7. 薪酬管理需要达成的公平性包括哪四个方面?
8. 薪酬管理与其他人力资源管理职能之间存在怎样的联系?

案例与讨论

东航云南分公司飞行员的“集体返航”事件

中国东方航空公司于 1988 年在上海正式挂牌，1993 年正式成立中国东方航空集团，集团旗下的中国东方航空股份有限公司于 1997 年在纽约、香港、上海三地作为首家中国航企挂牌上市。2002 年通过兼并中国西北航空公司以及联合云南航空公司组建了新的航空集团。2009 年，东航股份公司与上海航空股份有限公司成功实施联合重组，集团持有股份公司 70.53% 的股权。目前，东航集团拥有大中型飞机 400 多架，截至 2012 年 9 月底，总资产为 1 321.58 亿元人民币。

2008 年 3 月 31 日，东方航空公司发生了一个举国瞩目的事件，该公司云南分公司的 14 架航班从昆明飞往云南省内其他机场之后，都没有降落，而是直接返航，结果造成大批乘客滞留在昆明巫家坝机场，这就是所谓的“东航航班集体返航事件”。事发后，东航集团坚称是天气原因使飞行员不得不集体返航，但当天飞同一航线的其他航空公司的飞机却基本都安全降落。种种迹象表明，这是一起飞行员以变相集体“罢飞”的方式来进行维权的行动。飞机每多一次起降就会多一分风险，一向奉行谨慎稳健原则的飞行员为何不惜让上千乘客跟自己一同上演一出空中惊魂的“大戏”呢？他们想让东方航空公司的领导层知道些什么呢？

“不公平”是飞行员在事后的诸多抱怨中提到的最醒目的字眼。在流传于东航云南分公司飞行员大楼中的一封名为“致东航云南公司全体飞行员”的公开信中，不仅提及云南分公司飞行员和其他公司之间的待遇差距，更指出总公司在航线的分配和干线支线的小时费问题上对云南公司明显不公平。飞行员的薪酬来源主要是两部分，一部分是固定工资，这是一小部分，更多的工资性收入来源于小时费，即根据驾机飞行的小时数量来计算的奖金部分，因此，被分配的航线是否容易起降以及空中飞行时间的长短，将会直接影响到飞行员的个人利益。

针对航线的分配及干线和支线之间关系的问题，东航的解释是：总公司是通过全盘考虑来分配航线的，支线向干线让利，重点抓北京、上海、广州的商务黄金干线和从上海出发的国际航线。按照航线的重要性划分，飞支线的飞行员的小时费自然会远远低于主干线。但是，云南分公司的飞行员却觉得这只是总部的一个“借口”。“高原机场四边都是山，气象变化无常，跑道又短，很多公司的飞机都冲出过跑道，”云南分公司一位老飞行员说，“别的地方，只要放了机长，到哪里都能飞，但是云南支线机场就要一个机场一个机场地挨个认证才行，每个机场都要让管技术的检查员和领导在飞行技术本上签了字，你才能飞。”相比干线和国际航线而言，云南的支线飞行要花费同样的地面飞行准备时间，危险系数更高，但小时费却最低。

此外，一个更特殊的情况是，云南分公司一直是东航总公司的一根“顶梁柱”。一位熟知内情的云南分公司员工说，2007 年云南全省的航空市场放开之后，竞争是存在的，但是云南分公司仍旧向总部上缴了 1 亿元的利润，而东航总公司全年的盈利却只有 5 000 万元。“这就像是被迫跟亏损企业一起吃‘大锅饭’，最气人的是，吃的还是‘大锅饭’中最差的‘煳锅巴’！”

云南分公司员工对“上海人”的反感甚至能从一个空乘的网络发言中看出：“东航总部来昆明飞包机，上来从来都很牛，进门就嚷嚷，我是总部的啦……不是要坐头等舱，就是要我们给他们放行李。”这种对立情绪甚至会在双方接触过程中一触即发。一个典型事例是，云南分公司一位机长因为拒绝了上海总部一签派员加入机组的要求，最后被罚款 500 元。此外，东航曾经爆出的高层贪污丑闻，使得云南员工对高层管理者始终持有极大的怀疑。比如，云南分公司为丽江航线机组人员休息过夜而设的丽江基地，因为常常接待“络绎不绝的上海人”，而被云南分公司员工普遍视作总部上海管理层“游山玩水”的一个证据。“云南人”的种种不公平感似乎已累积较长时间，飞行员待遇下降，分配不公平，企业内部科层化、等级化，本地员工与东航总部员工之间的意见分歧等，都成为矛盾的焦点。

这一年多，东航公司下属的多家分公司劳资之间“战火不断”，上海总部有 20 名飞行员辞职，山东济南、青岛分公司、江苏分公司、武汉分公司等的情况亦不乐观，西北分公司和甘肃分公司甚至有 1/4 的飞行员辞职或要求调转。即便如此，这次的“返航事件”仍令人感到突兀。“很奇怪，内部人以前都觉得，云南分公司是东航最稳定的，只有一位机长辞职，怎么一出事就这么突然呢？”东航甘肃分公司一位已经提交辞职报告的飞行员说。然而事实上，在过去几年中，云南分公司的飞行员曾有过两次抗议式的集体行动，但均以失败告终。2006 年“十一”黄金周之前，他们曾酝酿着学习其他分公司的飞行员搞“集体请假”，但公司高层闻讯后逐个分化瓦解，同样未遂。令人遗憾的是，云南分公司飞行员的利益诉求似乎并没有引起东航高层的重视。

据东航云南分公司飞行员介绍，集体返航的主要原因还是工资待遇太低，而面临的税收却较高。合并前，云南航空公司飞行员的收入在全国属于中等偏上，现在却是在全国偏低的。同为机长，同样飞云南省内的机场，一个月同样飞行 90 小时，东航云南分公司飞行员的税后收入只是同在云南运营的祥鹏公司飞行员的一半。国航所提供的待遇也是东航云南分公司的两倍。即便如此，更让云南飞行员不解的是，自两三年前开始，云南分公司对于飞行小时费的计算发放有了新规定，即飞行员每月的小时费不能全额发放，要被扣留几千元，年终时才全部退还，但因为年终是集中一次性返还支付，数额较大，累进税率较高，所以税收标准相应提高到 30%。

媒体普遍认为，飞行员面临的限期补税压力是此事件的导火索。根据东航云南分公司党委给民航云南安监办的报告，此前云南分公司空勤人员的飞行小时费是按 8% 的税率核定计算缴纳的，2006 年，云南地税局开始要求公司“必须将飞行小时费并入工资薪金一起计算个税（税率为 20%～30%），并三次下达整改通知”，后经双方协调，2006 年不再补税，但是，2007 年的空勤人员小时费则要求在 2008 年 3 月 31 日前申报，4 月 7 日前补缴。相对而言，东航上海总部的飞行员则可以通过合理避税，使个人上缴的各项税费只占收入的 5%。“事情发生之前，中队开会，宣布了关于税收的问题，当时飞行员就感到不公平。”有人说，“同样是东航，为什么云南的要上缴 20%～30%，而上海的却少得多?”“大家都觉得是领导和税务没有协调好，”他说，“云南分公司的老总是从上海总部调来的，他们的税在上海缴纳。他们就像下乡挂职一样，在其位不谋其政。”正是在 3 月 31 日这天——飞行员们申报 2007 年飞行小时费的最后一天，云南分公司的飞行员们选择了返航。

有意思的是，补税事件与东航和云南航空这桩“拉郎配”婚姻以及其后东航与云南地方政府关系紧张都大有关联。单纯从效益角度来看，这场联姻一开始就“不平等”。因为云南特殊的旅游经济地位，当时处于航空垄断地位的云南航空公司（下称“云航”）一直盈利甚丰，而东航的效益却远低于云航。因此，云航人倾向于认为：云航是强行被东航整合的，心里很不服气。因此，在合并后的几年中，每年东航云南分公司的人到总部就必谈云航独立的话题，试图成为财务独立核算的子公司，但据说这与东航的全盘发展思路完全相反。与此同时，云航“独立”的想法似乎得到了云南省地方政府的支持。一个普遍流传的说法是，张艺谋在北京举行《印象·丽江》的新闻发布会时，云南省省长、副省长和宣传部长都前往出席，等返回昆明时，3 个人却被分开安排到了东航的 3 架飞机上。另外，2006 年 3 月，云南一位副省长曾带队到东航上海总部谈判，拿出云南省政府和东航联合持股云南航空的具体方案，希望飞机能重新挂回“孔雀”航徽。但是，东航似乎对这一方案毫无兴趣，甚至让这位省领导吃“闭门羹”，据说，这是补税事件的直接原因之一。

资料来源：1. 向郢．东航云南分公司“集体返航”事件的来龙去脉．南方周末，2008－04－17.
2. 鲍小东．东航“集体返航”内幕．南方都市报，2008－04－06.

思考题

1. 这次东航云南分公司飞行员的“集体返航”事件反映出薪酬管理的哪些基本原理?

2. 针对这次“集体返航”事件中反映出来的薪酬问题，东方航空公司应当采取哪些改进措施?

第 2 章
战略性薪酬管理

学习目的

读完本章之后，你应当能够：

1. 熟悉战略性薪酬管理的内涵及其需要达成的四大主要目标
2. 了解战略性薪酬管理的基本逻辑和设计步骤
3. 熟悉（美国）总报酬协会的总报酬模型发展演变的过程及其最新模型的特点
4. 掌握薪酬战略与不同的企业战略的匹配关系
5. 了解在企业生命周期的不同阶段薪酬战略的要点
6. 了解不同组织文化下薪酬管理的基本特点

引 例

海底捞的秘密武器

海底捞（全称为四川海底捞餐饮股份有限公司）成立于 1994 年，是一家以经营川味火锅为主，融各地火锅特色于一体的大型直营连锁企业。该公司始终秉承“服务至上，顾客至上”的理念，以创新为核心，改变传统的标准化、单一化服务，提倡个性化的特色服务，致力于为顾客提供愉悦的用餐服务；在管理上，倡导双手改变命运的价值观，为员工创建公平公正的工作环境，实施人性化和亲情化管理模式，提升员工价值。该公司在中国大陆 51 个城市拥有 168 家直营餐厅，在中国台湾、新加坡、洛杉矶、首尔以及东京拥有 9 家直营餐厅。

几乎每位第一次来海底捞就餐的客人都会对在这家火锅店的消费体验称奇。可以说，这家火锅店的每个环节（停车、等位、点菜、中途上洗手间、结账走人）都洋溢着服务的热情。客人来到海底捞之后，马上会受到热情的服务。除了穿着整齐的服务生指引客人停靠车辆之外，他们还努力让客人等位的过程也充满快乐。如果客人需要等位，热心的服务员会安排客人到专门的等待区，同时会立即送上西瓜、苹果、花生等各式小吃，还有豆浆、柠檬水等饮料。客人还可以在此打牌、下棋和免费上网。女士还可以享受免费修甲服务，男士则可以免费享受擦皮鞋服务等。排队等位成为海底捞的特色和招牌之一。

在海底捞的点菜环节，当客人点的菜量可能超过实际需要量时，服务员会及时善意地提醒客人，服务员还会主动告诉客人各种菜都可以点半份。海底捞的席间服务非常及时到位。服务员在席间会主动为客人更换热毛巾，会给长发女士免费提供橡皮筋和小发夹以整理头发，会提供装手机的小塑料袋，给戴眼镜的客人赠送擦眼镜布，同时给每位客人提供围裙。不仅如此，海底捞的服务员还会暂时充当孩子的保姆，通过创建儿童天地让孩子们在其中尽情玩耍，让这些小家伙的父母安心吃饭，服务员还可以帮客人给小孩子喂饭。海底捞在卫生间提供的也可算得上是星级服务，不仅环境卫生干净，而且有专职人员帮客人挤洗手液、递擦手纸巾，洗手间里甚至还有牙刷和纸杯供客人洗漱。海底捞的餐后果盘不限量供应，有些店里干脆让客人自己取用。在客人用餐完毕时，服务员还会马上送上口香糖，一路上遇到的所有服务员都会向你微笑道别。如果客人是在周一到周五的中午去海底捞用餐，还可以享受额外的免费擦车服务。

在惊叹于这样一些细致入微的贴心服务之余，很多客人更惊讶于海底捞员工的服务热情程度：海底捞究竟有什么魔力能够让自己的员工一个个精神饱满、热情洋溢？它怎么能做到使每一位员工都在意顾客是否吃好，下次是否还来，好像他们自己就是这家火锅店的老板一样？

为了实施客户服务战略，海底捞力图建设一支具有高效率、高满意度和强烈的服务精神的员工队伍。公司认为，要想让顾客满意，就必须让员工满意他们自己的生活状态，并且拥有为顾客服务的激情和热情，这样才能不断提高客户服务水平和工作效率。海底捞还要求员工态度友好、耐心、工作努力、心态好、主动性强，同时还要具备多种技能，例如语言能力，从而能灵活地服务于不同的顾客。

关于海底捞被人们广为称道的细节服务，如提供橡皮筋和眼镜布等，最初只是一个自发的想法。防止顾客手机被溅湿的塑封袋就是一名叫包丹的员工提出的创意，这个袋子在海底捞就被命名为包丹袋。这种命名方式既能实现员工个人的价值，也是对员工的一种尊重。当包丹袋在其他店也开始使用时，这些店会向这位员工交纳一定的费用。在海底捞的领导者看来，管理者一个人的智慧是不够的，在海底捞，很多富有创意的服务都是由员工想出来的，因为他们离顾客最近。海底捞鼓励员工自由提出想法，允许员工犯错误。

在海底捞的内刊上，有两行让人印象深刻的字："倡双手改变命运之理，树公司公平公正之风。"公司管理层认为，要想让员工在工作中充满激情和自信地去面对顾客，首先要给他们提供良好的工作和生活环境。海底捞服务员的月平均工资在同行中属于中等偏上，福利也比一般的餐饮企业要好。比如，海底捞的员工都住在公司附近的正规公寓楼里，房间有24小时热水供应和空调设施。公司要求员工从宿舍步行20分钟即可到达工作地点，原因是很多大城市交通复杂，服务员的工作时间又长，而这些还都是大孩子的服务员需要充足的睡眠。不仅如此，海底捞还有专人给员工宿舍打扫卫生、换洗被单，在北京没来暖气的时候，公司还会配发暖水袋！有的分店晚上还有专人把热水灌进去！考虑到年轻员工喜欢上网，公司甚至为每套员工住房都安装了可以上网的电脑，从而减少员工因外出上网可能遇到的各种风险。如果员工是夫妻，公司还会考虑提供单独的房间。

海底捞不仅考虑到员工，还考虑到他们的子女以及父母。海底捞在四川简阳建了一所私立寄宿制学校，员工的孩子可以免费上学，只需要交书本费即可。而海底捞领班以上干部的父母，每月都会收到公司寄去的几百元补助。同时公司每年组织优秀员工的家长去海南等地旅游。在海底捞工作满一年的员工，若一年累计三次或连续三次被评为先进个人，该员工的父母就可来公司探亲一次，往返车票公司全部报销，其子女还有三天陪同假，父母享受在店就餐一次。此外，海底捞设立了专项基金，每年会拨100万元用于治疗员工及其直系亲属的重大疾病。这一系列福利计划体现的理念就是：海底捞永远把员工的利益和生活摆在第一位，会尽最大努力照顾好企业最重要的资产。

海底捞的不少员工之间都有亲属关系，这在许多企业都是很忌讳的，甚至是明令禁止的。但董事长张勇却认为，“正因为员工在海底捞获得了尊重和认可，同时他也认可这里的工作环境与和谐的氛围，他才会介绍亲戚朋友们来”。海底捞鼓励夫妻在同一家公司工作，而且还为他们提供由公司补贴的夫妻房。

海底捞的管理层都是从服务员、传菜员等最基层岗位做起的，他们有切身的体会，了解下属的心理需求，这样他们才能发自内心地关爱下属，给予员工工作与生活上的支持和帮助，同时得到员工的认可。总经理每个月都要去员工的宿舍生活三天，以体验员工的衣食住行是否舒适，以便及时改善。在海底捞，店长可以和普通员工一起给客人端锅打扫。海底捞对一线员工的信任更让同行匪夷所思，它的基层服务员就可以享有打折、换菜甚至免单的权利，只要事后口头说明原因即可。

海底捞努力为每一位员工提供公平公正的发展空间。在海底捞，只有两个岗位有学历和专业管理水平方面的特殊要求，即技术总监兼办公室主任、财务总监兼物流董事长，其他的所有干部都从最基层培养，他们没有很高的学历，但具备勤奋、诚实和善良的品质。对于新招聘来的员工，海底捞有一套独特的培训方法。在海底捞，最常采用的培训方式是核心员工的言传身教。一种是理论培训，另一种是在实践中学习，即一位师傅带一个徒弟。海底捞还成立了培训学校，公司高管请来教授把自己的多年经营管理经验编成统一的教材，在培训学校中用统一的培训内容对优秀员工进行培训。

海底捞还建立了以顾客和员工为核心的绩效考核制度。海底捞考核一个店长或区域经理的总体标准主要有两个，即顾客满意度和员工满意度。它对干部的考核非常严格，考核分成多个项目，除了业务方面的内容，还有创新、员工激情、顾客满意度、后备干部的培养，每项内容都必须达到规定的标准。海底捞的店长都有很大的权力，总部每月会拿出利润的一部分作为每个店的奖金，这些奖金全部由店长来分配，店长必须全面考察下属的业绩。由于海底捞的直营分店分散在多个城市，分配结果又是各店自己报上来的，那么如何保证每位管理者都能真正做到公平公正呢？海底捞认为，一方面，如果店长不公正，其领导力和影响力会下降，业绩也会随之下滑；另一方面，海底捞还有一个公开的信息源监督制度，每个分店都会选举两个普通员工作为信息源，就本店管理方面出现的问题以书面形式向总部反映，每个月都必须提交，董事长看过后，再转到监察部备案、核实。如果确定反映的问题属实，就会做出处理。

海底捞的创始人张勇说：“我看到有的餐厅要求服务员微笑时露出八颗牙齿，并让她们嘴里夹着根筷子训练，我说这不是笑，简直比哭还难受，他们脸上僵硬的笑容并不是发自内心的。海底捞从来不做这类规定，激情＋满足感＝快乐，这两条都满足了，员工自然就快乐，并会把这种情绪带到工作之中。”

资料来源：1. 黄铁鹰．海底捞你学不会．北京：中信出版社，2011.
2. 刘琼．海底捞：创新服务捞出“回头客”的利润．第一财经日报，2010－09－21.
3. 王立勇．海底捞：一个世人瞩目的“火锅”．中国商报，2008－02－26.
4. 邓婕．海底捞捞出真经 梦想不是水中月．人力资源管理，2008（1）.
5. 海底捞火锅网址．http：//www. haidilao. com/.

第1节 战略性薪酬管理与总报酬体系

一、战略性薪酬管理

（一）战略性薪酬管理及其主要目标

正如我们在第1章中指出的，薪酬管理存在两个层次：第一个层次关注的是薪酬体系的设计和管理与组织的战略和文化等组织层面的重大问题之间的关系；第二个层次关注的是薪酬体系的内部设计及其日常管理问题。薪酬管理要想对组织的经营成功和人力资源管理职能的卓越履行做出贡献，就不能仅仅关注第二层面的具体薪酬设计和管理问题，而是要首先关注薪酬管理能够对组织的战略和经营目标做出什么贡献。

然而，在管理实践中，很多企业往往因为过多关注薪酬管理中的具体问题或细节问题，而使薪酬管理活动流于技术和操作层面，最终把薪酬技术的应用本身当成薪酬管理的目的。结果是，许多企业发现自己在薪酬方面花了大量的人力和金钱，但是对企业经营目标的实现却没有起到太大的作用，因此陷入一种经营层对薪酬不满意、员工对薪酬也不满意的困境。造成这种情况的主要原因之一就是，许多企业在进行薪酬制度的设计和改革时，没有从企业的总体战略和人力资源战略出发，而是就薪酬论薪酬，把公平、合理地分配收入当成最终的目的。但事实上，离开了组织的战略和经营目标，离开了组织的人力资源战略，薪酬管理不仅不利于企业的生存和健康发展，甚至连公平的目标也无法达到。

所谓战略性薪酬管理（strategic compensation administration），就是通过为组织提供正确的人员以及所需的知识、技能和行为对组织战略的实现提供强大支持的各种薪酬管理活动。概括来说，一个组织通过薪酬管理希望达成四个方面的重要目标，即支持组织战略与目标达成；强化组织文化；帮助组织吸引、留住、开发以及激励人才；控制经营成本。

1. 促进战略目标达成，推动经营绩效改善

在当前这种竞争激烈并且客户的需求以及产品和技术等迅速变化的市场环境下，企业的生存和发展首先取决于它们能否制定出明智的经营战略。曾经被视为企业明星的摩托罗拉、诺基亚、柯达以及索尼等，都因为未能及时根据环境和市场变化调整企业经营战略而面临破产、被收购等厄运。然而，仅仅制定明智的战略也无法确保企业能够在竞争中获胜，这是因为，正确的战略还必须由正确的人通过正确的行为来实施，否则战略就是纸上谈兵。一方面，任何战略的落地都需要具有相应的知识、技能和价值观的人员队伍；另一方面，还必须确保这支队伍有足够的动力去执行这种战略。换言之，战略执行最终归结为两个问题：第一，建立一支正确的员工队伍；第二，激励他们通过正确行为达成正确的绩效。在这两个方面，薪酬管理都具有非常重要的作用。

正如我们在第1章中分析过的，薪酬管理与人力资源管理的各个模块之间都有重要的联系，只要设计出在垂直方向上与组织战略相匹配，在横向上与其他人力资源管理模块形成良好匹配的薪酬体系和薪酬管理过程，企业战略得以实现的可能性就会大幅提高。薪酬不仅决定了企业可以招募到的员工的数量和质量，以及企业中的人力资源存量，同时，它还决定了现有员工受到激励的状况，对他们的工作行为、态度和绩效以及他们的生产率、缺勤率、流动率等都有直接影响。薪酬实际上是企业向员工传递的一种非常强烈的信号，企业通过释放这种信号让员工了解什么样的行为、态度以及业绩是受到鼓励的，对企业有贡献，从而引导员工的工作行为、工作态度以及工作绩效朝着企业期望的方向发展。相反，不合理和不公正的薪酬则会引导员工采取不符合企业利益的行为，导致企业经营目标难以实现甚至利益受损。因此，企业薪酬管理需要实现的最为重要的目标就是，为企业战略目标的实现以及经营绩效的改善提供强有力的支持。

蓝色巨人 IBM 的变革过程就很好地体现了企业薪酬战略与组织战略调整之间的匹配关系。在 20 世纪 80 年代末之前，IBM 在大型计算机主机市场上近乎居于垄断地位，它的薪酬体系所强调的是内部一致性，职位等级细分，薪酬等级分明，员工按照严格的等级次序在薪酬等级中循序渐进地攀升，绩效奖励或风险性薪酬的比重很小。但是到了 80 年代末和 90 年代初期，当计算机行业发生巨大变化的时候，IBM 几乎是转瞬间就丧失了原有的竞争优势。面对外部市场的变化，IBM 重新调整了自己的战略和竞争策略，与此同时，公司的薪酬体系也相应地开始强调成本控制、风险分担以及以客户和市场为导向的报酬哲学，最终企业摆脱举步维艰的境地重新走上了正轨（参见小专栏 2-1）。进入 21 世纪以来，“蓝色巨人”又在总薪酬体系建设的道路上迈出了新的步伐。

小专栏 2-1

IBM 的薪酬战略支持其新战略

IBM 的转型是组织变革方面的一个经典案例。20 世纪 80 年代早期，它一直在行业中占据主导地位。但是到了 90 年代，它在新技术开发方面开始逐步落后，同时也日益失去了与客户之间的联系。危难之时，IBM 的董事会聘请郭士纳担任首席执行官，郭士纳实施的第一项战略就是要使 IBM 实现从笨重的巨人向轻巧的胜利者的转变。

实现这一战略意味着不仅要对 IBM 进行裁员和重组，而且必须实现 IBM 公司文化（指导员工行为的共享价值观、态度以及行为模式）的转型。而 IBM 当时的薪酬计划与这种战略指示的方向恰恰相反。在这个庞大的公司中，每个人的薪酬水平都取决于通过 10 年前的计点法这种职位评价工具确定的职位相对价值。那么，这种薪酬计划的含义是什么呢？首先，要维护适用于 10 万名以上员工的职位评价系统，就要求对建立在点要素评价系统基础上的职位评价给予“广泛而烦琐”的关注。这种薪酬计划还创建了一种重视内部公平性而忽视外部市场、忽视薪酬外部竞争性的氛围。郭士纳清楚地知道，必须改革 IBM 的薪酬计划，才能推动自己希望创建的新文化的出现。

为了改变上述状况，郭士纳的管理团队对 IBM 的薪酬计划进行了四项重要的改革。

1. 根据市场支付薪酬。公司改变了过去实行的单一的薪酬结构，对不同的职位族（程序员、工程师、会计员等）建立不同的薪酬结构，分别为它们制定绩效加薪预算。这使 IBM 能够以一种更为市场化的方式向处于不同职位族中的员工支付不同的薪酬。这种新的方法传递了一个很强的文化信号：“一家由市场推动的公司必须密切关注市场并采取相应的行动。”

2. 合并职位，减少层级，实行宽带薪酬。IBM 放弃了点要素评价系统和传统的薪酬等级。新的薪酬系统中根本就没有点值。公司过去的薪酬系统中一共包括 10 个不同的报酬要素。而在新的薪酬系统中，只需根据三个要素（技能、领导力要求以及影响范围）将职位插入10个薪酬宽带当中即可。IBM美国本土的职位名称数量从5 000种减少到1 200种，原来的24个薪酬等级让位于现在的10级薪酬宽带。这种薪酬结构设计实际上在传递这样一种关于新组织模式的信息：IBM正在努力使自己变成一个能够“以更快的速度向市场提供产品和服务”的扁平化组织。

3. 让管理者实施管理。IBM过去的薪酬计划将加薪建立在复杂的比较基础之上，它将绩效评价分数与加薪联系在一起，加薪幅度控制在百分之零点几的水平上。新的加薪制度则大大简化。管理人员会得到一笔预算和一些关于如何实施加薪的指导。这种做法的实质就是告诉管理者：如果不将绩效优秀者和绩效平平者的薪酬拉开差距，这些绩效明星就不会在你这里待很久。新的加薪方法让管理者根据各种不同的要素对员工进行排序，用哪些要素以及何种权重对员工进行排序，由管理者自己决定。

4. 激励员工。20世纪90年代早期，当IBM还在苦苦挣扎的时候，它的非高层管理人员（销售部门员工除外）的现金报酬只包括基本薪酬以及一些加班工资、轮班津贴等项目。而在改革后，1997年，IBM在世界各地的大多数员工得到的现金薪酬中，10%甚至更多的部分与绩效挂钩。在新的薪酬系统中只存在三种绩效评价等级。绩效水平位于最高级的员工得到的绩效奖励相当于位于最低级员工的2.5倍。

新的薪酬计划使IBM员工的注意力重新集中到这样一些价值观上：胜利、执行、速度以及更好、更快、更富有竞争力。

资料来源：加里·德斯勒．人力资源管理：第12版．北京：中国人民大学出版社，2012：428-429.

总之，企业必须从战略的层面来看待薪酬以及薪酬管理问题，虽然薪酬及其管理对员工以及企业都具有重大的影响，但是薪酬本身并不能领导企业的变革过程，不能界定应当进行何种变革，也不能决定应当建立何种价值观，更不能取代有效的领导。因此，在大多数情况下，薪酬制度和薪酬政策应当服从于而不是领导企业的总体经营战略以及与之相关的其他人力资源管理政策。作为企业赢得竞争优势的一个重要源泉，薪酬以及薪酬管理必须能够支持企业的经营战略，与企业的文化相容，并且具有对外界压力作出快速反应的能力。

2. 强化组织价值观，支持组织文化

作为一种非正式制度的企业文化对于企业重要目标的达成乃至企业经营成功具有积极的作用，企业文化的这种重要性主要体现在三个方面。第一，与企业战略相匹配的企业文化有助于战略的达成。比如，一家追求差异化战略的企业往往需要在组织中培养一种创新文化，一家依靠低成本竞争的企业往往需要一种精简节约和提高效率的文化，而一家靠良好的客户关系取得竞争优势的企业则需要形成以客户为中心的文化。第二，围绕核心价值观建立起来的企业文化对于员工的工作行为和态度会产生显著的影响，因此，企业文化有助于激励员工表现出与组织的战略相匹配的行为，确保战略的执行或落地。第三，良好的企业文化减少了对员工的工作过程和工作绩效严密监督的需要，这有助于降低管理成本，提高企业的经济效益。

而在薪酬管理与组织文化之间则存在一种双向的关系。一方面，组织文化会对企业的薪酬体系设计与管理产生影响。比如，在一个充斥着比较传统的官僚主义和平均主义的组织文化环境中，薪酬管理更强调行政等级和资历等因素，实施绩效薪酬制度会很困难，在高绩效员工和低绩效员工之间拉开差距的尝试会受到各方面的阻挠甚至抵制。另一方面，薪酬体系的设计与管理又会强化甚至塑造某种组织文化。举例来说，如果企业推行的是以个人绩效为基础的绩效奖励方案，则会在组织内部起到强化个人主义的作用，会使员工崇尚独立、注重彼此之间的竞争、不愿意与别人合作，其结果是导致一种个人主义的文化。相反，如果在薪酬体系中有以群体或团队绩效为基础的团队绩效奖励或者是像利润分享这样的以组织绩效为基础的奖励计划，则在一定程度上有助于强化员工的团队合作意识和合作行为，增加员工对组织整体利益的关注，从而使团队乃至整个组织更有凝聚力，有利于构建高效的团队文化。正因为如此，如果企业的薪酬体系设计和管理与组织文化尤其是组织的核心价值观是吻合的、一致的，那么，在薪酬体系和组织文化之间会出现一种相互支持、相互促进、相互强化的良性互动。相反，如果两者之间并不一致甚至存在明显的冲突，则薪酬体系会对组织文化和价值观产生消极的影响甚至是破坏作用，会使原有的组织文化成为一种仅仅停留在口头的伪文化，实际运行的薪酬体系甚至有可能逐渐形成一种不同于过去的新型组织文化。

华为公司的实践很好地诠释了薪酬管理与组织文化之间的积极促进关系。华为公司的文化的核心是“以客户为中心，以奋斗者为本，坚持长期艰苦奋斗”，公司在薪酬体系设计和管理方面则要求在客户营销和服务一线的人员获得比从事后台支持和职能管理的同类人员更高的收入，即“要使一线作战部队的升职升薪速度快过一线作战平台；要使一线作战平台的升职升薪速度快过二线管理平台”。此外，公司在 1998 年就提出：“我们决不让雷锋吃亏，奉献者定当得到合理的回报。”为了体现对奋斗者的回报，华为公司的薪酬体系中绩效奖励部分占的比重很大，股票所有权的分配也同样为奋斗者提供了丰厚的回报。

事实上，许多公司的组织文化变革往往都伴随着薪酬制度和薪酬政策的变革，甚至以薪酬制度和薪酬政策的变革为先导。正如小专栏 2－1 中举的例子那样，IBM 当年的首席执行官郭士纳之所以到任不久就大刀阔斧地改革公司的薪酬制度，最主要的目的就是通过建立以市场和绩效为导向的新的薪酬制度向全体员工传递一种信息，即原来的以内部为导向的官僚文化已经让企业走到崩溃的边缘，公司必须尽快建立以外部市场为导向和以绩效论英雄的新文化。这个例子表明，一方面，与战略相吻合的富有激励性的薪酬制度有利于企业塑造和强化有助于战略取得成功的组织文化；另一方面，薪酬设计与改革有利于组织变革的顺利实施。薪酬作为一种强有力的激励工具和沟通手段，能够起到沟通和强化新的价值观和行为、强化对结果负责的精神的作用，不仅如此，它还成为为新的行为尤其是新的绩效目标实现提供报酬的重要工具。从这两个方面来说，薪酬都有利于增强员工对变革的理解和认可。

3. 吸引、留住、开发以及激励员工

吸引、留住、开发以及激励员工（也就是我国很多企业常说的“选、育、用、留”）是人力资源管理需要实现的四大功能，而薪酬管理作为人力资源管理中最为重要的基本职能模块之一，对于实现这四大功能无疑起着极为重要的作用。尤其是在当前这种国家之间、企业之间的人才竞争日益激烈，同时新生代员工的组织忠诚度又明显下降，互联网的发展进一步推动人才流动速度加快的大环境下，企业面临的人才吸引、保留、开发以及激励难题更为突出，薪酬管理必须在这些方面为企业提供强有力的支持和帮助。

首先，薪酬水平的高低对于人才的吸引影响很大。尽管劳动者在选择企业的时候会考虑经济和非经济方面的诸多因素，但薪酬水平毫无疑问是非常重要的考虑因素，甚至很多时候成为最重要的决策因素。尽管组织文化、领导风格、学习进步的机会等因素也很重要，但在劳动者加入一家公司之前，只有薪酬是最为明确的可以在不同企业间比较的信号，因此，如果企业想要在最短的时间内获得高素质的人才，提供高于市场水平的薪酬显然是最有效的策略。事实上，一些以创新和差异化为导向的企业，比如苹果、谷歌、微软以及华为、腾讯、阿里巴巴等高科技公司，无不将高薪作为吸引优秀人才加盟的最重要手段之一。还有很多企业包括像美国联邦政府这样的政府机构会通过提供“签约奖金”的方式鼓励劳动者加盟。

其次，尽管在留住员工方面，薪酬福利的作用可能不如吸引员工加入企业的时候那么大，但仍然是有重要作用的。一位员工决定是继续留在一家企业中还是另谋高就，可能跟很多因素有关，员工在本企业中的职业发展机会、对工作本身的兴趣、与直接领导的关系、得到的尊重和认可、工作和家庭生活平衡的需要等都会影响员工的决策。有一些研究甚至指出，60%～70%的优秀员工的流失往往与直接上级有关，跟薪酬和其他因素的关系不大。然而，不可否认，从总体上来说，对薪酬水平和内部薪酬公平性的不满仍然是导致员工离职的最普遍的一个原因。因此，企业需要利用数据和各种相关证据来研究和分析导致员工流失的核心要素到底是什么，如果确实与薪酬问题有关，则企业需要检讨自己的薪酬水平、薪酬结构、绩效奖励制度、福利项目设置的合理性及其水平高低等，通过优化和改进薪酬福利体系及其管理来降低超过合理范围的员工离职率。比如，有些企业通过支付“留任奖金”甚至建立“反挖墙脚”基金的方式来留住员工，对抗竞争对手的人才挖墙脚行动。有些企业通过提供一些独特的福利项目来留住员工。此外，近年来，随着知识经济和共享经济的不断发展，股票所有权计划得到迅速发展，股票期权、员工持股计划、虚拟股票所有权计划等各种对员工进行长期激励并鼓励员工留在企业中的薪酬设计得到广泛运用。

再次，薪酬体系的设计和管理对员工的开发也会产生重要的影响。薪酬体系对员工开发产生的积极影响可以通过两个方面体现出来。第一种是直接影响，即薪酬体系直接对员工的学习和自我开发行为产生正向激励。这种情况主要体现在以知识、技能和能力等为薪酬决定基础的知识、技能或能力薪酬体系之中。因为在这些薪酬体系中，员工的薪酬水平上涨往往与他们的知识、技能、能力或工作经验等人力资本水平的提高有直接的关系，在针对教师、科研人员、工程专业技术人员甚至客服人员、营销人员设计的基本薪酬中往往采用这种模式。再比如，我国很多企业过去设置的学历津贴、职称或技能津贴等薪酬项目，也在一定程度上起到鼓励员工在工作的同时不断进行自我开发的作用。第二种是间接影响。如果一家企业的基本薪酬不是直接与员工的知识能力水平等挂钩，而是以职位为基础，同时企业还有绩效奖励的薪酬部分，那么，只要企业在人岗匹配、职位晋升以及绩效奖励中真正做到以员工的实际能力及取得的业绩为依据，员工就会受到不断学习和努力进行技能或能力开发的激励。正如我们在第6章中讲到的那样，企业应当确保将员工的知识、技能提高转化为实际的生产率和绩效改善，否则，仅仅根据知识和技能水平支付薪酬对企业未必是有价值的。

最后，薪酬体系设计和管理对于员工激励同样具有重要作用。虽然在赫茨伯格的研究中，薪酬更多属于一种保健因素，而不是激励因素，但这里有两点需要注意：一是赫茨伯格只是强调薪酬在保健方面的作用更大，但并未完全否认薪酬的激励作用；二是赫茨伯格当时选取的研究对象全部都是专业人士，这些人的薪酬收入相对来说属于中等偏上，因此，基于这种样本得出的结论未必适合其他人群，尤其是薪酬水平偏低的组织成员和社会人群。事实上，薪酬水平和薪酬的构成及其支付方式都会对员工的工作态度、工作行为、工作效率、工作结果以及缺勤率、离职率等产生显著的影响。比如，在企业管理实践中，我们很容易看到薪酬水平提高对员工的工作积极性产生的显著影响（尽管薪酬上涨对员工积极性产生的影响可能会随着时间延长而逐渐变弱），同时也能很清楚地看到，以单项绩效目标或综合绩效目标实现为导向设计的绩效奖励计划对员工的工作热情以及工作主动性产生的显著的刺激。针对员工个人的绩效加薪和绩效奖励、针对员工群体的团队奖励和收益分享计划以及针对整个组织的利润分享计划等，已经成为中外企业界普遍采用的薪酬管理实践。甚至是在体育赛场上，薪酬设计也成为引导运动员的行为以及达成优良绩效的重要手段（参见小专栏2-2）。事实上，正如我们在上一章中对绩效加薪和绩效奖励所做的分析那样，由于基本薪酬的上涨往往会成为一种累积性的薪酬基数提升，一方面会增加员工的既得利益而不具有激励性，另一方面会导致企业的固定薪酬成本上升，不利于企业应对市场风险，因此，多种多样的随着个人、团队以及整个组织的绩效变动灵活浮动的绩效奖励计划更受到企业的推崇。随着经济全球化趋势愈演愈烈，变革已成为企业经营的一种常态，正所谓当今世界“唯一不变的是变化”。在这种情况下，如何根据企业的竞争战略和面临的突出问题，设计出有利于全体员工共同努力实现企业经营绩效目标和帮助企业提升竞争力的单项或综合奖励计划，既是一个展示薪酬管理的战略价值的机会，同时也是一项重大的挑战。

小专栏2-2

“大虫”罗德曼（Dennis Rodman）生于1961年5月13日，身高2.01米，体重99.8公斤。在其八年的美国职业篮球联赛（NBA）职业生涯中，他先后在活塞队、马刺队、公牛队、湖人队、小牛队效力，多次获得“篮板王”称号，拥有六枚NBA总冠军戒指。但是此人脾气极坏，无论是在球场上还是在球场外经常惹是生非，比如谩骂甚至攻击裁判、训练和比赛迟到、在场上打架、对记者和对手甚至NBA俱乐部主席出言不逊等，屡次遭到罚款和禁赛处罚，可以说是“恶行累累”。在效力于公牛队期间，他每赛季至少有12场比赛不能代表公牛队上场。为了帮助罗德曼“改改”他的坏脾气，在1997—1998赛季，公牛队俱乐部与其签订了一份目标明确的合同。内容是：第一，底薪450万美元；第二，如果在本赛季中不惹事，加500万美元；第三，如果能够第七次获得“篮板王”称号，加50万美元；第四，如果助攻次数超过失球次数，再加10万美元。这份合同显然很见效。在这个赛季中，罗德曼只有一场因违纪而缺赛，获得了“篮板王”称号，同时有230次助攻，失147球。而公牛队也获得NBA的总冠军。原来薪酬还能使人“改变”坏脾气呢！

4. 合理控制经营成本

由于企业所支付的薪酬水平的高低会直接影响企业在劳动力市场上的竞争力，因此，保持相对较高的薪酬水平对于企业吸引和留住员工来说无疑是有利的，但是，较高的薪酬水平会对企业产生成本上的压力，从而对企业在市场上的竞争产生不利影响。因此，一方面，企业为了获得和保留企业经营过程中不可或缺的人力资源不得不付出一定的代价；另一方面，企业出于产品或服务市场上的竞争压力不得不注意控制薪酬成本。在当前全球竞争的背景下，企业能否合理控制薪酬成本，谋求足够的竞争优势，已经成为在国际竞争中生存和发展的重要因素之一。在我国，近十几年来，由于物价上涨、最低工资不断提升、社会保险执法力度加大以及农村剩余劳动力供给减少等各方面的原因，劳动力成本成为对很多企业的发展甚至生存构成重要制约的因素，在金融危机等经济不利的形势下，很多企业甚至因此而倒闭。所以，研究帮助企业找到控制甚至降低总薪酬成本，但同时又不影响组织绩效的办法，或者是提高薪酬支出的回报率的新思维，就具有重要的战略价值。

首先，薪酬管理者可以在企业的一些重要战略决策过程中发挥作用，比如，在选择新设机构的经营地点时，在决定投资新的项目或引进新的技术或设备时，在兼并重组时，在决定将某些业务外包时，对涉及的薪酬成本等问题进行测算、对比和分析，从而为最高决策层提供必要的数据支持，防止因为对薪酬成本疏于考虑而导致投资失误，帮助企业从一开始就做好控制经营成本的准备。

其次，薪酬管理者可以通过收集相关数据，考察薪酬对一些重要的人力资源管理和经营结果产生的影响，然后有针对性地提出提高薪酬成本有效性的建议。比如，如果研究发现提高薪酬水平可以帮助企业吸引更为优秀的人才，而这些人才的生产率超过原来员工生产率的程度足以弥补薪酬的上涨，或者是适当提高薪酬水平有助于降低员工流动率，而员工流动率的下降能够使企业减少人员招募甄选、培训新员工的需要，从而节约更多的成本，则用更高薪酬吸引更优秀的人才以及降低人员流动率的做法就会对企业的利润增长做出贡献。再比如，面对薪酬成本的不断上升，可以测算如果采用能够用资本替代劳动的新技术，是否有助于企业提高投资回报率，如果发现事实如此，则可以向企业建议进行技术升级，用更低的成本创造更高的价值。另外，还可以对企业的福利项目进行研究，对于那些价值不大但成本较高的福利项目可以考虑取消或改进。当然，这一切需要薪酬管理者运用循证人力资源管理（evidence-based HR）的思维和相关技术，不断提升自身的专业水平。

最后，薪酬管理者还可以通过降低薪酬管理过程本身的相关成本来帮助企业控制经营成本。实现这一目标的途径包括：引进新的薪酬管理信息系统和流程再造等技术，运用新的薪酬管理工具，通过互联网和信息技术实现各项薪酬事务性工作的集中处理，以及把一部分薪酬管理工作尤其是福利管理等事务性工作外包给专业化的服务公司，从而减少公司内部薪酬管理占用的人员数量，降低薪酬福利管理成本，等等。在这种情况下，可以将薪酬管理人员的工作更多集中在一些具有战略价值的薪酬变革活动和薪酬管理活动上，而不是把大量的时间用于琐碎的日常薪酬事务的处理，从而提高薪酬管理人员自身的薪酬投资回报率。

（二）战略性薪酬管理的逻辑及其设计步骤

1. 战略性薪酬管理的基本逻辑

战略性薪酬管理的总体思路是通过影响员工个人及其群体的行为来确保组织战略目标的实现。因此，从总体上来看，战略性薪酬管理的基本逻辑如图 2－1 所示。首先，一个成熟的组织会首先明确界定自己的使命、愿景和价值观，然后在此基础上选择有助于贯彻执行公司的使命、愿景和价值观的战略（包括公司战略和竞争战略）。其次，组织的战略一旦确定，接下来就需要明确组织到底需要什么样的知识、技能、能力或胜任素质才能实现这种战略，然后确定组织通过何种人力资源管理战略来吸引、留住、激励以及开发具有这些特征的人员。再次，薪酬管理是组织人力资源管理体系的一个重要组成部分，因此，当组织的人力资源战略确定之后，必须明确采用何种薪酬战略和政策来配合组织的人力资源战略。最后，根据薪酬战略的要求设计出相关的薪酬体系并付诸实施之后，通过对员工的工作能力、工作态度以及工作行为产生的影响作用于组织竞争优势的获取。

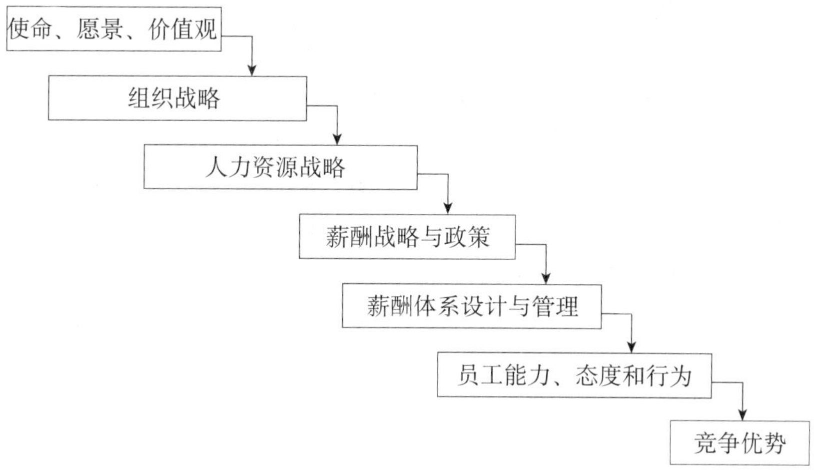

图 2-1　战略性薪酬管理逻辑图

战略性薪酬管理要求组织必须从组织战略和人力资源战略的高度来思考薪酬管理问题，在明确薪酬战略和薪酬政策导向之后，再来设计薪酬体系。很多企业的薪酬管理之所以出现很多问题，最主要的原因就是简单地从怎样公平分钱的角度来设计薪酬，而不是按照战略的需要首先制定薪酬决定的基本原则，然后基于清晰和明确的薪酬分配原则来设计薪酬方案。然而，在薪酬问题上，如果没有明确的分配原则，薪酬方案让所有的人都满意几乎是不可能的，无论怎样做都可能会招致大家的不满。

下面我们以华为为例来看一看薪酬体系的设计与管理是怎样与战略要求保持一致的。首先，让我们来看一看华为公司确定的使命、愿景和价值观。华为公司将自己的价值主张描述如下：

> 随着 ICT 技术的加速融合，以云计算、大数据为特征的技术正在成为引领和促进 ICT 行业创新和发展的核心技术。新的技术创新不仅在全方位地重构 CT 产业，而且通过 IT 和 CT 产业融合带来巨大的商业发展机遇。为适应这一革命性变化，华为围绕客户需求和技术领先持续创新，与业界伙伴开放合作，聚焦构筑面向未来的信息管道，致力于共建更美好的全联接世界，持续为客户和全社会创造价值。我们力争成为运营商客户面向未来转型的战略合作伙伴，成为领先的企业 ICT 基础设施提供商，成为消费者喜爱和信赖的、全球领先的智能终端品牌。

这种价值主张实际上已经反映出华为公司的使命、愿景和价值观。该公司的使命是“共建全联接世界”，愿景是“成为运营商客户面向未来转型的战略合作伙伴，成为领先的企业 ICT 基础设施提供商，成为消费者喜爱和信赖的、全球领先的智能终端品牌”。而价值观则是“以客户为中心，基于客户需求和技术领先持续创新，构建共赢生态”。

正是在这种使命、愿景和价值观的指导下，华为公司采取了以客户为中心的差异化战略或创造战略。这种战略对公司的核心能力提出两个方面的要求，这就是必须具有满足客户需要的能力以及持续的产品和服务创新能力。这种战略必然要求华为公司的员工是那些能够满足客户的产品需要、能够为客户提供无微不至的服务的人以及在产品和服务方面有创新能力的人。为此，华为的薪酬体系就必须有助于公司吸引、留住、开发以及激励具有这些能力的人才。下面，我们来看一看华为是如何回答其薪酬战略和薪酬政策中几个最重要的问题的。

一是薪酬管理的目标问题。任正非在华为公司市场部 2008 年终大会上指出："要为客户服好务，就要选拔优秀的员工，而且这些优秀的员工必须奋斗。要使奋斗可以持续下去，必须使奋斗者得到合理的回报，并保持长期的健康。"这显然指出华为的薪酬体系建设以及全部的利益分配必须有利于通过获得优秀的员工来争取和留住客户，最终帮助企业达成战略目标，支持以客户为中心和不断创新的价值观。此外，华为在 2006 年还指出，"工资管理既要规范化，又要有利于高绩效团队的形成，有利于市场竞争力和人力成本两个要素的平衡。工资管理遵从所在国家或地区法律法规的强制性规定或强制性要求，按属地化原则操作"。这实际上强调了华为的薪酬管理要遵守相关法律法规，要有利于构建高绩效团队和取得市场竞争的胜利，还要注意薪酬福利等相关人工成本的控制。

二是薪酬的外部一致性（或公平性）以及竞争力问题。早在 1998 年，华为就明确指出，"我们不会牺牲公司的长期利益去满足员工短期利益分配的最大化，但是公司保证在经济景气时期与事业发展良好阶段，员工的人均收入高于行业相应的最高水平"。华为在 2006 年又做了更为详细的规定："基层业务、技术和管理职位的职级工资水准同所在地区同行同业市场水准持平；中基层业务、技术和管理职位的职级工资水准参考所在地区同行同业市场水准，定位略高于市场一定比例；高层业务、技术和管理职位的职级工资水准参考全球同行同类市场水准，根据公司管理要求予以确定。"由此可见，坚持提供在劳动力市场上处于高水平的薪酬是华为公司的一贯主张。

三是薪酬的内部公平性问题。华为公司在 1998 年就指出："打破基层岗位仅按学历定工资的技能评价体系。同样的岗位，同样的工作，只要责任心和贡献是相同的，硕士和大专生就应该拿相同的工资。"任正非多次强调，"企业不按一个人的知识来确定收入，而是以他的知识贡献度来确定收入"。"我们是一个功利组织，我们要的是员工创造价值，如果以考试来定级，不做贡献就给他升职，我不同意，考试怎么能证明他可以多拿工资和奖金，所以这是错的。"（2002 年）公司后来还明确指出，"员工的工资确定基于所承担的职位责任、实际贡献的大小和做出持续贡献的能力。员工的学历、工龄、社会职称等不作为其工资确定的要素。"（2006 年）2009 年公司再次强调："要坚定不移地实行以岗定级，以级定薪，人岗匹配，易岗易薪，使公司永远处在内部运作成本较低的状态。"由此可见，华为薪酬的内部公平性强调的是实际承担的岗位或职位，而不是所谓的知识和能力，如果员工有知识和能力，但却没有在需要这种知识和能力的岗位上工作并做出相应的贡献，则华为不承认这种知识和能力的价值，因此，总的来说，华为实施的是一套以职位为基本薪酬决定依据的薪酬体系。

四是薪酬的奖励性。华为是一家自始至终特别重视劳动价值、贡献或绩效的企业。任正非本人在这方面的论述也是最多的，比如，他早在 1995 年就提出，"我们将逐步拉开差距，提高优秀人员的待遇，让雷锋先富起来，使千百人争做雷锋"。2005 年又强调，"我们的待遇体系强调贡献，以做出持续贡献的能力来评定薪酬、奖励"。"未来激励导向调整的原则是，降低长期回报，增加短期回报。降低资本的收入，增加劳动的收入。压缩分红，提高奖金。"华为公司还清醒地意识到薪酬管理对员工行为所产生的影响，强调降低薪酬体系的刚性，增加薪酬与组织绩效挂钩的灵活性和激励性。2007 年华为提出，必须建立员工回报与公司以及部门经营效益挂钩的浮动机制，要"根据公司整体经营情况来确定全公司的工资浮动系数，然后根据部门绩效考核结果确定部门浮动系数，最后根据员工绩效情况确定个人工资，不能作平均化调整”。到 2009 年华为提出，“未来几年，华为技术薪酬包占销售收入的比例会维持在 18%以下（终端、软件另外确定合理的比例），将来刚性成本保持在 10%～12%，6%～8%是弹性成本，这样激励性就增大了”。同时，任正非对奖金管理提出了自己的要求，“奖金评定要简单，贡献好马上就给奖。不要把一大堆事情放在一起评，这样奖金就变得很复杂、不公平”。

五是薪酬管理政策问题。华为在设计和管理薪酬时非常重视合理的成本控制。公司在 2000 年就指出，“我们一定要保证个人收入增长率低于经济增长率，这样公司才能持续发展”。2007 年提出，“公司人力资源变革的最终目标是通过规范的职位管理、人岗匹配，逐步走向部门定岗定编和薪酬总包管理。对于薪酬总包超标的部门，主管要说明为什么增加人手或业务工作量，并经相关业务口批准，不允许各部门私自任意增加无谓的工作量，促进已有资源的数量、结构和使用逐步合理化”。任正非多次就薪酬问题发表重要讲话，让大家理解华为薪酬政策的用意。比如，他在 2001 年就强调，“我们要坚持工资能升能降，如果工资只能升不能降，公司就进入了死循环”。2008 年提出，“不要怕降薪人员闹情绪，易岗易薪本身也是对干部的考察”。2009 年指出，“我不太赞成降薪这个措施，因为这个措施是养懒汉的……我支持减员，支持把不好的员工辞掉，换进来一些优秀的员工。当然，如果我们支撑不了公司的效益，还是要降薪”。

2. 战略性薪酬体系设计的基本步骤

要想按照战略性薪酬管理的要求设计出有效的薪酬体系并实施高效管理，就需要遵循以下四个不断循环的步骤（见图 2-2）。

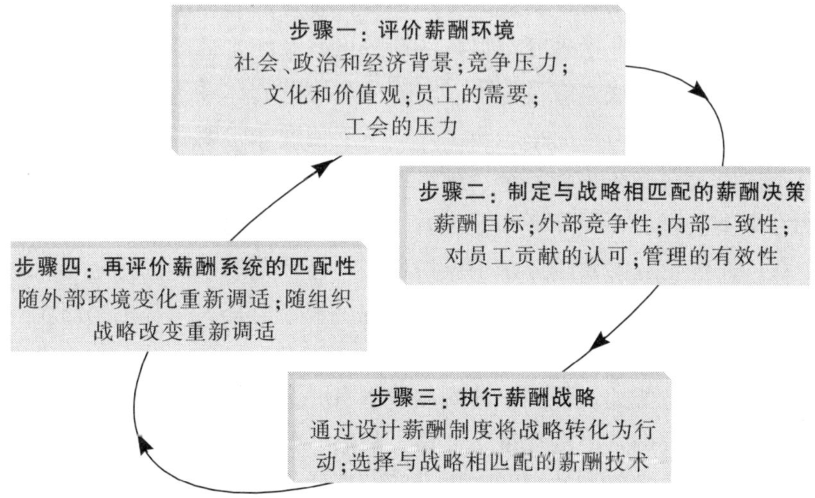

图 2-2　战略性薪酬体系设计的四个基本步骤

第一，全面评价组织面临的内部和外部环境及其对薪酬的影响。如前所述，企业的薪酬管理是以企业的战略和经营目标为导向的，而无论是企业的战略和经营目标还是薪酬本身都会受到诸多因素的影响。其中包括：企业所处的社会、政治和经济背景；全球竞争压力；企业的文化和价值观；员工的需要；工会的压力等。因此，企业首先必须全面准确地了解自己所处的环境，然后才能确定为了在特定的环境中取得竞争优势所需要采纳的薪酬方案。

第二，制定与组织战略和环境背景相匹配的战略性薪酬决策。薪酬决策的内容包括薪酬体系决策、薪酬水平决策、薪酬结构决策、薪酬管理过程决策等。薪酬决策的核心是使企业的薪酬系统有助于企业战略目标的实现、具备外部竞争性以及内部一致性、合理认可员工的贡献以及提高薪酬管理过程的有效性。由于不同类型的薪酬决策支持不同的企业战略，因此企业必须根据组织的经营环境和既定战略来作出合理的薪酬决策。

第三，将薪酬战略转化为薪酬管理实践。薪酬战略实际上是企业在做薪酬设计时所坚持的一种导向或基本原则，因此下一步企业所要做的是将这些原则用一定的薪酬体系或薪酬组合体现出来，或者运用一定的技术来实现企业的战略导向要求。这一步骤实际上是从理念和原则到操作层面的跳跃，一种好的薪酬战略能否不折不扣地贯彻执行，薪酬技术的选择、薪酬系统的设计及其执行过程是至关重要的。

第四，对薪酬系统的匹配性进行再评价。薪酬系统的设计和实施并不是一件一劳永逸的事情。管理者必须不断对其进行重新评价并适时调整，以使之与变化了的经营环境和企业战略相适应。为了确保这一点，阶段性地对企业薪酬系统的匹配性和适应性进行重新评价就显得十分必要。

最后需要指出的是，在设计战略性薪酬体系时，需要注意以下几个方面的问题：

首先，薪酬管理并不是一个独立的系统。在薪酬管理系统中，有很多可供选择的工具和方法，但选择薪酬工具和方法的主要依据是企业的总体战略以及相应的分阶段战略目标。由于企业的战略可能会在不同时期和应不同经营环境的要求而不断调整，因此，企业的薪酬管理实践也需要加以灵活变通，以适应企业战略以及经营环境的要求。在这个世界上并不存在所谓的最优薪酬战略以及薪酬管理实践，一切都要视企业的具体情况而定。规范、灵活并且能够因时而变，从而帮助企业达到既定目标的薪酬以及薪酬管理系统才是企业希望得到的。

其次，确保组织独特的战略或目标得以实现的薪酬管理体系不一定非常复杂。在薪酬设计与管理的策略方面，应当力求简单、明了，向员工传递非常明确的战略导向或行为和价值观信号，千万不要以为薪酬体系越复杂、越难以理解，就显得越科学、越合理。实际上，过于复杂的薪酬方案不仅容易让领导者和员工看不清薪酬的导向，同时也在很大程度上增加了管理的成本。我国有些企业的薪酬体系中模块过多，导致薪酬被切割得七零八落，尽管看上去每一种薪酬成分或影响因素都在薪酬构成中体现出来，但是大家却不明白企业想要通过薪酬体系鼓励员工干什么。

最后，企业还必须清醒地认识到，薪酬制度本身并没有先进和落后之分，只有适合和不适合之分。企业一定要根据自己的环境、使命、战略、价值观、业务要求等来制定个性化的薪酬制度，而不要盲目追求所谓的国际先进经验。有些看似“落后”的东西，在某些特定的时间或场合能够帮助企业解决员工吸引、保留、激励等方面的问题，有助于企业经营目标的实现，我们就没有理由跳过去，紧追那些薪酬“时尚”。比如，我国大部分企业目前连基于职位的薪酬管理都没有做到位，在这种情况下，如果将职位评价技术弃置不用，而是急于追随所谓的能力薪酬模式，或者大搞薪酬宽带，其结果可想而知。事实上，因地制宜、实事求是地思考并创造出适合本企业的薪酬模式，然后随着本企业的发展阶段和面临的问题不断调整自己的薪酬模式，这种做法不仅是最理智的，同时也是最有效的（参见小专栏2-3）。

小专栏2-3

独特的日薪制的魅力

河南有一家郑州二七燃气具大世界公司，该公司根据自己的实践摸索出了一套日薪制薪酬管理模式。这种模式的起因是公司在招工过程中发现，几乎所有的打工者都担心干了一个月甚至更长时间之后，老板却不发工资或克扣工资。因此，该公司决定从2000年4月开始实行逐日计酬并当天发放工资的做法。按照该公司总经理的说法，这种做法赢得了99%的员工的支持，只有1%的人不支持。这些人是各部门的经理，他们认为每天都要统计手下员工干了多少活、该领多少钱，太烦琐了。但实行一段时间后，一切都成了模式，非常容易计算，经理们的抱怨也少了。

实践证明，这种日薪制给公司带来的好处立竿见影，员工的积极性和生产效率均大幅提高。以前每次派单子干活，大家都挑肥拣瘦，甚至互相推诿，能不干的就不干。实行日工资后，装个热水器多少钱、修个煤气灶多少钱都有标准，白天干多少活，晚上就能领多少钱。今天挣的钱少了，明天就会多要单子多干活，争取把损失补回来。日工资让员工由原来的“推单子”变成了现在的“抢单子”。此外，实行日工资后，员工们非但没有当天结完钱，第二天就随意走，流动性反倒降低了。实行日工资之后的三年中，近百名员工中主动离开的没几个，许多人还把自己的兄弟姐妹介绍到公司来。

资料来源：朱金星．郑州首现日薪发放制　干完当天活就拿当天钱．大河报，2003-04-10.

二、战略性薪酬管理的新发展：总报酬战略

（一）总报酬与总报酬模型

正如我们在第1章中分析过的，与薪酬有关的概念一直在发展变化，一个最为突出的特点就是，随着从工资到薪酬，从薪酬到总薪酬，再从总薪酬到总报酬，企业对激励员工的重要因素的认识不断丰富。面对剧烈的工作场所变化、严峻的竞争环境、急速的技术变革以及转瞬即逝的商业机会，企业清楚地认识到，战略性地设计和管理薪酬福利体系有助于企业在快速变化的环境中赢得竞争优势。到了90年代，企业发现，仅仅依靠提供高水平的薪酬、将薪酬与绩效挂钩、针对员工的需要设计各种福利计划，并不足以保证在愈演愈烈的人才战中获胜。相反，企业必须用更为开阔的眼界来看待人才的吸引、保留以及激励，学会充分运用各种可能的要素来赢得战略优势。

首先，伴随着20世纪80年代兴起的流程再造以及组织结构扁平化等浪潮，传统组织层级被压缩，晋升阶梯被大量削减，这就使企业原来常用的依靠晋升为员工提供加薪等激励的做法的难度加大。此外，互联网等新技术的快速发展导致企业处于变革过程之中，市场竞争更加激烈，经营风险日益增大，这导致雇佣关系的稳定性变得比过去更差。企业和员工之间试图保持长期雇佣关系的愿望越来越不现实，传统的心理契约由此开始发生变化，员工对企业的期待从之前的长期雇佣逐渐转变为长期的就业能力培养。在这种情况下，企业必须寻找一些创新的方法来对员工进行开发。比如，由资深员工或管理人员担任员工的教练或导师，

对他们的职业发展和进步给予指导和帮助；给员工更大的授权；对员工进行跨职能或跨地区的调动，增加员工的工作内容，丰富员工的工作经历；在企业内部为员工提供创业的平台，让员工进行内部创业，充分发挥他们的能力，为他们提供一个不断进步的平台等。美国著名管理顾问公司美世甚至允许自己的员工到其他企业短期工作一段时间，然后由他们自己作出选择，是愿意留在其他企业还是回到本公司。有人担心这种做法会导致人才的流失，但是美世认为，公司能够为大家提供这种机会本身就表明了公司重视员工的职业发展。这种做法只会使公司对员工更有吸引力。

其次，知识型员工的数量日益增多带来的一个重要变化是，员工不仅需要获得与自己的人力资本水平相称的薪酬福利，他们还需要获得组织的尊重以及工作的成就感，其中很重要的一个方面就是自己所做的工作能否得到组织的重视和认可。仅仅将薪酬与绩效挂钩，实行绩效加薪或者奖金激励并不足以使员工有这种感觉。一些企业发现，能够达到类似效果但成本更低的是上级给予员工及时、具体而真诚的认可和赞赏，以及组织以颁发奖品或礼物、召开庆功会等非货币形式对员工个人及其群体的努力和成绩给予认可和表彰。赏识和认可的价值体现在它们能够强化绩效改善的价值、促进绩效持续改进、提供积极直接的反馈以及促进对有价值的行为和活动的沟通等。这一方面要求企业各级管理人员学会如何在日常工作中有效地赞赏和鼓励自己的员工；另一方面要求企业在传统的薪酬和福利之外去寻找对员工进行奖励和认可的更加丰富多样的形式和手段。

最后，现代社会的发展使越来越多的人将关注的重点从工作和经济收入转变为个人和家庭生活质量，对于很多经济收入水平较高的真正有能力的高层次人才来说尤其如此。在这种情况下，如果企业试图像过去那样，通过提供高水平的薪酬福利来换取员工拼命工作，作为对员工家庭生活损失的一种补偿，其效果会越来越差，那些不能使员工保持工作与生活平衡的企业将无法留住自己需要的人才。这样，企业就必须在灵活的工作安排以及为员工提供便利的各种计划等方面进行大量的投入。其中，前者包括弹性工作时间安排、远程工作、非全日制工作、更短的日工作时间或周工作天数等；后者包括儿童看护、老人看护、锻炼和保健、洗车、购物等各种服务。

总之，正是由于企业认识到仅仅依靠薪酬福利并不足以达到吸引、留住、开发以及激励员工的目的，必须综合运用各种报酬因素（尤其是薪酬福利之外的非经济报酬）为企业的人力资源管理和战略目的服务，于是总报酬的概念应运而生，总报酬战略（total reward strategy）以及总报酬模型迅速进入企业管理实践。例如，韬睿咨询公司（Towers Perrin）在1997年对200名北美公司的高管人员以及300名英国、法国和德国公司的高管人员进行了一次调查，问他们希望得到什么样的回报以及公司向员工提供了什么样的报酬。结果，100%的人提到薪酬，96%的人提到福利，83%的人要求提供学习与发展的机会，75%的人希望有良好的工作环境。韬睿公司以此为基础提出了包括薪酬、福利、学习与发展、工作环境四个维度在内的总报酬框架。[①]

此外，依靠职位评价起家的著名人力资源咨询公司合益集团（Hay Group）推出了自己的总报酬模型。合益集团将总报酬划分为有形（tangible）报酬和无形（intangible）报酬两大类（这种分类实际上等同于经济报酬和非经济报酬的划分方式）。其中，有形报酬是指传

① Sandra O'neal. The Phenomenon of Total Rewards. ACA Journal, Autumn, 1998.

统薪酬和福利，其中薪酬部分又划分为三大块，即有保证的现金（相当于固定薪酬等薪酬项目）、年度浮动薪酬（相当于年终奖等薪酬项目）以及长期激励计划（即股票所有权等薪酬项目）。既然提出了总报酬模型，当然要强调其中的无形报酬部分。合益集团将无形报酬划分为五大类，即工作质量（quality of work）、工作与生活平衡（work/life balance）、未来成长机会（future growth opportunity）、赋能环境（enabling environment）以及鼓舞与价值观（inspiration/values）。[①] 该公司 2008 年确定的总报酬框架如图 2－3 所示。

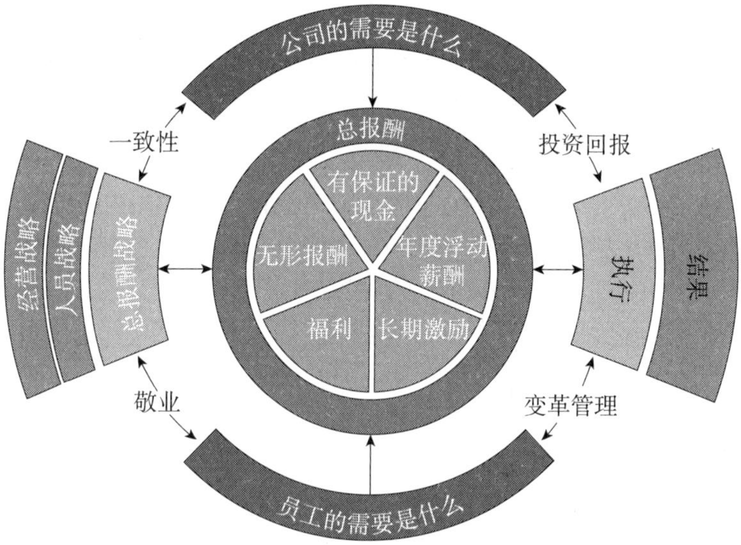

图 2－3　合益集团的总报酬框架图

资料来源：© 2008 Hay Group. All rights reserved.

目前，总报酬管理在实践中已经成为一种常态，各企业以及大学等非营利机构也纷纷建立起自己的总报酬体系（total reward system），比如，迪士尼公司的总报酬共包括四大部分：薪酬福利（Pay & Benefits）、生活休闲（Life & Leisure）、学习和工作（Learning & Working）以及公司和社区生活（Company & Community）。[②] 加拿大皇家银行（RBC）的总报酬共包括六项：固定与浮动薪酬（Compensation and Incentives）、弹性福利（Flexible Benefits）、工作和生活的有效平衡（Work / Life Effectiveness）、学习和成长的机会（Learning and Growth Opportunities）、员工银行业务服务（Employee Banking Services）、共赢的工作环境（Working Environment-Winning Together）。[③] 总报酬的概念在政府也得到应用，美国联邦政府人事管理署将总报酬定义为战略性报酬（strategy rewards），并认为这种报酬是指一个组织为了招募、保留、开发员工以及使员工支持组织的战略目标而提供的员工认为有价值的任何一种东西。这种战略性报酬将各种传统和非传统的报酬结合在一起，以达到使雇佣关系更有意义以及更能满足员工需要的目的。合益集团还在自己的总报酬框架下

① http://www.haygroup.com/us/services/index.aspx?id=10317.

② http://cp.disneycareers.com/en/about-disney-college-program/total-rewards/.

③ http://www.rbc.com/careers/rewards.html.

开发了一个公共部门总报酬模型（见表 2－1）。

表 2－1　　合益集团设计的公共部门总报酬模型的构成要素

有形报酬	工作质量	工作与生活平衡
●有竞争力的薪酬及加薪 ●良好的福利 ●针对高绩效的奖励 ●认可奖项	●对工作价值的感知 ●挑战性或兴趣 ●取得成就的机会 ●适度的自由与自主性 ●工作负荷 ●工作关系质量	●支持性的工作环境 ●对与生命周期有关的需要的认可 ●弹性工作与退休选择 ●收入保障性 ●社会环境
未来成长机会	**赋能环境**	**鼓舞与价值观**
●超越当前角色的学习与开发机会 ●职业进步机会 ●常规性的绩效反馈	●物理环境 ●工具和设备 ●针对当前角色的培训 ●良好的信息技术或工作流程 ●安全或个人保障	●领导力质量 ●公共服务价值观 ●多元化晋升 ●组织声誉 ●风险分担 ●对成就的认可 ●对话、沟通与咨询

（二）总报酬协会的总报酬模型

薪酬管理领域有一个在国际上比较权威的专业组织，这就是总部位于美国的总报酬协会（WorldatWork：The Total Rewards Association）。该协会的前身是成立于 1955 年的美国和加拿大薪酬管理协会（American Compensation Association，ACA），一直到 2000 年之前，该协会主要关注的是薪酬和福利方面的专业知识、技能和实践等问题。2000 年，为适应企业的激励战略从薪酬福利向更为宽阔的报酬领域不断扩展，该协会正式提出了自己的总报酬模型和总报酬战略，同时，为表明这种理念转型的重要性，还将自己的组织名称从薪酬协会改成总报酬协会（www.worldatwork.org）。该协会定位于一家服务于关注薪酬、福利、工作和生活有效平衡以及总报酬问题的专业人士以及组织的非营利人力资源协会，主要提供该专业领域中的综合性教育、认证、研究、倡议等活动。迄今为止，总报酬协会提出过三个总报酬模型。下面我们分别加以论述。

1. 总报酬模型的历史版本

2000 年，总报酬协会推出了第一个正式的总报酬模型（见图 2－4）。这个模型比较简单，仅仅是在薪酬和福利之外增加了一个非经济报酬内容，即工作体验。换言之，总报酬包括薪酬（Compensation）、福利（Benefits）和工作体验（The Work Experience）三大组成部分。虽然其中的工作体验又被进一步细分为认可（Acknowledgement）、工作与生活平衡（Balance（of work and life））、组织文化（Culture）、（职业或专业）发展（Development（career/professional））以及工作环境或地点（Environment（workplace））等五个子维度，但在模型中并未详细展示这些子维度。图中能够看到的是薪酬、福利、工作体验三大构成要素相互并列，这在某种程度上暗示，所有的非经济报酬加起来才具有与薪酬或福利类似的分量。从图中还可以看出，组织的总报酬及其各个构成部分是在各种组织内部影响因素以及外部影响因素的大背景下设计出来并发挥作用的。

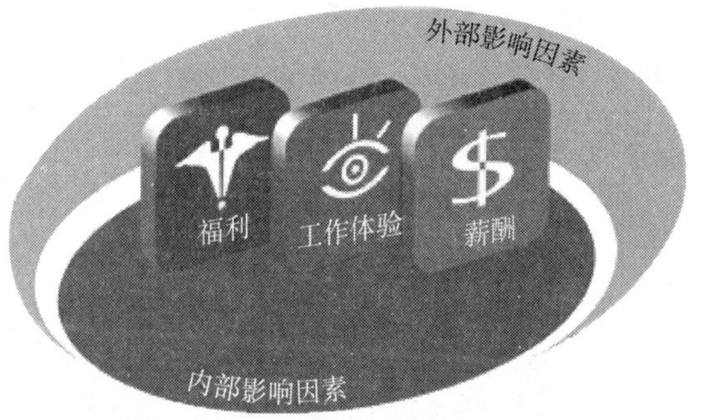

图2-4　总报酬协会的总报酬模型（2000年）

2005年8—9月，总报酬协会就总报酬的内容对会员进行了一次大规模调查。结果发现，薪酬和福利这两个领域在吸引、保留以及激励员工方面所起的作用不仅得到了巩固和维持，而且变得越来越重要。58%的会员认为薪酬的重要性有所上升，而有大约1/3的成员认为薪酬的重要性跟过去是一样的。类似地，55%的会员认为福利的重要性有某种程度的上升，37%的会员认为福利的重要性与过去是相同的。工作与生活平衡被认为在吸引、保留和激励员工方面起着非常积极的作用，58%的会员认为其重要性有某种程度的上升，将近1/3的会员认为其重要性与过去一样。重要性上升最明显的是绩效管理与认可以及开发与职业发展机会。2/3的被调查者认为，绩效管理与认可在吸引、保留和激励员工方面所起的作用增加了。而认为开发与职业发展机会的重要性上升的人占到62%。不仅如此，此次调查还发现，3/4的人认为，这五大总报酬要素的重要性在今后两年还将继续上升，其中1/3的人认为重要性会大幅上升。[①] 在2005年这次大规模调查的基础上，经过一段时间的酝酿，美国总报酬协会于2006年提出一个新的总报酬模型（见图2-5）。

总报酬协会将总报酬定义为雇主用来吸引、留住和激励员工的各种可能的工具，包括员工认为自己能够从雇佣关系中得到的各种有价值的东西。它是雇主为了换取员工的时间、才智、努力以及工作结果而向员工提供的各种货币性和非货币性收益，是能够有效吸引、激励以及留住人才从而达到理想经营结果的五种关键要素（薪酬、福利、工作与生活平衡、绩效管理与认可、开发与职业发展机会）的有目的的整合。总报酬战略则是能够将这五种关键报酬要素加以组合，形成一种定制的激励系统，从而实现对员工的最优激励的一种艺术。总报酬战略要想有效，必须确保员工认为企业提供的货币或非货币报酬是有价值的。不过，总报酬协会并不认为这五大总报酬要素是相互排斥的，这个模型也不是试图指导企业分别在五大要素内部进行报酬方案的设计和运用。事实上，这五个方面有可能是相互交叉的。比如，绩效管理既可能是为薪酬决策而进行的正式管理活动，也可能是一种分散的管理活动。而认可既可以被视为薪酬要素，也可以被视为福利要素，还可以被视为工作与生活平衡要素。

① Sonya Goshe. Testing the New Model. WorldatWork workspan，04-06.

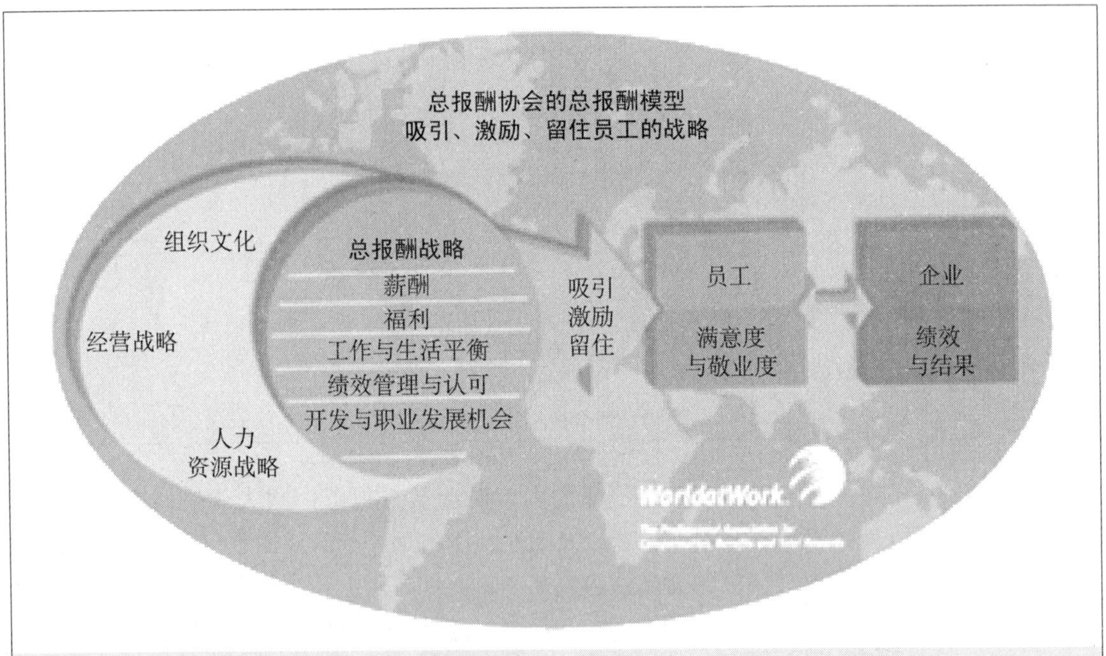

图 2-5　总报酬协会的总报酬模型（2006 年）

这一总报酬模型的基本逻辑是，企业的组织文化、经营战略、人力资源战略和总报酬战略共同作用于员工的吸引、激励和保留，其结果是形成一支具有高满意度和敬业度的员工队伍，这支员工队伍会努力达成组织期待的绩效和相应的结果。与此同时，组织绩效和结果的改善又会进一步揭示员工的满意度和敬业度。这个总报酬模型的一个重要理念是雇主与员工之间形成的一种"交换关系"，即高生产率员工为雇主创造价值，雇主则应当向员工提供各种有形和无形的价值来丰富他们的生活。只有这样，企业才能有效地吸引、激励和保留员工，提升员工的满意度、承诺度和敬业度，最终提高组织的绩效水平，改善经营结果。其中，满意度（satisfaction）说明了员工对一个组织的各种事物的喜好程度；承诺度（commitment）说明了员工希望留在一个组织中的程度；而敬业度（engagement）则反映了员工会在多大程度上去做一些事情来改善企业的经营结果。需要指出的是，这个模型并不认为组织文化、经营战略和人力资源战略只能通过影响总报酬战略来对员工的吸引、激励和保留发挥作用，相反，它们既可以通过总报酬来发挥这种作用，也可以直接作用于员工的吸引、激励和保留。例如，企业独特的文化以及外部品牌价值也可以成为吸引员工加盟的一种重要价值主张。

下面我们简单介绍这个总报酬模型中包括的五大组成部分的定义及其内容。

一是薪酬。薪酬（compensation）是指雇主向一位员工支付的用来换取其提供的服务（时间、努力、技能等）的薪资性报酬。薪酬主要包括固定薪酬（fixed pay）和浮动薪酬（variable pay）。固定薪酬也称基本薪酬，它不随业绩或工作结果达成情况而变化，是一种不能随意变动的薪酬。固定薪酬水平的高低通常取决于一个组织的薪酬理念以及薪酬结构。浮动薪酬也称风险薪酬。它是直接随绩效水平或工作结果达成程度而变化的薪酬项目。浮动薪酬是一次性的，浮动薪酬水平必须在每一个绩效期间重新加以确定，员工必须不断努力才能获得这种薪酬。浮动薪酬可以划分为短期奖励薪酬（short-term incentive pay）和长期奖励薪酬（long-term incentive pay）。前者是针对一年或一年以内的特定绩效提供奖励的一种薪酬计划。后者则是针对一年或一年以上的特定绩效提供奖励的一种薪酬计划。典型的长期奖励薪酬包括股票期权、绩效股份以及一些特定的现金奖励等。

二是福利。福利（benefit）是雇主在员工获得的现金性薪酬基础上提供的一些补充经济计划，其目的是保护员工及其家庭免遭各种经济风险。福利可以分为社会保险（social insurance）、集体保险（group insurance）、带薪非工作时间（pay for time not worked）三大类。其中社会保险包括失业保险、工伤保险、社会保障、伤残保险（职业性的）等。集体保险包括医疗保险、牙医保险、视力保险、处方药、精神健康、人寿保险、意外事故死亡险、残疾保险、退休保险、储蓄等。带薪非工作时间是指当员工没有从事工作活动时也为他们提供的持续性收入保护计划。其中一部分是工作期间的带薪非工作时间（工休时间、打扫卫生时间、换装时间），另一部分是非工作期间的带薪时间（休假、公司假日、事假）。

三是工作与生活平衡。工作与生活平衡（work-life）是指为帮助员工在工作和家庭中都取得成功而提供支持活动的一系列组织管理实践、政策、计划以及理念。它主要针对的是员工、员工家庭、社区以及工作场所之间的接触点，主要包括工作场所的灵活性、带薪和不带薪的假期、身心健康修炼、对家人的照顾、财务支持、社区活动参与、管理或文化变革参与等七大类。

四是绩效管理与认可。首先，绩效管理（performance management）是组织成功的一个关键要素，它是为明确已经达到什么结果以及如何达到这种结果而对组织、团队以及个人的绩效所进行的整体评价。其目的在于使组织、团队以及个人付出的努力保持协调一致，从而实现经营目标以及组织的成功。绩效管理包括绩效计划、绩效执行以及绩效反馈三大环节。其中，绩效计划是指为将个人与团队和组织的目标联系在一起而设定期望的过程。其目的是让员工看到个人的绩效期望与组织高层制定的组织目标和战略之间具有清晰可见的联系。绩效执行是一种展示技能或能力的方式。而绩效反馈是指对照绩效期望、绩效标准和目标，就一个人完成一项工作或任务的好坏情况进行的沟通。绩效反馈能够激励员工改善绩效。其次是认可。认可（recognition）是指对员工表示感谢，或者对员工的行动、努力、行为或绩效给予特别的关注。它满足了人们对自己的努力受到欣赏的心理需要，可以通过强化有助于组织取得成功的某些特定行为来支持企业战略。认可计划可以是正式的，也可以是非正式的，但都要在事实发生后立即对员工的贡献表示感谢。认可计划通常不会事先制定一个期望员工达到的目标或绩效标准，奖励的东西可以是现金，也可以是非现金，比如口头表扬、颁发奖品、颁发证书、墙上告示、晚餐宴请、音乐会门票或球赛票等。

五是开发与职业发展机会。开发（development）是指为了强化员工的应用技能和能力而提供的一整套学习经历。它使员工能够更好地完成工作，领导者能够更好地推进组织的人员战略。而职业发展机会（career opportunities）是指以员工在实现职业目标方面——可能包括晋升到组织中承担更多职责的岗位上去这样的目标——取得进步为目标而制定的计划。组织对员工的内部职业发展机会提供支持的目的是，确保有才能的员工被安排到能够使他们对组织的价值最大化的岗位上去。开发与职业发展的具体形式包括三种。一是各种学习机会。包括学费报销；就读公司大学；新技术培训；参加外部研讨会、会议以及虚拟教育；自我开发工具和技术；在职学习；在更高的职位上轮换；为获取特定技能而休学术假；获得知识和经验。二是组织内或组织外得到指导和辅导的机会。包括领导力培训；接触专家或信息网络——协会成员；在一个人的专长领域之外参加会议或发表演讲；向当地专家了解的机会；正式或非正式的导师计划。三是组织内或组织外取得进步的机会。包括实习；当专家的助手；海外工作派遣；内部职位空缺；职位晋升；职业阶梯和通道；接班人计划。

2. 总报酬模型的最新版本

总报酬协会在 2015 年对第 2 版总报酬模型（见图 2－5）进行了修订，并且指出总报酬模型展示了企业和员工之间存在的一种动态关系，它试图通过不断的优化和完善反映各种外部因素以及日益全球化的经营环境是如何对员工的吸引、激励、保留以及凝聚产生影响的。最新修订的总报酬模型（见图 2－6）与 2006 年第 2 版的最大不同主要表现在，对原来模型中涉及的各个重要变量间的逻辑关系进行了更为清晰的调整，新的逻辑关系是：组织外部的很多因素（经济形势、劳动力市场、文化规范、法律法规）会影响一个组织的经营战略和组织文化，而经营战略和组织文化会影响组织的人力资源战略，人力资源战略又会影响总报酬战略，最后，总报酬战略会同时对员工和组织两个方面的结果产生影响。形象地说，就是组织外部影响因素→经营战略和组织文化→人力资源战略→总报酬战略→员工和组织两个方面的结果。

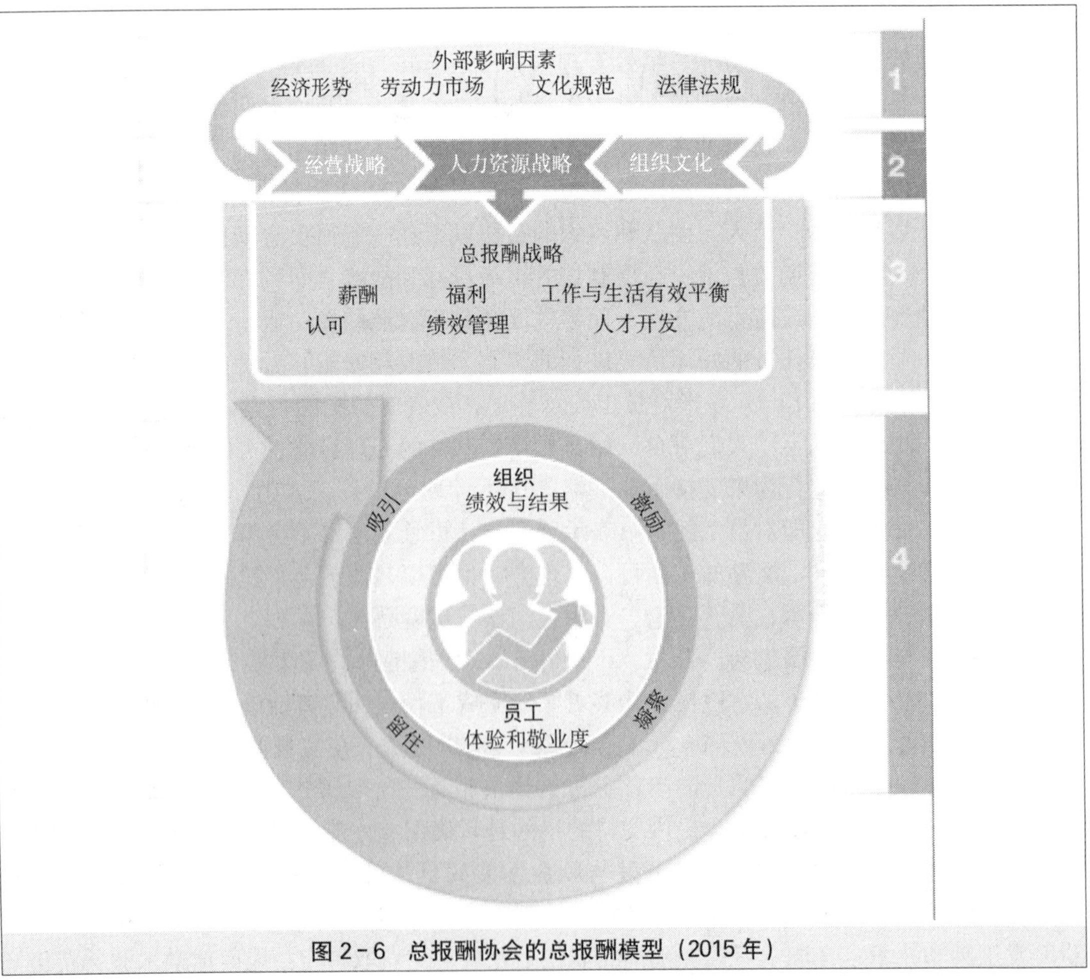

图 2－6 总报酬协会的总报酬模型（2015 年）

新模型与上一版模型之间最主要的差异表现在以下六个方面：一是新模型将组织外部影响因素正式纳入模型，并且将外部影响因素清晰地划分为经济形势、劳动力市场、文化规范和法律法规四个方面。二是新模型认为，外部影响因素直接影响一个组织的经营战略和组织文化，而经营战略和组织文化又会对组织的人力资源战略产生影响。而在上一版模型中，组织文化、经营战略和人力资源战略是并列的，很显然，从战略管理的角度来说，人力资源战略确实应当服从组织的经营战略和组织文化，它们不属于同一个层次。这次修订把这层逻辑关系理顺了。三是在原来的模型中，组织文化、经营战略和人力资源战略既可以直接影响员工的吸引、保留和激励，也可以通过影响总报酬战略来实现，而在新模型中则明确了经营战略和组织文化影响人力资源战略，而人力资源战略影响总报酬战略，总报酬战略对员工和组织两个方面的结果产生影响，这样在经营战略和组织文化、人力资源战略与总报酬战略之间就是单向的层层递进的逻辑关系，比原来更简化，也更符合实际情况。四是将总报酬的五大构成拆分为六大部分，主要是将上一版中的“绩效管理与认可”拆分为“绩效管理”“认可”两部分独立的内容。此外，将原来的“开发与职业发展机会”修订为“人才开发”，将原来的“工作与生活平衡”修订为“工作与生活有效平衡”。五是将原来的模型中吸引、激励和留住员工产生的结果即员工的满意度与敬业度修改为员工的体验和敬业度。六是将总报酬的作用从原来的吸引、激励和留住员工三项扩充到四项，即吸引、激励、凝聚以及留住员工。

最新的总报酬模型自上而下划分为四层。最上一层是组织的外部影响因素，这表示在设计和管理总报酬时不能仅仅考虑组织可以直接控制的内部环境因素，还必须考虑组织控制力很弱甚至无法控制的外部环境因素，特别是经济形势、劳动力市场、文化规范和法律法规四个方面。

第二个层次是经营战略、组织文化和人力资源战略。这一层次想要表达的含义是：人力资源战略和员工报酬战略必须建立在组织的经营战略基础之上。与此同时，每一家企业还有自己独特的组织文化，这种文化会受到外部很多因素的影响，同时还会受到高层领导者、所在地理区域、员工的人口结构特征甚至经营战略本身的影响。总之，经营战略和组织文化驱动人力资源战略的设计和执行，而人力资源战略又会影响总报酬战略的制定及管理。

第三个层次是总报酬战略，它是指一个组织为吸引、激励、凝聚以及留住员工而采用的总战略中包含的各种方案、实务、要素以及维度的总和。其含义是，一个组织为了通过获得感到满意的、敬业的和高生产率的员工来创造理想的经营绩效和经营结果，必然需要一种明确的员工价值主张，而总报酬的六大要素所代表的恰恰是组织在提供并持续维护这种价值主张时可以使用的一个工具箱。在总报酬的六大要素中，薪酬（Compensation）是指雇主针对员工的服务（时间、努力、技能等）提供的货币薪酬，其中包括固定薪酬和与绩效水平挂钩的薪酬。福利（Benefits）是雇主用于在员工得到的现金薪酬之外提供补充性报酬的方案，包括为增加员工及其家庭的保障性而建立的健康福利、收入保护福利、储蓄和退休福利等。工作与生活有效平衡（Work-Life Effectiveness）是为了积极支持员工在家庭和工作两方面取得成功而确定的各种具体的组织实务、政策和方案以及相应的理念。认可（Recognition）是为了承认或特别关注员工的行动、努力、行为或绩效而实施的正式或非正式方案，这些方案能够通过强化有助于组织取得成功的那些行为来支持组织经营战略的实现。绩效管理（Performance Management）能够将组织、团队和个人的努力引导到有助于组织目标实现和战略达成的方向上来，包括明确期望、展示技能、评价、反馈以及持续改进等几个方面。人才开发（Talent Development）是指为员工在短期和长期职业发展中提升自己的技能和胜任能力提供机会和相应的工具。

第四个层次是结果。组织的总报酬战略想要达成的理想结果是：敬业的员工通过贡献自己的时间、才智以及努力去达成组织经营绩效和相关结果。有效的总报酬战略能够培育出一支由安排在正确职位上的正确的人构成的员工队伍，这些人有着很强的做正确事情的动力和敬业度，不仅如此，他们还对组织以及组织的成功抱有足够的忠诚。

第2节　薪酬战略与企业战略及生命周期

一、薪酬战略与企业战略的匹配

在不考虑具体的职能战略的情况下，企业战略通常可以划分为两个层次：一是企业的发展战略或公司战略；二是企业的经营战略（business strategy）或竞争战略（competition strategy）。前者所要解决的是企业是扩张、稳定还是收缩的问题；后者所要解决的则是如何在既定的领域中通过一定的战略选择来战胜竞争对手的问题。公司战略通常包括成长战略、稳定战略、收缩战略三种；而竞争战略则可以划分为创新战略、成本领袖战略和客户中心战略三种。企业所采取的战略不同，其薪酬水平和薪酬结构也必然会存在差异。

（一）公司战略与薪酬战略

1. 成长战略

成长战略是一种关注市场开发、产品开发、创新以及合并等内容的战略，它又可以划分为内部成长战略和外部成长战略两种类型。前者是通过整合和利用组织拥有的所有资源来强化组织优势的一种战略，它注重的是自身力量的增强和自我扩张；而后者则试图通过纵向一体化、横向一体化或者多元化来实现一体化战略，这种战略往往是通过兼并、联合、收购等方式来扩展企业的资源或者强化其市场地位。

对于追求成长战略的企业来说，它们所强调的重要内容是创新、风险承担以及新市场的开发等，因此与此相联系的薪酬战略往往是：企业通过与员工共同分担风险，同时分享企业未来的成功来帮助其实现自己的目标，实施这种战略的企业使员工有机会在将来因企业的经营成功而获得较高的收入。这样，企业需要采用的薪酬方案就应当是：在短期内提供水平相对较低的固定薪酬，同时实行奖金或股权等计划，从而使员工在长期中能够得到比较丰厚的回报。比如，IT行业中的许多企业都采取这种报酬策略。成长型企业在很大程度上需要具有灵活性，因此它们在薪酬管理方面往往会比较注意分权，赋予直线管理人员较大的薪酬决定权。同时，由于公司扩张导致员工所从事的工作岗位本身在不断变化，因此，薪酬系统对员工的技能比对他们所从事的具体职位更为关注。

当然，内部成长战略与外部成长战略之间的差异决定了两者在薪酬管理方面也存在一定的不同。其中，采用内部成长战略的企业可以将薪酬管理的重心放在目标激励上，而采用外部成长战略的企业却必须注意企业内部薪酬管理的规范化和标准化。

2. 稳定战略或集中战略

稳定战略是一种强调市场份额或者运营成本的战略。这种战略要求企业在已经占领的市场中选择自己能够做得最好的部分，然后把它做得更好。采取稳定战略的企业往往处于较为稳定的环境之中，企业的增长率较低，企业维持竞争力的关键在于能否维持自己已有的技能。从人力资源管理的角度来说，主要是以稳定已经掌握相关工作技能的劳动力队伍为出发点，因而这种企业对于薪酬的内部一致性、薪酬管理的连续性以及标准化都有比较高的要求。在薪酬管理方面，这种企业薪酬决策的集中度比较高，薪酬确定的基础主要是员工所从事的工作本身。从薪酬的构成来看，采取稳定战略的企业往往不强调企业与员工之间的风险分担，因而较为稳定的基本薪酬和福利所占的比例较大。就薪酬水平来说，这种企业一般追求与市场持平或者略高于市场水平的薪酬，但是从长期来看，由于增长速度不快，这种企业的薪酬水平不会有太大的增长。

3. 收缩战略或者精简战略

收缩战略通常会被那些由于面临严重的经济困难因而想要缩减一部分经营业务的企业所采用。这种战略往往与裁员、剥离以及清算等联系在一起。根据采用收缩战略的企业本身的特征，我们不难发现，这种企业将员工的收入与企业的经营业绩挂钩的愿望是非常强烈的。除了控制稳定薪酬部分所占的比重之外，许多企业往往还力图实行员工股份所有权计划，以鼓励员工与企业共担风险。此外，像我们在后面将要讨论的斯坎伦计划那样的收益分享计划，也是在那些面临财务困难的企业中率先开始实行的。

（二） 竞争战略与薪酬战略

1. 创新战略

创新战略是以产品的创新以及产品生命周期的缩短为导向的一种竞争战略。采取这种战略的企业往往强调风险承担和新产品的不断推出，并把缩短产品从设计到投放市场的时间看成是自身的一个重要目标。这种企业的一个重要经营目标在于充当产品市场上的领袖，并且在管理过程中特别强调客户的满意度和个性化需要，而对于企业内部的职位等级结构以及相对稳定的职位评价等不是很重视。因此，这种企业的薪酬体系往往特别注重对产品创新和新的生产方法及技术的创新给予足够的报酬或奖励，其基本薪酬通常以劳动力市场上的通行水平为基准并且会高于市场水平，以帮助企业获得勇于创新、敢于承担风险的人。同时，这种企业会在工作描述方面保持相当的灵活性，从而要求员工能够适应不同环境的工作需要。

2. 成本领袖战略

所谓成本领袖战略，实际上就是低成本战略，又称“总成本领先战略”，是指企业在产品本身的质量大体相同的情况下，以低于竞争对手的价格向客户提供产品的一种竞争战略。因此，追求成本领袖战略的企业非常重视效率，对操作水平的要求尤其高。它们的目标是用较低的成本去做较多的事情。因此，对于任何事情，它们首先要问的是：“这种做法的成本有效性如何?”为了提高生产率，降低成本，这种企业通常会比较详细地对员工的岗位进行描述，强调员工在工作岗位上的稳定性。在薪酬水平方面，这种企业会密切关注竞争对手所支付的薪酬状况，本企业的薪酬水平既不能低于竞争对手，最好也不要高于竞争对手，宗旨是在可能范围内控制总的薪酬成本支出。在薪酬构成方面，这种企业通常会采取一定的措施来提高浮动薪酬或奖金在薪酬构成中的比重。这一方面是为了在订单不足导致工作量不饱和的情况下，企业不至于承担较大的人工成本压力；另一方面是为了让员工在工作量较大甚至负担较重的情况下能够获得超出正常情况的薪酬，不至于因工作量太大而滋生不满情绪。此外，采用这种战略的企业还会制定专门的成本节约奖励计划，以鼓励员工个人以及群体帮助组织寻找提高生产效率以及降低成本的方法和措施。

需要指出的是，采用成本领袖战略的企业未必将压低薪酬成本作为实现低成本的一种手段。相反，一些成本领袖型企业为员工提供的薪酬会明显高于市场水平。这些企业之所以能够消化高薪酬带来的人工成本，保持产品或服务的更低价格，一个主要原因就是企业的运营效率足够高，员工的薪酬水平尽管较高，但生产效率更高。在这种情况下，这种成本领袖战略又称为运营卓越战略。

3. 客户中心战略

客户中心战略是一种通过提高客户服务质量、服务效率、服务速度等来赢得竞争优势的战略。采取这种战略的企业关注的是如何取悦客户，它希望自己以及自己的员工不仅能够很好地满足客户的需要，而且能够帮助客户发现一些他们尚未明晰的潜在需要，然后设法去满足客户的这些潜在需要。作为过程指标的客户服务能力以及作为结果指标的客户满意度是这种企业最关心的绩效指标的例子。为鼓励员工持续发掘服务客户的不同途径，以及提高对客户需要作出反应的速度，这类企业往往会根据员工的客户服务能力来确定员工的基本薪酬，同时根据员工为客户提供服务的数量和质量来支付薪酬，或者根据客户对员工或员工群体所提供服务的评价来支付奖金。比如，在一些服务行业，通常根据员工所服务的客户数量按照一定的单价来实行计件工资制，但是当客户主动寻求某一位员工的服务时，企业就会将计件单价上浮一定的百分比，这样就起到了鼓励员工积极满足客户需要、吸引客户的作用。

二、企业生命周期中的薪酬战略

正如人有生命周期一样，企业往往也有自己的生命周期。尽管不同的学者对于企业生命周期（corporate lifecycles）有不同的论述，但通常我们可以把企业的生命周期划分为初创期、成长期、成熟期和衰退期四个阶段。经历四个阶段之后，企业通常会面临消亡、稳定以及转向三种结局。

（一） 企业初创期及其薪酬战略

1. 初创期的企业特征

大部分企业在初创阶段都处于资源匮乏的状态，无论是资金、人力资源还是技术、产品，往往没有太多的竞争优势，更谈不上市场份额。这时的企业还处于寻找生存空间的阶段，企业人员数量通常不多，决定往往由少数高层管理人员做出，甚至完全是老板一个人说了算，决策的速度和效率比决策的程序和一致性更为重要。企业往往没有职位说明书，员工的工作职责和工作内容不固定，经常根据需要做出调整，一个人承担多重角色甚至一个人干两个人的活儿的情况也很正常。员工雇佣、培训以及绩效管理等工作要么比较随意，要么根本就没有开展。由于企业仍然面临生存危机，产品销售或者客户需求往往不稳定，这时企业经常会遇到现金短缺的问题，企业领导者或创办者有时不得不通过不领工资或推迟领工资的方式满足公司的现金需要。

2. 初创期的企业薪酬战略

在这一阶段，企业提供的基本薪酬和福利水平往往都比较低，非现金报酬也很少，短期激励即使有，通常也不会很多，企业的薪酬决策比较随意，往往是老板或高层管理人员拍脑袋决定。在薪酬水平不高的情况下，有些企业要么暂时只能依靠知识技能和经验不多的员工来维持运营，要么通过雇用亲戚、同学、朋友等有特殊人际关系的员工来运作，还有一种选择就是通过提供股份这样的长期激励措施来吸引并在一定时期内留住员工。

（二） 企业成长期及其薪酬战略

1. 成长期的企业特征

如果企业在初创期能够生存下来，在产品或市场方面取得初步成功并有所突破，则会进入成长阶段，甚至会出现飞跃式增长。这时候，企业的市场份额不断扩大，产品线可能会不断增加，客户数量不断上升，业务活动的多样化和复杂性程度上升，人员数量上升，沟通和协调的成本增加，高层管理者的时间和精力越来越不够用，对企业管理的规范性和程序性要求越来越迫切。这时候，企业往往开始通过编写职位说明书来规范每个人的工作职责和承担的具体工作任务，同时开始对员工的绩效进行考核，培训工作也逐渐开展起来。

2. 成长期的企业薪酬战略

成长期往往是企业业务发展最为迅速的时期，也是企业规模和收入增长最快的时期，利润的逐渐增加使企业可以适度地提高基本薪酬，福利也有所改善，但与劳动力市场上的竞争对手相比，这一时期的企业提供的基本薪酬和福利的竞争力并不是很强。不过在这时候，企业的短期激励计划，比如针对某些特殊目标实现的激励计划以及年度性的激励计划开始出现，而且在薪酬中的重要性逐步上升。由于仍然处于快速发展期，企业提供的非经济性报酬不会很多。由于企业的经营势头良好，股权等长期激励手段更有吸引力。这时的薪酬体系开始变得层次分明，也更复杂。

（三） 企业成熟期及其薪酬战略

1. 成熟期的企业特征

企业进入成熟期，市场地位逐渐稳固，重点通过对现有产品进行改良或价值延伸来获利，企业从市场进攻者转变为市场防守者，服务现有客户成为企业关注的重点。企业通常通过规模经济来获利，有时候也采用降价销售的方式维护市场地位，尽管现金流比较充裕，但管理费用在经营成本中所占的比重逐渐上升，人员膨胀速度加快，官僚特征日渐明显。企业管理的规范性进一步加强，职位说明书更加详细明确，组织结构图清晰，财务制度更加严格，人力资源管理体系变得完整且规范。企业的决策更加程序化和规范化，但决策速度变慢，各部门之间经常推诿扯皮。处于成熟期的企业在一定的时候往往会进行适度的内部变革或调整，比如，调整组织结构、减少管理层级、收缩市场范围、放弃一些不盈利的业务或产品。集中做好高利润的产品或市场，精益求精以及提高生产率和减少服务差错等成为企业关注的重点。

2. 成熟期的企业薪酬战略

从成长期进入成熟期的企业，一方面变得更加规范，实力更为雄厚，所以基本薪酬开始变得明显具有市场竞争力，福利水平也与竞争对手不相上下甚至更好。不过，由于企业扩张的速度放慢，员工晋升的机会减少，每个人在本职岗位上停留的时间延长。另一方面，由于投资机会明显减少，因此，加强成本控制成为提高盈利水平的主要手段，这时企业更为重视短期激励而不是长期激励。此外，由于企业已经有较强的市场实力和较好的市场声誉，管理也非常规范，形成了较强的企业文化，非经济性报酬开始增加。

（四） 企业衰退期及其薪酬战略

1. 衰退期的企业特征

处于成熟期的企业往往会由于各种外部因素和内部因素的影响而在不知不觉中进入衰退期，这些外部因素包括新竞争者、新产品、新技术或新兴市场的出现，因原材料或人工等原因造成的企业成本上升，企业内部因素则包括高层决策失误、内部人事斗争、人浮于事等各种问题。进入衰退期的企业，原有的产品和市场仍然能够带来一些现金流，但前景比较暗淡。这时候企业一方面注重削减成本，另一方面开始重视新产品开发或为现有产品开拓新的市场，企业重新面临如何活下去的问题。这时的企业已经高度结构化，官僚主义日益严重，工作程序复杂而详细，大家的关注点更多在过程方面而不是结果方面。

2. 衰退期的企业薪酬战略

发展到成熟期之后，企业在研发费用以及营销费用方面的投入可能不如过去那么多，再加上进入衰退期之后对新设备投资不足而积累下来的资本折旧，企业的现金可能依然充裕，但持有成本很高。鉴于原来的市场或行业存在的发展障碍，企业此时可能不得不采取多元化经营或进入新的领域，或者是在本领域中进一步拓展业务范围。企业所有者或经营者开始努力寻找最佳的转向机会，试图引领企业进入第二次创业阶段。在理想的情况下，企业应当在成长阶段即将结束或者进入成熟期的初期就开始考虑转向问题，等到进入衰退期才开始转向，风险要大得多，因为这时不仅企业的经营收入开始下降，组织也变得更加僵化，人员的活动不足、年龄老化，难以应对急速的变化或者转变的成本过高。因此，在实践中，我们可以看到，进入衰退期的企业可能会发现新的产品或市场，开拓新的经营领域，重新走上增长的轨道，也有一些企业几经挣扎逐渐衰落直至倒闭或清算。

进入衰退期的企业尽管可以预见到未来岌岌可危，但已经形成的基本薪酬和福利较高的情况仍然会维持一段时间，只要公司的现金还足以支撑。而员工依然享受着企业提供的工作保障、社会地位等各种非经济性报酬。由于可改善的短期成果并不多，所以短期激励的水平有所下降，长期激励计划则进一步失去价值。当然，如果进入深度的衰退期，企业很可能会通过裁员、降薪、削减非生产性资产等方式自救，这时候，企业的薪酬福利水平会下降。企业要么经过努力获得重生，进入新一轮的创业期，要么消亡。

第 3 节　薪酬管理与组织文化

一、薪酬管理与组织文化的关系

组织文化（organizational culture）是在一个组织内部形成的，对组织成员的行为起指导作用的一整套共享的价值观、信仰以及行为。而一个组织的报酬系统对于组织文化具有非常大的影响力，通过谁能得到报酬以及为什么能够得到报酬，实际上明确指出了一个组织的价值观和信仰，因此，报酬系统是理解组织文化的关键所在，对组织报酬系统的分析可以为高管人员管理组织的长期文化变革提供重要的基础。[①] 相应地，一个企业的组织文化也会以各种方式影响其薪酬设计和薪酬管理实践。比如，美国西南航空公司长期奉行不以高薪“挖墙脚”的做法，不仅如此，对那些主动要求到西南航空公司来工作的已经有丰富工作经验的人才，公司规定新加入者必须从较低的薪酬开始起步，即到西南航空公司来工作的初期，他们的薪酬水平可能比原来公司的薪酬水平要低很多。西南航空之所以采用这种薪酬战略，主要是因为它想打造一种员工与企业建立长期合作关系的文化，希望员工与企业结成长期的利益共同体，而不是形成短期的经济契约或劳动力买卖关系，因此，该公司用这种薪酬战略将那些希望短期发财致富的所谓“人才”自动排除在外，以维护公司的文化基调。该公司前首席执行官帕克先生承认，这种策略确实使公司失去了一部分人才，但总体来看，这种做法绝对是值得的，而且能够得到回报。而那些真正愿意与公司长期共同发展的人才，在薪酬方面会获得长期收益。据报道，马云在阿里巴巴所采用的做法也大体类似。

无论在什么样的组织中，员工尤其是基层员工都会特别关心自己的薪酬，而一个组织的薪酬体系设计、薪酬管理沟通以及薪酬支付结果无疑会向员工传递一些非常清晰的信号，比如，企业认为最有价值的是员工的资历、职位、绩效，还是知识、技能和能力？企业更期望看到追求创新，还是更期望看到大家努力做到不犯错误？企业是希望大家努力去抢占新的市场，还是仅仅注意不被竞争对手侵蚀已有的市场份额？实际上，薪酬体系向员工传递的这种信号对于员工的日常行为、在一些特殊情况下做出的反应以及最终的绩效所产生的影响，要远远超过企业高层管理者无关痛痒的讲话以及那些表面化的企业文化宣言。这是因为员工总是会按照个人利益最大化的方式来行事，员工的行为或决策依据不会是领导人的呼吁或要求，而是首先考虑什么样的行为和结果有助于自己从组织中获得更多的薪酬或报酬。由于员工对薪酬以及其他个人利益的感知能力最强，关注度最高，因此，薪酬体系对员工的行为及其绩效所产生的刺激作用其实更大，给员工带来的感受也更深，所以薪酬体系带给员工的感受才是一个组织真正的文化。比如，如果在一个组织中员工的薪酬主要取决于行政级别和工龄（就像很多传统的国有企业和事业单位那样），那么，组织中充斥的必然是“往上爬”和“熬年头”的文化。如果一家企业对于为组织带来较高财务收益的创新性成果没有给予足够

① Kerr, Jeffrey, John W. Slocum. Managing Corporate Culture through Reward Systems. Academy of Management Executive, Volume 19, Number 4, 2005: 130 - 138.

的奖励，那么，企业高层再大声疾呼公司必须建立创新文化也无济于事。再比如，一个不遗余力地强调团队合作精神的企业，如果完全根据对员工个人的绩效考核结果来确定加薪以及奖励，那么，我们看到的可能反而是相互拆台、不合作，甚至是内部相互挖墙脚。

正因为一个组织的薪酬体系会对组织的文化产生非常大的影响，所以组织的薪酬体系必须与组织的文化和价值观保持高度一致。然而，令人遗憾的是，很多组织都会发现薪酬体系并不支持组织文化甚至与其背道而驰的现象。在这方面，一个典型的例子是高校中的文化所发生的不良变化。大学本来应该是一个“理想国”，学校和学生以及师生之间的关系应当是非常融洽而积极的，学生对自己的学校也应该是充满自豪感的。但是，与20世纪90年代之前的情况相比，今天的大学中，师生关系日渐疏远，学生对学校的感情也越来越淡，导致这种现象的一个重要因素就是：大学教师的报酬机制促使他们将注意力从学生身上转移到科研等其他方面。一个明显的事实是，大学教师最重要的一些利益，比如职称评定以及经济收入等更多地取决于他们的科研成果，而不是教学成绩以及对学生的指导。近些年来，各高校纷纷出台各种科研奖励计划以及鼓励申请科研项目的政策，很多奖励动辄数万元，而那些不仅需要投入大量时间和精力，而且很不容易用一些硬性指标来体现成果的教书育人工作却日益受到轻视。这种利益诱导机制必然导致很多老师不愿意在教学和学生指导方面花费更多的时间和精力，昔日那种融洽、和谐、积极、向上的校园文化也就越来越难以让学生们感受到。

二、薪酬管理与组织文化的匹配

（一）关于组织文化的一个经典模型

组织文化的两位重要研究者喀麦隆·吉姆和罗伯特·奎恩建立了一个所谓的竞争性价值观模型，将组织文化划分为官僚文化、部落文化、市场文化、活力文化四大类（见图2-7）。划分这四类文化的主要依据有两个：一是组织更关注内部，还是更关注外部；二是组织的流程和结构是更重视控制性，还是更重视灵活性。

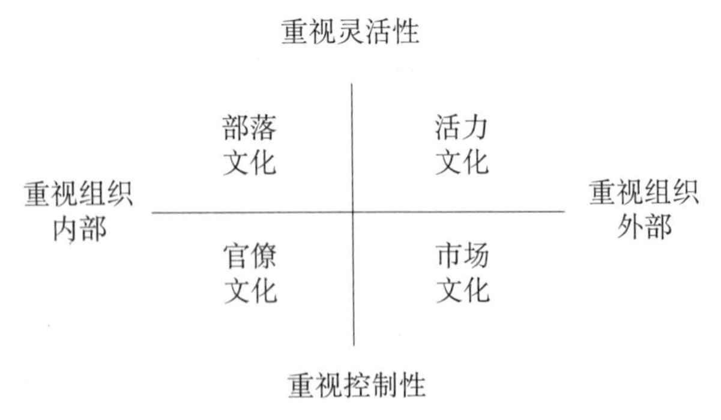

图2-7　四种不同的组织文化及其特征

1. 官僚文化

官僚文化更为关注组织内部以及组织的控制性，它们往往依靠正式的结构、政策、程序来进行管理，保持高效、可靠以及快速的运营对这类组织显得非常重要。这种组织的薪酬重点是尊重官僚层级，构建一个可预测和安全的环境，个人需求服从组织目标，以确保各种系统和流程能顺畅地发挥功能。

2. 部落文化

部落文化关注组织内部，同时重视组织的灵活性，其目标是通过团队合作、共同参与以及达成一致来管理组织环境。这种组织更像是一个家庭而不是一个商业组织，其薪酬重点在于尊重组织传统、人际关系，关注员工需要。这种组织往往是薪酬创新的先锋，比如实行公开的薪酬政策，将高管人员的最高薪酬水平限制为最低员工薪酬的若干倍，等等。

3. 市场文化

市场文化关心外部，同时也关心组织的控制性，往往有很强的使命感，非常重视客户，关注生产率、一致性、结果以及利润。主导管理风格是强力推动的竞争、较高的要求以及目标的达成。由于关注外部，因此会将其他企业的最佳管理实践作为制定政策和设计管理实践的标杆。这种组织的薪酬更为强调个人绩效，同时期望员工个人在福利方面承担更多的风险，组织和员工之间最接近“契约型”关系，个人对自己的福利计划负责。

4. 活力文化

活力文化关心外部，同时也关心组织的灵活性。其核心价值观是让员工在一个动态的、创业的环境中进行自由创新以及承担风险。这类组织的报酬重点是吸引、激励以及留住富有创造力的员工，因为只有这些人才能满足组织的创新需要。这类组织为员工提供的总薪酬水平一般较高，因为具有创新能力的人才比较稀缺，所以他们的市场价值通常比较高。

（二）组织文化与薪酬管理模式

下面我们主要从基本薪酬、奖励薪酬以及福利三个方面来分析不同组织文化下的不同薪酬管理模式。

1. 官僚文化及其薪酬管理模式

在官僚文化型组织中，基本薪酬往往取决于像计点法之类的正式职位评价计划，因为它需要一个理性的系统来确保组织的稳定性和控制性。而通过严格界定的程序以职位为基础来实施外部薪酬调查的做法，有助于这类组织保持薪酬外部竞争力以及员工对薪酬的满意度。

在奖励薪酬方面，这种组织通常有高度结构化的正式绩效管理制度，绩效期望清晰，同时在考核指标中还包括能够反映出员工的服从行为的内容。绩效薪酬一方面会强化管理层级和正式工作关系，另一方面会考虑员工对于改善组织运营效率所做的贡献。比如，以节约成本为导向的斯坎伦计划以及提案建议奖励制度在这类组织中很可能会出现。

最后，这类组织往往提供比较慷慨的福利，以强化组织为员工提供保障的目标，从而吸引员工长期为组织工作，事实上，这类组织往往会为达到一定工作年限的员工提供一些特殊的奖励或认可。福利计划在本质上大多是传统型的，在福利项目方面往往是潮流的追随者而不是领导者。

2. 部落文化及其薪酬管理模式

在基本薪酬方面，部落文化型组织因强调人际关系而非常重视组织的内部薪酬关系，通常会采用委员会方式来对职位进行评价，就像家庭照顾孩子一样确保员工的薪酬水平等于或超过竞争对手。遇到财务紧张等情况时，这类组织往往更愿意采取全体员工降薪的做法，而不是轻易裁减人员。

在奖励薪酬方面，这类组织常常会采取对团队管理具有重要支持作用的团队奖励制度。奖励制度往往由全体员工参与。这种组织往往会设立新员工推荐奖，因为这种奖励有利于帮助组织找到与现有员工具有相同价值观的人，同时使新员工更容易融入组织这个大家庭。这类组织不是很强调个人绩效奖励，员工绩效考察的重点是他们的胜任能力以及展现出组织文化要求的共同价值观的情况。

在福利方面，这类组织会提供有竞争力的福利，同时避免将任何员工排除在外。此外，它们往往提供各种弹性福利，以表明组织意识到并关注员工的各种不同需求。福利体现出公司鼓励员工采取健康的生活方式，同时强化对员工及其家人的关心。同时，这类组织不会为高层员工提供太过丰厚的福利，以体现组织整体是一个团队的理念。

3. 市场文化及其薪酬管理模式

在基本薪酬方面，市场文化型组织非常关注薪酬的市场竞争力，往往更愿意采用职位薪酬体系而不是技能薪酬体系。普遍的加薪和根据资历加薪的做法不大可能发生在这种文化中，绩效加薪更受推崇。

在奖励薪酬方面，这种组织的绩效管理体系通常会非常严格。一方面，组织非常重视为那些达成挑战性目标以及客户满意度目标的部门或员工提供高额奖励；另一方面，这类企业很可能采用强制排序的绩效管理系统以及目标管理法，对那些绩效糟糕的员工往往会依照程序辞退。此外，这类组织的奖励薪酬很可能与公司的盈利水平挂钩，让员工时刻关注公司所处的竞争环境。股票期权和员工持股由于能够将员工贡献与公司成功联系在一起而在这类组织中得以实施。

在福利方面，这种组织信奉适者生存哲学，公司不会提供优厚的共享福利，自助餐式的福利计划在这种组织中往往很受欢迎，因为它能够让员工在一个模仿市场的环境中选择自己喜欢的福利并且了解福利的成本。

4. 活力文化及其薪酬管理模式

在基本薪酬方面，活力文化型组织的一个重要目标是针对创造和创新的能力付酬，因而技能薪酬而不是职位薪酬在这种组织中很普遍。富有高度创新力的员工是这类组织的生命之源，他们的薪酬水平很可能高于一些中高层管理人员。

在奖励薪酬方面，这种组织通常会制定目标让员工产生创新性的想法以及实现技术的进步，为开发专利以及成功实现技术创新的团队以及员工提供奖金是这种组织的惯常做法。此外，通过员工持股计划以及股票期权计划让员工拥有公司股权对这类组织也是非常合适的，因为公司的成功直接与员工的创新才能和愿景有关。

在福利方面，这类组织往往是创新者，弹性工作时间计划、长期休假计划、工作场所的免费餐食供应，以及帮助员工恢复创造力和减少生活时间占用的各种福利项目都可以在这种组织中见到。不过，福利计划并非这类组织对员工提供报酬的主要部分，员工加入这类公司主要是想过一种富有激情、激动人心的生活，同时享受在一家创新型公司中工作所带来的个人满足感。

最后，需要指出的是，尽管可以对组织文化进行上述分类，但是可能没有哪一个组织仅仅符合上述某一种组织文化类型，而是很可能同时具有两种或两种以上文化中的某些元素。

另外，即使总体文化相同，两个组织也有可能在“亚文化”方面存在差异。当然，在很多组织中都会存在一个主导型文化，这种文化基调决定了一个组织的薪酬体系应当怎样设计、沟通以及运行。

◆ 本章小结

战略性薪酬管理是围绕企业战略来思考和设计以及管理企业薪酬体系的一种新理念。其主要目标是支持组织战略与目标达成；强化组织文化；帮助组织吸引、留住开发以及激励人才；控制经营成本。

战略性薪酬管理的基本逻辑是，从组织的战略规划出发，首先确定这种组织战略需要的人力资源队伍的整体特征，接着确定组织的人力资源战略及相应的薪酬战略，进而通过设计和实施薪酬政策和体系来影响员工的态度和行为，最终强化组织的竞争优势。

战略性薪酬管理通常需要经过以下四个基本步骤：评估组织内外部环境及其对薪酬的影响；制定战略性薪酬决策；将薪酬战略转化为薪酬管理实践；重新评估薪酬系统的匹配性。

战略性薪酬管理的最新发展是总报酬模型，总报酬协会的总报酬模型迄今为止经历了三次发展和演变，最新的版本对影响组织薪酬管理的外部因素、内部因素及其作用于薪酬体系的路径进行了很好的描述，同时将总报酬界定为六大模块，提出总报酬在吸引、激励、凝聚以及留住员工，进而达成组织绩效方面具有重要作用。

不同的公司战略以及竞争战略往往会对企业的薪酬战略提出不同的要求。只有当薪酬战略能够适应并支持这些战略时，这些战略才有可能实现。

薪酬管理和组织文化之间存在紧密的联系。一方面，通过薪酬管理释放的信号直接影响组织文化的形成及发展；另一方面，组织文化对薪酬设计和薪酬管理具有重要的影响。

◆ 关键术语

战略性薪酬管理（strategic compensation administration）

总报酬战略（total reward strategy）　　总报酬体系（total reward system）

经营战略（business strategy）　　竞争战略（competition strategy）

企业生命周期（corporate life cycles）　　组织文化（organizational culture）

◆ 复习与思考

1. 什么是战略性薪酬管理？它与一般的薪酬管理有何区别？
2. 战略性薪酬管理需要达成的四大目标是什么？
3. 战略性薪酬管理的基本逻辑与设计步骤是什么？
4. 总报酬协会的总报酬模型发展演变的三个阶段是什么？最新的总报酬模型及其特点是什么？
5. 薪酬战略如何与三种不同的公司战略相匹配？
6. 薪酬战略如何与三种不同的竞争战略相匹配？
7. 薪酬管理如何与企业所处的生命周期不同阶段相匹配？
8. 薪酬管理与不同的组织文化之间的关系是怎样的？在不同类型的组织文化中，薪酬管理分别具有怎样的特点？

案例与讨论

华为公司的薪酬战略与薪酬管理

华为公司1988年成立于深圳的一幢居民楼中，经过将近30年的发展，这家当初注册资金仅有2万元和6位员工的小公司，已经发展成为全球第一大通信设备供应商以及第三大智能手机厂商，是全球领先的信息与通信技术（ICT）解决方案供应商。华为员工总人数达17万，在《财富》世界500强排名中位居第129位。2016年，华为在运营商、企业、终端三大业务领域实现全球销售收入5 216亿元人民币（合751亿美元），同比增长32%，净利润达到371亿元人民币，利润率为7.1%。研发投入达到764亿元人民币（约合110亿美元），占销售收入的14.6%。在全球共有15个研究院所、36个联合创新中心，8万名研究人员。累计获得专利授权超过6万件，90%以上为发明专利。

1. 1988—1994年，初创期

一开始，华为基本上还是一家贸易型公司，主要依靠代理销售其他厂商生产的电话交换机维持生存。公司从1991年开始投入全部资金和人力开发和生产自主品牌的新型用户程控交换机。公司在1993年开发了自己的2 000门小型电话交换机之后，又在1994年成功开发出第一台万门交换机，从而终结了无产品和无技术的贸易时代，开始进入新的发展阶段。尽管华为在1992年的销售收入已经突破1亿元，但公司整体实力依然较弱，内外部资源都比较贫乏，在人力、财力和物力等诸多方面颇受制约。

这一时期，华为在薪酬和福利方面的水平都不高，吸引大家加入的主要原因是通信行业的未来发展空间、个人能力发挥的机会以及创业的激情等非经济性报酬。事实上，华为从一开始就将绩效和能力放在第一位，不搞论资排辈，为年轻人提供快速成长和晋升的机会，大学毕业刚进公司两三年的学生就可以管理一个几十人的部门，最年轻的高级工程师只有19岁。华为创业时期的传奇人物李一男在1993年硕士毕业后进入公司，入职两天后升为工程师，半个月后升为主任工程师，半年后升任中央研究部副总经理，两年后被提拔为华为公司总工程师兼中央研究部总裁，27岁便成为华为公司副总裁。在尚无法支付高薪的情况下，华为还创新性地采用股权激励方式来吸引和留住员工。早在1990年，华为便第一次提出内部融资、员工持股的概念。在1992年变更为集体企业之后，华为开始推行员工普遍持股制，不过，持有内部股的员工只有分红权，并无其他股东权利，公司会在员工退出时按照购股之初的原始价格回购。

1993年前后，华为实际上就已经开始实施薪酬领袖战略，因为创始人任正非相信，企业可以高价买元器件、买机器，同样可以高薪买人才。1993年2月，一位在上海交大任教八年、月工资仅有400多元的硕士研究生来到华为，作为软件工程师的他尽管只上了一天班，却拿到了半个月的工资（月工资为1 500元），比当时上海交大校长的工资还高。不仅如此，他的工资在第二个月就涨到了2 600元，之后几乎每个月都涨，到年底时已涨到6 000元。

2. 1995—2005年，高速成长期

1995年之后，华为开始高速成长，1996年的销售收入达26亿元。从这一年开始，华为逐步拉开企业经营管理正规化和国际化的序幕。在这一年，华为邀请中国人民大学的一批专家帮助起草了《华为基本法》，1997年提出客户服务文化，同时陆续聘请IBM、合益集团、普华永道、埃森哲等咨询公司帮助其在研发、供应链、人力资源管理、财务管理、营销管理、质量控制等多个领域引入世界级管理经验，全面构筑客户需求驱动的流程和管理体系。

进入快速发展阶段之后，华为的实力逐渐雄厚，人才招聘需求迅速上升，于是开始实施全面的薪酬领袖战略，大部分时候，华为员工的薪酬比国内厂商高出 1/3 左右。1997 年以后，华为开始进行多元化经营，除原有的电话交换机，还涉入数据业务、无线通信等领域的主导产品，快速扩张导致对优秀人才的巨大需求。1998 年，华为开始进行第一次大规模招聘，共招收 800 多名大学毕业生，此后三年分别招收了 2 000 名、3 000 名和 5 000 名大学毕业生。这种势头一直持续到 2002 年。由于华为此时的实力已经很雄厚，加上大规模招聘的需要，高薪战略得到进一步加强。2000 年前后，国内电子通信类人才奇缺，通信行业快速扩容导致对通信类人才的争夺加剧，华为在这场人才争夺战中开出的条件尤为优厚，待遇最好的研发人员和市场人员的月薪通常能够达到8 000～9 000 元，比通信行业的一般薪酬水平高出 3 000～4 000 元。

2000 年，华为以 220 亿元销售额和 29 亿元利润位居全国电子百强首位，而就在此时，总裁任正非却突然指出，华为的危机以及萎缩、破产一定会到来。果然，2001 年，国际和国内信息技术行业形势急转直下，华为在 2002 年年末遭遇创业 15 年以来的首次业绩下滑，合同销售额从上年的 255 亿元下降至 221 亿元，利润更是从 52 亿元大幅减至 12 亿元。华为的薪酬高速增长在 2001 年有所停顿，一方面是因为经过前几年的大规模招聘，人员增长的步伐放缓；另一方面加上行业不景气的到来，华为不仅在此后两年冻结了加薪，同时还将新员工的起薪下调，2001 年以后入职的员工薪酬水平较之以前下降不少，本科毕业生的起薪从 5 000～6 000 元下调至4 000 元，硕士从7 000～8 000 元下调至 5 000 元，尽管如此，与其他企业相比，华为的起薪依然算是非常高的。不仅如此，2002 年 8 月，公司还给总监级以上的所有干部下达降薪倡议书，接着又以“运动”方式在公司高管中传递降薪的动因和价值观，要求各级干部认清责任，点燃内心之火，鼓舞必胜的信心。2003 年春节刚过，454 位高级管理人员在降薪倡议书上签名，最后共有 362 位总监以上管理人员降薪 10%。这种做法对弥补华为的财务损失并无实质作用，却能够表达出中高层管理者与公司同舟共济、共渡难关的信心和决心，以鼓舞全体员工同心协力去克服困难。

2003 年年初，华为的日子依然不好过，国内遭遇“非典”危机，华为的合资事宜被推迟，与美国思科公司的知识产权官司缠身。然而，在这年年末华为就摆脱了危机，全球市场销售同比增长 42%，达 317 亿元人民币，其中海外销售收入达 10.5 亿美元，同比增长 90%，海外销售收入所占比例上升到 27%。此外，尽管华为在年初发起了“降薪运动”，但这个中国规模最大的民营企业仍然排在“中国 2003 年度代扣代缴个人所得税百强排行榜”的榜首，华为员工在这一年缴纳的个人所得税总额达 3.728 1 亿元，2 万名员工人均上缴个人所得税 1.8 万元。在这个排行榜发布之前不久，华为在薪酬冻结长达两年之后又开始给员工加薪。2005 年，华为的总销售额达到 453 亿元，其中海外销售额所占比重上升到 58%。

20 世纪 90 年代中后期以来，华为一直沿用绩效管理体系、薪酬分配体系和任职资格评价体系三位一体的人力资源管理“铁三角”。华为公司的员工被划分为生产、研发、市场销售和客户服务四大体系，其中，研发和市场销售体系的薪金水平明显高于生产和客户服务体系。本科毕业生和研究生刚刚进入华为的起薪存在差异，但这种学历因素造成的薪酬差别随着工作年限的延长会越来越小，薪酬的主要依据是员工的岗位、工作能力和业绩。一般在市场销售和研发部门工作五年之后，月薪加上年终奖和股票分红一般都能达到 20 万元甚至 40 万元。但在华为的工作相对更辛苦，员工经常为完成工作而主动加班，但没有加班费，所以每年都有 4% 左右的员工会离职。

华为的薪酬体系实际上比较简单，除了基本月薪、年终奖和股票，还有一些福利和补助。不过，华为的福利不算太多，这是因为任正非一方面注意通过薪酬激励确保员工的工作动力，另一方面又非常警惕不让华为成为一个养老机构，不能染上“福利病”。据说有员工曾经建议华为应当建华为大厦让大家免费居住并允许员工免费在食堂吃饭，任正非坚决反对，认为这反映了员工的太平意识，这种意识会导致公司走向没落。不多的福利华为也主要是以货币形式支付的。比如，华为每个月会根据公司地域的不同给员工的工卡中打一笔钱（大约是每个月800～1 000元），员工可以用这笔钱购买班车票、在公司食堂就餐以及在公司小卖部购物，但不得取现。若每年年底卡中的钱高于一定数额或员工离职，可以一次取现，但要扣20%的税。此外，华为还会向员工支付以下四类基本补贴：国内出差补助、国内离家常驻外地补助、海外出差补助、海外长驻补助。

3. 2005年以来，稳定发展期

华为从2003年开始逐渐进入欧洲市场，继而打入日本、南美和北美市场。2005年之后，华为与全球的几百家客户从原来的甲方乙方关系转变为相互依存、相互促进的战略伙伴关系，在这一年，华为的海外销售额首次超过国内，公司进入成熟发展期，国际化发展路线逐渐明朗，3G产品的签单成功带来海外业务的迅猛发展。华为需要配备大量的国际化人才，招聘目标锁定在财务总监、国际税务经理、高级项目财务经理等职位上。

华为在2006年之后开始推行薪酬改革，重点是按责任与贡献付酬，而不是按资历付酬，根据岗位责任和贡献产出决定每个岗位的薪酬级别，员工的薪酬与岗位和贡献挂钩，员工的岗位调整了，薪酬待遇随之改变。华为希望通过此次薪酬变革鼓励员工在未来的国际化拓展中持续努力奋斗，鼓励那些有奋斗精神、勇于承担责任、能够冲锋在前的员工，调整那些工作懈怠、安于现状、不思进取的老员工的岗位，一方面做到“决不让雷锋吃亏”，另一方面坚定不移地贯彻“以奋斗者为本”。

2007年10月，在《劳动合同法》正式实施前夕，华为要求所有工龄超过8年的员工必须在2008年元旦之前办理主动辞职手续，一周后再回来重新上岗，与公司签订1～3年的劳动合同。华为的此次“辞职门”共涉及近7 000名中高层干部和员工，其中包括任正非本人。最终，任正非与其他6 686名干部和员工完成了重新签约上岗，38名员工选择自愿退休或病休，52名员工因个人原因选择自愿离开公司，16名员工因绩效和岗位不胜任等原因经双方友好协商后离开公司。尽管外界对华为此举颇有微词甚至提出了公开批评，但华为提供的所谓“$N+1$”补偿方案却让当事员工感到非常满意（N即员工在华为的工作年限）。若一位员工在华为的月薪是1.5万元，全年奖金12万元，则相当于月收入2.5万元，假定此人在华为工作了10年，则此次可得到的补偿是27.5万元。仅此一项，华为支付了100多亿元人民币。

虽然2008年以来的金融危机给华为带来了很大的不利影响，但华为的业绩依然可圈可点。作为华为同城竞争对手的中兴通讯公司2012年的业绩很不理想，全年归属于上市公司股东的净利润同比下降221.35%～240.77%，亏损达25亿～29亿元。而华为同年的销售收入达到2 202亿元，同比增长8%（其中来自海外的销售收入占到66%），实现净利润154亿元，同比增长33%，每股可分配利润达到1.41元。这一年，华为的奖金总额为125亿元，同比增长38%，高于净利润增幅。不过，包括董事长孙亚芳、总裁任正非、首席财务官孟晚舟等在内的高管则领取了“零奖金”。据说这是由于企业集群和终端两项业务有个别指标未达标，因此公司高管放弃了年终奖。近年来，随着华为的扩张步伐逐渐放慢以及金融危机带来一系列不利影响，华为的薪酬与市场薪酬水平之间的差距有所缩小。已经有一些华为员工抱怨起薪低、加薪速度慢以及加薪机会少，连年终奖也要等到入职满两年才有机会享受。

2013 年上半年，华为实现销售收入 1 138 亿元，与 2012 年同期相比增长 10.8%，并且预期 2013 年度的净利润率在 7%～8%。在这种背景下，华为宣布为基层员工和应届毕业生大幅加薪，加薪对象主要是位于 13～14 级的基层员工以及 2014 年新招的应届毕业生。基层员工的平均加薪幅度在 30%左右，部分人的薪酬上涨幅度甚至超过 70%。而 2014 年新进入华为的应届毕业生的起薪也将大幅上调，本科毕业生前些年进入华为工作的月薪为 6 500 元（一线城市税前），调整后将超过 9 000 元，增幅达到 38%；硕士毕业进入华为工作的员工的起薪将从每月 8 000 元上调至 10 000 元，增幅为 25%。对优秀毕业生，起薪还有不同程度的上浮。

对于此次加薪，一种解释是："13～14 级的基层员工群体是公司各项业务的具体执行者，他们思想新，冲劲足，富有活力和热情，是公司未来的管理者和专家之源。公司现行的薪酬政策强调控制刚性、增加弹性，造成 13～14 级基层员工的薪酬与业界相比没有竞争力，难以吸引和留住优秀人才。"因此，此次加薪一方面是为了进一步吸引和留住优秀人才，特别是中基层人才；另一方面则是为了增加固定薪酬部分即确定性的薪酬收入，降低薪酬的变动幅度。一些业内人士则为华为此次高调的大规模基层员工加薪提供了另一种分析视角：长期以来，华为的人力结构是金字塔形的，由于公司一直在快速扩张，因此基础底座（即每年不断招收的大学毕业生）非常厚实，即使中间层离职率没那么高，也能保证金字塔形的结构。但近年来，华为的人力结构却出现"腰粗"的问题，金字塔形可能要变成橄榄形。这是因为，华为一直推崇加班文化，公司也在一定程度上通过员工加班的强度来评价员工。但很多员工经过五六年甚至更多年头的加班生活和努力奋斗，一方面薪酬待遇较高，另一方面已经成家立业甚至有了孩子，因而不太愿意像过去那样拼命工作，而华为显然希望看到这部分已经不能拼命工作的员工选择离职。过去，这批人的离职速度基本上能够满足华为的要求，但 2005 年以后招聘的大量员工虽然已经达到 15～16 级或更高级别，薪酬涨上去了，但由于近年来的整体经济形势不好，选择离职的人并不多。与此同时，由于华为提供给基层员工的薪酬缺乏竞争力，导致公司在吸引和留住基层人才方面处于不利境地，这样华为的人才结构便出现"腰粗"而基础底座不牢固的问题。据透露，华为 2013 年上半年内部制定的离职率需要达到 9%，重点淘汰的是工作五年以上的 15～16 级员工，在半年考评时，很多 C 级和 D 级评价结果也给了 15～16 级员工。由于华为的此次薪酬调整在大幅提升基层员工的薪酬水平的同时，只给部分中间层员工加了薪，那些未得到加薪的中间层员工的薪酬甚至比基层员工还要低，即出现所谓的"薪酬倒挂"现象。公司显然是要借此挤走一批中间层员工，从而达到"瘦腰强腿"的目的，即把那些不符合华为艰苦奋斗精神的中间层淘汰掉，重塑强有力的金字塔形人才结构。

这次薪酬调整中出现的另一个变化是，在基层员工年薪总额中，年终奖和分红部分会大幅下降，主要薪酬收入将来自每个月的固定薪酬。过去，华为员工年薪中有一半以上是年终奖和分红，随着虚拟受限股总数的增加和企业利润率的下降，分红比例越来越低，对大家的激励作用越来越弱。任正非在 2012 年 4 月的一次讲话中提到，今后要逐步降低分红，把利润拿来做奖金，去激励奋斗在一线的人。这表明，华为正在逐步改变以往的薪酬激励模式，分红很可能不再是华为今后的主要激励手段，而是逐步成为真正的投资收益，而年终奖也不大可能像过去那么丰厚，大约相当于几个月的工资。

4. 华为的员工持股

员工持股在华为的起步和扩张过程中扮演了重要的角色。华为从 1992 年开始实施内部员工持股计划。这一阶段，华为员工持股的基本做法是：凡是工作 1 年以上的员工均可以购买公司的股份，购买数量取决于员工的职位、绩效以及任职资格等因素。一般是公司在年底通知员工可购买的股份数，员工以工资、年底奖金出资购买股份，资金不够时公司还协助取得贷款，股票的购买价格不与公司净资产挂钩，通常确定为每股 1 元。员工购买股份后的主要收益来自与公司绩效挂钩的分红（分红比例曾多年保持在 70%的高水平）。员工离职时，公司会按照员工原来的购买价格即每股 1 元回购。除 1995 年和 1996 年公司曾给员工持股证明外，其他年份不再给员工持股证明，但员工可在公司查询并记录自己的持股量；工会（下设持股委员会）代表员工管理持有股份，是公司真正的股东，员工自身并没有公司法意义上完整的股东权利。2001 年以前，处于高速成长期核心阶段的华为通过内部股票分红使员工获得了丰厚的收益，在这一阶段，华为内部有一种“1+1+1”的说法，即在员工的收入中，工资、奖金、股票分红的收入比例大体相当。1997 年及之前年份进入华为的老员工是这一时期的最大受益群体。一位 1997 年年初来到华为的员工在工作 6 年之后拿到 40 万股内部股票，2001 年税后分红大约在 20 万元。

2001 年，深圳市出台了《深圳市公司内部员工持股规定》，华为意识到以前那种股权安排的潜在风险，此外，在公司管理变革的过程中，股权制度的不规范也制约了公司与国际管理机制接轨。因此，在这一年，华为通过与国际咨询公司合作，对公司的股权制度进行调整和变革，用规范的虚拟股票期权即所谓的“虚拟受限股”取代原来实行的内部股权。新员工不再派发长期不变的 1 元一股的股票，老员工手中持有的每股 1 元的内部股则按 2001 年年末公司净资产进行折算，并且确定转换后的每股价格增值到 2.64 元，从而将净资产与员工股权联系在一起，成为一种接近实际意义的员工持股安排。公司每年会根据员工的工作水平和对公司的贡献决定其获得的股份数。员工则需要按照公司当年的净资产价格购买虚拟股。拥有虚拟股的员工可以获得一定比例的分红，再加上虚拟股对应的公司净资产增值部分，但他们没有所有权、表决权，也不能转让和出售。在员工离开企业时，股票只能由华为控股工会回购。公司规定，员工的虚拟股每年可兑现 1/4，价格是最新的每股净资产价格，公司同时对中高层的兑现额度作了专门规定，即除非离职，否则每年只能兑现 1/10。在离开公司后，还要经历公司严格的 6 个月审核，确认后来任职的创业公司产品与华为不构成同业竞争，没有从华为内部挖过墙脚等，方可全额兑现。每位持股的员工都有权选举和被选举为股东代表，持股员工选出 51 人作为代表，然后从中轮流选出 13 人作为董事会成员，5 人担任监事会成员。

2003 年，华为动用了几十亿元的未分配股权，再次给予 80%以上的员工股票购买权，其主要目的有两个：一是向银行申请股权抵押的贷款额度，缓解华为由于 3G 业务推迟带来的资金紧张问题；二是将股权向新的骨干核心层倾斜，通过 3 年的锁定期稳定核心员工队伍，共渡眼前的困难时期，将来再通过净资产增值、股权分红等方式将利益分配给员工。这样既可以有效降低华为的资产负债率，又可以让员工一起承担部分经营风险。2008 年，华为又对虚拟股制度进行了微调，开始实行饱和配股制，即规定员工的配股上限，每个级别的员工达到持股上限后，就不再参与新的配股。这一规定使手中持股数量巨大的华为老员工的配股受到限制，但有利于激励华为公司的新员工。

2013 年，华为公司为解决外籍员工的长期激励问题，推出了名为“时间单位计划”（Time Unit Plan，TUP）的外籍员工持股计划，2014 年开始在中国区全面推广。TUP 计划的基本内容是每年根据员工的岗位及级别、绩效，给员工配一定数量的期权，期权不需要员工出资购买，但以 5 年为一个结算周期。华为此举的另一个动机被认为是应对原有虚拟股权制度存在的问题，即“坐车”的老员工过多，对“拉车”的新员工激励不足，因而不利于华为与腾讯等互联网公司的人才竞争。

资料来源：1. 汪小星，李冰如．华为 2012 年揽 2202 亿销售收入 或超越爱立信成行业老大．南方都市报，2013－01－23.

2. 孙燕飚．华为薪酬体系等级分明 员工持股被指不规范．第一财经日报，2011－06－21.

3. 丘慧慧．华为的薪酬大厦 个人所得税打造员工天堂．21 世纪经济报道，2004－09－16.

4. 田涛，吴春波．下一个倒下的会不会是华为．北京：中信出版社，2012.

思考题

1. 华为的薪酬管理实践与其战略和组织文化之间的关系是什么?
2. 请总结一下华为薪酬管理的主要内容及特点。

第3章 职位评价与职位等级设计

学习目的

读完本章之后，你应当能够：

1. 了解职位薪酬体系的主要特点和实施条件
2. 熟悉与职位有关的几个基本概念
3. 熟悉职位分析的方法，了解职位分析对职位薪酬体系的作用
4. 了解职位评价的意义和作用
5. 掌握常用的职位评价方法（特别是计点法）的使用技巧
6. 知道如何根据职位评价结构建立企业的职位结构
7. 了解职位评价的最新发展趋势及其成因

引例

A公司薪酬福利管理制度

第一章　总　则

第一条　引言

根据公司的经营发展战略和薪酬策略，为有效发挥薪酬在人才吸引、保留和激励管理中的重要作用，为各级员工提供明确、充足的发展空间，在企业与员工双方和谐双赢的基础上实现公司的可持续发展，特制定本制度。

第二条　适用范围

本制度适用于公司总部。

第三条　薪酬管理原则

一、战略性原则

薪酬管理模式体现公司的战略导向和企业文化价值取向，并与公司现阶段的经营管理状况相适应。

二、内部公平性原则

在充分考虑公司薪酬管理历史数据的前提下，基于科学的职位评估得出准确、客观的职位

价值，作为公司薪酬体系优化的基础，保证公司职位薪酬标准内部差距的合理性与公平性。

三、市场化原则

在充分掌握区域、行业市场薪酬状况的前提下，以公司员工当前总现金收入回归后的市场定位为依据，按照区域、行业市场有竞争力的薪酬水平进行调整。

四、绩效导向原则

将公司各年度经营目标落实到全体员工身上，将员工的绩效奖金与公司年度绩效和个人考核成绩相挂钩，强化各级员工的业绩意识、全局意识和协同意识，实现风险、贡献与个人收益的对等。

五、素质优异倾斜原则

公司每一职级均分为九个薪档，各级员工的薪酬水平均向公司任职时间长、经验丰富、学历高、专业素质优异、业绩高的员工倾斜，以强化各级员工为公司长期服务以及主动、持续提升个人能力素质和工作绩效的职业动机。

第二章　职位管理

第四条　公司职位级别设置

公司建立并不断完善以岗位价值为基础的职位管理体系。职位管理体现岗位导向，职位管理和职位评估遵循职级架构统一、集中管理与定期维护相结合的原则。

第五条　新职位管理

一、根据企业经营管理的实际需要，企业将适时增设新职位。新职位的增设及其《职位说明书》的文本均须经公司总部行政中心审批，并纳入公司《职位等级矩阵》的适当级别。

二、公司定期对职位体系、《职位说明书》和《职位等级矩阵》统一核查，根据组织、岗位以及企业经营管理策略的变化进行相应的调整。

第三章　员工薪酬

第六条　员工薪酬的内容

员工薪酬总额分为基础工资（30%的基本工资＋70%的岗位工资）、绩效工资、福利三大部分。其中，基础工资是市场化的岗位价值的货币体现；绩效工资是回报员工年度业绩表现的薪酬；福利包括国家统一规定的“五险一金”的法定部分和公司适时向员工发放的补充性补贴。

员工薪酬总额均为税前薪酬。

第七条　员工总现金收入构成

一、员工总现金收入由基础工资（基本工资、岗位工资）和绩效工资构成。

二、员工总现金收入实得金额为员工总现金收入应发金额扣除个人所得税后员工实际领取的金额。

三、总现金收入的内部比例体现层级越高、绩效比例越大的原则。

第八条　福利管理

员工福利主要包括法定福利和补充性福利。

一、法定福利

公司按本市和本市开发区的有关规定，按照上年度月平均工资，为员工在本市开发区社会保险公司按时缴纳各类社会保险；公司按照国家的有关规定为员工缴纳住房公积金，缴纳基数为上年度月平均工资，标准为 30%（企业、个人各承担 15%）。新进员工转正后且人事关系转入本公司，按照转正后工资标准为其缴纳公积金，并按试用期工资补缴试用期间公积金。

二、补充性福利

1. 劳动保护费：公司每季度为员工发放价值 180 元的劳保用品，试用期员工、临时员工按 50%的标准发放。

2. 防暑降温费：600 元/人·年。

3. 儿童节补贴：公司在每年六月一日向独生子女（子女年龄在 16 周岁以下）的职工发 200 元补助。

4. 妇女节补贴：公司在每年三月八日向女职工发节日补助 500 元。

5. 生日礼物：公司给每位员工送生日礼物，标准为 300 元。

6. 冬季取暖费：见《A 公司冬季取暖补贴管理办法》。

7. 置装费：3 000 元/人·年。

8. 节日补贴：公司在法定节日及部分传统节日发放象征性的节日补贴，标准另行制定后发放。

9. 工龄、司龄补贴：工龄补贴根据员工社会工龄时间长短来确定，为 5 元/月，每年 1 月份调整，每年 5 月份发放当年工龄补贴。司龄补贴是对员工工作经验和劳动贡献的积累的承认，司龄补贴根据员工在公司的工作年限确定，标准为：员工为公司服务每满一年，司龄补贴自动增加 20 元/月，十年后不再增加。司龄在公司系统内累计计算，每年 12 月份发放当年司龄补贴。

10. 其他福利：公司在福利费余额范围内向员工发放其他福利。

第九条　薪级分档与薪酬等级标准

公司各级职位的薪酬水平分设九档，不同薪档标志着相同职位任职者不同的能力素质，薪档越高，任职者的能力素质和累计贡献度越高。

A 公司月薪酬等级标准

职位等级	一档	二档	三档	四档	五档	六档	七档	八档	九档
22	62 435	64 777	67 118	69 459	71 801	74 142	76 483	78 825	81 166
21	52 786	54 766	56 745	58 724	60 704	62 683	64 663	66 642	68 622
20	44 628	46 302	47 975	49 649	51 322	52 996	54 669	56 343	58 017
19	37 731	39 146	40 561	41 976	43 391	44 805	46 220	47 635	49 050
18	31 900	33 096	34 292	35 488	36 685	37 881	39 077	40 273	41 470
17	31 015	32 566	34 117	35 667	37 218	38 769	40 320	41 870	43 421
16	26 222	27 533	28 844	30 155	31 466	32 777	34 088	35 399	36 711
15	22 169	23 278	24 386	25 495	26 603	27 712	28 820	29 928	31 037
14	19 038	19 990	20 942	21 894	22 846	23 797	24 749	25 701	26 653
13	16 153	16 960	17 768	18 575	19 383	20 191	20 998	21 806	22 614
12	13 157	13 979	14 801	15 623	16 446	17 268	18 090	18 913	19 735
11	11 960	12 708	13 455	14 203	14 950	15 698	16 445	17 193	17 940
10	10 148	10 782	11 417	12 051	12 685	13 319	13 954	14 588	15 222
9	9 185	9 759	10 333	10 907	11 481	12 055	12 629	13 203	13 777
8	7 793	8 280	8 767	9 255	9 742	10 229	10 716	11 203	11 690
7	6 613	7 026	7 439	7 853	8 266	8 679	9 093	9 506	9 919
6	5 962	6 335	6 707	7 080	7 452	7 825	8 198	8 570	8 943
5	5 059	5 375	5 691	6 008	6 324	6 640	6 956	7 272	7 589
4	4 293	4 561	4 830	5 098	5 366	5 635	5 903	6 171	6 439
3	3 643	3 871	4 098	4 326	4 554	4 781	5 009	5 237	5 464
2	3 091	3 285	3 478	3 671	3 864	4 057	4 251	4 444	4 637
1	2 623	2 787	2 951	3 115	3 279	3 443	3 607	3 771	3 935

注：薪酬标准指基本工资和岗位工资之和。

第十条　初次定档管理

公司对新入职各级人员进行初次定档定薪时，根据任职者的社会工龄、企业工龄、初始学历、最终学历和专业技术职称情况进行综合评估，确定薪级薪档。

初次定档参考模型

评价要素	权重	对应分值						
		1	2	3	4	5	6	7
社会工龄	15%	0～1 年	1～3 年	3～6 年	6～10 年	10～15 年	15～20 年	20 年以上
企业工龄	20%	0～1 年	1～3 年	3～6 年	6～10 年	10～15 年	15～20 年	20 年以上
初始学历	25%	初中	高中/中专	大专	本科	双学士	硕士	博士
最终学历	15%	初中	高中/中专	大专	本科	双学士	硕士	博士
专业技术职称	25%	初级 0～3 年	初级 3 年以上	中级 0～3 年	中级 3 年以上	高级 3 年以下	高级 3～6 年	高级 6 年以上

第十一条　绩效工资

一、绩效工资设立的目的在于鼓励员工努力创造优良的工作业绩，实现绩效目标，从而促进公司经营管理目标的实现。

二、绩效工资以职位价值为基础，按不同的比例按月计提，实行预留制。年终根据企业业绩完成情况及员工绩效考评结果予以发放。

三、绩效工资的计算。依据公司年度经营业绩完成情况，结合个人年度绩效考核结果按比例发放全年预留的绩效工资。

基本工资、岗位工资与绩效工资占总现金收入比例

职位等级	(基本工资＋岗位工资)%	绩效工资（%）
18～22	50	50
15～17	60	40
12～14	70	30
10～11	75	25
7～9	80	20
1～6	85	15

四、以下人员不享受绩效工资的分配：

1. 试用期员工。
2. 辞职员工。
3. 上年度因严重违纪行为被公司通报者。
4. 上年度考核不合格者。

五、请病假、事假、探亲假、产假人员绩效工资发放办法按公司相关规定执行。

第十二条　其他奖励

利润奖和超额利润奖由董事会另行规定。

第四章　薪酬管理办法

第十三条　月固定工资发放时间

公司实行预付工资制，员工每月基本工资发放时间为当月 10 日以前，以人民币现金形式发放。

第十四条　薪酬福利制度沟通

薪酬管理作为企业吸引和保留人才的重要手段须及时与员工进行充分的沟通。沟通的基本原则是薪酬管理规程沟通、他人薪酬细节保密；企业对员工进行充分的薪酬理念宣传，使员工明确其所在的职位职级，让员工了解个人年薪的水平及薪酬组成、企业给予的福利项目、企业绩效激励的原则以及与薪酬挂钩的方法；员工有年度薪酬调整的，企业以书面调薪通知的形式告知员工。

第十五条　薪酬调整

一、员工职位晋升时，职等上调至新职位等级，档位上调至与当前档位薪酬水平持平或最少高一档的档位。

二、员工在公司内部不同单位平调时，维持其原档位工资水平。

三、员工降职时，职等下调至新职位等级，档位下调至与当前档位薪酬水平持平或最少低一档的档位。

第十六条　薪酬普调

公司将根据行业市场薪酬变化情况，结合企业的战略目标和战略定位，定期动态对全体员工的总现金收入水平进行普遍调整。调整的参考因素包括上年度公司经营绩效表现、本年度公司经营绩效预期、企业利润率增长情况以及市场薪酬水平的变化情况等。

第十七条　员工离职情况下的薪酬支付

离职人员在办妥离职及工作移交手续后，方可结算离职薪酬。

第五章　附　则

第十八条　解释权

本制度由公司人力资源部负责解释及修订。

第十九条　核准

本制度经公司经理会通过并履行法定程序后实施。

在绝大多数薪酬系统中，基本薪酬都是最基础的薪酬组成部分，它不仅反映了薪酬与组织以及职位设计之间的关系，而且是可变薪酬甚至是一些间接薪酬项目（比如企业补充养老金等）确定的基础。总之，基本薪酬决定了一家企业的薪酬系统的性质，同时也是企业实现薪酬内部一致性的主要手段。

我们在第 1 章中已经指出，从总体上来看，企业可以从职位、技能、能力三种要素之中选择其一来作为某一薪酬系统的依据。我们将以职位为基础确定基本薪酬的薪酬系统称为职位薪酬体系，将以技能和能力为基础确定基本薪酬的薪酬系统分别称为技能薪酬体系和能力薪酬体系。在实践中，企业可以只选用一种薪酬体系，也可能同时存在两三种薪酬体系。比如，企业可能会对生产人员和职能管理人员采用职位薪酬体系，而对技术研发人员和销售人员采用技能薪酬体系等。不同的薪酬体系有不同的适用对象，不同的特点和导向性，同时也有各自的优点和缺点。但是在现实中，很多企业对于基本薪酬的确定基础并不是很清楚，存在很多模糊甚至错误的认识。在本章中，我们首先对职位薪酬体系加以阐述和分析，关于技能和能力薪酬体系将在第 6 章中讨论。

第 1 节　职位薪酬体系及其职位分析基础

一、职位薪酬体系的特点、实施条件和操作流程

（一）职位薪酬体系的特点及适用性

所谓职位薪酬（job-based pay）体系，就是首先对职位本身的价值作出客观的评价，然

后根据这种评价的结果赋予承担这一职位的人与该职位的价值相当的薪酬这样一种基本薪酬决定制度。职位薪酬体系是一种比较传统的确定员工基本薪酬的制度，它最大的特点是员工担任什么样的职位就得到什么样的薪酬。与新兴的技能薪酬体系和能力薪酬体系相比，职位薪酬体系在确定基本薪酬的时候重点考虑职位本身的价值，很少考虑人的因素。这种薪酬制度是建立在这样一种假设前提基础之上的，即每一个职位上的人是合格的，不存在人和职位不匹配的情况，也就是说，担任某种职位工作的员工恰好具有与工作难易水平相当的能力。这种薪酬制度并不鼓励员工拥有跨职位的其他技能。因此，在这种薪酬制度下，我们可能会看到，虽然有些员工的个人能力大大超过了其担任的职位本身所要求的技术或资格水平，但是在职位没有变动的情况下，他们只能得到与当前工作内容对等的薪酬水平。根据以上分析，我们可以看到，职位薪酬体系既有明显的优点，同时也存在一定的不足(见表 3－1)。

表 3－1　　职位薪酬体系的优点和缺点

优点	缺点
1. 实现了真正意义上的同工同酬，因此可以说是一种真正的按劳分配体制。 2. 有利于按照职位系列进行薪酬管理，操作比较简单，管理成本较低。 3. 晋升和基本薪酬增加之间的连带性增强了员工提高自身技能和能力的动力。 4. 根据职位支付薪酬的做法比基于技能和能力支付薪酬的做法更容易实现客观和公正，对职位的重要性进行评价要比对人的技能和能力进行评价更容易达成一致。	1. 由于薪酬与职位直接挂钩，当员工晋升无望时，也就没有机会获得较大幅度的加薪，其工作积极性必然会受挫，甚至会出现消极怠工或者离职的现象。 2. 由于职位相对稳定，与职位联系在一起的薪酬也就相对稳定，这不利于企业对多变的外部经营环境作出迅速的反应，也不利于及时地激励员工。 3. 强化职位等级间的差别，可能会导致官僚主义滋生，员工更为看重得到某个级别的职位，而不是提高个人的工作能力和绩效水平，不利于提高员工的工作适应性。 4. 可能会引导员工更多地采取有利于得到职位晋升的行为，而不鼓励员工横向流动以及保持灵活性。

虽然传统上那种严格、细致的职位薪酬体系在很多时候已经无法适应现代企业所面临的复杂多变的市场环境及其对员工的灵活性要求，但职位薪酬体系仍然具有很大的实用性，在薪酬决策中具有不可替代的作用。实际上，从世界范围来看，采用职位薪酬体系的企业的数量要远远超过采用技能薪酬体系和能力薪酬体系的企业的数量，即使是那些采用技能薪酬体系和能力薪酬体系的企业，也大都是从职位薪酬体系转过来的。事实上，曾经实行过科学、完善的职位薪酬体系的企业在转而实施技能薪酬体系和能力薪酬体系时会感到更为舒适和顺利，这是因为，即使采用了技能和能力薪酬体系，仍然要依赖职位薪酬体系所强调的职位的概念，尤其是不同的职位或不同系列的职位对员工的任职资格的差异性要求。

从一定程度上来说，职位薪酬体系在操作方面比技能薪酬体系和能力薪酬体系更容易、更简单，适用的范围也比较广，因此对于我国的许多企业和大部分工作岗位来说还是比较实用的。但是从当前我国企业的薪酬管理实践来看，由于我国没有经历过大规模的科学管理阶段，所以许多企业对职位的了解和分析还很粗糙，大多数企业还没有制定规范系统和具有实效性的职位说明书，再加上没能很好地掌握职位评价的技术，结果在实践中犯了许多明显的错误。许多企业的岗位工资制（即我们所说的职位薪酬体系）实际上是根据岗位的行政级别或者员工的资历，而不是根据真正意义上的岗位或职位来确定基本薪酬的。

（二）实施职位薪酬体系的前提

企业在实施职位薪酬体系时，必须首先对以下几个方面的情况作出评价，以考察本企业的环境是否适合采用职位薪酬体系。

（1）职位的内容是否已经明确化、规范化和标准化。职位薪酬体系要求纳入本系统中的职位本身必须是明确具体的。因此，企业必须保证各项工作有明确的专业知识要求和责任，同时，这些职位所面临的工作难点也是具体的、可以描述的；换言之，必须具备进行职位分析的基本条件。

（2）职位的内容是否基本稳定，在短期内不会有大的变动。只有当职位的内容保持基本稳定的时候，企业才能使工作的序列关系有明显的界线，不至于因为职位内容的频繁变动而使职位薪酬体系的相对稳定性和连续性受到破坏。

（3）是否具有按个人能力安排职位或工作岗位的机制。由于职位薪酬体系是根据职位本身的价值向员工支付报酬，因此，如果员工本人的能力与所担任职位的能力要求不匹配，必然会导致不公平的现象发生。故而企业必须保证按照员工个人的能力来安排适当的职位，既不能存在能力不足者担任高等级职位的现象，也不能出现能力较强者担任低等级职位的情况。当个人的能力发生变化的时候，他们的职位也能够随之发生变动。

（4）企业中是否存在相对较多的职级。在实施职位薪酬体系的企业中，无论是比较简单的工作还是比较复杂的工作，职位的级数应该足够多，从而确保企业能够为员工提供随着个人能力的提升从低级职位向高级职位晋升的机会；否则，如果职位等级很少，大批员工在上升到一定的职位之后就无法继续晋升，结果必然是堵塞员工的薪酬提升通道，加剧员工的晋升竞争，影响员工的工作积极性以及进一步提高技能和能力的动机。

（5）企业的薪酬水平是否足够高。即使是处于最低职位级别的员工也必须能够依靠其薪酬来满足基本的生活需要。如果企业的总体薪酬水平不高，职位等级又很多，处于职位序列最底层的员工所得到的报酬就会非常少。

（三）职位薪酬体系设计的基本流程

职位薪酬体系的设计步骤主要有五个：第一步是了解一个企业的基本组织结构和职位在组织中的具体位置；第二步是收集与特定职位的性质有关的各种信息，即进行职位分析；第三步是整理通过职位分析得到的各种信息，按照一定的格式把重要的信息描述出来并加以确认，编写成包括职位职责、任职资格条件等信息在内的职位说明书；第四步是对典型职位的价值进行评价，即完成职位评价工作；第五步是根据职位的相对价值高低对它们进行排序，即建立职位等级结构，这一职位等级结构同时也是薪酬的等级结构。这一流程我们用图3-1来描述。

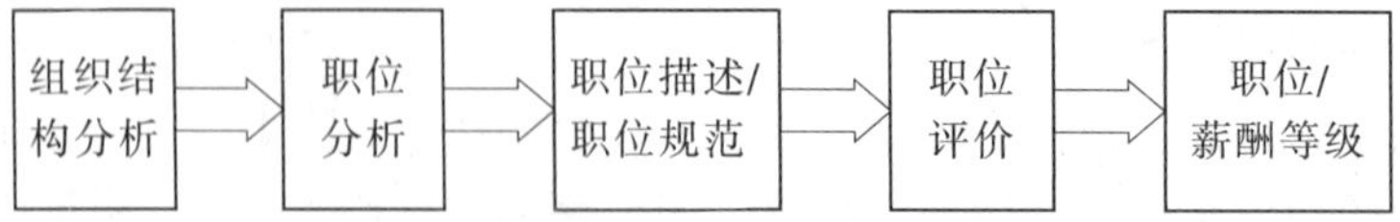

图3-1 职位薪酬体系的设计流程及其步骤

下面简要介绍职位分析和职位说明书的编写，职位评价以及职位等级结构的建立过程将在下一节中加以讨论（由于本书篇幅所限，这里不再对组织结构问题进行赘述）。

二、职位、职位分析与职位说明书

（一）职位的含义及相关概念

在汉语里，我们经常将工作、职位、岗位等概念混在一起使用，在英语中，也同样存在这样的问题。英文中与职位有关的主要概念有两个：一个是 job（直译为工作，通常译为职位），另一个是 position（直译为岗位）。严格来说，这两个概念有区别：岗位与人严格对应，即每个人占据一个岗位，企业雇用多少人，就有多少个岗位，正如通常所说的“一个萝卜一个坑”。而职位是对所有相同岗位的统称。举例来说，超市中可能有 20 位收银员，因此有 20 个收银岗位，但由于所有收银员做的工作是相同的，因此也可以说该企业有一个收银员的职位。

然而，在大多数情况下，job 和 position 之间的区分并不那么明显，经常会不加区别地使用。比如，在谈到职位分析时，最经常使用的英文单词是 job analysis，但有时也用 position analysis 一词，比如，position analysis questionnaire（PAQ）就是一种比较经典的职位分析方法。我们在后面讲的职位评价通常用 job evaluation，但有时也用 position evaluation。职位分类通常用 job classification，但有时也用 position classification（美国联邦政府的职位分类标准就采纳这种说法）。在本书中，除非特别指明，我们将岗位和职位视为同义词来使用。

我们将职位或岗位界定为一位全日制员工在工作满负荷情况下需要完成的、具有一定内在联系且便于任职者完成的各种职责及其相应工作任务的集合。职位或岗位是由若干（通常在 7～8 项之间）重要职责（accountability 或 responsibility）组成的，每一项职责又包含若干项重要的工作任务（task）。比如，行政秘书岗位承担着总经理日程安排、来访客人接待、文字工作、行政事务管理等多项职责。在帮助总经理安排工作日程这项职责中又包括这样一些重要的工作任务：协助总经理安排工作日程表；提醒总经理参加重要活动及会议；制定总经理出差日程计划以及订购和报销相关票据等。

另外，为了管理上的方便，企业往往会将职位划分为不同的职位族。职位族（job family）是由具有非常广泛的相似的工作内容，但在任职资格条件要求方面可能存在较大差异的各种职位构成的，有时又称为职群或者职族。比如，企业中的职位族通常划分为市场营销类、职能管理类、生产操作类、工程技术类等；高校中的职位可以划分为教学类、后勤类、教学辅助类、职能管理类等。不同职位族中的职位在工作性质方面较为接近，在员工管理方法以及薪酬设计方面具有一定的相似性。

（二）职位分析与职位说明书的编写

任何一个组织的建立都必然会导致一系列工作的出现，而这些工作又需要由特定的人员来承担。职位分析（job analysis）是指了解一个职位并以一种格式把这种信息描述出来，从而使其他人能了解这个职位的过程。它所要回答的主要是这样两个大问题：第一，某个职位上的任职者应该做些什么？怎样做？为什么要做？第二，由什么样的人来承担这个职位上的工作才是最合适的？

职位分析始于20世纪初科学管理之父弗雷德里克·泰勒的动作研究和时间研究。此后，职位分析一直是现代企业人力资源管理活动的基石。几乎所有的人力资源规划和管理活动——职位设计、人力资源规划、招募、甄选、培训开发、职业生涯规划、绩效评价、薪酬决策等——都要通过职位分析来获取相关信息。从薪酬管理的角度来说，职位分析是职位评价最重要的信息来源。组织只有获得关于职位的综合性信息，才能相对准确地判断出职位本身在组织中的相对重要程度或相对价值大小，从而确定职位的价值等级，奠定基本薪酬确定的基础。

组织通过职位分析可以得到两类信息：第一类信息称为职位描述（job description）。它是对经过职位分析得到的关于某一特定职位的职责和工作内容进行的一种书面记录。它所阐明的是一个职位的职责范围及其工作内容。职位描述并不列举每一个职位的职责和任务细节；相反，它只提供关于一个职位的基本职能及其主要职责的总体脉络。通过职位分析得到的第二类信息称为任职资格（job specification/qualifications）。它是对适合承担被分析职位的人的特征所进行的描述。它主要阐明适合从事某一职位的人应当具备的受教育程度、技术水平、工作经验、身体条件等。在英文中，狭义的职位描述仅仅包括职位的工作职责和任务方面的信息，而广义的职位描述则包括任职资格条件方面的信息。在我国，企业通常将职位分析产生的职位描述和任职资格条件两个方面的信息合称为职位或岗位说明书，即在职位说明书中包括职位描述和任职资格条件两个方面的内容。更为具体地说，在职位说明书中包括以下几个方面的要素。

（1）职位标识：包括职位名称、任职者、上级职位名称、下级职位名称等。

（2）职位目的或概要：用一句话说明为什么需要设置这一职位，设置这一职位的目的或者意义何在。

（3）主要职责：职位所要承担的每一项工作责任的内容以及要达到的目的是什么。

（4）关键业绩衡量标准：应当用哪些指标和标准来衡量每一项工作职责的完成情况。

（5）工作范围：本职位对财务数据、预算以及人员等的影响范围有多大。

（6）工作联系：职位的工作报告对象、监督对象、合作对象、外部交往对象等。

（7）工作环境和工作条件：工作的时间、地点、噪声、危险等。

（8）任职资格要求：具备何种知识、技能、能力、经验的人能够承担这一职位的工作。

（9）其他有关信息：该职位所面临的主要挑战、所要作出的重要决策或规划等。

在编写职位说明书的过程中，对职责的描述应当尽量按照做什么、如何做、对谁做、为什么要做等要素的顺序来编写。最重要的是注意以下三点：第一，要准确使用描述行为的动词以明确任职者承担的具体角色；第二，要尽可能揭示出工作流程以及信息的流向；第三，要尽可能指明工作活动的目的或所要产生的结果。比如，很多企业习惯于用笼统的职责描述语言，比如负责预算工作、负责培训工作、负责仓库保管工作等，至于如何负责不得而知。这样的描述实际上没有太大价值，而且很可能会造成误解。比如，某行政主管描述自己的一项职责是“负责办公区域的清洁工作”，这可能会让人误认为此人是负责保洁的，但实际上此人“负责”的方式却是“通过寻找、确定以及监督保洁公司的工作来确保办公区域的清洁”。因此，选择准确的动词非常重要。此外，如果能够用精练的语言将工作的主要流程和信息的流动方向以及工作的依据等也描述出来，无疑会使职位说明书的使用者对被描述的职位有更加清晰的认识。最后，任何一项工作都不是没有目的的，如果能够在职位说明书中将每一项关键职责所要实现的结果描述出来，就会增强职位描述的结果导向性，强化职位所要实现的绩效结果。一个正确的工作职责描述的例子是："根据大学的政策和指导方针（如何做?）来设计一个教学大纲（做什么?），以告知学生（对谁做?）本门课程的要求（为什么要做?）。"另一个例子是："根据保养时间要求更换零部件以及添加润滑剂，并保存对机器设备所做的所有保养记录，以确保机器设备正常运转，合理延长机器设备的使用寿命。"

下面，我们以本书作者直接参与编写的中国人民银行某大区分行的一个职位（调查统计处下属的企业景气调查岗）为例来说明职位说明书的主要内容（见表 3 - 2）。这里要指出的是，职位说明书的编写格式可以多种多样，但要反映的内容基本上是类似的。

表 3 - 2　　职位说明书的主要内容举例

<table>
<tr><td>职位编号</td><td>DT-003</td><td>职位名称</td><td colspan="2">企业景气调查</td><td>所属部门</td><td>调查统计处</td></tr>
<tr><td>职位类型</td><td>业务技术类</td><td>直接上级</td><td colspan="2">调查科科长</td><td>编制日期</td><td>2005 年 5 月 17 日</td></tr>
<tr><td>职位使命</td><td colspan="6">汇总、审核中心支行上报的各种企业数据以及企业家调查结果，开展专题调查，并对上述数据和调查结果进行统计分析，撰写报告，上报总行及分行，为中国人民银行判断、分析和预测经济运行情况提供依据。</td></tr>
<tr><td colspan="7">履行职责及考核要点</td></tr>
<tr><td>关键职责</td><td colspan="2">主要工作内容</td><td>频率</td><td>工作量比例</td><td>权限</td><td>考核要点</td></tr>
<tr><td>1. 企业景气分析</td><td colspan="2">● 收集、汇总、审核企业月度财务报表；撰写月度数据变动说明及简要分析，按时上报总行，从而为总行判断、分析和预测总体经济运行情况提供依据。
● 定期走访被调查企业，以深入了解企业实际运行状况，密切与企业之间的联系，保证相关信息收集及时、准确。
● 根据实际情况进行调查样本企业的更换和调整，以确保调查对象的代表性。</td><td>月</td><td>30%</td><td>报科长审核</td><td>● 数据及时、完整、准确。
● 分析说明及时、重点突出。
● 走访企业的次数和收集的有效信息量。
● 企业样本选择合理。</td></tr>
<tr><td>2. 企业家问卷调查</td><td colspan="2">● 收集、汇总、审核企业家问卷调查结果，了解工业生产、经营及资金供求态势，以及企业经营管理者对经济形势的判断和预测情况，并结合当季财务报表撰写季度分析，及时上报总行，从而为总行制定货币信贷政策和调控经济运行提供准确、及时的信息。
● 定期走访被调查企业家，以深入了解企业实际运行状况，密切与企业家之间的联系，保证相关信息收集及时、准确。
● 根据实际情况进行调查样本企业的更换和调整，以确保调查对象的代表性。</td><td>季</td><td>15%</td><td>报科长审核</td><td>● 数据及时、完整、准确。
● 分析说明及时、重点突出。
● 走访企业家的次数和收集的有效信息量。
● 企业样本选择合理。</td></tr>
</table>

关键职责	主要工作内容	频率	工作量比例	权限	考核要点
3. 专题调查	● 根据实际调查分析结果发现的问题以及总行和分行的安排，密切关注企业生产经营活动的突出变化，并开展相应的专题调查，分析原因，为总行和分行提供对策建议。 ● 根据上级安排，承办或参与对相关经济或金融问题的专题调查。	不定期	40%	报科长审核	● 调查主动、及时、针对性强。 ● 对策建议明确、可行。
4. 制度建设	● 根据总行下发的企业景气调查相关文件，结合本大区的实际情况提出具体的实施意见。 ● 根据分行的实际情况，制定或修订关于企业景气调查的相关制度。	不定期	3%	报科长审核	● 及时。 ● 全面。 ● 可操作。
5. 数据维护	● 维护景气调查系统软件，更新和管理企业信息库和历史数据库，并及时备份数据，以保证数据安全、完整、准确。 ● 对相关制度文件以及企业档案等资料进行收集、整理、归档以及管理，确保其安全性和完整性。	月	3%	自主完成	● 数据安全、准确、完整。 ● 文档齐全、管理完善。
6. 业务指导	● 指导分支机构的企业景气调查业务的开展，制定大区内景气调查工作考核办法，并开展检查、评比工作，以提高大区内各中心支行的企业景气调查工作质量。 ● 完成对大区内景气调查员的业务培训工作，以提高相关人员的工作能力。	日常	4%	报科长审核	● 指导正确、及时。 ● 分支机构满意度。 ● 培训数量和质量。
7. 其他	● 领导交办的其他事项。		5%		● 领导满意度。

工作关系	直接下属人数		间接下属人数	
	内部主要关系	● 处内各科。 ● 金融研究处、货币信贷处、金融稳定处。 ● 大区内各中心支行、总行调查统计司。		
	外部主要关系	● 被调查企业。 ● 省统计局、发改委。		
工作条件	工作场所	● 固定。		
	工作时间	● 固定（每周五天，每天八小时）。		
	使用设备	● 分行提供的计算机、电话等办公设备。		
任职资格要求				

一般条件	最佳学历	硕士	最低学历	本科
	专业要求	基准 1：计量经济、统计类 基准 2：财务、会计类 基准 3：计算机应用类		
	资格证书	无		
	身体条件	健康		
	外语要求	了解		
	计算机要求	熟练使用专业计算机应用软件以及常用办公软件		
	工作经验	相关领域 1 年以上工作经验		
必要的业务培训	● 调查制度和调查方法培训。 ● 调查分析软件使用培训。 ● 财务分析方法培训。 ● 宏观经济分析方法培训。			
其他事项				
任职者（签名）： 日期：		直接上级（签名）： 日期：		

第 2 节　职位评价

一、职位评价简介

（一）职位评价的内涵及职位评价方法的类型

对于以职位作为基本薪酬确定基准的薪酬体系来说，其核心工作是对职位本身的价值及其对组织的贡献度进行评价，并根据这种评价以及外部劳动力市场的薪酬状况来确定不同职位支付的薪酬水平高低，而能够帮助企业确定不同职位在企业中的重要程度的技术就是职位评价。国际劳工组织（ILO）认为，职位评价（job evaluation）是一个系统分析某种工作对员工提出的各种要求的过程，即对一位标准任职者为了正常履行某种特定职位的工作职责而必须达到的各种要求进行评估和比较的过程。通常来说，职位评价是系统地确定职位之间的相对价值，从而为组织建立一个职位结构（job structure）的过程。它是以工作内容、技能要求、对组织的贡献、组织文化以及外部市场等为综合依据的。不仅如此，职位评价技术实际上还是一个有力的沟通和管理工具，它告诉员工：组织的治理结构是怎样的，承担不同工作的员工对于组织的成功所扮演的角色有何不同。

职位评价基于这样一些基本假设：第一，根据职位对组织目标的实现所作出的贡献大小来支付薪酬的做法是合乎逻辑的；第二，在基于员工所承担职位的相对价值来确定员工报酬的情况下，员工会感到比较公平；第三，组织能够通过维持一种基于职位相对价值的职位结构来促成企业目标的实现。

需要说明的是，职位评价过程本身要达到的结果只是对职位的相对价值进行排序。这种排序是一种相对的判断，而不是绝对的或者科学的。即使是量化的职位评价方法所得到的结果也仍然是相对的，职位最终所得到的评价点数或分数本身没有任何绝对意义，只能用来进行职位价值的相对比较。有多人参与的职位评价实际上是一个寻找大家对职位价值的共同看法的过程，它与奥运会中的一些项目比如跳水、花样游泳、体操等的评分规则类似。只不过，在体育比赛中，若干评委是对运动员的表现好坏进行评分；而在职位评价中，诸位评价者是对职位本身的价值作出评价，但最终的评价结果都是以相对的形式来进行排序的。

此外，还需要注意的一点是，在评价的过程中，一定要根据职位本身的职责和任职资格条件来进行评价，而不是过多地考虑职位上目前任职者的能力、绩效等状况。这是因为，评价只是在假设所有职位上的人都称职的情况下对职位的价值进行判断。如果任职者不合格，则需要通过职位调配系统来加以调整。如果完全根据当前任职者的情况作出评价，那么，将来一旦其他人来到这个职位上，就会出现其薪酬水平过低或过高的问题。

职位评价的方法有量化评价法和非量化评价法两种。所谓非量化方法是指那些仅仅从总体上来确定不同职位之间的相对价值顺序的职位评价方法。而量化方法则试图通过一套等级尺度系统来确定一种职位的价值比另一种职位的价值高多少或低多少。非量化评价方法有两种：排序法（ranking method）和分类法（classification method）。量化评价方法也有两种：要素比较法（factor comparison method）和要素计点法（point-factor method）。其中，排序法是指职位评价者首先对职位说明书进行审查，然后根据它们对公司的价值对其进行排序。分类法是通过界定职位的等级来对一组职位进行描述和分类的评价方法。在要素比较法中，评价者首先要获得基准职位的市场薪酬水平，将其分解到各个报酬要素上去；然后，通过对被评价职位的各个方面与基准职位的各个方面分别进行比较，试图估计出被评价职位在每一方面的货币价值；最后以货币为单位直接确定不同职位之间的相对价值顺序。这种方法实际上将职位评价和市场薪酬调查结合在一起，直接完成薪酬等级以及薪酬水平的确定。而在要素计点法中，评价者首先要给职位的每一构成要素赋予等级不同的量化价值，然后再将某一职位在不同要素上的分数加起来，从而确定不同职位之间的量化价值差距。与要素比较法不同，要素计点法最后得到的职位结构不是根据职位的货币价值来排列的，而仅仅是根据分数或点数对职位所作的一种排序。

此外，我们还可以用表 3-3 所示的方法来对各种职位评价方法进行考察。如图所示，排序法和要素比较法是两种将职位与职位加以比较的职位评价方法，只不过排序法是通过将职位和职位进行整体比较来得出职位的重要性或价值顺序，而要素比较法则是将职位分解成若干要素，然后将这些职位在每一种要素上的价值逐个加以比较，最终得出职位的总等级顺序。分类法和要素计点法不是将职位与职位加以比较，而是将职位与一个事先确定的尺度加以比较。不过，分类法是直接为整体性的职位划分出一个系列等级，并给每个等级赋予一段描述性的定义，然后将职位与这些等级的定义加以对比，从而把职位放入与定义相符的等级之中。而要素计点法则是将职位中包含的报酬要素加以等级划分并予以定义，然后将职位的每一个要素与要素等级的定义加以比较，确定职位的每一个报酬要素应该归属的要素等级，最终获得职位价值的总排序。

表 3-3　　职位评价方法的分类

所使用的比较方法	所使用的评价方法	
	考虑职位要素	考虑职位整体
职位与职位比较	要素比较法	排序法
职位与尺度比较	要素计点法	分类法

下面我们分别对上述几种职位评价方法进行讲解。

（二）职位评价工作的几个主要步骤

在具体的职位评价环节，可以按以下步骤来进行操作。

第一，挑选典型职位。如果组织中的职位数量不多，当然可以将所有职位都拿来进行评价。但是在很多时候，由于一方面受到管理成本的限制，另一方面也没有必要对所有的职位都进行评价，因此，可以组织相关人员在企业中挑选有代表性的基准职位作为评价对象，其他职位的价值则可以通过与这些典型职位之间的比较得出。这些典型职位不仅要能够代表所要研究的职位序列中的绝大多数职位，而且必须是广为人知的。在具体操作时，可以请各职能领域的管理者自行决定本职能领域中的职位大概可以划分为多少个级别，然后找出相应级别中的代表性职位。人力资源管理专业人员可以在这一过程中给他们提一些合理的建议，尤其要注意避免选取的典型职位太少，导致未来的职位等级对应困难的情况。

第二，确定职位评价方法。企业必须决定采取哪种评价方法来对本企业的职位进行评价，是选择单一的职位评价方法还是将多种评价方法相结合。因为每一种评价方法都有其优点和不足，所以企业可能要根据实际情况来选择符合自己需要的评价方法。此外，职位评价方法有两种不同的类型。一种是通用性的，即可以在任何组织中使用的职位评价方法，比如下面将要介绍的合益公司和美世公司的职位评价系统。另一种是可以根据本企业的实际特点自行设计的职位评价系统。这两种系统各有利弊。通用性评价系统的好处是，可以就评价结果在不同的组织之间加以对比，即使是不同组织中的职位，只要评价分数一致，在薪酬水平上就应当是大体相当的。但其缺点是，由于通用性过强，很难比较贴切、相对具体地反映一个组织自身的职位特点，评价比较模糊。自行设计的评价系统倒是可以很好地体现企业的职位特点和战略甚至价值观，但是却无法在不同企业之间进行职位评价结果的比较。

第三，建立职位评价委员会。根据国外的经验，职位评价委员会有 5～10 人即可，这些人要站在整个企业的高度来理解被评价职位。在国内操作时，通常都会建立一个规模相对较大的评价委员会，将企业的中高层管理人员和部分一线主管，甚至部分资深员工和工会代表都吸收进来。这样做的原因是，职位评价是以常人的判断为基础的，要想使评价结果能够被广大员工认可，就需要使职位评价委员会的组成有更为广泛的员工基础，这有助于降低职位评价中个人误差因素的影响。潜在的缺点是，层次较低的员工可能无法理解某些职位对组织的真正价值。

第四，对职位评价人员进行培训。在进行职位评价之前，必须让这些评价人员了解职位评价的目的以及评价中可能会出现的误差。除此之外，还应在正式评价之前对一些职位进行模拟试评，做一些练习，以避免大家对评价工具的某些内容产生误解或重大分歧，从而使评价的一致性程度更高。

第五，对职位进行评价。首先，评价委员会要根据已经确定好的职位评价方法对典型职位进行评价，然后根据其他职位与典型职位的关系确定其职位等级，最后再根据总体的职位评价结果建立职位等级表，确定每一个职位的相对位置和价值。

第六，与员工交流，建立申诉机制。职位评价的结果对每一位员工都很重要。在整个职位的分析和评价过程中，组织应该正式与员工进行交流，确保员工理解和接受职位评价的过程和结果。另外，组织应该建立申诉机制和程序，以便整个评价得到员工的认可和支持。

二、职位评价方法之一——排序法

（一）排序法的内涵及其分类

排序法是一种最简单的职位评价方法，它根据总体上界定的职位的相对价值或者职位对组织成功所作出的贡献来对职位进行从高到低的排列。在运用这一方法时，要求评价者对需要评价的职位内容相当熟悉，否则就不可能作出准确的判断。这种评价工作通常由人力资源管理人员或评价委员会来完成。排序法又可以划分成三种类型：直接排序法、交替排序法以及配对比较排序法。

直接排序法是指简单地根据职位的价值大小从高到低或从低到高对职位进行总体上的排序（见表 3-4）。交替排序法是指首先从待评价职位中找出价值最高的一个职位，然后找出价值最低的一个职位。之后再接着从剩余的职位中找出价值最高的职位和价值最低的职位。如此循环，直到所有的职位都被排好顺序为止（见表 3-5）。

表 3-4　直接排序法举例

重要性高	总裁
↑	首席建筑师
↑	设计师
↑	高级技师
↑	技师
重要性低	接待员

表 3-5　交替排序法举例

排列顺序	职位价值高低程度	职位名称
1	最高	市场部部长
2	高	人力资源部部长
3	较高	财务审计主管
⋮	⋮	⋮
3	较低	安全生产主管
2	低	行政采购主管
1	最低	总经办行政秘书

配对比较排序法首先将每一个需要评价的职位都与其他所有职位分别加以比较，然后根据职位在所有比较中的最终得分来划分职位的等级顺序。评分的标准是，价值较高者得一分，价值较低者去一分，价值相同者双方得零分。从实质上来看，配对比较排序法类似于体育比赛中通过循环赛来排名次的做法。如表 3-6 所示，七种职位分别在水平和垂直两个维度上进行排列。“×”表示方格所对应的水平维度上的职位比垂直维度上的职位重要。对每

个方格所对应的职位进行相同的比较之后，“×”数最多的行所对应的职位最重要，其次是“×”数第二多的行所对应的职位。例如，在表 3-6 中，最重要的职位是总裁，最不重要的职位是秘书。

表 3-6　配对比较排序法举例

	总裁	首席建筑师	高级技师	技师	秘书	评估师	设计师	总计
总裁	—	×	×	×	×	×	×	6
首席建筑师	○	—	×	×	×	×	×	5
高级技师	○	○	—	×	×	×	○	3
技师	○	○	○	—	×	○	○	1
秘书	○	○	○	○	—	○	○	0
评估师	○	○	○	○	×	—	○	1
设计师	○	○	×	×	×	×	—	4

（二）排序法的操作步骤

步骤一：获取职位信息

排序法的第一个操作步骤是进行职位分析，即通过职位分析来充分了解职位的具体职责和职位承担者所应当具备的能力、技术水平、经验等任职资格条件。规范的职位描述和任职资格对于职位排序来说是非常有益的。然而，由于排序法是根据职位的总体情况而不是一系列报酬要素来进行排序，因此职位说明书在排序法中并不像在其他评价方法中那么不可或缺。但是，要在没有书面的、规范具体的职位说明书的情况下使用排序法，就要求参加评价的人必须对被评价职位的具体情况非常清楚。因此，新手或刚刚入职的员工不适合参加排序法职位评价。

步骤二：选择报酬要素并对职位进行分类

排序法通常是根据职位的总体状况来对职位的价值进行排序。但是无论如何，排序的依据仍然是一些报酬要素。排序的依据既可以是单一要素（比如工作的复杂程度），也可以是多种要素（如工作的复杂程度、工作的压力、工作的环境等），无论选择多少种报酬要素，最好向职位评价人员仔细解释这些报酬要素的具体含义，以确保评价工作的一致性。

此外，从理论上说，企业可以依据一定的标准来对企业中的所有职位进行排序，但是在实际操作过程中，企业通常很难对组织中的全部职位都按单一标准进行排序。因此，在很多时候，排序法更适用于同一个部门或者职位族（如生产类职位、行政后勤类职位、职能管理类职位、技术研发类职位等）内部的职位，这样就可以将排序法这种不太可靠的评价方法的误差减少到最低限度。

步骤三：对职位进行排序

对职位进行排序的最简单做法是给每个职位建立一张索引卡片，每张卡片都对职位进行简短的说明，然后把这些卡片按其代表的职位价值从低到高进行排序。有些管理人员为获得更精确的结果使用交替排序法。做法是，先拿出价值最高的卡片，然后拿出价值最低的卡片；再拿出价值第二高的卡片，然后是价值第二低的卡片；依此类推，直至把所有卡片都排好顺序。由于选择极端的情况通常比较容易，所以这种排序方法可以简化评价工作。

步骤四：综合排序结果

在对职位排序时，为避免个人的主观偏见和误差，通常会采取评价委员会的形式来对职位进行排序。因此，在每个评价者的排序结果出来之后，还要对每个评价者的评价结果取一个平均值，从而完成对职位的最终评价。

（三）排序法的优缺点

排序法最大的优点在于快速、简单、费用比较低，而且容易与员工进行沟通。但是，排序法也存在很多问题。首先，在排序方面各方可能很难达成共识，尤其是在一些价值差异不是很明显的职位之间；其次，由于是从整体上对职位的价值进行评价，因此，不同来源和不同工作背景的人不可避免地会在评价过程中夹杂个人的主观意志甚至偏见；再次，即使不同职位之间的价值高低可以判断出来，具体的价值差距大小也无法得到明确的解释；最后，在职位的数量太多时，排序法的使用难度很大。通常情况下，15 种职位可能是使用排序法的一个上限。举例来说，在采取配对比较排序法的情况下，假定有 n 个职位需要排序，那么需要作出比较的次数为：$n(n-1)/2$。

三、职位评价方法之二——分类法

（一）分类法的操作步骤

分类法是将各种职位放入事先确定好的不同职位等级中的一种职位评价方法。分类法最初是由美国联邦政府使用的，其主要特征是能够快速地对大量的职位进行评价。目前，分类法在公共部门以及企业中仍然有着广泛的运用，尤其是在存在技术类工作的组织中。

分类法职位评价的操作方法类似于先打好一个书架（总体职位分类），然后对书架上每一排所要放的图书用一个标签（职位等级描述）加以清晰的界定，最后再把各种图书（职位）按照相应的定义放入不同的横排中。操作步骤如下。

步骤一：确定合适的职位等级数量

这一步骤实际上确定了职位价值的层级结构。通常情况下，企业中的职位类型越多，职位之间的差异越大，所需要的职位等级就越多；反之，就会比较少。此外，企业对职位等级设计的战略思路也会影响企业内部的职位等级数量。例如，传统的金字塔形组织结构非常强调组织内部的等级以及官僚结构，因此，职位等级的划分会比较细。而在接受现代薪酬宽带理念的企业中，职位的等级划分则不那么细，只要职位等级能够大体反映职位之间的差异即可，因为这种企业更重视员工的工作能力，而不是职位本身的细微价值差异。

步骤二：编写每一职位等级的定义

这里的职位等级定义通常是对职位内涵的一种较为宽泛的描述。它要达到的目的是，指明可以被分配到该等级中的职位所承担责任的性质、所承担职责的复杂程度以及从事该等级中的这些职位上的工作所需要的技能或者职位承担者所应当具备的特征。职位等级定义的编写可以复杂也可以简短。在编写职位等级定义的时候，通常需要阐述不同职位等级上的职位所具有的以下几个方面的特征：职位内容概要、所承担的责任、所需具备的知识水平与技能水平要求、所接受的指导与监督等（见表 3-7）。另外，美国联邦政府的职位分类等级描述中所使用的报酬要素包括以下九大要素及其相关子要素：职位所要求的知识、监督控制、指导方针、工作复杂性、工作范围与影响、人际接触、接触的目的、体力要求以及工作环境等。

表 3－7　　分类法举例：某工程公司的职位分类系统

工作等级	各工作等级中的工作类型	等级分类定义举例
10 级	首席执行官	1 级：办公室的一般支持性职位 一般情况下，办公室的一般支持性职位向一线主管人员或者部门管理人员汇报工作。这些职位通过完成以下任务为其他职位提供综合性支持服务：操作办公室中的一些常规设备（如传真机、复印机、装订机等）；文件存档以及邮件归类和传递。这些职位通常要遵守标准的办事程序，同时处理日常事务。非常规的事件以及问题往往交给主管人员或者相关人员来处理。要求从事这些工作的人员具备基本的办公设备知识，并且了解一般的办事程序。这些职位包括邮件处理员以及传真操作员。
9 级	副总裁	
8 级	高级经理	
7 级	中层经理	
6 级	专业 3 级	
5 级	专业 2 级	
	主管级职位	
4 级	专业 1 级	
	技术 3 级	
	职员/行政事务 3 级	
3 级	技术 2 级	
	职员 2 级	
2 级	技术 1 级	
	职员 1 级	
1 级	办公室的一般支持性职位	

步骤三：根据职位等级定义对职位进行等级分类

将每一个职位的完整的职位说明书或者工作描述与上述相关职位等级定义进行对比，然后将这些职位分配到一个与该职位的总体情况最为贴切的职位等级中去。依此类推，直至所有的职位都被分配到相应的等级中去。

（二） 分类法的优缺点

分类法的优点是简单，容易解释，执行起来速度较快，对评价者的培训要求少。一旦职位的等级定义明确，管理起来就比较容易。尤其是当组织中存在大量类似的职位时，很容易将各种职位归并到一个系统中。

分类法的缺点也很明显。首先，在职位多样化的复杂组织中，很难建立起通用的职位等级定义。职位等级描述留下的自由发挥空间太大，很容易出现范围过宽或者范围过窄的情形，结果导致一些新的职位或调整后的职位只能被生硬地塞入同一职位评价系统。其次，分类法不能排除这样一种可能，即有人试图通过修改或歪曲职位描述来达到操纵职位评价结果的目的。此外，分类法对职位要求的说明可能会比较复杂，对组织变革的反应不太敏感。最后，与排序法一样，分类法也很难说明不同等级的职位之间的价值差距到底有多大，在确定薪酬时效果不是太好。

四、职位评价方法之三——要素计点法

（一） 要素计点法的操作步骤

要素计点法，也称计点法，是一种比较复杂的量化职位评价技术，自 20 世纪 40 年代开

始得到应用，到今天为止一直是组织中最常用的职位评价方法。它要求首先确定组织为评价职位的价值需要运用哪些报酬要素，然后再根据程度差别对每个报酬要素进行等级划分和等级定义，并且赋予每个报酬要素不同的权重，赋予每个报酬要素等级不同的点数。一旦分别确定了每个职位在每个报酬要素上实际所处的程度等级，职位评价者只需把该职位在每个报酬要素上得到的点数进行加总，就可以得出该职位的总点数，最后再根据每个职位的总点数大小对所有职位进行排序，即可完成职位评价过程。要素计点法通常包括三大要素：一是报酬要素；二是反映每一种报酬要素在整个职位评价体系中的相对重要性的权重；三是数量化的报酬要素衡量尺度。具体来说，要素计点法包括以下几个操作步骤：

（1）选取合适的报酬要素；

（2）对每一种报酬要素的各种不同程度、水平或层次加以界定；

（3）确定不同报酬要素在职位评价体系中所占的权重或者相对价值；

（4）确定每一种报酬要素的不同等级所对应的点数；

（5）运用这些报酬要素来分析和评价每一个职位；

（6）将所有被评价职位根据点数高低进行排序，建立职位等级结构。

步骤一：选取合适的报酬要素

所谓报酬要素（compensable factor），是指一个组织认为在多种不同的职位中都包括的对其有价值的特征，这些特征有助于组织战略以及组织目标的实现。因而，报酬要素实际上是多种不同的职位中都存在的组织愿意为之支付报酬的一些具有可衡量性的质量、特征、要求或结构性因素。要素计点法实际上是对排序法和分类法的重大改进，因为它将这两种方法的评价工作的标准显性化了，而这种标准就是报酬要素。评价人员在运用要素计点法进行职位评价时，必须慎重选择报酬要素，因为这些要素具有强化组织战略和哲学的重要作用。在与员工进行沟通时，这些报酬要素能够清晰地向员工传递关于组织价值观的重要信息。比如，到底是工作条件、职位本身所要求的知识和技能水平对组织的贡献更大，还是职位本身所承担的责任对组织的贡献更大？组织是鼓励员工承担更大的责任，掌握更复杂和高深的技能，还是鼓励大家去从事条件艰苦的工作？等等。

在实际操作中，最常见的四个报酬要素是责任、技能、努力以及工作条件及其相关子要素。事实上，在美国和加拿大的公平报酬法案中都曾经明文要求这四种报酬要素。责任（responsibility）是组织对于员工按照预期要求完成工作的依赖程度，强调职位上的人所承担的职责的重要性。责任的主要子要素包括决策权、控制的组织范围、影响的组织范围、与其他工作的一体化程度、失败的影响或者工作的风险性，以及在没有监督状态下完成工作任务的能力等。技能（skill）是指完成某种职位的工作所需具备的经验、培训、能力以及教育水平等，而不是指某位员工实际掌握的技能水平。技能的相关子要素包括技术能力、专业知识、组织知晓能力、受教育水平、专门培训、工作资历、人际关系技能以及监督技能等。努力（effort）是对为完成某种职位的工作所需发挥的体力或者脑力程度所进行的衡量。努力的主要子要素包括任务的多样性、任务的复杂性、思考的创造性、技能的运用以及得到协助的程度等。工作条件（working condition）是指职位上的人所从事工作的伤害性以及工作的物理环境。工作条件的子要素包括工作的潜在伤害性、受到别人伤害的可能性、特定的运动神经或者注意力集中性技术所产生的影响、工作过程中的不舒服感、暴露性或者肮脏程度等。表3-8是一个报酬要素定义的例子。

表3-8 职位评价要素定义表

报酬要素名称	报酬要素定义
知识	可以通过正规教育、生活经验、工作经验以及在职培训等获得的关于事实或规则的各种信息。知识使得任职者在无须向主管人员求助的情况下，就能解决特定领域中所出现的一些非常规问题。
身体能力	身体灵活性、手眼协调性以及攀登、伸臂、弯曲等身体运动的平衡性与协调性。
体力耗费	除了有力量的要求外，还包括对感官注意力（如看、听、嗅、触摸等）等能力以及在一个固定职位上工作的能力（如电路板技工、飞机技师以及控制板操作员等）的要求。
沟通	包括内部沟通和外部沟通，它所关注的是沟通的频率、方法及目的。
对他人的责任	主要指监督活动，包括对员工的指导与培训，协助进行员工甄选和开发活动，提出对员工的惩戒建议以及进行绩效管理等。
责任	主要指管理方面的要求，包括制定、监控或批准预算，以及对人、职能或者组织单位进行监督管理，同时还要求对结果承担责任。
工作条件	包括会受到机械或者系统、重复性运动、屏幕闪烁、噪声、肮脏物、危险物等严重影响的工作环境、天气状况或者必须同时满足的多种工作要求等。
自主性	所获得的监督指导的类型以及频率，职位承担者是如何运用信息的（如运用现有政策、适应这些政策的要求、制定全新的政策等）。

最后需要指出的是，企业在选择报酬要素时，需要注意以下几个方面。

（1）报酬要素应当与总体上的职位价值具有某种逻辑上的关系。我们可以说，这些要素在某种职位中出现得越多，此种职位的价值就越高（“工作条件”要素除外）。

（2）报酬要素必须得到清晰的界定和衡量，并且那些运用报酬要素对职位进行评价的人应当能够一致地得到类似的结果。职位评价的目的是根据这些要素出现的情况来确定职位的价值等级。因此，报酬要素应当以不同的程度出现在不同的职位中。

（3）报酬要素必须对准备在某一既定职位评价系统中进行评价的所有职位具有共通性。只适用于小部分职位的报酬要素可能会造成歧视。

（4）报酬要素必须能够涵盖组织愿意为之支付报酬的、与职位要求有关的所有主要内容。比如，仅仅以职位所要求的“理论与技术知识”作为对职位进行评价的要素，就不能全面反映职位对组织的贡献。

（5）报酬要素必须是与被评价职位相关的。“工作环境”对于评价工作环境类似的管理类职位来说可能并不十分必要，但对于同时评价生产类和管理类职位的职位评价系统来说就是必要的。

（6）报酬要素之间避免出现交叉和重叠。交叉和重叠可能会导致某些报酬要素被重复计算，产生歧视问题。但要完全消除报酬要素之间的交叉和重叠几乎是不可能的，只能尽量通过报酬要素权重的设计来避免这种情况的发生。

（7）报酬要素的数量应当便于管理。过多的报酬要素会加大职位评价者的负担，而且未必对评价结果的有效性有很大的帮助，因此，选择适当数量的报酬要素是很重要的。当然，有计算机系统辅助的职位评价方案可以允许较多的报酬要素存在，尽管如此，我们还是不能认为报酬要素越多越好，因为过多的报酬要素会影响评价者对公司价值观的判断，也不利于发挥职位评价的战略引导作用。

步骤二：对每一种报酬要素的各种不同程度、水平或层次加以界定

选择了报酬要素之后，就应该对每一种报酬要素的不同等级水平进行界定。每一种报酬要素的等级数量取决于组织内部所有被评价职位在该报酬要素上的差异大小。差异程度越大，报酬要素的等级数量就越多；反之，则会相对少一些。比如，如果一家企业的所有职位在工作条件上的差异不是很大，那么，“工作条件”这一报酬要素也许划分为三个等级就足够了。但如果是在一个不同职位的工作条件相差甚远的组织中，“工作条件”也许需要划分为五个甚至更多的等级才能反映不同职位在该报酬要素上的差异。表 3－9 给出了某一组织对“自主性”这一报酬要素的不同等级所进行的界定。

表 3－9　报酬要素（自主性）的等级界定举例

5 级	为公司确定战略定位，并且为下属实现这一战略制定范围广泛的目标。确定管理路线，并且对职能单位的总体结果负责。
4 级	在公司战略导向范围内制定总体公司政策。就下属所提出的例外问题解决建议进行决策。所负责的公司总体目标实现情况每年接受审查。
3 级	在公司总体政策和程序范围内履行职责。协助制定公司政策和程序。在出现例外时，频繁地解释公司政策并且就行动方案提出建议。工作需要阶段性地接受检查。所作出的大多数决策不需要接受审查。
2 级	根据公司的具体政策和程序执行任务。可能需要根据例外情况作出适应性调整。工作需要接受定期检查，可随时向管理人员求助。
1 级	运用非常具体的公司政策和程序在有限的监督下执行任务和工作安排。工作经常要接受某位管理人员的检查，这位管理人员会随时应其要求提供帮助。

步骤三：确定不同报酬要素在职位评价体系中所占的权重或者相对价值

报酬要素在总体职位评价体系中所占的权重是以百分比的形式表示的。它代表不同的报酬要素对总体职位评价结果的贡献程度或者所扮演角色的重要程度。不同的报酬要素所占权重大小对最终的职位评价结果会产生很大的影响，它实际上反映了一个组织对职位重要性的根本看法。这种权重的划分不仅与企业所在的行业、技术、市场等有关，而且与一个组织的战略、文化和价值观有关。确定不同的报酬要素在总体职位评价体系中所占的权重时，通常有两种方法：一种是经验法，另一种是统计法。

经验法实际上是运用管理人员的经验或者共识来进行决策。这种方法要求评价小组通过讨论共同确定不同报酬要素的权重。举例来说，假设职位评价小组确定了七个报酬要素，那么，他们也许会按照表 3－10 所示的内容来确定不同报酬要素应占的权重。

表 3－10　报酬要素及其权重分布举例

报酬要素	报酬要素的权重（%）
知识	20
技能	5
监督责任	25
决策	25
预算影响	10
沟通	10
工作条件	5
合计	100

统计法是运用统计技术或者数学技术来进行决策的一种比较复杂的方法。这种方法要求运用非加权报酬要素对基准职位进行评价。所谓基准职位，是指那些可以作为统一标准的职位。基准职位需要具有以下几个方面的重要特征：首先，基准职位必须是存在于大多数组织中的，因而可以在组织内部以及组织之间进行薪酬比较；其次，其内容应当是广为人知的、相对稳定的，而且与职位有关的员工能够在对职位的理解方面达成一致；再次，这些职位的供给与需求应该相对稳定，不会经常发生变化；最后，基准职位需要代表所要研究的职位结构的全貌。

统计法的操作要点是，对每一种基准职位都确定一个总价值（total value）公式。总价值可以用市场价值、当前薪酬、总点数或者通过排序获得的序数价值（如所在等级）等来表示，然后可以运用多元回归等统计技术来确定每一种报酬要素在所有这些职位中应占的权重或者相对价值。这种多元回归的方法可以解决报酬要素的重叠问题。

步骤四：确定每一种报酬要素的不同等级所对应的点数

在各种报酬要素所占的权重被确定以后，组织还需要为即将使用的职位评价体系确定一个比较合适的总点数或总分，比如 1 000 点、800 点或 500 点。通常情况下，如果被评价的职位数量比较多，而且价值差异比较大，需要使用的总点数就应该高一些；反之，总点数可以相对低一点，原则是应当能够准确、清晰地反映出不同职位之间的价值差异。比如，我们将表 3－10 中的 100％换算为 1 000 点，就可以把各个报酬要素的点数都算出来。

在确定了不同报酬要素的总点数之后，企业还必须确定每一种报酬要素在不同等级上的点数。通常运用两种基本方法，即几何方法和算术方法。依照几何方法计算出的得分跨度范围要远远大于根据算术方法计算出的得分跨度范围。算术方法比较容易计算，而几何方法则要在每一报酬要素内部的等级递增幅度上保持相同的百分比，因此几何方法容易向员工解释，公平性更强。

表 3－11 举例说明了对报酬要素的不同等级赋予点数的几何法和算术法，从中不难发现两者之间的差异。算术方法比较简单，我们把每一报酬要素的最高等级（即这里的第 5 级）的点数界定为该报酬要素在职位评价体系中的总点数。然后，只要将第 5 级的点数除以 5，就可以得出该报酬要素在不同等级之间的点数级差。将第 5 级的点数依次减去点数级差，就可以得出第 4 级、第 3 级、第 2 级、第 1 级的点数。如果使用几何方法，则首先应该确定不同报酬要素等级之间的点数比率差（表 3－11 中的举例假定这种比率差为 30％），然后换算成十进制的表示法（1＋0.3＝1.3），将第 5 级的点数依次除以 1.3，就可以得出第 4 级、第 3 级、第 2 级、第 1 级的点数。如果确定的报酬要素很多，有时还需要利用计算机来进行操作。

表 3－11　　要素计点法报酬要素等级的点数确定

报酬要素	报酬要素等级	几何法	算术法
知识	1	70	40
	2	91	80
	3	118	120
	4	154	160
	5	200	200

续前表

报酬要素	报酬要素等级	几何法	算术法
技能	1 2 3 4 5	18 23 30 38 50	10 20 30 40 50
监督责任	1 2 3 4 5	88 114 148 192 250	50 100 150 200 250
决策	1 2 3 4 5	88 114 148 192 250	50 100 150 200 250
预算影响	1 2 3 4 5	35 45 59 77 100	20 40 60 80 100
沟通	1 2 3 4 5	35 45 59 77 100	20 40 60 80 100
工作条件	1 2 3 4 5	18 23 30 38 50	10 20 30 40 50

步骤五：运用这些报酬要素来分析和评价每一个职位

前面的步骤仅是职位评价所做的前期准备，即为职位评价提供一套依据、标准或者尺度。真正的职位评价实际上在这一步才开始。在进行实际的职位评价时，评价者需要考虑被评价职位在每一个既定的报酬要素上处于哪一个等级，然后根据这种等级所代表的点数确定被评价职位在该报酬要素上的点数。得到被评价职位在所有报酬要素上的应得点数之后，将此职位在所有报酬要素上的得分进行加总即可得到该职位的最终评价点数。表 3－12 显示了按照算术方法计算职位 A 的总点数的过程及其最终结论。

表 3-12　某职位的评价过程及其结果举例

报酬要素	报酬要素的权重（%）	报酬要素等级	点数
知识	20	2	80
技能	5	3	30
监督责任	25	4	200
决策	25	5	250
预算影响	10	4	80
沟通	10	2	40
工作条件	5	1	10
合计	100	—	690

以上我们介绍了通过要素计点法建立职位结构体系的过程。显然这是一个比较复杂而且耗时的过程。因此，在美国等发达市场经济国家，政府劳工部门以及一些行业组织（如美国电气工人协会）等通常会开发出一些标准化的要素计点法职位评价方案，这些方案已经被很多组织采用。在方案中往往包括职位的报酬要素及其等级定义和点数分配，企业在使用中几乎无须修正。调查显示，90%的被调查的美国公司都成功地运用了某种现成的要素计点法职位评价方案。目前，职位评价工作在我国的企业中开展得并不是很普遍，尚未有公认的比较成熟的职位评价方案，但是随着市场的逐步完善，相信会出现有助于企业和其他组织降低运营费用和管理成本的实用工具。

步骤六：将所有被评价职位根据点数高低进行排序，建立职位等级结构

待所有职位的评价点数都算出来之后，按照点数高低加以排列，然后根据等差的方式对职位进行等级划分，职位等级表就制成了。至此，职位评价的工作宣告完成。表 3-13 中所显示的是作者在某水泥生产企业中实际操作要素计点法职位评价系统后得出的职位等级结构。

表 3-13　职位评价并经点数范围划分之后形成的职位等级结构举例

职级	薪点范围	生产类	管理类	营销类	技术类
28	640～649			销售公司经理	
	630～639				
27	620～629				
	610～619				
26	600～609	水泥事业部部长			
	590～599				科研中心主任
25	580～589				
	570～579		企划部部长		
24	560～569	动力事业部经理	财务部部长		
	550～559				
23	540～549				
	530～539	物资供应公司经理			

续前表

职级	薪点范围	生产类	管理类	营销类	技术类
22	520～529		证券部部长		质量技术部部长
	510～519				
21	500～509				
	490～499				
20	480～489		总经理办公室主任		
	470～479			销售地区业务经理	
19	460～469				
	450～459		审计部部长		
18	440～449				
	430～439				
17	420～429	熟料制备工段长			检测中心主任
	410～419				水泥质检室主任
16	400～409	物资采购室主任			高校科研主任
	390～399	水泥生产技术室主任			
15	380～389		环保站站长		
	370～379				质量室主任
14	360～369	● 锅炉工段长 ● 动力技术室主任			
	350～359				
13	340～349	水泥综合管理室主任	财务主管		
	330～339				
12	320～329	● 锅炉大班长 ● 窑头看火工			高校科研业务员
	310～319		工会副主席		
11	300～309		经营考核主管		
	290～299				
10	280～289		政务主管		
	270～279	● 电气管理员 ● 磨机主巡			
9	260～269	锅炉主值班员	税务会计		
	250～259				
8	240～249		网络管理员		
	230～239				检测业务员
7	220～229				
	210～219				
6	200～209				环境监测员

续前表

职级	薪点范围	生产类	管理类	营销类	技术类
	190～199				
5	180～189		女工主任		
	170～179				
4	160～169				
	150～159		档案管理员		
3	140～149				
	130～139				
2	120～129				
	110～119				
1	100～109				

（二） 要素计点法的优缺点

要素计点法的优点包括：首先，与非量化的职位评价方法相比，计点法的评价更为精确，评价结果更容易被员工接受，而且还允许对职位之间的差异进行微调；其次，可以运用具有可比性的点数来对不相似的职位进行比较；再次，这种职位评价方法可广泛应用于蓝领和白领职位；最后，由于明确指出了职位比较的基础——报酬要素，因而能够反映组织独特的需求和文化，强调组织认为有价值的那些要素。

要素计点法的缺点是，方案的设计和应用耗费时间，它要求组织必须首先进行详细的职位分析，有时可能还会用到结构化的职位调查问卷。此外，在报酬要素的界定、等级定义以及点数权重确定等方面都存在一定的主观性，多人参与时可能会出现意见不一致的现象。这些都会加大运用计点法职位评价体系的复杂性和难度。

（三） 几种典型的职位评价方案介绍

1. 美国合益公司的职位评价体系

美国合益公司是一家以职位评价技术见长的国际人力资源顾问公司，公司创始人爱德华·N. 海（Edward N. Hay）在 1943 年提出了一套量化的职位评价方法。[①] 该公司所选择的职位评价要素包括 3 个一级要素和 8 个二级要素。该公司根据这样一种理念来构建自己的职位评价体系：职位之所以存在是为了实现最终目的，而为了实现最终目的，任职者必须运用知识来处理和解决问题。因此，合益公司采用的三大报酬要素是知识（know-how）、解决问题（problem-solving）以及责任（accountability）（每个报酬要素分别对应一张表，表的基本样式如表 3－14、表 3－15 和表 3－16 所示）。

① Hay guide chart & profile method of job evaluation，据说这是全球第一套科学、量化的职位评价方法。

表 3-14　知识要素模板

专业技术知识 \ 管理范围	N. 不需要			Ⅰ. 低程度的			Ⅱ. 同类的			Ⅲ. 多元的			Ⅳ. 全局的		
人际技巧	1	2	3	1	2	3	1	2	3	1	2	3	1	2	3
A. 初级的	38 43 50	43 50 57	50 57 66	50 57 66	57 66 76	66 76 87	66 76 87	76 87 100	87 100 115	87 100 115	100 115 132	115 132 152	115 132 152	132 152 175	152 175 200
B. 基本职业性的	50 57 66	57 66 76	66 76 87	66 76 87	76 87 100	87 100 115	87 100 115	100 115 132	115 132 152	115 132 152	132 152 175	152 175 200	152 175 200	175 200 230	200 230 264
C. 职业性的	66 76 87	76 87 100	87 100 115	87 100 115	100 115 132	115 132 152	115 132 152	132 152 175	152 175 200	152 175 200	175 200 230	200 230 264	200 230 264	230 264 304	264 304 350
D. 高级职业性的	87 100 115	100 115 132	115 132 152	115 132 152	132 152 175	152 175 200	152 175 200	175 200 230	200 230 264	200 230 264	230 264 304	264 304 350	264 304 350	304 350 400	350 400 460
E. 基本专业性的	115 132 152	132 152 175	152 175 200	152 175 200	175 200 230	200 230 264	200 230 264	230 264 304	264 304 350	264 304 350	304 350 400	350 400 460	350 400 460	400 460 528	460 528 608
F. 熟练专业性的	152 175 200	175 200 230	200 230 264	200 230 264	230 264 304	264 304 350	264 304 350	304 350 400	350 400 460	350 400 460	400 460 528	460 528 608	460 528 608	528 608 700	608 700 800
G. 精通专业性的	200 230 264	230 264 304	264 304 350	264 304 350	304 350 400	350 400 460	350 400 460	400 460 528	460 528 608	460 528 608	528 608 700	608 700 800	608 700 800	700 800 920	800 920 1 056
H. 绝对权威性的	264 304 350	304 350 400	350 400 460	350 400 460	400 460 528	460 528 608	460 528 608	528 608 700	608 700 800	608 700 800	700 800 920	800 920 1 056	800 920 1 056	920 1 056 1 216	1 056 1 216 1 400

注：1 表示"基本的"；2 表示"重要的"；3 表示"必需的"。

表 3-15　解决问题要素模板

思考的环境	思考的挑战性									
	1. 重复性的		2. 程式化的		3. 可变的		4. 适应性的		5. 创新的	
A. 严格常规的	10%	12%	14%	16%	19%	22%	25%	29%	33%	38%
B. 常规的	12%	14%	16%	19%	22%	25%	29%	33%	38%	43%
C. 半常规的	14%	16%	19%	22%	25%	29%	33%	38%	43%	50%
D. 标准化的	16%	19%	22%	25%	29%	33%	38%	43%	50%	57%
E. 清晰界定的	19%	22%	25%	29%	33%	38%	43%	50%	57%	66%
F. 宽泛界定的	22%	25%	29%	33%	38%	43%	50%	57%	66%	76%
G. 总体界定的	25%	29%	33%	38%	43%	50%	57%	66%	76%	87%
H. 抽象界定的	29%	33%	38%	43%	50%	57%	66%	76%	87%	100%

表 3 - 16

责任要素模板

行动的自由度 影响范围		N. 非常小的（金额范围）				Ⅰ. 小的（金额范围）				Ⅱ. 中等的（金额范围）				Ⅲ. 大的（金额范围）			
	影响性质	R	C	S	P	R	C	S	P	R	C	S	P	R	C	S	P
A. 严格规定的		10 12 14	14 16 19	19 22 25	25 29 33	14 16 19	19 22 25	25 29 33	33 38 43	19 22 25	25 29 33	33 38 43	43 50 57	25 29 33	33 38 43	43 50 57	57 66 76
B. 受控制的		16 19 22	22 25 29	29 33 38	38 43 50	22 25 29	29 33 38	38 43 50	50 57 66	29 33 38	38 43 50	50 57 66	66 76 87	38 43 50	50 57 66	66 76 87	87 100 115
C. 标准化的		25 29 33	33 38 43	43 50 57	57 66 76	33 38 43	43 50 57	57 66 76	76 87 100	43 50 57	57 66 76	76 87 100	100 115 132	57 66 76	76 87 100	100 115 132	132 152 175
D. 受调节的		38 43 50	50 57 66	66 76 87	87 100 115	50 57 66	66 76 87	87 100 115	115 132 152	66 76 87	87 100 115	115 132 152	152 175 200	87 100 115	115 132 152	152 175 200	200 230 264
E. 受指导的		57 66 76	76 87 100	100 115 132	132 152 175	76 87 100	100 115 132	132 152 175	175 200 230	100 115 132	132 152 175	175 200 230	230 264 304	132 152 175	175 200 230	230 264 304	304 350 400
F. 方向性指导的		87 100 115	115 132 152	152 175 200	200 230 264	115 132 152	152 175 200	200 230 264	264 304 350	152 175 200	200 230 264	264 304 350	350 400 460	200 230 264	264 304 350	350 400 460	460 528 608
G. 一般性指导的		132 152 175	175 200 230	230 264 304	304 350 400	175 200 230	230 264 304	304 350 400	400 460 528	230 264 304	304 350 400	400 460 528	528 608 700	304 350 400	400 460 528	528 608 700	700 800 920
H. 战略性指导的		200 230 264	264 304 350	350 400 460	460 528 608	264 304 350	350 400 460	460 528 608	608 700 800	350 400 460	460 528 608	608 700 800	800 920 1 056	460 528 608	608 700 800	800 920 1 056	1 056 1 216 1 400
I. 总体无指导的		304 350 400	400 460 528	528 608 700	700 800 920	400 460 528	528 608 700	700 800 920	920 1 056 1 216	528 608 700	700 800 920	920 1 056 1 216	1 216 1 400 1 600	700 800 920	920 1 056 1 216	1 216 1 400 1 600	1 600 1 840 2 112

注：R 表示“关系较远’；C 表示“有贡献”；S 表示“共担”；P 表示“主要”。

在合益公司的职位评价系统中，知识被视为职位的投入要素。它是指为达到工作绩效水平所必需的专业业务知识及相应的实际运作技能的总和，是任职者的岗位所要求完成的基本工作，是在其工作经验和培训中形成的全部知识和技能。知识又被划分为专业技术知识、管理范围、人际技巧三大子要素。

解决问题被视为职位的工作过程要素。它是指完成工作所需要的分析、诊断、决策、创新能力的广度和复杂程度。它反映了任职者运用知识技能完成工作所涉及的思考的复杂程度。解决问题又被划分为思考的环境和思考的挑战性两大子要素。

责任被视为职位的产出要素。它是指职位承担者的决策和行动对工作的最终后果可能造成的影响以及对后果负责的程度。它反映了职位所产生的影响（积极意义上的影响）以及任职者采取独立行动时所受到的限制。责任又被划分为行动的自由度、影响范围以及影响性质三大子要素。

所有这八个要素都有对应的分等级的定义。比如关于专业技术知识要素，合益公司的具体解释是："这一要素考虑到技能、专业技术和经验方面的要求。在评估这一要素时必须考虑所需技术知识的广度和了解的深度。某一专业领域（例如工程或会计学）的专业技术知识可能非常深，也可能涉及一系列深浅不同的领域。以何种方式获得专业技术知识与岗位的知识内容本身没有直接的关系。当然，正式的学历资格是常用的一个标准，因为它有助于说明该职位需具备什么条件。"这一要素又进一步被划分为八个级别，每个级别的名称及其定义如表3-17所示。

表3-17　合益公司职位评价系统关于专业技术知识子要素的定义

A. 初级的	● 只要求接受过中等教育，加上一些上岗培训。 ● 这一级职位的知识和技能通常经过几个小时的简单示范就能教会，并且经过几天的实践就可加强。例如，清洁、包装和一些文书工作。
B. 基本职业性的	● 要求熟悉与职位相对应的简单的标准化工作程序和/或使用简单的设备和机器。 ● 这类职位可能需要一些正规的培训，通过几个月的工作实践予以加强，需要进行一些例行的或程序化的活动。可能使用一些简单易懂、易于操作的设备，或进行比较简单的手眼协调一类的活动。例如，涉及简单的计算和程序、数据输入等的办事员工作，涉及使用普通的叉车搬运材料的工作，或由机器控制程序的操作工作。
C. 职业性的	● 要求在程序或系统方面具有一定的熟练程度，工作可能涉及使用专业设备的技能。 ● 需要对复杂的处理系统——加工产品或信息处理系统——的技术和程序有全面的了解。有关的知识和经验通过广泛的培训和几年的大量工作实践获得。这一级别的职位需要对所用方法有深入的了解，有熟练的技术来应付工作。这些工作往往是在某个专业系统内进行的，并且要有处理至少是日常问题的知识，经常涉及一系列计算和使用技术图纸。
D. 高级职业性的	● 要求通过"在职"实践或专业资格培训获得某些特殊技能（一般是非理论性的）。 ● 一般要求对有关技术有比较广泛、深入的了解，需要有相当丰富的经验或经过更广泛的正规培训，比如具有五年或更长时间的各种工作经验。以技术为基础的职位或基础管理职位属于这一类别。注重的是实际操作经验而不是理论知识。这些职位需要在采用何种方法、系统和程序方面具有权威性，但不要求对其背后理论的理解。

E. 基本专业性的	● 要求具备足够的科技领域或专业领域的知识，理解概念和原理。这些概念和原理通常与专业或学术资格有关，或者通过详细掌握有关做法和程序获得。 ● 这一级的职位要求将应用知识和理论知识全面结合起来，熟悉特定学科的基础理论和原理。需要有根据基本原理来解决问题而不是依赖操作经验来处理情况的能力。达到这一要求的途径可以是：(1) 受过高等教育，并具有一些经验（例如，学位加上 3～6 年的相关经验）；(2) 通过多年实践获得大量相关的实际经验，重要的是靠对知识的理解而不是广泛的实际经验来处理各种情况。
F. 熟练专业性的	● 要求熟练掌握科技领域或专业领域的知识，这些知识通过在掌握各种概念和原理基础上广泛深入的实践获得，或通过广泛接触复杂的业务和先例获得。 ● 这一级职位的专业知识足以让人们独立处理问题，因此要求“精通”而不只是“足够”。职位要求具备选择、发展和评估技术适用性的能力而不仅是运用这些技术。工作不足 5～10 年的人不可能担任“F”级职位。达到这一等级所要求的理解程度的途径可以是学院或非学院的。某个在“E”级职位上工作了 10 年的人未必能升至“F”级职位——重要的是：该职位要求具备什么条件。
G. 精通专业性的	● 要求精通和掌握各种概念、原理和业务知识，这种能力通过在某一高度专业化领域的深入发展或全面的业务经验获得。 ● 这一级职位要求眼界开阔，这一能力是从广泛的业务工作接触或从某一学科的技术前沿工作中获得的。“精通”意指这类职位将决定经营方向或为某一重要领域达到“最先进水平”作出贡献。这要求具备某一方面深厚的专业知识或多方面较广泛的专业知识。
H. 绝对权威性的	● 要求具备渊博的知识，对某一深奥学科的掌握达到卓越水平。 ● 很少发现这一级的职位，特别是在具体产业中。这些职位通常是对所投身的专业知识领域产生根本影响，其知识与技术超出现有水平的科学家。

这种评价系统要求评价委员会在对岗位进行集体讨论之后，使用这样一个程序来进行职位评价过程：(1) 评估知识要素的分数；(2) 评估解决问题要素的分数；(3) 评估责任要素的分数；(4) 计算职位在三个要素上的总分；(5) 核查职位特性；(6) 记录职位评价结果。

例如，在评估职位 A 的知识要素分数时，首先确定在知识所属的三个二级要素上，职位 A 分别处于每个要素的哪一个等级上，然后通过找到这三个二级要素的交叉点，得出该职位在知识要素上的得分。例如，如果职位评价人员认为某职位的专业知识属于 D 级，管理范围属于Ⅰ级，人际技巧属于 3 级，那么，这个职位在知识要素上的得分就应当由表 3－14中的 DⅠ3 那个方框中的分数来决定。此时，在 DⅠ3 的那个方框中一共有三个数字：152，175 和 200。这时，评价委员会要作出判断。如果大家认为 DⅠ3 项已经很好地说明了该职位的情况，那么可选择中间的数字。如果大家认为将专业知识提升到 E 级可能会有重要意义，那么可选择这个方框中较大的那个数字，并可按照认为应提高的程度用“＋”来表示。例如，D＋Ⅰ3 200（DⅠ＋3 可得出同样的结果）。另一方面，如果认为往下拉有重要意义，那么，评估人员可以选择较小的数字。例如，D－Ⅰ3 152（DⅠ－3 可得出同样的结果）。由于人际技巧在性质上是对更为重要的专业知识和管理范围两个方面的补充，所以不给“＋”或“－”号。专业知识和管理范围两项被视为具有同等重要性，因此专业上的“＋”和管理上的“－”将互相抵消，记分恢复到中间的数字。两个减号或两个加号没有任何额外的重要性，两个减号在记分时和一个减号一样。

在评价解决问题要素和责任要素的分数时，基本的操作方法是一样的，只是在解决问题要素中得到的是一个百分数，这个百分数要与在知识要素中得到的分数相乘，才能得到在这个要素上的得分。比如，如果职位 A 在解决问题要素上得到的是 C3（25%），而它在知识要素上的得分是DⅠ3 175，那么，我们就可以计算出，职位A在解决问题要素上的得分是44。通常情况下，合益公司会给用户一个很方便查找这种分数的表，而不用评价委员会自己去计算。最后，假定在责任要素上职位A的得分是CⅠS 66（该列的中间数字），那么，将专业知识、解决问题和责任各要素的分数加在一起便得出职位A的总分：专业知识DⅠ3 175＋解决问题C3（25%）44＋责任CⅠS 66＝285。

得到职位评价的总分之后，合益公司的职位评价方案还非常重视另外一个因素，即职位的类型与特性。根据一个职位在解决问题要素上的得分和在责任要素上的得分，到底哪一个更大，合益公司将职位划分为三类：

● 具有“A”型特性的职位。这类职位在责任要素上的得分大于在解决问题要素上的得分，总裁、总经理、部门经理等职位大多具有这种特征。

● 具有“P”型特性的职位。这类职位在解决问题要素上的得分大于在责任要素上的得分，研发类的职位大多具有这种特征。

● 具有“L”型特性的职位。这类职位在解决问题要素上的得分和在责任要素上的得分是相同的，财务、技术类的职位大多具有这种特征。

比如，在上面这个例子中，职位A的责任得分是66，解决问题得分是44。由于责任得分大于解决问题得分，因此，职位A属于具有“A”型特性的职位，从44分到66分，中间要经过三个级差（一个级差为15%的差距），即从44到50，从50到57，从57到66。在这种情况下，就可以说职位A具有A3型特性。

合益公司实际上是通过对职位的类型与特性进行分析来判断职位评价结果是否在合理的范围内。按照合益公司的标准，在责任分数和解决问题分数之间达到四个级差是可行的最大级差。因此，所有的岗位都应当具有下列某一种特性：P4，P3，P2，P1，L，A1，A2，A3，A4，A5。如果职位评价结果超出这个限度，那么多半是出现了错误，因为实际上具有A6这种特性的岗位一般人是无法担任的，连A5也是十分罕见的。通常情况下，一线岗位必须在行动上作出成就，以A3或A4来表示。职员岗位，例如一些技术或财务岗位，在解决问题方面的要求是比较高的，通常在L至A2的范围内。研究类岗位可能需要较强的思考能力，一般远离日常商业活动，就这一点而言，应在P4至P2范围内。在一家机构中，通常不可能有很多岗位的特性属于这个范围。

需要提及的是，美国另一家著名的人力资源顾问公司美世公司也有与合益公司类似的一套国际职位评价系统（IPE），该系统所使用的一级报酬要素有四个：影响（impact）、沟通（communication）、创新（innovation）、知识（knowledge）。其中，影响要素分解为影响、贡献和组织类型三个子要素；沟通要素分解为沟通目的和沟通框架两个子要素；创新要素分解为创新和复杂性两个要素；知识分解为知识水平、团队、知识宽度三个子要素。美世公司最终用四张表来达到与合益公司类似的职位评价效果。

2. 美国联邦政府的职位评价体系

美国联邦政府一直在职位评价领域进行积极的探索和创新，负责这一工作的主要是美国联邦政府人事管理署和美国劳工部。2003年以前，美国联邦政府使用的是一套包括九个报酬要素的职位评价系统。该系统的详细内容如表3-18和表3-19所示。自2003年起，美国联邦政府将这九个要素进一步压缩为四大要素（其中将知识要素分解为适用于不同职位类型的九张表）。我们将新的职位评价方案概括在表3-20中。值得一提的是，美国联邦政府的这套职位评价系统不仅适用于政府中的各类职位，而且适用于企业和其他各种组织中的职位。事实上，美国联邦政府正是通过这套职位评价系统建立了联邦政府职位与外部劳动力市场上其他同等价值职位之间的薪酬水平比较机制，从而确保联邦政府员工的薪酬水平不会大大低于外部市场上从事同等类型职位的企业员工，以使联邦政府不会在招募和留住员工方面遇到困难。

表3-18　　美国劳工部职位评价方案（2001年10月）

一、工作中所需的知识（knowledge）	
需要掌握完成简单任务所要求的知识；不需要受过教育培训或者只需要受过较少的教育培训。	50
需要掌握常用工作程序方面的知识；要求受过一些培训。	200
需要掌握标准化的工作规则方面的知识；要求受过大量的培训或者具有大量的工作经验。	350
需要掌握在某个一般工作领域中完成多种工作任务所要求的各种工作规则方面的知识。	550
需要掌握复杂的、专业化的技术知识。要求具备大学本科学历或者同等学力。	750
需要掌握各种专业化工作方法方面的知识。要求具备研究生学历或者同等学力。	950
需要掌握大量的概念或原则方面的知识。要求具备研究生以上学历或者同等学力。	1 250
要求是能够运用实验性理论或者各种新的方法工作的某专业工作领域中的专家。	1 550
要求是能够提出新的假设和新的理论的某专业工作领域中的专家。	1 850
二、工作中受到的监督（supervision received）	
上级作出具体的工作安排，员工受到严密的监督。	25
上级作出决策，员工负责处理具体的工作任务。	125
上级制定目标或工作完成期限，员工就所要完成的工作任务制定计划。上级对下级工作审查的重点是看下级是否遵守了组织的相关政策规定。	275
上级制定目标，员工确定完成工作的期限并就所要完成的工作任务制定计划。上级对下级工作审查的重点是看下级是否达到了要求。	450
上级只界定工作的使命，员工负责所有的计划工作。上级对下级工作审查的重点是项目目标的实现。	650
三、工作的指导方针（guidelines）	
工作的指导方针是具体而详细的，员工要严格遵守这些指导方针。	25
工作的指导方针很全面，员工需要从中选择最合适的加以运用。	125
工作的指导方针并不都是可以直接运用的，员工需要运用自己的判断来变通地运用这些指导方针。	275
工作的指导方针很少，但是有一些明文规定的政策，员工可以脱离传统的工作方法去开发新的工作方法。	450
工作的指导方针非常宽泛，员工是制定工作指导方针的技术权威。	650
四、工作任务的复杂性（complexity）	
工作任务清晰且容易掌握，不需要作出决策。	25
工作任务包括一些彼此相关的步骤，不过需要员工自己去辨认这些步骤之间的差异。	75
工作任务包括一些彼此不相干的工作方法，员工必须能够分清它们，并且根据它们与所要完成的工作任务之间的关系来选择使用何种方法。	150
工作任务包括一些彼此不相干的工作方法，员工必须对这些工作方法作出评价。	225
工作任务包括一些彼此不相干的工作方法，员工必须作出处理不确定性问题的决策。	325
工作任务包括多种职能，在决策中涉及一些不明确的问题。	450

五、工作任务的范围及其影响（scope and effect）	
对本部门之外的其他人只能产生很小的影响。	25
会影响到下一个工作流程。	75
会对某一项目的运作产生影响。	150
会影响组织中的多种活动，或者影响到其他组织的运作。	225
会影响到其他专家的工作或者重大项目的进展。	325
对于组织使命的实现是至关重要的。	450
六、工作中的人际接触（personal contacts）	
与在同一办公室中的同事或者公众接触，接触时的情形是高度程式化的。	10
需要与同一组织中的同事（在同一办公室或不同的办公室中）或者公众接触，接触的情形是较为程式化的。	25
需要与组织外部的个人或群体接触。每一次接触的情形都不相同。	60
需要在完全非程式化的情形下与其他组织的高层人员接触。	110
七、工作接触的目的（purpose of contacts）	
接触的目的是获取、澄清或者提供事实。	20
接触的目的是达成工作结果而执行计划、协调活动或者提供建议。	50
接触的目的是影响、激励、询问或控制某些个人或群体。	120
接触的目的是就某些具有严重冲突性质的事务进行论证、辩护、谈判或者处置。	220
八、体力要求（physical demands）	
工作基本上是坐着完成的。	5
工作要求一定的体力付出。	20
工作需要大量的体力付出。	50
九、工作环境（work environment）	
工作中只包含一般的风险因素——有正常的安全防范即可。	5
工作中隐含着中等程度的风险因素——需要特殊的安全防范措施。	20
工作中隐含着高度的风险因素。	50

表 3-19　　美国联邦政府职位评价系统的职位等级划分

职位等级	最低点数	最高点数
1	190	254
2	255	454
3	455	654
4	655	854
5	855	1 104
6	1 105	1 354
7	1 355	1 604
8	1 605	1 854
9	1 855	2 104
10	2 105	2 354
11	2 355	2 754
12	2 755	3 154

续前表

职位等级	最低点数	最高点数
13	3 155	3 604
14	3 605	4 054
15	4 055 以上	

表 3-20　美国劳工部职位评价方案（2003 年 10 月）

知识	工作控制和复杂性	工作接触	物理环境
750	100	30	10
950	300	75	25
1 250	475	110	40
1 550	625	180	70
	850	280	100
	1 175		
	1 450		
	1 950		

五、职位评价方法之四——要素比较法

（一）要素比较法的操作步骤

要素比较法是最为复杂的一种量化职位评价技术，操作难度最大。它与其他三种职位评价方法最大的不同在于，其他三种方法仅仅是根据职位的价值将它们划分到不同的重要性等级之中，至于每一个职位等级对应的薪酬水平如何，还需要通过进一步的薪酬调查来了解。而要素比较法则直接将市场薪酬调查和职位评价两个步骤结合在一起。它首先选取具有代表性的典型职位，然后通过市场薪酬调查获取这些典型职位的市场工资水平，接着把这些典型职位的市场工资水平分解到各个薪酬要素上去，从而形成一个评价标杆，最后将被评价职位的某一个报酬要素与典型职位的报酬要素做比较，得出相应的货币值，将被评价职位在每一个报酬要素上的货币值相加，便可得出被评价职位的薪酬水平。

在具体的操作方面，要素比较法需要用到的报酬要素比其他方法更多，而且需要进行比较复杂的多次排序。在一般排序法中，通常是把每个职位视为一个整体，并根据某些总体指标（如工作复杂程度）来对职位进行排序。而在要素比较法中则要多次选择报酬要素，并分别对职位进行多次排序。例如，第一次可能根据“技术复杂程度”这个要素对职位进行排序，第二次则可能根据职位的“心理要求”对职位进行排序等。最后要把每个职位在各个报酬要素上的得分通过加权得出一个总分，然后得到一个总体职位序列分。要素比较法的具体操作步骤如下。

步骤一：获取职位信息，确定报酬要素

要素比较法要求评价者必须仔细、全面地做好职位分析，最好有标准、规范的职位说明书，同时，还需要确定用来对职位进行比较的依据或尺度，即报酬要素是什么。比如，在要素比较法中我们选择使用以下几种报酬要素：（1）心理要求；（2）身体要求；（3）技术要求；（4）承担责任；（5）工作条件。

步骤二：选择典型职位

职位评价小组需要挑选出15～20个在企业中非常有代表性的基准职位来作为职位评价的对象，而其他职位的价值则可以通过与这些典型职位之间的报酬要素比较来得出。这些职位不仅要能够代表所研究的职位序列中的绝大多数职位，而且必须是广为人知的。此外，在确定了典型职位或基准职位之后，企业还必须确定给这些典型职位支付多少薪酬是合理的，即根据外部市场状况和企业的实际情况为这些典型职位定价。

步骤三：根据典型职位内部相同报酬要素的重要性对职位进行排序

这里要求职位评价者根据上述五个报酬要素分别对典型职位进行排序。排序过程是以职位描述和任职资格为基础的。通常由评价小组的每位成员分别对职位进行排序，然后再以开会讨论或者计算平均排序值的方法来决定每个职位的序列值。举例来说，假定最终得出的A，B，C，D四个职位的评价结果如表3-21所示。从该表中我们可以看出，从承担责任的角度来说，承担责任最大的是职位A，承担责任最小的是职位B（1为高分值，4为低分值）。但是从工作条件方面来看，工作条件最艰苦的是职位D，工作条件最舒适的是职位B。

表3-21　对典型职位的报酬要素进行排序

	心理要求	身体要求	技术要求	承担责任	工作条件
职位A	1	4	1	1	2
职位B	3	1	3	4	4
职位C	2	3	2	2	3
职位D	4	2	4	3	1

步骤四：将每个典型职位的薪酬水平分配到其内部的每个报酬要素上去

首先，评价小组的成员需要根据自己的判断来决定，在每个典型职位中，不同的报酬要素对此职位的贡献是多少（用百分比的形式来体现），然后根据事先确定的典型职位的薪酬水平来确定典型职位内部每一报酬要素的价值。假设某典型职位的现有薪酬水平为每小时5元，评价小组中的三位成员可按照表3-22中所示的方法来确定职位中各报酬要素的最终价值。

表3-22　对某典型职位内部的每一种报酬要素的定价过程

	心理要求	身体要求	技术要求	承担责任	工作条件	合计
评价者甲	10% （￥0.50）	20% （￥1.00）	15% （￥0.75）	25% （￥1.25）	30% （￥1.50）	100% （￥5.00）
评价者乙	15% （￥0.75）	10% （￥0.50）	15% （￥0.75）	40% （￥2.00）	20% （￥1.00）	100% （￥5.00）
评价者丙	5% （￥0.25）	25% （￥1.25）	15% （￥0.75）	35% （￥1.75）	20% （￥1.00）	100% （￥5.00）
合计 （甲＋乙＋丙）/3	￥0.500	￥0.917	￥0.750	￥1.667	￥1.167	￥5.000

步骤五：根据每个典型职位内部的每一报酬要素的价值分别对职位进行多次排序

在分别确定了所有典型职位的每一报酬要素的价值后，将所有的职位排列在一起，然后根据每一种报酬要素分别对职位进行多次排序。比如，在表3-23中，如果根据技术要求来排序，则排列的顺序分别为职位A、职位C、职位B、职位D。如果根据工作条件来排序，则排列的顺序分别为职位 D、职位 A、职位 C、职位 B。

表 3-23　根据每种报酬要素对职位进行的多次排序　单位：元

	小时工资	心理要求	身体要求	技术要求	承担责任	工作条件
职位 A	9.80	4.00（1）	0.40（4）	3.00（1）	2.00（1）	0.40（2）
职位 B	5.60	1.40（3）	2.00（1）	1.80（3）	0.20（4）	0.20（4）
职位 C	6.00	1.60（2）	1.30（3）	2.00（2）	0.80（2）	0.30（3）
职位 D	4.00	1.20（4）	1.40（2）	0.40（4）	0.40（3）	0.60（1）

步骤六：根据两种排序结果选出不便于利用的典型职位

现在，每个典型职位都存在两种排序方案：第一种是根据步骤三得出的最初排序方案，它表明根据五种报酬要素在不同职位中的价值高低对各职位进行笼统排序的结果；第二种是由步骤五得出的排序结果，它通过运用薪酬水平数据来定量地反映每种报酬要素在各典型职位的薪酬水平决定中所具有的重要性大小。

如表 3-24 所示，在每个报酬要素下都对应着对典型职位的两种排序结果。表中的 A[1] 是根据步骤三得出的职位排序值；￥[2] 是根据步骤五得出的职位排序值。严格来说，根据每种报酬要素对典型职位所进行的两次排序，结果应该是一样的。如果这两种结果之间差异太大，则表明这个典型职位并不是真正的基准职位，该职位不能作为典型职位使用。有时，管理人员嫌麻烦而不愿意去做筛选非典型职位的工作。从简化操作的角度来说，可以省略第五和第六两个步骤，直接从第四个步骤跳到第七个步骤。在要求不甚严格的情况下，这样做是可以接受的。

表 3-24　根据每种报酬要素对典型职位所做的两次评价结果的比较

	心理要求		身体要求		技术要求		承担责任		工作条件	
	A[1]	￥[2]	A[1]	￥[2]	A[1]	￥[2]	A[1]	￥[2]	A[1]	￥[2]
职位 A	1	1	4	4	1	1	1	1	2	2
职位 B	3	3	1	1	3	3	4	4	4	4
职位 C	2	2	3	3	2	2	2	2	3	3
职位 D	4	4	2	2	4	4	3	3	1	1

步骤七：建立典型职位报酬要素等级基准表

将所有典型职位的薪酬水平以及每一典型职位内部的每种报酬要素的薪酬水平都确定下来以后，我们便可以建立一张典型职位报酬要素等级基准表。如在表 3-25 中，典型职位 A 的心理要求要素的价值为 4.00 元，身体要求要素的价值为 0.40 元，技术要求要素的价值为 3.00 元，承担责任要素的价值为 2.00 元，工作条件要素的价值为 0.40 元。典型职位 B 的同等报酬要素的价值则分别为 1.40 元、2.00 元、1.80 元、0.20 元和 0.20 元。依次将所有典型职位都放入这张可供其他职位与之进行比较的表中。

表 3-25　典型职位报酬要素等级基准表

薪酬水平（元）	心理要求	身体要求	技术要求	承担责任	工作条件
0.20				职位 B	职位 B
0.30					职位 C
0.40		职位 A	职位 D	职位 D	职位 A

续前表

薪酬水平（元）	心理要求	身体要求	技术要求	承担责任	工作条件
0.50					
0.60					职位 D
0.70					
0.80				职位 C	
0.90					
1.00					
1.10					
1.20	职位 D				
1.30		职位 C			
1.40	职位 B	职位 D			
1.50					
1.60	职位 C				
1.80			职位 B		
2.00		职位 B	职位 C	职位 A	
2.20					
2.40					
2.60					
3.00			职位 A		
3.50					
4.00	职位 A				
4.50					

步骤八：使用典型职位报酬要素等级基准表来确定其他职位的工资

在上述工作完成后，评价小组成员就可以依照待评价职位的各报酬要素与典型职位的报酬要素之间的对比，来确定待评价职位的每一报酬要素与典型职位报酬要素等级基准表中的哪一个或哪几个典型职位的同一要素最为接近。然后，把与之最相近的那个或那些职位的同一报酬要素的价值作为确定待评价职位在该报酬要素上的货币价值的依据。例如，假设我们需要确定职位 E 的薪酬水平，那么首先可以根据“心理要求”这一报酬要素将其与表中所列的其他职位相比较。假设这一职位的心理要求介于职位 B 的心理要求与职位 C 的心理要求之间，就可以得到职位 E 的“心理要求”的货币价值应当为 1.50 元。类似地，我们可以对职位 E 的其他四个报酬要素都做同样的处理。最后，只要将职位 E 在所有五个报酬要素上的货币价值相加，即为该职位应当获得的薪酬水平。

除了上述做法以外，要素比较法还有几种基本的变形，其中比较常用的一种是把典型职位报酬要素等级基准表中的货币价值变为点数（例如，把货币值除以 100 得到的点数）。这种变形的主要优点在于，打破了薪酬体系拘泥于现行薪酬水平的局限。利用这种方法，可以长期根据要素比较来对各种职位进行评价。

（二） 要素比较法的优缺点

要素比较法的优点主要表现在两个方面：首先，要素比较法是一种比较精确、系统、量化的职位评价方法，每一个步骤的操作都有详细的说明，将职位特征具体到报酬要素的做法相对于排序法和分类法而言，更加有助于评价人员作出正确的判断。其次，很容易向员工解释这种职位评价方法。

要素比较法的缺点是：虽然向员工解释要素比较法的标准和基本原理比较容易，但对评价小组而言，整个评价过程会异常复杂。此外，上述使用的五个报酬要素只是一种普遍的做法，但在不同行业和组织中所有的职位都使用这五个报酬要素显然并不合适。

六、职位评价方法的比较及其最新发展趋势

（一） 几种主要的职位评价方法的比较

上面我们介绍了四种常用的职位评价方法，其中排序法和分类法是最常用的定性职位评价方法，要素计点法是最常用的定量职位评价方法，要素比较法则不太常用。在前面的分析基础上，我们对排序法、分类法以及要素计点法三种常用的职位评价方法，从客观性、精确性、信度、自我辩护性、管理负担、沟通难易、操作成本、复杂性以及组织适应性等几大方面做一个简单的比较，比较内容如表 3－26 所示。从表 3－26 中我们不难看出，要素计点法虽然在操作成本以及复杂性方面比排序法和分类法略高一些，但是在几乎所有其他方面都比另外两种方法好。事实上，这也正是大多数进行职位评价的企业都采用要素计点法的一个主要原因。

表 3－26　　几种主要的职位评价方法比较

	排序法	分类法	要素计点法
客观性	差	差	中等
精确性	低	低—中	中—高
信度	低	中	中—高
自我辩护性	差	差—中	中—高
管理负担	轻	轻	中
沟通难易	容易	容易	较容易（取决于计划本身的设计）
操作成本	低	低—中	中—高
复杂性	简单	较简单	较复杂
组织适应性	强	强	强（定制的时候）

在实践中，企业使用何种职位评价方法却不能一概而论。比如，有研究表明，在汽车制造等职位相对稳定的传统行业，要素计点法是最常用的，而且能够得到各方的认可。而在芯片制造等相对容易对职位进行分类的行业，则一直采用分类法。一些高科技企业则摒弃了要素计点法，原因是觉得这种方法的管理成本太高，不如分类法灵活。

（二） 职位评价的最新发展趋势

职位评价最早起源于 20 世纪 30 年代的制造业和公用事业领域，40 年代中期开始出现计点法这种量化的职位评价方法。长期以来，职位评价为组织内部的薪酬等级决策奠定了基础，是确保组织内部薪酬公平的一个重要工具和手段。然而，近些年来，随着企业经营环境以及很多职位的工作性质发生变化，传统的职位评价方法受到一些批评。有人主张用含义更为广泛的工作评价（work evaluation）取代传统的职位评价（job evaluation），从而把角色、胜任力以及团队等情况也考虑进来。还有人指出，随着组织中相对固定的基本薪酬所占的比例越来越小，浮动薪酬占的比例越来越大，职位评价的作用有所下降。此外，一些企业面对复

杂多变的职位变动情况，放弃了传统的计点法，转而采用分类法进行职位评价。还有一些企业甚至完全抛弃了职位评价的做法，直接采用所谓的市场定价法（market pricing）来确定相应职位的薪酬。但不可否认的是，职位评价方面的最新发展趋势并不足以让企业彻底放弃这种技术，比如，即使是在浮动薪酬所占的比例越来越大的情况下，职位评价的意义可能依然存在，因为很多企业的浮动薪酬仍然是以基本薪酬为依据的。因此，职位评价不仅决定了基本薪酬等级，而且通过基本薪酬影响着浮动薪酬的基数大小。

职位评价的最新发展趋势主要体现在其外部导向性和战略导向性两大方面。

1. 职位评价的重心从内部公平性向外部公平性转移

我们知道，传统职位评价的关键步骤是：通过职位分析找出每一种职位或职位族的构成要素并准备详细的职位说明书→确定报酬要素→建立职位之间的内部关系→设法与外部市场建立联系→建立基本薪酬结构。这种操作流程本身就说明了，传统的职位评价是建立在内部比较的基础之上的，尽管这种比较最后要借助外部劳动力市场来进行解释。在管理实践当中很可能会出现这样的情况，即在内部具有同一点数的职位在外部市场上的价值却并不相同，或者在外部市场上价值相同的职位在内部评价中所得到的点数却有高有低。在这种情况下，组织中各种职位之间的内部公平性理所当然会被排在第一位，外部公平性只能排在第二位。

由于传统的要素计点法等职位评价方法赋予员工在组织内部垂直成长而不是横向成长以更多的点数，因此，它实际上是在鼓励员工争取成为其他员工或者资产的管理者。它向员工传递的是层级主义和官僚主义的价值观。员工所关注的是自己所担任的职位如何能够获得更多的点数，而不是组织应当如何定位才能在外部市场上用更少的人和更少的资产来进行有效的竞争。

近年来，许多企业采取了所谓的新薪酬战略。这种战略首先从外部市场入手，它不是创造一种能够实现组织内所有职位之间公平的结果，而是力图在更宽泛的工作职能领域（信息系统、人力资源、财务、生产、营销）内部实现公平。它也不试图去对跨职能的职位之间的公平性进行比较或试图建立这种公平性，而是针对不同的员工群体建立不同的职位评价要素和评价计划。这种新的职位评价系统具有以下两个重要特点：第一，由外部市场来确定基准职位在基本薪酬结构中的位置；第二，内部公平只是同一职能领域内部的公平，而不是跨职能领域的公平。在这种职位评价系统中，创造职位价值的因素就变成了某一职能领域中的工作在外部市场上的价值以及职位本身所要求的关键技能。这时，组织往往会首先按照市场水平支付正常的竞争性薪酬，然后把其他的资金都用在浮动薪酬上，从而为员工的工作绩效提供报酬，而不是把有价值的薪酬资金都放到与市场或者组织的经营战略无关的内部公平性比较上去。

换言之，新薪酬战略首先考虑的是在不同的职能领域按照市场水平支付薪酬，然后再试图建立每一种职能内部的公平性。所采用的职位评价方法是：企业首先确定自己所处的劳动力市场以及自己希望在劳动力市场上所处的竞争性地位（比如第50个百分位）。然后通过市场薪酬调查来确定基准职位的市场价值，并依此直接对基准职位进行定价，而不再需要对其进行职位评价。最后，企业根据基准职位所确定的报酬要素来对非基准职位进行评价。这里会要求这些报酬要素充当市场价值的最好指示器。在这种情况下，预测某一职位的市场价值的最为关键的指标是职位处于哪一个职能领域（这里的职能领域可以比较宽泛，也可以进一步细分，比如将工程师划分为电子工程师、机械工程师等）。能够对职位的市场价值进行预测的其他指标包括所监督的人员类型（专业人员、技术人员、助理专业技术人员等）以及所需具备的技能（口头和书面沟通能力、数学能力）等。

2. 战略性职位评价

20 世纪 90 年代以后企业经营环境的变化导致许多企业都力图通过成为客户导向型组织来实现世界一流的经营业绩。这样，企业将对员工的绩效和生产率非常重视，对人力资源管理对经营战略、利润绩效、成本管理以及市场渗透所起的作用感兴趣。因此，它们希望在对组织成功所必需的那些职位或技能支付薪酬的时候既有竞争性，又有战略性。

竞争性要求企业所支付的薪酬水平与外部劳动力市场保持一致。而战略性则要求根据职位对实现企业经营战略的贡献或者价值来确定职位的薪酬水平。大多数情况下，这两者之间不会产生大的冲突，但也不会很自然地完全一致。如果企业希望在支付薪酬的时候因为强调职位的战略导向性而与外部市场的定价略有不同，即不完全根据职位的市场价值来实现职位的薪酬定位，就需要根据每种职位对实现组织经营目标所具有的战略价值对职位进行评价。组织可根据职位的战略价值大小将其划分为三种类型：影响极大的（影响最大的 10%的工作）；影响较大的（在前 1/3 之列，但比上一级影响力要小）；影响一般的（影响程度低于前 1/3 的工作）。那些具有重要战略价值的职位要么能够获得更高的基本薪酬，要么能够获得可变薪酬（比如一次性奖金）或更多的获得可变薪酬的机会。

战略性职位评价意味着对组织战略（客户、利润、新产品或服务、成本、质量等）有着积极影响的那些职位或技能有可能获得比外部市场价值更高的薪酬。战略定价有助于将员工的努力集中在那些与有效经营企业有着直接关系的要素上。确定战略价值的管理过程需要关注的是，不同的职位对客户服务、财务结果、成本控制、质量、市场营销、组织形象以及未来资源分配等所产生的影响有何不同。而这些要素正是确定不同职位对组织战略重要性的决定性因素。在进行职位评价时，组织同样可以给这些要素分配不同的权重（如对质量的影响 20%，对组织变革的影响 30%等）。不过，职位的战略价值有可能会出现变化，组织需要定期（每年）重新审查职位的价值，那些失去战略价值的职位会被重新纳入根据市场价值定价的范围内。

◆ 本章小结

职位薪酬体系是一种以职位为基础来确定员工基本薪酬的方式，这种薪酬体系具有最广泛的使用性。它根据对职位本身的价值评价来确定职位的价值等级，建立职位等级结构，然后再根据外部劳动力市场的薪酬水平来确定每一个薪酬等级所对应的薪酬水平。实行职位薪酬体系的企业必须首先确保能够将合适的人放到合适的位置上去。

职位是指能够由一个人来完成的各种工作职责的集合，每一项工作职责又可以分解为若干重要的工作任务。职位分析就是了解一个职位，然后以一种格式把这种信息描述出来，从而使其他人能了解这个职位的过程。它要解释一个职位应当承担哪些职责和任务，同时还要说明，具备何种任职资格条件的人才能达到职位的最低要求。职位分析是职位评价的重要前提和基础。

职位评价是指系统地确定职位之间的相对价值，从而为组织建立一个职位结构的过程。职位评价方法分为定性评价和定量评价两种，其中排序法和分类法属于定性的职位评价方法，要素比较法和要素计点法属于定量的职位评价方法。要素计点法是比较常用的一种职位评价技术。目前在全世界已经有了一批比较成熟的计点法职位评价方案。

◆ 关键术语

职位薪酬（job-based pay）
职位分析（job analysis）
职位描述（job description）
任职资格（job specification）
职位评价（job evaluation）
职位结构（job structure）
排序法（ranking method）
分类法（classification method）
要素比较法（factor comparison method）
要素计点法（point-factor method）
报酬要素（compensable factor）

◆ 复习与思考

1. 什么是职位薪酬体系？职位薪酬体系的优点和缺点分别是什么？
2. 建立职位薪酬体系的前提条件是什么？
3. 什么是职位？职位和职责、任务、职位族以及职业生涯之间的关系是什么？
4. 职位说明书中通常需要包括哪几项要素？
5. 职位分析和薪酬管理之间的关系是什么？
6. 什么是职位评价？职位评价的意义何在？
7. 职位评价的基本方法有哪几种？它们各自的特点是什么？
8. 要素计点法职位评价方案的设计步骤是什么？

案例与讨论

M电信集团公司的薪酬体系

某电信集团公司是国内一家全国性的电信运营商，该公司在文件中明确指出，本公司实行的是职位薪酬体系，该薪酬体系的基础是其职位体系，即一个包括职位序列、职位层级、职位等级和职衔等要素的职位管理体系。其职位体系在横向上划分为5个职位序列，在纵向上划分为7个职位层级以及相应的22个职位等级（集团高层以下为5个职位层级和18个职位等级）。

一、M集团的职位体系

（一）职位序列

该集团公司的职位序列是指职责相近、知识技能要求类似的不同职位组合。不同职位序列分别设定职衔、任职资格与能力要求，为员工职业发展提供多向通道。该公司的全部职位划分为管理、销售与服务、市场、建设维护、支撑五大序列（除管理序列外，其他四大序列统称专业序列）。其中：

1. 销售与服务序列主要包括直接面向客户销售产品、提供业务咨询、提供业务受理服务、进行主动营销的职位。

2. 市场序列主要包括从事营销策划、品牌管理、产品规划、市场分析、渠道管理、资费管理、码号资源管理、服务质量管理等工作的职位。

3. 建设维护序列主要包括从事工程建设、计划规划、信息技术、运行维护、研究开发、采购物流等工作的职位。

4. 支撑序列主要包括从事财务审计、战略管理、人力资源、法律合规、综合管理、党群政工等工作的职位。

5. 管理序列包括集团、省、市、县各级行政经理、党委书记职位。

（二）职位等级

职位等级是职位之间相对价值的体现，该公司的全部职位分为 22 个职位等级。职位等级的确定与职位本身的重要性和价值有关，与任职员工个人的资历和能力无关。

（三）职位层级

职位层级是根据不同等级的职位所行使的职权大小以及各职位等级之间的相似程度而合并形成的纵向职位类别。该公司的职位等级在纵向上被划分为七个职位层级。

（四）职衔

职衔主要是指管理人员所承担的职务名称以及专业技术人员的专业技术等级。公司按照不同职位序列以及不同的职位层级分别规定。比如，集团本部各部门负责人统称部门总经理，中心负责人统称中心主任等。

二、M 集团的薪酬体系

该公司的员工薪酬构成主要包括职位工资、综合补贴和绩效工资。其中职位工资和综合补贴属于固定薪酬，绩效工资属于变动薪酬。

（一）职位工资

职位工资 = 职位工资基数 × 职位工资系数 × 地区系数

1. 该公司在 22 个职位等级的基础上，将每一个职级所对应的职位工资分别划分为 A，B，C，D，E，F，G 七个档次，从而形成了该公司的职位工资系数表。该公司规定，职位工资系数由集团公司统一确定，其中 1～5 级职位工资系数由省分公司、子公司和各经营实体在集团公司的指导下结合当地劳动力市场价格等情况确定。

2. 职位工资基数由集团公司统一确定，并根据国家相关政策和公司经营效益进行动态调整。

3. 集团公司依据省分公司所在地区职工平均工资水平、城镇居民消费水平和最低工资标准核定省分公司的地区系数区间，省分公司在此区间内可以划分 3～4 档。省分公司或授权市分公司根据所在公司工效挂钩的工资总额预期、固定薪酬与变动薪酬的比例预期以及所在地区的经济发展水平选择具体的地区系数。各子公司和经营实体参照上述办法确定本单位地区系数。

（二）综合补贴

各单位原根据国家、地方政府、相关部委、集团公司和本单位有关政策规定发放的各类津贴补贴一律归并纳入综合补贴，最高不得超过 400 元/人·月；根据国家和地方政府有关政策规定已在工资总额中列支并发放取暖补贴和高原补贴的单位，可相应核增综合补贴标准。

（三）绩效工资

绩效工资由各单位在工效挂钩的工资总额范围内，根据员工绩效考核结果和对公司效益增长的贡献度等因素核定。针对不同类型的单位以及承担不同责任的员工或团队应设计差异化的、能够有效激励员工的绩效工资分配模型。各单位固定薪酬总额占工资总额的整体比例不得高于 50%。

三、M 集团的工资套改方案

该公司对于工资的套改提出的要求主要包括：职位工资档次的初次套入对应同一职位等级内部的前 4 个档次（A，B，C，D）。

对于管理序列员工，根据任现职级的年限套入相应的职位工资档次，其中任职不满 3 年的套入 A 档，任职时间为 3～6 年（不含）的套入 B 档，任职时间为 6～9 年（不含）的套入 C 档，任职时间为 9 年及以上的套入 D 档。

对于非管理序列员工，则可根据社会工龄、企业工龄、技能和以往年度绩效考核结果等因素确定职位工资档次，套入后各档次人数应呈正态分布，具体套入办法由各省公司结合实际情况确定。

该公司的某下属省公司在工资套改方案中特别指出，对于驾驶员职位员工，如依据专业序列晋级规则套入职位等级在第5级以上的，封顶至第5职位等级。对少数在社会化管理的职位（如保安、厨师、保洁员等）上工作的人员，如依据专业序列晋级规则套入职位等级在第3级以上的，封顶至第3职位等级。上述所有因封顶而被下降等级的，如下降一级，则薪档进入相应封顶等级的D档；如下降两级及以上的，则薪档可进入相应封顶等级的E档。

M集团公司管理序列职衔规定

机构层级	机构类别	管理职位名称
集团公司本部	部门/中心	总经理/副总经理
	纪检监察/党群	主任/副主任
	集团工会	常务副主席/副主席
	直属机关党委	常务副书记/副书记
	部门内设机构	经理/主任/副经理/副主任
省公司本部	公司管理层	总经理/书记/副总经理
	部门/中心	总经理/副总经理
	纪检/党群/工会	主任/副主席/副主任
市公司	公司管理层	总经理/副总经理
	部门/中心	经理/副经理
	纪检/党群/工会	主任/副主席/副主任
	营销中心	经理/副经理
县公司	公司管理层	总经理/副总经理

M集团公司管理序列职级对应关系

	行政经理职位	对应职级
集团公司本部	集团公司部门总经理	18级
	集团公司部门副总经理	17级
	集团公司处室经理	15级
	集团公司处室副经理	14级
省公司本部	省公司总经理	18级
	省公司副总经理	17级
	省公司部门总经理	15级/14级
	省公司部门副总经理	14级/13级
副省级市、省会市	市公司总经理	17级
	市公司副总经理	15级
	市公司部门经理	14级/13级
	市公司部门副经理	12级/11级
其他市公司	市公司总经理	15级/14级
	市公司副总经理	14级/13级
	市公司部门经理	12级/11级
	市公司部门副经理	11级/10级
县公司	县公司总经理	12级/11级
	县公司副总经理	11级/10级

M集团公司专业序列职级对应关系

	职位层级	职位等级
一	高级资深经理	18级
二	资深经理、资深业务经理、资深专家、资深营销经理	17级
三	高级业务经理、专家、高级营销经理	15级/14级
四	业务经理、主任工程师、营销经理	14级/13级
五	高级业务主管、一级工程师、高级营销主管	12级/11级
六	业务主管、二级工程师、营销主管	11级/10级
七	高级业务主办、三级工程师、高级营销主办	9级/8级
八	业务主办、四级工程师、营销主办	7级/6级
九	业务助理、高级技术员、营销助理	5级及以下
十	业务员、技术员、营业员、客服代表、客户经理	3级及以下

M集团公司职位工资系数表

职级	薪档						
	A	B	C	D	E	F	G
18	10.700	11.200	11.700	12.200	12.700	13.200	13.700
17	8.800	9.230	9.660	10.090	10.520	10.950	11.380
16	7.200	7.560	7.920	8.280	8.640	9.000	9.360
15	5.910	6.230	6.550	6.870	7.190	7.510	7.830
14	4.860	5.130	5.400	5.670	5.940	6.210	6.480
13	3.980	4.200	4.420	4.640	4.860	5.080	5.300
12	3.260	3.440	3.620	3.800	3.980	4.160	4.340
11	2.680	2.830	2.980	3.130	3.280	3.430	3.580
10	2.190	2.310	2.430	2.550	2.670	2.790	2.910
9	1.800	1.900	2.000	2.100	2.200	2.300	2.400
8	1.530	1.610	1.690	1.770	1.850	1.930	2.010
7	1.300	1.370	1.440	1.510	1.580	1.650	1.720
6	1.100	1.155	1.210	1.265	1.320	1.375	1.430
5	0.950	0.995	1.040	1.085	1.130	1.175	1.220
4	0.820	0.855	0.890	0.925	0.960	0.995	1.030
3	0.705	0.735	0.765	0.795	0.825	0.855	0.885
2	0.610	0.635	0.660	0.685	0.710	0.735	0.760
1	0.530	0.550	0.570	0.590	0.610	0.630	0.650

M集团公司各省分公司地区系数区间表

省分公司地区	系数区间
北京、上海	1.10～1.28
广东、浙江、天津	0.91～1.20
福建、山东、江苏、西藏	0.87～1.15
辽宁、重庆、宁夏、内蒙古、湖北、湖南、青海	0.85～1.11
河南、广西、河北、黑龙江、四川、吉林、云南、山西、江西、安徽、陕西、新疆、甘肃、海南、贵州	0.83～1.09

思考题

1. 该集团公司实行的是职位薪酬体系吗?
2. 该集团公司的薪酬体系设计存在哪些问题?

第4章
薪酬水平决策

学习目的

读完本章之后，你应当能够：

1. 了解薪酬水平决策对企业的人力资源管理会产生何种影响
2. 说明常见的薪酬水平决策的几种类型及各自的优缺点
3. 从供给和需求的角度论述劳动力市场对薪酬水平决策的影响
4. 阐述补偿性工资差别理论、效率工资理论、保留工资理论、工作搜寻理论和信号模型理论及其对薪酬水平决策的启示
5. 说明产品市场以及企业特征对企业薪酬水平决策的影响
6. 阐述薪酬调查的目的
7. 掌握薪酬调查的实施步骤以及实施要点
8. 了解薪酬数据分析的基本技术和方法

引例

用“薪”关爱员工的胖东来

胖东来商贸集团公司是近年来逐渐引起企业界关注的一家商业零售企业。胖东来创建于1995年3月，总部位于河南省许昌市，在许昌、新乡等城市拥有30多家连锁店。经过10余年的发展，胖东来已经成为集专业百货、电器、超市连锁等产业于一身的综合性零售集团，产业涉及服饰、珠宝、医药、电气、餐饮等。胖东来目前共有13 000多名员工，7家大型百货超市，1家大型电器专业卖场。做商场超市，它挤倒了实力雄厚的本土品牌、声誉卓著的全国连锁品牌在该城市的商场，使进军该地的世界零售巨头沃尔玛、家乐福延迟开业；做家电，它所在的城市见不到国美、苏宁的影子；做珠宝，其他珠宝店都开始瑟缩过冬。数据显示，早在2008年，胖东来在人均销售额、人均利润、坪效等核心指标方面已经在中国民营商业企业中排名第一；在包括沃尔玛、家乐福、易初莲花等国际巨头在内的全国所有商业企业中，胖东来的这些指标也在前十名之列。

胖东来非常注重提供优良的顾客服务，顾客从胖东来买的东西可以很方便地退换货。从

1999 年开始，胖东来就推出了免费存车、打气、饮水、打电话、衣服熨烫、裁缝裤边等服务。即使不是从胖东来购买的家电、箱包、鞋等，只要坏了，拿到胖东来就能免费修理。如果顾客想买的东西胖东来没有，胖东来会把顾客的电话记下来，专门去为顾客采购。胖东来商场的地面干净到可以随便席地而坐的程度。胖东来的营业员笑容真诚，有着发自内心的微笑……到胖东来的顾客绝对不仅仅因为这里有他们想要的商品，更因为这里有他们想遇见的人和温暖，可以享受到“超预期服务”。

零售企业都致力于提升服务水平，但很少有企业能够达到胖东来这种境界。胖东来的优质顾客服务是由所有员工极度敬业的工作热情支撑起来的。那么，胖东来是靠什么样的管理方法让员工爆发出罕见的生产力，同时保持极高的员工满意度、极低的流失率的呢？秘密之一就在于胖东来能够用“薪”关爱员工，采用了在零售行业中罕见的高薪酬、高福利政策。

一方面，胖东来制定了高薪酬政策。胖东来的创始人于东来认为，员工工作不仅是为了挣钱养家，也是为了使自己的人生更加快乐。要想让员工好好工作，就应当先把他们的生活解决好。如果员工自己都不快乐，又怎么能让顾客快乐呢？因此，在当地同行业中，胖东来上至店长、下至保洁员的薪酬水平基本是其他企业同岗位薪酬的两倍以上，甚至高于省会城市郑州的同行业工资。比如，一般零售企业总经理的年薪为 50 万元，而胖东来的店长年薪就高达 100 万元。胖东来的中高层干部的待遇是一人一辆车和一栋别墅，处长助理以上的管理人员全部配车。在许昌这种三线城市，保洁员、服务员和保安等门槛很低的工作，月薪在 1 200～1 800 元之间，大部分低于 1 500 元，而胖东来的保洁员一个月能拿到近 3 000 元。不仅如此，胖东来还实行利润分享政策。早在 1999 年，于东来就将自己 90%的股份分给了员工，之后又将自己所有的分红权给了员工。只要在胖东来工作满三年，所有普通员工都可以享受到公司的分红。董事长于东来本人目前只是领取每年 300 多万元的工资。

另一方面，胖东来实行高福利政策。在胖东来，除了一般公司常见的福利项目，还有很多意想不到的福利：员工生病可在公司建立的职工诊所免费看病，药品只按成本价收费，更重要的是，员工家属也可以享受同样的待遇；员工在婚、产、丧假期间如需用车，公司会免费提供帮助，同时提供相应的礼金。为了让员工在业余时间里有休闲放松的场所，胖东来在每一个商场都留出很大的空间来做员工活动中心。胖东来时代广场的顶层更是全部用来做员工活动中心，公司耗资几千万元配置了几乎所有市面上能看到的室内休闲器械：在国内高级健身房才能看到的跑步机和健身器材；成排的宽大的按摩椅；斯诺克及花式台球桌；麻将桌；能上网看大片的电脑；开放式陈列各种书籍的图书馆；迪厅和 KTV 包厢；甚至还有一个正规的拳击台。

胖东来推行准时上下班制度，甚至在春节以及每个周二都闭店休息，这对于很多零售企业的员工来说是不敢想象的福利待遇。胖东来不提倡额外加班，认为这会破坏员工的生活。胖东来还明确规定，所有中高层管理人员每周只允许工作 40 个小时，6 点下班后必须离开企业，6 点以后仍在工作岗位上的，被抓住一次将罚款 5 000 元，下班以后必须关手机，手机每接通一次，罚款 200 元。对于零售行业而言，晚上、周末以及节假日往往是销售额最大的时候，而胖东来却偏偏反其道而行之。2012 年春节，胖东来的所有门店均闭店放假 5 天，而后又推出每周二闭店休假制度，这打破了中国零售业“白天永不歇业”“节日即黄金时间”的规则。

“把得失看淡一点，企业经营的成功绝不是靠对眼前利益斤斤计较，而应该学会‘曲径通幽’，看似是对企业不利的事情，或许正是突破瓶颈的好棋。”对于尝试周二闭店的做法，于东来是这样看的。“我们实行周二闭店也正是出于这方面的考虑，希望在公司这种文化理念的指导下，让我们的员工尽快消除身心劳累、放下包袱、保持乐观的心态。”胖东来认为，每周闭店一天肯定会对销售有些影响，但作为一个负责任的公司，仅仅考虑创造物质财富是不够的，更多是要考虑员工的生活品质，因为员工不是机器，他们是企业的最大财富，企业要学会爱员工。过去，胖东来员工每月需要工作210个小时，如今只需要工作150个小时。许昌时代广场餐饮部铁板烧的一位厨师的工作时间是从上午11点到下午2点，中午休息三个小时后从下午5点工作到晚上8点，一天只需工作6个小时，工资却在五六千元左右，生活非常惬意，难怪这位原先在上海打工的厨师选择到许昌来工作和生活呢。

资料来源：1. 胖东来微信公众号：胖东来经营文化（D0001L）.

2. 桑澜菲．胖东来你也学不会．企业观察家，2012-04-27.

3. 王慧中．胖东来：用爱把零售做成艺术．商业评论，2013-07-01.

4. 丁昀．少有人走的路；丛龙峰．商业理性与组织人性；胡宇萌．于东来的“宗教”；郭威．胖东来，企业可以这样活着；任坤．五星级企业与五星级人生．中国人力资源开发，2013（2）.

5. 胖东来商贸集团网站．http：//www.xcpdl.cn/.

薪酬调查是了解市场通行工资水平的手段，薪酬调查所得到的结果是确定本企业支付给相应员工的工资的重要依据。任何企业的薪酬设计都必须满足四个方面的要求，这就是薪酬的内部一致性、外部竞争性、绩效报酬的公平性以及薪酬管理过程的公平性。我们在前面重点讲解了薪酬内部一致性的含义及其实现途径。在本章中，我们将重点讨论薪酬的外部竞争性。

第1节　薪酬水平及其外部竞争性决策

一、薪酬水平及其外部竞争性的概念与作用

（一）如何理解薪酬水平及其外部竞争性

我们在前面已经指出，薪酬水平（pay level）是指组织之间的薪酬关系，组织相对于其竞争对手的薪酬水平的高低。而一个组织所支付的薪酬水平的高低无疑会直接影响到企业在劳动力市场上获取劳动力的能力的强弱，因此，所谓薪酬的外部竞争性（external competitiveness），实际上是指一家企业的薪酬水平的高低以及由此产生的企业在劳动力市场上的竞争力的大小。

需要指出的是，我们在理解薪酬的外部竞争性时必须注意，在现代市场竞争中，薪酬的外部竞争性不是一个笼统的概念，而是一个具体的概念。更进一步说，把一个组织所有员工的平均薪酬水平与另一家企业的全体员工的平均薪酬水平进行比较的意义越来越小，薪酬的外部竞争性的比较基础更多地落在不同组织中的类似职位或者类似职位族之间；也就是说，笼统地说甲企业的平均薪酬水平比乙企业高，因此甲企业的薪酬的外部竞争性一定比乙企业强，就有可能会犯错误。这是因为，也许甲企业的平均薪酬水平确实很高，但是该企业的内部薪酬差距很小，重要职位和不重要职位之间的薪酬收入没有太大差异；而在乙企业中，虽然其平均薪酬水平低于甲企业，但是该企业对重要职位所支付的薪酬水平远远高于甲企业，而对不重要职位支付的薪酬水平则低于甲企业。如果此时在外部劳动力市场上存在大量能够

从事不重要职位工作的人，那么，当乙企业到外部劳动力市场上去雇用能够从事不重要职位工作的劳动者时，它不会因为支付的薪酬水平比甲企业低就招不到人，即它在低技能劳动力的雇佣方面的薪酬竞争力不比甲企业差。但是，在雇用能够从事重要职位工作的劳动者时，乙企业的薪酬竞争力比甲企业更强。这就说明，薪酬的外部竞争性应当落实到职位或职位族上，而不能简单地停留在企业层面上。上述这种情况在我国有些国有企业中经常能够看到，虽然这些企业的整体薪酬水平并不低，甚至平均薪酬较高，但往往存在内部收入差距过小，对高技能者的报酬不足，而对低技能者的报酬又过高的现象，结果导致在薪酬的市场化程度越来越高的大背景下，这些企业中的许多精英纷纷离开，或投奔外企，或投奔其他新兴的股份制公司，或者自己创业。

此外，外部竞争性是与外部劳动力市场联系在一起的，所以，外部竞争性这一概念又可以用“市场推动”来替代。然而，正如我们曾经讨论过的，薪酬的外部竞争性要求与内部一致性要求之间有时候会产生矛盾。比如，根据公司内部的职位评价，公司财务经理和人力资源经理的重要性和价值大小是类似的，因而两个职位的薪酬水平应当大体相同。但是，在此时的外部劳动力市场上，由于人力资源经理人员短缺，人力资源经理职位的劳动力市场价位超过了财务经理的市场价位，在这种情况下，企业就必须作出决策，到底是主要根据企业的内部职位评价来定薪酬，还是主要根据外部劳动力市场来定薪酬。在实践中，过去往往是更多地照顾薪酬的内部一致性，而在当前，薪酬的外部竞争性要求似乎更占上风。

最后，值得一提的是，在当前的市场环境下，随着知识型员工的不断增多以及互联网等薪酬信息来源渠道的不断拓宽，组织已经不可能单方面掌握市场薪酬信息，员工也能够迅速获得各种薪酬信息，在有些情况下，企业所掌握的劳动力市场薪酬信息可能还不如员工多，或者不如他们掌握的准确。在这种情况下，组织如何确保自己能够及时掌握劳动力市场尤其是竞争对手的薪酬信息，从而适时调整自己的薪酬水平，就显得至关重要。

（二）薪酬水平及其外部竞争性的作用

具体来讲，薪酬水平及其外部竞争性的重要性主要体现在以下几个方面。

1. 吸引、保留和激励员工

薪酬水平在企业吸引和保留员工方面的重要性是显而易见的。美国某调查机构在对积累了20年的数据进行分析之后得出结论，管理人员、事务类人员以及小时工人都将薪酬看成是第一位的就业要素，只有技术人员将薪酬看成是第二位的就业要素，而将技能提高看成是第一位的就业要素。在我国当前经济发达程度不高的情况下，薪酬对于普通劳动者的重要性更是不言而喻。因此，如果企业支付的薪酬水平过低，企业将很难招募到合适的员工，而勉强招到的员工往往在数量和质量方面也不尽如人意；不仅如此，过低的薪酬水平还有可能导致企业中原有的员工忠诚度下降，另谋他就的可能性上升。相反，如果企业的薪酬水平比较高，一方面企业可以很方便地招募到自己所需要的人员，另一方面有利于员工流动率的下降，这对于企业保持自身在产品和服务市场上的竞争优势是十分有利的。

此外，较高水平的薪酬还有利于防止员工的机会主义行为，激励员工努力工作，同时降低企业的监督管理费用。这是因为，一旦这种偷懒或消极怠工的行为以及对公司不利的其他行为被公司发现并导致员工被解雇，员工就很难再在市场上找到其他能够获得类似薪酬的新职位。新加坡政府所推行的“高薪养廉”政策的魅力也正在于此。这一点我们将会在后面的效率工资理论部分再次提及。

2. 控制劳动力成本

薪酬水平的高低和企业的总成本支出密切相关，尤其是在一些劳动密集型的行业和以低成本为竞争手段的企业中。显然，在其他条件一定的情况下，薪酬水平越高，企业的劳动力成本就会越高；而相对于竞争对手的薪酬水平越高，则提供相同或类似产品、服务的相对成本也就越高，在市场上的竞争地位也就会越不利（除非较高的薪酬导致生产率出现更高的增长）。因为较高的产品成本会导致较高的产品定价，所以在产品差异不大的情况下，消费者自然会选择较为便宜的产品。随着市场竞争的日益激烈，当今绝大多数产品已经由卖方市场转为买方市场，即大多数产品和服务处于供过于求的状态，消费者对产品的价格是比较敏感的。在这样的情况下，劳动力成本控制对于企业来说就显得非常重要。

3. 塑造企业形象

薪酬水平对企业形象的意义也很大。它不仅直接体现了企业在特定劳动力市场上的相应定位，同时也显示了企业的支付能力以及对人力资源的态度。支付较高薪酬不仅有利于公司树立在劳动力市场上的良好形象，而且有利于公司在产品市场上的竞争。这是因为，公司的薪酬支付能力会增强消费者对企业以及企业所提供的产品和服务的信心，从而在消费者的心目中形成一种产品差异，起到鼓励消费者购买的作用。此外，在大多数市场经济国家中，政府在最低薪酬水平等方面都有明文规定。为了确保自身经营的规范性和合法性，企业在确定薪酬水平的时候不可以忽视这些规定。一旦在这些方面出现对企业形象不利的问题，对企业在劳动力市场和产品市场上的影响都将是极为恶劣的。

二、薪酬水平及其外部竞争性决策的类型

尽管企业在确定薪酬水平的时候会受到来自外部劳动力市场和产品市场的双重压力，但是它们仍然有一定的选择余地。这个选择余地的大小取决于组织所面临的特定的竞争环境：在选择余地较大的情况下，企业需要作出的一个重要战略性决策就是：到底是将薪酬水平定在高于市场平均薪酬水平之上，还是定在与市场平均薪酬恰好相等或稍低一些的水平上。举例来说，将企业的薪酬水平定在高于市场水平这样一种位置上，其好处在于能够吸引和留住高素质人才，进而确保企业能够保有一支高效率和高生产率的劳动力队伍。当然，这种战略也有缺点，最明显的就是它带来了成本的增加。下面我们将对几种常见的市场薪酬水平定位进行进一步的分析。

（一）薪酬领袖政策

薪酬领袖政策（lead policy）又称为领先型薪酬政策。采用这种政策的企业通常具有这样的特征：规模较大，投资回报率较高，薪酬成本在企业经营总成本中所占的比例较低，在产品市场上的竞争者少。首先，大型企业或投资回报率高的企业之所以能够向员工提供较高的薪酬，一方面在于它们往往具有更多的资金和相应的实力，因而不会因为员工薪酬水平高而造成资金周转不灵；另一方面，这种做法能够提高组织吸引和保留高质量劳动力的能力，

同时还可以利用较高的薪酬水平来抵消工作本身所具有的种种不利特征，比如工作压力大或者工作条件差等。其次，当薪酬成本在企业总成本中所占的比例较低时，薪酬支出实际上只是企业成本支出中一个相对不那么重要的项目。在这种情况下，企业很可能会乐意通过提供高水平的薪酬来减少各种相关劳动问题的出现，从而把更多的精力投入到那些较薪酬成本控制更为重要和更有价值的项目中去。最后，在产品市场上的竞争者少，一般意味着企业面临的产品或服务需求曲线是弹性较小的甚至是无弹性的，用非学术语言来讲，就是说企业可以提高产品价格，而不用担心消费者会减少对自己的产品或者服务的消费。换言之，这种企业实际上可以通过提高产品价格的方式将较高的薪酬成本转嫁给消费者。在这种情况下，企业支付较高的薪酬水平自然就是可行的。

在实践中，像苹果、微软等这样一些大型跨国企业的薪酬领袖战略已经是尽人皆知了。在我国，许多企业也在开始向这方面发展，其中较早采用这种薪酬领袖战略的企业之一是位于深圳的民营企业华为公司。这家以电话程控交换机及其相关产品的研发、生产以及营销为支柱的民营企业，在发展初期以及之后的相当长一段时间内，明确地提出了让在公司工作的员工拿到与在外企甚至国外工作的同类员工等值的收入的薪酬思想。实践证明，高薪政策帮助华为获得了大量的创造性人才，对公司在产品市场上与同类外资企业抗衡起到了重要的作用。

当然，充当薪酬领袖的企业并不是为了出风头，它们往往期望从自己的高成本支出中获得相应的收益。较高薪酬水平的可能收益包括：

（1）较高的薪酬往往能够很快为企业吸引来大批可供选择的求职者。因此，高薪一方面有利于企业在较短时间内获得大量需要的人才，缓解紧缺的人员需求；另一方面还使得企业可以提高招募标准，提高所能够招募和雇用的员工质量。

（2）高薪能减少企业在员工甄选方面所支出的费用，这是因为求职者清楚较高的薪水往往意味着企业对员工的能力有较高要求，或者未来的工作压力会比较大，因此，那些低素质的和达不到任职资格要求的求职者往往会在自我选择之后回避这种支付较高薪酬的企业。这样，企业在甄选方面所需要花费的人力物力就可以相应减少。

（3）较高的薪酬水平增加了员工离职的机会成本，有助于改进员工的工作绩效（努力工作以避免被解雇），从而降低员工的离职率并减少对员工的工作过程进行监督而产生的费用。

（4）较高的薪酬水平使得企业不必跟随市场水平经常性地为员工加薪，从而节省薪酬管理的成本。

（5）较高的薪酬有利于减少因为薪酬问题而引起的劳动纠纷，同时有利于提高公司的形象和知名度。

不过，充当薪酬领袖的企业往往面临很大的管理压力。这是因为，企业通过支付较高的薪酬雇用了大批有能力的员工，但是，企业如果不能通过工作的组织与设计以及对员工的管理实现较高的利润，即将高投入转化为高回报，那么高薪给企业带来的就不是资本，而是一种负担了。事实上，在我国外企工作的白领虽然获得令人羡慕的高工资，但他们所付出的代价也很大，其原因就在于此。

薪酬的市场领先政策的实现方式之一是，在每年年底调薪时考虑下一年度市场薪酬水平的变动走势，大体根据预测到的下年年底时的市场平均薪酬状况来确定本企业下年度全年的薪酬水平。这样就可以确保本企业的薪酬水平在全年中都高于市场平均水平（见图4－1）。

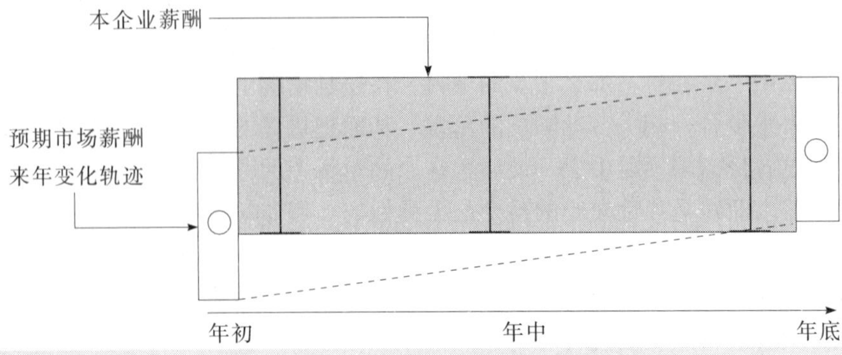

图 4-1　市场领袖型企业的薪酬调整思路

小专栏 4-1

好市多和沃尔玛的不同薪酬政策

好市多超市（Costco）和沃尔玛山姆会员店（Sam's Club）在美国众多仓储式零售企业中位居前两位，市场份额分别为 50%和 40%左右。尽管它们是直接的竞争对手，经营模式也大体相似，但在薪酬福利结构上却相差悬殊。好市多超市的平均工资是每小时 17 美元，而沃尔玛山姆会员店的平均工资约为每小时 10 美元。在福利方面，82%的好市多超市员工享有医疗保险，而在沃尔玛这一比例不到 50%。好市多超市的员工只需缴纳医疗保险费的 8%，而沃尔玛的员工却需支付 33%。91%的好市多超市员工享有退休金计划，公司每年为该计划提供的资金达到人均 1 330 美元。山姆会员店员工只有 64%的人享有退休金计划，公司每年提供的资金仅为人均 747 美元。

好市多超市的做法明显费用更高，但其员工流动率总体上保持在 17%左右，工作满一年的员工流动率仅为 6%。而沃尔玛员工的年流动率高达 44%，接近行业平均水平。在熟练职位和半熟练职位上，为填补一名离职员工留下的职位空缺而产生的全部成本（不包括较低的生产率因素）一般达到年薪的 1.5～2 倍。如果好市多超市或山姆会员店更换一名小时工的成本仅为其年薪的 60%，则一名好市多超市的员工离职引起的替代成本为 21 216 美元，而一名山姆会员店的员工离职产生的相应替代成本为 12 617 美元。从表面上看，山姆会员店的低薪政策似乎使员工的流动成本更低，但山姆会员店的员工离职率是好市多超市的两倍多，好市多超市年度员工流动总成本是 2.44 亿美元（人均流动成本为 3 628 美元），而山姆会员店的这一指标却高达 6.12 亿美元（人均流动成本是 5 274 美元）。

好市多超市向员工慷慨地支付薪酬福利的行为得到了回报，它在整个零售行业拥有一支忠诚度最高、工作效率最高的员工队伍，商品损耗水平（员工偷盗）为业内最低。2008 年前后，好市多超市每位员工创造的年营业利润大约为 2.2 万美元，而山姆会员店的每位员工每年只创造 1.2 万美元的营业利润。好市多超市拥有的这支稳定的、高生产率的员工队伍所产生的收益远远抵消了公司在薪酬福利方面的高成本。

资料来源：1. W. F. Cascio. The High Cost of Low Wages. Harvard Business Review 84，December 2006：23.

2. J. Chu，K. Rockwood. CEO Interview：Costco's Jim Sinegal. Fast Company，October 13，2008.

（二）市场追随政策

市场追随政策（match policy）又可以称为市场匹配政策，实际上就是根据市场平均水平来确定本企业的薪酬定位的一种常用做法。事实上，这是一种最为通用的薪酬政策，大多数企业都是这种政策的执行者。

实施这种薪酬水平政策的企业往往既希望确保自己的薪酬成本与竞争对手的成本基本一致，从而不至于在产品市场上陷入不利地位，同时又希望自己能够维持一定的员工吸引和保留能力，不至于在劳动力市场上输给竞争对手。采取这种薪酬政策的企业面临的风险可能是最小的，它能够吸引到足够数量的员工为企业工作，只不过在吸引那些非常优秀的求职者方面没有什么优势。

一般来说，在竞争性的劳动力市场上，实施市场追随政策的企业由于没有独特的优势，因此往往会去参加大型的招聘会，通过多花时间、广泛搜寻、精挑细选的方式来招募和雇用优质的员工。此外，采用这种薪酬政策的企业还要注意随时根据外部市场的变化调整薪酬水平，使之与市场薪酬水平保持一致。然而，这种调整在很多情况下是存在时滞的，企业往往在一些优秀的员工离职后才发现自己的薪酬水平已经落后于市场。因此，这种力图确保本企业薪酬水平与市场薪酬水平保持一致的企业必须坚持做好市场薪酬调查工作，以确切掌握市场薪酬水平到底是多少（在第 3 节中我们将会详细介绍市场薪酬调查的相关内容）。

市场追随薪酬政策的实现方式之一是，在每年年底调薪时考虑下一年度市场薪酬水平的变动走势，大体根据预测到的下年年中时的市场平均薪酬状况来确定本企业下年度全年的薪酬水平。这样就可以确保本企业的薪酬水平在年初高于市场水平，在年底略低于市场水平，而在年中等于市场平均水平，全年的薪酬水平与市场大体持平（见图 4-2）。

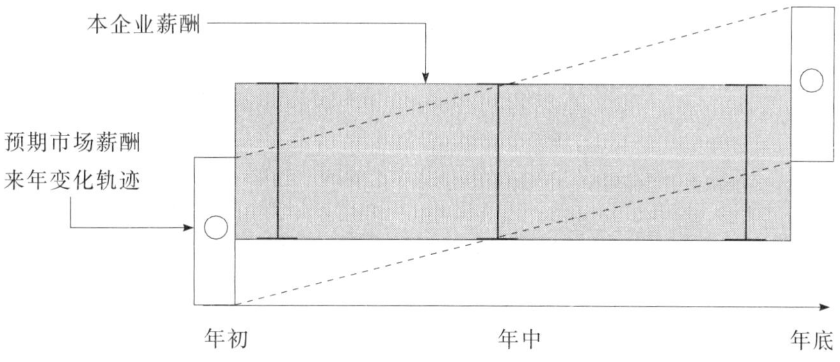

图 4-2　市场追随型企业的薪酬调整思路

（三）拖后政策

采用拖后政策（lag policy）的企业往往规模较小，大多处于竞争性的产品市场上，边际利润率比较低，成本承受能力很弱，很多这类企业属于中小型企业。由于产品的利润率较低，企业没有能力为员工提供高水平的薪酬，这是企业实施拖后型薪酬政策的一个主要原因。当然，有时拖后型薪酬政策的实施者并不是真的没有支付能力，而是没有支付意愿。

显然，拖后型薪酬政策对于企业吸引高质量员工来说是非常不利的，而且在实施这种政策的企业中，员工的流失率往往比较高。这是因为，较低的工资率水平在短期内可能会由于信息不对称或信息流动速度较慢等原因而不为员工知晓，但是在长期中，员工早晚会掌握这种信息。此外，员工由于存在获取收入的迫切需要，可能会临时接受一些比市场水平要低的薪酬，但是一旦他们的这种需要变得不那么迫切，就会试图寻找更有利可图的就业场所。

虽然滞后于竞争性水平的薪酬政策会削弱企业吸引和保留潜在员工的能力，但如果企业以提高未来收益作为补偿，那么这种做法反而有助于提高员工对企业的组织承诺度，培养他们的团队意识，进而改善绩效。比如，在信息以及其他一些高科技企业中支付给员工的基本薪酬可能会低于市场水平，但是员工可以获得企业的股票或者股票期权。这种将拖后型基本薪酬政策和未来的较高收入结合在一起的薪酬组合不但不会影响企业的员工招募和保留能力，反而有助于增强员工的工作积极性和责任感。此外，这种薪酬水平政策还可以通过与富有挑战性的工作、理想的工作地点、良好的同事关系等其他因素相结合而得到适当的弥补。

拖后型薪酬政策的实现方式之一是，在每年年底调薪时考虑下一年度市场薪酬水平的变动走势，大体根据预测到的下年年初时的市场平均薪酬状况来确定本企业下年度全年的薪酬水平。这样就可以确保本企业的薪酬水平在年初等于市场水平，在年中略低于市场水平，而在年底则低于市场平均水平（见图 4－3）。

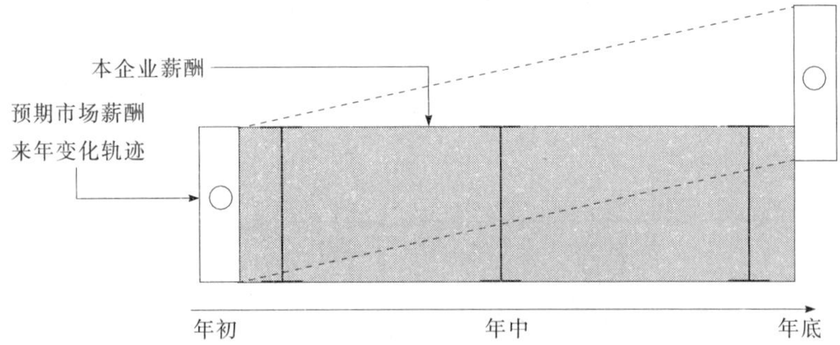

图 4－3 市场拖后型企业的薪酬调整思路

（四）混合政策

所谓混合政策（hybrid policy），是指企业根据职位或员工的类型或者是总薪酬的不同组成部分来分别制定不同的薪酬水平决策，而不是对所有的职位和员工均采用相同的薪酬水平决策。比如，有些公司针对不同的职位族使用不同的薪酬决策，对核心职位族采取市场领袖型的薪酬决策，而在其他职位族中则实行市场追随型或市场拖后型的基本薪酬政策。换言之，为企业的关键人员如高级管理人员、技术人员提供高于市场水平的薪酬，对普通员工实施匹配型的薪酬政策，为那些在劳动力市场上随时可以找到替代者的员工提供低于市场价格的薪酬。此外，有些公司还在不同的薪酬构成部分之间实行不同的薪酬政策。比如，在总薪酬的市场价值方面处于高于市场的竞争性地位，在基本薪酬方面处于低一点的拖后地位，同时，在激励性薪酬方面处于比平均水平高很多的领先地位。举例来说，某公司可能会制定这样一项新的薪酬方案，员工的基本薪酬水平较市场上的平均薪酬水平降低 3%，但是如果员工所在部门的经营利润超过了某一目标，他们就有机会得到最高相当于一个月工资的奖金。这样，虽然这家公司的基本薪酬水平比市场水平略低，但是在经营绩效较好的情况下，考虑到奖金的增加，该公司的薪酬水平实际上还是小幅领先于市场的。这种安排的目的在于鼓励员工注意企业的经营绩效，并激励他们提高生产率。同时，它还向本公司潜在的求职者发出了一个信号，即公司希望员工将工作完成得更好，并且能够承担一定的风险。

混合政策最大的优点就是其灵活性和针对性。对于劳动力市场上的稀缺人才以及企业希望长期保留的关键职位上的人员采取薪酬领袖政策，对于劳动力市场上的富余劳动力以及鼓励流动的低级职位上的员工采取市场追随政策甚至拖后政策，既有利于公司保持自己在劳动力市场上的竞争力，又有利于合理控制公司的薪酬成本开支。此外，通过对企业薪酬构成中的不同组成部分采取不同的市场定位战略，还有利于公司传递自己的价值观以及达到经营目标。

第 2 节　薪酬水平决策的主要影响因素

在上一节关于薪酬水平和外部竞争性的讨论中，我们提到，企业所在的劳动力市场和产品市场以及企业本身的状况会对企业的薪酬水平决策产生很大的影响。在这一节中，我们将较为深入地分析对企业薪酬水平决策产生影响的几个因素。

一、劳动力市场对薪酬水平决策的影响

（一）劳动力市场运行的基本原理

劳动力市场（labor market）是企业为了生存而必须参与的三大市场之一（另外两个市场是资本市场和产品市场，见图 4－4）。企业在劳动力市场上对既定的具备技术和能力的劳动者展开的竞争，是对企业的薪酬水平进而对薪酬的外部竞争性产生影响的一个非常重要的因素。因此，在这里我们首先介绍劳动力市场对企业薪酬水平决策的影响，然后再讨论产品市场对企业薪酬水平决策的影响。

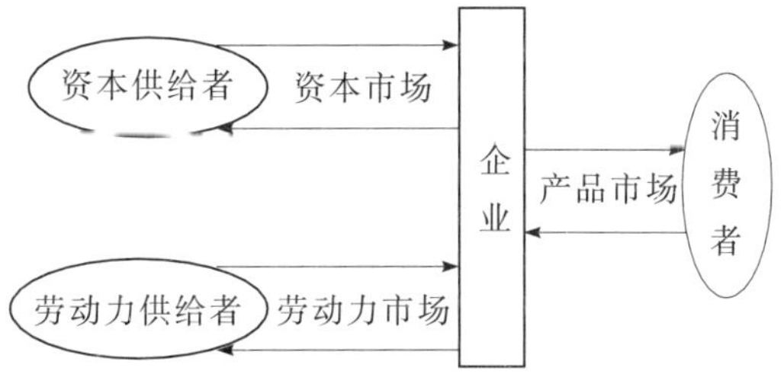

图 4－4　企业参与运行的三大市场

劳动力市场的作用在于将稀缺的人力资源配置到各种不同的生产用途上去，其运行结果就是薪酬水平以及雇佣水平等。正如任何市场都要有买方和卖方一样，劳动力市场也不例外。在劳动力市场上，买方即需求方是企业或雇主，卖方即供给方是员工或劳动者。在正常情况下，劳动力市场上总是有众多的供给者和需求者，所以劳动力市场上任何一方作出的决策都会受到他人的决策和行为的影响。此外，劳动力供求双方的相互作用会产生一个均衡工资率或市场通行工资率，而市场工资率的变动又会对未来的劳动力需求和劳动力供给产生影响。

与产品市场相比，劳动力市场具有一定的特殊性：一是劳动力无法储存。在劳动力的质量一定的情况下，劳动者的唯一资源是他的时间，这种时间如果不能利用，是无法储存下来的。二是劳动力每时每刻都在变化，它是随着劳动者的工作能力而变化的。三是劳动力供给者与劳动力是无法分离的，劳动力供给者能够在工作的过程中控制自己实际提供的劳动力服务的数量和质量。在这种情况下，劳动力市场上的供求双方就劳动力的买卖所达成的契约即劳动合同实际上是一种不完善的供求契约，而劳动力价格也是一种不完善的价格。购买劳动力的企业遇到的困境是：劳动力服务的实际成本是由单位产出成本决定的，因而无法事先定价，然而对于劳动力供给者而言，又要求必须事先定价，因此企业必须在实际的讨价还价之前确定一个价格。这种价格取决于购买者对劳动力服务的数量和质量进行的一种估算，估算的准确性可以从今后的单位产品成本中推导出来。劳动力供给者在决定接受何种价格时同样面临困难，因为他们最多只能知道某个特定职位的通行工资率是多少，对于企业能够提供的工作条件、上下级关系、具体工作完成方式等往往不是很清楚。

（二）劳动力需求

企业对劳动力的需求是从消费者对产品或服务的需求中派生出来的，因而劳动力需求是关于劳动力价格和质量的函数。在短期劳动力需求决策中，最重要的两个概念是边际成本和边际收益（或边际收益产品）。所谓劳动力的边际收益，是指在其他条件保持不变的情况下，增加一个单位的人力资源投入所产生的收益增量。而劳动力的边际成本则等于劳动力的市场工资率。于是，利润最大化的劳动力需求水平就存在于企业雇用的最后一个单位劳动力的边际收益等于为雇用劳动力支付的薪酬水平这一点上。当雇用一位员工的边际收益大于边际成本时，企业就应该继续雇用员工；而当雇用一位员工的边际成本高于雇用这位员工所能够产生的边际收益时，企业就不应该再雇用员工了。换言之，企业劳动力需求的原则是雇佣的边际成本等于边际收益。

具体到薪酬管理的实际工作中，企业在利用该模型确定应雇用的员工数量时，需要做到以下两件事情：首先是确定市场薪酬水平；其次是确定每一潜在新员工可能产生的边际收益。换言之，企业只有明确了员工的边际成本和边际收益，才可以确定自己究竟需要雇用多少员工。然而现实世界远非理论中所假设的那样简单。一方面是市场薪酬水平的确定问题，由于劳动力市场上的供给方与需求方之间的竞争程度很不确定，劳动力也不可能是完全同质的（即质量不完全相同），此外，并非所有的企业都是利润最大化的追求者，因此，对市场薪酬水平的把握很难做到非常精确。也许更为困难的是另一个方面的问题，即对员工的边际收益的预测：管理者不可能明确地知道一位尚未进入企业的员工的边际收益到底是多少。这种困难主要表现在以下几个方面：其一，为每一位员工生产出来的产品或服务定价很困难，因为许多产品和服务是经过具有各种不同能力的劳动者共同努力才生产出来的。在劳动力不同质的情况下，要想确定单个员工创造的价值很困难。其二，创造价值的除了劳动力之外，还有资本和其他生产要素，要想分离出在生产过程中共同创造了价值的其他生产要素（比如资本和原材料）所产生的价值是非常困难的。

正是因为对边际产品和边际收益进行直接衡量比较困难，所以企业常常使用其他一些要素来估计员工给企业带来的边际收益。我们在前两章中讨论的报酬要素、职位评价、技能以及能力评价等内容，反映了企业为评价某种工作或技能、能力能够给企业带来的价值所作出的努力，这种评价实际上是对员工的边际收益的评价的一种近似替代。只不过利用报酬要素或者技能、能力水平来进行评价，实际上是从投入的角度来确定边际价值，而不是从产出的角度来确定边际价值。此外，限定某等级职位的最高薪酬水平以及采取绩效加薪等做法，实际上是企业力图对员工给企业带来的边际收益进行评价的又一种尝试。虽然企业可能并未从理论的高度去把握自己的薪酬决策，但是它们实际上很清楚，某一等级的员工所能够获得的最高薪酬水平不能高于他的边际收益，员工薪酬水平的增长不能超过其生产率的增长。

（三）劳动力供给

劳动力市场上的劳动力供给，是指特定的人口群体所能够承担的工作总量。一般来说，整个经济或社会中的劳动力供给受四个方面因素的影响。

一是劳动力参与率。劳动力参与率是指一个国家或社会中 16 岁以上人口中的经济活动人口总量。它可以用下面的等式来表示：

$$劳动力参与率=\frac{有工作的人数+目前正在找工作的人数}{16\text{ 岁以上的总人口}}\times 100\%$$

具体到微观层面，劳动力参与率的高低主要取决于单个家庭作出的劳动供给决策，其影响因素主要包括家庭经济状况、年龄、性别、受教育程度等。以受教育程度为例，研究表明，在其他条件相同的情况下，特定劳动力群体的受教育程度越高，他们的劳动力参与率一般也会相应提高。

二是人们愿意提供的工作小时数。在实践中，虽然工作时间的安排通常都是法定的或是由企业确定的，且周工作时间基本固定（我国是每周 40 小时），但由于市场上存在越来越多的工时制度安排，因此劳动者实际上可以通过选择企业或职业表达自己对于工作时间的偏好。劳动经济学认为，工作决策实际上是一种时间利用方式的选择，即劳动者就工作时间的决策可以视为在工作和闲暇之间进行选择的结果。市场工资率的上升会给劳动者带来两种效应，其中，替代效应鼓励员工增加劳动力供给时间，而收入效应鼓励员工减少劳动力供给时间。通常情况下，当工资率的绝对水平比较低时，工资率上升的替代效应大于收入效应，但当工资率水平达到比较高的程度时，收入效应大于替代效应的可能性就会增加。

三是员工受过的教育训练及其技能水平。前面两个因素决定了一国经济中的劳动力供给数量，但是劳动力供给不仅有数量的问题，还有质量的问题，而且质量要求比数量要求更重要。决定一国劳动力质量的最重要因素是劳动力队伍所受过的教育以及训练，即劳动力队伍的人力资本投资状况。人力资本投资的具体形式包括积累经验、接受正规教育、在职培训、健康投资、居住地迁移等，劳动者及其家庭的教育投资决策以及企业的培训投资决策。例如，研究结果表明，希望毕生都待在劳动力队伍里的劳动者在进行教育投资时会有相对较强的动机；接受过在职培训的员工通常能工作更长的时间；在人力资本方面进行过大额投资之后，员工的退休时间一般会相应推后等。在其他条件类似的情况下，员工的受教育程度越高、所接受的训练越多、积累的经验越多，他的收益能力就会越强，所得到的报酬水平就会越高。

四是员工在工作过程中的实际努力水平。劳动力的数量和质量都是一种静态的存量，这种存量如何转化为流量，即劳动者在实际工作过程中能否将其具备的知识和技能充分发挥出来并转化为生产率，还要取决于企业的总体制度安排尤其是激励水平。其中涉及员工与工作之间的匹配性，绩效管理制度是否完善以及薪酬水平和薪酬制度是否合理等，这些实际上是企业人力资源管理工作的核心问题。

（四）劳动力市场理论的补充与修正

由于劳动力市场最终并不能保证同种劳动力只有一个市场价格，也不能保证所有的劳动力供给或需求都能获得满足，因此，简单的劳动力市场模型无法解释现实中的许多具体问题。这样，就有必要在基本的劳动力市场模型基础上做进一步的探讨。这里，我们简要介绍几种对劳动力市场理论具有修正和补充意义的理论。

一是补偿性工资差别理论（compensating differentials theory）。所谓补偿性工资差别，是指在知识技能水平方面没有本质差异的劳动者因所从事工作的条件和社会环境优劣不同而产生的薪酬水平差异。补偿性工资差别理论实际上否认了在劳动力市场上寻找劳动者的企业是同质的这一假设，承认不同的企业在工作条件等方面是存在差异的，而那些工作本身或工作环境会导致劳动者在心理以及生理方面产生较高“负效用”的企业，在同等条件下必须向员工支付更高薪酬水平作为一种补偿；否则，这些企业就无法吸引到足够多的可以胜任工作的员工。

二是效率工资理论（efficiency wage theory）。所谓效率工资，是指一家企业支付高于市场通行工资率的薪酬水平。效率工资战略也可以称为高工资战略，薪酬领袖战略显然是效率工资理论的最忠实执行者。效率工资的基本假设是，高于市场水平的薪酬会通过吸引绩效高且不愿意离开的员工，同时弱化员工的偷懒动机而给企业带来利益。比如，当企业难以观察和监督员工的工作绩效时，企业可以通过提供高于市场平均水平的薪酬来激励员工尽最大努力工作，因为当员工在当前企业获得的薪酬高于他们在其他任何企业中可能获得的薪酬时，为保住目前的工作，他们不会消极怠工。效率工资理论实际上否认了在市场经济条件下，作为劳动力需求方的企业一定是根据市场通行工资率水平来确定本企业薪酬水平的这一假设，指出了企业支付较高的工资率可能会产生一些管理方面的优势。

但高于市场水平的薪酬必定会给企业带来成本压力，所以，只有当企业支付的高于市场水平的薪酬可以换取同样高于市场水平的收益时，效率工资才能够持续执行下去。这就要求企业的员工甄选和配置系统必须有助于挑选出最好的员工；企业的工作结构安排和绩效管理系统必须能够充分发挥高素质员工的潜在生产率优势。

三是保留工资理论（reservation wage theory）。所谓保留工资，通俗来讲，就是指每一位劳动者心目中都有一个能够促使其接受市场工作而不是不出去工作的最低工资水平。如果市场工资率低于某人的保留工资，则此人宁愿不出去工作。一旦市场能够提供的工资率超过了劳动者的保留工资，劳动者就会考虑从事工作而不是享受闲暇了。保留工资是一种心理概念。即使是两个客观条件几乎完全相同的劳动者，他们的保留工资水平也有可能不同。这是因为，不同的人对于自己失去一小时闲暇时间的价值判断是不一样的。或者说，不同的人对闲暇和收入的偏好是不同的。当然，过去的收入水平、受教育程度、技能水平高低、家庭生活状况以及社会经济形势等诸多因素都会影响员工的保留工资水平。比如，丈夫收入比较高的女性可能会比丈夫收入比较低的女性有更高的保留工资水平。再比如，在经济不景气时，许多人的保留工资水平会下降；反之，在经济增长速度较快时，很多人的保留工资水平很可能会再次上升。

保留工资理论实际上是对劳动力市场上存在唯一通行工资率的结论所作的一种修正，劳动者未必能够准确地了解在自己所处的劳动力市场上，通行的市场工资率水平到底是怎样的，因而他们的保留工资率会与标准的市场工资率有差异。在现实中，市场工资水平的数据越准确、越容易获得，劳动者的保留工资率与通行的市场工资率之间的差异就会越小。从薪酬管理的角度来说，劳动力市场上的信息越充分，流动越迅速，劳动者和雇主就越能够及时准确地获得市场工资率水平的信息。这样，企业就可以根据通行的市场工资率来确定自己的薪酬水平，而劳动者也可以根据市场工资率来调整自己的保留工资率，于是劳动力市场上的交易能够很顺利地完成；反之，劳动力供求双方之间的交易成本就会很高。正是出于这种原因，在发达国家中，政府、行业组织或者一些咨询公司、大学都在不遗余力地做各种收费和不收费的市场薪酬调查，来为劳动者和企业提供及时、有效的市场薪酬信息（这也正是我们在下一节中所要讨论的内容）。

四是工作搜寻理论（job search theory）。简单的劳动力市场模型假定，劳动力供给者和劳动力需求者之间的相互搜寻活动以及交易达成活动是一蹴而就的，既不需要太多的时间，也不需要花费太大的代价，只要双方在工作条件和薪酬待遇等方面具有匹配性，交易就会在瞬间完成。然而在现实中，即使劳动力供给方所要求的条件和劳动力需求方所提供的条件非常接近，也有可能由于信息的不对称而导致理想的劳动力交易无法完成。也正是出于这个原因，劳动力市场上才会存在所谓的摩擦性失业，即在劳动力市场均衡状态下仍然会存在失业。所以，工作搜寻理论所要关注的正是劳动力市场上雇佣双方之间的相互寻觅和相互匹配过程。

虽然从理论上说，劳动者和企业之间持续不断的相互搜寻活动有利于实现人力资源的最佳配置，但双方的搜寻活动都是有代价的，因此，过度的搜寻对于双方来说没有太大的益处。所以在现实中，比较稳定的雇佣关系大多数可能是令人满意的一种匹配关系，而不是理论上的最佳配置关系。双方共同接受的薪酬也只能是一种令人满意的水平，而不是所谓的最佳水平。工作搜寻理论对于薪酬管理的启示是，虽然存在信息流动障碍，劳动者在短期内可能无法了解企业所支付的薪酬水平是否属于市场平均水平，但是，劳动者的搜寻活动必然会导致这种信息越来越清晰。因此，薪酬的市场化是一种不可避免的趋势，企业长期支付低于市场水平的工资率的愿望是不切实际的。同时，这也要求企业必须及时了解外部市场上的薪酬水平变化情况，并相应调整本企业的薪酬水平，以保证其外部竞争性。

五是信号模型理论（signaling theory）。信号模型实际上是对劳动力市场上的信息不对称问题所作的一种补充解释。在信息不对称的情况下，劳动力供求双方都会力图向对方发送一些信号，以使对方能够从自己所发出的信号中得到更多的信息，从而强化对方对自己的认识和把握度。当然，这种信号不是带有蒙蔽性质的烟幕弹，而是一些比较客观的证书、制度等，这些证书和制度本身能够反映一些相关的信息。能够帮助企业及员工实现信息交换的信号系统则包括员工的人力资本投资（培训、学历、经验），企业的薪酬水平（薪酬领袖、市场追随、略微拖后）以及薪酬组合（基本薪酬、浮动薪酬以及福利之间的选择）等。

从劳动者的角度来说，求职者受过较多培训、取得比较高的学历、具备较多相关工作经验这些条件实际上就是向潜在的雇主发送的一种信号。这种信号告诉企业，自己在未来的工作中很有可能实现较高绩效，因而值得企业为自己提供较高的职位或者较高水平的薪酬。此外，一个可能会被其他企业挖墙脚的高级员工在原有企业中的薪酬水平和职位高低实际上也向潜在的挖墙脚者发送了一种信号，即本人的能力很强，对目标企业的贡献很可能是比较大的。

从企业的角度来说，企业同样在利用各种途径向潜在的员工发送信号。比如，企业可能会刻意把薪酬政策作为企业战略的一个组成部分来进行设计。这种设计的意图是向当前的以及潜在的员工发出信号，告诉他们企业期望的行为和价值观。如果一家企业提供的基本薪酬低于市场水平，但是所提供的奖金和培训机会比较慷慨，而另一家企业乐于支付市场薪酬水平，但不提供与绩效挂钩的薪酬，那么这两种薪酬政策所发出的信号就是不同的，能够吸引来的员工类型也会有很大的差异。再比如，提供一定的员工持股份额的企业吸引来的求职者多数是看重长期利益、愿意以合作者的身份加入企业的人；而那些提供高额的绩效薪酬、对福利和长期所得并不重视的企业吸引来的员工往往是关注现期收益的人。

二、产品市场及企业特征对薪酬水平决策的影响

（一）产品市场对企业薪酬水平决策的影响

在图4－4中我们已经指出，大多数企业同时存在于三个市场当中，即劳动力市场、资本市场和产品市场。产品市场上的变化自然会通过市场传导机制影响劳动力市场，从而对企业薪酬的外部竞争性产生影响。一般来说，劳动力市场因素确定了企业所支付的薪酬水平的下限，而产品市场则确定了企业可能支付的薪酬水平的上限。通常情况下，产品市场上的以下两方面情况会影响企业的实际支付能力。

1. 产品市场上的竞争程度

企业所在的产品市场的结构通常划分为完全竞争、垄断竞争、寡头以及垄断四种类型。完全竞争的市场和垄断的市场是两种极端的市场结构，在现实中比较少见。最常见的是垄断竞争性的市场结构，即企业的产品既与其他企业的产品有一定差异，因而具有一定的垄断性，又与其他企业的产品存在一定的可替代性，因而具有一定的竞争性。处于完全竞争或接近完全竞争市场上的企业没有能力提高自己产品的价格，否则就会面临销售量迅速下滑的命运；而在产品市场上处于垄断或接近垄断地位的企业在一定范围内可以随心所欲地确定产品价格，然而，如果产品定价过高，远远超出其成本，其他企业就会在利益的驱使下想方设法进入这一市场，促使这一产品市场向自由竞争演变，那么原有企业的垄断优势也就不复存在了。

毋庸置疑，产品市场的竞争程度对薪酬水平决策的影响是相当大的。如果企业在产品市场上处于垄断地位，就能够获得超出市场平均利润水平的垄断利润，利润的增加为企业在劳动力市场上的薪酬决策提供了强有力的保障，足以保证企业向员工提供高出市场水平的薪酬。然而一旦垄断地位丧失，企业无法将因高水平薪酬所产生的成本负担通过较高的价格转

嫁给消费者，企业支付高薪的基础就不复存在了。而当企业处在完全竞争或类似完全竞争的环境中时，所支付的薪酬水平往往与市场平均水平甚为接近。

2. 企业产品市场的需求水平

假定企业可以利用的技术、资本和劳动力供给保持不变，如果产品市场对某企业所提供的产品或服务的需求增加，那么在产品或服务价格不变的情况下，企业能够出售更多的产品或服务。为了实现对利润最大化的追求，企业自然会相应提高自己的产量水平、规模（或产出）效应，在给定的薪酬水平下增加对劳动力的需求量（只要资本和劳动力的相对价格不变，就不存在替代效应），而这必将进一步带来企业支付实力的增强和员工薪酬水平的提高。

在竞争性的市场上，产品市场对某企业产品的需求增加可能出于多种原因。一种情况是，企业通过广告或者其他手段来宣传本企业产品或服务与竞争对手所提供的同类产品或服务的差异性，从而培养消费者对本企业产品或服务的偏好。另一种可能的情况是，虽然市场上存在多个同类产品竞争者，但是这种产品属于畅销产品或者新产品，其市场容量足够大。在这种情况下，一方面，产品生产者之间存在竞争；另一方面，大家又共同做大了市场，共同从市场的培育中获利。

（二） 企业特征要素对企业薪酬水平决策的影响

产品市场和劳动力市场的状况为企业薪酬水平决策提供了一个基本的可行空间，但是具体的组织要素，例如企业的规模、所处行业、经营战略以及所在的地理区域等则会直接影响到企业的支付能力，进而决定其实际薪酬水平的高低。

1. 行业因素

企业所能够支付的薪酬水平显然会受到企业所在行业的影响，而行业特征中对薪酬水平产生最大影响的因素可能是不同的行业所具有的技术经济特点。一般情况下，在规模大、人均占有资本投资比例高的行业中，比如软件开发、生物医药、遗传工程、电信技术等，人均薪酬水平会比较高。这是由以下三个方面的原因造成的：其一，越是资本密集的产业，对资本投资的要求就越高，这会对新企业的进入造成一种限制，易于形成卖方垄断的结构。其二，高资本投入的行业往往要求从业者本人具有较高水平的人力资本投资，这是因为存在一种资本—技能互补假设，即资本越昂贵，则企业越需要雇用具有高人力资本投入从而具有较高知识技能的人来运用这些资本，唯有如此，才能保证这些资本产生最大的效益。其三，资本对劳动力的比例较高意味着，劳动报酬在企业总成本支出中所占的比例相对较小，资本的利润较高，从而有能力支付较高的薪酬。相反，那些对资本投资的要求低、新企业容易进入和以竞争性市场结构为特征的行业，其人工成本占总成本的比例也较高，所以一般属于低工资行业。这类行业有服装加工业，纺织品、皮革制品生产行业等。

此外，在工会化国家，不同行业的工会化程度也会影响企业的薪酬水平决策。在工会势力强大的行业中，企业往往会被迫维持一定的薪酬水平；而在工会势力弱小的行业中，企业所面临的这种压力较小。为了防止本企业的员工加入工会或者为了保持自己在外部劳动力市场上的竞争性，非工会化的企业往往会追随工会化企业的薪酬动向来调整自己的薪酬水平。尽管如此，这些非工会化的企业仍然可以因不必与工会纠缠而节约大量的时间与费用。

2. 企业规模因素

研究表明，在其他因素类似的情况下，大企业所支付的薪酬水平往往要比中小企业支付的薪酬水平高。在大企业中工作的员工不仅获得的薪酬较高，他们的薪酬随工作经验上升的速度也更快。大企业所支付的薪酬水平较高主要有以下几个原因：

其一，在大企业中采用长期雇佣的做法往往比在中小企业中更有优势，也更有必要。这是因为，大企业通常更多地采用具有较高相互依赖性的生产技术，如果在大企业中出现了一项没有人做的工作或者预料之外的辞职，那么必然会影响到整个企业的生产过程，甚至造成大量资本的闲置或浪费。此外，员工流动率过高，尤其是熟练程度较高、熟悉公司运行规则的员工的流失，必然会给企业带来双重生产率损失（资深员工流失造成的生产率降低加上雇用新员工的成本以及新员工的适应成本）。因此，降低员工的辞职率以及确保空缺职位能够得到迅速填补是大企业非常关心的问题。由于提供高水平的薪酬对于上述目标的实现无疑是很有帮助的，企业决定向员工支付较高水平的薪酬便是一件很自然的事情了。

其二，由于大企业有更大的动力来维持与员工之间的长期雇佣关系，因而大企业员工的稳定性也更高。大企业会有更大的动力去培训员工，而员工的人力资本投资增加必然会强化他们的收入能力。

其三，企业规模越大，对员工的工作进行监督就越困难，因而企业就越希望能够找到其他的方式来激励员工。在这种情况下，效率工资理论所揭示的原理很容易导致大企业采用高于市场水平的薪酬，以激励员工在没有严密的直接监督的情况下也能努力工作。总之，大企业为员工提供职业保障的能力加上这种效率工资的制度安排，无论是对于员工的保留还是对于员工的激励来说，都是非常有效的。

其四，大企业更偏重于资本密集型生产，具有较高的薪酬支付能力，出于公司形象方面的考虑有更强烈的薪酬支付意愿，是导致大企业支付较高水平薪酬的重要原因。

3. 企业经营战略与价值观因素

企业经营战略对薪酬水平决策的影响无疑是非常直接的。如果选择实施低成本战略，企业必然会尽一切可能去降低成本，其中包括薪酬成本。这样的企业大多处于劳动密集行业，边际利润偏低，盈利能力和支付能力都比较弱，因而它们的总体薪酬水平不会太高；相反，实施创新战略的企业为了吸引有创造力、敢于冒风险的员工，必然不会太在意薪酬水平的高低，它们更关注薪酬成本可能会给自己带来的收益，只要较高的薪酬能够吸引来优秀的员工，从而创造出高水平的收益就行。从企业的薪酬战略来看，采用高工资战略的企业比采用广泛搜寻战略和培训战略的企业有支付更高工资的倾向。

此外，企业的薪酬支付意愿对企业的薪酬水平决策也有很大的影响。如果企业仅仅将员工看成是为自己创造价值的不可或缺的一种生产要素，则通常不会主动提高员工的薪酬待遇。但如果企业将员工看成是自己的合作伙伴，那么，企业在经营比较好的时候往往会在能力范围内主动适当提高员工的薪酬待遇，以体现共享企业经营成果的思想。

小专栏 4-2

私人银行投资顾问的薪酬行情飞涨

近年来，随着中国经济高速增长，面向高净值（金融资产一般在100万美元以上）人群提供财产投资与管理等服务的私人银行服务发展迅速。2007年，中国银行、招商银行、中信银行、交通银行的私人银行部门相继成立，由于这种服务的年均利润率可达到35%，远高于其他金融服务，因此成为各大银行关注的重要领域。招商银行私人银行客户的数量从 2007 年刚成立时的 3 000 户增至 2015 年的 3 万户左右，截至 2015 年末管理的私人银行客户总资产为 12 521 亿元，较年初增长 66.37%。

国内高净值客户群体的迅速增长给私人银行业务带来了前所未有的发展机遇，也引发了匹配更多客户经理和投资顾问等专业人才的迫切需求。然而由于行业发展历史短，私人银行业务的人才培育尚需时日，与私人银行业务的快速发展形成反差，私人银行人才紧缺的现象更加突出。开展私人银行业务之初，各家银行普遍采取的做法是，从银行内部个人金融业务条线和公司业务条线提拔和培养人才，通过专业培训迅速提升人才的专业素养和技能，培养了第一批私人银行人才。然而，由于私人银行业务对客户经理提出的要求远远高于贵宾客户对客户经理的要求，从贵宾客户的客户经理队伍中直接提拔私人银行客户经理并非易事。贵宾客户的客户经理只要做好销售、维护好客户关系就行，而私人银行客户经理、投资顾问需要更全面的专业技能，需要熟悉融资、并购、宏观经济、房地产等多个领域，能为客户提供专业的咨询服务。

由于私人银行业务发展太快，靠银行内部选拔、培养私人银行人才的速度已赶不上私人银行业务发展的速度，因此私人银行人才匮乏的现象进一步加剧，私人银行人才的流动速度加快，薪酬也水涨船高。刚从国内某银行私人银行部辞职的陈先生已接到四家银行抛出的橄榄枝，其中不乏国际大型银行，开出的薪酬和职位条件均明显优于陈先生此前就职的银行。2010 年市面上投资顾问的薪酬行情已达到年薪 50 万～60 万元，而次贷危机爆发时投资顾问的年薪只有 20 万元出头。

随着越来越多的银行推出私人银行业务，并加快私人银行业务跑马圈地，私人银行这一行业对人才的饥渴恐怕将持续一段时期。而外资银行在金融危机中受创后再度卷土重来，无疑将令私人银行业务的竞争更加激烈。向陈先生抛出橄榄枝的外资银行已经提出了私人银行市场份额翻番的增长目标。或许中外资银行对优秀私人银行人才的争夺战才刚刚开始。

资料来源：1. 陈偲．私人银行激战正酣：中行客户最多 招行规模最大．国际金融报，2016-05-30.
2. 唐曜华．人才告急 私人银行策动挖角大战．证券时报，2010-10-14.

第 3 节　市场薪酬调查

一、薪酬调查概述

（一）薪酬调查的概念和种类

1. 薪酬调查的概念

在前面的讨论中我们多次提到，大多数企业在制定自己的薪酬水平决策、确保薪酬的外部竞争性时，都是以市场薪酬调查数据为依据。那么，什么是薪酬调查呢？顾名思义，薪酬调查（total compensation survey）就是企业通过收集（总体的薪酬）信息来判断其他企业所支付的总薪酬状况这样一个系统过程。这种调查能够向实施调查的企业提供市场上的各种相关企业（包括竞争对手）向员工支付的薪酬水平和薪酬结构等方面的信息。这样，实施调查的企业就可以根据调查结果来确定自己当前的薪酬水平相对于竞争对手在既定劳动力市场上的位置，从而根据企业的战略在未来调整自己的薪酬水平甚至薪酬结构。

我们在上一节中已经讨论过，劳动力市场上的信息不完善导致企业不可能在不承担成本和不花费时间的情况下掌握劳动力市场上的通行工资率水平。无论是企业、员工还是潜在的员工，大家都认为根据市场水平来支付薪酬的做法是比较公平的，所以，即使承担一部分费用，企业往往也愿意自己开展或者参与付费的薪酬调查。

2. 薪酬调查的种类

在发达国家，每年举办的各种薪酬调查不计其数。一般来说，主持薪酬调查的主体有很多，例如政府、行业和专业协会、咨询公司、企业家联合会以及企业等。从调查方式来看，薪酬调查又可以分为正式薪酬调查和非正式薪酬调查两种类型。

从调查的组织者来看，正式薪酬调查又可分为商业性薪酬调查、专业性薪酬调查和政府薪酬调查。商业性薪酬调查一般是由咨询公司完成的，其中有的是应客户需要对某一行业进行的调查，有的是咨询公司为获利而主动进行的调查。比如，合益、翰威特、华信惠悦、美世等著名的人力资源顾问公司以及海德思哲等猎头公司都发布薪酬数据。专业性薪酬调查是由专业协会针对薪酬状况所进行的调查。例如，美国管理学会（AMA）的一项业务就是调查并提供各行业高级管理人员、管理人员以及专业人员的薪酬状况，美国行政管理协会（AMS）每年都要对美国、加拿大和西印度群岛（许多地区不在薪酬调查范围之内）的约130个城市中的13种事务性职位、7种信息处理类职位以及各种中层管理职位的薪酬状况进行调查。而政府薪酬调查则是指由国家劳工、统计等部门进行的薪酬调查。例如，美国劳工统计局（BLS）每年都要举行三类调查研究：（1）地区性的薪酬调查；（2）行业性的薪酬调查；（3）针对专业人员、管理人员、技术人员和办事员的薪酬状况所做的调查。

英国的一项研究表明，为了解其他企业类似职位的薪酬水平，在被调查的雇主中，约有71%的雇主会不同程度地依赖于与其他雇主进行的非正式交流来获取信息；有55%的雇主会通过就业机构来决定自己企业中部分职位的薪酬水平；约23%的雇主采用商业性或专业调查方式，即委托专业调查机构来组织调查；只有22%的雇主会采用向其他雇主提交正式问卷的方式来进行调查。

我国的薪酬调查起步比较晚，一些在华外资企业从20世纪80年代起就开始参与在华外资企业的各种薪酬调查活动，但调查的组织者主要是一些外资咨询公司。中国本土的薪酬调查机构是在90年代以后才开始出现的。目前，从事市场薪酬调查工作的主要有前程无忧工作网、中华英才网以及外企太和企业管理顾问有限公司等机构。

（二）薪酬调查的目的

对于大多数企业来说，特定职位的薪酬水平是在直接或间接进行的薪酬调查的基础上确定的。虽然在大多数场合，薪酬调查的目的只是确定基准职位的薪酬水平，其他职位的薪酬水平可以根据其相对价值和基准薪酬水平进一步确定，但毋庸置疑的是，薪酬调查还可以增强企业对竞争对手的了解，有助于企业及时调整自己的薪酬战略乃至整个公司的战略导向。此外，薪酬调查的结果对于企业实现薪酬在效率、公平、合法等方面的目标有着重要作用。

特定企业的劳动力成本及其产品的竞争性在很大程度上要受到其所获得的薪酬调查数据的准确性的影响。

具体来说，企业一般都会希望通过薪酬调查达到以下几个方面的目的：

1. 调整薪酬水平

大多数企业都会定期调整自己的薪酬水平，调整的依据一般包括生活成本变动、员工的绩效改善、企业的经营状况与支付能力等。当然也有可能仅仅是因为感觉到竞争对手的薪酬水平有所变化而调整本企业的薪酬水平。在后面这种情况下，企业尤其需要通过薪酬调查来了解竞争对手的薪酬变化情况，并有针对性地制定自己的薪酬调整对策，以避免在劳动力市场的竞争中处于不利地位。

2. 调整薪酬结构

我们在讲述职位评价的时候曾经说过，通过内部职位评价得到的薪酬结构与从外部市场得到的薪酬结构之间可能存在不一致的情况，而如何在这两种薪酬结构之间进行平衡就是一个很大的问题。这要求企业必须根据自己的经营环境和战略目标作出明智的判断和选择。由于竞争环境的变化，越来越多的企业已经从对内部一致性的强调转移到对外部竞争性的重视，而过去，企业比较重视的是内部职位评价，主要通过内部职位评价来确定不同职位之间的薪酬差距。外部薪酬调查的主要作用在于为企业总体薪酬水平的确定提供参考依据，它对企业内部不同职位之间的薪酬差距并无太大的影响。而现在，许多企业利用薪酬调查来评价自身所做的职位评价的有效性。假如企业根据职位评价的结果将某两种职位放入同一薪酬等级，但是市场调查的结果显示这两种职位之间存在较明显的薪酬差距，企业就会对自己的职位评价过程进行重新检查，或者单独设立一个新的薪酬等级。

此外，随着一些企业逐渐从以职位为基础的薪酬体系向以人为基础的薪酬体系转移，企业更为依赖市场薪酬调查来确定薪酬水平并确保其外部竞争性。

3. 估计竞争对手的劳动力成本

对于许多在产品市场上面临较大竞争压力的企业来说，比如零售业、汽车或特殊钢产品制造业的企业等，劳动力成本是决定企业竞争优势的一个重要来源。因此，这些企业都会非常关注竞争对手的劳动力成本开支状况，既不能因为薪酬水平太低而失去优秀的员工，也不能因为薪酬水平过高而影响公司产品的竞争性。所以，它们非常注意利用薪酬调查数据来对竞争对手的定价以及制造实践进行财务分析。比如，美国劳工部定期发布的分行业劳动力成本估计报告——《雇佣成本指数报告》就很受关注。这份报告专门衡量在每一个季度中，员工的薪酬开支相对于企业成本的变化情况，企业可以与本行业或特定行业的情况进行对比。

4. 了解其他企业薪酬管理实践的最新发展和变化趋势

由于薪酬调查所要了解的数据并不仅限于基本薪酬这样一种简单的信息，而且包括奖金、福利、长期激励、休假等各种福利以及加班时间、各种薪酬计划等方面的信息，甚至包括其他企业的员工流动率、加薪频率等，因此，企业可以借此了解某些新型薪酬管理实践在企业界的流行情况。这就有助于企业判断，自己是否有必要顺应潮流来实施某种新的薪酬管理实践。比如，宽带薪酬设计是一种比较新的薪酬管理实践，企业可以通过薪酬调查了解到底有多大比例的公司以及什么样的公司采取了这种新的做法，实施效果如何，自己是不是也应该采用这种薪酬设计方式等。

小专栏 4-3

2013 年 11 月 11 日，网易财经发布了对 113 家央企及其上市子公司共 287 家企业的在岗职工年平均工资进行整理分析的情况，结果发现 2012 年央企及其上市子公司在职员工的平均工资为 111 357 元，比 2011 年的平均工资 102 965 元增长了 8.2%，是私企平均工资的 3.8 倍。

网易财经的平均工资统计口径是：对 A 股上市公司采用 2012 年报中的"支付给职工以及为职工支付的现金"指标除以职工总人数，对香港上市公司则采用 2012 年报中的"员工成本"指标（其中部分包括支付给退休人员的退休金）除以职工总人数。年报中单位为港元或美元的数据均按 2012 年 12 月 31 日当日汇率换成人民币计算，部分数据缺省的央企及子公司职工工资暂未统计。

在统计分析中，央企职工工资包括以下七大部分：一是工资、奖金、津贴和补贴；二是职工福利费；三是社会保险费，其中包括医疗保险、基本养老保险、年金缴费、补充医疗保险、失业保险、工伤保险、生育保险、企业年金；四是住房公积金；五是工会经费和职工教育经费；六是非货币性福利；七是劳动保护费。

资料来源：http://money.163.com/13/1111/11/9DD8D9IC00252G50.html#sns_weibo.

二、薪酬调查的实施步骤

通常情况下，我们可以把薪酬调查的实施过程分为三个阶段：准备阶段、实施阶段以及结果分析阶段。我们首先讨论薪酬调查的准备阶段。企业薪酬调查的准备工作是指在具体设计薪酬调查问卷并实施调查之前所要做的工作。

（一）准备阶段

1. 根据需要审查已有薪酬调查数据，确定调查的必要性及其实施方式

对于任何一家企业来说，如果现有的薪酬调查数据足以提供企业需要的所有信息或者大部分信息，显然就没有必要再自己去做市场薪酬调查了。毕竟在成熟的市场经济国家，各种各样的薪酬调查结果很容易得到。此外，企业需要考虑到，并非所有的理想调查对象都会对调查者所进行的调查感兴趣，这是因为薪酬本身是很多公司的机密之一。因此，如果能够合理利用已经存在的相关调查数据，不仅能够避免这种尴尬，而且可以节省公司的时间和精力，降低调查成本。

需要引起注意的是，在对已有薪酬数据进行筛选和利用的时候，一定要注意使用与自身薪酬决策匹配良好的数据。同时，确认已有薪酬调查数据的质量也是一个很重要的问题。在使用已有数据时，企业最好弄清楚这些数据是否具有一定的准确性，数据量是否充分，取样是否足够大，是季度数据还是年度数据，等等。

如果现有的调查不能满足自己的需要或者根本就没有可用的薪酬调查结果，那么企业需要考虑的下一个问题是：到底是自己来做薪酬调查，还是雇用第三方或与第三方配合来完成薪酬调查的工作。虽然有些企业安排自己的薪酬主管人员负责薪酬调查工作，但是在现实中，很多企业都是利用第三方来完成薪酬调查工作的，其原因在于：

其一，企业自己进行的调查往往容易引起其他企业尤其是竞争对手的警觉和不合作，而中立的第三方调查则比较容易说服目标企业合作和参与。当然，这要求目标企业对于第三方的专业性及保密性有基本的信任。

其二，薪酬调查工作费时费力，企业往往没有足够的人手和时间来从事诸多事务性的工作。从一般的情况来看，一项包括 15 家公司和 20 个职位在内的薪酬调查，从最初的规划到最后收到参与者提交的报告需要花费 10～15 周的时间。对于范围更大的调查来说，完成的时间长达 6 个月左右是很正常的。所以，借助专业化的外部薪酬调查机构来做薪酬调查已经成为企业人力资源管理工作的一种常见的外包形式。

其三，对薪酬调查的结果进行分析也不是一件很容易的事情，因为最终的分析往往要用到一些计算机软件和统计学知识，企业通常没有能力或时间去做数据的处理工作。

2. 选择准备调查的职位及其层次

如果确实需要通过薪酬调查才能达到自己的目的，企业接下来要做的就是确定到底调查哪些职位，是某些类型的职位，还是所有类型的职位。比如，如果企业的兴趣在于管理人员的薪酬，那么只要将公司高层和部门经理一级的职位包括进来就可以了。如果企业想要了解的是专业或技术类职位的薪酬，就需要将相关职能领域中的整个职位族都纳入到调查范围中来，因为这类职位之间的薪酬差异往往不是体现在工作内容本身，而是更多地体现在它们所要求具备的专业或技能层次上。然而，即使已经确定了准备调查的职位的范围，企业也必须选择在调查中所使用的典型职位，这是因为考虑到调查的时间和费用，不可能对所有的职位都展开调查，只能对其中的典型职位进行调查，然后再将调查数据运用到其他非典型职位上。

在选定被调查职位时，调查者必须提供最新的总体职位描述。只有这样，才能确保被调查企业将本企业的职位与调查者所提供的职位匹配起来。这是因为，即使两种职位的职位名称相同，它们在不同企业中的组织结构和工作安排也会有差异，员工所从事的可能是内容不同的工作，有时甚至是截然不同的工作。这种差异在大企业和中小企业之间存在的可能性最大。

在职位调查中所使用的职位说明书必须采用比较常见的或者普遍使用的职位名称。首先用一两句话描述某一职位的主要职责或目标，然后再以简明扼要、通俗易懂的语句列举出该职位最为重要的一些职能。对职位的描述应当注意不要太紧扣发起调查企业自己的特殊情况，而应当具有一定的普遍适用性。此外，从职位描述的详细程度来看，在理想情况下，这种职位描述最多不要超过一页半纸；否则，被调查企业不容易集中注意力。当然，描述的篇幅太小也不好，因为如果提供的信息不充分或不准确，就会影响被调查企业的判断从而影响最终调查数据的质量。当然，有两种情况例外：第一种情况是，被调查的职位属于企业的最高管理层或首席执行官之类的职位；第二种情况是，被调查职位属于行业内几乎标准化的职位，例如房地产管理员或者超级市场收银员等。这两类职位的工作内容在不同的组织中几乎是相同的。

最后，为了提高调查的精确性，调查者还可以在调查问卷中附上一张与调查职位相关的简要的组织结构图，这有助于被调查者做好基准职位与本企业职位之间的匹配。

下面我们在表 4－1 和表 4－2 中列举两个在薪酬调查中所使用的职位描述的范例。

3. 界定劳动力市场的范围，明确作为调查对象的目标企业及其数量

薪酬调查的本意是了解与企业在同一劳动力市场上争夺劳动力的其他企业的薪酬状况，

表 4-1　　薪酬调查中的职位描述举例：制造总监

职位名称：制造总监

职责描述：

- 对整个制造工厂的总体制造活动的有效进行负有全部责任。工作活动包括为确保产品按照质量要求生产出来所必须进行的生产时间安排、工艺流程制定以及自动化开发等。
- 对制造工厂的维护、建筑物管理、设备和办公场所的陈设以及安全保障等负有责任，确保最大限度地利用工厂的所有空间和设备并确保工作场所的安全性。
- 建议并参与新产品以及制造工艺的开发，控制所有的产出和损失率，确保以最低的成本实现最高的生产率。同时负责协调与质量保证部门之间的关系，达到质量控制和保证方面的要求。

任职资格：

- 工程技术或相关领域大学学历，10～12 年的制造业高层管理经验。

表 4-2　　薪酬调查中的职位描述举例：软件开发部门负责人

职位名称：软件开发部门负责人

主要职能：

- 该职位是一个生产管理类职位，负责并指导一个系统分析或编程部门完成修订或开发新的数据处理系统或程序的工作。
- 需要监督由 10～20 名专业技术人员（其中包括合同人员）所组成的一个开发单位，其中的大部分人都在软件开发方面具有相当深的技术背景。

关键职责：

- 为某种特定软件的开发安排项目，确定工作的优先顺序，安排时间表，并对开发活动提供指导。
- 协调与其他部门之间的关系。
- 安排部门活动，准备项目进展报告。
- 制定预算。
- 审查和评价员工的工作绩效，作出相关人事决定（雇佣、解雇以及晋升等）。

因此，企业首先需要确定自己所在的劳动力市场到底有多大。从覆盖范围来看，劳动力市场可以划分为地方性劳动力市场、地区性劳动力市场、全国性劳动力市场以及国际性劳动力市场。不过，需要指出的是，这种劳动力市场的划分依据并不是企业的规模或者地理分布，而是企业在一个多大范围内的市场上与其他企业展开竞争。因此，对于不同类型职位上的员工的招募和雇佣而言，企业可能在某些职位方面处在地方性劳动力市场上，而在另一些职位方面处于全国性劳动力市场上。此外，根据企业的不同需要，相关劳动力市场涵盖的企业可能是为同一种职位或同种技能展开竞争的企业，为同一地理区域内的劳动者展开竞争的企业，也有可能是在同类产品和服务方面展开竞争的企业。

比如，高级专业技术人员，包括财务总监、总工程师、高级经营管理人员的招募通常是全国性的，高级技工、具有一定专业要求的职能管理人员的招募通常是地区性的，而办公室事务性人员的招募则是地方性的。因此，在考虑应当将什么样的企业纳入薪酬调查范围的时候，企业最好问自己这样几个问题："我们企业的员工都流失到哪里去了？""我们主要从哪些地方招募员工？"如果企业所要调查的是那些由地方劳动力市场状况决定薪酬水平的职位，调查样本就必须严格限制在企业所在区域范围之内。如果企业所要调查的是员工调配管理这一职位，那么需要调查的目标企业中有些可能是地方性的，有些则可能是地区性的或全国性的。如果企业准备调查的职位是直线管理类、专业技术类或者是专家类的职位，那么大多数需要被调查的目标公司可能是在某一地区甚至全国范围内与自己处于同一经营领域的企业。

对调查目标的考虑也会有助于企业确定到底需要对哪些企业进行调查。比如，如果调查的目标之一是确定企业规模或企业经营绩效差异对企业高层管理职位的浮动薪酬的影响，就应当在调查对象中尽量包括在企业规模或经营绩效方面有较大差异的不同类型的企业，因为参与调查的企业数量越多，做回归分析或者对数据进行分类分析的效果才会越好。然而，虽然参与调查的企业数量越多，企业所获得的信息越多也越好，但是对时间和预算方面的考虑会对被调查的企业数量施加一种限制。当然，调查所需要的最小样本规模在很大程度上取决于调查本身的详细程度。比如，如果所要调查的是管理类职位，那么调查所需的样本量可能是普通职位调查时所需样本量的两倍左右，这是因为很少有企业的组织方式是完全相同的。

4. 选择所要收集的薪酬信息内容

我们知道，同样的职位在不同的组织中所获得的价值评价是不同的，它们在不同的组织中获得报酬的方式也是不同的。有些企业给予某个职位的基本薪酬可能不是很高，但是奖励性的浮动薪酬或者福利可能会很好。因此，薪酬调查中如果仅仅包括基本薪酬部分，则调查所获得的薪酬数据往往无法反映市场一般状况。在选定调查对象以及拟调查的职位之后，调查者还必须确定应当将哪些薪酬组成部分纳入调查范围。通常情况下，薪酬调查所涉及的薪酬信息包括：

（1）基本薪酬及其结构。调查者应当询问被调查对象在某一具体日期的基本薪酬水平。为了减轻数据处理的负担，应当指明要求被调查者填写的基本薪酬水平到底是年薪、月薪还是小时工资。通常情况下，企业不可能对在同一职位上工作的所有员工都按同一种工资率支付；也就是说，即使大家处在相同的职位上，由于工作绩效以及工作经验等方面的差异，不同的在职者所获得的基本薪酬也是有差异的。因此，单纯获得一个平均的基本薪酬数据不足以搞清楚其他企业是如何管理好企业内部薪酬结构的。为了全面掌握目标企业的基本薪酬支付情况，可以考虑要求被调查者填写被调查职位的薪酬浮动范围，即薪酬跨度的最低值、最高值以及中间值，这有助于确认被调查企业所提供的基本薪酬数据是否准确，因为从理论上讲，基本薪酬既不能低于薪酬浮动范围的下限，也不应高于其上限。

（2）年度奖金和其他年度现金支付。许多企业都向员工提供年终奖，这种年终奖通常与企业的经营业绩挂钩，有时会以年底双薪或者相当于几个月薪水的方式发放，但是有些企业却不提供这种年底的奖励，因此在薪酬调查中，调查者必须向被调查企业询问它们在过去的一个财政年度中对某一职位上的人所支出的实际奖金数额。不过，要强调所填写的必须是年度的平均数值，以避免将一些在年中才调入的员工的奖金作为年度奖金数据。此外，除了具体的奖金数额之外，最好再了解一下被调查者所支付的奖金占该职位基本薪酬的百分比或者其中间值。这些信息都有利于调查者做更为详细的验证和分析工作。

除了传统的年终奖之外，越来越多的企业实行利润分享、收益分享以及一次性加薪等各种现金奖励支付方式。因此，在调查中，要确保将所有这些可能出现的年度现金支付形式都包括进来，否则就会导致对一些企业的某些职位的薪酬水平的低估。

（3）股票期权或虚拟股票计划等长期激励计划。随着股票市场的发展以及企业管理实践的变化，股票期权等长期激励手段在过去的 20 年中得到了迅速的发展。尤其是在企业的高级管理人员和高级技术人员当中，长期激励计划已经成为一种重要的报酬方式，股票期权逐渐取得了与基本薪酬和短期绩效奖励相同的地位。因此，在薪酬调查中不能忽视这类报酬要素。此外，在很多企业中还实行了员工持股计划，员工所持有的股份数量在很多时候与员工所承担的职位是有一定关系的。因此，即使对于一些普通的职位，可能也需要询问被调查者是否实施了股票期权计划。

（4）各种补充福利计划。在福利方面，许多企业在国家法定的福利项目之外为员工提供各种补充福利，比如补充养老保险、健康保险、人寿保险、伤残保险以及休假福利等。这些福利支出对员工来说也是一种收入形式，虽然不是以现金形式表示的，但是可以转化为具体的现金金额。在福利较为优厚的企业和福利较少的企业中，员工的基本薪酬很可能会有一定的差异。所以，收集福利开支方面的信息对于完整理解企业的薪酬水平也是很重要的。此外，如果调查的职位属于高级管理职位的话，像乘坐头等舱旅行、使用公司的专机和专车、公司提供家庭保安服务、公司提供俱乐部会员资格以及公司提供家庭理财咨询之类的特权或者福利虽然在这些管理人员的收入中所占的比重不会很大，但仍然被看成是非常重要的薪酬成分。

（5）薪酬政策等方面的其他信息。除了直接薪酬和间接薪酬信息之外，调查者还可以考虑是否应当询问关于薪酬政策和管理实践方面的信息，其中包括被调查企业的加薪时间以及加薪百分比、公司的加班政策、轮班政策、试用期长短、刚毕业学生的起薪、薪酬水平的地域差异、员工异地调配时的薪酬处理以及兼职员工的薪酬管理等。

最后，在薪酬调查中，如果所调查的职位属于高层、中层管理职位或者是监督类的职位，那么询问被调查者关于某一职位的权限范围的信息（管辖的人员数量及其类型、所支配的预算金额等）也是非常重要的，因为这些信息有助于判断某一职位在企业中的地位。当然，在大多数情况下，被调查者乐于提供的是某一职位所管辖的员工数量的数据。至于一些财务方面的信息，比如某一职位所负责的资产规模或者负责完成的销售额大小等方面的信息，被调查者通常不愿意提供。因此，调查者可以考虑回避比较敏感的信息，让被调查者提供有助于数据分析但又不太敏感的信息，比如在房地产行业询问某职位所负责管理的平方米数，在医疗行业询问某一职位所负责的病床床位数等。

（二）实施阶段

在前几个步骤完成之后，调查者就可以开始设计调查问卷了。调查问卷的内容通常包括企业本身的一些信息，例如企业规模、所在行业、销售额或者销售收入等，各种薪酬构成方面的信息，职位范围方面的信息，任职者的一些信息，一些国际性的信息等。表 4－3 是从某咨询公司面向在华的外资和合资企业进行薪酬调查所使用的问卷中节选的内容。

表 4－3　　薪酬调查问卷举例

一、一般信息

1. 公司名称：＿＿＿＿＿＿＿
2. 联系方式：第一联系人　　　　　第二联系人

　　姓名：＿＿＿＿＿＿＿
　　职位：＿＿＿＿＿＿＿
　　电话：＿＿＿＿＿＿＿
　　传真：＿＿＿＿＿＿＿
　　通信地址：＿＿＿＿＿＿
　　E-mail 地址：＿＿＿＿＿

3. 行业类型：

□ 银行业	□ 石油/化工/能源业
□ 建筑业	□ 医药保健业
□ 消费品行业	□ 零售业
□ 跨行业集团企业	□ 电信业
□ 高科技行业	□ 交通业
□ 保险业	□ 贸易
□ 制造业	□ 房地产业

□ 其他行业（请注明）：__________

4. 公司主要股东及其所占份额__________，__________，__________

5. 中国本土员工数量：　北京　上海　广东

	北京	上海	广东
□ 管理人员[①]：	____________	____________	____________
□ 非管理人员[②]：	____________	____________	____________
□ 操作人员[③]：	____________	____________	____________

6. 除上述员工外，公司雇用的其他类型员工包括：归国华裔雇员：________　香港雇员：________ 外派雇员：________

……

三、奖励性支付

	管理人员	非管理人员	操作人员
1. 有保障的奖金 相当于多少个月的基本薪酬？	□ 有 □ 没有 ______个月	□ 有 □ 没有 ______个月	□ 有 □ 没有 ______个月
2. 浮动奖金 过去 12 个月支付的浮动奖金相当于多少个月的基本薪酬？	□ 有 □ 没有 ______个月	□ 有 □ 没有 ______个月	□ 有 □ 没有 ______个月
3. 销售佣金 ● 你公司是否有销售类员工？ ● 你公司销售人员是否有销售奖金或销售佣金？ ● 如果年度销售目标完成，则销售人员可获得的佣金大约是多少？ ● 在过去 12 个月中实际获得的年度销售佣金为多少？	□ 有 □ 没有 □ ____个月基本薪酬 □ ____ RMB □ ____个月基本薪酬 □ ____ RMB □____个月基本薪酬 □ ____ RMB	□ 有 □ 没有 □ ____个月基本薪酬 □ ____ RMB □ ____个月基本薪酬 □ ____ RMB □ ____个月基本薪酬 □ ____ RMB	□ 有 □ 没有 □ ____个月基本薪酬 □ ____ RMB □ ____个月基本薪酬 □ ____ RMB □ ____个月基本薪酬 □ ____ RMB
4. 股票期权 ● 有资格享受股票期权的员工类型	□ 有 □ 没有 □ 请说明：__________ ____________________	□ 有 □ 没有 □ 请说明：__________ ____________________	□ 有 □ 没有 □ 请说明：__________ ____________________

● 期权授予频率	□ 一年一次__年__月 □ 一年两次__年__月 □ 无固定模式： ____年____月 □ 其他：____________	□ 一年一次__年__月 □ 一年两次__年__月 □ 无固定模式： ____年____月 □ 其他：____________	□ 一年一次__年__月 □ 一年两次__年__月 □ 无固定模式： ____年____月 □ 其他：____________
● 期权授予基准	□ 根据职位等级固定 □ 根据基本薪酬的百分比确定 □ 完全是随机的	□ 根据职位等级固定 □ 根据基本薪酬的百分比确定 □ 完全是随机的	□ 根据职位等级固定 □ 根据基本薪酬的百分比确定 □ 完全是随机的
● 股票期权计划（请提供计划文本复印件）	□ 提供 □ 不提供	□ 提供 □ 不提供	□ 提供 □ 不提供
a. 享受员工类型	□ ____________	□ ____________	□ ____________
b. 最高可能数量	□ ____%基本年薪 □ 股份数量________ □ 股份金额________	□ ____%基本年薪 □ 股份数量________ □ 股份金额________	□ ____%基本年薪 □ 股份数量________ □ 股份金额________
c. 股票价格或折扣	□ 固定在每股________ □ ____%股票价格折扣	□ 固定在每股________ □ ____%股票价格折扣	□ 固定在每股________ □ ____%股票价格折扣
d. 期权年限	□ ______年	□ ______年	□ ______年
e. 授予时间表	□ 授予时______% □ 授予1年后____% □ 授予2年后____% □ 授予3年后____% □ 授予4年后____% □ 授予5年后____% □ 授予6年后____% □ 授予7年后____% □ 授予8年后____% □ 授予9年后____% □ 授予10年后____%	□ 授予时______% □ 授予1年后____% □ 授予2年后____% □ 授予3年后____% □ 授予4年后____% □ 授予5年后____% □ 授予6年后____% □ 授予7年后____% □ 授予8年后____% □ 授予9年后____% □ 授予10年后____%	□ 授予时______% □ 授予1年后____% □ 授予2年后____% □ 授予3年后____% □ 授予4年后____% □ 授予5年后____% □ 授予6年后____% □ 授予7年后____% □ 授予8年后____% □ 授予9年后____% □ 授予10年后____%

……

调查基准代码	职位名称	职位描述所在页码
管理类		
GM0001	总经理	1
市场类		
MS0001	市场总监	2
MS0002	市场经理	2
MS0003	品牌/产品经理	2
MS0004	品牌/产品主管	2
MS0005	品牌/产品助理	3
MS0006	地区公共关系经理	3
MS0007	地区公共关系主管	3

技术类		
TE0001	技术/工程经理	4
TE0002	工程师	4
TE0003	机械师	4
TE0004	电工	4
……		

说明：①管理人员：负责指导和控制整个公司或某一部门工作的人，比如部门经理等中高层管理人员。

②非管理人员：负责部门或者公司日常专业或技术工作以及事务性和一般支持性工作的人，比如工程师、办公室主管、班长、秘书、司机等。

③操作人员：执行生产线上简单、重复性工作的人，包括技术工人和非技术工人。

作为一种数据收集载体，薪酬调查问卷的设计应当尽量考虑被调查者的使用方便性。无论最终的调查是以书面问卷的形式进行还是以磁盘或者电子邮件的形式进行，都是如此。为了确保所有的调查参与者都能够以相同的方式回答问题，最好准备一份详细的问卷填写说明。当调查者采用邮寄调查问卷方式来完成问卷的收集工作时，这种标准化的操作流程尤其重要。此外，如果调查者准备直接将书面问卷上的数据录入计算机，还应当考虑问卷格式的设计能够尽量避免数据录入的错误。

从时间的角度来看，调查者最好在与调查参与者初次接触之后的2～4周内将问卷邮寄给被调查者。作为一种常见的规则，如果调查的职位在10个左右，那么应当给被调查者提供2～3周的时间来回答问卷；如果调查的职位涉及35个左右，那么要给被调查者留出4～6周的时间来回答问卷。如果调查的时间恰逢联系人休假或者假期比较集中的时间，还要留出更宽裕的时间。

设计薪酬调查问卷的技巧包括：确保问卷易读、易懂、易回答；将问题和每一页纸都标上页码；以有利于将来数据分析的方式设计数据的收集格式；为回答者留出足够的书写空间；每个问题只询问一个信息；在问卷结尾留一个开放式问题；在关键字句下加横线或者加黑；提供调查者的联系方式以便被调查者有问题的时候联系；如果调查会再次进行，则可以请求被调查者对调查的内容和方式等提出意见和建议，以便下次调查时进一步改善。

在问卷设计完成之后，最好是先做一次内部测试。调查者可以将自己的数据试着填写一遍，或者请不参与调查的其他企业试着填写一遍，以发现需要改进的问题。最后，在实施调查的过程中，调查者还需要与被调查者保持联系，以确保有足够的问卷能够回收。

当然，在薪酬调查的过程中，调查者还可以采取问卷调查之外的其他方式来收集信息，其中包括电话访谈、派调查人员实地访谈（例如美国劳工统计局每年都派出大量调查人员实施调查）以及集体访谈等。

显然，问卷调查的方式对于有关数据的保密是最有利的。通常情况下，当企业进行的调查要涉及很多不同的行业和领域时，都会采取邮寄问卷的方法。虽然这是一种最常见的方法，但在确保职位的可比性和薪酬数据的质量方面存在很大的问题，它要求调查者在制作问卷和定义概念的时候格外小心。如果问卷调查再配以专业人员面谈，则问卷调查法的效果会更好。这是因为，在薪酬调查中，确保职位的可比性往往是数据收集时最重要的一个问题，而专业调查人员与企业中的薪酬管理专业人员的直接面谈有助于提高数据的质量和有效性。在双方面谈的情况下，他们比较容易对不同企业间的相应职位进行比较，调查者能够就一些特殊问题直接征求被调查方的看法。电话调查的目的主要在于获取有关薪酬政策、薪酬管理实践方面的信息；当通话双方都是专业的薪酬管理人员时，他们有可能就部分职位的具体薪酬信息进行交流。在运营规范、职位具有可比性的行业里，这种做法比较常见，但在这种行业之外，采取电话访谈的形式往往不会有太好的效果。最后，一些薪酬调查，尤其是在地方上进行的小规模调查会采用群体访谈的形式。这种做法看上去比邮寄问卷更直接，成本也较个人访谈法低，但它也存在一些较大的问题。举例来说，在有着成百上千个职位的大型企业里，即使是很熟悉情况的专业人员也无法就各职位的可比性作出令人满意的回答。

（三）结果分析阶段

1. 核查数据

在调查问卷回收上来以后，调查者首先要做的是对每一份调查问卷的内容作逐项分析，以判断每一个数据是否存在可疑之处。这是因为，虽然薪酬调查者做了许多工作（包括提供职位描述等）来确保被调查者提供真实准确的信息，但是被调查的企业仍然可能没有完全明白调查者的意图，所以，还应该根据实际职位与基准工作职位之间的匹配程度来调整薪酬调查数据，确保数据的有效性。比如，调查者需要检查企业所提供的薪酬浮动范围与其报告的职位实际薪酬水平之间是否存在不一致的现象。再比如，企业所提供的职位的工作报告关系有利于调查者分析该企业的某一个职位所承担的责任比基准职位描述中的内容更多还是更少。对于发现的疑点，需要给接受调查的公司打电话以询问和核对数据，了解某一职位的薪酬为什么会畸高或畸低。

当然，即使是工作内容基本相同的同种职位，在不同的企业中所获得的报酬也有可能会出现很大的差距，我们不能指望通过调查所得到的有关某一职位的多个薪酬数据是高度集中的。这主要与以下几个方面的因素有关：职位在不同的企业中对企业的价值或贡献大小不同；特定企业的薪酬哲学、文化不同；在职者在该职位上工作的时间长短不同；在职者在该职位浮动范围之中的哪一个点上是不确定的；不同的行业有不同的惯例；不同企业所处的地理位置和劳动力市场存在差异等。

下面举例说明对收集上来的数据如何开展筛选和确认工作（见表 4-4）。

表 4-4　　薪酬调查数据分析清单

公司代码	职位名称	工作报告对象	下属人数	正规薪酬浮动范围			基本薪酬（元/月）	奖金	
				最低（元/月）	中间值（元/月）	最高（元/月）		数量（元/月）	目标（%）
5	项目经理	信息系统总监	22	7 210	9 515	9 820	10 330①	8 796	10
6	管理信息系统经理	系统总监	15	5 600②	—	9 200	8 920	—	—
4	技术服务经理	管理信息系统总监	7	5 945	7 023	8 103	7 600	—	—
3	软件开发经理	信息系统副总裁	10	6 475	7 600	8 720	7 569	7 615	15

续前表

公司代码	职位名称	工作报告对象	下属人数	正规薪酬浮动范围			基本薪酬（元/月）	奖金	
				最低（元/月）	中间值（元/月）	最高（元/月）		数量（元/月）	目标（%）
2	系统部门主任	系统与程序总监	14	7 090③	7 245	8 280	7 120	9 850	18
7	软件程序经理	信息系统开发总监	10	6 588	7 760	8 880	6 750	1 000④	10
1	高级软件系统分析员⑤	软件开发经理	3	5 650	7 000	8 050	6 200	4 100	5

说明：①这一基本薪酬数据远远超出其应属的薪酬范围，也与本次调查的总体结果不符。注意核查该职位与基准职位之间的匹配性。

②该公司采用宽带薪酬计划（正常情况下，在该等级上的薪酬浮动范围应当是 50%～60%，而不是 100%）。运用此数据时要注意。

③最低值太高，应当是 6 090 元/月。

④所支付的奖金数额远远低于目标值，这可能不是一个月的奖金，或者属于一种特殊情况。

⑤该职位的名称及其工作报告关系显示，该公司所提供的薪酬数据是比典型职位至少低一个等级的职位的薪酬数据。此外，该职位所管辖的员工人数也表明，该职位的等级比基准职位要低。核查该职位或者剔除该薪酬数据。

2. 分析数据

在数据核查完成之后就是最后一道工作程序，即分析数据。薪酬数据的分析方法一般包括：频度分析、趋中趋势分析、离散分析以及回归分析等。

（1）频度分析。所谓频度分析，是将所得到的与每一职位相对应的所有薪酬调查数据从低到高排列，然后看落入每一薪酬范围之内的公司的数目。这是一种最简单也最直观的分析方法，一般会使用直方图来显示结果（比如说公司数量用纵轴表示，薪酬浮动范围用横轴表示）。下面我们举例说明。假定办公室主任一职的薪酬调查数据经过频度分析之后得到表 4－5所示的结果。为了更为直观地观察，我们还可以将其转换成直方图（见图 4－5）。从图中和表中我们很容易看出，该职位的主要薪酬浮动范围介于 4 751～5 750 元之间，这也是大部分企业为之支付的薪酬范围。

表 4－5　　薪酬数据的频度分析：办公室主任

薪酬浮动范围（元）	企业数量
4 000～4 250	0
4 251～4 500	1
4 501～4 750	2
4 751～5 000	4
5 001～5 250	5
5 251～5 500	6
5 501～5 750	7
5 751～6 000	2
6 001～6 250	1
6 500～6 750	1

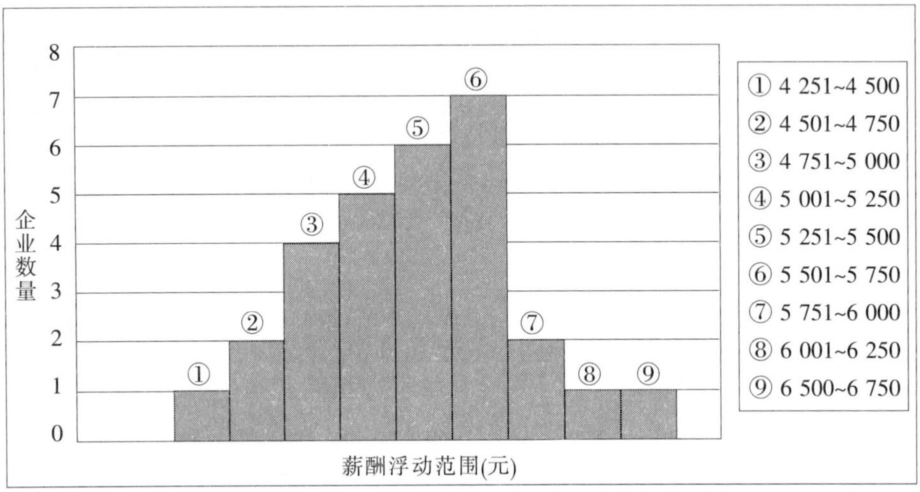

图 4－5　薪酬数据的频度分析：办公室主任

（2）趋中趋势分析。具体来说，趋中趋势分析又可以进一步细化为简单平均数、加权平均数、中值等几种数据分析方法。

1）简单平均数或非加权平均数。这是一种最常见的分析方法。它不考虑在不同的企业中从事某种职位工作的员工人数之间的差异，对所有企业的薪酬数据均赋予相同的权重。在操作层面上，它通常是将与特定职位对应的所有数据简单相加，再除以参与调查企业的数目，求出平均值。这种方法使用起来比较简单，但是极端值有可能会破坏结果的准确性，所以有些公司会首先用频率分布将极端值剔除掉。当调查者所获得的数据不能全面代表行业或者竞争对手的情况，或者因为一些重要的目标公司拒绝参与而导致数据不完整时，采用简单平均数的分析方法是最好的。

2）加权平均数。在这种分析中，不同企业的薪酬数据会被赋予不同的权重，权重的大小取决于某个公司在同类职位上工作的员工人数在调查总人数中所占的比重，或者调查企业认为某个被调查企业的薪酬水平对其薪酬决策的重要程度。换句话说，某公司中从事某种职位的人数越多，则该公司提供的此种职位的薪酬数据对最终平均薪酬数据的影响也就越大；或者，对调查企业来说更为重要的某些竞争对手的薪酬水平在最终的平均薪酬水平中所占的比重较大。在这种情况下，规模不同或重要性不同的企业实际支付的薪酬会对最终调查结果产生不同的影响，因此，采用这种方式求得的最终结果就比简单地求一个平均值更科学。在调查结果基本上能够代表行业总体状况的情况下，加权平均数的分析是最好的，因为这时经过加权的平均数比较接近劳动力市场的真实状况。

3）中值。这种做法实际上是将收集到的薪酬数据按降序或升序排列，然后取中间位置上的那个薪酬水平数值。这样分析的最大好处是可以排除掉极高或极低的薪酬数据对平均数据的影响。不过，这种对数据的分析方法是相当粗略的，只能显示出当前市场平均薪酬水平的大概情况。

（3）离散分析。一般情况下，离散分析的方法有两种：标准差分析和四分位、百分位分析。利用标准差分析可以检验各个分布值与平均值之间的差距大小，但是在薪酬调查数据分析中并不常用。与它相比，四分位分析和百分位分析方法在薪酬调查分析中是更为常见的衡量离散程度的分析方法，具有较强的说服力。

1）标准差。运用标准差来进行薪酬数据分析，实际上是要衡量某个薪酬数据与该类数据的平均值之间的差别是否处于可以接受的范围之内。通过标准差分析可以看出某一类职位上的大多数人员的薪酬变动范围，同时发现某个人的薪酬水平与同类职位人员的平均薪酬水平之间的差距是否合理。例如，假定通过分析市场数据发现，计算机工程师的平均薪酬水平为 3 821.43 元，标准差为 507.49 元，则大多数（68.2%的）计算机工程师的薪酬变动范围应当在平均薪酬水平的正负一个标准差之内，即介于 3 313.94 元（3 821.43－507.49）与4 328.92元（3 821.43＋507.49）之间，95%的计算机工程师的薪酬应当处于正负两个标准差范围之内。如果某位计算机工程师的薪酬水平是 2 750 元，他的薪酬水平与平均水平之间的差距达到 1 071.43 元，那么此人的薪酬水平值得关注。如果发现本企业大多数员工的薪酬水平都低于典型的市场薪酬变动范围的最低值，企业可能就很难吸引和保留优秀的员工。

2）百分位。百分位数所代表的是有百分之多少的公司的薪酬水平低于位于该百分位上的公司的薪酬水平。举例来说，如果某企业在薪酬水平方面处于市场的第 75 个百分位上，这就意味着有 75%的企业的薪酬水平都比其低，只有 25%的企业比其高。在百分位分析方法中，第 50 个百分位是中间值。百分位分析在企业的薪酬水平战略定位中是最常用的，因为它直接揭示了本企业的薪酬水平在劳动力市场上的地位。比如，有些公司将自己的现金薪酬总额定位在市场上的第 60、第 75 甚至第 90 个百分位上；而有的公司则将基本薪酬定位在平均水平上，而将全部现金薪酬（基本薪酬加奖金或奖励）定位在第 75 个百分位上。

3）四分位。四分位分析与百分位分析的方法类似，只不过在进行四分位分析时，首先将某种职位的所有薪酬调查数据从低到高排列，划分为四组（百分位中划分为 100 组），每组中所包括的数量分别为企业调查总数的 1/4（百分位中是 1%）；处在第二小组中的最后一个数据必然是所有数据的中值，可以用它来近似地代表当前市场上的平均薪酬水平。

（4）回归分析。可以利用回归分析来测试两个或者多个变量之间的相关关系，然后利用其中一个变量的值（比如销售额）来预测另一个变量的值（比如销售经理的薪酬）。变量之间的相关系数越接近 1.0，变量之间的相关性就越强。

下面我们举例说明这些数据分析方法。假定对制造行业的 130 家企业进行调查之后发现，采购主管的薪酬水平分布状况如表 4－6 所示，则该职位薪酬水平的简单平均数为 5 182.3元/月，加权平均数为 5 474.655 元/月（前 8 家企业和后 19 家企业的薪酬数据重要性程度按 5%加权，其他企业的薪酬数据重要性程度按 20%加权），中值为 5 780 元/月，第 25 个百分位上的薪酬水平为 4 670 元/月，第 75 个百分位上的薪酬水平为 6 151 元/月。①

表 4－6　　薪酬数据分析：采购主管

薪酬（元）	企业数量
6 500	5
6 482	3
6 151	18

① 计算百分位的公式有多种，不同的计算方法所得到的数值可能会有细微的差异。

续前表

薪酬（元）	企业数量
5 786	15
5 780	16
5 700	14
4 670	10
4 330	12
4 000	5
3 920	2

三、薪酬调查结果分析报告

在大规模的薪酬调查中，调查组织者要对最终的薪酬调查分析结果进行整理，并编写调查报告。这种薪酬调查报告可以提供非常详尽的分析内容，比如，关于北京地区软件开发行业各种规模企业的网络架构师的薪酬数据，包括具体到不同学历、工作年限的从业者的薪酬平均值、中位值以及 75 分位值或 90 分位值等数据。这类薪酬调查信息在一些发达国家可以从政府部门免费获得，也可以通过付费方式从专门从事薪酬调查的机构获得。在我国，目前政府部门尚不能系统性地提供比较可信的此类详细的薪酬调查数据，但可以从相关咨询公司购买相关数据，或者是直接委托相关机构进行专项市场薪酬调查和分析。一些商业机构对外公布的薪酬报告往往只提供一些概括性的薪酬数据。表 4－7 是某咨询公司提供的关于北京地区 2016 年银行与金融业人力资源管理类职位的薪酬调查结果。

表 4－7　　2016 年北京地区金融行业人力资源管理职位薪酬调查报告示例　　单位：万元/年

职位名称	工作年限				
	1～3 年	4～6 年	7～9 年	10～13 年	14～16 年
薪资专员	10～15	—	—	—	—
内部招聘专员	10～20	—	—	—	—
人事主管/专员	15～20	—	—	—	—
培训发展主管	15～20	—	—	—	—
薪酬福利专员	—	20～26	—	—	—
人事专员/助理人事经理	—	20～30	—	—	—
人事信息系统专员	—	20～30	—	—	—
学习与发展专员	—	20～35	—	—	—
员工流动管理专员	—	20～35	—	—	—
薪资经理	—	—	20～40	—	—
学习与发展经理	—	—	30～70	—	—
人事经理/人力资源业务伙伴	—	—	35～70	—	—
内部招聘经理	—	—	30～60	—	—
员工流动管理经理	—	—	25～50	—	—

续前表

职位名称	工作年限				
	1～3 年	4～6 年	7～9 年	10～13 年	14～16 年
薪酬福利经理/总监	—	—	—	50～80	80～130
招聘总监	—	—	—	60～80	80～150
学习与发展/组织发展经理/总监	—	—	—	50～80	100～160
人事总监/人力资源业务伙伴	—	—	—	80～120	120～300

◆ 本章小结

薪酬水平是指一个组织与竞争对手以及市场通行薪酬水平的对比状况。薪酬的外部竞争性对于组织吸引、保留以及激励员工是至关重要的。在薪酬水平方面，企业可以选择薪酬领袖政策，也可以选择市场追随政策，在特殊情况下，还可以选择适当拖后政策。

劳动力市场上的供求状况、产品市场以及企业所在的行业、规模、经营战略等因素都会对企业的薪酬水平决策产生重要的影响。此外，补偿性工资差别理论、效率工资理论、保留工资理论、工作搜寻理论以及信号模型理论等对薪酬水平决策也有重要启示。

薪酬调查是企业薪酬水平决策的重要依据。它是系统了解竞争对手以及市场上的各种薪酬信息，然后据之确定本企业薪酬水平的过程。薪酬调查通常都要借助一个中立的第三方机构来进行。薪酬调查不仅关注基本薪酬，而且关注浮动薪酬和各种员工福利，是一种综合性的薪酬调查或对总薪酬的调查。企业获得薪酬调查数据后，通常需要对数据进行分析，分析方法主要包括频度分析、趋中趋势分析、离散分析以及回归分析等。

◆ 关键术语

薪酬水平（pay level）
外部竞争性（external competitiveness）
薪酬领袖政策（lead policy）
市场追随政策（match policy）
拖后政策（lag policy）
混合政策（hybrid policy）
劳动力市场（labor market）
补偿性工资差别理论（compensating differentials theory）
效率工资理论（efficiency wage theory）
保留工资理论（reservation wage theory）
工作搜寻理论（job search theory）
信号模型理论（signaling theory）
薪酬调查（total compensation survey）

◆ 复习与思考

1. 什么是薪酬水平决策？薪酬水平决策会对一个组织的员工吸引、保留和激励产生何种影响？
2. 薪酬水平决策有哪三种类型？各自的优缺点是什么？
3. 劳动力供给和劳动力需求对企业薪酬水平决策有何影响？
4. 什么是补偿性工资差别理论、效率工资理论、保留工资理论、工作搜寻理论以及信号模型理论？它们分别对薪酬水平决策有何启示？
5. 举例说明产品市场以及企业特征对企业薪酬水平决策有何影响。
6. 什么叫薪酬调查？薪酬调查的意义何在？
7. 如何进行薪酬调查？

8. 薪酬调查数据的分析方法有哪几种?

案例与讨论

公务员的薪酬水平低吗?

2013年岁末，国家公务员考试的笔试刚刚结束不久，距离成绩公布尚有时日，100多万参考者正在焦急等待着最后的结果。他们中的许多人已经开始准备之后的各省公务员考试。就在这时，网上一则帖子广为流传，一位在京工作数年的公务员感叹：月薪三五千居大不易。这样的帖子在基层公务员群体中引起共鸣，却被不少网友拍砖。网友质疑：既然如此，为什么这些人当年还要加入国考大军?

如果公务员的福利能够逐渐透明化，医疗、养老和住房保障逐渐与社会并轨，讨论或许能变得平和客观。但无论如何，当前年轻人热衷于考公务员是一个不争的事实。有些人为了参加国考，放弃了原本在家乡的工作和生活；有些人为了通过国考，耗费金钱、精力年复一年地复习；还有人为了等待一个未知的国考结果，放弃了其他工作机会。相反，在一些胜出的幸运儿中，也有人最终听从内心的召唤，走出令人羡慕的体制围城，去从事自己擅长和喜欢的工作。

"我的家人、父母、亲戚几乎都是公务员，所以当时不论是我自己还是父母，都把未来的工作锁定为公务员，完全没考虑其他工作。"杨雪说道，在父母潜移默化的影响下，这个从小成长在公务员之家的女生一直认为公务员工作稳定，能拿到大城市的户口，福利待遇好，能分房，而这对一个女生来说确实是最好的选择。为了这份安稳，杨雪从香港浸会大学拿到硕士学位后就回到河北老家，投入公务员考试的准备之中。尽管她考得挺好，也进了面试，但最终还是落选了。这时已经是第二年的4月份，校园招聘的高峰差不多已经过去，杨雪只好在一家私企匆匆找了一份并不称心的工作。

谈到公务员考试，已经在公务员岗位上工作了两年的史立青说："如果这个岗位只招一个人，只要笔试成绩的第一名面试情况还不错，那后面几位差不多就是去陪着'打酱油'的。"不论是在平时生活还是学习工作中，史立青始终目标明确、思维清晰。刚进入大三，在北外某小语种专业就读的他就决定参加国考。"我学的这个语言，毕业后找工作范围太窄，如果当公务员平台会好一些，接触的人更多，机会也更多。"小史说。为了准备国考，他的大三生活除了上课就只剩下两本"红宝书"：一本行政职业能力测验，一本申论。每天不是在看书就是在做题，感觉就像回到了高三。笔试第一的成绩、优秀的专业能力，再加上学习小语种的男生供不应求的现实，使他顺利得到了这个别人认为"很牛"的工作岗位。

"我和我的大学同学水平都差不多，申论的成绩差别也不大，最后考试成绩的好坏主要体现在行政职业能力测验上。"连续参加了两年国考的赵倩这样告诉记者，她第二年还参加了培训班，但都没有进入面试。"就差那么几分，但这几分可能意味着多投入几倍的时间和精力。"投入大量精力的不仅仅是考生，同时还有家长。很多家长会在面试期间在北京至少待上一周，陪自己的孩子参加完所有考试，包括心理测试、中文笔试、英文笔试、听译、英文面试、中文面试以及体检在内的多轮专业科目考试和面试，持续一周。"心力交瘁"是很多考完公务员考试的考生的反映。

公务员如围城，已经走出围城的人将其作为将来深造的"跳板"，没有走出的人还在吐槽工资低、福利待遇少、工作无聊甚至失去了从事其他工作的能力。"对公务员的工资就别期待太多了。"史立青不禁向记者吐槽，大学毕业一个月三四千块的工资和其他工作相比确实太低，他更多的打算是把公务员作为一个跳板。"即使不打算一辈子都当公务员，有了这样的工作经验，以后不管是继续深造还是找其他工作，也会有更多的机会。”这时的史立青已经辞职马上去国外深造了。“我已经从这里得到了我想要的，但我还有更多的追求。”在这个岗位上的工作背景让他有了很多机会，得到锻炼，也让他在申请国外学校的时候得到了一个好的结果。“在这里工作一辈子不是我想要的，来这之前就想着过两年去读个研究生，本科学历在这个时代太低了。”他希望研究生毕业后能找个“赚钱更多又感兴趣”的工作，“不管怎样，我很感谢这两年这个工作给予我的一切”。

“公务员的福利没有外面想象得多，科员 3 000 元左右，在北京只够群租。‘老人’还能赶上福利分房的末班车，但我们这些‘新人’什么都没有。说是养老和医疗有区别，但我们目前用不上，等我们退休时，看大趋势也许早就并轨了。”一名在北京市房山区工作的地方公务员说。“同学聚会，最怕晒工资，我说我一个月只有 3 000 多元，大家会嘲笑，说谁信啊。很多同学在企业，现在月薪都万元起步了。”

新闻专业出身的陆晶琪感觉自己很不适应公务员工作：“很多时候自己就是给领导写讲话稿，刚开始我很笨，写完了就给领导，然后每一遍他都会象征性地提出哪里要修改，结果我就改个没完没了。后来我发现，只要卡着点给他，他就只会改一次。大部分时间都在各种套话中‘纠结’，这样的工作感觉没有多少意义。”她曾经打算辞职，因为已经拿到了北京户口，但她发现自己已经不会写新闻了。“我想走，但走了以后能干什么，真的不知道。我有同学在媒体工作，月收入早就 1 万多元了，买了商品房，而且经常去外地采访，很羡慕他们。”

1992 年春，邓小平发表南方谈话，一大批公务员辞官下海，投身市场经济大潮，不少人已是今日商界风云人物。21 年后，党的十八届三中全会隆重召开，伴随着全面深化改革的进程，还会有那么多的人想去当公务员吗？

资料来源：赵樱泽．年轻公务员吐槽待遇差：工资水平在北京只够群租．工人日报，2013－12－08.

思考题

1. 为什么一方面很多公务员抱怨自己的薪酬水平低，另一方面还有很多年轻人热衷于报考公务员？

2. 怎样看待公务员的薪酬水平高低？

第5章
薪酬结构设计

学习目的

读完本章之后，你应当能够：

1. 了解薪酬结构和薪酬内部一致性在薪酬管理中的意义
2. 掌握如何根据企业需要确定薪酬变动范围与薪酬变动比率
3. 明确确定薪酬区间中值的意义以及薪酬比较比率的用途
4. 说明薪酬区间渗透度的含义
5. 掌握薪酬区间中值级差的确定原理及其方法
6. 通晓企业薪酬结构的设计流程与步骤
7. 阐述薪酬宽带的含义、出现的背景和作用
8. 论述宽带型薪酬结构设计中的关键决策及其实施要点

引例

美国联邦政府通用薪酬标准表

美国联邦政府雇员的薪酬分为两大类：一类是针对蓝领人员的工资系统（WS 系统），联邦政府没有一个统一的薪酬标准表，只是责成联邦政府各机构根据所在地的劳动力市场水平自行确定。另一类是针对白领职位的通用职位薪酬系统（GS 系统）。美国联邦政府中 442 种白领职位的薪酬水平就取决于这个包括 18 个薪酬等级的 GS 系统。这些薪酬等级是根据由职位评价得出的职位等级划定的。其中，一些特殊的高级公务员职位适用于 16～18 级。绝大多数联邦政府公务员则适用于一个包括 15 个薪酬等级的通用薪酬表（2017 年的该表如附表所示）。员工在同一薪酬等级内部的升档几乎是随工作年限自动实现的。不过，员工在同一薪酬等级范围内却并非固定地每年调升一档，机构根据“学习曲线”原理来制定升档规则，其中在 1～3 档上，公务员可以每年晋升一次；在 4～7 档上，则每两年晋升一次；在 8～10 档上，则改为每三年晋升一次。通常情况下，一位联邦政府员工从同一薪酬等级的第一档加薪到最高档，需要 18 年的时间。

除了在同一薪酬等级内部的升档之外，联邦政府雇员还可以享受三种不同的加薪。其一是年度可比性加薪，目的是使公共部门的薪酬与私营部门保持一致，这种加薪是自动完成的，不需

要与绩效挂钩。其二是普遍的生活成本加薪，即只要国会和总统授权调整基本薪酬，通用薪酬等级表中各薪酬等级中的薪酬水平就可以随时上调。其三是地方薪酬调整，这一概念是在 1990 年颁布的《联邦雇员薪酬可比性法案》中引入的，其目的是反映不同地区的经济状况差别。但是在 20 世纪 90 年代中期之后，由于预算约束的原因，国会和总统决定暂时不全额支付地方薪酬。

美国联邦政府通用薪酬等级表，GS－2017

薪酬等级	1 档	2 档	3 档	4 档	5 档	6 档	7 档	8 档	9 档	10 档	档差
1	18 526	19 146	19 762	20 375	20 991	21 351	21 960	22 575	22 599	23 171	可变
2	20 829	21 325	22 015	22 599	22 853	23 525	24 197	24 869	25 541	26 213	可变
3	22 727	23 485	24 243	25 001	25 759	26 517	27 275	28 033	28 791	29 549	758
4	25 514	26 364	27 214	28 064	28 914	29 764	30 614	31 464	32 314	33 164	850
5	28 545	29 497	30 449	31 401	32 353	33 305	34 257	35 209	36 161	37 113	952
6	31 819	32 880	33 941	35 002	36 063	37 124	38 185	39 246	40 307	41 368	1 061
7	35 359	36 538	37 717	38 896	40 075	41 254	42 433	43 612	44 791	45 970	1 179
8	39 159	40 464	41 769	43 074	44 379	45 684	46 989	48 294	49 599	50 904	1 305
9	43 251	44 693	46 135	47 577	49 019	50 461	51 903	53 345	54 787	56 229	1 442
10	47 630	49 218	50 806	52 394	53 982	55 570	57 158	58 746	60 334	61 922	1 588
11	52 329	54 073	55 817	57 561	59 305	61 049	62 793	64 537	66 281	68 025	1 744
12	62 722	64 813	66 904	68 995	71 086	73 177	75 268	77 359	79 450	81 541	2 091
13	74 584	77 070	79 556	82 042	84 528	87 014	89 500	91 986	94 472	96 958	2 486
14	88 136	91 074	94 012	96 950	99 888	102 826	105 764	108 702	111 640	114 578	2 938
15	103 672	107 128	110 584	114 040	117 496	120 952	124 408	127 864	131 320	134 776	3 456

第 1 节　薪酬结构的原理及其设计

一、薪酬结构与薪酬的内部一致性

我们在本书第 1 章中就指出，薪酬结构（pay structure）是对同一组织内部不同职位或者技能之间的工资率所作的安排。它所要强调的是职位或者技能等级的数量、不同职位或技能等级之间的薪酬差距以及用来确定这种差距的标准是什么。虽然薪酬结构所强调的是同一组织内部的一致性问题，但它不是一个脱离外部竞争性而独立决策的过程。事实上，薪酬结构决策是在内部一致性（internal consistency）和外部竞争性这两种薪酬有效性标准之间进行平衡的一种结果。有些时候或者在有些场合，薪酬结构考虑内部一致性因素多一些，而在另一些时候或场合，考虑外部竞争性因素多一些。因此，确定薪酬结构的流程可以用图 5－1来表示。

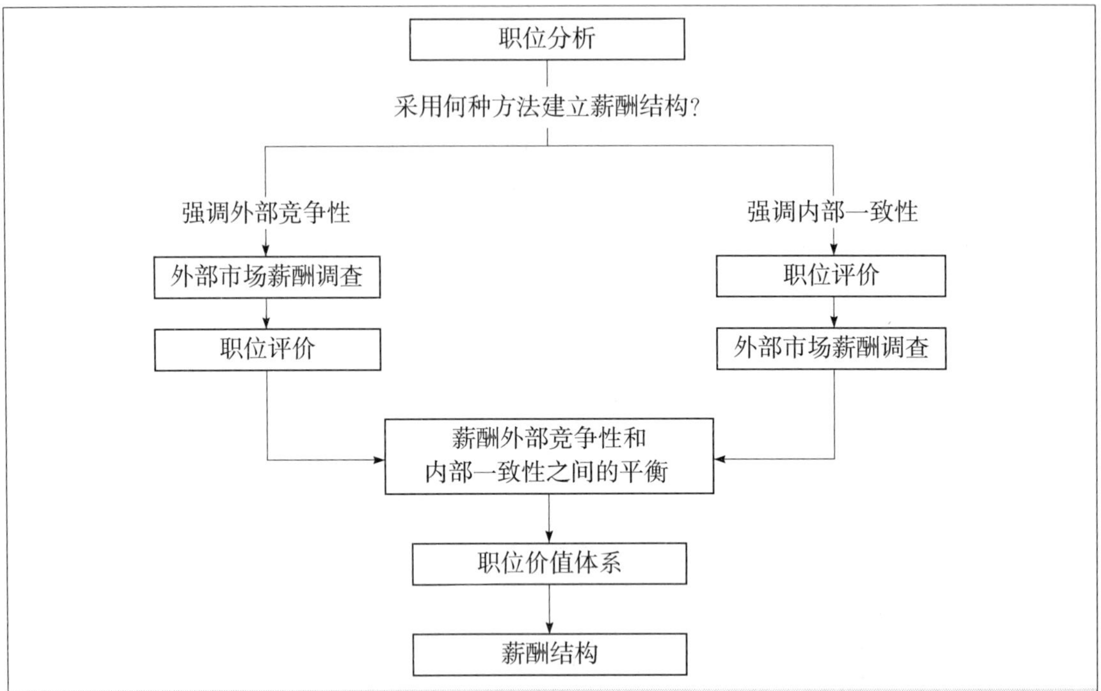

图 5-1　确定薪酬结构的流程

薪酬的外部竞争性我们在上一章中刚刚讲述过，它所揭示的是一个组织的薪酬水平与外部劳动力市场上的其他雇主所支付的薪酬水平之间的可比程度。对于内部一致性的问题，我们仅在前面关于基本薪酬设计的那几章中简单提过，但那时还没有涉及货币价值的概念，仅仅是就职位或者技能本身的价值评价来讨论内部一致性问题。然而内部一致性问题最后的落脚点终究还是在货币报酬上，因此，本章将要重点解决这一问题。为了强化读者对内部一致性概念的理解，我们在这里先举一个例子来说明。所谓内部一致性指的是组织内部不同职位（或者技能）之间的相对价值比较问题。这种相对价值的比较可以是横向的，也可以是纵向的；可以是同一个职位族内部的比较，也可以是同一个部门内部的比较（见图 5-2）。在这个例子中，部门 A 和部门 B 之间在三个职位上都具有内部一致性，因为这些职位的横向薪酬大体上是一致的。在这两个部门中也分别具有垂直内部一致性，因为不同等级职位之间的薪酬增长幅度是相似的。但对于部门 C 而言，它的三个职位在垂直和水平方向上都不具备内部一致性。

水平内部一致性（不同部门之间）

垂直内部一致性（部门内部）

职位	部门 A	部门 B	部门 C
前台接待员	2 500 元	2 600 元	2 900 元
行政秘书	3 000 元	3 100 元	2 500 元
高级秘书	3 500 元	3 600 元	5 000 元

图 5-2　内部一致性剖析：水平一致性与垂直一致性

从表面上来看，横向一致性和纵向一致性是两个完全独立的概念，但实际上二者之间是有联系的。以垂直内部一致性的观点来看，行政秘书和高级秘书的薪酬自然要高于前台接待员，但究竟高出多少合适则与其余两个部门的情况有关（水平内部一致性）。此外，这种薪酬差距到底多大才合适，还要考虑一些其他因素，比如个人绩效等。总之，组织在建立内部一致性的薪酬结构时，不仅要考虑同一职位族内部的薪酬一致性，还要注意同一薪酬等级上不同职位族之间的一致性。

二、薪酬结构的内涵及其相关概念

一个完整的薪酬结构模型如图 5－3 所示。从图中我们可以看出，一个完整的薪酬结构包括这样几项内容：一是薪酬的等级数量；二是同一薪酬等级内部的薪酬变动范围（最高值、中值以及最低值）；三是相邻两个薪酬等级之间的交叉与重叠关系。由于薪酬的等级数量是通过职位评价或者技能评价产生的，因此，这一决策实际上通过前面几章的内容可以完成。下面将重点讨论同一薪酬等级内部变动范围问题以及相邻两个薪酬等级之间的交叉与重叠关系问题。

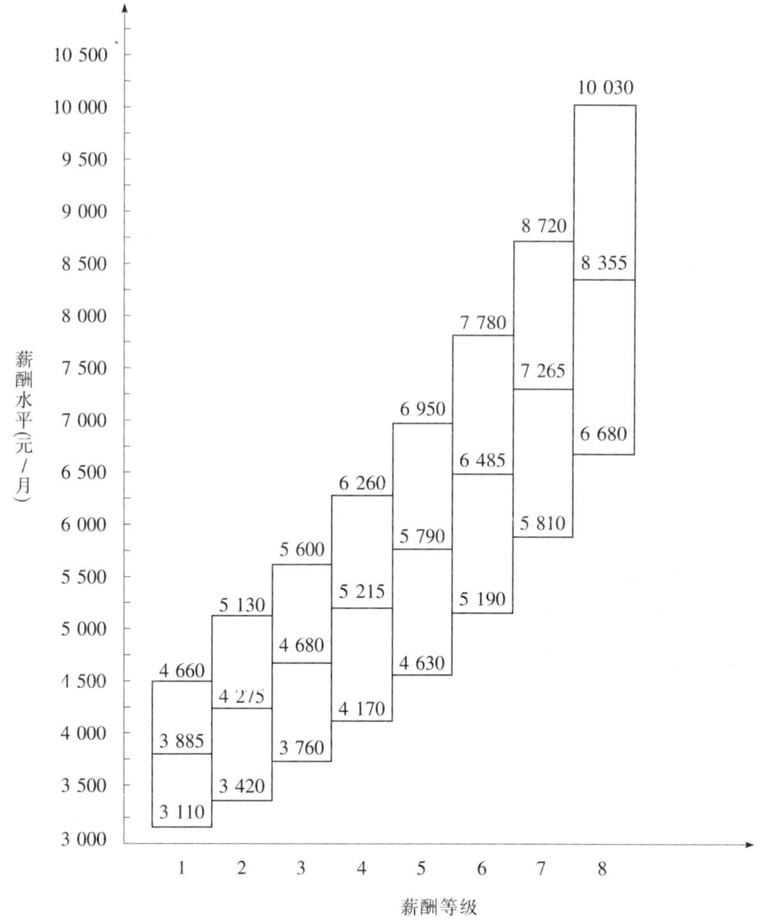

图 5－3　薪酬结构模型

（一）薪酬变动范围（薪酬区间）与薪酬变动比率

所谓薪酬变动范围/薪酬区间（salary range），实际上是指在某一薪酬等级内部允许薪酬变动的最大幅度。薪酬变动范围说明的是在同一薪酬等级内部，最低薪酬水平和最高薪酬水平之间的绝对差距（当然，薪酬中值也很重要。事实上，薪酬变动范围中的最高值和最低值都是依据中值确定下来的。而中值是通过外部市场薪酬调查数据和内部职位评价数据以回归的方式确定下来的。关于这一点，我们会在本章后面讲述）。薪酬变动比率通常是指同一薪酬等级内部最高值和最低值之差与最低值之间的比率。有时为了使用的方便，会计算以中值为基础的薪酬变动比率。这时往往采用以下两种计算方式，两种方式计算的薪酬变动比率数值应该是相同的：

$$\text{上半部分薪酬变动比率}=\frac{\text{最高值}-\text{中值}}{\text{中值}}$$

$$\text{下半部分薪酬变动比率}=\frac{\text{中值}-\text{最低值}}{\text{中值}}$$

下面我们通过实例来对这两个概念加以说明。在如图5-4所示的这一薪酬等级中，薪酬的最高值为9 600元，最低值为6 400元，最高值与最低值之间的绝对差距为9 600元－6 400元＝3 200元，薪酬变动比率为3 200/6 400＝50%。我们还可以得到以下两个计算公式：

$$\begin{aligned}\text{最高值}&=\text{最低值}\times(1+\text{薪酬变动比率})\\&=6\ 400\times(1+50\%)=9\ 600(\text{元})\end{aligned}$$

$$\begin{aligned}\text{中值}&=\frac{\text{最高值}+\text{最低值}}{2}\\&=(9\ 600+6\ 400)/2=8\ 000(\text{元})\end{aligned}$$

此外，我们还可以计算出中值上下两侧的薪酬变动比率：

$$\begin{aligned}\frac{\text{中值}-\text{最低值}}{\text{中值}}&=\frac{8\ 000-6\ 400}{8\ 000}\\&=20\%\ (\text{相当于中值的}-20\%)\end{aligned}$$

$$\begin{aligned}\frac{\text{最高值}-\text{中值}}{\text{中值}}&=\frac{9\ 600-8\ 000}{8\ 000}\\&=20\%\ (\text{相当于中值的}+20\%)\end{aligned}$$

变动比率为50%的薪酬区间中值两侧的变动比率都为20%；换句话说，6 400元为8 000元的80%，9 600元为8 000元的120%。虽然在图5-4中每一个薪酬等级的内部变动比率都为50%，但在实际应用中，不同薪酬等级的变动比率并不一定一致。企业在进行薪酬结构决策时，可能会根据不同的情况来分别确定不同薪酬等级的薪酬变动比率，不同薪酬等级的薪酬变动比率通常在10%～150%之间浮动。

通常情况下，薪酬变动比率的大小取决于特定职位所需技能水平等综合因素。所需技能水平较低的职位所在的薪酬等级的变动比率要小一些，而所需技能水平高的职位所在的薪酬等级的变动比率要大一些。其原因在于，较低的职位所承担的责任以及对企业的贡献是有限的，它所要求的技能员工很快就能学会，如果在这些薪酬等级上确定比较大的薪酬变动比率，既不利于企业控制成本，也不符合这些职位对企业的实际贡献以及外部劳动力市场上的平均薪酬水平。然而，从事这些职位工作的员工通常在组织中有较大的晋升空间，因此，

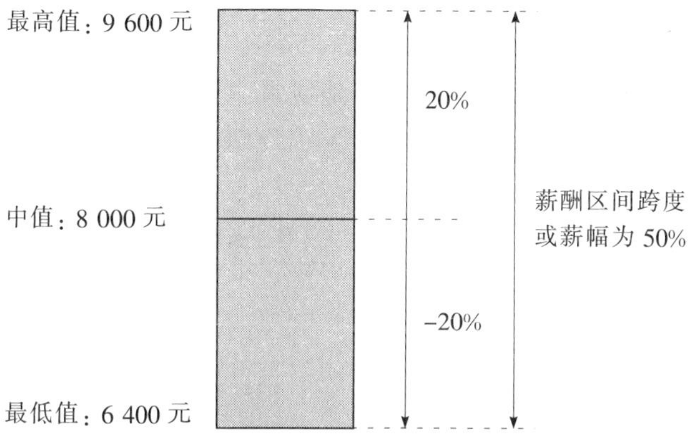

图 5－4　薪酬变动范围及其变动比率举例

如果员工希望获得超过这些薪酬等级上限的薪酬水平，他们可以通过谋求晋升或者技能的提高来进入更高的薪酬等级。相反，对于已经达到较高职位等级的员工来说，一方面，这些职位所承担的责任以及对企业的贡献比较大，所要求的技能难以掌握，需要花费的时间较长，并且在这些职位上工作的员工的努力程度对企业的经营结果影响很大，因此，较大的薪酬变动比率有利于对绩效不同的员工支付不同的薪酬，从而鼓励他们努力工作；另一方面，担任这些职位的员工的晋升空间比较小，在晋升可能性不大的情况下，企业可以利用薪酬的不断增长来激励和留住资深的优秀员工。

如表 5－1 所示，我们可以根据不同的职位类型分别确定它们的薪酬变动比率。

表 5－1　　不同职位类型及其薪酬变动比率

薪酬变动比率	职位类型
20%～25%	生产、维修、服务等职位
30%～40%	办公室文员、技术工人、专家助理
40%～50%	专家、中层管理人员
50%以上	高层管理人员、高级专家

在确定薪酬变动比率的时候一定要非常慎重，这是因为在薪酬水平的中值确定的情况下，薪酬变动比率的变化会在很大程度上改变某一薪酬等级区间的最高值和最低值。如表 5－2所示，随着薪酬变动比率增大，最高薪酬水平更高，最低薪酬水平更低。此外，薪酬变动比率的确定还应当考虑市场上同类职位的最低薪酬水平和最高薪酬水平的实际情况。

表 5－2　　不同薪酬变动比率对薪酬差距的影响　　单位：元

职位	薪酬变动比率	最低值	中值	最高值
报销会计	30%	2 783	3 200	3 617
	40%	2 667	3 200	3 733
	50%	2 560	3 200	3 840

（二） 薪酬区间中值与薪酬区间渗透度

薪酬区间中值（midpoint of grade）或者薪酬变动范围中值是薪酬结构管理中的一个非

常重要的因素，它通常代表了该薪酬等级中的职位在外部劳动力市场上的平均薪酬水平。与薪酬区间中值相关的一个概念是薪酬比较比率（compa-ratio），我们通常用这一概念来表示员工实际获得的基本薪酬与相应薪酬等级的中值或者中值与市场平均薪酬水平之间的关系。以图 5-5 中的员工甲为例，该员工的基本薪酬为 9 000 元，则其目前薪酬比较比率的计算方法如下：

$$薪酬比较比率=\frac{实际所得薪酬}{区间中值}=\frac{9\ 000}{10\ 000}=90\%$$

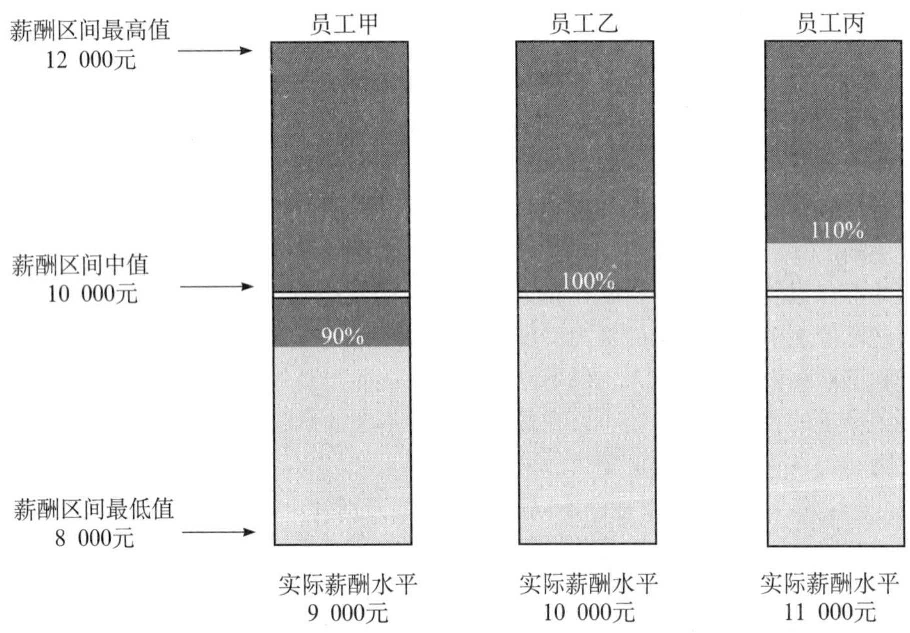

图 5-5　薪酬比较比率示例

比较比率的概念既可以应用于员工个人、员工群体，也可以应用于整个组织。表 5-3 显示了同一种职位的薪酬和市场平均薪酬水平的比较比率。

表 5-3　不同薪酬比较比率对薪酬差距的影响

	公司内部（元）				其他公司（元）
	员工甲	员工乙	员工丙	平均	
基本薪酬	2 250	2 500	2 750	2 500	2 450
中值	2 500	2 500	2 500	2 500	2 500（市场平均水平）
比较比率（%）（实际基本薪酬/中值）	90	100	110	100	98

大多数组织力图将自己的实际平均薪酬水平与市场平均水平之间的比较比率控制在 100%左右，至于员工个人的薪酬比较比率则往往取决于员工的资历、先前的工作经验和实际的工作绩效。通常任职时间比较长、绩效比较好的员工的薪酬比较比率（通常会超过 100%）比新进员工的薪酬比较比率（通常会低于 100%）高。这种控制思路如图 5-6 所示。

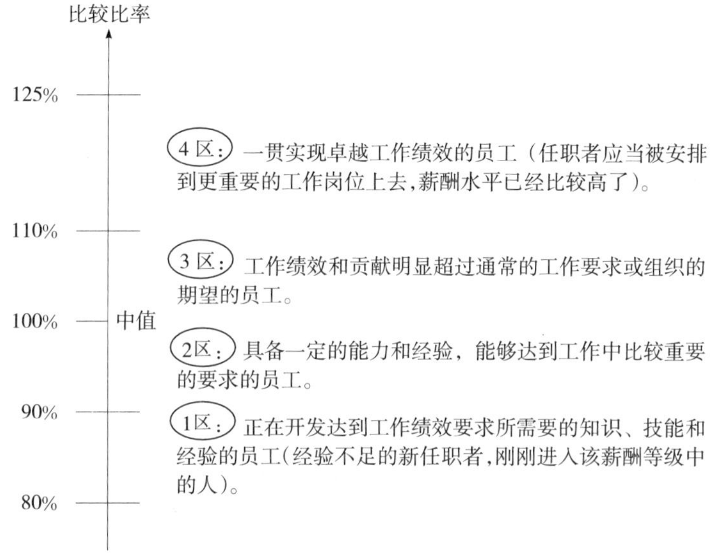

图5-6 利用薪酬比较比率来进行薪酬决策

企业之所以重视薪酬比较比率，是因为它是一种很好的薪酬成本管理工具。在有些情况下，企业将大多数员工的基本薪酬都定在薪酬区间中值上，其主要目的是使本企业的基本薪酬水平和市场水平保持一致。而薪酬区间中值以上的薪酬不作为基本薪酬发放，而是作为一次性奖励发放给高绩效的员工。这样一来，公司只在薪酬区间中值发生变化从而导致公司的薪酬比较比率低于100%的时候才需要提高基本薪酬。

在对同一薪酬区间内部的员工的薪酬水平进行分析时所使用的另一个概念是薪酬区间渗透度（range penetration）。与只考虑区间中值的薪酬比较比率概念不同，薪酬区间渗透度所要计算的是员工的实际基本薪酬和区间最低值之差与区间实际跨度（即区间薪酬最高值和最低值之差）的比值。以图5-7中的员工甲为例，该员工的基本薪酬为9 000元，则其薪酬区间渗透度的计算方法如下：

$$\text{薪酬区间渗透度}=\frac{\text{实际所得薪酬}-\text{区间最低值}}{\text{区间最高值}-\text{区间最低值}}$$

$$=\frac{9\ 000-8\ 000}{12\ 000-8\ 000}=25\%$$

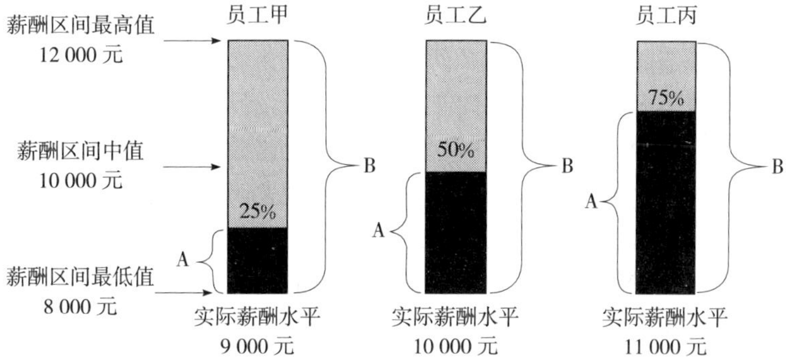

图5-7 薪酬区间渗透度

薪酬区间渗透度是考察员工薪酬水平的一个很有用的工具，因为它反映了一位特定的员工在其所在薪酬区间中的相对地位。如果将某一薪酬等级的整个薪酬区间比做一个大水池，那么薪酬区间渗透度所反映的实际上就是显示特定员工薪酬水平的一种相对水位。通过对薪酬比较比率和薪酬区间渗透度的考察，我们可以分析出某一特定员工的长期薪酬变化趋势。举例来说，我们假定某一薪酬等级的薪酬变动比率恒为50%，企业每年的总体薪酬水平提高幅度恒为2.5%，同时某员工的薪酬总是以每年6%的速度上升，且其进公司第一年的基本薪酬为1 280元，则该员工的长期薪酬变化情况如表5-4所示。

从表5-4中我们可以看出，该员工经过8年的时间超过了其所在薪酬区间的中值，经过13年的时间达到了这一薪酬区间的顶端。当然，如果改变上面假定的三个恒定值中的任意一个值，该员工的薪酬区间渗透度就会增大或减小。事实上，员工薪酬区间渗透度是由区间整体薪酬变化和员工个人薪酬变化两个因素共同决定的。

表5-4 通过薪酬变动比率与区间渗透度分析员工的长期薪酬变化 单位：元

工作年限	区间最低值	区间中值	区间最高值	实际基本薪酬	区间渗透度（%）
1	1 280	1 600	1 920	1 280	0
2	1 312	1 640	1 968	1 357	6.86
3	1 345	1 681	2 017	1 438	13.84
4	1 378	1 723	2 068	1 525	21.30
5	1 413	1 766	2 119	1 616	28.75
6	1 448	1 810	2 172	1 713	36.60
7	1 484	1 856	2 227	1 816	44.68
8	1 522	1 902	2 282	1 925	53.03
9	1 560	1 950	2 339	2 040	61.62
10	1 599	1 999	2 398	2 163	70.59
11	1 639	2 049	2 458	2 292	79.73
12	1 680	2 100	2 519	2 430	89.39
13	1 722	2 152	2 582	2 576	99.30

（三）同一组织相邻薪酬等级之间的交叉与重叠

从理论上来说，在同一组织中，相邻薪酬等级之间的薪酬区间可以设计成有交叉重叠的，也可以设计成无交叉重叠的。有交叉重叠的是指除了最高薪酬等级的区间最高值和最低薪酬等级的区间最低值之外，其余各相邻薪酬等级的最高值和最低值之间往往会有一个交叉和重叠的区域。而无交叉重叠的设计又可以分为衔接式的（上一个薪酬等级的薪酬区间下限与下一个薪酬等级的区间上限在同一条水平线上）和非衔接式的（上一个薪酬等级的薪酬区间下限高于下一个薪酬等级的区间上限）两种。

在实践中，大多数情况下，企业倾向于将薪酬结构设计成有交叉重叠的，尤其是中层以下的职位。这是因为，在目前企业内部的薪酬等级数量比原来减少，晋升的机会也比原来减少的情况下，如果相邻两个薪酬等级的薪酬区间差异过大，就会造成这样一种情况，即某人一旦得到晋升，其薪酬水平会立即比原来的薪酬等级所对应的薪酬区间的上限还要高出许多。同时，对处在下一个薪酬等级上的一位工作多年的员工来说，他的薪酬水平可能还不如一个比其工作年限少很多，但是有幸晋升到上一个薪酬等级的人。如果这种晋升的差异确实是由工作绩效所导致的，也许还不会引起太大的不公平感，但是如果企业原来在两位员工的晋升决策上就很犹豫，因为两位员工的能力和工作绩效都差不多，但是职位只有一个，所以只好晋升其中的一位，在这种情况下，如果因为晋升所导致的薪酬差异又很大的话，必然会导致未被晋升员工的强烈不满，同时会导致企业内部的晋升竞争更加激烈，矛盾也更多。相邻薪酬等级的区间存在适当交叉和重叠的做法可以有效避免上述问题或矛盾的产生，它一方面可以避免因晋升机会不足而导致的未被晋升者的薪酬增长受限；另一方面因为给被晋升者（绩效优秀者）提供了更大的薪酬增长空间而对被晋升者提供了激励。但是，重叠的区域不应该太大，否则会限制不同薪酬等级之间的区间中值的差异，甚至出现上级的薪酬低于下级的情况。

在薪酬区间的交叉与重叠问题上，有时我们主要关注相邻两个薪酬等级之间的交叉和重叠情况，有时可以看全部薪酬等级的总体交叉和重叠情况，即多个薪酬区间有共同交叉的情况。无论是哪一种情况，薪酬等级之间的薪酬区间交叉与重叠程度（简称薪酬区间叠幅（range overlap））取决于两个要素：一是薪酬等级内部的区间变动比率；二是薪酬等级的区间中值之间的级差。前者我们在前面已经分析过了，下面主要来看不同薪酬等级的区间中值之间的级差问题。

1. 不同薪酬等级之间的中值级差

薪酬区间中值级差（midpoint difference）是指相邻薪酬等级之间的区间中值变动百分比，在最高薪酬等级的中值和最低薪酬等级的中值一定的情况下，各薪酬等级中值之间的级差越大，则薪酬结构中的等级数量就越少；反过来，各薪酬等级中值之间的级差越小，薪酬结构中的等级数量就越多。假设最高薪酬等级（或除最低薪酬等级之外的其他任何一个薪酬等级）的区间中值和最低薪酬等级的区间中值以及准备划定的薪酬等级数量都已经确定，就可以运用现值公式计算出一个恒定的中值级差。其计算公式如下：

$$PV=\frac{FV}{(1+i)^n}$$

式中，PV 表示现值，在这里是最低薪酬等级的区间中值；FV 表示未来值，在这里可以是最高薪酬等级的区间中值，也可以是最高和最低薪酬等级之间的任何一个薪酬等级的区间中值；n 表示未来值和现值之间的等级数量，在这里是所要计算的两个薪酬等级之间的薪酬等级数量；i 表示级差。

举例来说，假设某公司希望设计出一个有 8 个等级的薪酬结构，并且最高薪酬等级的区间中值是 4 162 元，最低薪酬等级的区间中值是 1 825 元，那么，我们可以知道，$PV=1\,825$，$FV=4\,162$，$n=7$，需要求出 i 的值。套用上述公式我们可以得到 $i=12.5\%$，这样就可以得出该公司各薪酬区间中值的等级分布情况（见表 5－5）。

表 5－5　　某公司薪酬区间中值的等级分布情况测算

薪酬等级	区间中值（元）	级差（%）
1	1 825	12.5
2	2 053	12.5
3	2 310	12.5
4	2 599	12.5
5	2 924	12.5
6	3 290	12.5
7	3 701	12.5
8	4 164	12.5

2. 不同薪酬等级之间的区间叠幅

如表 5-6 所示，薪酬等级的区间中值级差越大，同一薪酬区间的变动比率越小，则薪酬区间的交叉与重叠区域就越小（见表 5-6 中的 A）。相反，薪酬等级的区间中值级差越小，同一薪酬区间的变动比率越大，则薪酬区间的交叉与重叠区域就越大（见表 5-6 中的 B）。表 5-6 中的 C 和 D 的交叉与重叠区域与 A 和 B 的情况相比就属于中间水平。

表 5-6　　薪酬区间变动比率、中值级差与薪酬区间的交叉与重叠

	薪酬等级	区间变动比率为 10%		薪酬区间的交叉与重叠情况
		最低值（元）	最高值（元）	
A 区间中值级差为 15%	1	1 280	1 408	各等级之间均没有交叉和重叠（每一个薪酬数值都只处于一个等级中）
	2	1 472	1 619	
	3	1 693	1 862	
	4	1 947	2 142	
	5	2 239	2 463	
	薪酬等级	区间变动比率为 60%		薪酬区间的交叉与重叠情况
		最低值（元）	最高值（元）	
B 区间中值级差为 5%	1	1 280	2 048	五个等级之间有共同的交叉和重叠（2 000 元在所有五个等级中都有）
	2	1 344	2 150	
	3	1 411	2 258	
	4	1 482	2 371	
	5	1 556	2 490	
	薪酬等级	区间变动比率为 10%		薪酬区间的交叉与重叠情况
		最低值（元）	最高值（元）	
C 区间中值级差为 5%	1	1 280	1 408	前两个等级之间有交叉和重叠（1 400 元在前两个等级中都有）
	2	1 344	1 478	
	3	1 411	1 552	
	4	1 482	1 630	
	5	1 556	1 711	
	薪酬等级	区间变动比率为 60%		薪酬区间的交叉与重叠情况
		最低值（元）	最高值（元）	
D 区间中值级差为 15%	1	1 280	2 048	前四个等级之间有交叉和重叠（2 000 元在前四个等级中都有）
	2	1 472	2 355	
	3	1 693	2 709	
	4	1 947	3 115	
	5	2 239	3 582	

三、薪酬结构的设计步骤

在对薪酬结构的大体状况进行分析之后，我们接着讨论如何有效平衡外部竞争性和内部一致性两方面的要求，然后设计出企业的薪酬结构。在这里，我们以采用计点法进行职位评价为例来说明薪酬结构的建立过程。虽然薪酬结构本身就是在薪酬的外部竞争性和内部一致性之间进行平衡的一种结果，但是，即使在同一个企业内部，职位等级不同，对该职位所得薪酬的内部一致性和外部竞争性的考虑也会有不同的侧重。一般情况是，职位等级越高，对外部竞争性的强调可能会越多，这种情况可以用图 5－8 来表示。

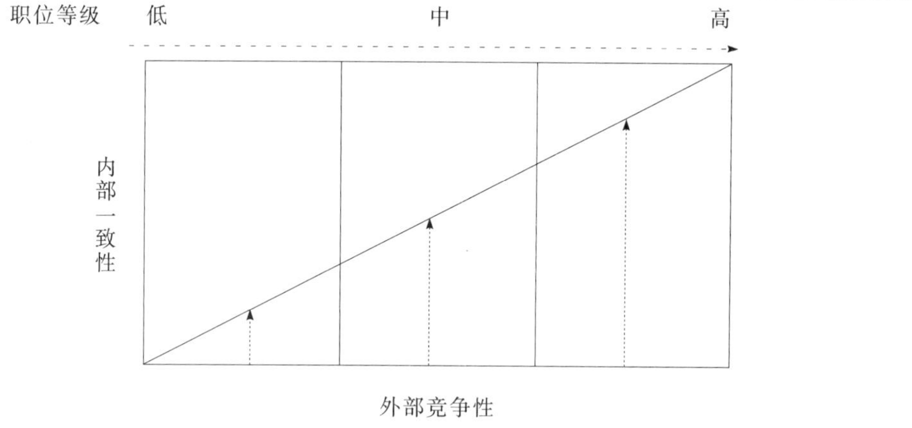

图 5－8　职位等级与薪酬的内部一致性和外部竞争性之间的平衡

下面我们将介绍建立薪酬结构的六个步骤。

步骤一：通观被评价职位的点数状况，根据职位评价点数对职位进行排序

这一步骤的目的在于从整体上观察通过计点法所得到的被评价职位的点数情况，看是否有明显有出入的点数。比如，可以通过对同一职位族中的职位或者是属于其他职能但是明显属于同一级的职位的点数进行对比和分析，对于那些与本职位族中的上下级职位或者是其他职能中的同一级职位所获得的点数相比明显不合理的点数，可以考虑予以调整，以准确反映该职位在内部一致性价值评价中所应当得到的点数。在这一步骤需要注意的问题是：职位评价是否建立在对职位充分理解的基础之上？职位描述是否完备？在对职位进行比较时，所选择的参照对象是否合适？在对评价点数做好初步审核以后，需要以升序或降序的方式对所有经过评价的职位进行排序（见表 5－7）。这样做的目的是看一看排序后的职位结构是否符合直觉的判断。这里需要注意的关键问题是：职位排序的结构是否反映了不同职位的职能差异？点数之间的差异能否反映职位之间的价值差异？

表 5－7　　根据评价点数对职位进行的排序

顺序	职位名称	点数
1	出纳	140
2	离退休事务主办	210
3	行政事务主办	260

续前表

顺序	职位名称	点数
4	工会财务主管	335
5	总经理秘书	345
6	行政事务主管	355
7	报销会计	355
8	招聘主管	405
9	会计主管	425
10	项目经理	470
11	总经办主任	545
12	财务部经理	550
13	市场部经理	565

步骤二：按照职位点数对职位进行初步分组

通过对职位评价点数的观察我们可以发现，虽然不同的职位所得到的评价点数不同，但是有些职位的评价点数与另一些职位相当接近。因此，我们可以初步判断，点数接近的职位应当属于同一个级别。我们可以利用自然断点来划定职位的等级。如表 5－8 所示，我们以 100 点为界线对表 5－7 中的职位进行等级划分，可以初步将其划分为五个等级。

表 5－8　　根据点数分布所作的初步职位等级划分

职位等级	职位名称	点数
1	出纳	140
2	离退休事务主办 行政事务主办	210 260
3	工会财务主管 总经理秘书 行政事务主管 报销会计	335 345 355 355
4	招聘主管 会计主管 项目经理	405 425 470
5	总经办主任 财务部经理 市场部经理	545 550 565

步骤三：根据职位的评价点数确定职位等级的数量及其点数变动范围

我们在上面列举了 13 个职位并且根据它们的评价点数进行了初步的等级划分，但是在实际操作过程中，由于不可能对企业的所有职位都进行职位评价，因此，在划分职位等级的时候还要考虑到其他未被评价的非典型职位的情况。这时，我们就需要仔细考虑到底应当划分多少个职位等级比较合适，并且确定每一个职位等级的最低点数和最高点数。显然，最终划定的等级数量有赖于企业中的职位数量以及职位之间的差异大小，企业的报酬哲学和管理理念也会起一定的作用。

在上一步中我们以 100 点为界线对职位进行了粗略的等级划分。在这里，需要考虑对职位的等级作更为细致的划分，以将一些未评价职位也包括在内，同时反映出不同职位等级之间应有的价值差距。这时，可以采取几种不同的方式来进行不同职位等级内部的点数区间划分。其中的一种方式是每一职位等级的最大点数都以恒定的绝对级差方式来确定。在表5-9a中，39点是各职位等级的最大点数之间的恒定绝对级差。虽然最大值的绝对级差是恒定的，但其差异比率是变化的。在表中我们可以看到，这时的差异比率呈递减趋势。

除了上述这种确定不同职位等级最大点数之间的级差方式之外，还有其他一些方法。比如，可以将上述的恒定级差转变为变动级差，职位等级越高，相邻两个职位等级的最大点数之间的差异就越大（见表5-9b）。或者先确定差异比率，再推算不同职位等级的最大点数之间的级差。在这种情况下，可以采取差异比率恒定的做法（见表5-9c），也可以采取差异比率变动（递增）的做法（见表5-9d）。

表5-9a　　各职位等级最大点数之间的绝对级差恒定的情况

职位等级	职位点数等级		最大值的绝对级差	最大值的差异比率
	最小值	最大值		
1	137	175		
2	176	214	递增39	22%
3	215	253	递增39	18%
4	254	292	递增39	15%
5	293	331	递增39	13%
6	332	370	递增39	12%
⋮				

表5-9b　　各职位等级最大点数之间的绝对级差逐渐增加的情况

职位等级	职位点数等级		最大值的绝对级差	最大值的差异比率
	最小值	最大值		
1	140	165		
2	166	180	15	9%
3	181	215	35	19%
4	216	250	35	16%
5	251	290	40	16%
6	291	330	40	14%
⋮				

表5-9c　　各职位等级最大点数之间的差异比率恒定的情况

职位等级	职位点数等级		最大值的绝对级差	最大值的差异比率
	最小值	最大值		
1	126	145		
2	146	167	22	15%
3	168	192	25	15%
4	193	221	29	15%
5	222	254	33	15%
6	255	292	38	15%
⋮				

表 5-9d 各职位等级最大点数之间的差异比率上升的情况

职位等级	职位点数等级		最大值的绝对级差	最大值的差异比率
	最小值	最大值		
1	126	145		
2	146	167	22	15%
3	168	192	25	15%
4	193	225	33	17%
5	226	263	38	17%
6	264	313	50	19%
⋮				

最后，假定我们以表 5-9a 中的方式对表 5-7 中的职位进行进一步的职位等级划分，决定将其划分为包括 11 个等级的职位等级结构，不同职位等级的最大点数之间的级差为 38，则确定下来的职位等级就是如表 5-10 所示的薪酬等级。

表 5-10 正式职位（薪酬）等级划分及其点数变动区间

职位点数等级	点数跨度
11	527 以上
10	488～526
9	449～487
8	410～448
7	371～409
6	332～370
5	293～331
4	254～292
3	215～253
2	176～214
1	137～175

步骤四：将职位等级划分、职位评价点数与市场薪酬调查数据结合起来

假定我们通过外部市场薪酬调查得到了相应职位的市场薪酬水平，就可以得到与被评价职位有关的两列数据，一列是点数值，一列是薪酬水平数值（见表 5-11）。根据这两列数据，我们可以制成形状类似于图 5-9 的散点图，其中纵轴表示职位的市场薪酬水平，横轴表示职位评价点数。

表 5-11 职位评价点数与市场薪酬水平

顺序	职位名称	点数	市场薪酬水平（元）
1	出纳	140	1 530
2	离退休事务主办	210	1 800
3	无	—	—
4	行政事务主办	260	2 030
5	工会财务主管	335	2 300
6	总经理秘书 行政事务主管 报销会计	345 355 355	2 300 2 430 2 560

续前表

顺序	职位名称	点数	市场薪酬水平（元）
7	招聘主管	405	2 920
8	会计主管	425	3 160
9	项目经理	470	3 600
10	无	—	—
11	总经办主任 财务部经理 市场部经理	545 550 565	4 900 5 300 5 700

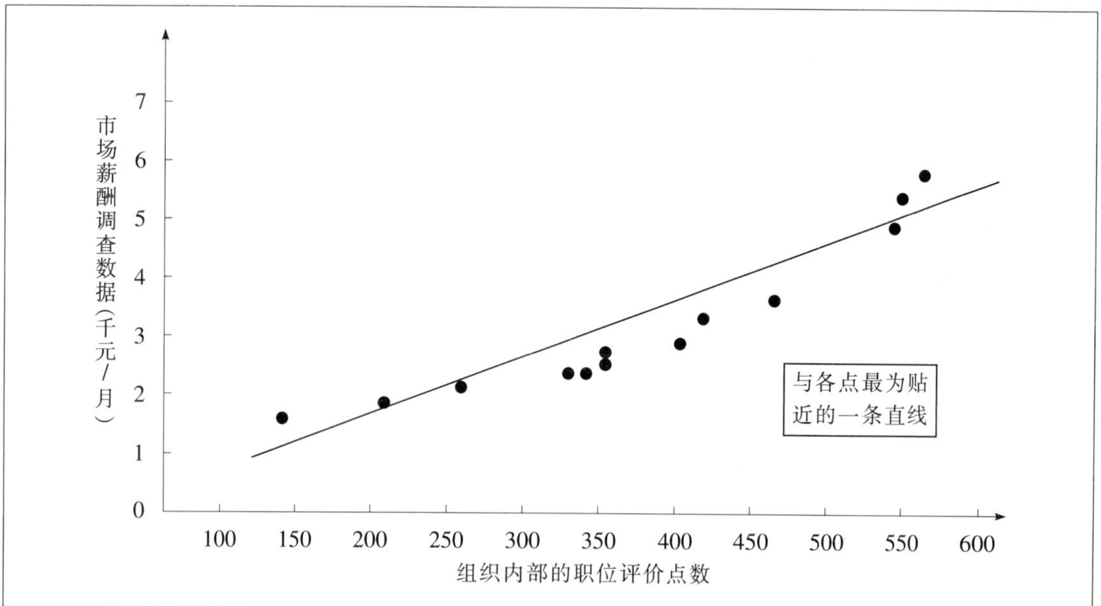

图 5-9　职位评价点数与市场薪酬水平组合成的散点图

我们可以运用最小二乘法来对两列数据进行拟合，以得到一条能够体现不同职位等级的薪酬趋势的直线。根据数学计算的要求，设 X 为职位评价点数，Y 为来自薪酬调查的市场薪酬水平数据，那么只要从下列联立方程中解出 a 和 b 的值，便可推出回归直线方程$Y=a+bX$：

$$\sum Y = na + b\sum X \tag{1}$$

$$\sum XY = a\sum X + b\sum X^2 \tag{2}$$

解上述方程组可以得到：

$$a = \frac{\sum X^2 \cdot \sum Y - \sum X \sum XY}{n\sum X^2 - (\sum X)^2}$$

$$b = \frac{n\sum XY - \sum X \sum Y}{n\sum X^2 - (\sum X)^2}$$

下面根据表 5－12 来说明回归直线 $Y=a+bX$ 的推导过程。根据表 5－11 中各个职位的点数和薪酬水平，可以得出表 5-12 的相关数据。

$$a=\frac{\sum X^2\cdot\sum Y-\sum X\sum XY}{n\sum X^2-(\sum X)^2}$$

$$=\frac{2\ 098\ 900\times 40.53-4\ 960\times 17\ 479.05}{13\times 2\ 098\ 900-4\ 960\times 4\ 960}$$

$$=\frac{85\ 068\ 417-86\ 696\ 088}{27\ 285\ 700-24\ 601\ 600}$$

$$=-0.606$$

$$b=\frac{n\sum XY-\sum X\sum Y}{n\sum X^2-(\sum X)^2}$$

$$=\frac{13\times 17\ 479.05-4\ 960\times 40.53}{13\times 2\ 098\ 900-4\ 960\times 4\ 960}$$

$$=0.009\ 8$$

表 5-12　　薪酬政策线推导示例

职位	点数 X	薪酬水平 Y（千元）	X^2	XY
出纳	140	1.53	19 600	214.2
离退休事务主办	210	1.8	44 100	378
行政事务主办	260	2.03	67 600	527.8
工会财务主管	335	2.3	112 225	770.5
总经理秘书	345	2.3	119 025	793.5
行政事务主管	355	2.43	126 025	862.65
报销会计	355	2.56	126 025	908.8
招聘主管	405	2.92	164 025	1 182.6
会计主管	425	3.16	180 625	1 343.0
项目经理	470	3.6	220 900	1 692
总经办主任	545	4.9	297 025	2 670.5
财务部经理	550	5.3	302 500	2 915
市场部经理	565	5.7	319 225	3 220.5
合计	4 960	40.53	2 098 900	17 479.05

用上述方法推导出来的直线 $Y=0.009\ 8X-0.606$ 即为用最小二乘法拟合出的直线（在这里又称为薪酬政策线）。通过此薪酬政策线我们可以得到各薪酬区间的中值。具体的计算方法是：第一，在已经划定的每一个职位等级中，将其中包括的所有职位根据它们所得到的职位评价点数从高到低排列，从而确定该职位等级中的最高点数和最低点数之间的职位评价点数中值，比如，在某个划定的职位等级中一共包括五个职位，其中职位评价点数最低的职位得到的点数是 100 点，最高的点数是 200 点，则这个职位等级所对应的职位评价点数中值就是 150 点。第二，将这个职位评价点数中值即 X（比如 150 点）带入上述回归方程，便可得到该职位等级所对应的薪酬区间中值即 Y，这个薪酬区间中值是薪酬区间设计的基准点，通过以薪酬区间中值为基准上下各延伸一定的比例，便可以形成一个薪酬区间。关于这一点，我们会在下面两个步骤中讲述。

在图 5-9 的散点图中，每个黑点代表一个职位，黑点在纵轴上对应的是该职位的市场薪酬水平，在横轴上对应的是该职位在职位评价过程中得到的点数，图中的直线就是利用这两组数据进行回归之后形成的薪酬政策线。这里的基本原理是：薪酬政策线是从散点图的分布趋势中总结出来的一条经过平滑处理的总体趋势线。这条总体薪酬趋势线画出来以后，我们还需要确定每一个职位等级中的代表职位所对应的薪酬水平，这个薪酬水平就是该薪酬区间所对应的薪酬中值。而这里的"代表职位"是指这样一个职位，它的职位评价点数正好位于本职位等级各点数的中间位置，因此，它可以作为本职位等级中各种职位的一个代表。在实际的职位评价中可能并不存在一个点数正好位于中间位置的职位，但是我们可以求出这个代表职位的点数，然后将这个点数带入回归方程，求出相应的薪酬水平即薪酬区间中值。如果用图形来表示，最终就表现为在薪酬政策线上分布的一个个黑点，这些黑点在纵轴上对应的薪酬水平即为薪酬区间中值。

需要指出的是，在现实中，并非所有的薪酬政策线都是以直线回归的方式完成的，如果职位评价点数和市场薪酬调查数据形成的散点图明显表现为非线性特征，那么可以考虑采用指数回归分析法等非线性回归方法。

根据上述计算方式，我们得出如表 5－13 所示的与 11 个职位等级相对应的薪酬区间中值（这个薪酬区间中值是利用表中第 3 列各职位评价点数中值带入回归方程计算出来的）。[①]

表 5－13　　经过平滑处理后各职位等级所对应的薪酬区间中值

等级	薪酬区间中值	对应职位等级中的职位评价点数中值
1	923	156
2	1 305	195
3	1 687	234
4	2 069	273
5	2 452	312
6	2 834	351
7	3 216	390
8	3 598	429
9	3 980	468
10	4 363	507
11	4 745	546

步骤五：考察薪酬区间中值与市场水平的比较比率，对问题职位的区间中值进行调整

通过上述步骤得出每一职位等级的薪酬中值之后，通常还需要对薪酬区间中值与外部市场薪酬数据之间的比率（即比较比率）进行分析，以发现可能存在问题的特定职位等级的薪酬定位。这是因为，理想的薪酬结构应该体现两个方面的关系：一是所评价职位之间的关系；二是推导出的职位所对应的薪酬区间中值与外部市场薪酬之间的关系。一般来讲，比较比率减去 100%之后结果在 10%以内都是可以接受的，这表明该职位等级的薪酬内部一致性和外部竞争性是比较协调的。对于结果超过 10%的职位，企业可以考虑适当调整。比如，如表 5－14 所示，与市场薪酬水平相比，这里的总经理秘书、工会财务主管以及行政事务主管三个职位所对应的薪酬区间中值明显偏高。这主要是由于在组织内部的职位评价过程中，这三个职位的内部价值评价较高，而在外部市场上，这三个职位的价值却要相对低一些。当然，对于这些相对外部市场标准报酬明显过高的职位，企业在是否调低其薪酬区间中值方面

① 这种计算通过微软办公处理软件 Excel 和社会科学统计软件 SPSS 都可以自动完成。

的自由度较大。如果薪酬成本在企业看来并不十分重要，那么可以不对上述三个职位的薪酬区间中值进行调整。但是如果出现了相对外部市场标准报酬明显过低的职位，企业可能就不得不相应调高该职位所对应的薪酬区间中值。这是因为，如果只考虑内部一致性而不考虑外部竞争性，这些职位可能很难招募到合适的人员。

表 5-14　　经过平滑处理后各职位等级所对应的薪酬区间中值与市场水平的比较

等级	所在区间点数跨度	职位	内部评价点数	市场平均薪酬水平	薪酬区间中值	比较比率（%）（薪酬区间中值/市场平均薪酬水平）
11	527 以上	市场部经理 财务部经理 总经办主任	565 550 545	5 700 5 300 4 900	4 745	83 90 97
10	488～526	无		—	4 363	—
9	449～487	项目经理	470	3 600	3 980	111
8	410～448	会计主管	425	3 160	3 598	114
7	371～409	招聘主管	405	2 920	3 216	110
6	332～370	报销会计 行政事务主管 总经理秘书 工会财务主管	355 355 345 335	2 560 2 430 2 300 2 300	2 834	111 117 123 123
5	293～331	无		—	2 452	—
4	254～292	行政事务主办	260	2 030	2 069	102
3	215～253	无		—	1 687	—
2	176～214	离退休事务主办	210	1 800	1 305	73
1	137～175	出纳	140	1 530	923	60

步骤六：根据确定的各职位等级或薪酬等级的区间中值建立薪酬结构

最后，只要在考虑到各职位等级内部各种职位的价值差异及相应的外部市场薪酬水平的情况下，确定各个薪酬区间的变动比率，就可以建立起一个如图 5-3 所示的薪酬结构。有时，为了管理的方便，薪酬管理人员会在一个薪酬等级内部再划分几个小的层级，这些层级之间可以是相互重叠的，也可以是相互衔接的。此外，在整体薪酬框架中，同一家企业中可以采用多种薪酬结构，以反映企业的管理哲学和经营状况。比如，企业在设计销售人员和技术研发人员的薪酬结构时，可以采用两种不同的模式。

第 2 节　薪酬宽带

一、宽带型薪酬结构的概念

宽带型薪酬结构（broad-banding structure）或者薪酬宽带（broad banding）仍然属于

薪酬结构的范畴，只不过它是对传统上那种带有大量等级层次的垂直型薪酬结构的一种改进或替代。根据美国总报酬协会的定义，宽带型薪酬结构就是指对多个薪酬等级以及薪酬变动范围进行重新组合，使之变成只有少数薪酬等级以及相应较宽的薪酬变动范围。一般来说，每个薪酬等级的最高值与最低值之间的区间变动比率要达到或超过100%。一种典型的宽带型薪酬结构可能只有不超过四个等级的薪酬级别，每个薪酬等级的最高值与最低值之间的区间变动比率可能达到200%～300%。而在传统薪酬结构中，这种薪酬区间的变动比率通常只有40%～50%。图5-10形象地解释了从传统薪酬等级到薪酬宽带的转变。

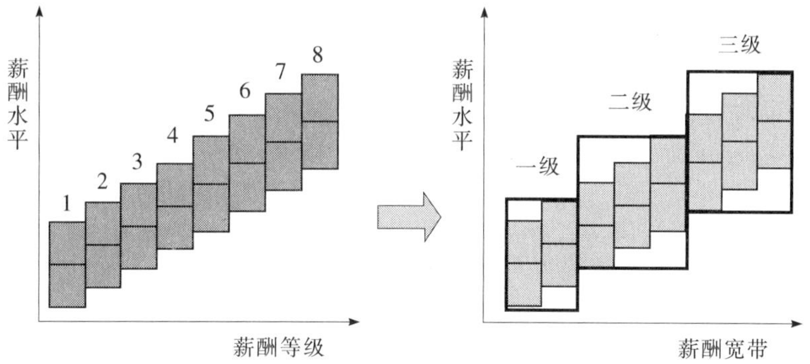

图5-10 从传统薪酬等级到薪酬宽带的示例

宽带这一概念源于广播术语，应用到薪酬管理领域以后，它实际上指明了，企业不再期望员工是“单一频率”的，而是希望他们能够覆盖“宽频”——具有多种技能和能力，从而在组织需要的时候能够完成多种工作任务。薪酬宽带的概念可以应用于职位薪酬体系（见图5-11），更适用于技能和能力薪酬体系（见图5-12）。事实上，薪酬宽带是技能或能力薪酬体系赖以建立和有效运营的一个重要平台。在前一种情况下，企业可以将传统的多等级薪酬结构适当合并以形成宽带薪酬；而在后一种情况下，一家公司可能会将其专业技术类、职能管理类、领导类以及事务类职位分别划入各自的单一薪酬宽带。员工不是沿着公司中唯一的薪酬等级层次垂直往上走；相反，他们在自己职业生涯的大部分或者所有时间里可能都只是处于同一个薪酬宽带之中。员工在企业中的流动是横向的，但是随着他们获得新的技能、能力，承担新的责任，或者改善绩效，他们就能够获得更高的薪酬（即使是被安排到低层次职位上，依然有机会获得较高的薪酬）。

宽带型薪酬结构始于20世纪80年代末，当时美国经济和世界经济的衰退已经十分严重。美国经济从1987年股市暴跌开始走下坡路，到1990年正式进入衰退期，企业破产倒闭的数目不断增加，失业率不断上升，美国的传统企业面临着巨大的转型压力。在这种背景下，宽带型薪酬结构作为一种与企业组织扁平化、流程再造、团队导向、能力导向等新的管理战略相配合的新型薪酬结构设计方式应运而生（事实上，美国联邦政府很早就在薪酬宽带设计方面进行了积极的探索）。宽带型薪酬结构最大的特点是压缩级别，将原来十几个甚至二十几个级别压缩成几个级别，并将每个级别对应的薪酬范围扩大，从而形成一个新的薪酬管理系统及操作流程，以适应竞争环境和业务发展的需要。

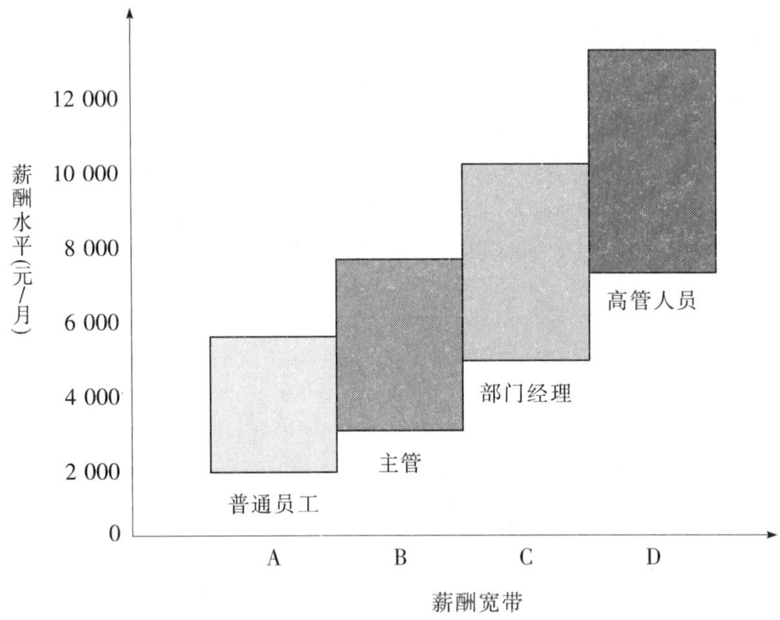

图 5-11　职位薪酬体系下的宽带型薪酬结构

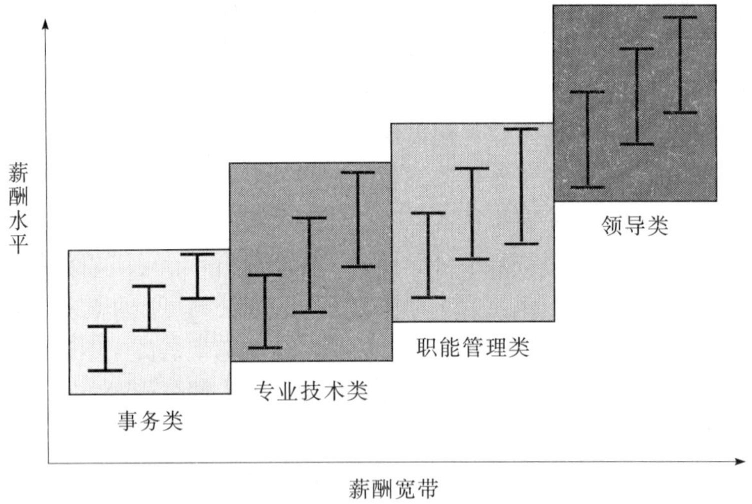

图 5-12　技能/能力薪酬体系下的宽带型薪酬结构

比如，20 世纪 90 年代以前，IBM 的薪酬结构中一共包括 5 000 种不同的职位和 24 个薪酬等级，后来，该公司将职位种类精简到 1 200 种，薪酬等级也合并为 10 个范围更大的薪酬宽带。在开始使用薪酬宽带时，IBM 放弃了原有的职位评价系统即要素计点法，代之以分类法，即公司分别用所需要的技能、领导力/贡献、范围/影响三个要素来对每一级薪酬宽带进行描述，形成一张薪酬宽带等级定义表。比如，在"领导力/贡献"这一薪酬宽带等级的定义要素中，7 级宽带的要求是"理解本部门的使命与愿景"，8 级宽带的要求是"理解部门或特定职能领域的使命与愿景”，9 级宽带的要求是“依据本职能领域或本单位的使命形成愿景”，10 级宽带的要求则是“依据总体战略形成愿景”。在进行职位评价时，管理人员需要首先借助在线职位描述库来找到与员工当前从事的工作最接近的一份职位说明书，将这份职位描述与薪酬宽带表中的每一级宽带的三个要素定义进行对比，只要根据最佳匹配原则将职位放入相应的宽带之中即可，而不需要再使用计点或打分机制。

当然，薪酬宽带不是解决所有薪酬管理和规划问题的“万金油”，运用这种薪酬结构设计的企业中有成功者，也有失败者。薪酬管理人员对薪酬宽带的看法也不尽相同。有的管理者认为薪酬宽带管理起来可能比较容易，因为在调整职位之间的薪酬差异方面所花的时间减少了。有的管理人员认为，虽然花在对职位进行评价上的时间少了，但是花在对人进行评价上的时间增加了。最后，薪酬宽带并不是对所有组织都适用。它在那种新型的“无边界”组织以及强调低专业化程度、多职能工作、跨部门流程、更多技能以及个人或团队权威的团队型组织中非常有用。这种组织所要强调的并非只是一种行为或者价值观，它们不仅要适应变革，而且要保持生产率并且通过变革来保持高度的竞争力，因此企业希望建立一种更具综合性的方法，以便将薪酬与新技能的掌握、能力的开发、更为宽泛角色的承担以及最终的绩效联系在一起，同时还要有利于员工的成长和多种职业路径的开发。而薪酬宽带的设计思路恰恰与组织的上述需求是吻合的。

二、宽带型薪酬结构的特点和作用

与企业传统的薪酬结构相比，宽带型薪酬结构具有以下几个方面的特点和作用。

1. 宽带型薪酬结构支持扁平型组织结构

在传统的组织结构以及与之相匹配的薪酬结构下，一家企业中有很多级别，员工也具有严格的等级观念，来自基层的信息通过层层汇报、审批才能到达负责该信息处理的部门或人员那里。企业内部很容易出现层层拖拉、相互推卸责任的官僚作风。正因为如此，20 世纪 90 年代以后，企业界兴起了一场以扁平型组织取代官僚层级型组织的运动，宽带型薪酬结构可以说正是为配合扁平型组织结构量身定做的，它的最大特点就是打破了传统薪酬结构所维护和强化的那种严格的等级制。它有利于企业提高效率以及创造参与型和学习型的企业文化，对企业保持自身组织结构的灵活性以及迎接外部竞争有着积极的意义。

2. 宽带型薪酬结构能引导员工重视个人技能的增长和能力的提高

在传统薪酬结构下，员工的薪酬增长往往取决于本人在企业中的身份（地位）变化而不是能力提高，因为即使能力达到了较高的水平，但是如果在企业中没有出现高一级职位的空缺，员工仍然无法获得较高的薪酬。而在宽带型薪酬结构设计下，即使在同一个薪酬宽带内，企业为员工所提供的薪酬变动范围也可能会比员工在原来的五个甚至更多的薪酬等级中可能获得的薪酬范围还要大。这样，员工就不需要为了薪酬的增长而去斤斤计较职位晋升等方面的问题，而只要注意发展企业所需要的技术和能力就可以了。因此，虽然相对于传统薪酬结构而言，宽带型薪酬结构为员工提供的晋升机会减少了，但更有利于企业引导员工将注意力从职位晋升或薪酬等级的晋升转移到个人发展和能力的提高方面，将员工的注意力引导到公司着重强调的那些有价值的事情上去，比如满足客户需要、重视成本有效性、以市场为导向、注重效率以及个人技能的提升等。

3. 宽带型薪酬结构有利于职位的轮换

在传统薪酬结构中，员工的薪酬水平与其所担任的职位严格挂钩，因此，从理论上讲，职位变动必然导致员工薪酬的变动。如果是调动到更高级别的职位上去，那么这种职位的变化不会有什么障碍。但如果是从上一级职位向下一级职位调动，则会被员工看成是“被贬”，即使企业有时确实需要一名工作能力很强的员工临时从事某个并不重要职位上的工作，员工往往也会这么看。同时，企业在同一职位级别上的调动也会导致员工不乐意接受。这是因为，当职位处于同一级别的时候，调换职位不会带来任何薪酬水平的上涨，反而会导致员工不得不学习新职位所要求的技能，使工作难度增加，更辛苦。这样，员工宁愿继续从事已经轻车熟路的原来职位上的工作，也不愿意接受职位的同级轮换。

由于宽带型薪酬结构减少了薪酬等级数量，将过去处于不同薪酬等级中的大量职位纳入到现在的同一薪酬等级当中，甚至上级监督者和他们的下属也常常会被放到同一个薪酬宽带当中，因此，在对员工进行横向甚至向下调动时所遇到的阻力就小多了。不仅如此，如果企业的薪酬提升是与员工在不同职能领域或者不同职位上的工作能力联系在一起的，员工对横向职位流动不仅不会拒绝，反而会积极地争取。企业还可以减少过去因员工职位的细微变动而必须做的大量行政工作，如职务名称变动、相应的薪酬调整、系统更新、社会保险投保基数调整、档案更新等。

4. 宽带型薪酬结构能密切配合劳动力市场上的供求变化

宽带型薪酬结构是以市场为导向的，它使员工从注重内部公平转向更为注重个人发展以及自身在外部劳动力市场上的价值。在宽带型薪酬结构中，薪酬水平是以市场薪酬调查数据以及企业的薪酬定位为基础确定的，因此，薪酬水平的定期审查与调整会使企业更能把握其在市场上的竞争力，同时有利于企业做好薪酬成本的控制工作。假设两年前聘任一位会计主任的年薪为10万元，由于该类人员的劳动力供给不断增加，那么两年后该职位具有竞争力的年薪可能会变成8万元。宽带型薪酬结构完全能够适应这种变化，从而帮助企业有效地控制成本。当然，最为重要的可能是当某些职位的薪酬因为市场原因突然大幅提高时，企业可以在不破坏原有薪酬体系和框架范围的情况下适应这种变化。比如，前几年我国的网络泡沫导致IT行业的人才出现不正常竞争，市场薪酬水平大幅度上升，宽带型薪酬结构就可以针对这些市场特点，相应提高这些人员的起薪，而不必调整整个企业的薪酬级别和结构，同时也不至于给企业内部的薪酬公平性造成太多的不良影响。

5. 宽带型薪酬结构有利于管理人员以及人力资源管理专业人员的角色转变

传统薪酬结构的官僚性质导致薪酬决策的弹性很小，基本上是机械地套用薪酬级别，因此，其他职能部门以及业务部门经理参与薪酬决策的机会非常少。而在宽带型薪酬结构下，即使在同一薪酬宽带中，由于薪酬区间的最高值和最低值之间的变动比率至少为100%，因此，给员工薪酬水平的界定留有很大的空间。在这种情况下，部门经理就可以在薪酬决策方面拥有更多的权力和责任，可以对下属的薪酬定位给予更多的意见和建议。这种让直线部门经理与人力资源管理专业人员共同制定薪酬决策的做法，不仅充分体现了大人力资源管理的思想，有利于促使直线部门的经理人员切实承担起自己的人力资源管理职责，同时也有利于人力资源管理专业人员从一些附加值不高的事务性工作中解脱出来，转而更多地关注对企业更有价值的其他一些高级管理活动并充分扮演好直线部门的战略伙伴和咨询顾问的角色。最后，由于直线经理人员是对员工的工作能力和业绩最了解的人，因此赋予他们较大的薪酬决策权还有利于在薪酬定位中更多地体现员工的能力和工作绩效所起的作用，有利于管理人员充分利用薪酬这一杠杆来引导员工实现企业的目标。

6. 宽带型薪酬结构有利于推动良好的工作绩效

宽带型薪酬结构虽然存在对员工晋升的激励水平下降的问题，但是它通过使薪酬与员工的能力和绩效紧密结合可以更灵活地对员工进行激励。在宽带型薪酬结构中，上级对有稳定突出业绩的下级员工拥有较大的加薪影响力，而不像在传统的薪酬体制下，直线管理人员即使知道哪些员工的能力强、业绩好，也无法向这些员工提供薪酬方面的倾斜，因为那时的加薪主要是通过晋升来实现的，而晋升的机会和时间并不那么灵活。此外，宽带薪酬设计鼓励员工进行跨职能的流动，从而可以增强组织的灵活性和促进创新性思想的出现，这对于企业迎接多变的外部市场环境的挑战以及强化创新来说都是非常有利的。最后，宽带型薪酬结构不仅通过弱化头衔、等级、过于具体的职位描述以及单一的向上流动方式向员工传递一种个人绩效文化，而且通过弱化员工之间的晋升竞争而更多地强调员工之间的合作和知识共享、共同进步来帮助企业培育积极的团队绩效文化，这对于企业整体业绩的提升是非常重要的。

在这里，我们对传统薪酬结构与宽带型薪酬结构之间的差异做一个综合性的比较(见表 5－15)。

表 5－15　　传统薪酬结构与宽带型薪酬结构的综合比较

比较内容	传统型	宽带型
薪酬战略与企业发展战略	难配套	易配套
与劳动力市场的关系	市场是第二位的	以市场为导向
直线经理的参与	几乎没有参与	更多地参与
薪酬调整的方向	纵向	横向及纵向
组织结构的特点	层级多	扁平
与员工工作表现的关系	松散	紧密
薪酬等级	多	少
级差	小	大
薪酬变动范围	窄	宽

三、宽带型薪酬结构设计中的关键决策及其实施要点

（一）宽带型薪酬结构设计中的几个关键决策

1. 薪酬宽带数量的确定

在企业的薪酬结构中到底设计几个宽带比较合适还没有统一标准。大多数企业设计 4～8 个薪酬宽带，有些企业设计 10～15 个宽带，有些企业甚至只设计 2 个薪酬宽带，一个是给管理人员用的，一个是给技术人员用的。不过，薪酬宽带数量的决策依据应当是组织中能

够带来附加值的不同员工的贡献等级。宽带之间的分界线往往是在一些重要的“分水岭”处，即在工作或技能、能力要求存在较大差异的地方，比如，可以将某公司的薪酬宽带划分成助理级（初进企业者）、专业级（有经验的、知识丰富的团队成员）、专业主管级（团队或项目监督者）、专业指导级或教练级等。

2. 宽带的定价

在薪酬宽带的设计中，很可能会出现在每一个宽带中都包括财务、采购、软件开发以及工程、市场营销等各类工作，而在不同的宽带中所要求的技能或能力存在差异的情况，还会产生在同一宽带内的不同职能工作之间存在薪酬水平差异的问题。因此，在薪酬宽带设计过程中所遇到的一个挑战就是，如何向处于同一宽带之中但是职能各不相同的员工支付薪酬。一个可行的做法是，参照市场薪酬水平和薪酬变动区间，在存在外部市场差异的情况下，对同一宽带中的不同职能或职位族的薪酬分别定价，定价方法如图 5－13 所示。

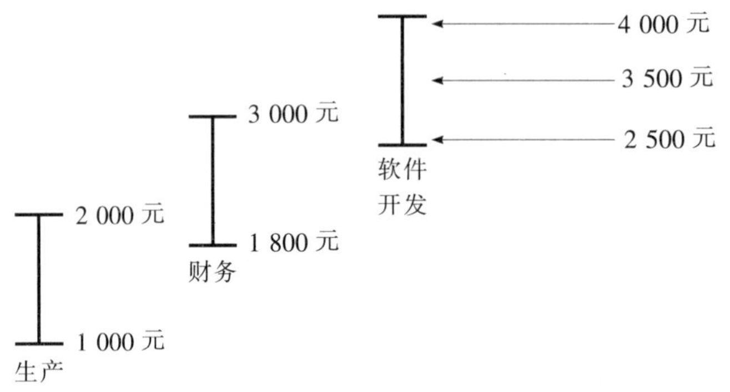

图 5－13　薪酬宽带内部的差异性定价

3. 将员工放入薪酬宽带中的特定位置

在薪酬宽带设计完成之后，企业需要解决的一个重要问题是如何将员工放入薪酬宽带中的不同位置上。在这一问题上，企业通常可以采取如图 5－14 所示的三种方法。希望强调绩效的组织可能会采用绩效法，即根据个人的绩效将员工放入薪酬宽带中的某个位置上。而需要强调新技能获取的企业，则可能会严格按照员工的新技能获取情况来确定他们在薪酬宽带中的位置。员工是否具备组织所要求的这些新技能，是由培训、资格证书或者员工在工作中的表现来决定的。希望强调员工能力的企业则有可能这样确定员工在薪酬宽带中的位置：首先确定某一明确的市场薪酬水平，然后在同一薪酬宽带内部，对于低于该市场薪酬水平的部分，采用根据员工的工作知识和绩效定位的方式；而对于高于该市场薪酬水平的部分，则根据员工的关键能力开发情况来确定他们在薪酬宽带中的位置。

4. 跨级别的薪酬调整以及宽带内部的薪酬调整

在实施薪酬宽带的情况下，员工大多数时候是在同一级别的宽带内部而不是在不同的薪酬宽带之间流动。这时情况就比较简单，因为在薪酬宽带内部的薪酬变动与同一薪酬区间内的薪酬变动原理基本相同。不过，有时企业也需要处理员工在不同等级的宽带之间的流动，

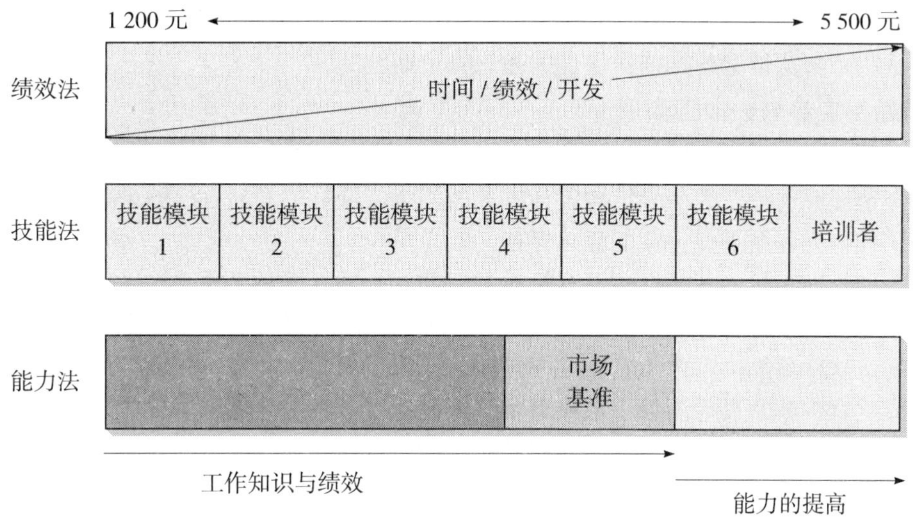

图 5-14　如何确定员工在薪酬宽带中的定位

这一问题的核心是如何确定员工的薪酬变动标准。作为一种强调能力和业绩而非僵化的职位等级结构的薪酬结构设计，宽带薪酬无疑是最为强调员工个人的能力提高和业绩表现的；也就是说，企业只有建立员工的技能或能力评价体系以及绩效管理体系，才能确定客观、公平的员工薪酬变动依据。事实上，这是企业实施宽带薪酬的一个前提。

（二）实施宽带型薪酬结构的几个要点

1. 审查公司的文化、价值观和战略

由于薪酬宽带本身并非仅仅是用来削减薪酬层级的一种工具，它实际上涉及企业的文化、价值观以及经营战略，因此，企业在决定实施宽带薪酬设计的时候，必须首先审查自己的文化、价值观以及经营战略，看它们与宽带薪酬设计的基本理念是否一致。比如，如果企业采取的是传统的经营战略，那么也许采取传统的薪酬结构设计对企业战略目标的实现更有利一些。此外，宽带薪酬要求企业必须形成自己的绩效文化、团队文化、沟通文化、参与文化，因此，如果企业不具备这样的条件，或者没有任何先期的准备就盲目追随潮流，那么实施宽带薪酬设计的结果可能不是正面的而是负面的。

举例来说，通用电气公司在采用薪酬宽带设计的时候就遵循了以下几个操作步骤：第一，界定新的价值观；第二，制定新的培训和开发计划；第三，重新界定领导者和管理层的角色；第四，真正授予员工简化流程的权力；第五，改革薪酬。

2. 注重加强非人力资源经理人员的人力资源管理能力

宽带型薪酬结构的一个很重要的特点是，非人力资源经理人员将有更大的空间参与其下属员工的薪酬决策。这就要求非人力资源经理人员在人力资源管理方面必须有足够的成熟度，能与人力资源部门一起作出对员工的行为、态度以及工作业绩可能产生直接影响的关键性决策。如果没有一支成熟的管理人员队伍，在实行宽带型薪酬结构的过程中必然会遭遇重重困难。例如，部门经理不能客观地对员工能力和绩效进行评价，破坏内部公平；部门经理

不重视员工的能力提升和个人发展等。此外，如果各部门都以自我为中心，不认同宽带型薪酬结构，人力资源部门就很难发挥其应有的作用，而会为了内部的平衡更多地充当“警察”的角色。这些是与宽带型薪酬结构设计的理念背道而驰的。

3. 鼓励员工参与，加强沟通

企业要想引入宽带型薪酬结构，就必须与管理层和员工进行及时全面的沟通，让全体员工都能清晰地理解这种新的薪酬结构设计方式的用意，让员工看到自己的未来发展方向，鼓励员工的工作行为和结果与企业的目标保持一致。

作为一种管理工具，薪酬结构没有绝对的对与错，除了要看它是否有利于企业的运作、能否配合企业的战略之外，还要看它能否得到员工的认可。只有员工明白了某种薪酬决策是如何作出的，这种薪酬决策才能真正发挥预期的作用。为此，准备实施宽带型薪酬结构的企业通常会成立宽带薪酬设计项目小组或宽带薪酬设计委员会来推进这一工作，目的就是尽可能让在引入宽带型薪酬结构的过程中起关键作用的人员或受到这种新的薪酬结构影响的人员参与进来。不过，企业应对参与的规模进行控制，过多的人员参与可能会导致意见不一，难以达成共识，影响项目的进度，甚至会导致引进宽带型薪酬结构的计划失败。

除了参与之外，引入宽带型薪酬结构还需要做好以下三个方面的沟通。一是与部门经理、主管级员工的沟通，要尽可能让他们明白企业引入宽带型薪酬结构的背景、目的、作用以及新结构所考虑的主要因素。同时，还要让他们明白宽带型薪酬结构的特点及其对管理的影响。这部分员工既是公司管理层的组成部分，也是受影响的核心员工，他们只有在全面充分地了解这个系统的情况下，才能去与部门的员工进行沟通，并协助人力资源部门做好工作。二是与其他员工的沟通。大多数员工对薪酬宽带并不熟悉，很可能产生不必要的恐惧，滋生不确定甚至错误的信息，企业必须让员工知道为何要引入宽带型薪酬结构，它可能会给企业和员工带来哪些益处，增加薪酬的机会何在，新的薪酬将会怎样确定，它可能会给员工带来哪些新的挑战，员工怎样才能取得进步等。三是对人力资源专业人员及部门经理就宽带型薪酬结构的操作要领进行培训、沟通，以确保宽带型薪酬结构的设计过程按时完成并能够顺利运作。

从参与和沟通的角度来说，推行宽带型薪酬结构还要求人力资源管理人员能够做好内部客户的思想工作，争取各部门的密切配合，在与非人力资源经理一起给新职位或员工定级、了解劳动力市场信息及协助制定薪酬计划方面，能够扮演好专业顾问的角色，从而为各部门提供优质的服务。

4. 要有配套的员工培训和开发计划

宽带型薪酬结构为员工的成长以及个人职业生涯的发展提供了更大的弹性，其重要特点之一就是鼓励员工努力提高自己的能力，掌握更多的技能，以增强企业的竞争力和适应外部环境的灵活性，鼓励员工的创新性。为达到这一目的，企业必须在实施宽带型薪酬结构的同时，就各职位或各职级需要具备的能力以及配套的培训建立完善的培训开发体系，并积极推行。只有这样，才能使员工不断获取新的技能，帮助他们充分利用宽带型薪酬结构所提供的薪酬增长空间；也只有这样，企业才能从实施宽带型薪酬结构中获利，获得一支真正有竞争力的员工队伍。

表 5－16 中引用的是通用电气零售商财务公司的薪酬宽带定义及相应的培训方案，这种方案能够帮助企业各部门、每一位员工清晰地了解各级别的目标、关键能力要求等。员工在

这样一种环境下，能够清楚地知道自己需要掌握哪些能力和技能才能获得薪酬的提升，同时也能明确自己如想往更高层次发展，应当如何努力。这为员工提供了一种强大的内在激励。

表 5-16 通用电气零售商财务公司的薪酬宽带定义及相应的培训计划

一级宽带	
目标	● 开发有效地管理自己的工作以及作为一名成功的团队成员所需要具备的自我管理、人际沟通、技术等方面的技能。 ● 掌握其他职能领域的工作知识，了解它们的影响，全面理解客户。
关键能力	● 计划、组织以及追踪一项工作任务。 ● 有效地建立与同事、顾客以及客户之间的关系。 ● 作为一个团队成员有效地发挥功能。 ● 通过创新性的思想增加价值。
建议接受的培训和教育	● 优质服务/质量 100 培训。 ● 客户服务/电话礼节培训。 ● 技术和程序以及法律知识培训。 ● 数字技能/人体工程学培训。 ● 远程文件服务系统培训。 ● 文化多元化知觉培训。 ● 人际关系和沟通技能培训。 ● 团队意识以及技能学习培训。
二级宽带	
目标	● 开发领导团队和管理项目所需要的领导、沟通以及技术等方面的技能。 ● 掌握综合性的客户知识，充分理解远程文件服务系统。
关键能力	● 为完成工作任务而提供人际关系以及技术性领导方面的技能（比如教授、人际关系的建立以及培训等）。 ● 与同事、顾客以及客户共同管理多元化的复杂情况。 ● 制定战略并整合资源来达到既定的目标。
建议接受的培训和教育	● 有效的书面沟通培训。 ● 时间管理培训。 ● 服务商培训。 ● 有效会议培训。 ● 面试技能培训。 ● 解决问题以及决策培训。 ● 团队建设以及冲突解决技能培训。
三级宽带	
目标	● 开发领导团队和企业经营的技能以有效地对人以及涉及的多种职业项目进行领导。 ● 开发制定战略、规划以及执行项目的能力，以实现长期和短期的目标。
关键能力	● 教授、激励、领导。 ● 建立和指导高绩效工作团队。 ● 对其他人施加影响以赢得他们对你所制定的计划或战略的认同。 ● 将一个团队的工作与相关的职能整合在一起。 ● 与内部和外部顾客或客户建立关系。

建议接受的培训和教育	● 公司初级领导力研讨会。 ● 领导、面谈以及发表观点的技能。 ● 服务商/解决问题培训。 ● 新任管理者开发课程。 ● 人际关系、谈判以及管理变革的技能培训。 ● 工会意识培训。 ● 文化多元化知觉以及管理培训。
四级宽带	
目标	● 开发提供有关企业发展的战略方向以及会对经营管理产生较大范围影响的思路的能力。 ● 开发有效地管理和领导涉及多种职能的多元化活动的能力，以最好地平衡企业利益。
关键能力	● 树立愿景或者共享价值观系统，并且通过沟通来赢得他人对这种愿景或价值观的认同。 ● 创建与你的愿景相一致的组织结构和制度。 ● 构想以及实施制度、程序、结构、人员配置以及文化方面的变革，以更好地服务于顾客和客户。 ● 创建和管理内部和外部的伙伴关系。 ● 通过知觉过程以及开发多元化的信息来源来作出正确的判断。 ● 创新的管理和风险的承担。 ● 了解并完成经营目标。
建议接受的培训和教育	● 管理者开发课程。 ● 高级领导技能。 ● 创造性思考能力培训。 ● 高级职能和技术课程。 ● 跨职能以及跨经营领域发展培训。
五级宽带	
目标	● 开发指导一个重要的业务部门或者在一个重要的经营领域从事多种职能工作的能力。 ● 开发在持有全局观念的同时积极确立一种愿景的能力。
关键能力	● 制定全局性的以及产生跨经营领域影响的决策。 ● 将企业的战略目标转化为确立企业文化基调的具体方案。 ● 领导一个团队来建立企业的愿景，并且在企业范围内就这一愿景进行沟通，让大家接受它。 ● 管理社区关系。
建议接受的培训和教育	● 经营管理课程。 ● 高级管理能力开发课程。 ● 高级管理人员市场营销研讨会。 ● 高级职能和技术课程。 ● 跨职能、跨经营领域、跨文化发展培训。

◆ 本章小结

薪酬结构要解决的是薪酬的内部一致性问题，它强调的是职位或技能的等级数量以及不同职位或技能等级之间的薪酬水平差异。薪酬区间指明了在某一薪酬等级内部允许薪酬水平变动的最大幅度。薪酬区间中值代表了相应薪酬等级中的职位在外部劳动力市场上的平均薪酬水平。薪酬比较比率表示员工实际获得的薪酬与相应薪酬等级的中值或者某一薪酬区间中值与市场平均薪酬水平之间的关系。

企业将职位在组织内部的评价点数与外部市场调查薪酬数据结合起来，就可以得到薪酬政策线，然后再根据薪酬政策线来设计中值级差以及各薪酬等级的浮动区间。

宽带薪酬实际上是薪酬结构设计的一种思路。在这种薪酬结构中，通常只有较少数量的薪酬等级，而各薪酬等级的薪酬浮动范围却比较大，通常超过 100%。宽带薪酬弱化了既得利益，强调了员工的能力、绩效对组织的重要性，有利于员工的长期职业发展。它特别适合于技能和能力薪酬体系，在传统的职位薪酬体系下也同样有效。

◆ 关键术语

薪酬结构（pay structure）
内部一致性（internal consistency）
薪酬变动范围/薪酬区间（salary range）
区间中值（midpoint of grade）
比较比率（compa-ratio）
区间渗透度（range penetration）
区间叠幅（range overlap）
区间中值级差（midpoint difference）
宽带型薪酬结构（broad-banding structure）

◆ 复习与思考

1. 什么是薪酬结构？薪酬结构的几个基本要素是什么？
2. 什么是薪酬变动范围和薪酬变动比率？
3. 薪酬区间中值以及薪酬比较比率的作用是什么？
4. 请解释薪酬区间渗透度的含义。
5. 确定薪酬中值级差的基本原理是什么？
6. 企业薪酬结构的设计流程是什么？
7. 什么是薪酬宽带？它出现的背景及作用是什么？
8. 在设计宽带型薪酬结构时需要作出的关键决策有哪些？

案例与讨论

M 电信集团 H 省公司薪酬体系实施细则

在本书第 3 章的案例与讨论专栏中，我们描述了 M 电信集团公司的薪酬方案设计情况，该集团的 H 省公司根据集团公司的薪酬改革意见，设计出台了本公司的薪酬体系，该薪酬体系的三大部分分别为：

一、职位工资

职位工资＝职位工资基数×职位工资系数×地区系数

职位工资基数由集团公司确定，并根据国家相关政策和公司经营效益动态调整，目前暂定为 1 000 元，因此形成本省的职位工资通用表。在此基本工资表的基础上，省公司依据各分公司的业务收入规模，结合分公司所在地区经济发展水平核定各分公司（单位）的地区系数，然后确定各分公司的基本工资表。

H省各地区系数表

地区分类	一类	二类	三类	四类
地区系数	1.11	1.08	1.05	1.02

H省职位工资通用表

职级	薪档						
	A	B	C	D	E	F	G
18	10 700	11 200	11 700	12 200	12 700	13 200	13 700
17	8 800	9 230	9 660	10 090	10 520	10 950	11 380
16	7 200	7 560	7 920	8 280	8 640	9 000	9 360
15	5 910	6 230	6 550	6 870	7 190	7 510	7 830
14	4 860	5 130	5 400	5 670	5 940	6 210	6 480
13	3 980	4 200	4 420	4 640	4 860	5 080	5 300
12	3 260	3 440	3 620	3 800	3 980	4 160	4 340
11	2 680	2 830	2 980	3 130	3 280	3 430	3 580
10	2 190	2 310	2 430	2 550	2 670	2 790	2 910
9	1 800	1 900	2 000	2 100	2 200	2 300	2 400
8	1 530	1 610	1 690	1 770	1 850	1 930	2 010
7	1 300	1 370	1 440	1 510	1 580	1 650	1 720
6	1 100	1 155	1 210	1 265	1 320	1 375	1 430
5	950	995	1 040	1 085	1 130	1 175	1 220
4	820	855	890	925	960	995	1 030
3	705	735	765	795	825	855	885
2	610	635	660	685	710	735	760
1	530	550	570	590	610	630	650

二、综合补贴

根据集团公司有关规定，结合H省公司的实际情况，确定各职位等级对应的综合补贴标准如下：

职位等级	1～4级	5～7级	8级及以上
综合补贴	240元	360元	400元

三、绩效工资

各单位在核定的工资总额范围内，除去固定薪酬（职位工资＋综合补贴）部分，作为绩效工资发放。绩效工资由人力资源部核算到部门，员工绩效工资的计算公式如下：

$$员工绩效工资=\frac{员工绩效工资基数\times部门核发比例\times职位系数\times员工月度绩效考核得分}{100+部门内部绩效工资总量平衡调节因素}$$

员工绩效工资基数依据员工的职位序列和职位等级（任职职位）确定，具体见下表：

专业序列员工绩效工资基数表

单位：元

职位等级	1级	2级	3级	4级	5级	6级	7级	8级	9级
绩效工资基数	400	450	520	650	750	900	1 100	1 300	1 450
职位等级	**10级**	**11级**	**12级**	**13级**	**14级**	**15级**	**16级**	**17级**	**18级**
绩效工资基数	1 600	1 950	2 300	2 500	2 800	3 500	3 800	4 100	4 400

管理序列员工绩效工资基数表

单位：元

职位名称	绩效工资基数
市州分公司、省公司部门总经理（含主持工作副职）	3 500
市州分公司、省公司部门副总经理	2 800
县级分公司总经理、市公司部门经理（含主持工作副职）	2 300
县级分公司副总经理、市公司部门副经理	1 950
县级分公司、市公司二级部门临时负责人	1 600

部门核发比例为人力资源部每月除去固定薪酬部分后，核发至各部门可使用的绩效工资总额与该部门员工绩效工资基数之和的比值。

职位系数由各部门负责人考虑员工承担责任的大小、工作任务的饱满程度等因素，以半年或年度为单位核定。标准值为 1.0，最高不超过 2.0，下不保底。

员工月度绩效考核得分由部门负责人依据员工的工作绩效和工作态度等因素，以百分制形式按月评定，最高不得超过 100 分。

部门内部绩效工资总量平衡调节因素是指在按职位系数、月度绩效考核得分计算员工当月绩效工资后，为保障部门内部绩效总额不突破、不截留而采取的调节措施，具体计算公式由各级人力资源部自行确定。

思考题

1. 这家公司的薪酬体系能够达到内部公平性的要求吗？

2. 决定这家公司不同等级员工之间的薪酬差距的因素有哪些？以这些因素来确定薪酬差别是否合理？

第6章 技能及能力薪酬体系

学习目的

读完本章之后，你应当能够：
1. 了解技能薪酬体系的特点和适用范围
2. 熟悉技能薪酬体系的优点和缺点
3. 掌握技能薪酬体系的设计流程和实施技巧
4. 明确能力的定义及其与一般意义上的能力的区别
5. 了解能力模型的类型和作用
6. 说明将能力与薪酬挂钩的几种不同方案
7. 了解职位薪酬体系、技能薪酬体系、能力薪酬体系之间的区别

引例

印刷企业的生产岗位及技能等级

印刷是一个应用型行业，吸收当代科技的能力很强，随着新技术、新工艺的应用，印刷从业人员的岗位也随之变化。岗位设置应充分考虑企业的科技进步、技术装备水平提高、工艺和产品结构调整、劳动组织优化、岗位工作的稳定性和工作量的饱满程度等因素，防止划分过细、过繁。技能等级是岗位技术高低与复杂程度的客观反映。

某企业是一个综合类印刷厂，提供书、刊、报、零件、不干胶等产品的生产和服务，涉及的工种和岗位较多。岗位主要可以划分为印前类岗位、印制类岗位、印后类岗位以及其他类别岗位。

印前部分分为平版制版工、凸版制版工。其中平版制版工又包括电脑照排主机操作工、平版修拼版工、平版晒版工、计算机排版工；凸版制版工包括感光树脂版制版工、柔性版制版工，印前部分必不可少的校对工也归于此类。在技能等级方面，除计算机排版工参照国家职业标准分初级、中级、高级、技师外，其他一律分初级、中级、高级。本企业无凹版印刷。考虑到丝网制版每天工作量不足6小时，所以未设丝网制版工岗位。

印刷操作部分涉及的工种有平版印刷工、凸版印刷工和丝网印刷工。平版印刷工的岗位设

置为平版印刷工，技能等级分初级、中级、高级、技师、高级技师；考虑到企业有一定量的短版印刷及资料复印的活件，特增设复印岗位，技能等级分初级、中级；凸版印刷工的岗位有凸版印刷工、柔性版印刷工，技能等级分初级、中级、高级；丝网印刷工的岗位为丝网印刷工，具体工作包括丝网制版，技能等级分初级、中级、高级。

印后制作部分涉及的工种有装订工、印品整饰工。装订岗位设置有折页机工、锁线机工、平装胶订联动线工、骑马订联动机工（29～043）、平订联动线工、切纸机工、平装混合工、精装混合工、装订检查工，技能等级分初级、中级、高级；该企业印品整饰设备有覆膜机、烫金机、分切机，设置的印品整饰岗位有烫印增光工、压光覆膜工、分切工，技能等级分初级、中级、高级。

另外，一般印刷企业都有一定数量的维修人员，如印刷机维修工、维修电工、电焊工，这三个岗位的技能等级分为初级、中级、高级、技师、高级技师；有一定规模的企业还有汽车驾驶员、叉车司机，这两个岗位的技能等级分为初级、中级、高级、技师。以上 5 个工种均是特殊工种，国家有职业准入制度，均需持证上岗。

需要说明的是，岗位和技能等级设置不是一成不变的。该企业 1992 年设置的胶印技能等级分为初级、中级、高级，并细分为 10 级，外加 1 个延伸等级共 11 级，目前设置的胶印技能等级分为初级、中级、高级，可能增加技师、高级技师共 5 级。如果企业的产品发生变化，岗位及技能等级都可能变化；工艺流程的变化也可能导致岗位及技能等级的变化，如 CTP 直接制版削弱甚至取消了晒版工职能，淘汰落后产能政策几乎导致铅印工种消失等。另外，国家职业标准也在完善和发展，这些都可能是岗位和技能等级变化的原因。

资料来源：罗能慧．如何设置印刷企业的生产岗位及技能等级．印刷技术，2010（1）.

我们在前面介绍过的职位薪酬体系是一种以职位或工作为基础的基本薪酬或薪酬决定体系，而在本章中要讲述的技能/能力薪酬体系则是一种以人为基础的基本薪酬决定体系。以职位或工作为基础的薪酬体系根据职位或工作的性质及其对组织的价值决定某种职位或工作的薪酬水平。而在以人为基础的薪酬体系中，个人为组织作出贡献的能力在薪酬决策过程中起主导作用，它所关注的是员工对组织作出贡献的能力的提高。其中，技能薪酬体系是长期以来一直存在的一种基本薪酬决定体系，它几乎有与职位薪酬体系同样长的历史。而能力薪酬体系则是近些年来才开始流行的一种基本薪酬决定方式，它实际上是在技能薪酬体系基础上的一种扩展。在很多时候，广义的技能薪酬体系也包括能力薪酬体系。

第 1 节　技能薪酬体系

一、技能薪酬体系的内涵和特点

（一）技能薪酬体系的概念

1. 技能薪酬计划的概念及其起源与发展

所谓技能薪酬体系（skill-based pay system）或技能薪酬计划，是指组织根据一个人所掌握的与工作有关的技能、能力以及知识的深度和广度支付基本薪酬的一种薪酬制度。这种薪酬制度通常适用于所从事的工作比较具体而且能够被清晰界定的操作人员、技术人员以及办公室工作人员。技能薪酬计划通常可划分为深度技能薪酬计划和广度技能薪酬计划两种。

从国际上来看，关于技能薪酬或技能薪酬计划没有统一的定义。既有技能薪酬（pay for skills，skill-based pay）计划的说法，也有知识薪酬（pay for knowledge，knowledge-based pay)、能力薪酬（competency-based pay）或胜任素质薪酬计划，甚至学习薪酬（pay for learning）计划的说法。然而，无论叫什么名字，这种基本薪酬决定体系有一个特征，即员工所获得的薪酬是与知识、一种或多种技能以及能力而不是职位联系在一起的。换言之，组织更多地依据员工所拥有的工作相关技能而不是其承担的具体工作或职位的价值来支付薪酬，薪酬的上涨也取决于员工个人所掌握的技能水平的提高或者已有技能的改善。2011 年的一项研究发现，在受访的美国企业中，有大约 12%的企业使用技能薪酬体系，13%的企业使用胜任素质薪酬体系。

现代技能薪酬计划起源于 20 世纪 60 年代的宝洁公司，当时该公司在一些新的生产厂中实施了一种高参与工作系统，其主要内容包括自我管理团队、扁平化组织结构、大量的培训、广泛的信息分享及其他一些创新活动。技能薪酬计划则是为了配合这一系统而设计的，它鼓励员工完成自我管理团队中的各项工作，有时甚至鼓励员工完成一个工厂中所有岗位上的工作。这些工厂中的人员非常精简，生产率却很高。

技能薪酬计划首先在工厂和其他一些蓝领工作占主导地位的场合得到了广泛的运用。当时实施技能薪酬计划的一个主要目的是，借助它来拆散工作范围过于狭窄的职位以及打破过于严格的工作规则（比如“只有电工才能换灯泡”之类的规定)。一些公司于 20 世纪 70 年代开始在新工厂中采用包括技能薪酬计划在内的高参与工作系统。到了 80 年代和 90 年代初期，随着竞争加剧，绩效压力增加，很多公司在老工厂中也开始推行这种管理模式，从而导致技能薪酬计划的进一步普及。20 世纪 90 年代，技能薪酬计划在办公室、呼叫中心、零售业以及管理人员和专业技术人员中得到进一步的推广。近些年来，技能薪酬计划已经广泛应用于电信、银行、保险、软件以及服务行业的公司，成为一种重要的薪酬决定模式。

导致技能薪酬体系日益普遍的主要原因是组织变革以及组织对员工的灵活性的更高要求。市场的日益全球化以及在工作场所出现的越来越多的技术变革，导致组织结构发生了重大变化。今天，组织的层级比过去更少，结构也更加灵活，工作团队、适时生产系统、基于项目的工作组织、矩阵式管理甚至虚拟型组织越来越普遍。这些变化一方面要求企业采用更为灵活的工作方式，另一方面也要求员工必须不断学习，增加自己的知识和技能，从而能够对顾客的要求作出更为灵敏的反应。在这种情况下，员工仅仅拥有当前的技能往往是不够的。组织需要根据不断变化的工作要求对他们的技能进行经常性的评估，并根据评估结果进行报酬体系的设计，以鼓励员工不断学习和改进技能。最后，从员工的角度来说，组织层级的减少导致很多员工无法在传统的职业发展道路上继续走下去，如何为他们提供替代性的激励就成为企业必须关心的问题（参见小专栏 6－1)。而技能薪酬体系在留住和鼓励那些受过良好的教育和培训，拥有丰富的知识、经验和多种技能的核心员工方面，往往能够发挥重要的作用。总之，技能薪酬计划之所以得到广泛运用，一个主要原因是国际企业界在竞争压力下不得不从根本上修正自己的管理哲学，即更多地强调员工的灵活性以及向员工授权的战略，而技能薪酬是这种管理哲学的一个必然要求。

小专栏6-1

年薪20万元聘木匠

日前，京城红木家具界的北京元亨利硬木家具有限公司首开先河，打破传统木匠几百元的工资标准，一口开出年薪20万元的"天价"来招聘拥有独门绝技的木匠，打造红木家具精品。

据中国硬木家具业的专家介绍，京城比较出名的红木家具生产厂有十几家，所雇用的木匠的工资水平一般在每月2 000～3 000元，中国红木家具的整体工艺水平还很落后，工人的技术水平还有待提高。正宗的明清式家具可以使用数百年还坚固精美，而现在生产的很多红木家具使用一两年就裂缝脱榫，关键在于工艺水平尚未达到一定的标准。一些红木家具甚至粗制滥造，这实际上是对极为珍稀的红木资源的破坏与浪费。用20万元年薪招聘拥有独门绝技的木匠来做红木家具，是为了真正使红木物尽其用。

元亨利有关人士称，红木家具要工艺精湛，不能用一颗钉子、一滴粘胶，以高薪聘用木匠既是对技能的补偿，也是对工艺水准的肯定。

资料来源：吴海花．年薪20万元聘木匠．生活时报，2003-05-09.

调查发现，技能薪酬计划在以下几类行业中有较高的使用率：一是运用连续流程生产技术的行业，比如食品加工业、林产品行业以及冶金和化学行业；二是运用大规模生产技术的行业，比如电子行业、汽车及其零部件制造行业以及计算机行业等；三是服务行业；四是运用单位生产或小批量生产技术的行业，比如加工行业等。技能薪酬体系的覆盖范围扩展到白领和专业技术工人领域。实践证明，它能够在任何类型和任何规模的组织中存在。

2. 技能薪酬计划的有效性研究

很多调查研究表明，技能薪酬体系确实可以提高企业的绩效水平。一项对《财富》1 000强企业所进行的调查发现，在实行技能薪酬体系的企业中，60%的企业认为该体系在提高组织绩效方面是成功或非常成功的，只有6%的企业认为是不成功或非常不成功的。[①]一项研究结果表明，技能薪酬计划使工厂生产率上升了58%。[②]

此外，有两位作者曾经在1992年对97项技能薪酬计划进行研究，2005年，他们和另外两位新加入的研究者对这些计划的延续情况进行了研究，结果发现，61%的组织仍然在继

---

① E. E. Lawler Ⅲ, G. E. Ledford, Jr., L. Chang. Who Uses Skill-Based Pay and Why. Compensation & Benefits Review, March-April, 1993: 22.

② Murray, Brian, Barry Gerhart. An Empirical Analysis of a Skill-Based Pay Program and Plant Performance Outcomes. Academy of Management Journal. Volume 41, Number 1, 1998: 68-78.

续实施这种计划。在这些样本组织中，技能薪酬计划的平均存续时间达到 12 年，而且还在继续使用。研究还发现，在以下条件下，技能薪酬计划持续的可能性更大：更强调技能的宽度，运用更多的技能单位或技能板块，员工参与技能薪酬计划的设计与管理，管理者的支持以及在生产制造企业中加以实施。①

另一位研究者对 9 家规模较大的制造业工厂实施技能薪酬计划的情况进行了问卷调查和深入访谈，研究发现，绝大多数实施这种计划的工厂都有良好的绩效并能够取得经营的发展。其中一家工厂在实施该计划的前五年中运营效率提高了 50%，管理人员减少了 50%，产量提高了 35%。另一家工厂将人数减少了 35%，产量却大幅度上升。此项研究还指出，技能薪酬计划在以下条件下最有可能在长期中取得成功：计划本身要根据组织的特定经营条件、技术以及工作系统进行客户化定制，并且在情况变化时随时进行调整和更新；组织的招募系统可以招募到能够学习新技能的员工；对员工进行充分的新技能培训；通过提供工作轮换的机会为员工提供在工作现场接受正式培训的机会；通过认证和重新认证系统来确保员工的技能得以保持；此外，领导者的支持以及员工深度参与也是非常重要的两个条件。②

（二）技能薪酬体系的基本类型

技能通常可以划分为深度技能和广度技能两种类型。

1. 深度技能

深度技能（depth skill）即通过在一个范围较为明确的具有一定专业性的技术或专业领域中不断积累而形成的专业知识、技能和经验。在这种情况下，员工要想达到良好的工作绩效，一开始可能需要胜任一些相对比较简单的工作，比如，清洁以及将准备使用的零部件摆放在生产线上等，然后逐渐从事一些需要运用较为复杂的技能的活动，比如，需要运用经过严格训练的体力以及需要运用推理、数学以及语言等方面脑力活动的工作。这种深度技能的培养往往是沿着某一专业化的职业发展通道不断上行的一个过程。事实上，典型的大学教师的技能和职业发展就是一种深度技能的积累过程。这是因为，由于专业化的要求，大学教师的教学和研究领域通常相对较窄，他们往往在某一个领域（比如人力资源管理、财务管理、刑法、民法、产业政策等）中不断提高自己的水平，而不是什么课程都去教，什么研究都去做。某公司的深度技能等级划分及其定义如图 6－1 所示。按照强调深度技能的思路来设计的技能薪酬体系的一个例子如图 6－2 所示。

2. 广度技能

与深度技能不同，广度技能（breadth skill）往往要求员工在工作时运用其上游、下游或者同级职位所要求的多种一般技能。它通常要求任职者不仅能够胜任在自己的职位族范围内需要完成的各种任务，而且能够胜任本职位族之外的其他职位需要完成的一般工作任务。例如，在大型医院中，医生有非常严格的专业分工，比如儿科、妇科、内科、外科甚至脑外

① Shaw, Jason D., Nina Gupta, Atul Mitra, Gerald E. Ledford. Success and Survival of Skill-Based Pay Plans. Journal of Management, Volume 31, Number 10, 2005: 1－22.

② Gerald E. Ledford. Factors Affecting the Long-Term Success of Skill-Based Pay. WorldatWork Journal, first quarter, 2008.

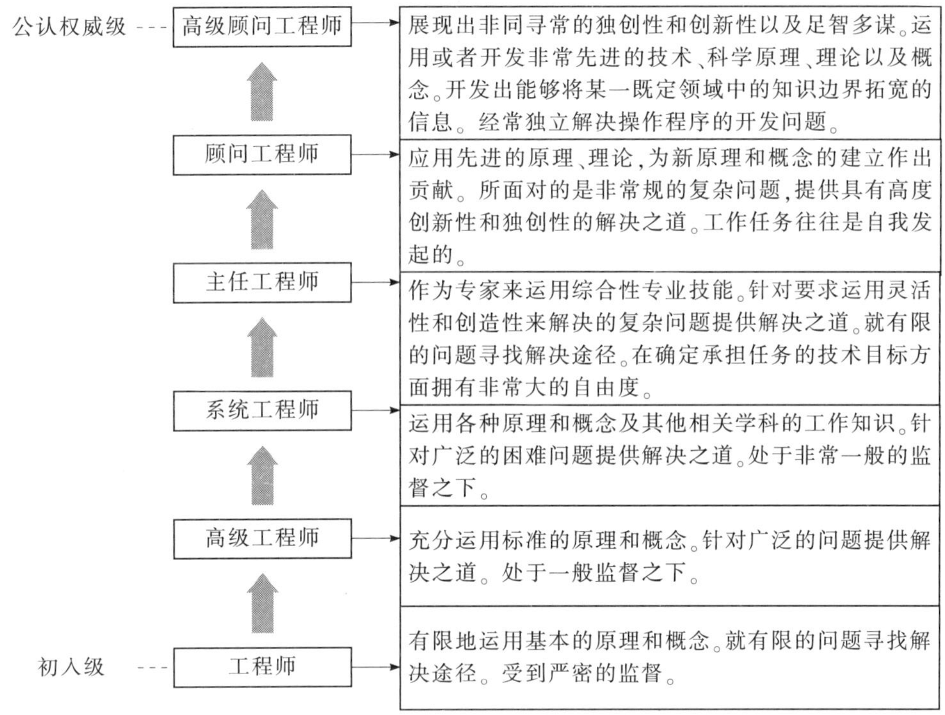

图 6－1　某公司的技能等级划分及其定义

		技能种类			
		原料处理	配制	灌装	包装
技能水平	高级	A3	B3	C3	D3
	中级	A2	B2	C2	D2
	初级	A1	B1	C1	D1

图 6－2　某生产企业深度技能薪酬方案示例一

科等，因此，他们走的往往是深度技能的职业发展道路。但是，在一些基层医疗单位或社区医疗机构，医疗服务人员却需要具备非常广泛的医疗知识，因为他们主要不是从事专业化水平很高、难度很大的研究和治疗工作，而是完成一些基本的医疗诊断和处理工作。所以，这些医生更需要具备广度技能。

下面我们举例说明基于广度技能要求的技能薪酬体系。某公司是一家生产用于汽车传动装置的传动链的企业。最初，该公司一共有七种不同的工作岗位。后来，公司的工资制度改为技能工资制，原来的七种工作被划分为三个范围更大的工作类别，即 A 单元操作工、B 单元操作工和 C 单元操作工（见图 6－3）。

<table>
<tr><th colspan="4">工作制度</th></tr>
<tr><th>以职位为基础</th><th colspan="3">以技能为基础</th></tr>
<tr><td>码链工</td><td rowspan="4">技能C</td><td rowspan="6">技能B</td><td rowspan="8">技能A</td></tr>
<tr><td>包装工</td></tr>
<tr><td>清洗工</td></tr>
<tr><td>超声监测工</td></tr>
<tr><td>测量工</td><td></td></tr>
<tr><td>装配工</td><td></td></tr>
<tr><td>打铆工</td><td></td><td></td></tr>
<tr><td>领导、监督以及工时安排责任</td><td></td><td></td></tr>
</table>

图6-3 某汽车配件企业广度技能薪酬方案示例

最后，需要指出的是，同一家企业可能会为员工提供发展深度技能和广度技能的两种不同选择。比如，图6-2的那家公司既可以鼓励员工在原料处理、配制等某道工序上发展自己的技能水平，也可以鼓励员工在某个技能等级上深化自己对多道工序的理解，即提升自己在多道工序上的技能，熟悉整条生产线（见图6-4）。

		技能种类			
		原料处理	配制	灌装	包装
技能水平	高级	A3	B3	C3	D3
	中级	A2	B2	C2	D2
	初级	A1	B1	C1	D1

图6-4 某生产企业深度技能薪酬方案示例二

（三）实施技能薪酬体系的前提

技能薪酬体系能否在一个组织中得到应用，最终还是取决于管理层对员工的看法，因为这种看法会影响组织和员工之间心理契约的性质乃至薪酬采取的形式。

图6-5描述了一个组织的组织形式以及管理层对员工的看法的各种组合方式。其中，横向维度所体现的是管理层对员工的态度，有敌对的态度，也有合作的态度；在敌对的管理哲学下，管理层把员工看成是组织利益的竞争者，因而会想方设法控制员工在组织中所能够发挥的作用，尽量使其最小化，而员工也会采取一系列的报复行为，例如，摆出敌对的姿态，一旦组织不对其工作行为立即付酬，员工就会拒绝继续为组织做贡献；另一种状况是管理层对员工持合作态度，即通过积极地与员工合作来达到组织的目标。从纵向维度上来看，组织可以划分为有机组织和官僚组织两种形式，其中后者是指具有严格职位描述的高度结构化的官僚组织，而前者是指一个结构松散的有机系统。在这个系统中，组织成员的责任是变化的，有时甚至是重叠的。当然，我们在图6-5中所描述的仅仅是一种抽象的关系，它并

不意味着组织和员工只会采取这些态度。

		雇佣关系	
		敌对的	合作的
组织形式	有机的	2	1
	官僚的	3	4

图6-5　技能薪酬计划适用的组织与管理类型

对于图6-5的四个象限中的组织来说，它们都可以采用职位薪酬体系。但是如果它们想要采用技能薪酬体系，则需要具备特定的心理环境和职位结构。最适合实施技能薪酬体系的是那些管理层和员工都愿意合作，并且职位结构允许员工不受传统的工作描述束缚而自由发展的组织（即图6-5中位于第一象限中的组织）。组织应该赋予员工独立决策，与同事一起寻找并解决质量和其他生产问题，在所要从事的工作、薪酬以及工作满意度方面作出选择的权利。技能薪酬体系的实施需要管理层和员工对他们之间的关系持有一种长期的态度，只有这种长期的态度才能保证对技能的长期强调。而这恰恰是技能薪酬体系运转的一个前提条件。同时，在技能薪酬体系设计和实施的过程中，组织和员工双方需要共同承担相应的责任和风险（参见小专栏6—2）。

小专栏6-2

政府车辆管理部门的技能薪酬体系

美国佛罗里达州沃卢夏县的政府车辆管理部门通过在自己的机械师中实施技能薪酬计划，达到了留住人才和提高质量的双重目的。该县政府配备的消防车、警车、维修用皮卡以及办公用轿车等各类车辆超过2 100辆，这些车辆的维护、燃料补充以及报废更新等工作都由该车辆管理部门统一负责。然而，这个部门发现，要想雇用并留住一批高水平的机械师却并非易事。为此，这个车辆管理部门对其50名机械师实施了一种新型的薪酬制度，它将机械师的薪酬一共划分为四种水平，如果机械师想要从下一个薪酬等级晋升到上一个等级，就必须首先获得国家卓越汽车服务研究所（National Institute for Automotive Service Excellence，ASE）颁发的资格证书，并且每年都要完成至少1 550个小时的带薪工作。这种薪酬管理实践不仅使这些机械师留在该机构工作，同时还促使整个团队努力追求卓越。沃卢夏县车辆管理部门在《车辆装备》杂志评出的全国最优秀的100个车辆管理部门中榜上有名。而要进入最优秀的这100个部门之列，一个车辆管理部门必须达到多项标准，其中包括对员工的绩效、创造力以及合作精神的认可；高质量和高效率；有竞争力的价格等。

资料来源：Bruce Adams. A Top 100 Tale. Fleet Equipment，January 2007：38-39.

（四）技能薪酬体系与组织中的工作设计

1. 技能薪酬体系下的工作设计方式

技能薪酬体系带来的不仅仅是薪酬决定机制的变化。事实上，许多企业的技能薪酬体系设计的过程同时是组织中的工作再设计过程。图 6－6 所显示的是与传统的职位薪酬体系相适应的工作设计（job design）方式。这种工作设计方式所强调的是每一个人做好自己分内的工作，不要去过问别人的事情。在这种情况下，人是严格与职位或工作相对应的。而在实行技能薪酬体系的组织中，企业所强调的不再是每一个人完成自己的职位描述所严格界定的工作内容；相反，它更强调员工完成多种不同工作的能力，要求员工具备完成多种不同的工作任务而不是某种单一、固定的工作任务的能力。这种新的工作设计方式(见图 6－7)打破了传统本位主义思考问题的方式，鼓励员工从工作流程的角度去看待自己从事的工作，以及自己从事的工作与同事从事的工作之间的关系，同时鼓励员工不断地学习新的技能。这种新的工作设计方式与工作丰富化和工作扩大化的思路是一脉相承的。

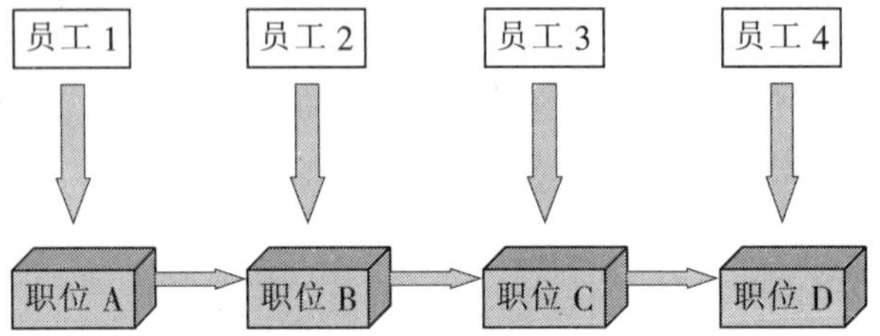

图 6－6　与传统的职位薪酬体系配套的工作设计方式

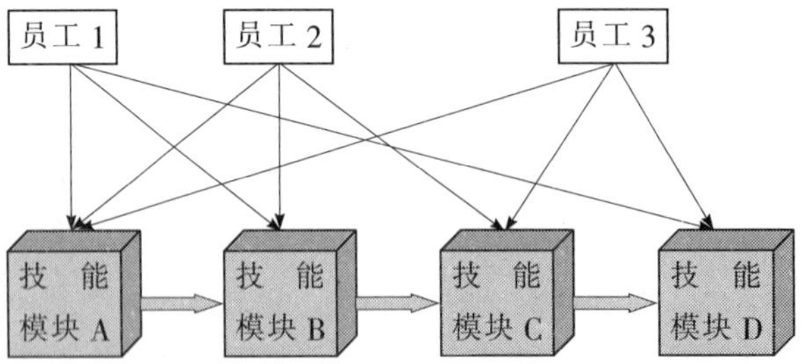

图 6－7　与技能薪酬体系配套的新工作设计方式

2. 案例：从传统工作设计方式到新的工作设计方式

案例一：

一家大型的全国性保险公司的总部过去是典型的职能型组织，管理人员的层级很多，负责处理特定的保险申请和签保单的办公桌一个挨着一个，分别负责办理各种不同的保险业务。客户如果同时办理多项保险，就需要与不同的人反复打交道。在高度计算机化和以客户为导向的市场中，这种文化使得该公司陷入烦琐和无效率的境地。

于是，该公司削减了若干管理层级，建立了能够处理多种任务的员工团队。原来是处理人寿保险申请的只做人寿保险业务，处理健康保险申请的只做健康保险业务，现在是一个团队可以同时处理标准的人寿保险、伤残保险以及医疗保险业务。然而，由于在新的工作设计方式下员工必须学习新的技能来适应这种角色的扩展，所以，为了支持这种新的价值观和行为，该公司创建了一种对员工获取和应用新技能的行为提供报酬的新的薪酬计划。

案例二：

各国的医疗保健机构在传统上大多处于一种职业分割和高度专业化的状况。通常情况下，注册护士、助理护士、保洁员和送餐员各行其是，各自有一套严格界定的任务系列，互不干涉，也互不通气。美国的一家医院却对这种不符合客户导向的工作设计方式进行了改革。医院按照病人通常在医院中的就医流程将组织结构改为一种横向的一体化设计。这样，原有的工作界定和员工角色就发生了变化。在新的工作设计中，注册护士可能会扮演医疗保健管理员的角色，她们负责监控所有的日常看护工作；助理护士可能会扮演医疗保健伙伴的角色，她们负责从事通常必须由注册护士才能执行的一些日常的技术性工作；而保洁员可能还要负责提供餐饮服务；甚至连医师的角色也发生了变化，他们将更多地从事对看护病人的护士进行管理的工作，而将许多传统的日常看护工作交给护士和助理医师去做。由于所有的人都必须学习新的技能，该医院还制定了广泛的再培训和教育计划，那些不能适应新角色的人很可能无法再留在组织中了。

（五）技能薪酬体系的优点和缺点

1. 技能薪酬体系的优点

技能薪酬体系的优点主要表现在以下几个方面。

第一，技能薪酬体系向员工传递的是关注自身发展和不断提高技能的信息，它激励员工不断获取新的知识和技能，促使员工在完成同一层次以及垂直层次的工作任务方面具有更大的灵活性和多功能性，这样不仅有利于组织适应市场上快速的技术变革，而且有利于培养员工的持续就业能力，增强其劳动力市场价值。技能薪酬实际上是根据员工按组织要求所掌握的工作技能，而不是某一特定职位所要求的技能来提供报酬。它的这种特征对于医疗保健机构这类专业技术组织尤其有用，因为员工只有持续不断地学习新的病例、新的医疗程序，了解新的药品以及新的治疗方法，才能确保整个组织的医疗水平和市场竞争力。

第二，技能薪酬体系有助于达到较高技能水平的员工获得对组织更为全面的理解。这是因为，员工掌握的技能越多，他们就越能够成为一种弹性的资源——不仅能够扮演多种角色，而且能够获得对整个工作流程甚至整个组织的全方位理解。一旦员工能够更好地理解整个工作流程以及自己对组织做出的贡献的重要性，就会更好地提供客户服务，更努力地去帮助组织实现其战略目标。

第三，技能薪酬体系在一定程度上有利于鼓励优秀专业人才安于本职工作，而不是去谋求报酬虽然很高但是并不擅长的管理职位。技能薪酬体系有利于防止组织出现两个方面的损失：一是因为失去优秀技术专家所遭受的损失；二是由于接受了不良的管理者而遭受的损失。事实上，在我国企业中过去长期存在官本位思想，大批优秀的工程技术人员最后以当官而不是保持技术水平的领先作为自己事业成功的重要标志，结果导致企业在技术和管理方面遭受双重损失。其中最重要的原因就是企业的薪酬体系设计是以职位等级或行政级别为导向的，而不是以技能为导向的。

第四，技能薪酬体系在员工配置方面为组织提供了更大的灵活性，这是因为员工的技能范围扩大使得他们能够在自己的同伴生病、流动或者因其他原因而缺勤的情况下替代他们工作，而不是被动等待。同时，由于技能薪酬为员工所获得的新的知识和技能支付报酬，因此，技能薪酬体系对于新技术的引进非常有利。此外，在实行工作分享和自我指导工作小组的组织中，员工的这种灵活性和理解力是至关重要的。

第五，技能薪酬体系有助于高度参与型管理风格的形成。由于薪酬是与员工对组织的价值而不是所完成的任务联系在一起的，因此，员工的关注点是个人以及团队技能的提高，而不是具体的职位，并且技能薪酬体系的设计本身需要员工的高度参与。这种薪酬体系有助于强化高度参与型的组织设计，提高员工的工作满意度和组织承诺度，从而在提高生产率、降低成本、改善质量的同时，降低员工的缺勤率以及离职率。

2. 技能薪酬体系的不足之处

当然，技能薪酬体系也存在一些潜在的问题，主要表现在以下几个方面：

第一，技能薪酬体系的投资回报率可能会很低。由于企业往往要在培训以及工作重组方面进行投资，员工的技能会普遍提高，很有可能导致薪酬在短期内上涨。由于技能薪酬体系要求企业在培训方面给予更多的投资，如果企业不能通过管理将这种人力资本投资转化为实际的生产力，就可能无法获得必要的利润。技能毕竟是一种潜在的生产力，如果不能通过有效的管理使这种潜在的生产力变成实际的生产率和绩效，企业根据技能支付薪酬同样无法实现自己的目标。有研究指出，在资本密集型的制造业中通常要比在劳动密集型的制造业中更有可能成功地实施技能薪酬计划，因为人工成本的上涨在这类企业中不会给总成本带来较大的不利影响。如果员工生产率的提高不能抵消因此额外增加的劳动力成本，则企业的薪酬成本可能会出现超额增长。

第二，技能薪酬体系可能导致管理的复杂化甚至官僚主义。职位薪酬计划受到的批评之一是其官僚性。然而，技能薪酬体系同样面临这种风险，这是因为这种薪酬体系的设计和管理要比职位薪酬体系更为复杂，它要求企业有一个更为复杂的管理结构，其中至少要包括制定和管理资格认证体系，对每一位员工的原有技能水平以及在不同技能层级上取得的进步加以评估和记录，同时还要设计和管理技能培训开发体系，等等，这些显然同样可能会导致一个大型官僚机构的产生。

第三，技能等级（skill level）的评估比较困难。因为不同类型的职位所要求的技能的内容及其层次会有很大的差别，所以必须针对不同类型的职位和人员分别制定技能等级评价标准，这就会导致对员工的技能进行评估需要耗费大量的时间和精力。此外，对技能水平进行评估的客观性和准确性往往要低于对职位的重要性进行评估时所能达到的水平，因而技能评估的公平性难以保证。在实践中，对于技能水平明显较高和较低的人员的技能等级评定比较容易完成，但是对于处于中间状态的员工，在评定其技能水平时有可能会出现一些争议。

第四，为技能定价要比为职位定价更困难。就像在职位薪酬计划下有可能面临市场薪酬水平数据不足的挑战一样，为不同的技能组合进行市场定价同样十分困难，除非企业界普遍实施了技能薪酬，否则要想从其他企业获得可比数据会非常困难。这显然加大了实施技能薪酬体系的成本。

当然，技能薪酬体系所带来的上述所有这些问题都取决于组织设计这种薪酬方案的目的，是仅仅增加组织的灵活性，还是通过对员工学习新技能的行为提供报酬，来为某种重大的工作设计变革提供便利和支持。如果目的在于后者，则上述几个方面的问题会得到很大的缓解。最后，虽然技能薪酬计划能够有效地对今天这种角色多元化和技能推动型工作进行排序和提供报酬，最终帮助组织改变员工的行为和绩效，但它本身并不是在现有薪酬战略基础上的一种激进的飞跃，因为员工在开始时可能看不到自己的薪酬出现任何变化，薪酬体系的运作方式与传统薪酬体系几乎是一样的。技能薪酬计划也不要求组织必须创建新的管理过程。事实上，技能薪酬的许多要素在传统薪酬体系中就已经存在了。它仍然需要利用对职位或工作的衡量来评价技能、为技能阶梯上的每一个台阶定价以及确定薪酬的范围。

（六）设计技能薪酬体系时的几个关键决策

在技能薪酬体系的设计上，一个组织必须清楚地了解以下几个方面的问题：

1. 技能的范围

准备实行技能薪酬体系的组织必须清楚自己准备为之支付报酬的到底是哪些技能，并且将这种信息传达给每一位员工，这是因为员工有可能会出现忽视本职工作、好高骛远的情况。组织当然不能无限制地对员工所获得的所有技能都给予报酬，而只是对扮演某些特定角色或者从事某些特定工作所需要的技能提供报酬。此外，企业还必须确保这些技能的总价值与市场薪酬水平之间存在紧密的联系。当然，如果某一职位要求任职者具备六种技能，那么组织必须确保员工在具备这六种技能以后才能获得市场薪酬水平。

2. 技能的广度和深度

组织还必须确定自己所要提供报酬的那些技能的范围。企业到底是鼓励员工成为通才，还是鼓励他们不断提高具有很高价值的那些特定技能？此外，在处理技能的广度、深度与薪酬之间的关系时，企业需要遵守的一条原则是：员工向上一级或同级技能的扩展是应当得到报酬的，但如果仅仅是低一级技能的强化，则不应当给予报酬。例如，教会专业技术人员掌握文字处理能力有助于减少秘书的工作，但是这些技术人员不应当为此而获得报酬；但是若秘书学会了完成由专业技术人员完成的某些任务，则应当得到报酬。

3. 单一职位族/跨职位族

企业必须清楚地界定技能薪酬计划到底是严格限定在单一职位族之内，还是设计成一个鼓励真正的跨职能培训的计划。显然，前者鼓励员工沿着某一特定的职业通道跨越多级台阶来获得报酬；而后者则鼓励员工打破传统的职业通道，形成新的职业发展通道。

4. 培训体系与资格认证

实行技能薪酬体系的企业必须建立一套培训体系来对员工进行技能培训，并帮助他们开发组织要求具备的新技能。同时，企业还必须有一个资格认证过程，以确保员工确实掌握了这些技能。除此之外，还必须有一个阶段性的资格再认证过程，因为企业必须确保员工能够将这些技能保持在某种水平上。当然，怎样取消那些不再具备特定技能者的原有资格也非常重要。

5. 学习的自主性

企业还必须决定是由员工自己来决定下一步应当学习的技能类型，还是由企业、工作流的方向或者客户的需求来决定员工应当学习的技能类型。此外，还有一个需要强调的问题是，员工应当按照自己的速度来学习这些技能，还是应当按照组织确定下来的速度来学习这些技能。

6. 管理方面

技能薪酬的管理重点不再是限制任务安排，确保工作任务的安排与职位等级保持一致，而是如何最大限度地利用员工已有的技能。此外，一旦员工在工作多年之后发现自己已经达到了最高技能等级，无级可升，那么其继续学习新技能的动机就很有可能会削弱。这时，企业可能需要考虑利用利润分享等其他激励手段。

二、技能薪酬体系的设计流程和步骤

从本质上来讲，设计技能薪酬体系的目的就是把职位薪酬体系所强调的工作任务转化为能够认证、培训以及对之付酬的各种技能；或者说，技能薪酬体系的设计流程的重点在于，开发出一种能够使技能和基本薪酬联系在一起的薪酬计划。技能薪酬体系所要遵循的大体流程和步骤如图 6－8 所示。

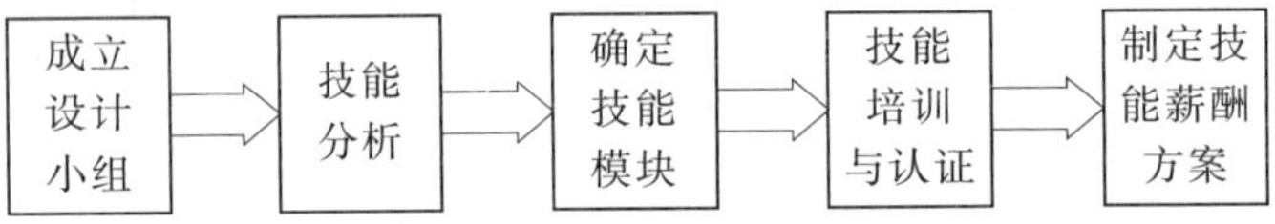

图 6－8　技能薪酬体系的设计流程

（一）成立技能薪酬计划设计小组

技能薪酬计划的制定通常需要建立两个层次的委员会，一个是指导委员会，一个是设计小组。此外，还有必要挑选出一部分员工作为主题专家（subject-matter experts），在设计小组遇到各种技术问题时提供协助。

由企业高层管理人员组成的指导委员会的主要作用包括：第一，确保技能薪酬计划的设计与组织总体的薪酬管理哲学以及长期经营战略保持一致；第二，制定技能薪酬计划设计小组的章程并且批准计划；第三，对设计小组的工作进行监督；第四，对设计小组的工作提供指导；第五，审查和批准最终的技能薪酬计划设计方案；第六，批准和支持技能薪酬计划的沟通计划。

设计技能薪酬计划的一个关键点在于，要把技能薪酬计划所覆盖的人吸收进来。一个典型的技能薪酬计划设计小组应当由将要执行这种薪酬计划的部门的员工组成。小组成员应当能够反映出总体劳动力队伍中的性别比例以及其他一些人口特征。除了这些人之外，设计小组还应当包括来自人力资源管理部门、财务部门、信息管理部门的代表。在有工会的情况下，设计小组还应当就可能会影响雇佣合同条件的所有问题向作为员工法定代表的工会进行咨询。

虽然设计小组中的一些成员也可能充当主题专家，从而在技能薪酬计划的设计过程中提供信息和资源，但是，设计小组仍然有必要到小组之外寻找能够为方案设计过程中涉及的各种技术问题提供咨询的大量专家。这些专家可以包括员工、员工的上级、人力资源管理部门的代表、组织开发和薪酬方面的专家以及其他一些具备工作流程知识的人。设计小组的规模取决于准备采用技能薪酬计划的每一类职位或者工作的数量。通常情况下，某一种职位或工作中的员工数量越多，这种类型的员工在设计小组中的数量也就越多。一般情况下，设计工作小组至少应当由来自不同层次和部门的五个人组成才能开展工作。

（二）进行工作任务分析

虽然技能薪酬体系将重心从员工所需完成的工作任务转移到了员工的技能水平上，但是如果没有对所要完成的工作进行准确的理解，技能薪酬计划就根本无法操作。事实上，如果没有对员工所要完成的工作任务的准确描述和深入分析，技能的区分以及技能水平的划分都是不可能的，技能薪酬的基础也就不存在了。

技能薪酬体系准备支付报酬的对象应当是那些对于有效地完成任务至关重要的技能。因此，设计一套技能薪酬计划的第一个步骤就是系统地描述所涉及的各种工作任务。为了描述各种工作任务，有时还需要将工作任务分解为更小的分析单位，即任务要素。当然，一种活动到底是任务要素、任务还是工作，取决于一个工作单位中的劳动分工程度。表 6－1 以举例的形式对这三个概念进行了剖析。

表 6－1　　任务要素、任务与工作之间的区别与联系

工作名称	快餐店厨师	三明治制作工	熟食切割工
工作（job）	根据客户的要求准备和烹饪在很短的时间内就能够交付食用的食品	准备三明治	用手工或者机器将熟食或者奶酪切成片
任务（task）	准备三明治	用手工或者机器将熟食或者奶酪切成片	
任务要素（element）	用手工或者机器将熟食或者奶酪切成片		

为了清楚地了解在一个组织中所要完成的所有工作任务，有必要依据一定的格式和规范将这些工作任务描述出来。有了这些标准化的任务描述，我们就能理解为了达到一定的绩效水平所需要的技能层次。在描述工作任务的时候，分析者所面临的一个关键决策是，在任务描述中应当使信息详细到什么程度。作为一般规则，在一份任务描述中所列举的细节的数量取决于编写任务描述的目的。详细的工作任务信息对于培训活动来说是最适合的。但是为了开始进行一项技能分析活动，工作任务描述可以相对简单一些，只要强调所需完成的工作以及完成这些工作所需的必要行为就可以了。

通常情况下，工作任务描述应当包括如下内容：第一，要做什么（what）？对所包括的活动进行简要的概括。第二，如何做（how）？详细说明完成工作活动的方法、原材料以及指南。第三，为什么要做（why）？所要达成的结果。第四，对谁做（who）？行动的对象。第五，在哪里做（where）？行动的地点。第六，什么时候做（when）？行动的时间。

（三）评价工作任务，创建新的工作任务清单

这一步实际上是要求设计小组在对工作任务进行分析的基础上，评价各项工作任务的难度和重要程度，然后重新编排任务信息，对工作任务进行组合，为技能模块的界定和定价打下基础。

技能薪酬计划设计小组通过外部出版物或者自己进行的工作分析获得了相关职位或工作的任务描述以后，还要根据需要重新对工作任务信息进行编排。表 6－2 和表 6－3 给出了两个对工作任务进行评价的例子。这两个例子运用了两个评价尺度（任务的重要性和任务的难度）来对工作任务进行评价。任务的重要性评价回答了建立任务清单时需要考虑的两个关键问题：第一，工作任务是不是在工作现场完成的？第二，该项工作任务对于完成工作或者实现某一工作单位的目标重不重要？工作任务的难度评价是用来确定完成或者学会完成某项工作任务的困难程度的。在制定技能薪酬方案时，它通常用于确定技能水平。

表 6－2　　工作任务的重要性评价：一家转子制造公司的例子

工作任务的重要性评价

公司制造过程中的一系列任务如下，请您就其对成功达到工作目标的重要性进行排序。排序之前，务必熟悉每个重要性等级的要求。在排序的时候，要注意如果该项工作任务不能有效完成会给组织带来的经济损失，以及给其他工作环节带来的不良影响。

该项工作任务或行为在制造流程中的重要性如何？

0 ＝ 不执行该项任务
1 ＝ 有点重要——失败会导致轻微的或可忽略的后果
2 ＝ 一般重要
3 ＝ 比较重要
4 ＝ 很重要
5 ＝ 非常重要
6 ＝ 极其重要——失败会导致严重的后果

任务/行为描述	重要性评价
● 帮助制定工作小组规范和标准。	______
● 在既定机器设备上完成生产流水作业。	______
● 进行日常的清洁管理工作（例如，扫地、擦洗以及保管清洁工具）。	______
● 对团队的工作进展状况进行跟踪记录。	______
● 检查机器设备的液压水平以及是否准备就绪。	______
● 按照国家职业安全与卫生标准和公司的要求操作起重机。	______

在对上述工作任务的重要性进行排序后，请再次核查您的排序结果，看一看是否有些您所从事的工作任务没有列举出来。如果有，请在下面的空白处列举出这些任务并对其进行排序。

______________________	______
______________________	______
______________________	______
______________________	______
______________________	______

表 6-3　　工作任务的难度评价：一家转子制造公司的例子

公司制造过程中的一系列任务如下，请您就完成操作的困难程度进行排序。排序之前，务必熟悉每个难度等级的要求。在排序的时候，要注意该项任务所要求的知识水平，以及在出现正常和不正常的问题时对从事者判断能力的要求。

学会以及完成该项任务的难度如何？

0 ＝ 不执行该项任务
1 ＝ 简单任务——普通人在简单的指导下即可完成
2 ＝ 一般难度
3 ＝ 有一定难度
4 ＝ 很困难
5 ＝ 非常困难
6 ＝ 极其困难——需要具备关于流程的高级知识以及在常规和非常规的情况下进行判断和决策的能力

任务/行为描述	难度评价
________________	________
________________	________
________________	________
________________	________
________________	________

在对工作任务进行评价以后，还需要对工作任务进行重新组合，以便将组合好的工作任务分配到不同的技能等级中去，然后再对它们进行定价。对工作任务进行组合的方法有两种：统计方法和观察方法。统计方法是指通过要素分析的方法，运用重要性或者难度两者之中的至少一个评价要素来对工作任务进行分组。不过，要素分析要求有大量的主题专家参与，并且为了揭示分析的结果，还要对统计学有比较深的理解。即使这样也无法保证这种方法在任何情况下都能够得出工作任务的分组。而观察方法则是指由受过训练的工作分析专家和主题专家一起将工作任务分配到不同的组别之中。

（四） 技能等级的确定与定价

1. 技能等级模块的界定

所谓技能等级模块（skill block），是指员工为了按照既定的标准完成工作任务而必须执行的一个工作任务单位或者一种工作职能。我们可以根据技能模块中所包括的工作任务的内容来对技能模块进行等级评定。表 6-4 就是从运用职能界定观察法得到的工作任务清单中延伸出来的一系列技能模块。在这个例子中，所有的工作任务都根据难度水平被划分为三个技能等级。技能等级一中所包括的工作任务要求完成这些任务的员工具备一定的技术知识，但是从本质上来讲，这些工作任务基本上属于日常事务性的。用行话来说，这个技能等级所代表的只是学徒水平。技能等级二中所包括的工作任务要求完成这些任务的员工必须具备中等水平的专业知识、判断能力和应变能力。在这一层次上，员工是在一定的监督下按照组织既定的规范和标准来开展工作的。这一技能等级可以视为熟练工人水平。技能等级三中所包括的工作任务要求完成这些任务的员工具备高水平的专业知识、判断能力和应变能力。在这一层次上，员工要对自己的工作独立负责，并且只是接受相对宽泛的指导和监督。在评价这一技能水平上的员工的工作绩效时，工作结果的质量是一个主要标准。这一技能等级可以视为专家级。

表 6-4　与工作任务相对应的技能模块

三级技能：技术专家	从事该任务的员工需要具备高水平的专业知识、判断能力和应变能力。		
	24	对零部件进行再加工	4.71
	33	检修机器设备故障	4.43
	30	解决质量问题	3.86
	39	编写设备专用的程序	3.86
	44	执行高级的计算机功能	3.86
	10	装配转子	3.86
	18	装配和拆卸专门的零部件	3.57
	34	确定生产优先顺序	3.57
	27	确认质量问题	3.29
二级技能：熟练工人	从事该任务的员工需要具备中等水平的专业知识、判断能力和应变能力。		
	6	在已有的设备上进行生产流水操作	3.14
	8	检验零部件的规格一致性	3.14
	21	维护机器设备（以及机器设备专用的冷却剂和油料类型）	3.00
	42	运用企业要求使用的系统订购测量仪器、原材料以及刀具	3.00
	43	安排生产日程并编制派工表	3.00
	15	检查液压位和设备是否准备就绪	2.86
	28	使用精确的衡量仪器和手工工具	2.71
	37	运用升降机和其他必要的运输车辆转移原材料和机器并通知适当人员	2.71
	19	按照职业安全与卫生法规以及公司的标准操作起重机	2.71
	25	遵守ISO质量标准、公司质量管理标准以及部门质量保证标准的规定	2.71
一级技能：学徒	从事该任务的员工需要具备一定的技术知识，但是这些任务从本质上来讲基本属于日常事务性的。		
	2	确认刀具和量器的可用性	2.29
	9	读取游动卡尺	2.14
	31	阅读派工表	2.14
	36	输入维护工作单	2.14
	12	记录数据	2.14
	3	检查材料是否准备好	2.00
	4	清洗并准备好在装配线上需要使用的零部件	1.43

2. 技能模块的定价

对技能模块的定价实际上就是确定每一个技能单位的货币价值。虽然这一操作步骤的重要性得到了广泛认可，但是至今也没有一种标准的技能等级定价方法，即并不存在一种能够将技能模块和薪酬联系在一起的标准方式。尽管如此，在对技能模块进行定价的时候，任何组织都需要作出两个基本决定：一是确定技能模块的相对价值；二是确立对技能模块定价的机制。通常情况下，我们可以按照下列几个维度来确定技能模块之间的相对价值：第一，失误的后果。指由于技能发挥失误所导致的财务、人力资源以及组织后果。第二，工作相关度。指技能对完成组织认为非常重要的那些工作任务的贡献程度。第三，基本的能力水平。指学习一项技能所需要的基本的数学、语言以及推理方面的知识。第四，工作或操作的水平。指工作中所包括的各种技能的深度和广度，其中包括平行工作任务和垂直工作任务。第五，监督责任。指该技能等级涉及的领导能力、小组问题解决能力、培训能力以及协作能力等的范围大小。

表 6－5 是前面我们讨论过的制造企业在它的薪酬计划中所采用的技能薪酬定价表。假设企业通过外部市场薪酬调查得知，员工的起薪为 10 元/小时，那么员工的薪酬将沿着如表 6－5 所示的路径逐步上升。当一位工人沿着机械技师这一职业发展通道前进的时候，他就必须掌握一定的知识和技能。这位工人如果能够在机械和团队合作方面学习到新的技能，那么他会得到薪酬。但是，如果他只掌握了通用技能，企业是不会额外给他增加报酬的，这是因为企业要求所有的工人都必须掌握这些技能。从表 6－5 中我们可以看出，员工在组织层级上的每一步攀登都需要提高自身技术知识的宽度和深度，并且改善人际活动能力。一旦员工做到这一点，他们就能够获得更高的报酬。在这种情况下，员工是因为自己参与全面管理的灵活性和能力提高以及对组织的贡献提高而获得更高的薪酬，而不是像在传统薪酬制度下那样，仅仅是因为能够完成组织中微不足道的工作而获得报酬。

表 6－5　技能模块定价

	机械技能	团队合作技能	通用技能
三级技能	15.50 元 （增加 2.00 元）	（0.50 元）	已经包括在本等级的 技能价格之中
二级技能	13.50 元 （增加 2.00 元）	（0.50 元）	已经包括在本等级的 技能价格之中
一级技能	11.50 元 （增加 2.00 元）	（0.50 元）	已经包括在本等级的 技能价格之中
学徒起薪：10 元/小时			

当然，在实际操作过程中，很多企业可能并不会费力地对每一个技能模块进行定价。更常见的情况是，企业根据一定的规则确定员工的技能水平，然后根据这种技能水平的总体评估来确定员工的薪酬。比如，某公司把某类操作人员的技能水平划分为四个级别，每个级别对应的薪酬水平如图 6－9 所示。

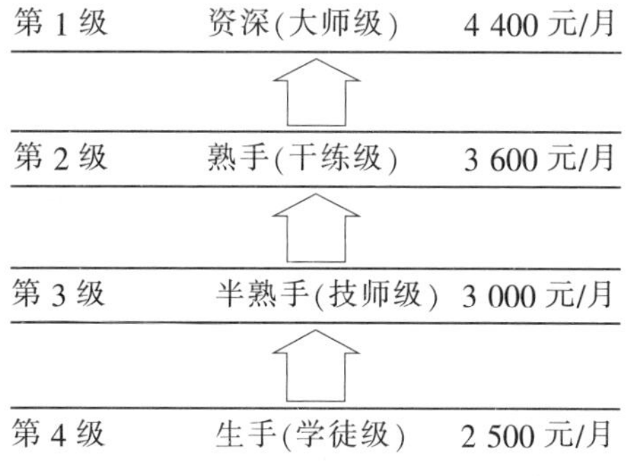

图 6－9　某公司生产操作类人员的技能水平划分及其薪酬水平

（五）技能的分析、培训与认证

设计和推行技能薪酬计划的最后一个阶段要关注如何使员工置身于该计划之中，对员工进行培训和认证。在对员工的现有技能进行分析的同时，还要制定出培训计划、技能资格认证计划以及追踪管理工作成果的评价维度。

1. 员工技能分析

对员工进行技能分析的目的在于确定员工当前处于何种技能水平上。表 6－6 给出了对员工进行技能分析的一种基本格式。对处于同一个技能模块中的每一位员工都可以用这一模式来进行分析。员工技能的评价者应当由员工的直接上级、同事、下级以及客户共同构成。这些人主要从各自不同的角度向被评价员工的上级提供评价意见。不过，同事之间的相互评价要慎用，尤其在同事之间人际关系紧张的时候。同时，在进行实际的技能评价之前，评价的各方应当能够对评价标准达成共识。

表 6－6 还提供了对员工的技能进行等级划分的标准。该表将员工的每一项技能都划分为四个等级。达到一级技能的员工是指那些在上级一对一的指导下根据详细的指示能够完成工作的员工。达到四级技能的员工是指在宏观目标的指导下能够独立完成工作任务的员工。对某一特定的员工群体而言，有些人可能在三个技能水平上的等级都是四级，另外一些人可能在一级和二级技能水平上很熟练，还有一些人则可能刚刚开始从事某项工作，只能完成一级技能水平上的某些工作任务。

表 6－6　员工技能分析与评价样本

员工姓名____________________部门_______________

技能评价人员姓名_______________职位名称_______________

评价者与员工关系：

上级	同事	下属
自己	顾客	其他

员工技能等级

1＝能够在上级详细的指导下完成工作任务

2＝能够在上级的一般指导下完成工作任务

3＝能够在上级远距离且内容宽泛的指导下完成工作任务

4＝能够在宏观目标的指导下独立完成工作任务

车床操作者的技能评价

三级技能：技术专家	**从事该任务的员工需要具备高水平的专业知识、判断能力和应变能力。**		
	24	对零部件进行再加工……	____
	33	检修机器设备故障……	____
	30	解决质量问题……	____
	39	编写设备专用的程序……	____
	44	执行高级的计算机功能……	____
	10	装配转子……	____
	18	装配和拆卸专门的零部件……	____
	34	确定生产优先顺序……	____
	27	确认质量问题……	____

二级技能：熟练工人	**从事该任务的员工需要具备中等水平的专业知识、判断能力和应变能力。** 6　在已有的设备上进行生产流水操作…………………… ______ 8　检验零部件的规格一致性…………………… ______ 21　维护机器设备（以及机器设备专用的冷却剂和油料类型）…………………… ______ 42　运用企业要求使用的系统订购测量仪器、原材料以及刀具…………………… ______ 43　安排生产日程并编制派工表…………………… ______ 15　检查液压位和设备是否准备就绪…………………… ______ 28　使用精确的衡量仪器和手工工具…………………… ______ 37　运用升降机和其他必要的运输车辆转移原材料和机器并通知适当人员…………………… ______ 19　按照职业安全与卫生法规以及公司的标准操作起重机…………………… ______ 25　遵守 ISO 质量标准、公司质量管理标准以及部门质量保证标准的规定…………………… ______
一级技能：学徒	**从事该任务的员工需要具备一定的技术知识，但是这些任务从本质上来讲基本属于日常事务性的。** 2　确认刀具和量器的可用性…………………… ______ 9　读取游动卡尺…………………… ______ 31　阅读派工表…………………… ______ 36　输入维护工作单…………………… ______ 12　记录数据…………………… ______ 3　检查材料是否准备好…………………… ______ 4　清洗并准备好在装配线上需要使用的零部件…………………… ______

2. 培训计划

由于技能分析与评价能够确定每位员工的实际技能水平，因此，它所提供的信息对于制定员工的培训计划来说是相当重要的。员工培训计划需要确定两个要点：一是员工的培训需要；二是采取何种方法进行培训最合适。培训计划的第一个要素是通过技能评价来确定培训需求。要形成一个完善的培训计划，首先要对与工作相关的各项技能进行分析。培训需求的确定还应该扩展到需要得到提高的其他一些不足之处（例如，基本能力的缺乏，数学、语言、推理、人际管理和沟通能力的不足等）。第二个要素是确定培训方法。现在可以使用的培训方法有很多。表 6－7 列举了在企业中广泛使用的六种培训方法。关于机械方面技能的开发，最有效的三种培训方法是在职培训（on-the-job training）、公司内部培训（in-house instruction）以及师傅辅导计划（coaching mentoring）。当然，企业还可以将供应商以及社区中商业学校所提供的培训作为一种补充培训手段。比如，对于那些希望达到三级技能水平的员工来说，比较有益的一种培训方式可能是让他们参加由大学举办的一些教育培训活动。

表 6－7　对企业技师进行培训的方法举例

		培训方法					
		在职培训	公司内部培训	师傅辅导计划	工作轮换	供应商提供的培训	大学/学院培训
工作任务的层次	一级	P	P	P	S	S	S
	二级	P	P	P	S	S	
	三级	P	S	S	S	S	

注：P 表示主要培训方法；S 表示辅助培训方法。

3. 技能等级或技能资格的认证与再认证

实施技能薪酬计划的最后一个环节是制定一个能够确定员工技能水平的技能认证（skill

certification）计划。该计划应该包含三个要素：认证者、认证所包含的技能水平以及员工通过何种方法表现出自己具备某种技能水平。

在技能薪酬计划中，认证者可以来自内部，也可以来自外部。内部认证者主要是员工的上级和同事以及员工所从事工作领域的专家。通常情况下会组织这样一个认证委员会，因为这种由委员会进行的技能评价与仅仅由上级来主持的技能分析和评价相比会更加客观公正。外部评价主要是指一些由大学、商业组织以及政府发起的考试和认证计划。这些外部认证机构通常也是比较公正和客观的。但是，由外部人员来对员工的技能进行评价可能会出现的问题是：由于外部评价者缺乏对员工所处工作环境的了解而导致评价失真。此外，员工在工作场合以外的地方获得了某种知识和技能并不意味着他一定能够将其运用到企业的具体工作中去。

我们在表6－8中描述了前面提到的那家制造企业对技能等级的认证方式。从表中可以看出，在职工作绩效、工作样本测试以及商业认证对于三个级别的技能都适用。商业学院课程认证可以替代内部评价，这是因为机械技师经常参加商业学院的培训。而纸笔测验由于成本太高并且要花费管理者和员工大量的精力，因此最好用来测验抽象的知识，尤其适用于对三级技能水平的认证。在对每项任务进行测试的时候，注意技能和方法的对应是很重要的。例如，大多数员工必须通过上机操作和工作样本测试来显示他们的技能。而在另外一些情况下，员工却必须通过纸笔测验来表明自己是否具备某些知识，比如关于国家职业安全与卫生法规和公司安全操作规程的知识。

表6－8　某制造企业中的机械技师的技能等级认证方式

		由上级、同事或认证委员会进行的公司内部认证			外部认证	
		在职工作绩效	工作样本测试	纸笔测验	商业学院课程认证	商业认证
认证层次	三级技能	★	★	★	★	★
	二级技能	★	★			★
	一级技能	★	★			★

下面我们再举一个某公司技术人员的技能认证计划的例子（见图6－10）。在该公司中，技能被划分为基础技能、核心技能以及自选技能三种不同的类型。每种技能都有相应的课程或培训项目要求，达到要求者获得相应的分数。

在这家公司中，技术员一共划分为五个等级：入门级；Ⅰ级；Ⅱ级；Ⅲ级；Ⅳ级。不同级别的小时工资率不同。技术Ⅰ级的小时工资率为11美元，Ⅱ级为12美元，Ⅲ级为13美元，Ⅳ级为14.5美元。每一技术等级都有相应的分数要求。要想达到技术Ⅰ级，必须达到所有的基础素质要求。Ⅱ级则需要在基础素质要求的基础上再在核心选修课程（一共有370个学分）中拿到40个学分。若要达到Ⅲ级水平，则不仅要达到基础素质要求，并且在核心选修课程中拿到100个学分，同时还要在自选课程中完成三门课程的学习。若要达到Ⅳ级水平，则不仅要达到基础素质要求，拿到365个学分的核心选修课程成绩，同时还要完成五门自选课程的学习。

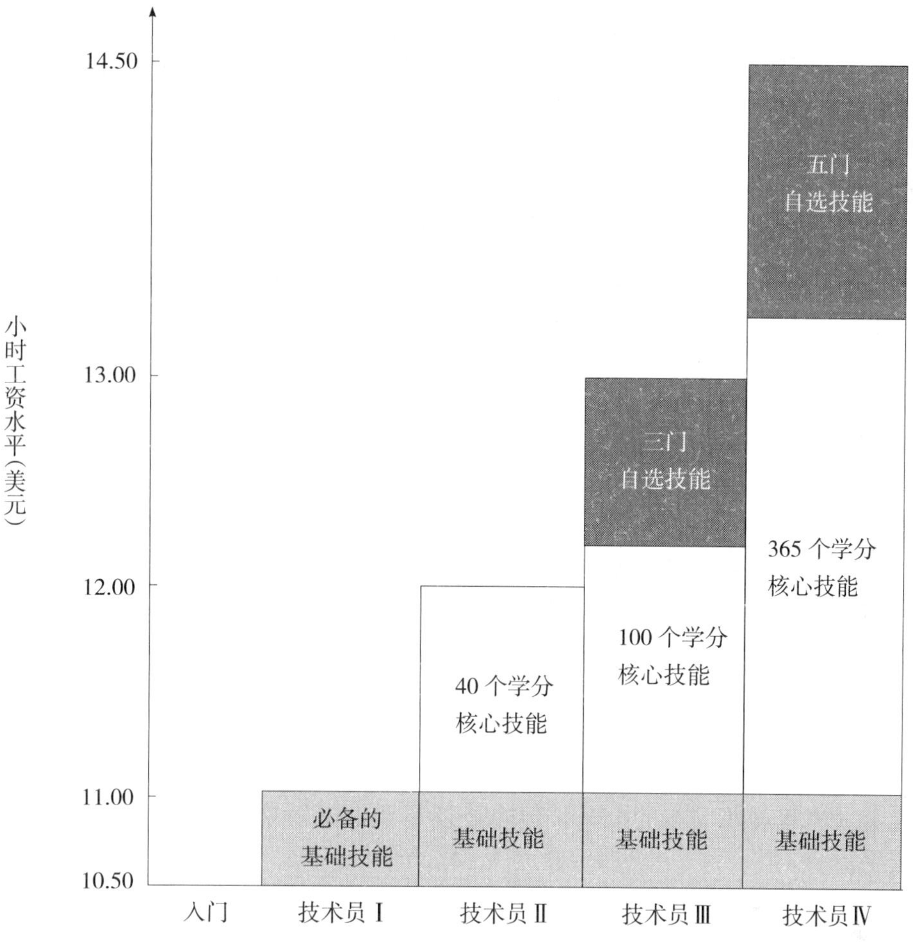

图 6-10 某公司的技能等级培训、认证与薪酬的关系

该公司为三种不同层级的技能选定了不同的课程。其中基础课程包括质量控制、工厂控制、原材料处理、风险材料录像、安全生产研讨会、定位研讨会。核心选修课程主要强调操作工厂中的各种设施所必须具备的技能，包括制造、焊接、油漆、完工、装配、检验等。公司规定，完成外壳制造课程得 15 分，完成装配检验课程得 5 分，完成最终接收测试课程得 10 分等。自选课程则主要围绕计算机应用以及团队领导和达成一致意见等方面的能力来设计，包括维修、计算机、计算机文字处理、评价中心、职业开发、公共关系、工厂保障、行政管理、集体决策、培训、逻辑—运行编译执行技术等课程。

由上述公司的例子我们不难联想到在大学里的学生学习过程。学分制加毕业论文的认证形式，实际上也是对学生的技能等级的一种认证。通过这种认证的学生将会得到学士、硕士或博士学位，他们所获得的这种技能资格认证能够得到劳动力市场上的雇主的认可，因而是有价值的。此外，现在的许多大学生除了完成大学学业之外，还努力地获得微软软件高手认证以及会计和法律等方面的认证。之所以会出现这种积极获得认证的情况，原因就在于人们相信更多的技能资格认证有助于增加自己未来的就业机会以及提高自己在劳动力市场上的价值。从这方面来说，技能资格认证与技能薪酬体系是有一定内在联系的。

一方面，技能等级认证和评定很重要；另一方面，在技能认证完成以后，每隔一段时间对员工的技能进行重新认证同样重要，因为只有这样才能确保员工继续保持已经达到的技能水平。与此同时，随着技术的更新，技能等级的含义本身也在发生变化，因此，企业需要根据技术水平的更新以及进步情况，随时修订技能等级定义，并且进行技能等级的重新认证。缺乏重新认证规定的技能薪酬体系很容易遇到机会主义的问题，即已经达到某种技能等级的员工在实际工作中并未发挥相应技能等级的作用，但是他们可以得到与自己曾经达到的技能水平相对应的薪酬水平。这一点在我国的大学中也有体现。比如，我国大学教师的薪酬水平通常与职称紧密联系，但是许多大学教师在评上副教授或教授之后，并没有继续保持与副教授或教授这一职称相匹配的工作业绩和工作能力，却拿着与之相对应的工资。当然，这种技能等级所带来的报酬在大学中可能还不仅限于薪酬，还包括过去在福利分房时代可能享受的副教授或教授级别的住房或住房补贴，还包括出国等其他隐性福利。因此，对大学教师的工作业绩提出明确的要求就等于是对大学教师所进行的一种技能等级再认证。例如，笔者所在的中国人民大学在很多年前就已经开始对教师的教学效果进行评估，近些年又开始对教师的教学工作量以及发表论文的数量等进行评价和考核。

最后，需要指出的是，虽然技能薪酬是薪酬系统中一种很普通的模式，但是很多组织因为没有足够重视该计划的设计和推行过程而以失败告终。这就提醒我们，在实施技能薪酬计划之前，必须认真剖析这种计划设计的各个方面和每一个步骤，以尽量减少计划失败的风险（参见小专栏 6—3）。另外，企业还必须认识到，虽然技能薪酬计划有很多优点，但不容忽视的一点是，由于技能薪酬计划对管理的要求比较高，尤其是在初次实施该计划时，可能会在短期内带来成本的上升，因此，虽然技能薪酬计划所带来的长期收益很可能会抵消其短期成本的上升，但企业还是要做好短期薪酬成本上升的准备，以避免到时措手不及。

小专栏 6-3

保安的身高与薪酬差别

据报道，义乌市保安服务公司以员工的身高作为划分工资等级的标准，个子高的保安拿的工资高，个子矮的工资就低。公司规定，1.68 米（含）以上的保安，月工资为 1 500 元，而达不到这一身高标准的，月工资就只有 1 300 元。“一样的工种，一样的工作强度，履行同样的职责，就因为身高达不到公司的标准，一年的工资就要比别人少 2 400 元，我觉得这很不合理。”有员工抱怨说。

对于上述做法，该保安公司办公室主任朱松叶并没有否认，他认为发放工资时参照员工的身高，应该是保安公司实行市场化运作的必然趋势。他解释说，公司为客户提供保安服务，当然应该让他们尽可能满意，而客户对我们的员工也有身高方面的要求。他们一般都喜欢身材高大的保安，毕竟从外形上就可以给人一种威慑力，所以从市场需求来看，个子高大的保安更受客户的欢迎，也就能够为公司带来更大的经济效益。从这个角度来说，个子矮小的保安为公司所作的贡献相对较小，在工资上当然也应该有所体现，有所差别。

那么，义乌市保安服务公司的这种做法会不会在业内形成一种新的“身高歧视”呢？朱松叶认为，身高标准只不过是决定发放员工工资的一个因素，但不是唯一依据，公司还制定了其他考核标准。个子矮小的员工如果在其他方面表现突出，也可以获得一定的经济奖励，而且公司在提拔干部（如保安班长、中队长）时是不考虑身高因素的，所以这不能说是一种歧视，而且，实行一系列奖励制度还有助于提高员工的工作积极性。

第 2 节　能力薪酬体系

一、能力的概念以及能力模型的建立

（一）能力的基本概念

这里所谓的能力是指胜任能力（competency）、胜任力或胜任特征，即实现某种特定绩效或者表现出某种有利于绩效实现的行为的能力，而不是一般意义上的能力。在本节中，为行文的方便，我们简单地以能力的概念来代替胜任能力的说法。因此，这里的能力是一系列技能、知识、能力、行为特征以及其他个人特性的总称。在组合得当并且环境合适的情况下，这种能力对个人、群体、特定工作以及整个组织的绩效有一种预测作用。因此，这里的能力实际上是指那些能够增加价值以及预测未来成功的要素。

胜任能力这一概念由哈佛大学心理学家大卫·麦克莱兰在 20 世纪 70 年代初期引入之后，逐渐成为成功经营战略的一个关键组成部分。尤其是进入 90 年代以后，许多企业风光不再，兼并、流程再造、精简裁员等随之而来，企业不得不密切关注如何激励员工以及使他们关注企业的战略。在这种背景下，强化能力成为企业实现价值的一个重要途径。许多组织发现，自己对这样一些员工的需求越来越紧迫：他们不仅具有很强的能力，而且能够与团队共同工作，能够自己作出决策，同时也能承担更多的责任。此外，对于现代企业中的员工而言，他们需要掌握的不再仅仅是传统的、单纯的知识和技术，更重要的是那些无法显性化的能力——团队协同工作的能力、实现特定目标的能力、快速解决问题的能力、理解并满足客户需要的能力。因此，能力模型在企业中得到了越来越广泛的关注和运用。

为了更好地理解胜任能力，我们可以来看一看合益公司提出的关于能力的冰山模型。这一模型认为，一个人的胜任能力是由知识、技能、自我认知、人格特征和动机五大要素构成的。其中，知识是指一个人在某一特定领域所掌握的各种信息，比如，知道如何运用办公软件处理文件，了解公司的政策以及公司制定年度经营计划的程序等。技能则是指通过重复学习获得的对某一活动的熟练程度，比如，在打字、推销产品或者平衡预算方面的技能。自我认知（self-concept）是一个人所形成的关于自己的身份、人格以及个人价值的概念，它是一种内在的自我。（自己到底是领导者还是激励者，或者仅仅是一颗螺丝钉？）只有当自我认知作为一种可观察的行为表现出来的时候，它才会成为一个绩效问题。人格特征（trait）是指个人行为中的某些相对稳定的特点以及以某种既定方式行事的总体性格倾向。（比如，是不是一个好的聆听者？是否很容易产生紧迫感？）动机（motive）是指推动、指导个人行为选择的那些关于成就、归属或者权力的思想，比如，一个人希望实现个人成就并且影响他人绩效的程度。人格特征和动机同样只有在可观察的时候才会成为一个与绩效进而与薪酬有关的问题。因此，在这个冰山模型中，知识和技能是冰山在海面上的可见部分，而自我认知、人格特征以及动机则是位于海面以下的隐性部分。

（二）能力模型的类型以及能力指标的界定和分级

很多公司在建立自己的能力模型时，往往会得到一长串非常相似的清单。比如，研究表明，最常用的20种核心能力包括成就导向、质量意识、主动性、人际理解力、客户服务导向、影响力、组织知觉性、网络建立、指导性、团队与合作、开发他人、团队领导力、技术专家、信息搜寻、分析性思考、观念性思考、自我控制、自信、经营导向和灵活性等。应该说这是很正常的，不同行业中的多家公司很可能会发现，具有某种特定行为类型的人更容易成为一个绩效优秀者。但是，我们必须注意，完全的能力相似是有问题的。企业必须清楚，到底哪些能力是支持公司战略、为组织创造价值的。在不同的战略导向和文化价值观氛围中以及在不同的行业中，能够产生优秀绩效的能力组合很可能会存在差异。有时候，即使不同的企业所使用的能力在概念上是一样的，同样的能力在不同的组织中也很可能有不同的行为表现（这些行为表现才是能力模型中最重要的东西，而不是那些描述能力要素的概念本身）。如果对能力的界定过于宽泛，能力模型就失去了与组织和员工之间的必要联系。因此，企业必须在过于具体的能力界定（可能会过于短视，无法持续）和过于宽泛的能力界定（过于模糊，无法准确衡量）之间找到一种很好的平衡。

在实践中，企业可以为整个组织建立一个能力模型，也可以仅仅为某些特定的领域，比如角色、职能或特定职位建立一个能力模型。到底建立哪一种能力模型，关键取决于企业的需要以及希望达到的目标。当然，对于能力薪酬体系的设计来说，不同的能力模型的适用程度是存在差异的。能力模型通常包括以下四种类型。①

1. 核心能力模型

这种能力模型实际上是适用于整个组织的能力模型，它常常与一个组织的使命、愿景和价值观保持高度一致。这种能力模型适用于组织中各个层级以及各种职位上的员工，非常有利于辨认以及明确与组织的核心价值观相符的那些行为。如果一个组织希望向全体员工强调自己的核心价值观——比如客户服务、团队合作等，那么这种核心能力模型可能是最合适的。此外，这种核心价值观还可以用于引入一种很可能会对整个组织产生深刻影响的大范围的文化变革，它可以向员工清楚地展示出，即将塑造出来的新文化和新组织最看重的行为是什么。

2. 职能能力模型

这是一种围绕关键业务职能——比如财务管理、市场营销、信息技术、生产制造等——建立起来的能力模型。它适用于同一职能领域中的所有员工，无论这些员工在职能中处于哪一个级别。这种能力模型是很有意义的，这是因为，即使在同一个组织中，在不同的职能领域中取得成功所要求的行为往往也是不一样的。例如，在高科技领域中，一位销售人员要想取得成功，像速度、反应性以及灵活性这样的能力就是至关重要的。这种能力要求与对工程师或研发科学家的能力要求就不一样，这一类职能领域往往更为强调可靠性以及对细节的关注等能力。表6－9展示的是某公司工程师的能力模型以及不同等级的工程师所应达到的能力等级。

① Darrell J. Cira, Ellen R. Benjamin. Competency-Based Pay: A Concept in Evolution. Compensation & Benefits Review, Vol 30, No. 5, September/October 1998.

表 6-9　某公司工程师的能力模型

核心能力	S4001E 助理工程师	S4002E 工程师	S4003E 高级工程师	S4004E 主任工程师	S4005E 总工程师
团队合作	一级	二级	二级	三级	三级
创新	一级	一级	二级	三级	三级
追求结果	一级	一级	二级	三级	三级
客户导向	一级	二级	二级	二级	三级
领导力	一级	一级	二级	二级	二级
组织与计划	一级	一级	一级	二级	三级

职能能力模型的一个优点是，它往往有很强的针对性，即它使得一个组织可以非常明确具体地说明自己期望看到的行为，从而推动行为快速改变。例如，如果一家企业认为其信息技术职能的生产率不够高，或者决定引进一种新的信息系统，就可以应用职能能力模型。

3. 角色能力模型

这种能力模型适用于一个组织中的某些人所扮演的特定角色——比如技师、经理等，而不是这些人所在的职能领域。一种比较有代表性的角色能力模型是经理人员的能力模型，这种模型涵盖了对财务管理、市场营销、人力资源管理、生产制造等各种职能领域的管理人员的能力要求。由于这种能力模型是跨职能领域的，因此，它特别适合于以团队为基础组建的组织。团队领导适用于一套能力模型，团队成员则适用于另外一套能力模型（当然，两者之间会有大量的交叉）。

4. 职位能力模型

这是一种适用范围最狭窄的能力模型，因为它只适用于单一类型的职位。当然，这种能力模型所针对的通常是在一个组织中有很多人从事的那一类职位，比如一家寿险公司针对寿险营销人员开发的能力模型。

在现实中，这几种能力模型并不是完全对立的，而是可以相互交叉的。比如，一家日用消费品生产企业为本企业中的所有职能管理人员建立了一个角色能力模型。其中包括的能力是：制定企业战略，业务规划与实施，项目管理，变革管理，业务流程设计与管理，信息管理，信息应用与开发。在此基础上，该公司又针对财务、人力资源等不同的职能领域分别制定了职能能力模型。比如，在人力资源管理领域的能力模型包括的能力是：人力资源战略管理，人力资源规划与发展，组织开发与变革，招募管理，学习管理，绩效改善，员工关系，薪酬福利。表 6-10 是加拿大某省政府为财务管理人员建立的能力模型。该表本身是针对财务人员的职能能力模型，但是在职能人员内部又划分了行政支持人员、专业人员、经理人员以及高级经理四类角色，并分别界定了四类角色在每一种能力要素上的要求。

表 6-10　加拿大某省政府的财务管理人员能力模型

能力要素	行为表现			
	行政支持人员	专业人员	经理人员	高级经理
创新 承担风险，快速适应变革，领导变革过程	强化流程或产品	开发新的方法	培育他人创新	培育创新文化

续前表

能力要素	行为表现			
	行政支持人员	专业人员	经理人员	高级经理
领导力 积极影响他人和事件	做一个模范	进行长期指导	预见到并规划变革	沟通一种令人向往的愿景
影响力 劝说、说服或影响	直接劝说	预测个人的行为或语言可能产生的影响	采取多种行动来施加影响	通过他人施加影响
组织知觉性 理解组织经营计划的目标	显示出对组织正式和非正式结构的理解	显示出对组织氛围和文化的理解	显示出对组织中非正式关系的理解	显示出对组织中潜在问题的理解
团队合作 与他人合作并高效地达成结果	积极参与团队	鼓励和吸收其他团队成员参与	推动有效结果的达成	解决团队内部冲突
自我管理 管理并持续改善个人绩效	展示出符合伦理规范的行为	有效管理压力	展示出良好的判断力	选择面对挑战或冲突
以客户为中心 理解并满足或超越客户需要	建立有效的客户关系	为客户贡献积极的结果	满足长期客户的需要	倡导满足客户的需要
结果导向 知道什么结果重要并集中资源来达成结果	创建个人的卓越衡量标准	改善个人绩效	对单位的成功作出贡献	对组织的成功作出贡献
沟通能力 清楚地传递并接收信息以满足双方的需要	有效沟通	敏感地倾听	根据听众的情况来进行沟通	促进与他人的有效沟通
组织承诺 使个人的行为与部门的价值观、原则和目标保持一致	积极支持组织	预见到并满足组织需要	采取严格的标准	关注组织的长期良好运转
关系建立 建立并维持双赢关系和伙伴关系	建立正式的工作关系	建立正式的关系	培养双赢关系	维持和运用大范围的接触
服务提供 确保有效地向客户提供合同约定的服务	指导利益相关群体	创建网络	与利益相关群体一起制定和维持标准	为利益相关群体的目标实现作出贡献
资源管理 有效管理内部和外部资源以实现组织目标	运用好安排的物品和资源	广泛运用各种组织资源获取方式	运用内部和外部的资源获取方式	运用伙伴关系和其他间接资源获取方式
战略思考 以一种开阔的视野和长期观点来评价各种观点及其含义	使个人行动与组织目标和战略保持一致	分析存在的潜力	运用长期观点	清晰阐明一种愿景

在建立能力模型的同时，还必须将能力指标与一系列可观察的关键行为联系起来，从而

将能力指标转换为不同级别的可观察行为，这是因为，组织必须明确如何衡量这些能力。由于能力本身是很抽象的，如果没有一种明确的手段来评价员工是否具备某种能力，能力模型也就失去了意义。一方面，对能力本身进行直接的衡量很困难；另一方面，企业关心员工能力的最终目的还是员工如何运用这种能力来达到企业所期望的经营结果，因此，用员工在工作过程中的行为表现以及其他特性来代替对能力本身的直接衡量不仅是必要的，对企业来说也是最有意义的。在这一步骤上，企业需要通过观察和直接询问绩效优异者是如何完成工作或解决问题的，来确定达成优秀绩效的行为特征有哪些，或者说哪些行为表明员工具备某种能力。这些行为定义可以帮助企业比较直观地界定特定的职能、角色或职位所需的某一类行为的密度、强度、复杂程度以及需要付出的努力。我们在表 6－11 中列举了一家公司对团队合作能力的定义及其等级划分。

表 6－11　某公司对团队合作能力的定义及其等级划分

1	合作：自愿参与，支持团队决策，是一个好的团队成员，承担自己的那份工作。
2	分享信息：使其他人能够获得最新的群体进展信息，分享所有相关、有用的信息。
3（可以接受的）	表达积极的期望：对其他团队成员的能力表达出自己的期望，以一种积极的态度向团队内外提起团队中的其他人。在产生冲突时着眼于寻找冲突产生的原因而不是采取一种争论的立场。
4	请求投入：看重其他团队成员的投入和专业经验，愿意向同事学习。鼓励所有的团队成员在团队规划过程中或者做决策的时候贡献自己的思想和观点（“在这个问题上我们还没有听到××的意见”）。
5	鼓励他人：赞扬在团队内或团队外工作出色的同事，在团队成员获得新的技能时给予他们鼓励，从而使他们感到自己在团队中是有价值的人。
6	培养团队精神：采取特殊行动（准备一场晚会或者出游，设计团队 T 恤衫）促进友好气氛、高昂士气以及合作精神在团队成员之间的培育。向团队之外的同事宣传团队的成就和声誉。
7（出色的）	解决冲突：使得团队内部的冲突（个人间的或专业上的）公开化，鼓励采用对团队工作有利的冲突解决方法或者为之提供方便。不隐瞒冲突，也不回避冲突，而是试图尽快解决冲突，以使团队有效性得以迅速恢复。

二、能力薪酬方案的设计及管理要求

（一）能力薪酬体系的实施前提

近年来，很多企业都建立了基于能力模型的人力资源管理系统。虽然许多公司已经将能力作为绩效管理、人员配置或培训开发系统的一个不可分割的组成部分，但是只有很少的企业以非常正式的方式将能力和薪酬决策明确挂钩（很多企业在制定薪酬决策时，都会以隐含的方式综合考虑员工的能力和他们对组织的贡献）。即使是在实行能力薪酬方案的企业里，也在能力的定义、将能力与薪酬挂钩的目的及方式、覆盖的员工类型以及执行的力度等方面存在较大差异，并且企业实行这种薪酬方案的失败率比较高。因此，将能力模型应用于薪酬的做法到目前为止仍然处于探索阶段。虽然从理论上来说，针对企业看重的技能、能力以及行为改变支付薪酬非常有意义，但是像其他薪酬体系一样，能力薪酬能否发挥作用，要看它的设计和管理是否得当。

事实上，有些人对能力薪酬持明确的反对意见。他们认为，薪酬的确定应当建立在更为客观的基础之上，依据主观、抽象的能力评估来制定薪酬只会导致不公平、无效以及歧视性的后果。① 这就提醒企业，在实施能力薪酬体系之前，必须慎重地考虑一些问题，其中最主要的是以下两点：

第一，是否有必要实行能力薪酬。企业必须从经营的角度认真考虑，自己是否真的需要从原来的薪酬体系转变成能力薪酬体系。如果现有的薪酬体系运转良好，能够满足组织和员工两个方面的需要，企业可能就没有必要大张旗鼓地去实行能力薪酬。这是因为，一方面，能力薪酬的效果到底如何还没有定论，从目前的情况来看，它只适合某些特定的行业和企业。通常情况下，能力薪酬体系比较适合技能和行为对于强化组织的竞争力至关重要的行业，比如药品研发、计算机软件以及管理咨询等行业。在这些行业中，知识型员工以及专业人员占较大的比重，传统的绩效薪酬计划往往无法在这些人员身上发挥作用。同时，这些行业的组织结构往往比较扁平，对灵活性的要求非常高，并且十分强调员工的持续开发和能力的不断提升。

另一方面，向能力薪酬转变会导致企业必须进行多项重大变革，而变革本身是要付出代价的。因为存在额外的管理和人力资源方面的其他要求，所以如果管理不善，能力薪酬计划的优点很可能会被抵消。例如，能力薪酬计划要求组织建立起对工作或者角色进行评价的系统，获得确定薪酬水平的市场数据，创建能够灵活追踪各种浮动薪酬的管理系统等。此外，由于现在不是根据员工的职位而是根据能力等级来确定薪酬水平，因此，一些职位暂时不高的员工，薪酬水平反而有可能涨上去。这样，实施能力薪酬方案很有可能会导致成本上升。所以，企业必须确保能力薪酬能够带来经济价值，然后再引入能力薪酬体系。

第二，必须将能力薪酬作为人力资源管理领域的重大变革的一部分来实施。也就是说，整个人力资源管理体系必须同时向以能力为中心转移，而不能仅仅靠薪酬方案单兵突进，直接把它嫁接在原有的人力资源管理系统之上草草了事。换言之，对能力的强调必须贯穿企业的员工招募、晋升、绩效管理、培训开发以及各个人力资源管理环节。单纯采用能力薪酬或以能力薪酬为先导进行能力模型建设，成功的可能性都是非常小的。

比如，采用能力薪酬体系的企业必须制定综合性的培训和教练计划，同时让员工充分理解如何利用这些培训开发计划，因为能力增强是确定基本薪酬以及加薪的基础。再比如，企业还必须将对能力的这种强调融入新员工甄选以及绩效评价过程之中。这是因为，与传统的绩效评价方式不同，强调能力的绩效评价系统不仅重视结果，而且重视结果的达成过程；不仅依靠上级对下级的绩效判断，而且参考员工的同级或下级对员工的行为和能力的评价。此外，企业必须确保基于能力模型要求的绩效管理体系得到成功实施，大多数员工充分理解能力的要求并且认同这种能力模型。② 最后，企业

① Lawler Ⅲ, Edward E. Competencies: A Poor Foundation for the New Pay. Compensation & Benefits Review, November/December 1996: 20, 22-26.

② 根据原美国薪酬学会在美国企业中所做的一项调查（1996年）和韬睿公司在英国企业中所做的一项同类调查（1997年），在实施能力薪酬的企业中，分别有67%和75%的企业在将能力和薪酬挂钩之前就已经将能力纳入它们的绩效评价和开发系统之中。Michael Armstrong, Duncan Brown. Relating Competencies to Pay: the UK Experience. Compensation & Benefits Review, Vol 30, No. 3, May/June 1998.

还必须注意，能力薪酬并不是绩效奖励计划的一种替代；相反，它必须与绩效奖励计划以及某些特定技能和能力的开发联系在一起。

当然，如果以能力为中心的整体人力资源管理模式（包括能力薪酬体系）导致能力更强的人得到雇用和晋升，并且受到不断学习和改善绩效的激励，那么，它不仅能够使员工带到工作或角色中的附加价值得到报酬，而且有助于组织更好地关注其使命以及卓越绩效对组织使命所产生的重要价值。即使在成本增加的情况下，企业仍然有可能获得更高的利润。

在企业中建立能力模型以及相应的能力薪酬方案的基本流程如图 6－11 所示。

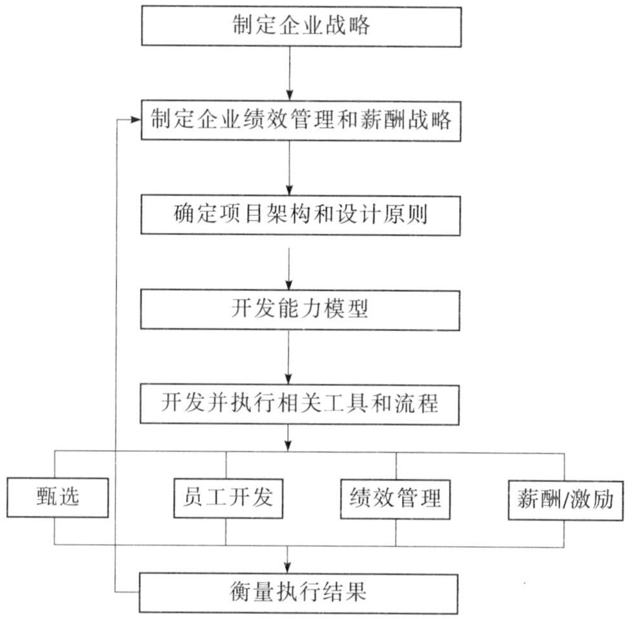

图 6－11　建立能力模型以及能力薪酬方案的基本流程

（二）能力与薪酬挂钩的几种方案

如前所述，由于能力薪酬本身存在很多尚未解决的难题，因此，在将能力和薪酬挂钩的问题上，真正像技能薪酬那样直接将能力与基本薪酬完全挂钩的做法其实并不常见。企业常常采取多种不同的形式将能力与薪酬挂钩。其中主要的模式有五种。

1. 职位评价法

将能力与薪酬挂钩的最常见方法是借助职位评价过程来实现，即在传统的要素计点法中，用与能力相关的部分或全部要素替代传统的报酬要素。例如，传统评价要素在衡量管理责任时往往根据管理职位下属的人数或管理的预算规模来进行判断，而与能力有关的职位评价要素则会考虑管理方面的要求以及需要具备什么样的技能才能满足这些管理要求。比如，职位 A 与职位 B 相比，可能管理的人数较少，但是下属人员的多元化程度比较高或比较分散。这样，对职位 A 上的任职者所需具备的计划能力、决策能力以及影响力的要求就会比对职位 B 上的任职者的要求更高。根据能力要素来进行职位评价，会比单纯根据下属人数来进行职位评价更有利于反映职位对组织的真正贡献，而不是鼓励管理者刻意扩大下属人员规模。

2. 直接能力分类法

这种方法与上面所说的职位评价法几乎完全相反。它完全根据个人的能力情况而不是职位情况来划分基本薪酬等级，是真正意义上的能力薪酬体系。在这种情况下，分类者往往根据员工所扮演的角色——比如普通员工、经理、高级经理——把他们放进某个单一的薪酬宽带（关于薪酬宽带的介绍，请参见第5章的内容）中。在每个薪酬宽带中都划分出三四个高低不同的区域，每个区域代表一种能力水平并且对应一个特定的薪酬浮动上限和下限。比如，假定某公司普通员工所在的薪酬宽带的总浮动范围是1 200元/月～4 200元/月，这个薪酬宽带又划分为三个区域：区域A是能力水平较高的员工所在的薪酬区间(3 001元/月～4 200元/月)，区域B是能力处于平均水平的员工所在的薪酬区间(2 001元/月～3 000元/月)，而区域C则是能力尚未达到平均水平的员工所在的薪酬区间（1 200元/月～2 000元/月）。这样，评价者就可以很容易地根据某位普通员工的能力水平把他放到其应属的宽带当中的某个区域（比如区域B）内。而在进入某个区域之后，员工的薪酬仍然存在上涨的空间，这时的薪酬增长往往就是根据他们的实际工作结果或绩效决定的。不过，一旦员工开发了新的或更高水平的能力，就可以从一个区域上升到相邻的上一个区域。由于在同一个宽带当中，薪酬的浮动范围可以达到100%或150%，因此，如果员工通过不断开发自己的能力从入门职位一直晋升到熟练级职位，他们的薪酬可能会出现较大幅度的上涨。

然而，仅凭开发技能，员工还不能进入更高一级的宽带，这是因为，要想进入下一个宽带当中，必须承担难度更大的角色，比如成为经理。对于员工来说，这种薪酬体系传递的信息非常明确：组织是高度重视能力的。基于角色建立的能力模型最适合这种能力薪酬体系。

3. 传统职位能力定薪法

在这种方法中，员工依然会因为开发能力而获得报酬，但是关于职位和薪酬的概念都更为传统，即某个职位仍然会被确定在某一薪酬等级之中，这个等级的薪酬浮动范围不会超过50%或60%。在这样一种狭窄的薪酬区间中，组织会根据员工的能力决定员工的薪酬水平处于这一区间的哪个位置上。比如，能力高于平均水平的员工所获得的薪酬可能会位于本薪酬区间中薪酬水平最高的1/3处；能力正好达到平均水平的员工的薪酬则会位于中间的1/3处（即恰好等于市场水平）。与上一种方法相比，员工如果没有机会进入到职位等级的更高阶梯上去，他们可能获得的薪酬增长的空间要小得多。这样，能力就只能在一个较小的薪酬浮动范围内发挥作用，但薪酬与能力之间的关系仍然是直接的。职能能力模型或职位能力模型最适合采用这种方法。

4. 行为目标达成加薪法

这是一种根据基于能力的行为目标达成度来确定加薪水平的做法。组织根据实现拟定的行为目标的情况——而不是整体能力评价结果——来对能力进行评价，然后根据评价结果确定加薪幅度。例如，团队合作这种能力可以用五种特定的行为指标加以描述。比如，在由多位评价者完成的评价（比如360度反馈）中，一位员工的团队合作能力被判定为较差，即在五种团队合作行为特征中，只能在员工的身上找到两种行为特征。假定这位员工和他的上级将重点放在这样一种行为特征上，即“承认他人的观点所具有的价值”，于是，这位员工决定实施一项有助于利用他人的意见和建议并收集反馈情况的计划，并制定了相应的行动方案。最后，虽然他的总体能力得分仍然处于二级，但是他一旦实现了自己制定的特定行为目标，就能得到相应的奖励。如图 6－12 所示，如果组织经营目标完成了，而且员工个人的行为目标超额完成了，则员工可以得到 6％的加薪。这种方法的一个优点是，它实现了利用多种评价来源进行人力资源开发的目的，同时避免了利用多种评价来源得到的评价结果直接与薪酬挂钩时通常会存在的一些问题，其中主要是评价者在考虑到评价结果会影响被评价人的薪酬时，很可能会刻意扭曲评价结果。

经营目标实现度 \ 行为开发目标实现度	未完成	完成	超额完成
未完成	0	0	0
完成	2	4	6
超额完成	4	6	8

图 6－12 行为改善加薪矩阵

5. 能力水平变化加薪法

这种方法将员工的薪酬水平直接与对其总体能力水平的变化情况所做的评价相挂钩，即企业首先通过多位评价者对员工的总体能力水平进行评估，然后根据员工的能力变化情况决定员工的加薪幅度。这可能是将能力和薪酬进行挂钩的最为明显的形式，也可能是问题最多的一种挂钩方式。这是因为，将加薪这样一件严肃的事情建立在过于主观的评价结果之上，会导致个人偏见进入评价过程。对于那些将多位评价者的评价结果用于人力资源开发目的的企业来说，这种挂钩方式的问题尤其突出，因为一旦能力变化情况直接与薪酬挂钩，评价者可能就会有意控制评价结果。图 6－13 展示了将员工能力变动情况和组织经营结果结合在一起决定员工加薪的情况。表 6－12 则举例说明了对员工的能力变动情况进行评估的方法。

表 6－12 员工能力变动情况评估举例

能力指标	2015 年	2016 年	变动值
领导力	4.1	4.1	0
商业敏锐性	3.3	4.0	0.7
愿景一致性	3.5	4.1	0.6
团队合作	2.0	2.1	0.1
客户导向	3.4	3.2	－0.2
创新	4.0	4.0	0
质量导向	3.5	3.6	0.1
变革管理	3.5	4.0	0.5
沟通与影响	3.0	3.0	0
平均值	3.4	3.6	0.2

能力增长程度

经营结果好坏	低	中	高
低	0	0	0
中	2	4	6
高	4	6	8

图 6-13　员工加薪矩阵

根据原美国薪酬学会在 1996 年所做的一项调查，最为常见的能力薪酬模式有两种。第一种是能力加薪决定法，即在年终薪酬调整时将能力作为一个重要的考虑因素，有 42%的企业采取这种做法。第二种是能力加薪决定再加职位评价法，有 42%的企业采取这种做法，只有 15%的企业仅仅采用职位评价法。①

（三）能力薪酬体系与职位薪酬体系和技能薪酬体系的比较

在讨论了三种重要的基本薪酬决定方式以及与之相关的薪酬体系的操作要点之后，我们对这三种薪酬体系做一个如表 6-13 所示的简要总结。

表 6-13　　能力薪酬体系与职位薪酬体系和技能薪酬体系的比较

	职位薪酬体系	技能薪酬体系	能力薪酬体系
薪酬结构	● 以市场和所完成的工作为基础	● 以经过认证的技能以及市场为基础	● 以能力开发和市场为依据
价值评价对象	● 报酬要素（计点法）	● 技能模块	● 能力
价值的量化	● 报酬要素等级的权重	● 技能水平	● 能力水平
转化为薪酬的机制	● 赋予反映薪酬结构的点数	● 技能认证以及市场定价	● 能力认证以及市场定价
薪酬增加	● 晋升	● 技能的获得	● 能力开发
管理者的关注点	● 员工与工作的匹配 ● 晋升与配置 ● 通过工作、薪酬和预算控制成本	● 有效地利用技能 ● 提供培训 ● 通过培训、技能认证以及工作安排来控制成本	● 确保能力能够带来价值增值 ● 提供能力开发的机会 ● 通过能力认证和工作安排控制成本
员工的关注点	● 寻求晋升以获得更多的薪酬	● 寻求技能的提高	● 寻求能力的改善
程序	● 职位分析 ● 职位评价	● 技能分析 ● 技能认证	● 能力分析 ● 能力认证
优点	● 清晰的期望 ● 进步的感觉 ● 根据所完成工作的价值支付薪酬	● 持续学习 ● 灵活性 ● 人员的精简	● 持续学习 ● 灵活性 ● 水平流动

① Darrell J. Cira, Ellen R. Benjamin. Competency Based Pay: A Concept in Evolution. Compensation & Benefits Review, Vol 30, No. 5, September/October 1998: 26.

续前表

	职位薪酬体系	技能薪酬体系	能力薪酬体系
不足	● 潜在的官僚主义 ● 潜在的灵活性不足问题	● 潜在的官僚主义 ● 对成本控制的能力要求较高	● 潜在的官僚主义 ● 要求有成本控制能力

◆ 本章小结

技能薪酬体系是根据员工个人的工作技能水平、所掌握的工作知识以及经验等因素支付薪酬的一种基本薪酬体系。技能薪酬可以划分为深度技能薪酬和广度技能薪酬两大类。技能薪酬体系具有较高的灵活性，有利于鼓励员工不断提高技能水平，同时有利于专业技术人员专心于本职工作，也有利于参与型管理风格的形成，非常适合生产操作人员和专业技术人员。它要求企业重视培训开发工作，在设计和管理方面比职位薪酬体系更为复杂。

能力薪酬体系是建立在比技能范围更为广泛的知识、技能、自我认知、人格特征、动机等综合因素基础上的一种基本薪酬体系。能力并非一般意义上的能力，而是能够预测优秀绩效的特定能力组合。能力模型分为核心能力模型、职能能力模型、角色能力模型以及职位能力模型四大类。基于能力的薪酬体系设计还处于初创阶段，而将能力与薪酬挂钩的方式有多种。在将能力与薪酬挂钩的力度方面，这些方式是存在差异的。

◆ 关键术语

技能薪酬体系（skill-based pay system）
能力薪酬（competency-based pay）
深度技能（depth skill）
广度技能（breadth skill）
工作设计（job design）
技能等级（skill level）
技能认证（skill certification）
胜任能力（competency）

◆ 复习与思考

1. 什么是技能薪酬体系？它有何优点和不足？
2. 设计技能薪酬体系的基本步骤是什么？
3. 技能薪酬体系中需要作出的几项重要决策是什么？
4. 什么是深度技能？什么是广度技能？请举例说明。
5. 什么是能力或胜任能力？它的基本特点是什么？
6. 能力模型通常有几类？它们分别有什么特点？
7. 将能力与员工的薪酬挂钩的方式有哪几种？
8. 实行能力薪酬时可能会遇到哪些问题？应当如何避免？

案例与讨论

一线技术工人薪酬高于应届毕业生？

在上海举办的两场分别针对应届毕业生和外来务工者的招聘会上，不少企业提出了明确的岗位要求和实际薪酬水平。值得关注的是，部分一线技术岗位开出的薪酬比大学应届毕业生的起薪更高，技术工岗位的技术含量正快速提升。

2012 年的薪酬调研结果显示，上海地区操作工的平均月薪为 4 086 元，技工的月薪为 5 868

元，技师、高级技师的月薪达到8 346元，甚至超过万元，专科应届生月度起薪为3 350元，本科生月度起薪为4 153元，硕士生月度起薪为6 307元，博士生月度起薪为9 656元。以上月薪数据为税前总现金收入平均值，包含基本工资、津贴、奖金、加班工资等现金收入。一线工人包含操作工（对技能没有特殊要求的工人）和技术工人。

总体来看，应届生起薪与一线工人的薪酬水平相比并没有特别的优势，比流水线上的操作工略有优势，但和技工、技师等还是有差距的。

一线城市一线技术工人的薪酬水平高于应届生起薪的原因有几个：一线技术工人薪酬的1/3为加班工资，基本工资在2 000～3 000元之间，仅从基本工资来看，并不比应届毕业生高，但一线技术工人劳动强度较大，所以薪酬总额要略高于应届毕业生起薪。从技能要求来看，企业对招聘的技工、高级技工、技师、高级技师的任职资格要求相对较高，比如专业的技能等级证书、技能经验等，而企业招聘的应届毕业生一般从事的是文员、助理的职位，任职资格要求比技术工人要低，所以薪酬水平低于技术工人，尤其是低于那些对技能要求特别高的技术工人。从供求总量来看，应届毕业生呈现出供大于求的情况，而技术工人尤其是一些稀缺工种则呈现出供小于求的情况。从就业心理来看，应届毕业生倾向于企业管理等办公室文职类工作，不会选择一线操作或服务类职位，这也加剧了供需矛盾。从供需结构来看，一些重点院校或紧缺专业的应届生还是供小于求，薪酬水平相比技术工人是有优势的。

上海最低工资的涨幅每年在15%～20%之间，一线技术工人的薪酬涨幅在10%～15%之间，应届生的起薪涨幅每年在5%～10%之间，在就业形势不乐观的情况下可能是零增长。一线技术工人薪酬涨幅较高的原因有：最低工资涨幅较快，一线技术工人的基本工资一般为最低工资标准或比最低工资标准高200～500元，一线员工的薪酬涨幅和最低工资涨幅关联性较大。一线技术工人特别是中高级技术工人供小于求，一线技术工人从业人员中外来务工人员的比例较大，近几年制造业的外迁、二三线城市薪酬水平的提高导致上海外来务工人员总量减少，为了吸引优秀的中高级技术工人，薪酬涨幅相对较高。像上海、北京、深圳、广州这样的一线城市生活成本较高，一线技术工人对于薪酬的要求也相对较高，这也导致许多预算有限的企业难以招到合适的工人。针对每年年初的招工难及用工成本上升的情况，专家建议用工企业可采取拓展招聘渠道、内部培训技术工人、以机器代替人工等措施来缓解这一问题。除了使用薪酬增加吸引力，企业还需在员工培训、福利、工作环境等方面进行改进，以增强对人才的吸引力，比如更人性化的管理、更多的技能培训等。同时专家建议求职者除了考虑薪酬，还要考虑其他因素，比如福利、工作环境、职业发展等因素，从而获得更全面的职业幸福感。

资料来源：白羽．一线技术工人薪酬高于应届毕业生？不能一概而论．解放牛网，2013-02-28.

思考题

1. 一线技工的薪酬水平高于应届毕业生合理吗？为什么？

2. 企业如果需要雇用一线技工和从事管理工作的应届大学毕业生，应当怎样考虑两者的薪酬水平？

第7章
绩效奖励

学习目的

读完本章之后，你应当能够：

1. 理解各种激励理论的内容及其对绩效奖励计划的启示
2. 掌握绩效奖励计划的实施要点
3. 描述短期绩效奖励计划的特点和主要类型
4. 阐述个人绩效奖励计划的适用条件、特点和种类
5. 描述几种不同的群体绩效奖励计划（利润分享、收益分享、成功分享以及小群体奖励计划等）各自的特征
6. 说明股票所有权计划的特征和实施要点，分析在中国采取股票所有权计划激励管理者和员工可能会遇到的问题
7. 熟悉特殊绩效认可计划的类型和实施要点

引例

证券分析师的薪酬难题

2009年8月，海通证券研究所机械行业首席研究员叶志刚因涉嫌与私募合作炒股被证监部门调查。根据证监会稽查部门的调查，2006年9月到2009年4月，叶志刚在将自己撰写的研究报告发送给客户之前，利用本人及其控制的其他账户多次买入研报推荐的多只股票，待研报发送后再卖出这些股票，借此从中获利。2012年2月，证监会给出了对叶志刚的处理结果：没收违法所得32万余元，罚款100万元，禁止入市五年。

证券分析师的研究成果是券商向客户提供的高端增值服务之一，他们经常去上市公司做调研并做出盈利预测及市场分析，撰写投资报告，向基金提供“买入”“持有”和“卖出”建议，以便让基金获利。券商正是通过这种服务来留住基金这类大客户，使对方在本公司设立长期交易席位，并从中赚取佣金。《证券分析师职业道德守则》要求证券分析师恪守公正公平原则，提出建议和结论不得违背社会公众利益。证券分析师不得利用自己的身份、地位和在执业过程中所掌握的内幕信息为自己或他人谋取非法利益，不得故意向客户或投资者提供存在重大遗漏、

虚假信息和误导性陈述的投资分析、预测或建议。然而，对利益的追逐却让一些人变得疯狂，把本应秉承的道德操守扔在一旁。很多证券分析师都会与一些私募基金开展私下合作，以共同谋利。第一类是一些名气不大或供职的卖方机构缺乏影响力的分析师，他们通常会把从上市公司调研来的、打探来的业绩增长信息等迅速通知给私募基金，然后按照一定比例分取阶段性收益。第二类是一些明星分析师，他们在市场上有较大影响力，非法获利的方式是通过自行操控账户或与私募大户合作，提前买进股票，然后借助公开发布的研究报告拉高股票价格，最后抛售股票获利。第三类是能够得到某只股票重要消息的少数分析师，他们会在第一时间告诉自己的 VIP 客户，待开盘后或第二天才对其他人透露消息。叶志刚的做法就属于第二种情况。

正因为如此，券商研究报告的公信力屡屡被质疑。之所以不断出现一些被上市公司称为"问题报告"的研究报告，除了研究员引用数据有误，没有做实地调查，或所称的"企业投资计划"等消息与事实不符等原因之外，另一部分原因在于一些明星分析师经常要面对某些私募机构的"糖衣炮弹"，很可能会被资金挟持，丧失道德标准，变得不公正和唯利是图。

大券商研究所因实力雄厚，可以给出很高的薪酬，将中小券商的人才挖走的现象屡见不鲜。但大型券商给的薪酬再高，似乎也无法避免证券分析师的违规行为。有业内人士指出，在证券分析师的行为背后隐藏着的却是券商研究所的激励机制存在的问题。现在的券商研究所对研究员的激励基本上都是采取工资加奖金的形式，工资基本上是按照学历和工作经验等确定的，而奖金的多少则要看公司的盈利情况以及分析师个人得到的评价结果。证券分析师的基本工资不多，主要薪酬还是得看奖金，而奖金发放很重要的一条标准就是客户评价（主要是基金公司的评价），很多券商直接以《新财富》最佳分析师榜单排名为标准，也有不少券商制定了更详细的考核标准。比如，一家券商研究所的内部考核分为主观考核和客观考核两部分，主观考核就是所谓的"派点制"，即将 100 分分给客户、销售等业务部门以及同事，由这些人给研究员打分。客观考核则包括研究员发布的研究报告的数量和质量（比如，盈利预测的准确性）等。

《新财富》最佳分析师榜单是根据各基金、银行等机构的相关人士打分得来的，证券分析师如果能在该榜单中名列前三名，则地位和收入都将发生巨大变化。2007—2008 年间，券商分析师如果能被评为最佳分析师，年薪最高能达到 400 万元左右，即便是入围的分析师，年薪也能涨到 80 万～90 万元。然而，这种排行榜并不一定客观，有些分析师长期维护公司重仓股，有些分析师本身并没有研究能力，但可以忽悠资金进来，而这些都能帮助他们上榜。如果要对一位证券分析师的水平进行正确的评价，不应采取这种让各个基金投票决定的方式，而应回顾分析师在一年中对企业业绩预测的准确率以及对市场判断的准确性。

国内大部分券商的薪酬体系是按照行政级别确定的，领导的收入一定比下面干活的人要高，这样就很难调动研究员的积极性。中金公司的研究所是国内少有的一家薪酬体系与国外接轨的券商，其研究所实行 MD 制度（managing director，董事总经理制）。薪酬水平不按行政级别而是按照业务水平来划分，行政级别较低的专业人才如果在某一方面的业务能力较强，其薪酬水平可以超过行政级别较高的人，甚至可以调配领导的资源。

有些券商研究所还与投行部门有深入的合作，这种合作甚至得到公司的支持并被制度化。这些券商在进行投行业务时，会请公司的研究员对项目的行业前景等进行调研。这是因为，投行业务的特点就是发现一个公司的亮点，然后把公司推介出去，而这恰恰是分析师的长处，分析师一旦参与投行项目，就很容易与上市公司熟悉起来，更方便日后的调研。一家证券公司在投行业务方面实行的是"大投行"的概念，将其业务划分为前台、中台和后台，前台主要包括投行业务、经纪业务和自营业务等，研究所位于中台，其职能是为前台业务提供必要的支持。在这种情况下，证券分析师的报酬也包括其对投行提供的支持。

2002 年到 2012 年是我国金融行业收入水平暴涨的十年，证券业的薪酬涨幅尤为突出。证券分析师的工资平均上涨 10 倍左右，一些高水平分析师的工资上涨更是高达 20～30 倍。但随着 2008 年金融危机之后曾经风光一时的股市一路下跌，情况开始发生变化。《证券日报》金融机构中心在 2012 年年底向 40 位券商分析师发放的一项问卷调查结果显示，百万年薪仅属于少数明星分析师，绝大多数受访者的薪酬水平在证券行业内并不可观。在 27 位提供目前薪酬水平的人员中，7 名分析师的年收入在 10 万元以下，这些人的从业时间基本在 1～2 年以内；8 名分析师的年薪在 10 万～20 万元之间；9 名分析师的年薪在 20 万～50 万元之间；仅有 3 名受访分析师的年薪在 50 万元以上。超过 7 成的受访分析师表示希望未来能到基金、券商、投资公司等其他机构从业。

有业内人士认为，目前一些大的基金公司拥有实力较强的研究团队，而很多中小基金还没有自己成熟的研究团队，这就形成了对证券分析师的报告的依赖。随着基金公司的壮大，越来越多的基金公司会拥有自己成熟的研究团队，对券商研究报告的依赖程度就会降低，到那个时候，券商不能只依靠研究所争取基金分仓，还要关注服务。

资料来源：1. 吴婷婷．超半数证券公司分析师年薪低于 20 万．证券日报，2012-03-28.
2. 徐志红．为何出现叶志刚：薪酬困局调查．21 世纪经济报道，2009-08-08.
3. 禾苗，艾经纬．海通证券叶志刚事件拷问分析师公信力．第一财经日报，2009-08-11.

我们在本书前面几章反复强调了薪酬管理在满足员工对公平性要求的同时，也要为企业战略目标的实现提供积极的支持。我们主要关注的是薪酬的公平性问题，即如何根据职位的价值、员工技能或能力的高低以及外部劳动力市场上的薪酬水平来合理确定员工的基本薪酬水平。但一个不容回避的问题是，从事重要职位工作的员工或者具备较高技能或能力的员工能否比其他员工更积极努力地工作，从而将这种静态的价值转化为对企业来说更为重要的动态的价值，则具有不确定性，主要是因为劳动力契约本身是一种不完善的契约，劳动者对于自己在生产过程中实际付出的努力或者劳动具有一定的控制力。因此，在解决了静态的公平性问题之后，薪酬管理还必须解决动态的问题，即企业的薪酬设计以及薪酬管理如何才能激励员工个人以及员工群体达成优良的绩效，从而保证企业整体良好经营绩效的实现和长期的发展。在本章中，我们将集中探讨如何将员工的实际贡献与其应得的报酬联系起来，从而将员工、员工的绩效和组织的绩效以及组织最终的成功联系起来。

第 1 节　绩效奖励的基本原理

一、绩效奖励与激励

（一）绩效及其影响因素

绩效通常可以划分为组织绩效和个人绩效两大部分，其中组织绩效又可以划分为公司绩效、部门绩效以及团队绩效等。而员工个人绩效，通常是指员工通过努力达成的对企业有价值的结果，以及他们在工作过程中所表现出来的符合企业的文化和价值观，同时有利于企业战略目标实现的行为。从员工个人层面来说，其绩效高低主要取决于四个方面的因素：一是员工的知识，即员工所拥有的关于事实、规则、原则以及程序的知识；二是员工的能力，即员工所具备的技能以及完成工作任务的能力；三是员工的工作动机，即员工受到的激励程度；四是机会，即员工和工作之间的匹配性以及其他外部资源的支持。这四大要素缺一不可。因此，为了确保员工实现优良的绩效，企业必须做好以下几个方面的重要工作：一是企业必须雇用知识技能水平比较高的员工并设法让他们留在企业中；二是持续不断地提高员工的知识和技能水平；三是合理地配置员工，使员工能够从事他们最擅长或最感兴趣的工作，即做到人尽其才；四是通过各种激励措施促使员工尽最大的努力来完成工作，即强化员工的工作动机。

从薪酬管理的角度来说，它与影响员工绩效的上述四个方面都存在联系。比如，较高的薪酬水平有利于吸引知识和技能水平较高的员工；以技能和能力为导向的薪酬体系和报酬方式有利于激励员工不断增强自身的能力和素质；灵活的薪酬体系有利于员工在企业内部的调动和轮换，从而帮助员工在组织内部找到最适合自己的工作；最后，强调绩效的薪酬体系有利于员工关注绩效并采取对企业有利的行为等。当然，我们在前面几章中实际上试图解决前面三个方面的问题。这里我们主要来了解薪酬设计与员工的绩效激励之间的关系。

（二） 激励理论及其对绩效奖励的启示

很多企业都愿意采用绩效奖励计划（pay for performance plans），因为它们认为，这种将绩效和薪酬联系起来的做法非常有助于提高员工为实现公司战略目标而努力工作的积极性。那么，这种想法有没有理论上的依据呢？事实上，组织行为学中的激励理论对此给予了充分的肯定，并为绩效奖励的思想提供了坚实的理论基础。

图 7-1 是由管理学家斯蒂芬·罗宾斯提出的包括期望理论、公平理论、强化理论等多种激励理论思想在内的一个综合激励模型。[①] 这个模型清晰地指出了绩效奖励对于员工激励的重要作用。从图中我们不难看出，具备既定能力和素质的员工在工作安排得当、资源配置充分的情况下，其个人绩效水平的高低主要取决于员工的工作动机以及由这种工作动机所决定的工作努力程度，而员工的努力程度的高低主要取决于个人目标在组织中的实现程度。换言之，一个人的行为是受其个人目标引导的。一般情况下，员工在一个组织中工作的时候需要实现两个方面的目标：一是获得公平对待；二是个人的绩效能够得到适当的报酬和认可。从薪酬管理的角度来说，员工个人的绩效能够得到公正的评价并获得相应的报酬和认可是同时实现上述两大目标的关键因素。当然，这里所说的对绩效的报酬和认可可以有多种方式，而不仅仅是直接与薪酬挂钩。有时，对员工绩效的认可即使不采取货币或货币等价物的方式，也可能会因为满足了员工的自我实现需要和成就需要而被员工认为是一种有价值的报酬方式。对于绝大多数员工来说，个人绩效与薪酬之间的联系仍然是一种最有力也最直接的激励手段，因为它一方面能够满足员工的经济需要，另一方面还能满足员工的成就需要。因此，如何公平合理地对员工的绩效提供报酬，是企业在薪酬管理中必须关注的一个非常重要的问题。在当前这种风险很高的经营环境当中，绩效奖励计划设计的重要性不亚于基本薪酬设计。在某些情况下，它可能更重要一些。

---

① ［美］斯蒂芬·罗宾斯．组织行为学：第 10 版．北京：中国人民大学出版社，2005：191.

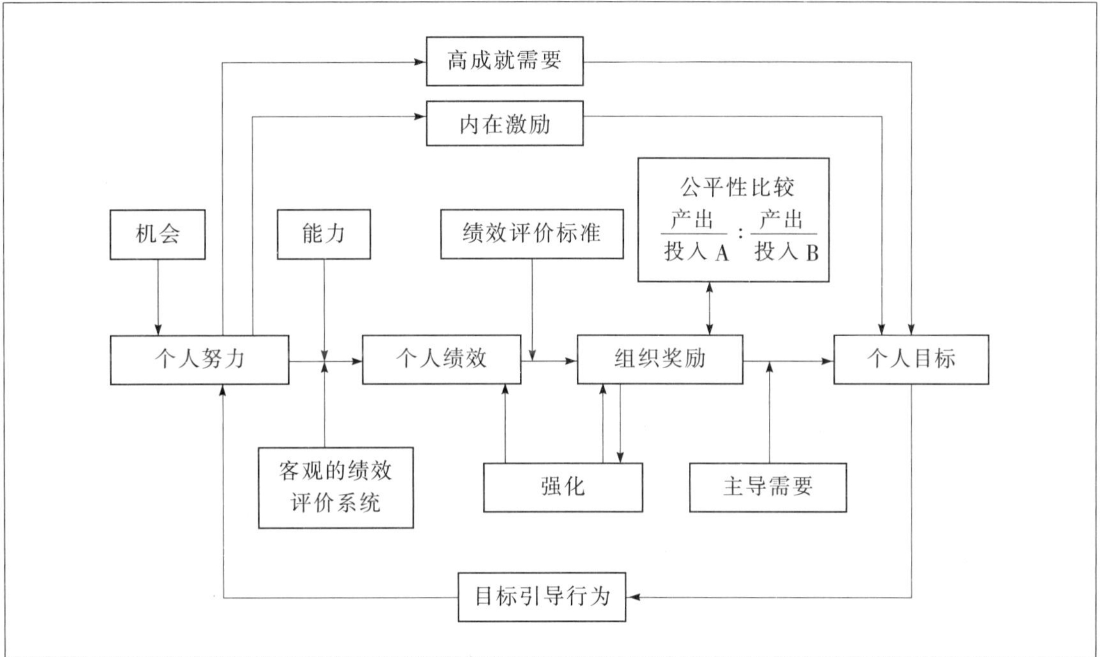

图 7-1　综合激励模型与绩效奖励

图 7-1 中的综合激励模型从总体上揭示了对员工个人的绩效进行评价并提供适当报酬的重要性，而几种常见的激励理论本身对于在绩效奖励计划设计过程中应当注意的一些细节问题也是非常有帮助的。因此，我们在这里就这些理论的内涵及其对绩效奖励计划的启示做一个概括的分析。

1. 马斯洛的需要层次理论

马斯洛（Abraham Maslow）的需要层次理论认为，人的行为受到人的内在需要的激励。人的需要是由从最基本的衣食住行需要到高等级的自我实现需要所构成的有序等级链。准确地说，人的需要包括生理需要、安全需要、社会需要、尊重需要以及自我实现需要五大层次。在一个人的低级需要得到满足的情况下，高级需要就会变得富有激励性。而当人的需要得不到满足时，就会产生挫折感。

马斯洛的需要层次理论对于薪酬管理的启示是：其一，企业所支付的基本薪酬必须确定在足够高的水平上，以确保员工能够获得满足基本生活需要所必需的经济来源。其二，奖励性薪酬尤其是成功分享计划对员工具有一定的激励作用，这是因为它与成就、认可、称赞等联系在一起，因而在某种意义上能够帮助员工实现高层次的需要。但是，如果绩效奖励计划由于风险过高或者设计不合理而损害了员工满足日常生活需要的能力，则不会产生激励作用。其三，不同类型员工的需要层次可能是不同的，在可能的情况下，企业可以考虑采用不同形式的薪酬计划，以满足不同类型员工的需求。其四，纯粹的货币激励对于员工的激励作用可能存在一种边际效用递减的趋势。因此，企业需要探讨将货币激励与非货币激励相结合的激励方法，通过满足员工的高层次需要来达到提供更大激励的目的。

2. 赫茨伯格的双因素理论

赫茨伯格（Frederick Herzberg）的双因素理论认为，员工的行为会受到保健因素和激励因素这两种不同因素的影响。其中保健因素又称为维持因素，它是对员工的不满产生影响的主要因素。激励因素则是对员工的满意产生影响的主要因素。换言之，保健因素不足必然导致员工不满意，但是保健因素再多也不会为员工带来满意，只有足够的激励因素才能让员工感到满意，从而激励绩效的产生。其中保健因素主要是一些外部报酬，它往往与基本生活需要、安全保障以及公平对待等联系在一起，包括公司的政策、受到的监督、人际关系、工作环境以及薪酬等。而激励因素则主要是一些内部报酬，包括成就、认可、晋升、工作责任等。

双因素理论告诉我们：第一，企业所支付的基本薪酬必须保持在足够高的水平上，以确保员工能够获得满足基本需要的经济来源，但是基本薪酬本身并不会对绩效产生较大的激励作用。同样，过高的收入保障或福利对员工所产生的激励作用也是非常有限的。第二，绩效奖励计划尤其是成功分享计划是富有激励性的，因为它能够满足员工在认可、责任、成就等方面的需要。而风险分担计划如果设计不好，则可能不具有激励性。第三，对员工的绩效激励不能仅仅依靠薪酬，尤其是货币薪酬，企业要考虑为员工提供全方位的内在激励和外在激励。不仅如此，如果企业的人际关系氛围、工作条件等不佳，则设计良好的绩效奖励计划也很可能无法取得预期的成效。

3. 期望理论

维克多·弗洛姆（Victor Vroom）指出，绩效是三大因素的函数：期望、关联性以及效价。其中，期望是员工对自己完成既定工作任务的能力所作出的自我判断，揭示的是个人努力与绩效之间的关系，即员工认为通过一定的努力获得一定绩效的可能性。关联性是员工对于达到既定绩效水平之后能否得到组织报酬所具有的信心，它反映了员工相信一定的绩效水平会带来所希望的奖励结果的程度。效价是员工对组织因自己实现令人满意的工作业绩而提供的报酬所具有的价值所作出的判断，它反映了组织所提供的奖励满足个人目标或需要的程度以及这些潜在奖励对于个人的吸引力。

期望理论实际上指出了：第一，员工对个人能力的自我评价是非常重要的，因此，企业应当意识到，要想让员工达到既定的绩效水平，就需要对他们进行培训并为他们提供完成工作任务所需的各种资源。第二，必须明确界定员工的工作任务、责任以及绩效标准，同时建立公平、完善的绩效评价体系，让员工相信他们自己对绩效目标的实现是有充分的控制力的。第三，薪酬和绩效之间的联系是至关重要的，并且较多的绩效奖励比较少的绩效奖励更具激励效果。同时，绩效奖励的收益必须足够大才能使员工将其视为一种真正的报酬。

4. 公平理论

公平理论认为，员工不仅关心自己经过努力所获得的报酬的绝对数量，也关心自己的报酬与其他人的报酬之间的关系，即员工根据自己的投入产出关系和他人的投入产出关系的对比来判断自己所获得的报酬的公平性。与感知到的投入（如努力、工作行为）相对比，如果员工认为自己所得到的产出是对等的，他们就会受到激励；反之则会导致员工心里不舒服。如果员工认为其他人所付出的努力与自己相同但是所获得的报酬却更多，或者他人付出的努力比自己少但是大家的报酬却相同，他们就会采取负面行动（比如消极怠工）来找回双方在投入产出比上的平衡。

公平理论说明：第一，由于员工比较的是自己与他人的薪酬—努力，因此对员工的行为和态度产生影响的是相对薪酬而不是绝对薪酬的数量。换言之，薪酬的内部公平性和外部公平性对于员工的绩效激励有着很大的影响。第二，企业必须首先建立起一套客观公正的绩效评价体系，然后将通过这一体系得出的绩效评价结果与最终的报酬挂钩，以确保在同等条件下，那些绩效优秀的员工所获得的薪酬超过绩效不佳的员工。第三，如果企业所提供的报酬没有达到员工的公平性要求，则员工会采取对企业不利的负面行为来试图找回公平。因此，无论是企业的基本薪酬确定还是绩效奖励计划，都必须注意在全体员工中保持公平性和一致性。

5. 强化理论

强化理论认为，一个人的行为是受其目标引导的，如果员工的某种行为得到了与预期目标相符的某种报酬的强化，则员工重复性地执行相同行为的可能性会增加。强化理论对于薪酬管理的启示在于：其一，对于员工的绩效必须给予相应的报酬，因为报酬会强化（激励和维持）员工的绩效，而得不到报酬的行为或绩效是不会持续下去的。其二，必须在员工达到企业期望的绩效之后尽快给予报酬，即应当在员工的绩效或对企业有利的行为与这种绩效或行为所获得的报酬之间建立起一种比较直接和及时的联系。

6. 目标设置理论

目标设置理论主要探讨了目标的具体性、挑战性以及绩效反馈对绩效的影响。它指出，实现某种目标的工作意向是工作激励的主要源泉；明确具体的目标不仅告诉员工需要做什么以及应当付出多大的努力，而且能够提高绩效；一旦员工接受了比较困难的、富有挑战性的目标，则会比那些较容易实现的目标获得更大的激励；最后，能够获得绩效反馈的目标实现过程会比没有反馈的目标实现过程更加顺畅。

目标设置理论实际上告诉我们：第一，目标可以作为员工与之进行对比的绩效标准。由于实现目标往往与得到有价值的报酬联系在一起，因此，它对于个人是有激励作用的，即明确具体、富有挑战性的绩效目标对绩效发生的强度及其持续期间具有很大的影响力。第二，绩效奖励必须是在某种重要的目标实现时支付给员工，并且奖励性报酬的数量应当与目标的实现难度相匹配。第三，企业必须以一种明确的方式来与员工就绩效目标进行沟通，确保员工相信自己能够对绩效目标产生影响，并且在绩效的实施过程当中及时地向员工提供绩效反馈。

7. 委托—代理理论

委托—代理理论实际上是经济学中关于激励的理论。该理论认为，在任何委托—代理关系当中都存在代理风险。产生代理风险的最主要原因是信息不对称和委托人在控制代理人的行为时需要花费大量的成本。即委托人为了保证自己的利益，希望尽可能多地观察和了解代理人的信息，但由于不对称信息难以直接观察和验证，委托人要想了解代理人的信息和监控代理人的行为就必须花费代价和成本。不仅这种代价和成本可能非常昂贵，而且可能根本无法确保委托人能够收集到代理人的所有信息。在这种情况下，委托人的一个最佳选择不是去对代理人的能力进行判断并对其行为进行监控，而是选择一种有助于使代理人的利益与委托人的利益趋于一致的契约。这样，委托人既能够保证自己的利益，又可以节省大量的监督控制成本。

委托—代理理论表明：如果委托人（企业）对代理人（员工）的绩效履行过程或者绩效行为能够进行有效的监督，并且监督和控制的成本不那么高，企业就可以根据员工的行为表现支付相对比较稳定的静态薪酬（主要是根据员工所承担工作的难度和重要性来支付薪酬），或者是将员工的小部分薪酬与对其行为的评价结果联系在一起。然而，如果员工的绩效完成过程无法得到有效的监控或者监控成本过高，企业就应当根据员工的工作结果即是否实现组织的目标来支付薪酬。这是因为当委托人对其工作存在监督不到的地方时，作为代理人的员工很有可能会产生机会主义倾向或消极怠工的行为。不过，从员工的角度来说，他们更愿意获得比较稳定的薪酬而不是有较高风险的薪酬（即经济学中的风险规避倾向）。而如果企业根据员工的工作结果或绩效支付薪酬，那么实际上是使员工的薪酬收入面临风险，因此，要想让他们从内心接受这种具有风险性的绩效奖励计划，就必须为他们提供一个获得更高收入的机会，即以潜在的更高薪酬水平来补偿员工所愿意承担的风险。总而言之，绩效奖励计划的风险越明显，企业就越需要为员工提供更高的潜在收入以作为补偿或回报。

综合上述各种激励理论，我们可以看出它们对绩效奖励计划的以下几点启示：

第一，员工的需要会影响员工的行为，因此，能够满足员工不同需要的薪酬体系才会真正具有激励性。在员工需求多样化的情况下，单一的薪酬体系或者薪酬构成可能无法给员工带来满足感，弹性的薪酬体系或者多样化的薪酬体系对员工绩效的诱导作用可能是最强的。所以，有针对性的绩效奖励计划可能会比笼统的、单一的、意图不明确的绩效奖励计划更有效果。

第二，雇佣关系本身具有一种交换的性质，而交换只有在公平的基础上才是有效的，因此，薪酬管理应当注意公正性。从绩效奖励方面来看，这种公正性首先体现在员工能否获得必要的工作条件和资源支持，其次体现在员工的绩效能否得到准确、公正的评价，最后体现在员工的绩效能否得到公平的报酬。事实上，上述三点是一个成功的绩效奖励计划在制度上不可或缺的必备要素。

第三，绩效奖励计划的成功还有赖于企业与员工之间的沟通，通过沟通来确保员工明确组织对自己的行为以及工作结果的期望，以及达到企业的期望值后能够获得的报酬。如果员工不清楚自己应该干什么以及干到什么程度才算达到要求，或者不清楚什么样的行为或结果能够获得什么样的报酬，或者不相信某种行为或结果能够获得他们所希望的报酬，绩效奖励计划就不可能有效（参见小专栏7－1）。

小专栏7－1

相声编剧的提成

由刘颖、浩楠两位相声演员合说的《一对一》在央视相声大赛中脱颖而出，摘得四项大奖中的三项，这在该项大赛中是从未有过的。刘颖在畅谈自己的成功秘诀时说，自己从11岁开始学说相声，后来拜在李金斗门下成为大弟子，但在2003年之前的很长一段时间他离开相声界，去日本学习企业经营管理。留学的日子很苦，但也为他积攒了很多的生活阅历。“在餐馆打工，我每天要洗4 800个盘子，很枯燥、很无聊，我就在心里一直背《报菜名》《地理图》，好让时间过得快一点。”

新编相声不可乐，许多观众都弃新编而奔传统。对于相声缺乏好编剧的尴尬，刘颖并不回避，但他也有自己的办法。为了强化本子，他从6年前开始就采用每场分成的方式来激励编剧创作。“初次完成剧本有稿费，以后的每一场演出，收入的10%属于编剧。”相声圈里一段相声的稿费一般在3 000～5 000元，最好的也不过1万元，但刘颖的御用编剧康珣一个作品得到的稿费却能翻几番。比如，6年前他为刘颖创作的《教你模仿》收到的稿费是3 000元，如今已演出近百场，演出分成足有几万元。

除了激励创作之外，刘颖认为分成的做法也是对相声创作者的尊重。“相声传统教育要求说相声把‘德’放在前面，对于相声演员而言‘吃水不忘挖井人’，说相声不忘作者，也是很重要的‘德’。”

资料来源：牛春梅．刘颖说相声演出费给编剧提成．北京日报，2010-11-08.

二、绩效奖励计划的特点及其实施要点

（一）绩效奖励计划的概念及其优缺点

1. 绩效奖励计划的内涵及其发展

所谓绩效奖励计划，是指员工的薪酬随着个人、团队或者组织绩效的某些衡量指标所发生的变化而变化的一种薪酬设计。由于绩效奖励计划建立在对员工行为及其实现组织目标的程度进行评价的基础之上，因此，绩效奖励计划有助于强化组织规范，激励员工调整自己的行为，并且有利于组织目标的实现。

将绩效和薪酬联系在一起的观点已经存在很多年，但是这种思想在20世纪80年代以前只在很小一部分员工身上得到了体现。即使在美国这样一些老牌市场经济国家的企业中，传统的绩效奖励计划（奖金、股票等）也只适用于高层管理人员、销售人员以及部分行业的生产工人。在当时的经营环境下，员工被看成是大型组织机器上的小齿轮，企业对员工的要求是每个人把自己分内的事情做好，不需要他们去创新或者发挥太多的主观能动性。这样，企业认为只要为员工支付了比较公平和稳定的薪酬，使员工有了生活保障，他们就会老老实实、规规矩矩地像螺丝钉一样去履行那些微不足道的职责。只要做到这一点，企业的利润也就有了保证。

然而到了20世纪80年代，世界经济不景气使得企业界逐渐认识到，要想战胜竞争对手，还必须使员工的眼界更开阔一些。虽然生产率和利润等财务指标依然重要，但其他一些无形的价值越来越成为决定企业成功的关键因素，比如，质量、客户服务、创新、灵活性、生产或服务周期等。在这种情况下，企业认识到，必须将员工从小齿轮转变成为在公司中有一定的权限，能够承担一定的责任和组织的风险，同时能够分享组织成功的能动的价值创造者。这样，浮动型绩效奖励计划的价值获得了广泛的重视，企业力图至少使员工薪酬的一部分随着组织经营状况的变化而有所升降。同时，绩效奖励计划的实施也使得当时企业所面临的固定成本过高以及裁员等问题多多少少得到了一些缓解。

当然，发展到今天，企业实施绩效奖励计划的目的有了很大的扩展，我们可以用实现战略目标、强化组织规范、激励绩效以及认可不同员工的贡献这样几个大的方面来加以概括。关于这方面的具体内容和实例，我们将会在后面的部分详细讨论。

2. 绩效奖励计划的优缺点

绩效奖励计划的优点主要表现在：第一，由于绩效奖励计划往往具有明确的绩效目标，因此，它能够把员工的努力集中在组织认为重要的一些目标上，从而有利于组织通过灵活调整员工的工作行为来实现企业的重要目标，避免员工的行为脱离组织的战略主线而产生本位主义倾向。第二，由于绩效奖励计划中的报酬支付实际上变成了一种可变成本，因此，它的

实施减轻了组织在固定成本开支方面的一些压力，有利于组织根据自身的经营状况灵活调整支付水平，不至于因为成本的压力而陷入困境。第三，由于绩效奖励往往与直接的绩效改善联系在一起，并且奖金的发放对象是那些为更高绩效的实现作出贡献的人，因此，绩效奖励计划有利于组织总体绩效水平的改善。

不过，绩效奖励计划也存在一些潜在的缺点。第一，在绩效奖励计划中所使用的产出标准很可能无法保证足够的准确性和公正性。在产出标准不公正的情况下，绩效奖励计划很可能会流于形式。第二，绩效奖励计划有可能导致员工之间或者员工群体之间的竞争，而这种竞争可能不利于组织的总体利益。第三，在绩效奖励计划的设计和执行过程中还有可能增加管理层和员工之间产生摩擦的机会，因为在许多绩效奖励计划中都存在讨价还价的问题。第四，绩效奖励计划实际上是一种工作加速器，有时员工收入的增加会导致企业出台更为苛刻的产出标准，这样就会破坏企业和员工之间的心理契约。第五，绩效奖励公式有时非常复杂，员工可能难以理解。

（二）绩效奖励计划的实施要点

绩效奖励计划的优点使得越来越多的企业使用它，而这种薪酬计划的缺点要求企业在实施过程中必须非常谨慎。在这里，我们着重指出以下几个实施要点：

第一，企业必须认识到，绩效奖励计划只是企业整体薪酬体系的一个重要组成部分。虽然它对激励员工的行为和绩效有重要作用，但是不能取代其他薪酬计划。只有与其他薪酬计划密切配合，才能确保绩效奖励计划的作用正常发挥，不能以为有了设计良好的绩效薪酬计划，员工的报酬和激励问题就可以顺理成章地得到解决。

第二，绩效奖励计划必须对那些圆满完成组织绩效或行为与组织目标一致的员工给予回报，而组织目标通常是与企业的战略经营计划和组织任务联系在一起的，因此，绩效奖励计划必须与组织的战略目标及其文化和价值观保持一致，并且与其他经营活动相协调。很显然，实现企业战略目标或经营目标以及维护企业的价值观是实施绩效奖励计划的最主要目的。但是如果组织的价值观和战略目标不清晰或者员工不理解，就很可能会发生企业所奖励的行为和结果与组织的目标相背离的情形。事实上，在实践中经常发生这样一种情况，从局部看设计非常合理的绩效奖励计划，最终对企业总体业绩产生的影响却是不利的。这就告诫我们，成功的绩效奖励计划必须保持三个方面的一致性：员工的目标及其组织特性（组织的服务对象是谁以及组织的产品和服务是什么）；组织的战略规划（组织如何完成其战略任务）以及组织的目标（组织确立了什么样的目标）。

第三，要想实施绩效奖励计划，企业必须首先建立起有效的绩效管理体系。这是因为，绩效奖励计划以员工、员工群体甚至组织整体的业绩作为奖励支付的基础，如果没有公平合理、准确完善的绩效评价系统，绩效奖励就成了无源之水、无本之木。企业不仅要明确自己所要实现的成果是什么，什么样的员工行为有利于这种成果的实现，同时还要明确如何对这些成果进行衡量、监督以及管理。如果没有明确的、具体的、可衡量的、富有挑战性的绩效衡量指标，经营目标就会成为模糊不清的东西，绩效奖励就会成为上级的恩惠或者铁板钉钉一样的既得利益。于是，以激励绩效为目的的绩效奖励计划最终就会变成另一种形式的“大锅饭”。

第四，有效的绩效奖励计划必须在绩效和奖励之间建立起紧密的联系，因为无论企业的目标多么清晰，绩效评价多么准确，反馈多么富有成效，如果它们与报酬之间不存在联系，绩效就不会达到最大化。比如，一家制造业公司采取将工厂的生产绩效以大幅图画在公司门口张贴的做法，以便员工一进厂就能了解到公司的重要经营指标的变化情况。刚开始，这些图画引起了员工浓厚的兴趣和讨论，绩效也有所改善。然而，公司的业绩很快又下降到了此前的水平。在调查原因时，员工说，原来以为公司可能会对这些数据的变化作出某种反应，比如制定特定的奖励计划对员工的努力给予认可，开一个庆祝会，或者道一声感谢等，可什么也没有发生。于是，他们很快对数据失去了兴趣，又重新回到了原来的轨道上。在这里，反馈是存在的，但是没有与报酬联系在一起。

第五，绩效奖励计划必须获得有效沟通战略的支持。既然绩效奖励计划要求员工承担一定的风险，那就要求企业能够及时为员工提供正确地作出决策所需要的各种信息。同时，企业还需要经常就绩效进展情况向员工提供反馈，以帮助员工提高达到既定目标的可能性。实际上，有些时候，绩效奖励计划对信息传递功能的强调要超过对报酬支付功能的强调。在实践中，我们常常会看到，仅仅为降低固定成本而实行的浮动薪酬计划往往以失败而告终。沟通的另一个重要作用是让员工看到绩效和薪酬之间到底存在怎样的联系。比如，某企业的一位中层主管得到一大笔年终奖，但是当朋友问他为什么会得到这么多奖金时，他说他自己也不清楚，而且感到很迷惑，不知道明年是否还能得到这么高的奖励以及如何才能获得。在这种情况下，虽然绩效报酬已经存在，但是报酬和绩效以及目标之间的联系点却很模糊。

第六，绩效奖励计划需要保持一定的动态性，这是因为，绩效奖励计划是围绕企业经营目标、企业外部的经营环境以及员工的工作内容、工作方式等情况而不断发生变化的，过去取得成功的绩效奖励计划不一定到现在依然成功，经常是要么需要重新设计绩效奖励计划，要么需要对原有的绩效奖励计划进行较大的修改和补充。比如，以最早实施收益分享计划而闻名的林肯电气公司在 1934 年开始实施这种奖励计划的时候，将员工的报酬与个人的生产率以及公司的盈利情况紧密结合在一起。当时，生产线上的工人没有基本薪酬，收入完全取决于个人的产量，有时有些幸运的工人每年甚至能够挣到 10 万美元。但是 20 世纪 80 年代在向海外扩张的过程中，这种做法却导致了持续的财务问题，原有的绩效奖励计划不仅在海外文化中不适用，本国员工也面临因个人无法控制的原因所造成的奖金削减的威胁。

第 2 节　绩效奖励的种类

绩效奖励计划有很多种，选择何种计划取决于组织的经营战略、经济状况、人员情况以及组织想要达到的目标。在组织的目标发生转变时，绩效奖励计划的种类也应该随之发生变化。对于绩效奖励计划，我们可以从两个维度进行分类。从时间维度来看，分为长期激励计划和短期激励计划；从激励对象维度来看，分为个体激励计划和群体激励计划。

一、短期绩效奖励计划

（一）绩效加薪

1. 绩效加薪的概念及其优缺点

绩效加薪（merit pay）是将基本薪酬的增加与员工在某种绩效评价体系中所获得的评价等级联系在一起的一种绩效奖励计划。通常是在年度绩效评价结束时，企业根据员工的绩效评价结果以及事先确定下来的绩效加薪规则，决定员工在第二年可以得到的基本薪酬。绩效加薪所产生的基本薪酬增加会在员工以后的职业生涯——在同一个企业中连续服务的年限——中得到累积。简单的绩效加薪规则如表7-1所示。

表7-1　简单绩效加薪表格

	大大超出期望水平	超出期望水平	达到期望水平	低于期望水平	大大低于期望水平
绩效评价等级	S	A	B	C	D
绩效加薪幅度	8%	5%	3%	1%	0

绩效加薪计划的优点在于两个方面：第一，这种计划使得员工的基本薪酬增长与他们个人的绩效挂起钩来，能够确保绩效优秀员工的薪酬会比绩效一般或较差的员工的薪酬增长得更快。如果组织的绩效管理系统设计合理，能够衡量出员工对组织的价值以及实际贡献，则绩效加薪不仅有利于留住那些优秀员工，而且有利于培育绩效文化，推动组织绩效目标的达成和战略的实现。第二，绩效加薪通常采取基本薪酬上涨一定百分比的做法，而每一次绩效加薪的百分比都可以根据组织的盈利状况、与市场薪酬水平或标杆企业之间的差距以及物价上涨幅度等因素来确定，这就使得企业在控制薪酬成本的上升方面具有一定的灵活性。

然而，绩效加薪计划的缺点也是显而易见的。首先，外部经济条件可能会导致加薪幅度很小，当绩效加薪预算本来就不高时（比如只有薪酬的3%～5%），绩效优秀和绩效一般的员工之间存在的加薪幅度差异很可能就没有太大的意义，根本达不到激励员工去追求卓越的效果（有研究表明，低于6%～7%的绩效加薪根本无法达到激励的效果）。对此，专家建议，对绩效最优秀的员工所提供的年度加薪幅度应该达到绩效一般员工的两倍①，对绩效欠佳的员工不要给予加薪，从而真正体现多劳多得。

绩效加薪的另一个潜在缺点是，它可能会给组织带来高昂的成本。这一方面是因为绩效加薪具有累积效应，一开始成本并不高的绩效加薪不断累积，给企业带来的成本压力就会越来越大（所以很多企业会非常注意控制基本薪酬的上涨，更多地通过一次性绩效奖励而不是较多的绩效加薪来认可员工的贡献）。绩效加薪带来高成本的另一方面的原因是，在大部分企业中，管理人员通常都倾向于把下属员工的绩效等级确定在水平较高的等级上（即出现绩效评价中的宽松误差），这样，企业往往需要面对大部分员工都能得到较大幅度绩效加薪的局面，不得不面对快速增长的薪酬成本（也正因为如此，很多企业在绩效评价制度中都对各

① B. Gerhart, G. T. Milkovich. Organizational Differences in Managerial Compensation and Financial Performance. Academy of Management Journal 33, 1990: 663-691.

个绩效等级中的人员分布比例做出强制规定，至少是对能够获得最高绩效等级的员工所占的比例做出限定）。

最后，绩效加薪可能会导致员工过于关注个人绩效，从而给团队工作带来不利影响。著名质量管理专家爱德华·戴明就持这种观点。因此，在实施绩效加薪计划时，需要注意避免刺激过度的个人主义行为以及竞争行为的产生，在员工个人目标和组织目标之间实现较好的平衡，甚至可以在需要确定绩效加薪的等级时采用强制分布法。

绩效加薪计划的三大关键要素是加薪的幅度、加薪的时间以及加薪的实施方式。绩效加薪的幅度主要取决于企业的支付能力。如果加薪幅度过大，企业可能没有承受能力，但是如果绩效加薪的幅度过小，绩效加薪计划又很可能会无效，因为小规模的加薪往往起不到激励员工绩效的作用，并且很容易与生活成本加薪混同。当然，在比较复杂的绩效加薪计划中，绩效加薪的幅度还与企业的薪酬水平和市场薪酬水平的对比关系有关（见表7-2），或者与员工所在的管理层级等因素有关。从绩效加薪的时间安排来看，常见的是每年一次，也有些企业采取半年一次或者每两年一次的做法。从绩效加薪计划的实施方式来看，绩效加薪既可以采取基本薪酬累积增长的方式，也可以采取一次性加薪的方式。一次性加薪是常规的年度绩效加薪的一种变通措施，通常是对那些已经处于所在薪酬等级最高层的员工所采取的一种绩效奖励方式，因为这时企业已经不能再提高这类员工的基本薪酬水平，但是又需要对其中的高绩效员工提供一定的激励。

表7-2 **市场化绩效加薪表格（%）**

与市场平均薪酬水平的差距	S	A	B	C	D
高15%	6	4	3	1	0
高8%	8	6	4	2	0
基本持平	10	8	5	4	0
低8%	14	10	8	5	0
低15%	18	15	10	8	0

2. 绩效加薪矩阵

企业通常会用到一种简单易行的薪酬管理工具——绩效加薪计划。绩效加薪计划可以详细列举在不同薪酬等级上的不同绩效水平的员工所应当获得的加薪幅度以及加薪的时间安排等内容。按照绩效加薪决策所运用的变量多少，我们可以将绩效加薪计划按从简单到复杂的顺序划分为以下三种类型。①

（1）仅仅以绩效为基础的绩效加薪计划。这是绩效加薪计划中最简单而且运用也非常普遍的一种形式（如表7-3a所示）。在这种情况下，加薪的唯一依据是绩效评价等级的高低，当然是高绩效者获得较大的加薪幅度，低绩效者的加薪幅度较小或者不加薪，有时甚至还要降薪。这种绩效加薪计划的优点在于企业容易掌握和控制加薪的成本预算，管理起来比较容易，与员工沟通起来也很方便。

仅仅以绩效评价等级为基础的绩效加薪往往不考虑不同等级薪酬的内部比较问题，即在基本薪酬不同的情况下，绩效水平相同的员工即使加薪百分比一样，基本薪酬高的员工所得

① Steven P. Seltz，Robert L. Heneman. Linking Pay to Performance. WorldatWork Journal，2000.

到的绝对加薪数也比那些基本薪酬较低的员工所获得的绝对加薪数要大。这种做法一方面有其合理之处，因为处于不同薪酬等级上的员工即使绩效水平相同，他们对于企业所做的贡献也是差异较大的，基本薪酬水平较高的员工与基本薪酬水平较低的员工相比，要么所从事的工作更为重要，要么具备更高的技能。另一方面，如果基本薪酬水平较高的员工的薪酬水平已经很高，那么继续给予他们与基本薪酬水平较低的员工相同的加薪百分比可能导致企业面临较高的薪酬负担，有些时候还会导致企业内部的薪酬差距过大，不利于企业内部的团队精神建设和员工之间的合作。解决这种问题的方法之一是以员工所在薪酬范围的中值为基准来实施绩效加薪（如表 7－3b 所示）。这使得薪酬的提升与绩效更加紧密地联系起来。这就减慢了那些位于薪酬宽带高层人员的加薪速度，使得同一薪酬宽带中，绩效相同的员工的绝对加薪数相同，增强了组织的内部一致性。

表 7－3a　仅以绩效为基础的绩效加薪计划：以基本薪酬为基准

员工	当前的薪酬（元）	加薪百分比（%）	绝对加薪数（元）
A	2 000	2.0	40
B	3 000	2.0	60
C	4 000	2.0	80

表 7－3b　仅以绩效为基础的绩效加薪计划：以所在薪酬范围的中值为基准

员工	当前的基本薪酬（元）	以薪酬范围中值为基准的绩效加薪（%）	绝对加薪数（元）	实际加薪百分比（%）
A	2 000	2.0	60	3.0
B	3 000	2.0	60	2.0
C	4 000	2.0	60	1.5

（2）以绩效和相对薪酬水平为基础的绩效加薪计划。很多传统的组织和薪酬结构比较复杂的组织通常会采用以绩效和内部或外部相对薪酬水平为基础的绩效加薪计划（见表 7－4）。这种加薪方案或者以四分位或百分位方法为依据，或者直接以第 5 章中所提到的比较比率为依据。其中百分位或四分位表示员工个人薪酬在企业内部薪酬水平比较中的相对位置；比较比率表示实际薪酬与市场平均薪酬水平之间的关系。操作方式是，首先判断员工的薪酬水平与内部或者外部市场平均薪酬水平之间的关系。如果与内部或外部市场水平相比，员工的薪酬已经达到比较高的水平，则企业会在同等条件下酌情考虑降低员工的加薪幅度；相反，如果员工的薪酬水平较内部或外部市场低，则企业会在同等条件下适当调高加薪幅度。企业采用这种绩效加薪计划的主要目的是控制薪酬成本以及维持薪酬结构的完整性。由于在不考虑员工现有薪酬水平与企业内部其他员工的薪酬水平或者外部市场薪酬水平之间关系的情况下，对长期在同一岗位上工作的员工加薪很可能会造成企业薪酬成本的失控性增长，因此，在员工的绩效等级一定的情况下，企业首先要考虑员工在既定等级薪酬的浮动范围中处于什么位置以及他们应当处在什么样的位置上，然后再决定加薪的幅度。这种做法显然有利于减少以资历为基础的薪酬计划所带来的不公平，同时避免对那些薪酬水平已经很高（与内部平均薪酬水平以及外部市场平均水平相比较）的员工支付越来越高的薪酬。

表7-4 以绩效和相对薪酬水平为基础的绩效加薪计划（%）

绩效水平	薪酬水平			
	第一个四分位	第二个四分位	第三个四分位	第四个四分位
优异	8	6	4	3
胜任	7	5	3	2
合格	5	4	2	1
不令人满意	0	0	0	0

表7-5是另一家公司同样基于绩效和相对薪酬水平制定的绩效加薪计划。不过，在这里不是用百分位来衡量相对薪酬水平，而是用薪酬比较比率来衡量。

表7-5 基于薪酬比较比率的绩效加薪计划

绩效评价等级	建议绩效加薪百分比（%）			
	比较比率 80.00～95.00	比较比率 95.01～110.00	比较比率 110.01～120.00	比较比率 120.01～125.00
EX（绩效超常）	13～15	12～14	9～11	到区间最高值
WD（绩效优秀）	9～11	8～10	7～9	—
HS（绩效良好）	7～9	6～8	—	—
RI（尚有改进余地）	5～7	—	—	—
NA（绩效不佳）	—	—	—	—

（3）以绩效和相对薪酬水平为基础同时引入时间变量构建的绩效加薪计划。管理绩效加薪的一种更为复杂的方法是引入时间变量。表7-6给出了一个以绩效和相对薪酬水平为基础再引入时间变量之后构建的绩效加薪计划的例子。从这一模型中我们可以看到，绩效水平较高的员工所获得的加薪幅度较大而且频率更高，而绩效一般和绩效低于一般水平的员工则需要等待很长时间才能获得加薪，而且加薪的幅度很小。

表7-6 以绩效、相对薪酬水平以及时间变量为基础构建的绩效加薪计划

绩效水平	薪酬水平			
	第一个四分位	第二个四分位	第三个四分位	第四个四分位
优异	8%～9% 6～9个月	6%～7% 9～12个月	4%～5% 10～12个月	3%～4% 12～15个月
胜任	6%～7% 8～10个月	4%～5% 10～12个月	3%～4% 12～15个月	2%～3% 15～18个月
合格	4%～5% 0	3%～4% 9～12个月	2%～3% 12～15个月	0 15～18个月
不令人满意	0～2% 12～15个月	0 0	0 0	0 0

这种绩效加薪方法的优点是：一方面，能够为绩效优异的员工提供大量的、频繁的加薪，激励员工达到更优秀的绩效；另一方面，在企业经营状况下滑的时候，适当减少加薪频率的做法，比在正常加薪频率下提供低于市场水平的加薪幅度效果要好一些。例如，一个组织可以在16个月的时间内加薪5%，而不是在12个月的时间里加薪3%。不过，这种绩效加薪计划如果操作不当，有可能为企业带来额外的成本负担，并且管理和沟通的难度都比较大。

（二）一次性奖金

一次性奖金（lump sum bonus）也是一种非常普遍的绩效奖励计划。从广义上讲，它属于绩效加薪的范畴，但不是在基本薪酬基础上的累积性增加，而是一种一次性支付的绩效奖励。在很多情况下，员工可能会因为完成了销售额或产量、实现了成本节约，甚至是提出了对企业有价值的合理化建议等而得到这种一次性的绩效奖励。在兼并、重组事件发生时，很多企业为了鼓励被收购企业中有价值的员工留下来，会在实施并购时向被并购企业中的高层管理人员、高级工程师、优秀销售员以及信息技术专家等支付一笔留任奖金。一些企业为了鼓励优秀人才与自己签约，会向决定加盟本公司的新员工提供一笔签约奖金，甚至连美国联邦政府都有类似的做法。

对组织而言，一次性奖金的优势是很明显的：一是它在保持绩效和薪酬挂钩的情况下，减少了绩效加薪情况下基本薪酬的累加效应所引起的固定薪酬成本增加（见表7-7），同时有效解决了薪酬水平已经处于薪酬范围顶端的那些员工的激励问题。二是它可以保障组织各等级薪酬范围的"神圣性"，不至于出现大量超过薪酬范围的员工，同时还保护了高薪酬员工的工作积极性。三是它不仅可能非常有效，而且使组织在决定需要对何种行为或结果提供报酬时具有极大的灵活性。组织可以随时在不改变基本薪酬的情况下，针对某些自己期望看到的员工行为或者员工个人达成的绩效结果来制定一次性的奖励计划，并且在奖励计划不合时宜时随时取消这种计划。

表7-7　普通的绩效加薪与一次性奖金在长期中的成本比较　单位：元

	绩效加薪	一次性奖金
基本薪酬（年薪）	50 000	50 000
第一年支付5%	2 500	2 500
新基本薪酬	52 500	50 000
总额外成本	2 500	2 500
第二年支付5%	2 625=5%×52 500	2 500=5%×50 000
新基本薪酬	55 125（52 500+2 625）	50 000
总额外成本	5 125	5 000
五年之后……		
第五年支付5%	3 039	2 500
新基本薪酬	63 814	50 000

对员工而言，一次性奖金相对于绩效加薪的优势要少很多。虽然员工可以一次拿到很多奖金而不是像普通绩效加薪那样，要在12个月甚至更长的时间里慢慢地获得基本薪酬的增加，但是从长期来看，员工实际上得到的奖金数额肯定要比在普通绩效加薪情况下少得多。那些即将面临退休的员工对这一问题尤为关注，因为在传统的薪酬体系中，退休金只和员工的基本薪酬挂钩而与一次性奖金没有任何关系。为了解决这一问题，有的组织将一次性奖金纳入到员工的退休金确定基础当中，有的组织则将一次性奖金与福利联系起来。例如，把为员工购买人寿保险作为对员工绩效的一次性奖励。这种做法一方面将绩效和薪酬紧密联系在一起，另一方面通过用一次性奖金购买福利的做法为组织节省了福利成本。但需要引起注意的是，如果企业长期以一次性奖金替代基本薪酬的增加，则有可能导致员工采取不利于绩效

提高的消极行为。

（三） 月度/季度浮动薪酬

在绩效加薪和一次性奖金两种绩效奖励方式之间还存在一种折中的奖励方式。这就是根据月度或季度绩效评价结果，以月度绩效奖金或季度绩效奖金的形式对员工的业绩加以认可。这种月度或季度绩效奖金一方面与员工的基本薪酬有较为紧密的联系，往往采用基本薪酬乘以一个系数或者百分比的方式来确定；另一方面，又具有类似一次性奖金的灵活性，不会对企业形成较大的成本压力，这是因为，企业在月度或季度绩效奖金方面投入的数量可以根据企业的总体绩效状况灵活调整。比如，如果企业经营业绩好，则可能会拿出相当于员工月度或季度基本薪酬 120%的金额来作为月度或季度绩效奖金发放；如果企业的经营业绩不佳，则可能只拿出相当于员工月度或季度基本薪酬 50%或更低比例的金额来作为月度或季度绩效奖金发放。

在实际执行过程中，员工个人应当得到的绩效奖金往往还要与其所在部门的绩效以及个人的绩效挂钩。企业通常可以采用以下几个公式来计算员工个人应得的月度或季度绩效奖金金额（以下公式以企业采取季度考核为例）。

（1）部门间季度绩效工资平均单价的计算。

$$\text{部门间季度绩效工资平均单价}=\frac{\text{公司季度绩效工资总额}}{\sum\left(\begin{matrix}\text{部门季度绩效}\\\text{工资基准额}\end{matrix}\times\begin{matrix}\text{部门季度绩效}\\\text{评价系数}\end{matrix}\right)}$$

（2）各部门应得季度绩效工资总额的计算。

$$\begin{matrix}\text{部门应得季度}\\\text{绩效工资总额}\end{matrix}=\begin{matrix}\text{部门季度绩效}\\\text{工资基准额}\end{matrix}\times\begin{matrix}\text{本部门季度}\\\text{绩效评价系数}\end{matrix}\times\begin{matrix}\text{部门间季度}\\\text{绩效工资平均单价}\end{matrix}$$

（3）部门内季度绩效工资平均单价的计算。

$$\text{部门内季度绩效工资平均单价}=\frac{\text{本部门应得季度绩效工资总额}}{\sum\left(\begin{matrix}\text{员工个人季度}\\\text{绩效工资基准额}\end{matrix}\times\begin{matrix}\text{个人季度绩效}\\\text{评价系数}\end{matrix}\right)}$$

（4）员工实际应得季度绩效工资的计算。

$$\begin{matrix}\text{员工实际应得}\\\text{季度绩效工资}\end{matrix}=\begin{matrix}\text{员工个人季度}\\\text{绩效工资基准额}\end{matrix}\times\begin{matrix}\text{个人季度}\\\text{绩效评价系数}\end{matrix}\times\begin{matrix}\text{部门内季度}\\\text{绩效工资平均单价}\end{matrix}$$

（四） 特殊绩效认可计划

由于绩效加薪计划本身在加薪周期以及加薪幅度方面都存在一定的限制，所以它为组织感谢员工所作出的贡献提供了非常有限的机会。比如，假设出于成本控制方面的原因，企业对最高绩效水平提供的奖励只能达到加薪 8%的水平，而此时员工为组织所作出的贡献应得到的报酬远远超过绩效加薪计划所能够给予的奖励，这时，绩效加薪的局限性就显现出来了。为了向那些绩效超出预期水平很多因而值得给予额外奖励的个人以及团队提供必要的报酬，很多企业还采用了所谓的特殊绩效认可计划（special performance recognizing plans）或奖励计划。与基于对员工工作行为以及工作结果的全面评价的绩效加薪不同，这种特殊绩效认可计划具有非常大的灵活性，它可以对那些出人预料的各种各样的单项高水平绩效表现——比如开发出新产品、开拓新的市场、销售额达到相当高的水平等——予以奖励。

特殊绩效奖的使用者之一是玫琳凯化妆品公司。在该公司，成绩最好的女性销售人员甚至可以获得粉红色的凯迪拉克轿车、水貂皮大衣以及钻戒等。其他一些规模较大的公司往往也有一些正规的机制来确认各种特殊的绩效，同时根据一定的指导方针来确定不同规模的奖金或奖品。特殊绩效认可或奖励计划提高了薪酬系统的灵活性和自发性，为组织提供了更多的让员工感觉到自己的重要性和价值的机会。事实上，特殊绩效认可计划已经成为一种激励员工的很好的方法，这种计划不仅适用于作出了特殊贡献的个人，而且适用于有特殊贡献的团队。比如，当一个工作团队共同努力创造了显著的成果，或者完成了一项关键任务时，组织可以针对这个团队实施特殊绩效认可计划。

特殊绩效认可计划在员工的激励系统中占据越来越重要的地位，但我国的许多企业却没有意识到这种独特的员工绩效奖励方式在提高企业薪酬体系的灵活性、及时认可员工的特殊绩效以及促进企业总体有效性提高方面所具有的巨大潜力，所以，本书将以单独的一节来阐述这种计划。

小专栏7-2

对管理者留住员工提供奖励

苹果蜂餐馆（Applebee's）是美国店面数量最多的休闲餐饮连锁店，为降低餐馆员工流失率，该公司对小时工人进行了评价和分级，对能够留住优秀员工的餐馆管理者提供奖励。公司认为这一系统虽然很耗时间，但效果还是值得肯定的。苹果蜂餐馆的管理者必须将员工划分为三个等级：A级员工（绩效最佳的前20%的人）；B级员工（绩效处于中间的60%的人）；C级员工（绩效最差的20%的人）。通常情况下，公司并不会告知员工本人他们属于哪一个等级。公司根据管理者留住绩效位于前80%的员工的情况给予绩效加薪和奖金。苹果蜂餐馆从九个方面对所有的员工进行一年两次评价，包括可靠性、工作态度、顾客服务、团队工作等方面。在进行这种评价时，员工首先要完成一份自我评价，然后管理人员对员工进行评级。

为了培养员工对公司的忠诚度，管理者可以采取的措施包括：提供小幅加薪；奖励员工可以用来兑换自行车、收音机、DVD播放器等奖品的“苹果币”；向高级别员工授予特制的饰针，等等。许多餐馆的管理人员还会发挥自己的激励技巧，诸如展示员工的个人风采照、让员工在生日或纪念日休假，等等。还有些管理人员为在周六上班的员工提供冰激凌，与新雇用的年轻员工的家长会面，召集员工开圆桌会议，让大家就工作日程安排等提出自己的意见，等等。苹果蜂餐馆实施的这套计划在四年时间里使员工流失率下降了近一半，从原来的146%降到84%。

资料来源：1. E. White. Theory & Practice：How To Reduce Turnover；Restaurant Chain Retains Workers Using Rankings and Rewards. The Wall Street Journal，November 21，2005：B5.

2. D. Berta. People Report：Reduced Turnover Helps Restaurants Fight Recession. Nation's Restaurant News，November 24，2008.

二、个人绩效奖励计划

（一）个人绩效奖励计划的内涵及其适用条件

个人绩效奖励计划（individual incentive plans），顾名思义，就是指针对员工个人的工作绩效提供奖励的一种薪酬计划。由于绩效奖励计划是根据某些事先确定好的客观绩效标准来支付绩效薪酬的计划，因此，所有的绩效奖励计划都有一个共同的特点，即找到一个可以用来与之进行比较从而确定奖励金额的既定绩效标准。在个人绩效奖励计划中，这一标准就是员工个人的绩效可以与之进行对比的个人绩效基准。研究表明，个人绩效奖励计划能够起到提高生产率、降低生产成本以及提高员工收入的作用。事实上，它是最古老的一种绩效奖励计划，其形式包括计件工资、生产奖金以及佣金等。

企业如果想实施个人绩效奖励计划，就必须具备如下几个方面的条件：

第一，从工作角度来看，员工个人工作任务的完成不取决于其他人的绩效，即其他员工的工作状况不会对被个人绩效奖励计划覆盖的员工的绩效产生影响，员工本人对自己的工作进度和工作完成情况有充分的控制力，个人的努力和个人的绩效之间存在直接的、明确的联系。此外，组织必须能够准确地衡量员工个人的绩效。如果无法衡量和评价个人的绩效，个人绩效奖励计划就失去了存在的基础。

第二，从组织状况来看，企业所处的经营环境、所采用的生产方法以及资本—劳动力要素组合必须是相对稳定的，因为个人绩效奖励计划要求事先制定一个相对稳定的个人绩效标准。如果企业经营环境或者技术条件、生产方式等不断发生变化，员工个人的绩效标准必然要随之发生改变。这样就会破坏个人绩效奖励计划原有的奖励公式，影响员工对奖励计划的看法，甚至影响员工对企业的看法。

第三，从管理方面来看，由于个人绩效奖励计划大多是以诱导生产效率提高为出发点的，因此它实际上鼓励员工在同一岗位上长期工作，提高工作的熟练度。这样，企业就必须在整体的人力资源管理制度上强调员工个人的专业性，强调员工个人的优良绩效，比如，为员工提供专业化的培训，为员工设计单一的职业发展通道等。此外，由于个人绩效奖励计划的基础是个人的绩效，因此，企业还必须有科学、合理的绩效评价系统以及明确稳定的绩效标准，同时还要确保企业的管理人员在绩效评价过程中做到公平和公正。

（二）个人绩效奖励计划的优点和缺点

1. 个人绩效奖励计划的优点

除了有助于生产率提高这一明显优点之外，个人绩效奖励计划还有以下几个方面的优点：

首先，与绩效加薪这种绩效奖励计划相比，个人绩效奖励计划也是针对个人绩效提供报酬的一种激励制度。但是在这里，企业支付给员工的奖励性薪酬不会自动累积到员工的基本薪酬当中去。员工如果想重复性地获得同样的奖励，就必须像原来一样努力。

其次，个人绩效奖励计划降低了监督成本。与根据工作时间支付固定报酬的薪酬制度相比，个人绩效奖励计划不需要为了维持某种合理的生产水平而对员工进行过多的直接监督，员工会受到一种内在的激励自己去控制工作速度和工作质量，这样，企业在监督方面的成本就会大大降低。

再次，在大多数情况下，根据结果支付薪酬的报酬系统如果能够得到完善的组织绩效以及员工绩效衡量工具的配合，则能比按工时支付固定薪酬的做法更好地预测和控制劳动力成本，从而避免出现企业生产率很低，但是员工的薪酬水平不能变动的情况。

最后，个人绩效奖励计划对员工的奖励通常以实物产出（如所制造的零件数量）为基础，而不是以主观的绩效评价结果为基础，因此，操作起来以及在与员工沟通的时候比较容易。

2. 个人绩效奖励计划的潜在缺点

毋庸置疑，个人绩效奖励计划也存在一些缺点，主要表现在以下几个方面：

第一，个人绩效奖励计划对于传统制造业中的生产类员工来说是比较适用的，但是现代企业中的大多数工作，如管理性的工作和专业性的工作，都没有可以衡量的物质产出。对从事这类知识型工作的员工来说，每一位员工与其他员工之间的工作关系都非常紧密，因而很难以物质产出的方式区分员工的个人绩效，也就很难采用个人绩效奖励计划。不仅如此，即使能够克服这种对个人绩效进行客观衡量的障碍，个人绩效奖励计划对企业也不会有吸引力，这是因为，对于这些类型的工作而言，团队工作方式可能会比个人工作方式对企业更有利，而个人绩效奖励计划显然不利于团队工作方式的形成。

第二，个人绩效奖励计划在设计和维持可以被员工接受的绩效衡量标准等方面面临潜在的难题，尤其是产出标准的变动很可能会造成员工对企业的不信任感，即使这种绩效标准的变动可能是有充分理由的。这种状况显然不利于企业生产效率的进一步提升。此外，由于担心新技术可能会导致产出标准的改变（往往是提高），因此员工可能不愿意提出采用新的生产方法的建议，甚至会产生抵制新技术应用的倾向。同样道理，一些有经验的老员工为了保持自己的相对生产率优势，可能不愿意为新员工的在职培训提供必要的帮助。

第三，个人绩效奖励计划往往会导致员工只去做那些有利于他们获得报酬的事情，对其他事情则不管不问。最主要的体现就是，在个人绩效奖励计划下，员工对产出数量最大化的关注可能会和企业对产品质量以及客户服务水平的关注形成一种冲突。这是因为，个人绩效奖励计划在大多数情况下主要是以产出数量为基础的，产出质量只作为一种限定性要求，员工只会追求达到质量要求这一最低水平，而不会主动去提高产品的质量。此外，有些奖励计划甚至会导致员工做出有损组织利益的事情。比如，美国一家食品连锁店曾经制定了一项奖励计划，对那些能够将蔬菜中的虫子挑出来的员工提供奖励，起初员工们确实从蔬菜中挑出了大量的虫子，然而后来发生的情况却让管理者目瞪口呆：一些员工为了获得奖金，竟然把家里的虫子偷偷带到公司，放进蔬菜里，然后再把它们挑出来。[①]

第四，个人绩效奖励计划可能不利于员工掌握多种技能。这种奖励计划与要求员工掌握多种技能以及积极地解决问题这一目标可能会不一致，这是因为员工如果去学习新的技术，常常会导致他们的生产速度放慢甚至完全停止生产。如果报酬取决于他们的生产速度和产量，那么他们就不愿意去学习新的技能，因为这至少会在短期内减少他们的收入。此外，单纯的个人绩效奖励计划还有可能会导致员工不注意设备的保养和维护，滥用设备，或者浪费生产资源来达成个人的绩效。

因此，虽然个人绩效奖励计划具有很大的潜在优势，但是鉴于它对于企业形成一支技能全面、灵活主动、能够解决问题的适应现代竞争要求的劳动力队伍所起到的阻碍作用可能大于促进作用，所以在除制造业之外的其他行业中的运用并不是很普遍，即使在制造业内部，它的作用似乎也有被削弱的趋势。

---

① 赫尔曼·阿吉斯．绩效管理：第三版．北京：中国人民大学出版社，2013：255.

小专栏7-3

“学术明星”背后的忧思

近些年来，对大学教授发表文章给予奖励的做法在我国高校中日益普遍。武汉某学院的一位教授在一年当中发表了65篇被科学引文索引（SCI）系统收录的论文，平均不到一周就发表一篇，每篇获校方奖励1万元，共计65万元。但这些论文大都发在国外一些“影响因子”较低的刊物上，论文的内容也大同小异。2009年年底，媒体披露，井冈山大学的两位讲师在国际学术期刊上发表的至少70篇文章因数据造假而被撤销，而该校同样有类似的科研奖励办法。东北某大学有一对教授夫妻，平均每天发表一篇SCI论文，一年收入过百万元。另有一位高校的院士10年来共发表SCI论文500篇，成为SCI大师。

南京大学于20世纪80年代末率先在国内将SCI引入科研评价体系，主要是因为当时国内学术界存在不正之风，缺少客观评价标准，同时某些专业国内专家很少，很难实行国际上通行的同行评议制度。南京大学当时也出台了对教师的相关科研奖励制度，但奖金较少。1992—1998年，南京大学的SCI论文收录数在全国位居第一。此后，这种可量化、易操作的科研评价办法逐渐成为国内的一种通行做法。尽管早在2003年，教育部、科技部等相关部门已经明确指出SCI、EI等收录论文数量只是科学技术评价中的定量指标之一，反对单纯以论文数量评价个人学术水平和贡献，但这股热潮并没有因此而消退。有专家指出，SCI确实有问题，但一时也难以找到更好的替代方法，可以进行完善和改进，不必一棍子打死。

资料来源：1. 柴会群．学术明星，还是学术泡沫？．南方周末，2005-06-09.

2. 李菁莹．井冈山大学造假讲师被开除公职追回所获奖励．中国青年报，2010-01-04.

（三）个人绩效奖励计划的种类

1. 直接计件工资计划

直接计件工资计划（straight piece rate plan）是运用最广泛的一种奖励计划，是薪酬收入直接根据员工的产出水平变化而发生变化的薪酬计划。企业先确定在一定时间内（比如1小时）应当生产出的标准产出数量，然后根据单位产出数量确定单位时间工资率，最后根据实际产出水平算出实际应得薪酬。显然，在这种计划下，产出水平高于平均水平者得到的薪酬也较高。

这种奖励计划的优点是简单明了，容易被员工了解和接受。其主要缺点是标准很难确定。在生产领域需要进行时间研究，但是时间研究所得出的计件标准的准确性要受到观察的次数、选定的观察对象、对正常操作速度的界定等各方面因素的影响。标准过松对企业不公平，标准过严又对员工不公平。因此，这种计划往往需要管理者和员工双方的共同参与。在存在工会的情况下，计件标准有时甚至会成为集体谈判合同中的一个重要条款。

2. 标准工时计划

标准工时计划（standard hour plan）首先确定正常技术水平的员工完成某种工作任务所需要的时间，然后再确定完成这种工作任务的标准工资率。它是根据员工完成某种工作任务理论上应当耗费的时间来支付报酬的一种计划，而不考虑员工实际耗费的工作时间。即使一个人因技术熟练以少于标准时间的时间完成了工作，他依然可以获得标准工资率。举例来说，对于一位达到平均技术水平的汽车修理工来说，为小汽车补一个轮胎平均需要花费的时间可能是1小时。即使某位修理工的工作效率较高，可能在半小时内就完成工作了，企业仍然是根据1小时来支付报酬的。对于周期很长、技能要求较高、非重复性的工作而言，标准工时方案十分有效。

标准工时计划的一个变体是Bedeaux计划，它是直接计件计划和标准工时计划的一种结合。它不是为整个工作确定标准工作时间，而是要求将工作任务划分为简单的活动，并且确定达到平均技能水平的员工完成每一项任务所需要的时间。员工如果能够以低于标准时间的时间完成工作，则会获得根据所节约的时间计算的奖励。

3. 差额计件工资计划

直接计件工资计划的另一种变体是差额计件工资计划（differential piece rate plan），或者说泰勒制。这种工资制度是由科学管理理论的创始人泰勒最先提出的。其主要内容是使用两种不同的计件工资率：一种适用于那些产量低于或等于预定标准的员工；另一种则适用于产量高于预定标准的员工。举例来说，在一家制衣厂中，对于每小时产量低于25件的员工而言，每生产一件衬衣可以获得50美分；而同样时间内的产量高于25件的员工的计件工资率则会更高一些，可能达到每件60美分。显然，这种薪酬体系对于员工达成较高生产率的刺激更大。

传统的差额计件工资计划主要包括泰勒计件工资计划和莫里克（Merrick）计件工资计划两种。在泰勒的计件工资计划中共有两种计件工资率（0.5美元/件和0.7美元/件），而在莫里克计件工资计划中，则将计件工资率划分为三个等级：完成标准任务100%以上的（0.7美元/件）；完成标准任务83%～100%的（0.6美元/件）；完成标准任务83%以下的（0.5美元/件）。关于这两种差额计件工资计划的比较，请参见表7-8。

表7-8　泰勒计件工资计划和莫里克计件工资计划

计件产量标准：10件/小时

标准工资：5美元/小时

产量（件/小时）	泰勒计件工资率	泰勒计件工资	莫里克计件工资率	莫里克计件工资
7	0.5美元/件	3.5美元	0.5美元/件	3.5美元
8	0.5美元/件	4美元	0.5美元/件	4美元
9	0.5美元/件	4.5美元	0.6美元/件	5.4美元
10	0.5美元/件	5美元	0.6美元/件	6美元
11	0.7美元/件	7.7美元	0.7美元/件	7.7美元
12以上	按11件/小时的工资率计算			

4. 与标准工时相联系的可变计件工资计划

这类计件工资计划主要包括以下三种：

第一种是海尔塞（Halsey）50—50计件工资计划。其内容是，企业通过时间研究确定完成某项任务的标准工作时间，如果员工以低于标准工时的时间完成工作，从而因节约时间而产生收益，则这种通过成本节约而产生的收益在企业和员工之间以对半的形式分享。

第二种是罗曼（Roman）计件工资计划，从企业和员工分享因节约标准工作时间所产生的收益这一点上来看，它与海尔塞计划是类似的。所不同的是，随着所节约时间的增加，员工能够分享的收益所占的比例是上升的。如果完成一项任务的标准时间是 10 个小时，某人 7 个小时完成工作，则此人可得到 30%的成本节约奖，若他能在 6 个小时内完成，则可得到 40%的成本节约奖。

第三种是甘特（Gantt）计件工资计划。它的主要做法是，在确定标准工时的时候，有意将它定在工人需要付出较大的努力才能达到的水平上。不能在标准时间内完成工作的人将会得到一个有保证的工资率。但是对于那些能够在标准时间内或者在少于标准工时的时间内完成工作的员工，计件工资率则定在标准工资率的 120%这一较高水平上。因此，一旦达到或者超过标准工时的要求（工时更短），员工收入的增长会比产量的增长快。

5. 提案建议奖励计划

提案建议奖励计划是一种最古老的管理工具之一，无论是在公共组织中还是在私营组织中都随处可见。在这种制度下，如果员工的某项建议在组织中得到成功的应用，则员工会得到某种形式的报酬。实践证明，作为一种征集员工对于改善组织有效性的建议的正式方法，员工提案建议计划通常具有很高的成本有效性。它可以改善员工关系，提高产品质量，降低成本，增加收益。通常情况下，这种计划都是由人力资源部门负责实施的。在日本企业中，提案建议制度（suggestion system）是员工参与管理的一种非常重要的实践形式。在美国有专门的国家提案建议体系协会（National Association of Suggestion Systems）。20 世纪 90 年代，在一些企业中还出现了从员工个人建议体系向以团队为基础的建议体系转变的趋势。

对提案建议体系的有效管理，尤其是员工的广泛参与，是确保这种计划取得成功的关键。在美国威斯康星州有一家名为布罗恩（Broan）的制造公司，员工每给公司的提案建议系统提供一个好的建议，就会得到一个绒毛小熊或鸭子玩具。这个被称为“布罗恩清新点子”的方案是根据公司所生产的空气清新剂产品命名的。在实施的四年里，它给该企业创造了超过 140 万美元的经济价值。员工提出任何一个能够给组织带来最高达 200 美元的成本节约建议，就可以获得一次抽奖机会。如果员工所提建议的成本节约价值更高，还会得到更多的抽奖机会。在每年为成功建议者举行的宴会上，员工们会参加抽奖，奖品包括现金、额外的休假天数等各种类型的奖励。该公司的这一提案建议系统是相当成功的，它鼓励公司各个层次的员工参与，不仅得到管理层的支持，而且透明度相当高。①

一个成功的提案建议体系应该包括以下几个关键要素：第一，管理层的认同；第二，清晰的目标；第三，有专门的负责人员；第四，结构清晰的奖励体系；第五，公开的规范；第六，对每一个建议都作出迅速反馈。

三、群体绩效奖励计划

（一） 群体绩效奖励计划概述

群体绩效奖励计划（group incentive plans）或团队奖励计划是近年来受到重视和广泛应用的一种绩效奖励计划，它基于某种群体绩效结果提供绩效奖励。群体绩效奖励计划通常

---

① Doreen Mangan. It's Just a Suggestion. Small Business Reports，February 17，1992：30 - 40.

可以划分为利润分享计划、收益分享计划、成功分享计划以及其他一些小型群体或团队奖励计划等。

很显然，群体奖励计划与当前企业界所倡导的团队合作哲学有很大的一致性，这是因为只使用个人奖励计划虽然也能够推动员工个人达到较高的绩效水平，但有可能会产生让企业不可接受的过度的个人主义行为和竞争行为，并且导致员工忽视组织目标。而基于群体绩效的群体奖励计划则会引导员工之间的合作，提高他们对整个工厂或企业利益的关注。比如，某航空公司为了提高航班准点率，专门制定了一项一次性奖金计划，如果公司在这个指标上能够进入所有航空公司的前三名，就会给员工发放季度奖金。显然，航班准点率并不是某个员工个人努力就能做到的，它需要航空公司诸多员工的共同努力。

但不可否认的是，在实施群体奖励计划时会遇到一个可能导致这种计划失败的潜在问题，这就是经济学中所谓的“搭便车”行为，即当针对群体绩效支付报酬的时候，群体中的某些人可能会采取消极怠工的行为，付出很少的努力，等待获取他人努力工作的成果。一旦群体激励计划设计不当，出现了这种现象，则最终结果是：一方面使对个人的激励降到很低的水平；另一方面，高绩效者还会因为自己的努力和成绩得不到认可和回报而放弃努力或者干脆离开组织。从群体或团队计划设计的角度来说，要确保这种奖励计划的有效性，最好能够满足以下几个方面的要求：一是能够引导员工为完成组织的重要目标而努力，增强员工对组织的认同感；二是使员工能够及时看到自己的工作对绩效产生的影响；三是目标的实现既需要个人的努力，也需要团队合作；四是绩效衡量指标和标准清晰且可信；五是在员工心目中能够产生客观的财务收益；六是能满足员工对公平、成就以及良好同事关系的需要。

在以下几种条件下，企业实施群体奖励计划可能是比较有利的。第一，从工作角度来看，工作产出是集体合作的结果，无法衡量员工个人对产出所作出的贡献。第二，从组织状况来看，在组织的目标相对稳定的情况下，个人的绩效标准需要针对环境的压力而经常性地变化，并且生产方式以及资本和劳动力的要素组合也必须适应压力的要求而经常作出调整。第三，从管理方面来看，企业中存在良好的绩效文化和团队合作文化，在组织制定出明确的目标并且能够就绩效标准与员工进行良好沟通的前提下，员工会对这种奖励计划有充分的信任，同时也会有更充足的信心去达成预定的绩效目标。

许多组织在实施群体奖励计划时，会让员工参与到薪酬决策过程之中，员工对于哪些行为有助于组织实现更好的运营往往心知肚明，同时他们也能够看到其他员工是否在工作中表现出某些组织期望的行为。不过，也需要注意两个方面的问题：一方面，员工参与群体奖励计划的设计和相关的管理决策过程会使制定和管理奖励计划的过程变得更加复杂；另一方面，员工参与群体奖励计划的设计时很可能以牺牲组织利益为代价来实现自身的利益。总体而言，尽管员工参与群体奖励计划的决策确实存在潜在的风险，但这种参与对奖励计划的成功实施可能是有益的。当组织重视利用货币性奖励来鼓励大家监控绩效，以及注重培养信任和合作精神的时候，员工参与的作用尤其明显。

（二）利润分享计划

利润分享计划（profit sharing plan）是根据对某种组织绩效指标（通常是指利润这样一些财务指标）的衡量结果来向员工支付报酬的一种绩效奖励模式。根据这一计划，所有或者某些特定群体的员工按照一个事先设计好的公式分享所创造利润的某一百分比，员工根据公司整体业绩获得年终奖或股票，或者以现金或延期支付的形式得到红利。大约 1/5 的美国公司采用某种形式的利润分享制度，而在上市公司中这一比例接近 2/5。不过，大部分利润分享收入都是以进入员工退休账户的形式延期支付的，在采用利润分享制度的公司中，有 1/5 的公司直接发现金，还有 1/10 的公司让员工自己选择愿意接受延期支付还是领取现金。[①]

在传统的利润分享计划中，组织中的所有员工都按照一个事先设计好的公式立即分享所创造出的利润的某一百分比。其特点是，员工可以按照组织的利润立即拿到现金奖励而不必等到退休时再支取，但是必须按照国家税法的规定缴纳收入所得税。这种利润分享计划的设计和执行往往比其他浮动薪酬计划更容易一些，它几乎不需要员工方面的参与。而现代的利润分享计划则将利润分享与退休计划联系在一起。其做法是，企业使用利润分享基数为某一养老金计划注入资金，经营状况好时持续注入，经营状况不佳时则停止注入。利润分享的组织范围由原来的整个组织缩小到承担盈亏责任的下级经营单位。当然，在实施利润分享之前，通常要求实施单位能够达到某一最低投资收益率（绩效水平），否则，利润分享基金中是不会有实实在在的真金白银的。表 7－9 展示了通用汽车公司与美国汽车工人联合会签订的利润分享计划的一些相关条款。

表 7－9　　利润分享计划的条款

2.14　**"利润"**……指在美国本土经营产生的在支付所得税和"特别"款项之前所获得的收入；利润是指在任何利润分享计划的费用被扣减之前的收入；利润同时也是指在任何奖励计划执行之前在美国本土产生的收入。

2.18　**"利润分享总额"**……指公司在实施利润分享计划的任一年度中，根据下列比例计算出的金额：

（a）利润的 6%，如果超过预定销售额和销售收入但是小于 1.8%；
（b）利润的 8%，如果超过预定销售额和销售收入 1.8%但是小于 2.3%；
（c）利润的 10%，如果超过预定销售额和销售收入 2.3%但是小于 4.6%；
（d）利润的 14%，如果超过预定销售额和销售收入 4.6%但是小于 6.9%；
（e）利润的 17%，如果超过预定销售额和销售收入 6.9%。

4.02　**利润分享基金分配给该计划参与者的方法**

根据上述规则计算出的年度利润分享总额将全部用于分配……参与该计划的每一位员工均有权得到利润分享……个人在利润分享基金中可获得的比例通过下面两个数字相除得出：一是某位利润分享计划参加者在当年内实际工作从而得到薪酬的小时数；二是全体利润分享计划参加者在当年内实际工作从而得到薪酬的总小时数。

利润分享计划具有两个方面的潜在优势。一方面，利润分享计划使员工的直接薪酬的一部分与组织的总体财务绩效联系在一起，向员工传递了财务绩效的重要性的信息，有助于促使员工关注组织的财务绩效以及更多地从组织目标的角度去思考问题，员工的责任感、身份感和使命感会增强，而不像个人绩效奖励计划那样会引导员工只关注个人的行为和工作的结果。另一方面，由于利润分享计划不会进入员工个人的基本薪酬之中，因此它具有一个有利的特点，即在企业经营状况不好时有助于企业控制劳动力成本，从而避免在解雇人员方面产生较大的压力，而在经营状况良好的时候，为组织和员工之间的财富分享提供了方便。利润分享计划的这一特点对于经营周期性很强的企业比较有效，因为这些企业的固定薪酬通常相

① ［美］戴维·西洛塔．激活：让员工的享受工作：第 2 版．北京：中国人民大学出版社，2016：141.

当于或者低于市场水平，企业希望薪酬能够保持一定的灵活性，而利润分享计划恰恰使得它们能够在经营好的年份支付高于市场水平的薪酬，而在不景气的年份不必大量裁减人员或压缩正常的成本开支。

但是，利润分享计划的缺陷也是非常明显的，主要表现在：虽然利润分享计划可以从总体上激励员工，但是它在直接推动绩效改善以及改变员工或团队行为方面所起的作用并不大。原因主要是：组织的成功尤其是利润更多地取决于企业的高层管理者在投资方向、竞争战略、产品以及市场等方面所做的重大决策，员工个人甚至普通员工群体的努力与企业的最终绩效之间的联系是非常模糊的。除了中高层管理者之外，大多数员工都不大可能看到自己的努力与自己在利润分享计划下所能够获得的报酬之间到底有多大的联系。按照期望理论的观点，员工的工作动机取决于行为和有价值的结果之间所具有的联系的紧密程度。如果员工不清楚如何才能增加利润以及确保利润分享基金到位，就不可能因为这一计划的存在而更努力地工作。因此，利润分享计划更适用于小型组织或者大型组织中的小型经营单位，因为在规模较小的单位中，员工知道如何达到利润目标并且能够感觉到自己对利润目标的实现是有一定影响力的。一些企业已经在探索部门层面的利润分享制度。

如果员工对最终利润没有控制力，他们就不愿承担这种计划可能给他们带来的收入风险。在企业经营状况良好的时候，企业实行利润分享计划可能还不会遇到太大的困难，而在企业经营困难的时候如果要实施利润分享计划，员工很可能会对其持抵触态度，因为他们认为不应当对自己所无法控制的因素负责。为此，有些企业便将利润分享计划设计成一种只有薪酬上升而没有薪酬下降风险的机制。然而，这样一来，利润分享计划的最重要优势之一——在企业利润降低时能够适当降低劳动力成本——也就不复存在了。所以，利润分享计划作为薪酬体系中的一个组成部分可能是有用的，但是它可能还需要将薪酬与个人或团队所能够控制的结果紧密联系起来的其他一些薪酬方案作为补充。

（三）收益分享计划

1. 收益分享计划及其与利润分享计划的区别

收益分享计划（gain sharing plans）是企业提供的一种与员工分享因生产率提高（比如工时减少）、成本节约和质量提高而带来的收益的绩效奖励模式。通常情况是，员工按照一个事先设计好的收益分享公式，根据本人所属工作单位或群体的总体绩效改善状况获得奖金。这是一种在20世纪初就出现的浮动薪酬计划。在通常的收益分享计划中，报酬会在群体内所有员工之间公平地进行分配，或者根据每个人的基本薪酬的某一相同比例发放，或者按每完成一个小时的工作获得相同的小时报酬方式发放，或者按每个人得到相同金额的方式平均发放。收益分享计划的基础是群体绩效而不是个人绩效，并且这种群体绩效通常是一种短期的群体绩效。研究表明，收益分享计划对于强化制造型企业和服务型企业在整个组织范围内的团队工作绩效极其有效。

收益分享计划和利润分享计划之间存在着本质的区别。首先，收益分享计划并不使用整个组织层次上的绩效衡量指标（利润），而是对某一群体或者部门的绩效进行衡量。准确地说，它不是要分享利润的一个固定百分比，而常常是与生产率、质量改善、成本有效性等方面的既定目标的实现联系在一起的（通常是因生产率和质量改善所导致的成本节约）。如果这些目标达成，则群体分享实现的货币收益的一部分。显然，这些成本、质量和效率指标比利润指标更容易被员工看成是他们自己所能够控制的，行为、绩效和结果之间的关系更近，也更清晰，员工更清楚地知道何种行为或价值观变化能够导致预期的结果。这样，收益分享计划的激励性就可能比利润分享计划的激励性更大。

其次，收益分享计划下的奖励支付通常比利润分享计划下的奖励支付周期更短，也更为频繁。在很多组织中，收益分享计划的收益分配依据是月度绩效（尽管也有些组织根据年度绩效来实施收益分享计划），并且通常不采取延期的方式支付。这样，虽然收益分享计划是建立在群体绩效的基础之上的，但是它对于员工的绩效奖励比较及时。从某种意义上来说，收益分享计划实际上把像利润分享计划这种以组织绩效为导向的绩效奖励计划的优点，与像绩效加薪和个人绩效奖励计划这种以个人绩效为导向的奖励计划的优点结合起来。一方面，收益分享计划与利润分享计划相同，两者都比以个人绩效为导向的绩效奖励计划更有利于员工关注范围更大一些的目标，促进员工以及整个公司在绩效改善方面形成伙伴关系；另一方面，收益分享计划又与利润分享计划不同，它还能像个人绩效奖励计划那样对员工进行激励。

最后，收益分享计划具有真正的自筹资金的性质，作为收益分享基础的是组织过去无法挣取或者节约出来的钱，是经过员工的努力创造出来的，而不是企业从自己的口袋里掏出来的，所以，它不会对组织的收益存量产生压力。这是收益分享计划的一个非常重要的特征，也是其受到企业界普遍欢迎的一个重要原因。

大量的研究表明，收益分享制度对组织产生的影响要比利润分享制度更积极。研究表明，利润分享制度对公司绩效的影响有积极的，也有中性的，带来的劳动生产率提高幅度平均在 2%～6%之间。而实施收益分享制度的绝大多数企业都在生产率上获得了显著的提高，平均为 25%，尽管各企业的生产率提高幅度差别很大（5%～78%之间）。[①]

2. 收益分享计划的发展与演变

到目前为止，收益分享计划经历了三个阶段的发展。第一代收益分享计划是斯坎伦计划（Scanlon plan）和卢卡尔计划（Rucher plan），第二代收益分享计划通常称为生产率改善收益分享计划（比如 improshare 计划），第三代收益分享计划着眼于组织整体经营计划的改善。

（1）第一代收益分享计划。第一代收益分享计划从生产率改善或者成本控制的角度对财务结果进行衡量，它们运用历史的绩效标准来确定一个值得为之支付报酬的恰当绩效水平。这些计划通常被长期执行，并且主要在制造业中实施。

斯坎伦计划是在 20 世纪 30 年代由约瑟夫·N. 斯坎伦（Joseph N. Scanlon）设计出来的，此人当时是美国钢铁工人联合会的一位地方工会主席。斯坎伦计划规定，如果工厂的劳动力成本占产品销售额的比率低于某一既定的标准，员工（和组织）将获得现金奖励。在表 7－10 的例子中，标准劳动力成本为 24 万美元（120 万美元的 20%）。由于实际的劳动力成本是 21 万美元，所以节约下来的劳动力成本为 3 万美元。工厂获得了成本节约的 50%，而员工则获得成本节约的另外 50%。不过，在员工分享的份额中会有一部分奖金被储备起来，以备下个月出现实际劳动力成本超出标准劳动力成本的情况时使用。

① ［美］戴维·西洛塔．激活：让员工享受工作：第 2 版．北京：中国人民大学出版社，2016：142－143.

表 7-10 收益分享计划（斯坎伦计划）月报表

1. 销售额	$1 100 000
2. 减：退货、补贴、折扣	25 000
3. 净销售额	1 075 000
4. 加：库存增加（根据成本价格或销售价格计算）	125 000
5. 生产价值	1 200 000
6. 允许的劳动力成本（生产价值的 20%）	240 000
7. 实际劳动力成本	210 000
8. 奖金总额	30 000
9. 公司应得部分（50%）	15 000
小计	15 000
10. 为赤字月份预存（25%）	3 750
11. 员工应得部分——立即发放	11 250

斯坎伦计划在降低成本以及培养员工的分享和合作精神方面是极其成功的。一项研究表明，在实施斯坎伦计划之后，企业的劳动力成本下降了 10%，劳资争议减少了一半。①

卢卡尔计划出现得比斯坎伦计划要晚。与斯坎伦计划仅仅关注劳动力成本的节约不同，它将激励与许多方面的成本节约联系在一起。举例来说，根据过去 12 个月或 18 个月的情况，计算出正常的月销售额、材料成本、经济增加值以及人工成本（假设这些数据分别为 100 万元、50 万元、50 万元和 20 万元）。这样就可以计算出，人工成本与经济增加值之间的比例为 40%（20/50）。假设在该计划实施的第一个月里，销售额达到 120 万元，材料成本是 60 万元，经济增加值为 60 万元。相对于作为正常值和基数的经济增加值 50 万元而言，经济增加值上升了 10 万元。而导致经济增加值上升的不仅是劳动一个方面的贡献。事实上，根据过去的经验，劳动对经济增加值变动的贡献率为 40%。这样，员工就可以因 10 万元的经济增加值而获得 4 万元（40%×10）的奖金。同样，该计划会将一部分奖金留做储备金，用于经济不景气的月份。到年终时，储备金的全部结余将分给员工。

（2）第二代收益分享计划。第二代收益分享计划对单位产出的标准劳动工时进行测量，然后再分享节约下来的工时。第二代收益分享计划的主要特点与第一代收益分享计划类似，通常也是在制造业环境中使用且只适用于小时生产工人。该计划首先计算出一个标准，以确定生产一定水平的产出所需要的必要时间，任何由于生产时间节省而产生的收益由企业和员工共享。例如，如果在通常情况下，10 位员工在 5 周内能生产 500 单位产品，这就意味着生产 500 单位产品需要用 2 000 小时的时间（即 10 个人×5 周×40 小时/周），即生产 1 单位产品需要 4 小时。按照生产率改善收益分享计划，如果员工现在生产 1 000 单位的产出所需耗费的工时是 3 800 小时，即比预期的时间 4 000 小时少用了 200 小时，则节约下来的这 200 小时所对应的人工成本节约可以在企业和员工集体之间进行分享。这种计划与个人计件工资计划中的海尔塞计划有些类似，只是后者是根据员工个人的时间节约情况来分享收益，而这里讨论的计划则是根据员工群体的整体工时节约情况来分享由此产生的收益。

① George Sherman. The Scanlon Plan: Its Capacities for Productive Improvement. Personnel Administrator, July 1976.

（3）第三代收益分享计划。第一代和第二代收益分享计划在工厂中引入了浮动薪酬，从而避免了基本薪酬的局限性，由于它们都有标准化的执行程序和行动规则，因此操作起来比较方便。虽然这些计划已经有多年的成功历史，但仍然存在很多问题：首先，这些计划是“永久性”的，它们假定环境是永远不变的，因此企业很少有机会对计划作出修改以适应需求的变化。其次，它们在设计上常常比较僵化和缺乏弹性，无法根据经济和市场的变化或者企业的经营需要作出反应。再次，这些计划除了在工厂中使用之外，在其他场合的使用价值很小。这些计划的标准是为制造型企业提供的，甚至未涵盖制造过程的非直接参与者。最后，这些计划的建立也是非常机械的，虽然斯坎伦本人相信工人的建议，但这些计划并不是建立在员工和组织之间形成的以实现共同收益为目的的伙伴关系的基础之上，也不将员工参与作为成功的必要因素。

在这种情况下诞生了第三代收益分享计划。这种收益分享计划是指对经营计划的收益的分享，它遵守经营计划浮动薪酬模型，将更为广泛的经营目标作为核定收益分享资金来源的依据和确定报酬的标准。例如，某化学工业公司为改善成本管理绩效（竞争的需要）和提高质量（减少生产对环境的污染——生存的需要），创建了一种包括两个层次目标在内的收益分享计划。该收益分享计划的内容是：员工有资格分享在某一绩效周期内生产出来的每磅化学品所节约成本的50%；也就是说，如果成本节约了100元，则员工有机会分享其中的50元，另外的50元归企业所有。但是员工并不能因为节约了成本，就安安稳稳地分享所节约成本的50%，他们还必须达到在产出水平、安全生产以及环保三个方面的指标，才能将应当归自己的收益拿到手。具体规定是：如果成本管理方面的绩效实现了，则员工可分享的收益总额中的50%（所节约总成本的25%）会自动划入收益分享基金。其余的50%则要看其他指标是否完成。如果预定的产出水平达到了，有15%会划入收益分享基金；如果安全绩效指标也达到了，又有25%会划入收益分享基金；如果未出现化学品泄漏和污染环境的问题，最后的10%也会全额划入收益分享基金。换句话说，只有在所有的绩效目标都达到的情况下，员工才能全额分享所节省的总成本的50%。

作为收益分享计划的未来发展方向，第三代收益分享计划的优点表现为：第一，它不是依据历史实践来制定发展目标和衡量标准，而是依据未来导向型目标来确定绩效衡量的标准。这种浮动薪酬计划实际上告诉了员工组织想要到哪里去。第二，第三代收益分享计划的参与以及浮动薪酬计划中的绩效衡量指标，都取决于组织的目标以及实现组织目标所需要的组织结构。因此，为配合需要完成的工作本身的要求，组织可能会改革而不是局限于当前的组织结构。第三，第三代收益分享计划可能会根据环境的变化作出调整，每年审查一次，以确保计划可以继续执行下去，但是必须适应组织的目标和需要的变化。第四，基本薪酬也有可能会调整，企业有可能将基本薪酬在未来的增加变成风险性的，从而使总薪酬管理的观点成为浮动薪酬计划设计的一个重要思想来源。第五，员工参与第三代收益分享计划设计的程度可能会因组织的文化和价值观不同而有所差别，组织不必为设计和实行这种计划而遵循某种硬性的或者速成的规则。

3. 收益分享计划中的几个关键决策

一是收益衡量与角色定位问题。收益分享计划并不是一种简单的薪酬战略，企业不仅要衡量收益，而且要确定员工在实现这些收益方面所扮演的角色，比如生产率的改善有多少是员工行为改变的结果，有多少是由于引进新技术所产生的结果。

二是支付频率问题。收益分享的频率随组织而异，取决于企业的经营周期或者收益产生的周期。许多计划是半年甚至一个季度支付一次，而有些计划则是一年支付一次，一般以能够有效衡量绩效的最短周期为基础。支付越频繁，越应当注意剔除非员工所能控制的那些大升大降因素对收益的影响，必要时可能会导致目标或支付方式或时间的调整。

三是支付方式问题。在实际支付时，可以采用计划参与者人均一份的做法，也可以采取以基本薪酬为依据支付的做法，还可以根据个人的实际工时数量按统一单价支付。通常很少根据个人绩效确定员工应当分享的收益金额。这是因为收益分享计划的一个隐含假设就是，实行收益分享计划的群体本身应当作为报酬支付的一个最小单位。

四是设计要求问题。收益分享计划不能设计得过于烦琐，如果设计过于复杂或不当，员工可能看不到或不理解绩效和目标实现之间的关系，收益分享计划也就起不到激励作用。

五是沟通问题。收益分享计划的参与者需要随时了解在目标实现方面的进展情况，以及自己需要如何作出行为调整才更有利于最终目标的实现。同时，在沟通的过程中，管理层需要为员工提供发表绩效改善意见的机会。

六是确保财务收益问题。收益分享虽然不以组织整体的利润作为收益确定的基础，但它最终必须有利于企业财务目标的实现。如果收益分享计划不能达到预期的财务目标，则这种计划对企业很可能是不利的。比如，有一家玻璃制品公司最初设计的以人工成本节约为导向的收益分享计划就失败了，因为公司的总成本并没有降低。公司发现，员工们为了提高效率，节约人工成本，竟然不顾实际需要，在任何时候都将机器转速开到最大，并且在切割玻璃的金刚石砂轮还能用的时候就把它们换掉了。

最后，像斯坎伦计划等收益分享计划以及更一般意义上的绩效奖励计划通常不只包括货币奖励一个方面的内容。这些计划常常还会强调通过组建团队以及建立提案建议制度，利用员工掌握的知识促进生产过程的完善。总的来说，收益分享计划的成功通常需要具备以下几个方面的条件：管理层的支持和认同；存在变革的需要或大家对于持续改善组织有着强烈的共识和决心；管理层接受并鼓励员工参与；高度合作与互动；员工得到工作保障；企业和员工共享生产率和成本方面的信息；设定目标；所有各方均承诺积极参与这一变革和改善过程；企业和员工在绩效标准和计算公式方面能够达成一致，标准和公式容易理解且让人感觉公平，与管理层的目标存在紧密的联系。

收益分享计划在很多生产企业中都是适用的，而未能实施这种计划的企业不仅会失去一次降低成本和让员工关注组织利益的机会，在一些特殊情况下，员工甚至会走上犯罪的道路，参见小专栏7-4。

小专栏7-4

锦州石化盗窃案

2006年，锦州石化集团爆出一桩窝案，该企业20余名工人打通生产、运输、监控、计量、保安、销售等各个环节，在不到4年的时间里共盗窃了环氧丙烷和聚醚3 500余吨，价值3 900余万元。案发的直接原因是，该集团下属氯碱公司聚醚分厂8万吨环氧丙烷车间工段长程某及其周围一些人的支出和收入水平极不相符，其中的一个保安甚至抽起了“中华”香烟。这种情况引起当地公安机关的注意，随后展开了调查。

结果发现，锦化集团通过引进先进技术，生产环氧丙烷所用原料丙烯的消耗量逐年降低，而对于节省下来的这部分原料却一直缺乏有效管理。程某发现，只要对丙烯回收装置的尾气排放进行控制，就可降低丙烯消耗，获得超过公司计划的“余量”。当时他问过企业有关负责人：“我们超额完成生产计划，能不能多发点奖金?”得到的回答是：“我没有这个权力。”锦化集团证实，只要开好丙烯回收装置，每年多回收丙烯是可能的。但是车间是否多回收了丙烯，多回收多少，只有车间明白，企业领导并不知情。

总体上来说，该集团的管理制度是非常健全的，对于产品的盘点入库，集团规定，生产车间采取 5 日盘存制度，每月末统一入库。入库时，由生产车间、质管处、仓储中心的成品库共同认定，财务部统一办理。每季度还由生产处牵头，抽查车间盘点情况，抽查盘存表报生产处、财务部。此外，集团对于产品出厂的流程也有规定。

然而在窃贼面前，这些制度却不堪一击。程某从生产的源头开始，买通了各个环节，包括车间主任、段长、班长、计量人员、门卫、监控人员等。而且直到案发时，锦化集团的领导还是一头雾水，因为从近几年的报表看，没有发现产量、产品消耗定额异常。每月月底由 6 个部门共同参与盘存，也没发现问题。

那么问题出在哪儿呢？涉案的几名车间主任、工段长泄露了“天机”。他们说，企业的“大领导”光看文件，很少到车间和工段，生产上出了些问题，他们根本不知道。

资料来源：范春生，李柯勇．保安抽“中华”牵出 3 900 万窃案．新京报，2007－07－31.

（四） 成功分享计划

1. 成功分享计划的内涵和特征

成功分享计划（success sharing plans）又称为目标分享计划，它的主要内容是运用平衡计分卡的思想为经营单位制定目标，对超越目标的情况进行衡量，根据衡量结果对经营单位提供奖励。这里的经营单位既可以是整个组织，也可以是组织内部的一个事业部、一个部门，还可以是某个员工群体。成功分享计划的报酬支付基础是经营单位的实际工作绩效与预定绩效目标之间的比较，也就是既定绩效目标的实现情况或者绩效改善的程度。此外，成功分享计划所涉及的目标可能包括财务绩效、质量和客户满意度、学习与成长以及业务流程等各种绩效方面的改善。在成功分享计划中，每一项绩效目标都是相互独立的，经营单位每超越一项绩效目标，就会单独获得一份奖励，经营单位所获得的总奖励金额等于其在每一项绩效目标上所获得的奖励的总和。

成功分享计划成功的关键在于为每个经营单位确定一整套公平的目标，这种目标要求经营单位通过努力去超越它们自己在上一绩效周期（通常是一年）内达到的某些绩效目标。由于成功分享计划关注的是经营单位的绩效改善程度，因此，它并不一定反映这一经营单位本身的盈利状况——尽管盈利性永远都是确定经营目标的一个首要因素。对于成功分享计划来说，另一个很重要的因素就是要让员工理解他们是如何对组织经营目标的实现产生影响的。达到这一目的的途径之一是让所有的员工都参与到目标的制定过程中来。因此，成功分享计划往往会将一个经营单位中的所有员工都纳入进来，从而获得全体团队成员对绩效目标的承诺。

与收益分享计划、利润分享计划以及团队奖励计划一样，成功分享计划也属于一种群体激励计划。但成功分享计划与利润分享计划和收益分享计划之间仍然存在区别。这种区别最明显地体现在作为奖励基础的目标上：一方面，成功分享计划不同于收益分享计划。收益分享计划关注的主要是生产率和质量指标，与利润指标不直接相关，而成功分享计划涉及的目标则可能包括财务、客户、业务流程和学习与成长等经营领域中的各个方面。另一方面，成功分享计划与利润分享计划也不同。利润分享计划关注的是组织目标尤其是财务目标是否实现，而成功分享计划关注的是员工在团队层次上的表现以及一些更为广泛的绩效结果。成功分享计划的目的在于将某一经营单位内的所有员工与某些预定的绩效改善目标联系在一起。如果这些目标达到了，员工就会得到货币报酬或非货币报酬。

总的来说，成功分享计划具有以下五个方面的特征：

第一，成功分享计划需要为参与该计划的经营单位设定操作模型，该模型需要界定相关经营单位的核心业务流程，定出3～5个对这一核心业务流程进行衡量的关键绩效指标，并且为每一个关键绩效指标制定所要达到的目标。当这些衡量指标和绩效目标都确定下来以后，员工就可以运用报告卡或者平衡计分卡来追踪工作的结果以及绩效的进展状况。表7-11是某保险公司的客户服务团队所使用的一张报告卡。通过这张报告卡，我们可以看到，对于该团队来说最为关键的四大成功要素都设有具体的绩效衡量指标以及所要达到的目标，这样，该团队中的员工就很清楚组织期望自己做什么了。

表7-11　某保险公司客户服务团队所使用的报告卡

关键成功要素	衡量指标	绩效目标（%）
利润	保险业务利润率	22
赔付	赔付率	12
成本	成本比率	40
客户满意度	客户满意度等级	95

第二，成功分享计划要求经营单位中的每一位员工全面参与。无论是直线管理人员还是职能管理人员，无论是生产工人还是技术专家，任何人都有机会参与到该计划中来并为之作出贡献。这种全面参与的特点实际上向员工传达了一种信息：所有员工都处于一个大的团队当中，每个人对组织的业务流程都会产生影响，这增强了员工的责任感和归属意识。

第三，成功分享计划要求管理层与基层员工共同制定目标，而不是采取自上而下的传统目标制定方式。通常情况下，在实施成功分享计划时，往往会由一个代表整个经营单位的成功分享计划委员会来负责制定目标并且就如何实现目标对员工进行指导。显然，与所有群体激励计划一样，成功分享计划也必须确保员工了解自己所在单位的业务经营状况，知道采取哪些行动会有利于利润、市场份额、质量、生产率以及客户满意度等绩效结果的实现。只有让每位员工都看到自身的努力和组织的绩效结果之间的联系，他们才更有可能努力去实现绩效目标。

第四，成功分享计划鼓励持续不断的绩效改进。在实行成功分享计划时，组织每一年都会在上一年的实际绩效基础之上重新确定新的绩效目标。一方面，新的目标通常会比上一年度实际达到的绩效结果稍高一些；另一方面，新的目标也必须是通过员工的努力能够达到的。这种对绩效持续不断改进的强调与传统的绩效奖励计划存在较大区别，因为在传统的绩效奖励计划中，绩效标准虽然有时也会发生变化，但通常不会经常改变。这种持续改善的哲学还使属于同一大型组织的不同经营单位能根据各自不同的经营计划采用成功分享计划；也就是说，在一个较大的组织中，不同的经营单位可以按照相同的过程分别制定不同的但对各自较为公平的目标。

第五，成功分享计划有结束的时候。成功分享计划是针对某一特定计划期间（通常是一年）的，如果后续经营计划与上一计划周期内的经营计划关系不大，则原有的成功分享计划就可以结束了。从这一点来说，成功分享计划更像是一种经营计划或者绩效管理过程，而不是一种薪酬计划。

然而，成功分享计划并不一定适用于所有的组织。在决定实施这种群体激励计划之前，企业可能需要思考这样一些问题：第一，我们是否有继续改善绩效的机会？我们是否有支持成功分享计划的资金来源？第二，我们是否有完善的经营计划？我们是否知道如何衡量自己的经营状况？第三，管理层和员工之间的信任度如何？企业能否吸引员工参与？双方能否支持成功分享委员会所制定的计划？第四，在员工的努力和最终经营结果之间是否具有明确的关系？员工是否能够或者愿意理解企业的经营？第五，企业有没有对组织绩效进行评价的系统？应当从哪些绩效指标开始入手？还需要在未来开发哪些绩效指标？

2. 成功分享计划设计过程中的几个关键决策

（1）参与资格。决定谁有资格参与成功分享计划，主要取决于两个关键因素：一是企业现有的各种薪酬计划（比如福利计划、股票所有权计划）的资格要求是怎样界定的；二是组织能否有效地管理这种成功分享计划。具体的决策问题包括是全体正式员工参与还是非正式员工也可以参与，对于刚刚入职的新员工和即将退休的老员工应该如何处理等。不过，正如我们已经提到过的，通常情况下，组织中所有的员工都有资格参与这种计划。当然，如果组织还为管理人员设计了其他的激励计划，还要注意这两种计划之间的协调性。

（2）支付形式。在成功分享计划中最为常见的报酬支付形式是，按照员工劳动报酬的一个百分比来确定分享基金的额度。不过，在具体计算的时候，企业往往会将有些报酬内容从作为分享依据的员工劳动报酬总额中扣除，比如非工作时间报酬以及其他一些奖金，同时会将加班工资等报酬内容算进来。此外，有些企业的成功分享计划实行将非现金奖励与现金奖励结合起来的做法，有些企业则为员工提供用成功分享计划所分配的收入购买公司股票的计划，还有的企业将分享基金转化为员工的养老金。

（3）支付频率。成功分享计划的报酬周期应当与自然的经营周期紧密配合。由于正常的经营周期通常都是一年，因此典型的成功分享计划是一种年度计划。不过，也可以设计成以半年或季度为周期。但是，成功分享计划所确定的绩效周期不能太短，这是因为，成功分享计划的目的是向那些长期的可持续性结果支付报酬，一次性的、短期的结果对于成功分享计划来说并不重要。对于这样一些短期的绩效改善，绩效认可、一次性奖金等其他奖励计划能比成功分享计划更为有效地提供激励。同时，过短的绩效周期和过于频繁的奖金支付还会产生以下几个方面的不利结果：第一，在整个企业的经营过程中，季节之间出现变化是很常见的，因此，如果企业根据季节来制定经营计划，不仅会增加制定目标的工作量，最终的绩效衡量可能也会变得不那么精确。第二，企业需要有足够的时间来获得所需要的奖励资金来源。第三，短期的小额奖励可能不如较长时期的大额奖励对员工的激励性更强。第四，支付的频率越高，管理的成本也越高。过细和过多的计算会将员工的注意力从对企业真正有价值的工作上转移，只有引导员工将注意力更多地放在解决问题以及改善经营结果上，才会更有利于企业的生产率提高以及客户、股东和员工利益的改善。当然，在绩效周期较长的情况下，企业必须注意与员工进行有效的沟通，以使员工了解各种经营指标的进展状况，保持信息的畅通。

（4）支付数量与支付等级。成功分享计划的支付数量取决于公司层次的决策。支付的等级通常可以划分为最低级、中间级和最高级三个层次。最低级是指对经营单位能够获得奖励所提出的最低要求，大多数成功分享计划都是当经营单位在某一个绩效指标方面比上一年度有改善时就给予奖励。中间级是指当经营单位百分之百地达到目标时所应当得到的奖励等级。最高级则是指经营单位由于达到了最高绩效水平而应当获得的奖励等级。大多数成功分享计划都将最高级界定为经营单位实现200%的目标，也有些企业将其定位为150%或者250%。

（5）资金来源。在确定成功分享计划的资金来源时，管理层必须计算出绩效目标的实现到底能够为组织带来多大的经济价值。这一计算过程可以帮助企业确定，能够为企业和员工同时创造价值的相应的报酬水平应当是多少。这里的一个基本原则是，成功分享计划的资金来源应当是该计划所创造的价值，而不应当是企业额外支付的成本。此外，成功分享计划的长期资金来源战略应当放在强调基本薪酬和浮动薪酬之间的关系上，即企业需要考虑外部市场的薪酬水平以及自己在总薪酬方面的市场定位。比如，企业的基本薪酬可以定位在市场水平的第50个百分位上，但是如果企业的经营结果优异（比如达到了200%的目标绩效），那么，可变薪酬有可能会将企业的薪酬水平提高到市场水平的第70个百分位上。

在实际操作方面，成功分享计划所需要的资金至少可以从两个渠道获得：一是从未来的薪酬增长资金中拿出一部分作为成功分享计划的资金。当企业用这种以可变薪酬替代基本薪酬的方式来筹集成功分享计划的资金时，通常的规则是采用2∶1的替代率，即如果将原来1%的基本薪酬转化为可变薪酬，那么一旦实现了经营目标，企业应当为员工提供相当于2%的基本薪酬的奖励机会。当然，企业也可以采取3∶1的替代率，这要看企业具体的经营状况。比如，假定市场第50个百分位上的薪酬水平是月薪5 500元。某公司采用一种相对比较保守的浮动薪酬战略，将员工的基本薪酬定位在5 000元上，同时，如果经营单位实现了预定的最高绩效水平，则员工可以获得1 000元的成功分享基金。但是，如果经营单位没能实现持续改善的目标，员工就只能获得5 000元的基本薪酬。在前一种情况下，员工可能会获得高于市场水平500元的总薪酬，而在后一种情况下，员工的总薪酬水平会比市场平均水平还要低500元。成功分享计划的另一个资金筹措方式是，企业将员工的基本薪酬定位在市场平均薪酬水平上，员工能否获得成功分享基金，完全取决于经营单位的绩效是否超越过去的绩效。在这种情况下，成功分享资金完全来源于该计划新创造的价值。如果经营单位的绩效没有实现持续改善的目标，则员工仍然能够获得与市场水平一致的薪酬收入。当然，企业还可以采取将上述两种方式有效结合的其他方式来获得成功分享计划所需要的资金。

（6）实施成功分享计划的经营单位范围选择。在开始实施成功分享计划之前，企业必须确定实施该计划的经营单位的数量。对于由多个经营单位构成的大型企业来说，确定实施成功分享计划的经营单位时需要遵循的一个原则是，员工的努力与最终经营结果之间关系的紧密度。如果企业所包括的单位数量不少，大家彼此之间的依存度很高，则可以将整个企业作为一个实施成功分享计划的经营单位，大家的经营目标是一致的。但是，如果企业中包括若干个相互独立性比较强的经营单位，可能就要为不同的经营单位设置不同的经营目标了。当然，它们也可以共同分享其中的一部分经营目标。

3. 成功分享计划的设计程序

首先，建立成功分享计划委员会。成功分享计划的目的在于将每个员工的注意力都集中到组织的目标上去。而达到这一目的的最好方法莫过于在目标的制定阶段就让不同部门和层次的员工参与进来，并且由该委员会负责对全体员工就如何实现这些目标进行指导和培训。这是因为，虽然高层管理人员对组织的总体经营战略很清楚，但是他们通常不一定对每一个下属经营单位的业务及其绩效衡量指标都很清楚。显然，最接近业务经营的人是最了解经营的。至于成功分享计划委员会的成员人数则要视组织的文化和规模而定，通常有 6～12 人就差不多了，这些人应当能够代表准备实施该计划的各个部门。

委员会的成员必须是受到同事尊重的人，明白自己所扮演的角色，同时具有良好的职业道德。虽然他们不可能充分了解企业经营的各个方面，但是必须对本单位的业务和经营状况有一个总体的概念，同时对群体激励计划有清楚的认识。此外，为了保持委员会成员的工作连续性，还应当注意避免委员会成员在一个绩效周期内的流动率过高。但是，由于通常的成功分享计划的绩效周期都是一年，经营目标也是每年不同，因此，委员会成员每年更换 1/3 是一种比较合理的做法。

其次，制定经营绩效指标并且确定不同指标之间的权重。成功分享计划委员会在对组织的经营战略和环境有了全面的了解之后，接下来要做的就是确定组织的重要经营绩效指标。在这一步可以考虑采用头脑风暴法。首先是列举出所有可能存在的各种经营绩效指标。对某些企业来说，这些经营指标可能有 10 个，对另一些企业来说，很可能有 20 个或者更多。如果大家列举出来的经营指标实在太多，就要对这些指标进行分类，由成功分享计划委员会投票决定这些指标的重要程度。基本原则是，最终为经营单位确定下来的经营指标最好保持在 5～8 个。在确定了最重要的绩效指标之后，委员会还要为这些指标分配权重，权重的分配以该指标对经营单位在未来几年乃至长期的绩效所产生的影响大小为依据。通常情况下，这些指标是年度经营指标，并且能够与过去的绩效进行对比。

最后，为绩效指标确定公平合理的进展目标并确定奖励的办法。成功分享计划的报酬支付基础不是成本的节约，也不是与某一标准相对照而产生的收益，而是在上一绩效周期基础上所取得的绩效进展。因此，确定绩效进展的目标对于成功分享计划而言就显得尤为重要。

表 7－12 是某机械制造车间所使用的成功分享计划的一份计分卡样本，它实际上描述了成功分享计划的主要内容。该车间一共确定了本经营单位的六个关键绩效指标：产品质量、残次品/返工率、工时成本、客户满意度、批次成本、净资产收益率。其中财务指标有四个（残次品/返工率、工时成本、批次成本、净资产收益率），共占 65％的权重；非财务指标有两个，产品质量占 15％的权重，客户满意度占 20％的权重。每一项绩效指标都对应着两行数据，其中每个指标的第二行数据代表的是经营单位预期在该指标上未来可能实现的各种绩效水平。这些绩效水平的起点是该经营单位在上一年度的绩效水平，即第三列数据所代表的绩效水平。表中最顶端的这一行百分比数字表示的是与其所对应的下面这些绩效水平和起点绩效水平相比的绩效改善程度。当然，这里的百分比只是一种相对的数量标志，是对绩效改善程度的一种判断，而不是相对于起点绩效水平的改善程度的绝对百分比。比如，在产品质量这一行中，起点绩效水平是 85，如果该车间的产品质量绩效在下一绩效周期中达到 95，则可以认为其质量绩效的改善程度达到 100％。而如果从绝对绩效改善水平来看，只能说改善了 11.8％。这里以绩效改善水平达到 100％作为经营单位的一个常规目标。通常情况下，经营单位达到这种目标的可能性在 60％～80％之间，这通常也是组织在制定薪酬成本预算时所使用的一个数字。而绩效改善水平达到 200％则是经营单位的最高目标，当然这种目标

表 7-12　　某机械制造车间成功分享计划的计分卡

目标	权重(%)	上期绩效	0	20%	40%	60%	80%	100%	120%	140%	160%	180%	200%	奖金比率(%)
产品质量	15		0	0.15	0.30	0.45	0.60	0.75	0.90	1.05	1.20	1.35	1.50	0.9
		85	85	88	91	93	94	95	95.5	96	96.5	97	97.5	
残次品/返工率	10		0	0.1	0.2	0.3	0.4	0.5	0.6	0.7	0.8	0.9	1.0	0
		0.50	0.50	0.48	0.46	0.44	0.42	0.40	0.38	0.36	0.34	0.32	0.30	
工时成本	20		0	0.2	0.4	0.6	0.8	1.0	1.2	1.4	1.6	1.8	2.0	1.4
		51.5	50	49	48	47	46	45	44.5	44	43.5	43	42.5	
客户满意度	20		0	0.2	0.4	0.6	0.8	1.0	1.2	1.4	1.6	1.8	2.0	1.6
		95.8	96	96.4	96.8	97.2	97.6	98	98.2	98.4	98.6	98.8	99	
批次成本	10		0	0.1	0.2	0.3	0.4	0.5	0.6	0.7	0.8	0.9	1.0	0.1
		425M	425M	420M	415M	410M	405M	400M	390M	380M	370M	360M	350M	
净资产收益率	25		0	0.25	0.50	0.75	1.00	1.25	1.50	1.75	2.00	2.25	2.50	2.0
			10	10.8	11.6	12.4	13.2	14	14.8	15.6	16.4	17.2	18	
预定奖金比率(%)			0	1	2	3	4	5	6	7	8	9	10	6.0
最终的总奖金比率														

应当是有可能达到的（尽管它是经营单位在绩效特别优异的情况下才能达到的），通常经营单位达到这一目标的可能性在30%～50%之间。

表7-12最后一行的百分比数字代表的是经营单位的绩效一旦达到所在列的水平，组织将给予该经营单位的奖金比率。在这个例子中，在经营单位的各项绩效指标的改善程度都达到100%的情况下，组织给予该经营单位的奖金比率是其期初货币薪酬的5%。达到200%时，组织给予的奖励是其期初货币薪酬的10%。用于确定奖励金额的这种百分比的具体数值，要根据企业的支付能力以及企业希望在群体奖励计划中支付给员工的报酬数量来定。此外，这些百分比数值还可以用具体的金额、点数或者实物性绩效奖励来替代。

从表7-12中我们还可以看出，每一个绩效指标都对应着两行数据，第一行中的数据实际上是一个百分比数据，它代表的是当经营单位的某种绩效指标达到该列所对应的绩效目标之后，经营单位所获得的奖励比率。例如，如果该经营单位在产品质量方面的绩效改善达到80%的水平（绝对绩效水平为94），则其应当得到的奖励就是总货币报酬的0.60或60%（等于80%的绩效改善所对应的4%的绩效奖励比率与该绩效指标在指标体系中所占权重15%之间的乘积）。表中的最后一列是该经营单位在每一项绩效指标上所获得的实际奖金比率。将这些奖金比率相加，即可得到该经营单位在年底所能够分享的总的奖金比率（6.0%）。

从这张计分卡中，我们不仅能够看到最终的奖金比率，而且能看到经营单位在哪些绩效方面的进展不大，而在哪些绩效方面取得了比较大的进展。在这个机械制造车间的例子中，我们可以发现，它在残次品/返工率这一绩效指标上没有取得任何绩效进展，因此所获得的奖金比率为0；在批次成本这一绩效指标上所取得的进展也微乎其微，所获得的奖金比率只有0.1%；而在客户满意度和净资产收益率等几个指标上的绩效状况明显要好得多。员工对这种信息的了解有助于他们有目的地改善某些薄弱点，这有助于公司全面绩效的实现与推进。

4. 基于平衡计分卡的成功分享计划

近些年来，随着平衡计分卡这一概念的出现，成功分享计划中使用的绩效评价体系设计就有了一个可以参照的框架。平衡计分卡是对能够代表组织的长期目标和短期目标的各种绩效评价指标所做的一种整合，它可以作为奖励性薪酬尤其是综合性群体奖励计划的一个很好的基础。

表7-13是另一家制造企业制定的基于平衡计分卡的绩效奖励计划。这张平衡计分卡一共包括了四类绩效指标。财务指标就是资本收益率，即在某一时期所获得的利润与在这一时期所使用的资本之比。资本收益率越高，意味着资本（包括资金和设备）所产生的利润越多。客户满意度指标就是产品退货率。如果每1 000件产品中只有1件退货，则表明客户满意度比每800件产品中就有1件退货要好。内部业务流程指标是指员工群体缩短生产周期或交货期的时间百分比，即缩短完成某一工作流程——比如完成一份订单或者是将新产品投入生产——所需的时间。最后，学习与成长指标是员工自愿流动率，这意味着企业要开发一支经验更丰富同时也更有价值的员工队伍。

表 7-13　某公司基于平衡计分卡的绩效奖励计划

绩效衡量指标	奖励方案				
	目标奖金（美元）	绩效标准	相当于目标奖金的百分比	实际绩效	实际应得奖金（美元）
财务指标 ● 资本收益率	100	>20% 17%～20% 12%～16% <12%	150% 100% 50% 0	18%	100
客户满意度指标 ● 产品退货率	40	<1/1 000 1/999～1/900 1/899～1/800 >1/800	150% 100% 50% 0	1/876	20
内部业务流程指标 ● 生产周期/交货期缩短（%）	30	>9% 6%～9% 4%～5% 0～3%	150% 100% 50% 0	11%	45
学习与成长指标 ● 员工自愿流动率	30	<5% 5%～8% 8%～12%	150% 100% 50%	7%	30
总计	200				195

针对上述四类指标，平衡计分卡为这个员工群体设计了一个目标奖励薪酬以及四个绩效等级。如果这个员工群体达到最高水平的绩效，则他们可以得到相当于目标奖金 150%的奖励。如果仅仅是达到第二个等级的绩效水平，奖励金额就下降为 100%的目标奖金。如果达到第三个等级的绩效水平，则只能得到 50%的目标奖金。当绩效水平为最低等级时，他们就得不到任何奖金了。在这个例子中，这群员工的目标奖金是每个时期（例如每个月）2 000元，但是当他们能够超越所有的绩效目标时，他们在每个时期所能获得的奖金就会达到 3 000 元——如果所有的目标他们都不能达成，则得不到奖金。

（五） 小群体奖励计划或团队奖励计划

小群体奖励计划或团队奖励计划是适用于规模更小的工作群体或团队的一种群体奖励计划。许多组织在尚未准备好在整个组织中推行可变薪酬计划时，会首先在一些特定的职业群体、项目小组或者团队中试行小群体奖励计划或团队奖励计划。小群体或团队奖励计划与前面讲过的几种群体奖励计划有类似之处，只不过在这种情况下，员工所获得的奖金是以小群体的业绩而非整个部门、事业部或者工厂的绩效为依据的。最常见的情况是围绕财务目标——比如在预算之内完成计划——制定奖励计划，但是它对于支持非财务目标——比如生产率、质量、时效性以及客户满意度等——同样有效。这些计划常常与一些项目或任务联系在一起，根据项目或任务的完成情况来确定奖励金额。

企业之所以对小群体奖励计划越来越感兴趣，一方面是因为计件工资、生产奖金、佣金和其他形式的个人奖励计划可以很容易地支付给由多个人组成的群体或团队。另一方面是因为小群体或团队奖励计划可能更实用：当工作与工作产出之间存在很密切的关联性，以至于很难从中细分出员工个人绩效的时候；当一项工作任务或者项目需要大家通力合作才能完成的时候；或者当管理层认为以团队绩效作为奖金支付的基础更合适的时候。比如，日本企业就擅长使用这种团队奖励计划来增强群体的凝聚力，同时减少员工的嫉妒心理。它们认为，只奖励一个人或者几位员工对于团队精神的培养是不利的。此外，团队奖励计划还能降低管理成本。

但需要注意的是，无论是在个人奖励计划中，还是在小群体或团队奖励计划中，都有可能会出现对组织不利的内部竞争，只不过在小群体或团队奖励计划中，员工个人之间的竞争可能会受到削弱，但是群体或团队之间的竞争可能会加强。因此，在实施小群体奖励计划的同时，必须注意不能由于团队或群体之间的竞争导致组织利益受损。此外，群体奖励计划与个人主义文化和价值观是格格不入的。如果员工并不认同这种奖励模式，或者不能在小群体内部公平地分配奖金，实施这种奖励计划有可能会导致部分能力较强的员工离开。

本书作者曾经基于对团队奖励计划的理解，协助中央电视台的一个新闻调查栏目设计并实施了以团队为基础的栏目结构调整，在此基础上建立了基于团队的绩效考核和奖励体系。我们首先建立三个并行的都可以独立完成节目制作的团队（每个团队都有编导、记者、摄像师、录音师等成员），然后建立一套包括收视率、技术质量、社会影响力等关键绩效指标在内的评价机制，对团队的总体成果（即制作的每一期节目）进行评价，一共划分出五个绩效等级，最后再根据对每期节目评价的结果来计算和发放各个团队应得的奖金。由于评价指标清晰，与栏目战略定位吻合，而且奖金的差距拉得较大，在栏目组内部产生了积极的影响，一批符合领导意图的优秀节目纷纷涌现。不仅如此，团队绩效评价以及奖励机制的建立还使得原来各自为战、不分享知识、合作性不强、不团结的现象大大减少。当然，在具体的设计过程中，我们和栏目组的领导及全体员工就非常多的细节问题进行了多次讨论，一方面预见到了一些问题并提前加以解决；另一方面，也使得全体员工都能够理解新机制的意图，统一了思想，从而确保奖励计划的顺利实施。

最后，在实践中，还有一些企业通过将员工个人绩效和组织整体绩效结合起来的方式，来决定员工能够获得的一次性奖金或年终奖的数量。如表7-14所示，纵向排列的是员工个人绩效，横向排列的是组织绩效，在组织绩效一定的情况下，员工个人的绩效等级越高，则奖金系数越高（需要注意的是，表中显示，无论组织绩效水平多高，个人绩效达不到“较好”水平的员工是没有资格获得绩效奖励的）；同样，在员工个人绩效水平一定的情况下，员工能够得到的奖金系数与组织绩效是挂钩的，组织绩效越好，员工个人的绩效奖励系数才会越高。当组织绩效太差时，没有人得到绩效奖励。例如，一位员工的基本年薪总额为10万元，他所能够获得的年终最高奖励为基本年薪的10%，现在假定他的个人绩效和组织绩效都是“优良”，那么，这位员工所能够获得的奖励金额就会是8 000元（10万元×0.1×0.80=8 000元）。但是，如果组织绩效是“优良”，员工个人绩效为“卓越”，这位员工的绩效奖励金额就变成了9 000元（10万元×0.1×0.9=9 000元）。

表 7-14　一次性奖金的决定方式

个人绩效（权重=0.5）	组织绩效（权重=0.5）				
	卓越	优良	较好	一般或可接受	不可接受
卓越	1.00	0.90	0.80	0.70	0
优良	0.90	0.80	0.70	0.60	0
较好	0.80	0.70	0.60	0.50	0
一般或可接受	—	—	—	—	—
不可接受	—	—	—	—	—

四、长期绩效奖励计划

（一）长期绩效奖励计划与股票所有权计划

1. 长期绩效奖励计划的内涵及其特点

长期绩效奖励计划（以下简称长期奖励计划）是指绩效衡量周期在一年以上的对既定绩效目标的实现提供奖励（主要以股票的形式）的计划。之所以将长期界定为一年以上，是因为组织的许多重要的战略目标都不是在一年之内完成的。实际上，长期奖励计划的支付通常以3～5年为一个周期。长期奖励计划强调长期规划和对组织的未来可能产生影响的那些决策。它能够创造一种所有者意识，有助于企业招募、保留和激励高绩效的员工，从而为企业的长期资本积累打下良好的基础。对于那些新兴的风险型高科技企业来说，长期奖励计划的作用是非常明显的。此外，长期奖励计划对员工也有好处，它不仅为员工提供了一个增加收入的机会，而且为员工提供了一种方便的投资工具。

大多数长期奖励计划以经济目标为导向，但越来越多的计划开始向涵盖其他绩效要素扩展，比如客户满意度和质量的提高。这与员工绩效评价的改进有密切关系。组织对员工绩效进行评价的指标不再局限于短期的经济收益。例如，美国运通公司于20世纪90年代中期创建了一种奖励计划。该计划奖励的内容不仅包括经济绩效，而且包括客户和员工满意度。这些满意度指标对员工所获得的奖励性报酬的影响高达25%。显然，它已经成为企业鼓励员工从关注短期经济结果向关注组织文化转移这一战略的一个重要组成部分。

传统的长期奖励计划多集中于组织的高层管理人员，以促使他们关注长期经营结果。一些研究表明，当一个组织中的大部分中高层管理人员都有资格获得像股票期权这样的长期奖励性薪酬时，组织的绩效会更好，因为这有助于鼓励这些管理者像企业所有者那样去思考问题。但是在向组织中较低层次的员工同样实施这种股权计划（通常采取员工持股计划的形式）时，是否能够得出相同的结论，还没有确切的证据。原因之一在于基层员工往往觉得自己对于组织在股票市场上的绩效表现没有太多的影响力。美国西南航空公司等一些企业的实践表明，在组织建立了完善高效的人力资源管理体系的情况下，面向全体员工的股权计划能够使员工更为关注组织的长期绩效和经营结果。

就长期奖励计划的内容而言，虽然大多数长期奖励计划是围绕股票计划来设计的，但是其他一些经济奖励同样可以成功运用。参与长期项目或者风险计划的员工有时会有资格参与一种非常类似短期群体奖励计划的长期奖励计划，他们以现金或者股权的形式得到奖励。比如，石油勘探公司的地质专家有时可以从成功产油的一口油井中得到一定百分比的产量；软件设计师有时可以从自己所设计的软件的销售中获得一定的版税。这种长期奖励计划非常适合奖励资金来源有限的情况，或者团队或个人的贡献对项目的成功起重要作用的情况。

2. 股票所有权计划的三种主要类型

作为长期奖励计划的一种主要形式，股票所有权计划近些年来在国际和国内企业界获得越来越普遍的运用。人们通常将股票所有权计划和新兴的高科技企业联系在一起。事实上，实施广泛的股票所有权计划的美国最大的50家公司已经涵盖了制造业、银行业、运输业、航空业、保险业、食品业、零售业、铁路运输业、有线电视业等多个行业。美国的很多企业通过广泛的股票选择权计划、员工持股计划（ESOP）、员工股票购买计划、401（k）[①] 计划中的公司股票所有权计划以及其他创新性的股权计划将股票所有权扩展到广大员工。近些年来，随着我国市场经济的深入发展以及产权制度的改革，越来越多的企业也在寻求通过股票所有权计划来激励企业的高层经营管理人员以及普通员工着眼于企业的长期发展。股票所有权计划自20世纪90年代以来成为我国企业界的一个热点问题。

所谓股票所有权计划（stock ownership plans），是指企业以股票为媒介实施的一种长期绩效奖励计划。传统的股票所有权计划主要针对企业的中高层管理人员，目前有向普通员工扩展的趋势。常见的股票所有权计划可以划分为三类：现股计划、期股计划以及期权计划。

所谓现股计划，是指通过公司奖励的方式直接赠与员工股票，或者参照股权的当前市场价值向员工出售股票，总之是使员工立即获得实实在在的股权，但这种计划同时会规定员工在一定的时期内必须持有股票，不得出售。期股计划则规定，公司和员工约定在将来某一时期内以一定的价格购买一定数量的公司股权，购股价格一般参照股权的当前价格确定。该计划同时会对员工在购股后出售股票的期限作出规定。期权计划与期股计划类似，但是存在一定的区别，在期权计划下，公司给予员工在将来某一时期内以一定价格购买一定数量公司股权的权利，员工到期时可以行使这种权利，也可以放弃这种权利。购股价格一般参照股权的当前市场价格确定，该计划同样要对员工购股之后出售股票的期限作出规定。

上述三种不同的股权计划的权利义务是不同的，我们在表7-15中对这三种股权计划的权利义务作了一个对比。从表中可以看出，三种股权计划一般都能使员工获得股权的增值收益权，其中包括分红收益、股权本身的增值收益，但是在持有风险、股票表决权、现期资金投入以及贴息优惠权等方面有所不同。

表7-15　　不同类型股权计划的权利义务比较

	增值收益权	持有风险	股票表决权	现期资金投入	贴息优惠权
现股	√	√	√	√	×
期股	√	√	×	×	√
期权	√	×	×	×	√

现股计划和期股计划都是预先购买了股权或确定了股权购买协议的奖励方式。当股权贬值时，员工需要承担相应的损失。因此，员工持有现股或签订期股购买协议时，实际上承担了风险。而在期权激励中，当股权贬值时，员工可以放弃期权，从而避免承担股权贬值的风险。在现股计划中，由于股权已经发生了实际的转移，因此持有股权的员工一般都具有与股权相对应的表决权。而在期股和期权计划中，在股权尚未发生转移时，员工一般不具有与股

① 美国享受国家税收减免的一种企业补充养老保险计划。

权相对应的表决权。在现股计划中，不管是奖励性授予还是购买，员工实际上都在即期投入了资金（在奖励性授予的情况下，以员工应得奖金的一部分购买股权）。而期股和期权计划则是要求员工在将来的某一时期才投入资金购买。在期股和期权计划中，员工在远期支付购买股权的资金，但购买价格参照即期价格确定，同时从即期起就享受股权的增值收益权，因此，实际上相当于员工获得了购股资金的贴息优惠。

3. 股票期权计划

20 世纪 90 年代，股票期权是一种受热捧的股权激励计划。这种股权计划的定义是：为组织中的某些人（主要是中高层管理人员）提供一种在一定时期内以一个固定价格购买固定数量的公司股票的机会或权利。得到股票期权的人实际购买股票时称为行权，也就是行使股票期权。举例来说，假设在 2008 年，一家公司的一批管理人员得到了按照每股 12 元的价格购买 2 000 股公司股票的权利。那么，如果这家公司的股票价格未来能够上升到每股 12 元以上，这些管理人员就能够从中获利，因为他们可以用 12 元的价格来购买市场价值超过 12 元的东西（在这里就是一股股票）。假设到了 2013 年，这家公司的股票价格涨到每股 40 元，这些管理人员决定行使他们的股票期权，也就是以每股 12 元的价格来购买公司股票。如果他们此时愿意直接将股票出售，则可以以每股 40 元的价格将自己手中的 2 000 股股票售出，由于从每股股票中能够获得 28 元的净收益，所以这笔股票期权给这些管理人员带来的总价值就是每个人 5.6 万元。当然，股票价格也有可能会下降，如果到了 2009 年，该公司的股票价格下跌到只有每股 10 元，那么，这些管理人员就没有必要再去行使他们的股票期权。一般情况下，在将股票期权授予员工之后，员工可以行权的时间最长为 10 年，他们可以选择在 10 年中的任何时候行权，但是如果超过 10 年仍未行权，则期权通常会自动作废。

举例来说，假如一位高管人员的年薪为 10 万元，其年薪构成如下：基本薪酬占 60%，短期奖励占 15%，长期奖励占 25%。这样，在此人的 10 万元年薪中，有 2.5 万元的长期奖励；如果当前的公司股票价格为 12.5 元，则此人当年应得的股票期权数量是 2 000 股公司股票（2.5 万元除以 12.5 元）。事实上，有些公司还会在授予股票时考虑当年的绩效或其他方面的一些因素，比如，公司可以规定，如果管理人员当年的绩效水平比较高，则可以按照 2 000股的 125%来提供，这时，管理人员应得的股票期权数量就增加到 2 500 股；如果管理人员当年的绩效欠佳，则可以按照 2 000 股的 75%来提供，这时，管理人员应得的股票期权数量就下降到 1 500 股。

股票期权计划的目的是鼓励中高层管理人员努力工作，以不断改善公司绩效，从而提升公司股票价格，这样可以使公司和管理人员都能获利。在理想情况下，管理者应当通过在效率、创新以及客户满意度等方面增加价值来推动公司股票价格的上涨。然而，正如把奖金与其他绩效指标挂钩时的情况一样，在把股票期权计划作为一种奖励性薪酬时，管理者很可能会因为过于关注股票价格而忽视其他方面的目标，在现实中曾经发生的一些情况表明，有的高管人员为了提升个人股票期权的价值，甚至会采取不道德的方式来抬升公司股票价格，比如通过欺骗投资者来使他们认为组织有超过实际水平的价值和盈利水平，所采取的手段包括隐瞒损失以及夸大收益的账面价值等。此外，有些美国公司还被指控在授予高管人员股票期权时，为他们提供"回溯"性股票期权。这种做法的目的是改变原始期权的定价日期以及（或者）原始价格，从而使期权获得者可以以一种协商价格来购买公司股票，这种做法会使股票期权变得有利可图。这种回溯性股票期权消除或者削弱了高管人员改善公司股票业绩的动力。这些回溯性股票期权是秘密实施的，不仅是不道德的，有时甚至是违法的，很可能会被判伪造财务报表罪。

股票期权存在的另一个问题是，公司股票价格的上涨会受到很多因素的影响，在经济高速增长时期，公司股票价格会普遍上涨，这时一家公司的股票价格上升幅度并不一定是公司高层管理人员个人的能力和努力的结果，而在经济衰退期，即使高管人员非常努力，可能也难以实现公司股票价格的较大幅度上涨。事实上，随着20世纪末网络泡沫破灭以及2008年以来金融危机的出现，人们发现股票期权在经济高涨时期通常很有吸引力，而在经济不景气时期对管理人员没有太大的吸引力。

4. 员工持股计划

股票期权计划主要是针对组织的高层管理人员实施的，适用对象更为广泛的股票所有权计划则是员工股票所有权计划或员工持股计划（ESOP）。作为一种最常见的员工所有权形式，在美国，员工持股计划是在1974年通过的《员工退休收入保障法》中得到批准设立的一种特别互助计划。由于1984年通过的《税收改革法》对员工持股计划的四种利益相关者群体（即员工持股计划的参与者、实行该计划的企业、发放贷款的银行以及出售股权的股东）分别给予税收优惠，这种计划得到迅速发展。美国参与这种计划的员工人数从1980年的300万人上升到2007年的1 100万人以上。在日本上市公司中，有91%的公司制定了员工持股计划。[①] 20世纪90年代以来，我国也有不少企业开始实施员工持股计划。

在一项典型的员工股票所有权计划中，企业通常会将一定数量的公司股票转入一个员工持股信托基金，由该基金负责通过银行贷款等方式帮助员工购买并管理公司股票，它们会定期向员工提供关于他们所持有股票的价值的报告。通常情况下，在购买公司股票的借款没有全部偿还之前，员工不能真正得到股票，而且员工在参与员工持股计划的一定年限之前是得不到独立股权的。员工持股计划的一种特殊形式是股票奖励计划。在这种计划下，企业会直接将股票交给员工持股信托基金，员工持股信托基金按其所持有的股份每年从公司利润中分得红利，并通过该红利归还公司以股票形式提供的借款，借款还清后，股票便可以归每一位员工所有。对于员工参加持股计划而得到的股票，如果员工希望变现，则企业应以当前公平的市场价格购回这些股票。当员工离开企业时，他们可以把股票再出售给企业，如果企业是上市公司，员工还可以直接在公开市场上出售。

员工持股计划的优点主要表现在三个方面：一是税收和财务方面的优点。比如，根据美国的法律，参加员工持股计划的人员所获得的股本和红利在提取使用前免交个人收入所得税，当把出售股份所得到的收入转入退休基金时，也免交个人收入所得税。实施这种计划的企业向员工持股计划支付的股息也可以从公司的税前收入中扣除。有时候，员工持股计划还可以帮助企业扩大资金来源，获得一部分低成本资金。二是有利于企业留住人才。美国法律规定，自员工开始持股的七年内，员工不得提取和转让拥有的股份，如果七年内离职，则视同自动放弃本人所拥有的该公司的股份。显然，在人才竞争激烈和流动率很高的情况下，这种计划有利于稳定员工队伍，提高员工对组织的忠诚度。三是有利于增强员工的所有者意识，培养其自豪感。员工持股计划的实施意味着员工可以在某种程度上参与公司层面的决策，这显然有利于促使员工关心企业的经营成败，强化他们参与决策和管理的意识，从而帮

---

① ［美］雷蒙德·诺伊．人力资源管理：赢得竞争优势：第7版．北京：中国人民大学出版社，2013：538.

助企业不断提高绩效和盈利水平。此外，员工持股计划还能起到防止其他公司恶意收购或兼并的作用。当企业陷入财务危机时，员工甚至会使用员工持股计划把公司买下来。

但是，员工持股计划也存在一些潜在的问题。首先，从经济学的角度来看，员工持股计划不可避免地会出现激励不足以及“搭便车”的问题，由于公司股票业绩的衡量非常复杂，再加上员工个人的工作成果与企业最终绩效之间的联系不太紧密，员工实际上很难清楚地知道自己当前的努力和未来行权时的股票价格之间的关系。如果说持股计划对于企业高层管理人员还有一定吸引力的话，普遍的员工持股计划对于员工的工作行为以及业绩改善到底能够起多大的作用就很难说清楚了，这种计划对于企业绩效的最终影响是非常不确定的。此外，尽管一些研究表明，员工参与公司决策的水平越高，则员工持股计划产生的收益就会越大①，但是在实施员工持股计划的不同企业中，员工参与决策的总体水平却存在很大的差异。其次，员工持股计划在为员工带来一定的利益的同时，也让他们承受了一定的风险。比如，美国的法律规定，与可以同时持有多家公司股票的其他股票基金不同，一项员工持股计划必须至少将其自身资产的51%用于认购本公司的股票。因此，一旦企业绩效出了问题，就会导致员工持股计划的价值出现重大流失。

（二）美国的股票所有权计划

1. 美国的股票所有权计划的种类

美国企业所实施的股票所有权计划主要分为以下几种类型：

（1）激励性股票期权计划。所谓激励性股票期权计划（incentive stock options plans 或 qualified stock options plan）是指上市公司员工按照美国国内税法的要求以约定的价格购买一定数量的公司股票。尽管该计划要求股票期权的价格应当等于授予股票时的市场价格，但激励对象通常能够得到一定的折扣。该计划之所以称为激励性股票期权计划，是指如果激励对象得到股票期权，能够在购买股票后的一年零一天之后或者是在被授予股票期权的两年之后抛售股票，则可以获得相应的税收优惠。如果在此期间抛售股票，所得的收益将会按照一般收入征税，但如果在此期间之后抛售股票，则对收益按照长期资本收益征税，而长期资本收益的税率低于一般收入所得税税率。2013 年，前者的税率最高才达到 15%（低的甚至可以为 0），而后者同年的税率可能高达 35%。这种股票期权计划对于持有者而言风险显然更大一些。

（2）非激励性股票期权计划。非激励性股票期权计划（nonqualified stock options plans 或 nonstatutory stock options plan）是指由于各种原因不能满足激励性股票期权计划要求的其他股票期权计划。在非激励性股票期权计划中，激励对象同样可以按照预先确定的价格购买一定数量的股票。但抛售股票时，从非激励性股票期权计划中获得的收益——即行权价格（股票期权计划确定的最初股票购买价格）超过行权时的股票市场价格的部分——需要按照普通收入纳税。不过，很多企业比较喜欢非激励性股票期权计划，这是因为，员工因这种股票期权计划必须缴纳所得税的那部分收益可以从企业的成本中做等量扣除，可以获得税收减免优惠。

---

① K. J. Klein. Employee Stock Ownership and Employee Attitudes：A Test of Three Models. Journal of Applied Psychology 72，1987：319－332.

(3) 限制性股票计划。限制性股票计划 (restricted stock plan) 是指上市公司会在一定的约束条件下直接授予员工尤其是高层管理人员一定数量的股票，或者允许他们以一个折扣价格购买一定数量的公司股票。限制性股票计划参与者必须达到一定的条件，比如，在公司工作了足够的年限 (通常要求 5～10 年) 或者是达到一定的绩效目标，才能通过出售限制性股票获益。

(4) 虚拟股票计划。所谓虚拟股票计划 (phantom stock plans) 是指上市公司授予激励对象一种"虚拟"的股票而不是实际的股票，其目的是使激励对象可以获得与事先约定的一定数量公司股票的市场价值或与这些股票在一段时期内的增值程度 (即股价升值收益) 相等的奖励。在后一种情况下，即公司按照事先约定的一定数量公司股票在一定时期内的增值程度向激励对象支付一笔奖金时，又称为股票增值权 (stock appreciation rights) 计划。

由于有些虚拟股票计划要求激励对象必须首先达到一定的目标，比如，销售额、利润或其他目标，才能获得虚拟股票，因此这种虚拟股票有时又称为绩效股份或绩效单位 (performance share 或 performance units)。

在虚拟股票计划中，企业通常并不真正授予激励对象购买公司股票的权利，也不要求员工实际出资购买。获得虚拟股票的激励对象没有所有权和表决权，也不能转让和出售，若离开公司便自动失效。当公司给激励对象支付收益时，既可以支付现金、等值的股票，也可以支付等值的股票和现金组合。员工通过该计划获得的收入将会作为普通收入征税，企业则可以获得相应的税收减免。

(5) 员工持股计划。员工持股计划 (employee stock ownership plan，ESOP) 是一种通过让员工购买公司股份而使其真正成为公司所有者的激励计划。美国员工持股资金来源主要有两种：一般是公司先建立员工持股基金，这个基金由公司担保向金融机构申请贷款，形成员工持股，然后再用股本的分红逐年 (法律规定不超过七年) 偿还。还有少数公司直接出让股本总额的 20%～30%给公司员工持股基金，基金再用今后的分红逐年偿还购股资金。据估计，美国目前大约有员工持股计划 1.13 万个，覆盖 1 300 万名员工。

美国员工持股计划最早是由美国经济学家路易斯·凯尔索 (Louis Kelso) 于 1956 年提出的，美国在 1974 年通过《员工退休收入保障法》后，员工持股计划得以设立，但直到 1984 年美国通过《税收改革法》，员工持股计划才得到快速发展。《税收改革法》分别给予员工持股计划的四种参与者一定的税收优惠：对参加持股计划的员工，股本和分红在提取使用前免交个人收入所得税，出售股份的收入若转入退休基金，也免交个人收入所得税；对售股给员工的股东，当员工持股超过公司总股本 30%以上时，股东出售股份得到的收入增值部分免交所得税；对实行员工持股的公司，在归还员工持股贷款本息期间免交公司所得税；对贷款给员工持股的金融机构，当其向员工持股计划提供占公司股份 30%以上的贷款时，其利息收入减半征收所得税。正是通过完善各项不足之处，美国员工持股计划才得以普及。目前，美国员工持股计划的覆盖人数占劳动力的 25%以上。

2. 美国企业股票所有权计划案例

(1) 星巴克公司。该公司为所有每年在公司工作时间达到 500 小时以上的副总裁级以下人员提供了一种广泛的股票所有权计划。如果公司达到了绩效目标，则所有的员工都能得到相同的股票授予。这些股票的价值相当于他们薪酬水平的 10%～14%，股票每年授予 20%，在股票授予期满 10 年之后，该股票期权就会自动失效。星巴克公司的这种名为咖啡豆股票计划（beanstock）的员工持股计划使该公司的员工流动率大大低于零售行业的一般水平。

（2）UtiliCorp United 公司。这是一家快速成长的公用事业公司，该公司为了创建一种参与氛围更浓厚的绩效导向型文化，制定了一种全员参与的股票所有权计划，该计划的目标是使员工拥有公司 25%的股份。为了激发大家的兴趣，公司以 15%的折扣向员工提供股票，并且允许他们购买价值多达他们基本薪酬的 20%的股份。此外，在 401（k）计划中应当由公司提供的 6%的资金投入也以股票的形式提供，甚至关键员工的年度奖金也以股票的形式来支付。该公司管理人员认为，这一计划在将薪酬与绩效和所有权联系在一起这方面取得了很大的成功。

（3）微软公司。微软公司为鼓励员工在对企业做出长期贡献的时候勇于承担风险，实施了一项公司所有的正式员工都有资格参与的股票所有权计划。公司授予员工的股票数量取决于个人的业绩以及个人对公司的长期贡献潜力。授予的方式是，在股票被授予的第 12 个月之后员工开始真正获得股票，并且每 6 个月实际授予 12.5%。

（4）美国西南航空公司。该公司曾经与飞行员签订一份为期 10 年的合同，为了诱使飞行员放弃在前五年中的加薪权利，公司允许飞行员购买数量最高可达 140 万股的公司股票，而价格为事先约定的一个相对较低的水平。这对公司财务来说是一件好事，而且有助于促使企业的关键员工将主要精力集中在使公司的绩效长期保持在最高水平上。

（5）某专业性化学公司。该公司处在一个竞争激烈的市场上，市场上有多家资源和资本力量更为雄厚的大公司。该公司当前的目标是利用研发部门的新产品开发来保持进而扩大市场份额。公司期望研发部门更多地关注与组织经营计划相一致的应用型研究，而不是那些与产品无关的研究。计划的具体目标是鼓励研发部门努力改善现有的产品或者开发具有市场价值的新产品。此外，它还希望加快几种新产品的研发进程，以免等产品研发出来时公司已经关门。为此，公司设计了一种新的长期浮动薪酬计划，从而使每一种处于开发之中的产品都有“影子股份”。

在新产品实现商业化的那一天，这些影子股份会根据每一位员工对新产品开发所作出的贡献大小被授予员工。在此后的四年中，产品的股份每年都有可能升值，因为这些股份每年都将获得产品利润的一个百分比，比如第一年利润的 2%，第二年利润的 1.5%，第三年和第四年利润的 1%。员工根据自己所拥有“股份”的价值获得收益。如果产品出现亏损，则产品股份的价值会下降，但是最低不会低于原始的每股 1 美元的价格。如果出现重大的产品改进，则在第四年，员工还有可能获得股份，这时的股票价格是根据上一年的股票价格来定的。由于产品改进可能会带来产品利润的上升，因此每股的价格通常不会因为增加了新的股份而有所下降。

由于每一种产品都有自己的股份，因此员工可以同时参与多项股权计划。该计划是根据新产品的经济成功性来对员工提供报酬的，其目的是使他们对自己努力的结果更加感兴趣。大规模的经济报酬使员工感受到自己与组织之间形成了一种伙伴关系，同时增加了他们随着股份价值增值而积累资本的机会。

（三）我国企业的股票所有权计划

我国企业对现代股票所有权制度的探索是从 20 世纪 90 年代后期随着我国国有企业产权制度改革的需要而开始的。当时进行这种探索的主要目的有两个：一是试图通过国有企业高层管理人员持股来解决对国有企业高层管理人员的激励问题；二是试图通过员工持股来改变员工的行为和企业文化，提高企业的生产效率和竞争力。与此同时，很多民营企业为了对管理层以及骨干员工实施激励，鼓励他们与企业形成利益共同体，也开始探索各种各样的股权激励计划。

1. 我国企业的经营管理人员股票所有权计划

我国企业的股权激励计划尤其是国有企业的股权激励计划经历了一个从摸索、混乱到逐步规范的过程。最初，无论是国有企业还是民营企业，对经营管理人员持股计划以及员工持股计划都存在一些理解上的偏差，在操作方面也缺乏章法。随着市场经济的不断发展，国家法律法规的不断完善，再加上企业实施股权激励的实践越来越丰富，股权激励计划逐渐走上正轨。

在早期国有企业改制过程中，很多企业都直接采取了管理层收购的做法。所谓管理层收购（management-buy-out，MBO），是指经营管理层通过收购本企业股权的方式改变公司的所有者结构、控制权结构或资产结构，从而实现对企业的控股或相对控股，掌握对企业的控制权，同时享有相应的收益权。管理层收购的主体并非仅限于公司经营管理层，一般情况下，为了使公司员工能够接受管理层收购计划，大部分管理层收购计划都带有部分员工持股的因素，即吸收部分或全部员工参与收购过程，让他们或多或少地获得一部分公司的股权。

国有企业管理层收购曾经被赋予激发国有企业活力、实施国退民进战略等使命，但在实操过程中却日益出现操作不规范、信息不透明、国有资产流失等严重问题。一个很显然的问题是，很多国有企业的资产都很庞大，企业的经营管理层是不可能通过直接出资方式购买国有企业股份的。有鉴于此，2003年我国财政部等下发的《国有企业改革有关问题的复函》指出，在相关法规制度尚未完善之前，暂停受理和审批对上市公司和非上市公司实施的管理层收购。2005年4月，国资委、财政部联合下发的《企业国有产权向管理层转让暂行规定》指出，在国有资产监督管理机构已经建立或政府已经明确国有资产保值增值行为主体和责任主体的地区或部门，可以探索中小型国有及国有控股企业国有产权向管理层转让，大型国有及国有控股企业及所属从事该大型企业主营业务的重要全资或控股企业的国有产权和上市公司的国有股权不向管理层转让。这意味着大型国有及国有控股企业的国有股份不允许向管理层或管理层直接或间接出资设立的企业转让。

2005年12月，针对改制方案不完善、审批不严格，清产核资、财务审计、资产评估和产权转让不规范，对维护职工合法权益重视不够等问题，国务院办公厅转发了国资委《关于进一步规范国有企业改制工作实施意见的通知》（国办发〔2005〕60号），要求国有及国有控股大型企业实施改制时严格控制管理层通过增资扩股的手段，以各种方式直接或间接持有本企业股权。经国有资产监督管理机构批准，凡通过公开招聘、企业内部竞争上岗等方式竞聘上岗或对企业发展作出重大贡献的管理层成员可通过增资扩股持有本企业股权，但管理层的持股总量不得达到控股或相对控股数量，同时拟通过增资扩股实施改制的企业应通过产权交易市场、媒体或网络等公开企业改制有关情况、投资者条件等信息，择优选择投资者。

证监会于2005年12月31日发布了《上市公司股权激励管理办法》，对上市公司的股权激励问题提出了明确的管理要求。该办法指出，股权激励是指上市公司以本公司股票为标的，对其董事、监事、高级管理人员、核心技术（业务）人员，以及公司认为应当激励的其他员工（但不应包括独立董事）进行的长期性激励。股权激励方式可以包括限制性股票、股票期权及其他法律法规允许的计划。激励对象为董事、监事、高级管理人员时，上市公司应当建立绩效考核体系和考核办法，以绩效考核指标作为实施股权激励计划的条件。上市公司全部有效的股权激励计划所涉及的标的股票总数累计不得超过公司股本总额的10%。此外，上市公司不得为激励对象依股权激励计划获取有关权益提供贷款以及其他任何形式的财务资助（包括提供贷款担保）。拟实行股权激励计划的上市公司，可根据本公司实际情况，通过向激励对象发行股份、回购本公司股份以及法律法规允许的其他方式解决标的股票来源问题。最后，该办法还就上市公司股权激励计划的内容及其批准过程以及信息披露等方面的问题作了专门规定。

应该说，至此为止，我国对企业实施股权激励计划已经有了相对清晰的规定，原来在国有企业改革中通过股权改造将国有资产私有化的情况得到一定的遏制。然而，尽管受到政策限制，一些国有企业的经营管理层实施管理层收购的冲动仍未消除，借助各种曲线或隐性方式实施管理层收购的情况仍然存在。

2. 我国的员工持股计划

20世纪90年代以来，我国很多非上市企业和上市公司也开始实施员工持股计划，但相对于针对管理层或公司核心人员的股权激励计划而言，针对普通员工的持股计划较少。2012年8月，我国证监会起草了《上市公司员工持股计划管理暂行办法（征求意见稿）》，并向社会公开征求意见，2014年6月正式颁布了《关于上市公司实施员工持股计划试点的指导意见》。该意见指出，员工持股计划是上市公司根据员工意愿，通过合法方式使员工获得本公司股票并长期持有，股份权益按约定分配给员工的制度安排。员工持股计划的参加对象为公司员工，包括管理层人员。上市公司实施员工持股计划应当遵循公司自主决定、员工自愿参加的原则，上市公司不得以摊派、强行分配等方式强制员工参加本公司的员工持股计划。一些具体规定包括：

第一，员工持股计划的资金和股票来源。员工持股计划的资金可通过员工的合法薪酬以及法律、行政法规允许的其他方式来筹集。员工持股计划可以通过以下方式解决股票来源的问题：上市公司回购本公司股票、二级市场购买、认购非公开发行股票、股东自愿赠与，以及法律、行政法规允许的其他方式。

第二，员工持股计划的持股期限和持股计划的规模。首先，每期员工持股计划的持股期限不得低于12个月，以非公开发行方式实施员工持股计划的，持股期限不得低于36个月，自上市公司公告标的股票过户至本期持股计划名下时起算；上市公司应当在员工持股计划届满前6个月公告到期计划持有的股票数量。其次，上市公司全部有效的员工持股计划所持有的股票总数累计不得超过公司股本总额的10%，单个员工所获股份权益对应的股票总数累计不得超过公司股本总额的1%。员工持股计划持有的股票总数不包括员工在公司首次公开发行股票上市前获得的股份、通过二级市场自行购买的股份及通过股权激励获得的股份。

第三，员工持股计划的管理。首先，参加员工持股计划的员工应当通过员工持股计划持有人会议选出代表或设立相应机构，监督员工持股计划的日常管理，代表员工持股计划持有人行使股东权利或者授权资产管理机构行使股东权利。其次，上市公司可以自行管理本公司的员工持股计划，也可以将本公司员工持股计划委托给信托公司、保险资产管理公司、证券公司、基金管理公司以及其他符合条件的资产管理机构。最后，员工享有标的股票的权益；在符合员工持股计划约定的情况下，该权益可由员工自身享有，也可以转让、继承。参加员工持股计划的员工离职、退休、死亡以及发生不再适合参加持股计划的事由等情况时，其所持股份权益依照员工持股计划约定方式处置。

第四，上市公司董事会提出员工持股计划草案并提交股东大会表决，员工持股计划草案至少应包含如下内容：(1) 员工持股计划的参加对象及确定标准、资金、股票来源；(2) 员工持股计划的存续期限、管理模式、持有人会议的召集及表决程序；(3) 公司融资时员工持股计划的参与方式；(4) 员工持股计划的变更、终止，员工发生不适合参加持股计划情况时所持股份权益的处置办法；(5) 员工持股计划持有人代表或机构的选任程序；(6) 员工持股计划管理机构的选任、管理协议的主要条款、管理费用的计提及支付方式；(7) 员工持股计划期满后员工所持有股份的处置办法；(8) 其他重要事项。

第五，非金融类国有控股上市公司实施员工持股计划应当符合相关国有资产监督管理机构关于混合所有制企业员工持股的有关要求。金融类国有控股上市公司实施员工持股计划应当符合财政部关于金融类国有控股上市公司员工持股的规定。

3. 虚拟股票计划

正是由于员工持股本身存在风险，再加上实际的股权转让涉及一系列问题，包括股票来源以及股票的资金来源等问题，因此，在实践中，某些公司采取了一些变通的做法，最常见的就是采用虚拟股权的做法，即企业授予激励对象一种“虚拟”的股票，这种虚拟股票能够给激励对象带来一定数量的分红和股价升值收益（即未来股价与当前股价的差价），但没有所有权和相应的表决权，也不能转让和出售，员工一旦离开企业，权利便自动失效。由于此类股权激励方案既能将公司股价与员工利益联系在一起，同时又不涉及股票的买卖运作，不存在违规嫌疑，因此，在我国目前的制度环境下不失为一种较好的长期激励方式。虚拟股票在一些高科技企业得到了实施，如“上海贝岭”（600171）在 1999 年面向高层管理人员和技术骨干推出了虚拟股票计划。近年来，我国一些上市公司以及进入新三板[①]的公司尝试采用不同形式的虚拟股权计划（包括股票增值权计划）。下面我们介绍三个公司的此类计划。

(1) 案例一：湖北富邦科技股份有限公司（简称“富邦股份”，证券代码为 300387）的股票增值权激励计划。

2016 年 12 月 15 日，富邦股份召开临时股东大会审议通过了《关于〈湖北富邦科技股份有限公司股票增值权激励计划（草案）及其摘要〉的议案》，决定针对公司的 5 名外籍员工实施股票增值权计划。股票增值权不涉及实际股份，以富邦股份股票作为虚拟股票标的，涉及公司虚拟标的股票总数为 48 万份（两人 120 000 份，三人 80 000 份），相当于公司目前股本总额的 0.38%。

根据该激励计划中的“股票增值权的获授条件”的规定，激励对象获授股票增值权的条件为：公司未发生以下任一情形：最近一个会计年度财务会计报告被注册会计师出具否定意见或者无法表示意见的审计报告；最近一年内因重大违法违规行为被中国证监会予以行政处罚；中国证监会认定的其他情形。同时，激励对象未发生以下任一情形：最近三年内被证券交易所公开谴责或宣布为不适当人选；最近三年内因重大违法违规行为被中国证监会予以行

① 在中国证券市场上，“一板”是指沪深股市的主板和中小板，“二板”是指创业板，“三板”原指代办股份转让系统。“新三板”全称是“全国中小企业股份转让系统”，是经国务院批准设立的全国性证券交易场所（北京），为非上市股份有限公司的股份公开转让、融资、并购等相关业务提供服务，它允许暂时还未满足创业板上市条件的小规模高新企业在一定条件下挂牌交易。

政处罚；具有《公司法》规定的不得担任公司董事及高级管理人员的情形；公司董事会认定其他严重违反公司有关规定的。

2016年12月28日，公司董事会会议和监事会会议审议通过了《关于向激励对象授予股票增值权的议案》，对该计划的具体内容做了安排：股票增值权的授予日确定为2016年12月28日；有效期为自股票增值权授权日起6年；等待期（即股票增值权授予后至股票增值权可行权日之间的期限）确定为2年。

该股票增值权激励计划的行权安排是：自激励计划授权日起满24个月后，激励对象应在未来48个月内分四期行权。第一个行权期自授权日起24个月后的首个交易日起至授权日起36个月内的最后一个交易日当日止；第二个行权期自授权日起36个月后的首个交易日起至授权日起48个月内的最后一个交易日当日止；第三个行权期自授权日起48个月后的首个交易日起至授权日起60个月内的最后一个交易日当日止；第四个行权期自授权日起60个月后的首个交易日起至授权日起72个月内的最后一个交易日当日止。每个行权期可行权数量占获授增值权数量的比例各为25%。

该激励计划实施的前提条件是公司的年度业绩考核达到目标要求。具体来说，在第一个行权期，与2015年相比，2017年“富邦股份”净利润增长率不低于32%；“荷兰诺唯凯”（“富邦股份”的子公司）净利润增长率不低于15%。在第二个行权期，与2015年相比，2018年“富邦股份”净利润增长率不低于52%；“荷兰诺唯凯”净利润增长率不低于29%。第三个行权期的上述两个指标分别为75%和45%，第四个行权期的上述两个指标分别达到101%和63%。其中的“净利润”指归属于上市公司股东的扣除非经常性损益的净利润。

公司依照业绩考核目标的综合完成率来决定行权比例，综合完成率超过100%（含），则行权比例为100%，低于100%则行权比例为0。其中，综合完成率＝“富邦股份”净利润增长率的完成率×40%＋“荷兰诺唯凯”净利润增长率×60%，净利润增长率的完成率＝净利润增长率的完成值/净利润增长率的目标值，如净利润增长率为负值，则净利润增长率的完成率以0计算。如果公司业绩考核达不到上述条件，则激励对象相对应行权期所获授的可行权数量由公司作废。

此外，激励对象在行权年度的上一年度必须绩效考核合格才能按相应的比例行权，若考核不合格，则其相对应行权期所获授的但尚未行权的股票增值权即被取消。

这次股票增值权激励计划的授予期规定价格为每份24.74元，即公司股票增值权激励计划草案公布前30个交易日内的富邦股份标的股票的平均收盘价。经测算，本次股票增值权激励成本合计509.65万元，从2017年至2020年的成本摊销分别为243.16万元、147.15万元、82.54万元和36.80万元。

（2）案例二：北京精冶源新材料股份有限公司（简称“精冶源”，证券代码为831091）的虚拟股权计划。

精冶源于2015年5月6日发布新三板首个《虚拟股权激励方案》，2015年11月12日发布修订公告，2016年6月30日发布《2015年度虚拟股权激励实施公告》。此次激励计划的有效期限为三年，即从2015年到2017年，激励对象不需出资即可享有一定比例的分红权（与虚拟股权收益金额相等的激励基金）。但激励对象没有虚拟股票的表决权、转让权和继承权，只有拟制分红权。

此次虚拟股权的授予对象包括公司高管、中层管理人员、业务骨干以及对公司有卓越贡献的新老员工等。具体认定标准为：在公司的历史发展中做出过突出贡献的人员；公司未来发展急需的人员；年度工作表现突出的人员等。

虚拟股权的授予数量主要取决于职位、能力、工龄以及绩效四大要素。首先根据激励对象所在的职位确定股权级别及对应的基准职位股数（经董事会表决同意后，基准职位股数可按年度调整），基准职位股数一共分四级，数量在 1 万至 2.5 万股之间。然后公司会根据个人的能力系数和在公司工作的工龄系数以及年终绩效考核结果确定当年最终授予的虚拟股权数量，即虚拟股权的初始授予数量＝基准职位股数×能力系数×公司工龄系数，虚拟股权的最终授予数量＝虚拟股权的初始授予数量×绩效考核系数。

虚拟股票的实施需要达到一定的业绩条件，即公司达到年度净利润增长率不低于 20%（含 20%）的业绩目标。在当年公司业绩目标实现的情况下，按照公司该年度净利润和虚拟股权占比来核算和提取股权激励基金，然后分配到个人，分别用三个公式进行计算：当年激励基金总额＝考核年度净利润×加权虚拟股权总数÷加权实际总股本；虚拟股权的每股现金价值＝当年激励基金总额÷实际参与分红的虚拟股权总数；个人实际可分配的虚拟股红利＝虚拟股权每股现金价值×个人虚拟股股数。

此外，该计划规定，若公司处于收购、兼并或转板上市阶段，虚拟股权可以通过一定的对价方案转化为股票或现金补偿。

截至 2016 年 6 月 30 日，该公司已经完成 2015 年度虚拟股权激励，激励基金授予对象为对公司有卓越贡献的 16 名新老员工，激励基金总额为 573 408.72 元。

（3）案例三：河北博岳通信技术股份有限公司（简称“博岳股份”，证券代码为 836461）的虚拟股权计划。

博岳股份于 2016 年 8 月 2 日发布《虚拟股权激励计划管理办法公告》，指出公司无偿授予被激励对象一定数额的虚拟股权，激励对象通过持有虚拟股权享受公司价值的增长。激励对象不需要出资，但也没有虚拟股权的表决权、转让权和继承权，只有激励基金分配权。虚拟股权享有的收益来源于公司股东对相应股权收益的让渡。

本次激励计划涉及的激励对象包括公司董事、监事、高级管理人员；公司中层管理人员；公司核心业务（技术）人员以及董事会认为对公司有特殊贡献的其他人员。入选的员工及其授予数量由公司综合考虑员工的岗位、司龄、业绩考核表现及未来成长空间等情况确定，具体由工作小组根据上述标准在可选范围内提名确定具体人员名单，报经董事会批准。

本次激励计划的有效期为三年，即激励对象在获授虚拟股权之后可以享受 2016 年度、2017 年度和 2018 年度三年的激励基金分配权，三年之后激励对象不再享有激励基金分配权。有效期满后，根据公司经营情况及激励对象的业绩结果，经公司董事会同意可以延长有效期，在有效期内激励对象继续享有激励基金分配权。

在激励计划有效期内，公司董事会将依照公司业绩目标达成情况、激励对象个人业绩考核结果综合确定激励对象能否兑现激励基金分配。

首先，公司需要达成一定的业绩目标，即 2016 年度，公司营业收入比 2015 年度增长 60%，年利润率比 2015 年增长不低于 1%。2017 年度，公司营业收入比 2015 年度增长 120%，年利润率比 2015 年增长不低于 2%。2018 年度，公司营业收入比 2015 年度增长 155%，年利润率比 2015 年增长不低于 3%。（其中，利润率＝考核年度扣除非经常性损益后的净利润/考核年度营业收入；利润率增长＝考核年度利润率－上年度利润率。）

在实现上一年度公司业绩目标的情况下，董事会根据考核年度公司扣除非经常性损益后的净利润情况确定 X 值。在这里，所谓实现上一年度业绩目标，是指业绩完成比例不低于业绩目标的 80%，而公司业绩完成比例由营业收入实际值/营业收入目标值、净利润实际值/净利润目标值和 100%三者当中的最小值决定。

接着，公司按照下列公式计算当年度激励基金总额：

$$\text{激励基金总额}=\text{上一年度公司净利润}\times X\%\times\text{兑现时虚拟股权总量}/\text{已授予虚拟股权总量（含已收回部分）}$$

接下来，公司还要根据激励对象的个人业绩考核结果来决定个人虚拟股权的可兑现比例。年度考核等级为 A 和 B 者可以获得 100%，得 C 者可以获得 80%，得 D 者则无资格获得激励基金。激励对象年度最终可以获得的激励基金金额由下面两个公式决定：

$$\begin{array}{c}\text{激励对象个人可兑现}\\\text{虚拟股权数量}\end{array}=\begin{array}{c}\text{激励对象个人所持}\\\text{虚拟股权总量}\end{array}\times\begin{array}{c}\text{个人可兑现}\\\text{比例}\end{array}$$

$$\begin{array}{c}\text{激励对象个人实际}\\\text{可分配激励基金}\end{array}=\begin{array}{c}\text{激励基金}\\\text{总额}\end{array}\div\begin{array}{c}\text{兑现时虚拟}\\\text{股权总量}\end{array}\times\begin{array}{c}\text{激励对象个人}\\\text{可兑现虚拟股权数量}\end{array}$$

4. 实施股权计划以及员工持股计划应注意的问题

企业股票所有权计划实际上涉及企业的产权制度问题，因此，实施需要有良好的外部经济环境和法律环境，尤其是完善的市场运作机制、功能正常的金融证券市场、严密的税收制度等。事实上，国外企业在实施股票所有权计划时，往往都受到严格的法律规定的约束，以确保公司原有股东、经营者以及员工的合法利益都不受侵害，同时对符合条件的股票所有权制度给予税收方面的种种优惠。我国前些年由于市场经济的发展不成熟，相关的法律法规不健全，在实施股权激励以及员工持股计划方面出现了很多问题，近些年逐渐规范。尽管如此，股权激励以及员工持股等措施并不是万灵药。企业必须全面理解这些计划可能达成的结果及其需要满足的条件。股权激励计划本身不一定能使经营者与股东的利益完全一致，股票价格的变动也不仅仅取决于经理人的能力和努力。一些经济背景、行业发展等外在因素都有可能影响企业的经营业绩。比如，从 2016 年 1 月 1 日到 2017 年 1 月 19 日，沪深两市上市公司实施完成员工持股计划的 217 家公司中，按照当初购买均价与 2017 年 1 月 19 日的收盘价相比较，有 120 家公司的最新股价已经低于员工持股价，占比高达 55.30%。

我国许多企业对员工持股计划持有不切实际的幻想，指望通过这一计划能够彻底改变过去企业中存在的消极怠工和生产率低下问题。员工持股计划只能作为企业整体薪酬体系的一个组成部分来发挥作用，并且需要科学、规范的现代企业制度以及富有激励性的整体人力资源管理制度作为其发挥作用的平台。而在我国的许多企业中，法人治理结构以及人力资源管理体系都存在许多缺陷和不足，员工对企业经营管理层的信任度也很低。在这种情况下，我们很难指望员工持股计划能够从根本上改变员工对于企业以及工作的看法。不仅如此，我国的许多企业在实行全员持股计划之后，还遇到了许多对企业发展不利的因素。比如，当企业在分红和进一步投资之间产生矛盾的时候，员工对现期收入的要求可能会阻止企业的积累和投资行为，从而对企业的进一步增长产生阻碍作用。

第 3 节 特殊绩效认可计划

一、组织薪酬战略中的特殊绩效认可计划

如前所述，特殊绩效认可计划是指一种现金或非现金的绩效认可计划，即在员工远远超出工作要求表现出特别的努力、实现优秀的业绩或者作出重大贡献的情况下，组织给予他们的赞赏、表扬、表彰或小额一次性奖励。当员工或者某个团队拥有超出预期的优秀绩效，但是组织利用其他报酬形式无法提供补偿时，绩效认可计划是一种非常有效的奖励方式。它是一种经常被忽视的变动性报酬，其类型多种多样，既可以是在公司内部通讯或者办公室布告栏上的宣传表扬，也可以是一次度假的机会或者上千元的现金。

绩效认可计划的激励作用不仅限于被奖励者，它会鼓励所有员工寻找各种机会来为组织作出意想不到的贡献。以奖励显著绩效闻名的企业，无论是否以预定公式的正式形式来认可绩效，都会吸引那些能够在这方面作出贡献的人加入并留在组织中，谨慎地承担一些风险以获得这种报酬。绩效认可计划的作用包括：庆祝目标的实现；强化绩效卓越者；认可对企业有益的活动，强化表现出来的理想行为；认可员工的服务；认可员工的需要，等等。

从整个薪酬体系的角度来看，特殊绩效认可计划对组织薪酬战略的贡献主要体现在以下几个方面：

1. 提高了整个薪酬系统的灵活性和自发性

从激励的角度来说，能够感觉到自己在组织中的重要性以及组织对自己的欣赏的员工，会更积极地为组织的成功作出贡献，而传统的薪酬组合如基本薪酬、奖金、福利等尽管也能够让员工感觉到自己的价值，但是这些传统手段的灵活性通常都比较差，而且也不能对员工的行为提供及时而具体的反馈。特殊绩效认可计划则有助于弥补这一缺陷，它为让员工感觉到自己的重要性和价值提供了更多的机会。这种计划既可以是简单的、非正式的口头或书面表扬，也可以是复杂的、正式的组织认可过程（CEO 主持的颁奖大会），其内容和形式都可以非常灵活，能够非常及时地对员工付出的努力和取得的成绩表示欣赏和谢意。目前，在许多企业中，规范而又灵活的特殊绩效认可计划已经成为组织薪酬战略的一个重要组成部分。

2. 扩大了员工在薪酬系统中的参与机会，提供真正符合员工兴趣的薪酬

许多特殊绩效认可计划使得所有员工都有可能参与到薪酬的分配过程中来。而参与的方式可以是提名其他员工获得奖励，还可以是代表组织向其他员工发放奖励。由此可见，特殊绩效认可计划实际上是对组织的员工参与战略的一种补充，同时，它还有利于强化员工相互之间的责任感。此外，灵活的特殊绩效认可计划可以根据员工的兴趣来设计，很多时候它根本不需要制定一个预先的奖励公式；相反，这种薪酬形式可以是个性化的，根据员工的需要和兴趣来设计。

3. 有利于奖励与组织的价值观和文化相一致的行为，强化企业的战略目标

企业可以通过特殊绩效认可计划告诉员工，什么样的行为是受到鼓励的，什么样的做法

是企业希望员工去采用的。因此，与通常关注结果的奖金不同，特殊绩效认可计划不仅可以引导员工关注企业的经营结果，还可以使员工关注自己在组织中的行为，关注那些足以成为组织中其他成员榜样的员工。事实上，企业可以通过灵活多样的绩效认可计划的设计，来引导员工关注企业的各种目标。如果企业希望员工关注客户服务目标，则可以采取由客户向服务质量高的员工颁发证书、公开展示客户对提供优质服务员工所作的积极反馈（如感谢信、表扬信等），或者举办一次晚宴或午宴来庆祝客户服务团队完成某一计划等绩效认可形式。如果企业需要达到强化效率目标的目的，则可以采取以下绩效认可形式：对员工所提供的有效的效率改善建议提供现金奖励；向取得重大流程改善的员工授予股票；总经理给超额完成效率标准的员工写一张感谢便笺。如果企业希望实现团队合作方面的目标，可以采取的绩效认可形式包括：举行庆祝活动以公开宣扬团队成就；让团队成员外出旅行以答谢团队的贡献；在公司刊物上公开刊登成功团队的文章以及照片等。

4. 实现薪酬系统的成本有效性最大化

与其他绩效奖励计划不同，特殊绩效认可计划可以采取现金和非现金两种形式。在许多情况下，员工对奖励价值的感受并不取决于奖励的经济价值。许多有效的特殊绩效认可计划都是利用社会性认可来褒奖员工的成就。有时候，虽然公司在绩效认可计划方面支出一定的成本，但是这种计划的成本有效性远远超出其他一些奖励计划。举例来说，美孚公司是一家石油巨头，该公司创造了高度成功的特殊绩效认可计划，该计划既包括现金奖励的成分，也包括非现金的成分。其中非现金奖励是最高价值为250美元的一些小礼品，如一件水晶制品、一顿晚餐或者一张戏票，这些礼品将奖励给那些具有主动性和创造性的个人以及团队。现金奖励则包括两种：一种奖励的金额介于250～2 500美元之间；另一种则可高达5 000美元。这两种奖励是授予那些对公司的利润产生决定性影响的财务结果实现情况的。从实施效果来看，虽然这一计划支出不菲，但是其成本有效性很高。该计划实施的第一年，公司在两项小额奖励上一共支出了32 000美元，但是这种投资获得了4 000万美元的收益。在大额奖励上所进行的投资同样获得了很高的投资收益率：投入19 000美元，获得了1 800万美元的收益。

当然，我们也应当看到，特殊绩效认可计划同样存在局限性。与其他浮动薪酬计划不同，绩效认可计划并不能改变行为，虽然它能够使得骨干绩效者继续保持优良绩效，但是无法促使绩效不良者更加努力或更好地工作。由于随机性强、自由度大，所以如果管理不细或者沟通不清楚，很可能会造成“胜者”和“败者”的心理后果。此外，这一计划并不能替代薪酬战略中的其他组成部分，比如基本薪酬、福利等。

最后，在设计特殊绩效认可计划之前，首先应该将其放在组织的整个薪酬战略中考虑。特殊绩效认可计划必须和组织的薪酬战略相一致。一方面，真心实意地关注员工的组织希望通过特殊绩效认可计划向员工表达对他们的诚意。另一方面，组织还应该考虑到特殊绩效认可计划可能会向员工传达一些不合适或不协调的信息。例如，对服务年限较长的员工提供某种形式的认可（比如发放一部分现金津贴）可能会与组织的绩效薪酬理念相违背。但是，从某种意义上讲，二者之间的矛盾是可以调和的，而且这种违背在一定范围内也是必需的。因此，组织应该做好和员工之间的沟通工作，以确保员工不会对组织的经营战略产生误解。总而言之，特殊绩效认可计划与组织经营战略的协调一致是特殊绩效认可计划设计的基本思想。

小专栏 7-5

富士康对优秀员工的奖励与认可

2010 年 10 月 17 日中午，富士康在深圳龙华园区摆下 70 桌酒席，款待花费近半年时间从几十万名员工中海选、评比出来的 140 名优秀员工。当天，从全国 18 个省市赶来的这些员工的 400 余名家属也成了集团总裁郭台铭的座上客，共同参加富士康为获奖员工举办的“2010 优秀基层员工颁奖盛典”，全国其他省份的园区同时视频连线深圳。

富士康将颁奖典礼称为“富士康奥斯卡”，将这 140 名优秀员工称为“富士康之星”，他们的父母则被称为“星爸星妈”。在两个小时的宴会上，郭台铭不停地为优秀员工和他们的父母夹菜、倒酒、端盘子、敬酒，并称此举是为了“感谢他们为社会培养了优秀人才”。这些优秀员工也获得了实实在在的大奖。“十大杰出基层员工”和 130 名“优秀基层员工”，除人手一件“意外惊喜奖品”外，“十大杰出基层员工”每人奖金 1 万元，“优秀基层员工”每人奖金 2 000 元。富士康集团还表示会根据相关规定为符合条件者提供免费学习、深造和晋升的机会，给予“免费迁移户口至深圳”等奖励。

此次获奖的优秀员工及其家属的交通、酒店食宿、深圳旅游等所有费用都由富士康公司提供，并有专人分头负责安排，其中包括深圳世界之窗、锦绣中华一日游等。据介绍，早在今年年初，工会就在富士康传媒网上设立专栏，集团员工凭工号登录即可参与投票，并对评选活动进行监督。3 月海选出 5 000 名候选人，4 月初选出前 200 名，至 8 月复选出 140 名“优秀基层员工”，其中包括“十大杰出基层员工”，9 月评选审核完成。评选过程中，由 13 位高管组成评委会，评委自觉回避评审本事业群候选人，以确保公开、公平、公正的“三公”原则。谈及企业和员工的关系，郭台铭说，中国社会和企业正面临转型的艰巨挑战，新生代产业工人的需求日趋多元化，给企业的经营管理提出了更高的要求。

资料来源：刘芳．富士康奖励优秀员工．中国青年报，2010-10-18.

二、特殊绩效认可计划的设计

特殊绩效认可计划的设计需要重点解决绩效计划的目标、种类和数量等几个方面的问题。

1. 确定特殊绩效认可计划的目标

在设计任何一项绩效认可计划时，首先要确定该计划的目标或目的——为什么要实施这样一项计划，企业必须首先明确绩效认可计划存在的原因以及应达到的结果。绩效认可计划不仅要对组织的战略目标起支持作用，还要反映组织的文化。在确定绩效认可计划的目标时，需要考虑绩效认可计划想要达到的目的以及希望强化的对象。绩效认可计划的目的包括：认可资深员工在组织中的长期连续服务；认可和回报员工的突出贡献；强化理想的行为；鼓舞士气等。而绩效认可计划应当考虑的问题则包括：需要认可团队合作还是个人成绩？是认可创造或创新行为本身，还是实际的创新成果？是鼓励大家做好本职工作还是去帮助他人？是认可员工的努力过程还是达成的最终结果？需要注意的是，并非上述所有目标都能通过一个绩效认可计划来完成。最有效的认可计划往往集中在较为简单的目标或者紧密相关的目标上。

2. 确定绩效认可计划的种类和数量

在确定了绩效认可计划的目标之后，接下来就应该决定采取何种类型的特殊绩效认可计划。特殊绩效认可计划大体可以分为三种类型：正式认可计划、非正式认可计划以及日常认可计划。我们将不同类型的绩效认可计划的特点在表 7－16 中进行了总结。事实上，不同类型的绩效认可计划对组织而言都是不可或缺的。组织通常通过正式认可计划对员工持续的贡献表示认可，通过日常的非正式认可计划来对员工令人满意的表现表示认可。不过，企业同时也要注意，所实施的特殊绩效认可计划不能太多，以防管理成本的上升和认可计划有效性的降低。

表 7－16　　不同类型绩效认可计划的比较

比较维度	绩效认可计划的类型		
	正式认可计划	非正式认可计划	日常认可计划
结构性程度	结构性的，有明确的指导方针。在预定时间提出申请并完成审查过程。	结构性程序较少，无既定时限规定。	非正式的、非结构性的感谢。
使用频率	较低。	经常。	频繁。
奖励成本	较高。	中等或较低。	低或无。
获得者人数	获得者的人数相对较少。获得者主要是个人，但越来越多地包括团队或员工群体。	获得者较多，包括个人以及团队或员工群体。	获得者人数较多，包括个人、团队或员工群体。

3. 确定所要认可的活动类型及其性质

接下来就需要确定哪些类型和性质的活动应该获得报酬。在考虑何种类型的活动应该得到认可时，不仅要看活动的结果，而且要注意活动的过程。个人或群体的行为是获取成果的途径，强化正确的行为自然而然会导致正确的结果。从类型来看，所要奖励的活动可能包括：总体工作绩效、特定的项目、生产率或者质量、客户服务、连续服务、所表现出来的理想行为，以及所作出的专业方面的贡献。从性质来看，所要奖励的活动要么是在常规工作中所实现的突出成果，要么是在非常规工作中所作出的额外特殊贡献。

4. 确定参加资格

所有特殊绩效认可计划的参加者都必须有获得这种奖励的现实机会，否则大家会认为它是专门为已经定好的少数人设计的。因此，在确定参与资格时，需要解决以下几个方面的问题：第一，认可计划是为整个组织设计的，还是为某个部门或事业部设计的？第二，认可计划适用于全体员工还是仅仅适用于某些类型的员工？第三，非正式员工（比如派遣制员工）是否有资格参与？第四，对参与者有最低服务年限要求吗（如至少入职半年以上）？第五，同一位员工获得奖励的频率是否有限制？第六，对获得奖励的员工人数或所占的百分比是否有限制？第七，如果某些员工群体不被纳入一个特定的认可计划之中，是否会造成员工之间的隔阂？

5. 决定绩效奖励的类型和水平

特殊绩效认可计划采用的奖励类型有两种：货币型奖励和非货币型奖励。非货币型奖励通常有四类：商品、旅游、表扬和地位标志。其中，商品和旅游对提高员工短期绩效很有效，而表扬和给予地位标志则更有利于企业文化的塑造和提高员工的长期绩效表现。具体来讲，企业通常采用的非货币认可方式包括：授予认可证书；奖品或奖金；标志品（杯子、衬衫、夹克等）；电影票；钢笔；饰品（手表、胸针等）；文艺演出、体育比赛的入场券；专用停车位；带薪休假等。很多企业发现，非货币型奖励具有以下特点时通常更有效果：反映组织文化特点；向员工提供一系列可选择的奖励类型；对结果和工作过程同样认可；让员工知道怎样才能帮助组织实现目标。

货币型奖励在数量上的浮动范围很大，有小额奖励、中等奖励，也可以有高额奖励。奖励的金额取决于员工贡献的重要程度。小额奖励通常只有几百元现金，可以对个人发放，也可以作为对某一集体成就的认可，例如，按时且成功地完成了工作任务，与具有挑战性的客户达成协议等。中等奖励的额度大约是几百元到几千元现金，通常是组织对较为重要的员工贡献提供的奖励，例如，为组织争得重要的新客户、在新产品开发领域作出重要的里程碑式的贡献等。高额奖励相当重要，通常是员工基本薪酬的一个百分比。在提供此种奖励的时候，通常有严格的资格限制，员工必须作出重大的贡献，例如，开发出新产品、开辟了新市场等。在授予高额奖励时，通常要举行组织内部的大型集会。

在确定采用何种类型的绩效奖励时，最好能够结合员工的实际需要。这就要求企业能够判断出哪些报酬是员工们需要的。这时可以运用观察、倾听和询问的技巧。首先，观察员工在做些什么。通过观察员工在可以做出选择的情况下是如何支配自己的时间的，选择与谁在一起工作等，能够了解对于员工而言重要和有吸引力的东西是什么，他们喜欢什么和不喜欢什么。其次，倾听他们在说些什么。倾听员工喜欢聊些什么，可以了解他们的个人爱好，尤其是通过倾听他们关于如何过周末或度假的聊天，可以了解哪些东西能够成为员工想要的报酬（旅游机会还是网球拍?）。再比如，如果员工对其他员工有机会接受高级培训表现出羡慕，则有可能表明能力开发对于某个人是一种潜在的报酬。最后，询问他们想要些什么。如果员工的上级对员工不熟悉，因而无法猜测其想法，那就直接去问他们。当然，这些询问最好在还不需要马上提供报酬的时候就提前完成，以了解员工对哪些类型的报酬感兴趣。有些管理者甚至将所罗列的上述所有报酬或者其中的一部分提供给员工个人来挑选，让他们确定哪些报酬对自己是有激励性的。

6. 确定奖励频率

根据奖励的及时性原理，员工作出贡献之后立即对其进行奖励的做法往往会收到更好的效果。当然，奖励的频率取决于绩效认可计划的类型。正式特殊绩效认可计划会有严格的时间安排，不会经常性地发放奖励，有的组织一年才发放一次奖励，以作为组织对一个财务年度内重大贡献者的认可。非正式和日常特殊绩效认可计划都没有严格的时间限制，在需要的时候就发放奖励，对员工的贡献给予及时鼓励。此外，奖励的频率也与奖励的额度有关。小额奖励可以以天为单位计算，额度大一些的奖励其频率就会低一点，例如以星期和月，甚至季度为单位。

7. 确定奖励的成本和资金来源

组织采取何种绩效认可计划自然会影响报酬的成本，因此在对员工进行奖励的时候应该首先作出成本预算。正式绩效认可计划的时间严格性使组织可以在奖励之前做好完备的预算安排。当然，这与正式认可计划的奖励额度也有关系，因为正式认可计划往往会发放高额奖励。而非正式认可计划通常给予员工的是小额奖励和中等奖励，因此，在做预算时，可以参考员工薪酬表上的信息。由于日常认可的奖励额度更小，所以可以和非正式认可计划一样以个人为单位进行计算，也可以在计算组织运营成本的时候予以考虑。

8. 确定提名以及获奖者的过程

每项绩效认可计划都需要确定应该挑选哪些人来对其进行奖励，而不同的绩效认可计划对参与者的要求是不同的。有的绩效认可计划是在主管层次上开展的，有的则是在全体员工层次上实施的。与此相对应，不同的绩效认可计划的提名和认定决策是由不同层次的管理者决定的。正式认可计划往往具有严格的结构化提名程序，在挑选获奖者时通常建立决策小组，由除提名者以外的人来决定获奖人。在非正式认可计划中，获奖决策通常是由特殊绩效认可计划参与者的直接上级作出的，高级管理层可以对提名和挑选获奖者的过程进行监督。日常认可计划的决策过程与非正式认可计划相似，但更随意一些，组织一般不会安排高级管理人员对其进行监督，但是如果发放计划之外的奖励，则需要申请上级批准。

9. 确定奖励授予方式

选择正确的奖励类型仅仅是成功实施特殊绩效认可计划的一方面，如何正确地提供奖励同样非常重要。有效的奖励提供过程应当遵循以下四项基本原则。

第一，“如果……那么……”（if-then）原则。理论上说，如果员工的绩效达到或超过企业的期望，就应当提供奖励，否则就不能对其提供奖励。但如果仅仅对达到期望的员工提供奖励，就很难促使未达到组织期望的那些员工提高绩效，因此，有时候，为了鼓励这些员工改善绩效，可以在他们的绩效接近企业期望时给予认可。

第二，尽快（ASAP）原则。即在员工绩效发生之后尽快给予认可，因为在绩效出现之后立即提供奖励会产生最大的激励作用。认可越晚，员工就越会忘记自己的良好绩效是如何产生的，也就越难以重复企业期望看到的那些行为和业绩。比如，一位管理者听到一位销售代表跟客户的通话，在客户很恼火的情况下，这位销售代表能够极力保持镇静并缓解客户的不满。由于改善客户满意度是销售代表工作的一个重要组成部分，所以这位管理者在这位销售代表放下电话之后立即对其进行了表扬。

第三，多样性（variety）原则。即为了保持绩效认可的效力，管理者应当注意变化奖励的形式。同样的奖励方式运用十次就会导致其效力丧失，而奖励的多样化会使组织的激励效果得以保持。比如，某领导希望削减下属某单位的人工成本。他首先与这一单位的主管人员订立一个标准，然后在此后的三个月中，每当该单位达到人工成本控制标准时，这位领导就会采用口头祝贺和表扬、在公司会议上做出高度评价以及写表扬信等各种不同方式加以认可。

第四，偶尔（sometimes）原则。即仅在员工的业绩达到或超过期望的某些时候才提供奖励，而不是只要绩效较好就提供奖励。绩效认可计划的优点在于其实用性和灵活性，组织不必一直安排管理人员盯着每一位员工，并且对其每一次达到或超过绩效期望的业绩都提供奖励。那些阶段性地获得奖励的员工更有可能在没有奖励的时候也同样保持良好绩效。

三、特殊绩效认可计划的审查与评价

与其他报酬计划一样，组织在实施特殊绩效认可计划的时候也应该注意实施环境的变化，以确保计划没有落伍，从而保证其效度。为此，组织需要注意以下几个方面的问题：

1. 计划的运用是否到位

有关特殊绩效认可计划的重要问题之一是这一计划的运用不足。在很多组织中，实施特殊绩效认可计划的机会很多，条件也很成熟，但管理者只是偶尔想起来才用这种手段来激励员工，并没有将这一计划放在经常考虑的层面上。事实上，经常与员工进行沟通，在组织内部的刊物上发布有关员工认可的信息，在管理人员的会议上将特殊绩效认可计划的实施情况作为例行的讨论问题之一等做法都可以提高计划的运用水平。

2. 所提供的绩效认可奖励对员工来说是否有价值

特殊绩效认可计划失败的原因之一是员工认为组织提供的奖励没有价值。举例来说，如果员工迫切希望与家人或朋友共进晚餐，组织安排所有员工聚餐的做法可能就会引起员工的反感。要解决这一问题，做好经常性的调查是一个好办法。现在，很多企业内部网络建设得很不错，组织在发布某一认可计划的信息时，可以随时请员工表达自己的意愿，简单地做个统计，就可有效地避免上述问题。另外，提供奖励组合也是一个不错的选择，组织对员工的贡献可以给出很多价值相等的奖励，员工可以按照自己的偏好进行选择。

3. 绩效认可的决策程序是否过于复杂

很多组织由于结构过于复杂，特殊绩效认可计划的决策程序也相当烦琐。而最简单的计划往往是最有效的。因此，在处理有些问题的时候，可以忽略一些不必要的步骤，例如，非正式和日常的绩效认可计划只需在必要的范围内得到批准或者是无须得到批准就可以运用。

4. 员工对货币型绩效认可的态度

组织在实施货币型特殊绩效认可计划时，如果没有与员工进行很好的沟通，员工可能会对这部分货币型认可在整个薪酬体系中的地位产生疑惑。组织应该让员工明白货币型绩效与其他薪酬构成之间的差异。当然，在有些情况下，使用非货币型认可来替代货币型认可往往是很有效的。

5. 计划是否与组织的经营战略保持一致

如前所述，组织的所有计划都应该与整体战略保持一致，因此，对两者之间的一致性进行经常性的检验是非常必要的，这样才能确保绩效认可计划能够将组织的真实意图告知员工。有时，检验的结果可能意味着组织需要重新设计自己的绩效认可计划。

6. 普通员工和经理人员在认可计划中的公平性

经理人员和员工之间应该保持相对的公平性，如果员工认为组织在公平对待方面做得不好，那么任何绩效认可计划都可能没有效果。在基本薪酬和绩效奖励方面，经理人员得到的待遇要远远高于普通员工，因此在特殊绩效认可计划上，组织可以通过奖励的公平性给予员工一些心理上的安慰。

7. 计划是否缺乏信度

很多组织的绩效认可计划实施效果不好的原因之一是计划缺乏信度，甚至有时候员工会将组织的某些绩效认可计划看成是开玩笑。其根本原因是员工没有参与到决策过程中来，或者组织的决策由于信息不充分出现问题，对绩效较差的员工反而给予了奖励。解决这一问题首先要明确计划为什么缺乏信度，是没有明确的奖励规定，计划的设计不科学还是没有管理层的支持，抑或是其他原因？一旦找到问题之所在就要尽快加以解决。在有些情况下甚至可以完全推倒原有的绩效认可计划，重新设计。

◆ 本章小结

绩效奖励计划是指员工的薪酬水平随个人、团队或者组织绩效的某些衡量指标发生的变化而变动的一种薪酬激励形式。绩效奖励计划的一些理论基础可以从需要层次理论、双因素理论、期望理论、公平理论、强化理论、目标设置理论、委托—代理理论等激励理论中找到。

绩效奖励计划有明显的优点，比如，鼓励员工达成结果、改善绩效，同时有利于组织控制成本，但是也存在一些问题，比如，产出标准有时很难保持公正，因而会导致员工或员工群体之间的不良竞争等。因此，在设计和使用激励计划时必须做好充分的分析和仔细的设计。

激励计划可以划分为长期激励计划和短期激励计划。员工持股计划以及管理人员股权计划都属于长期激励计划。而绩效加薪计划、月度或季度浮动薪酬计划、一次性奖金计划、年终奖等都属于短期激励计划。激励计划还可以划分为个人激励计划和群体激励计划。个人激励计划包括各种计件工资计划、提案建议奖励计划等，而群体激励计划则包括利润分享计划、收益分享计划、成功分享计划、小群体奖励计划等。

此外，特殊绩效认可计划也是一种非常有效而且可以方便使用的对员工的绩效给予及时认可和奖励的计划。

◆ 关键术语

绩效奖励计划（pay for performance plans）

绩效加薪（merit pay）

一次性奖金（lump sum bonus）

特殊绩效认可计划（special performance recognizing plans）

个人绩效奖励计划（individual incentive plans）

直接计件工资计划（straight piece rate plan）

标准工时计划（standard hour plan）

差额计件工资计划（differential piece rate plan）

提案建议制度（suggestion system）

群体绩效奖励计划（group incentive plans）

利润分享计划（profit sharing plans）

收益分享计划（gain sharing plans）

成功分享计划（success sharing plans）

股票所有权计划（stock ownership plans）

员工持股计划（employee stock ownership plan，ESOP）

管理层收购（management-buy-out，MBO）

◆ 复习与思考

1. 什么叫绩效奖励计划？建立绩效奖励计划的目的是什么？
2. 需要层次理论、双因素理论、期望理论、公平理论、强化理论、目标设置理论、委托—代理理论等激励理论对绩效奖励计划的设计有何启示？
3. 短期绩效奖励计划有哪些类型？各自的基本内容和特点是什么？
4. 个人绩效奖励计划有哪些类型？它们分别适合什么情况？
5. 群体绩效奖励计划有哪些类型？它们分别有什么特点？
6. 股票所有权计划对于绩效激励的作用体现在哪些方面？与其他短期激励计划相比，其优缺点是什么？
7. 什么是特殊绩效认可计划？这种计划的特殊意义何在？在使用时应当注意哪些问题？

案例与讨论

皇家威士忌公司促销员的薪酬管理难题

海宁市是知名洋酒品牌皇家威士忌抢滩登陆中国的滩头，也是进入中国市场以来销量最大的一个城市，从 2007 年开始更是跃居该品牌全球销量第一的城市。这一方面是因为皇家威士忌在海宁市做了多年的市场培育，加上该市中产阶层迅速崛起，商务活动蓬勃发展；另一方面是因为竞争对手暂时把精力放在了北上广等地。鲁萍在 2008 年夏天成为皇家威士忌在海宁市的促销经理。进公司的第一天，销售总监顾总就告诫她："别看皇家威士忌在海宁市独领风骚，竞争对手的实力绝不在我们之下，严酷的竞争马上就会开始。守住这个阵地就是你最重要的任务。"很快，销售总监的预言变成了现实，竞争对手纷至沓来，促销战悄然打响。竞争对手尚在"打市场"阶段，而皇家威士忌却处于确保市场占有率的守势地位。鲁萍的主要任务是管好手下这批促销员，这些促销员名义上是由广告公司代招代管的，但实际上完全由皇家威士忌使用和发薪，广告公司仅仅帮着走个程序而已。如何管好这几十个年轻气盛、精力旺盛同时又老于世故的美女"人精"，是她面临的最大挑战。

过去皇家威士忌在海宁市一家独大，几乎没有什么竞争，促销人员只需要在各个销售终端的重点场子（比如 KTV 等各种娱乐场所）里摆摆样子，当个活广告牌就行了。所以，当时挑选促销员一律以身材相貌养眼为核心，不等她们开口，客户便被自动吸引过来，至于销售能力则是次要的。当然，这样的高标准之下筛选出来的美女是凤毛麟角，各重点场子抢还抢不过来，想搞促销都得排期。这一时期，公司对促销人员采取的是固定薪酬制，即月薪 4 000 元再加上 200 元的全勤奖，每逢场地有促销活动，需要促销员换场、临时加班，还会提供交通、餐饮补助等。当时的薪酬标准在海宁市不仅在同行中名列前茅，就算在模特、公司白领中也算得上高薪。一时间，各行各业中能够达到皇家威士忌选人标准的美女纷纷加盟。这批高薪美女本身就是光源，只要拉进场子，其他品牌的洋酒就相形见绌，客户纷纷点名要皇家威士忌；光是以此为筹码谈独家包场和促销就给公司省下了大笔进场费，得到的收益远比付出的人工成本高。

然而，随着各大洋酒促销大战突如其来，竞争对手通过包场、竞价等促销方式力拼终端，各场地受不住真金白银的诱惑纷纷倒戈，直接导致皇家威士忌的份额被抢。看似风光的花瓶军团从来没遭遇过真正的终端竞争，哪里经受得起这样的压力？各场地纷纷拉响了销量警报，对原有促销员管理制度的不满日益增多。在此情况下，顾总授意鲁萍调整促销员的薪酬结构，设定合理的激励制度，让这些中看不中用的"瓷娃娃"动起来。鲁萍首先想到的就是打破固定薪酬结构，建立与终端销量挂钩的提成制薪酬结构。要说从固定薪酬改为计量薪酬，鲁萍是得心应手——她本来就是从以店面销售为主的服饰行业转投皇家威士忌的，在门店销售模式中，店面导购员的销售能力直接决定了门店销售业绩。所以，如何有效激发导购员的销售热情，调动其积极性，是导购员薪酬设计的核心。

经过与各场地业务代表的沟通，参考竞争对手的整体薪酬水平，鲁萍拟定了一个促销员的调薪方案：基本薪酬 2 500 元，全勤奖 200 元，再加上一项销量奖。每位促销员在每月月底之前会拿到下月排班表，知道自己将被派到哪个终端卖场，而每一个终端的业务代表会在每月 25 日之前提供预估的本卖场下个月的自然销量（即每个终端场地在没有任何促销员的情况下能够完成的基础销量）。促销员完成预估销量即可领取 1 500 元奖金，未完成的则无奖金。促销员在完成预估自然销量的基础上，如果超额完成 10%以内，则销售额每超 1%，公司给予相当于销量奖 2%的奖励，即每个点对应奖励 30 元；销售额超出 10%～30%的，每超 1%，公司给予相当于销量奖 2.5%的奖励，即每个点对应奖励 37.5 元；超出 30%以上的，每超 1%，给予相当于销量奖 3%的奖励，即每个点对应奖励 45 元。

根据这样的薪酬结构，销售能力弱的促销员如无法完成自己所在场地的自然销量，月收入就只有 2 500＋200＝2 700 元；如果能完成预估自然销量，月收入就激增至 2 700＋1 500＝4 200

元；如果工作努力，超额完成场地销量，超出越多得到的奖励越多。比如，超额完成8%时，收入是2 700＋1 500＋1 500×2%×8＝4 440元；再努把力，超额32%时，收入就变成2 700＋1 500＋1 500×3%×32＝5 640元。在这样的薪酬结构下，要想拿到高薪就得付出努力，光摆摆样子是不行的。因此，该方案一经推出，几个过去轻轻松松就能拿钱的“瓷娃娃”便撂挑子了。剩下的人大都抱着试试看的心态，想看看在这样的薪酬结构下自己究竟能领到多少钱。促销员本来就是铁打的营盘流水的兵，敢来的自然是对自己的销售水平颇有几分自信。一个月试行下来，能拿到满额（即4 200元）的占绝大多数，60%左右的促销员拿到了不同份额的销售奖励，但无法完成预估自然销量的也有20%左右。对这20%的人，鲁萍一方面通过广告公司大量招聘备选促销人员予以替换；另一方面对她们进行场地调换，多给一个月的机会。尽管如此，那些原来只靠外貌吃饭却无法胜任销售任务的促销员还是很快出局了。然而，既然强调销售能力，对促销员的外形要求就不得不放松一些。各场地普遍反映，皇家威士忌的促销员明显比以前的“花瓶们”热情主动多了，可是失去以前的那种“模特范儿”，让人感到有点遗憾。不过，无论如何，销量大幅下滑的趋势还是被遏制住了。

进入盛夏以后，抢终端的战争进入白热化阶段，各竞争对手经过前期与终端的销售促销，纷纷开始进行人员促销。在竞争激烈的情况下，人员促销是一种非常有效的“推”式促销方式，它以人为促销工具，既帮助终端出货，又增加了品牌曝光度，拉动了品牌商的产品销量，深受上下游各渠道环节的欢迎。但人员促销的缺点也非常明显——对人的依赖性非常大。由于人是能动性最大的因素，不可控的情况很多，且不说管理上麻烦，光是竞争对手之间互相挖墙脚就让人头痛。既然没有了固定薪酬，促销员要考虑的自然就是各个品牌厂家提供的激励制度和销量要求，因为这些都与他们个人的实际收入密切相关。这样一来，促销员对每月到手工资的计算越来越挑剔，每个月公布各终端促销场地的自然销量预测时以及在领薪前后来找鲁萍理论的促销员明显增多。显然，业务代表对自然销量的预测越高，促销员完成任务的难度以及拿到超额销量奖的难度也就越大，这样，促销员自然希望把公司对本卖场的销量估计调低。事实上，鲁萍听到最多的是这样的质问：“为什么我这个场地下个月的自然销量预计这么高？我整天待在场地最清楚，要是没我在，根本达不到这么高的自然销量！”

不仅如此，随着夏季各品牌促销升温，自然销量也逐渐上升，业务代表预估下个月的自然销量会上升，这本是正常的做法，但促销员可不这么看，要不要增加，增加多少，她们心里那杆秤和业务代表的不一样，矛盾也就这么产生了：“上个月才定1 500支的销量，一看我完成了1 800支，这个月就立刻把销量预计提升到1 800支，这不是明摆着不让我拿超额提成吗？”此外，公司也很难做到一碗水端平，总会有一些场地是香饽饽，另一些是鸡肋：“我这个场地主要做高端商务宴请，每个月的宴席订单都是提前很久预订的，我再怎么努力销量也不可能发生变动，我要换场。”本来就卖得好的终端基数大，要想超额拉升销量也容易，但按比例算下来，到手的钱不多；相反，本来销量小的终端做出一点成绩得到的效益就很明显。所以，好场子有人抢，差场子也有人嫉妒：“我这个场地基数这么高，多卖一个点就是50支，我都超额500支了，不过就多得375元；而她才超额50支，也是375元。我亏大了！”

事实上，鲁萍不得不承认，在这样的计量方式下，人为操纵因素很多，业务代表与促销员极可能因为私人关系而合伙作弊，在促销场地安排上体现出远近亲疏，定量上也会因为个人喜好而放大或缩小，导致闲言碎语满天飞。竞争对手也开始大力招人，进行终端人员促销。真正有能力的促销员不愁没有机会，她们今天脱下这个品牌的促销服，明天换一身衣服就在同一个场地开卖其他品牌的洋酒，而这会给其原来服务的品牌在该场地的销售业绩带来致命打击。一旦在同一个场地的不同品牌促销员增多，就会产生人与人之间的直接竞争，火药味就浓烈起来，擦枪走火的事难免会发生。相比之下，现在这点销售激励对于促销人员的作用越来越小，毕竟，谁也不愿意为了横竖几百块的收入差距而把自己折腾“进去”。因此，新的计量制薪酬结构推行不到半年，鲁萍就开始酝酿调整计划了。

在第二次薪酬调整中，鲁萍希望尽量减少可能存在的人为操纵因素，调整后的薪酬结构应该能够更为有效地激发促销人员的销售热情，以应对日益激烈的终端人员促销大战，真正吸引到具有优异销售能力的促销员。为此，鲁萍经过反复权衡，在不改变原有薪酬结构的情况下，调整了相应的薪酬水平设置，即改为基本薪酬 1 500 元，全勤奖 200 元，再加上销量奖。另一个新的做法是，在每月 25 日之前，各终端的业务代表会提出该终端下月的预估自然销量。但业务代表不能指定该终端场地的促销员，而是由促销员通过月底召开的竞标会以公开竞标的方式决定场地的归属。例如，某场地的预估自然销量为 1 000 支，有 3 位促销员因对在该场地完成此销量有信心而参与竞标，以 1 000 支为标底，竞标多者获得场地。公司在月底按照促销员竞标时承诺的销量计算其薪酬，完成承诺销量的可领取销量奖 2 500 元，在此基础上超额完成部分论支计算提成。各终端场地超额部分提成水平，由该场地业务代表根据竞标承诺销量和场地成本、费用等情况于上月底拟订，并与竞拍下该场地的促销员商定后签字执行。例如，竞拍下该场地的促销员承诺的销量为 1 300 支，则必须完成 1 300 支销量才能领取销量奖，否则只有基本薪酬和全勤奖共计 1 700 元。如果业务代表经过对该场地的实际营销成本核算和销量预测，确定超过 1 300 支以上的销量部分每支可提成 20 元，而该促销员当月实际销量达到 1 400 支，那么，她的实际收入就是 1 500＋200＋2 500＋20×（1 400－1 300）＝6 200 元。

新的薪酬方案在第一次公开竞标会上就引发了骚动：有的场地很多人抢，有信心的促销员的竞标销量比预估自然销量甚至高出一倍；有的场地则不受待见，连续几轮流标，只能降低预估销量才勉强有促销员接受。虽然有涨有跌，但成交销量承诺比预估自然销量增加的占绝大多数；加总后，销量承诺居然比业务代表预测的自然销量高出 60%。这一方面体现了促销员对场地的把握程度和对自己促销能力的信心；另一方面让促销员自行掌握对场地的选择权，激发了她们的执行意愿。这一方案的效果在第一个月就很明显地体现出来：未能完成销量承诺的促销员仅有 1 700 元的收入，超额完成销量承诺的促销员则收入大增，最高达到近万元。这个方案带来的另一个影响是，好些场地中为竞争对手工作的促销员明里暗里向皇家威士忌伸出橄榄枝，尤其是那些对场地销量有着举足轻重影响力的明星促销员更是主动找上门来，跟鲁萍说：“只要你把这个场地包给我，我能把销量再翻一番！”而那些达不到销量要求的促销员则由于收入大受影响而自动退出，间接地为公司省了一笔遣散费。不过，随之而来的影响就是皇家威士忌精心维护的美女军团形象岌岌可危，有一次鲁萍走场遇到一个老客户，人家借着酒劲开玩笑说：“怎么，你们现在品牌形象大变啊！以前是窈窕淑女，现在都是市侩妇人了？”

今年的夏天和那年一样酷热，鲁萍感觉又有什么事要发生。经过几年的较量，市场容量扩充空间有限，不同品牌之间已经形成了相对稳定的格局，促销效果有限，所谓的竞拍也就是走走形式，反正大家都已习惯，这也意味着这一薪酬方案的激励效果正在减弱。不过，听说公司最近正打算做几个大型活动促销，首先是冠名赞助一场大型高尔夫球赛，就在海宁市附近举行，总部的大老板要亲自过来。正想着，鲁萍桌上的电话响了，话筒里传来顾总的声音：“老大月底要过来参加这次高尔夫邀请赛的开球仪式，你知道吧？我们要调派 10 个促销员全程参与这次邀请赛。这次比赛在 S 市举行，我们是离 S 市最近的一级城市，销售情况又最受关注，所以你要挑最符合我们皇家威士忌形象要求的促销员，一方面要她们参与现场接待和促销，另一方面要配合当地重点场的促销活动。”

鲁萍感到有些为难：“既要形象好，又要有很强的销售能力，一下子找 10 个来不容易啊！”

“呵呵，我也知道不容易，容易干的哪里轮得到我们？这不是表现了对我们海宁市团队的信任嘛！”顾总说道。

“说得好听！现在我手里销售能力强的促销员也疲了，形象好的做不了事也走了。如果请临时促销员，一方面不够时间培养她对我们品牌的了解和忠诚度，本地用用都不放心，哪敢向 S 市这么重要的活动派？另一方面，按这么高的标准请临时促销员，找不找得到都还成问题呢！况且物价、工资飞涨……”

“好了好了，我都明白。”鲁萍一肚子牢骚还没发完，就被顾总打断了，“现在到月底还有两周时间，你就矮子里面选高个的应应急，抓紧时间找人吧。现在市场大环境有变化大家都知道，竞争局面不同于以往了，你也该考虑考虑，调整一下对促销员的激励制度。我感觉现在这样的薪酬结构不利于稳定，你觉得呢？”

鲁萍听了一愣，想了想，回答道：“现在的薪酬结构是为了适应高强度终端竞争而制定的，目前竞争局势稳定，确实已经不太适用了。而且，当初为了在竞争中抢夺销量，我们以牺牲形象标准为代价换取销售能力，现在是不是要考虑重新重视形象问题了？”

“此一时彼一时啦。对我们这样的国际著名品牌来说，品牌形象永远是第一位的。当然，销量也很重要。你仔细考虑考虑，拿出一个方案来。老大来中国是必来海宁市的，到时我希望你能拿出一个切实可行的激励方案，让他看看我们应变的能力。”

放下电话，鲁萍陷入了沉思。看来调整促销员的薪酬结构势在必行，可这第三次调薪究竟该怎么做呢？

资料来源：周白羽．三改薪酬．中欧商业评论，2012（12）．

思考题

1. 皇家威士忌在海宁市设计的几种不同薪酬方案的激励效果如何？

2. 企业在修订公司的薪酬方案时应当考虑哪些方面的问题（其中包括劳动法律方面的问题）？

第8章 员工福利管理

学习目的

读完本章之后，你应当能够：

1. 了解福利对企业和员工两个方面的不同影响
2. 说明在员工福利方面存在的主要问题
3. 叙述员工福利的特点及其发展趋势
4. 掌握员工福利的主要类型及其特点
5. 熟悉弹性福利计划的特点及其受到欢迎的主要原因
6. 阐述福利规划的内容及其决策
7. 理解福利沟通的重要性

引例

祥鹏航空公司员工可互赠假期

云南祥鹏航空有限责任公司（简称“祥鹏航空”）自 2016 年 11 月 1 日起开始执行新休假政策，员工可互赠年假。根据此次下发的新休假政策规定，祥鹏航空员工之间可以相互赠送年假，已经用完个人假期的员工可以从另一名员工那里“得到”其赠送的假期，这是互赠年假制度首次在云南地区的企业中出现。

制定新假期政策的目的是让员工更好地兼顾家庭。祥鹏航空一直致力于为员工提供形式多样的福利政策，为推动公司互动体验式人力资源管理，营造轻松愉悦的工作氛围，近期更是推出年假互赠制度，让有需要的员工在其他同事的帮助下，既有时间忙活自己的事，又不因此影响收入，达成工作、生活同时兼顾的“双赢”局面。祥鹏航空员工从进入公司第三年起即可享受 10 天带薪休假，除法定年休假之外，还享有带薪公司奖励假、探亲假、女工经期假、献血假、疗养假、怀孕待岗假等极具人性化的假种。

据相关负责人介绍，祥鹏航空一直倡导“工作很重要，家人和生活也很重要”的理念——“希望每个祥鹏人下班后能带着笑容回到家，第二天能把生活的快乐和智慧带回到工作中。”公司通过各种福利政策的制定和施行，潜移默化地引导员工提升自我认知能力和感知能力，营造良好的工作氛围。同时，员工将自己的幸福力灌注于企业成长发展的大池子里，汇聚成企业的幸福力，并将这种幸福力传递到服务过程中，为广大乘客提供更真诚、优质的服务。

资料来源：民航资源网．[2016－11－08]．http：//news. carnoc. com/list/377/377149. html.

第1节　员工福利概论

一、员工福利的特点和影响

在讨论报酬问题的时候，大多数人往往只看直接货币收入——基本薪酬、奖金以及其他一些直接的货币报酬。但是，在组织向员工提供的具有货币价值的报酬中，显然不只包括这些，还有相当一部分报酬是以福利的形式提供给员工的。一般而言，福利成本的平均水平大约相当于货币薪酬的37%，而在总薪酬中，福利成本大约占到27%。2008年，美国企业的这两个比例分别为43.4%和30.3%。①

福利（包括退休福利、健康福利、带薪休假、实物发放、员工服务等）有别于根据员工的工作时间计算的薪酬形式。与基本薪酬相比，福利具有以下两个方面的重要特征：一是基本薪酬采取的往往是货币支付和现期支付的方式，而福利则通常采取实物支付或者延期支付的方式；二是基本薪酬在企业的成本项目中属于可变成本，而福利，无论是实物支付还是延期支付，通常都有类似固定成本的特点，因为福利与员工的工作时间并没有直接的关系。正是福利在上述两个方面的重要特征，决定了被称为间接薪酬的福利作为企业总薪酬的一个重要组成部分，在企业的薪酬系统中发挥着独特的作用。事实上，福利对企业和员工双方都有着深刻的影响。下面我们分别从企业的角度和员工的角度来对福利的作用与影响进行剖析。

（一）员工福利对企业的影响

一方面，福利的成本通常是由企业全部或部分承担的。当福利的名目繁多时，福利的规划和管理比基本薪酬和可变薪酬复杂得多，可能会耗费企业大量的时间和金钱。另一方面，福利对员工的激励作用显然不如基本薪酬和可变薪酬更直接，那么企业为什么还要不遗余力地实施员工福利（employee benefit）呢？通过下面的分析，可以看出企业之所以对员工福利非常重视，既有企业外部的原因，也有企业内部的原因。

1. 政府的法律规定

大多数国家对于劳动者在就业过程当中以及退出劳动力市场之后所应当享受的福利都有强制性的规定，其中最为集中地体现在有关社会保障的法律法规方面。劳动者是一个国家公民群体中相当大的一个组成部分，企业员工的基本福利状况不仅对一个国家的社会福利水平有重大影响，还对一个国家的社会稳定程度起着很大的作用。一般情况下，法律规定企业必须提供的员工福利项目包括养老保险、失业保险、工伤保险、带薪休假、法定节假日休息等各种形式。同时，各国政府还通过法律对企业所应当提供的福利的最低水平施加一定的限制。

---

① [美]雷蒙德·诺伊．人力资源管理：赢得竞争优势：第7版．北京：中国人民大学出版社，2013：556－557.

20 世纪 30 年代，为了使美国人民免受大萧条所产生的毁灭性打击的影响，《美国社会保障法》和其他一些法律作为富兰克林·罗斯福新政的一个组成部分颁布出台。这些立法不仅确定了一些要求企业必须设立的福利项目（比如社会保障退休系统），而且修正了税收结构，使得其他一些福利计划，比如工伤补偿计划以及失业保险计划等，也变成强制性的。在我国，政府一直非常重视劳动者的福利。在计划经济时期，政府甚至直接插手企业员工的福利提供。在市场经济时期，政府同样通过立法以及制定政策法规的形式确保企业员工能够得到养老、失业、医疗、工伤、生育等社会保障方面的福利，同时能够享受带薪休假、法定节假日等其他各种法定福利项目。基于社会公正和平等原则而制定的这些关于员工福利方面的法律法规，是推动企业员工福利普及和不断提高的一个重要因素，同时也是企业必须遵守的约束性条款。

2. 劳动力市场竞争的压力

除了国家法定的福利项目之外，企业在选择是否设立其他福利项目时，在形式上是有自主权的。但从某种意义上来说，企业实际上被强制性地要求必须设立某些福利项目。这是因为，在一个竞争性的，尤其是紧张型劳动力市场上，随着越来越多的企业提供某种形式的福利，其余的企业实际上是被迫提供这种福利的。换言之，企业在选择是否提供这种福利方面的自主权其实是很小的。原因很简单，以健康福利为例，如果 90%以上的企业都提供了某种形式的健康保险福利，那么在其他条件相同的情况下，其余的企业也不得不提供这种福利。因为如果这家企业不提供这种福利而又没能在其他方面作出补偿，它必然会在劳动力市场上处于劣势地位。这样，企业的福利提供自主权实际上就被剥夺了。虽然有些企业力图通过雇用临时工或招募兼职人员来逃避福利负担，但是残酷的竞争使得企业越来越没有选择的余地。

3. 集体谈判

许多市场经济国家都存在工会与企业之间的集体谈判机制。在这些国家的工会化企业中，工会可以代表员工就薪酬、工作时间、雇佣条件等一系列问题与企业或者企业联盟进行谈判。而在集体谈判过程中，福利无论在过去还是现在，常常是工会追求的关键目标之一。工会往往能够成功地实现自己的会员在福利方面希望达到的目标，尤其是在将收入从现金形态向福利形态转移从而能够享受相应的税收优惠的情况下。对于工会而言，为工会会员争取到某种新的福利，比如医疗保险计划，可以说是一种非常直观的成果。这种成果对工会在未来吸收新会员时所产生的影响比等值的薪酬水平增长所产生的影响还要大。这是因为，有时薪酬增长的幅度可能只相当于在每位工会会员的小时工资中增加一两美分，而一项福利计划无论实际经济价值多高，都很容易让工会会员感受到。因此，尤其在工会势力较强的时候，它们对企业福利计划所产生的推动作用是不可忽视的。许多企业为了防止本企业员工加入工会，往往在没有经过集体谈判的情况下，为员工提供各种市场通行的福利。这也是工会的威胁效应对企业福利的一种影响方式。

4. 有目的地吸引和保留员工，培养员工的忠诚度

福利是一种很好的吸引和保留员工的工具。有吸引力的员工福利计划既能帮助组织招聘到高素质的员工，同时又能保证已经被雇用的高素质员工能够继续留在组织中工作。事实上，福利在 20 世纪 60 年代逐渐开始流行，主要是员工的吸引和保留问题所致。这是因为，在第二次世界大战期间及其之后一段时间所实行的工资和物价管制，以及劳动力市场上的供给不足，导致企业不得不考虑采用直接薪酬之外的其他方式来提高员工的薪酬水平，从而吸引并留住自己需要的员工。一旦这些福利计划建立起来，就作为一种企业惯例被沿袭下来。

此外，当企业希望吸引和雇用某些类型的员工，但是又因为某些方面的原因不能单方面提高这些人的薪酬水平时，福利就可能会成为一种非常有利的报酬形式。假定有一家企业希望获得稳定可靠的员工队伍，因此希望提高本企业劳动力队伍中中年人（尤其是有孩子的中年人）的构成比例。但是如果企业单独根据这种特征向中年人提供较高的薪酬待遇，则有可能导致其他人向法庭提起歧视诉讼。在这种情况下，如果企业向它试图吸引的那些劳动力群体的成员提供某些特殊的员工福利，就可以有效地避免这种法律困境。比如，为员工及其家庭成员提供健康保险，会使得有家庭的员工享受更多的福利；为上大学的员工子女提供学费资助，也会达到同样的目的。

最后，福利计划有助于营造和谐的企业文化，强化员工的忠诚度。组织通过福利的形式为员工提供各种照顾，会让员工感觉到企业和员工之间不仅仅是一种单纯的经济契约关系，从而在雇佣关系中增加一种类似家庭关系的感情成分，提高员工的工作满意度，或者减少员工的不满情绪。而员工工作满意度的上升必然会导致员工生产率的上升以及缺勤率和离职率的下降。举例来说，美国 SAS 公司不仅为员工提供配备 2 名医生和 6 名专业护士的免费诊所、一个 5.5 万平方英尺*的体育场、有补贴的住房、乡村俱乐部会员资格等福利，而且还为员工提供婴幼儿日托服务（每个月只要交 25 美元），同时为员工的子女上私立学校提供学费补助。该公司还实行每日七小时工作制，让员工有机会享受家庭生活以及处理私人事务。结果，虽然该公司并未提供股票期权，薪酬水平在本行业中也不是最高的，但是它的年度员工流失率（4%）大大低于同行业的一般水平（20%）。

5. 享受国家的税收优惠政策，提高企业成本支出的有效性

在许多市场经济国家，员工福利计划所受到的税收待遇往往要比货币薪酬所受到的税收待遇更优惠。这就意味着，为员工所提供的同等价值的福利比在货币薪酬上所支出的同等货币能够产生更大的潜在价值。对企业来说，虽然用于现金报酬和大多数员工福利项目的开支都可以列为成本开支而不必纳税，但是增加员工的现金报酬会导致企业必须缴纳的社会保险费用上升，而用来购买或开展大多数员工福利项目的成本却可以享受免税待遇。企业将一定的收入以福利的形式而不是现金的形式提供给员工更具有成本方面的优势。

（二）员工福利对员工的影响

从劳动经济学的角度来说，如果同样的薪酬水平可以由不同的直接薪酬和间接薪酬组合构成，但总的薪酬成本不变，那么对于企业来说，货币薪酬多一些还是福利多一些实际上是无关紧要的。在这种情况下，企业是否实行某种福利或者福利的水平高低就要取决于员工的偏好。员工为什么喜欢福利呢？我们主要分析以下几点。

1. 税收的优惠

福利不仅对企业来说存在税收优惠，对员工来说也同样如此。以福利形式所获得的收入往往无须缴纳个人收入所得税；即使需要缴税，往往也不是在现期，而是等到员工退休以后。到那个时候，员工的总体收入水平会比他们工作时低，从而税收水平会更低。这样，他

* 1 英尺＝0.3 米。

们还是能够享受到一定的税收优惠。因此，在企业薪酬成本一定的情况下，员工直接从企业获得福利，与自己用拿到手的薪酬收入去购买福利相比，前者的成本要低许多。节省的那一部分就相当于所缴纳的税金。

2. 集体购买的优惠或规模经济效应

员工福利中的许多内容是员工工作或生活所必需的，即员工福利有其自身的实际价值。即使企业不为员工提供这些福利，员工也要花钱去购买。而在许多商品和服务的购买方面，集体购买显然比个人购买更有价格方面的优势。代表较大员工群体的企业可以因规模经济而以较低的费率购买保险，企业在代表员工与保险服务提供商或者医疗服务提供商进行谈判时，其谈判力量显然比单个员工更强。此外，企业还可以以较低的成本为员工提供某些项目的服务，因为它可以将固定成本分散到较多的员工身上，从而降低每位员工所承担的成本。如果每位员工自己去购买某种福利，福利的成本可能会很高。

3. 员工的偏好

从经济学的角度来说，大多数劳动者都是风险规避型的，他们在收入方面会追求稳定性，不希望收入存在风险波动。与基本薪酬和浮动薪酬相比，福利的稳定性无疑更大。这样，那些追求稳定和安全感的员工会对福利比较感兴趣。即使对同一个人来说，在其职业生涯的不同阶段，他们对福利的偏好也是不同的。对于有孩子的中年人以及接近退休的老年人来说，福利的吸引力通常比较大。

4. 平等和归属的需要

在前面我们曾经提到，员工在一个企业中工作的时候并不只有经济方面的需要，他们还会产生心理方面的需要，比如受到尊重和公平对待以及对归属感的需要等。直接薪酬更为偏重员工的能力和业绩，而福利则可以满足员工在平等和归属等其他方面的一些需要。事实上，福利水平的高低会直接影响到一家企业内部的雇佣关系的性质。在力图培养企业和员工之间的长期雇佣关系的企业中，福利的项目往往比较多，福利水平相对来说也会比较高。而“雇佣军”型组织往往不怎么重视福利，甚至会有意地淡化福利的概念。

当然，福利对于企业和员工来说也不是只有好处没有不足。对于企业来说，举办的福利项目越多，企业的管理成本就会越高，而且福利对员工绩效的激励程度不如直接薪酬更有效。有时，过于优厚的福利还会导致员工的工作动机弱化，如带薪病假有可能会导致员工缺勤率的上升。对于员工来说，福利实际上剥夺了他们自由选择对自己有价值的商品或者服务的机会，从而变成了一种强制性的消费。此外，不同的员工对直接薪酬和间接薪酬的偏好有很大不同，同一员工所处职业生涯阶段的不同也会导致他们对薪酬的偏好存在差异。所以对于有些员工来说是非常有价值的福利，对于另一些员工来说很可能只有边际价值。尽管如此，由于员工福利对于企业和员工双方都具有以上的种种独特价值，所以直到今天，企业员工福利的多样化和福利水平的不断提高仍然是一种不可阻挡的社会趋势。

二、员工福利存在的问题及其发展趋势

（一）在企业员工福利方面存在的若干问题

由于福利的大规模发展不过是 20 世纪 60 年代以后的事情，再加上福利本身的独特性，

所以在福利管理方面，企业面临一些大的问题。这些问题包括[①]：

1. 企业和员工在对福利的认识上存在一些混乱

在实践中，到底企业应当提供何种福利，员工应当享受何种福利，大家的认识都很模糊。

从企业的角度来说，什么样的福利能够满足员工的需求？员工的哪些福利应当由企业来提供，哪些应当由社会保障系统、其他系统或员工自己来提供？如何保持企业福利制度的连续性？企业应当在福利项目中承担多大的成本？福利政策和制度对于企业经营目标的支持程度如何？这些问题始终困扰着企业。在大多数情况下，企业实际上只是在被动地制定福利方案，对于这些福利方案存在的合理性及其实施效果并不是很清楚。

从员工的角度来说，他们只知道自己对某些福利存在需求，但并不清楚企业是否应当满足自己在这方面的需求。而且，由于福利条款及其操作过程的复杂性，许多员工只是到了生病、残疾、被解雇或者退休的时候才真正开始对福利计划本身的规定感兴趣。大多数员工对企业所提供的福利的种类、期限以及适用范围只是模棱两可、一知半解。此外，企业为员工提供福利到底需要付出多大的成本，或者说自己所享受的企业福利的价值到底有多大，绝大多数员工根本不清楚，也不关心。

2. 福利成本居高不下

福利的成本几乎是每一家企业都会遇到的问题。在美国，由于福利开支相当于员工直接薪酬的30%～40%，因此，福利开支对企业的人工成本影响非常大，许多企业都在千方百计地压缩福利成本和预算，比如，用招聘临时工或者兼职员工的做法来减少福利的成本压力。在降低经营成本的压力之下，福利很自然地成了众矢之的。在我国，抛开企业自办的福利不谈，仅仅从社会保障方面来说，由于我国的社会保障制度刚刚建立，加之政策设计上的一些缺陷，导致企业所承担的社会保障开支比例非常大。许多企业采取虚报、瞒报工资的方法来减少自己所应缴纳的社会保障费，有些企业则根本不缴纳社会保障费。为此，国家出台了一系列的规定来督促企业及时缴纳社会保障费，企业则呼吁国家减轻企业的负担。无论如何，这说明，福利成本对企业来说确实是一个很大的经济压力。

一方面可能存在福利总成本过高的问题；另一方面，还存在企业的福利成本增长过快的问题。一种情况是企业在实施福利的初期，没有预见到福利发展到一定阶段之后给企业所带来的成本可能非常高。由于在初期设计福利的时候没有考虑到未来的风险，所以导致企业越来越不堪重负。另一种情况是外界环境变化所致。比如，医疗成本的飞速上升很有可能导致企业在维持原有福利水平的情况下，必须缴纳的保险费大幅上升。而员工由于没有察觉到所获得医疗服务本身的价格有任何变化，并不会对企业心存感激。再比如，在退休福利方面，随着人均寿命的延长，企业在支付员工退休金方面的负担越来越重。在这种情况下，有些企业就采取故意漏给、少给甚至不给的方式来逃避这种责任。

3. 福利的低回报

许多企业明显感到自己在福利方面付出了很大的代价，但是没有得到相应的回报。按道理说，福利应当能够帮助企业加速实现目标，或者能有效地实现企业和员工之间的沟通，从而培育起一支优秀的员工队伍，真正达到双赢的目的，但是目前的福利未能达到这种理想的效果。一方面，员工将享受福利看成是自己的一种既定权利或正当利益，对企业所提供的福

---

① ［美］约翰·E. 特鲁普曼．薪酬方案——如何制定员工激励机制．上海：上海交通大学出版社，2002：102-106.

利越来越不满足；另一方面，企业感到自己的经济负担越来越重，管理方面的麻烦也越来越多，但是并没有明显的收益。造成这种情况的一个重要原因可能是企业的福利计划缺少一些限制条款。此外，员工的道德风险也是一个不可忽视的问题。

4. 福利制度缺乏灵活性和针对性

传统的福利制度大多是针对传统的工作方式和家庭模式的，而当前的社会发展导致工作方式和家庭模式产生变化。此外，随着劳动力队伍构成的变化，不同文化层次、不同收入层次的员工对福利的需求产生较大的差异。而传统的福利制度则相对固定和死板，对有些人会出现重复保险的问题，而对另一些人则存在保险不足的问题，很难满足多样化和个性化的福利需求。企业一旦制定了某种福利计划，这种福利计划就会对所有的员工开放。这样一方面有可能会出现企业花了很多钱实行某种福利，但是这种福利对于一些员工来说没有价值的情况；另一方面又可能会出现企业由于担心福利成本增加而放弃某种福利，结果导致对某种福利具有很高需求的员工无法享受这种福利的情况。

小专栏 8-1

任正非关于华为外派人员伙食补助的讲话

中方外派员工的伙食费不能超过公司规定的伙食标准上限（即 15/20/25 美元/人·天），如果代表处在实际执行中出现伙食费超出伙食标准上限的情况，就要从管理团队那里扣回来。外派伙食补助在公司伙食标准上限范围内，实行“员工吃多少，公司补一半”的原则（这是为了鼓励员工多吃），一半由公司直接补贴给食堂，另一半由员工自己掏钱，然后再按消费额给予员工外派伙食补助。伙食费由伙委会统一管理，如果有结余，可以组织集体聚餐，鼓励员工给保姆、司机小费；如果超出伙食标准上限，超出部分由员工支付。

人力资源管理部与行政管理部共同研讨，拿出一个全球化食堂改革方案来。改革的方向一是简化管理，可以改变补贴的方式；二是考虑全球化食堂问题，可以向外籍员工开放，这样食堂就市场化了。这个改革可以放缓一些，多花点时间讨论，一次性改革成功后在未来一定期限内不再更改。

公司现有的工资福利制度产生于公司低工资时代，现在我们的工资都那么高了，因此要逐步简化福利管理。第一步应该是取消部分高职级员工的一些补助以及相应的浮动，除了战争补贴和艰苦补助可以保留，其他都要取消。一边是涨工资，一边是取消福利，你要保持福利，工资可以不涨，不然永远都不能改变我们的福利制度。我认为所有拿全球化工资的人慢慢都要实施简单管理，这个简单管理和西方是一样的，我们不独创一个管理出来，现在我们吃一点补一点的做法实际上使管理复杂化了。

一定不要让大家追求福利主义，要实行“获取分享制”，员工干的多就拿的多，干的少就拿的少，这样才会有压力。要吸取欧洲高福利的教训。

资料来源：任总在外派伙食补助汇报会上的讲话．华为总裁办电子邮件．电邮讲话〔2014〕032 号，2014-02-25.

（二） 员工福利的发展趋势

如上所述，一方面，从社会的角度来看，人们认为福利是组织必须提供的，是法律要求的，是组织无奈的抉择，与薪酬和激励无关。这些想法会持续存在下去，这种惯性因素会对企业的福利管理（benefit administration）产生不可忽视的影响。另一方面，许多组织对福利的投入很多时候不被员工认可。这主要表现在组织所提供的福利不是员工想要的，不能满足员工的需要，或者在福利方面的沟通不畅，结果导致员工意识不到组织为他们花费了很多成本。而组织面临的市场竞争日趋激烈，福利成本是总薪酬成本中非常重要的一个组成部分，企业不得不考虑如何使福利成本的收益最大化。因此，进入 21 世纪以后，企业员工福利出现以下两个重要的发展趋势。

1. 弹性福利计划大行其道并且日趋完善

弹性福利计划（flexible benefit plans）又被称为自助餐式的福利计划。它起源于 20 世纪 70 年代，这种福利计划可以划分为三种类型，即全部自选（全部福利项目均可自由挑选）、部分自选（有些福利项目可以自选，有些则是规定好的福利项目）以及小范围自选（可选择的福利项目比较有限）。但无论是哪一种弹性福利计划，都具有一个重要特征，这就是弹性福利计划的个性化、可选性。员工在企业规定的时间和金额范围内，可以按照自己的意愿搭建自己的福利项目组合，他们可以根据自己的需要和生活方式的变化不断改变自己认为有价值的福利项目。

自助餐式的福利计划有很多优点：其一，它从本质上改变了传统的福利制度，从一种福利保险模式转变为一种真正的薪酬管理模式，从一个固定的福利方案转变为一个固定的资金投入方案（由员工的福利收益固定转变为企业的福利投入固定）。这就使得企业不再被福利"套牢"，而是能够根据具体情况来控制资金的支出，从而有利于企业合理控制福利成本的增长。其二，由于这种福利计划会一次性地给员工分配一个货币总额，然后再让他们自己将这些货币分配到不同的福利项目上去，这就使员工在选择福利项目的过程中能够更清楚地了解每一项福利的价值，强化了组织和员工之间的福利沟通，增强了企业和员工之间的相互信任，提高了员工对福利的满意度。其三，这种福利计划满足了员工对于福利计划灵活性的要求，同时也提高了企业福利成本的投资回报率。由于这种福利计划为员工提供了选择的机会，而员工显然不会去选择那些他们自己不需要的福利项目，这样，组织就避免了因为向员工提供他们不看重的福利项目而浪费的成本，同时也提高了每一位员工的需要与组织所提供的各种福利项目之间的匹配度，提高了福利计划对于员工个人的实际价值。

当然，弹性福利计划也不是没有问题：第一，弹性福利计划会增加企业在福利管理方面的难度，因为员工的福利组合变得多种多样，而且还在不断发生变化。随着福利名目的增多，成本的提高，福利管理工作越来越需要专业人员来从事，有时企业甚至需要聘请外部的专业性福利顾问公司来提供咨询或服务。第二，弹性福利计划还会遭遇员工的"逆向选择"问题。如果员工每年都有选择福利方案的权利的话，他们常常会根据自己最容易出问题的那些方面来选择最有利于自己的福利组合。第三，有些人认为弹性福利计划实际上让员工承担了不恰当的风险，企业可以借这一计划来推脱自己的责任。然而，无论如何，弹性福利计划日益得到企业和员工的认可，并且快速发展。具体的弹性福利计划设计我们将在第 2 节中讨论。

2. 组织开始寻求与其战略目标、组织文化和员工类型相匹配的福利模式

随着福利种类的增多和福利覆盖范围的扩大，摆在企业面前的福利计划越来越多。但是，并非所有的福利计划都适合任何组织中的任何员工群体。从实际情况来看，很多福利计划是与组织的目标、价值观乃至经营战略相违背的。因此，企业在制定福利计划时，不仅要考虑现在市场上流行什么样的福利计划，而且要对自己的组织进行深入的分析，知道组织的价值观是什么，组织的目标是什么，组织的员工队伍是如何构成的，未来组织要经历什么样的变革等。在回答这些问题的基础上，考虑所要设计的福利计划是否有助于完成这些组织目标。如果福利计划有助于组织目标的实现，则需考虑公司是否具备实施这种福利计划的能力（包括成本承受能力和管理能力）。

比如，在一些传统型的组织中，企业希望员工能够长期工作，而员工也偏好稳定的生活，他们可能会在一个组织中工作直到退休。与这样的组织特征相适应，退休福利计划就应该相对更传统一些，以增强员工对组织的归属感。此外，还应当注意采取以支定收的办法，防止在员工退休时没有足额的养老收入。而在另外一些创新型的组织中，情况则不同，仍然拿退休和养老收入的情况来说，在这一类组织中工作的人通常富有冒险精神，他们不愿意长期在一个组织中工作，很多人都类似于或者就是自由职业者，因此，无论组织所提供的退休保障计划多么完善，他们都不会感兴趣。他们喜欢设计自己的养老计划，而不是由别人来主宰这一过程。因此，这种组织最好将现金存入员工的账户，而不是帮他们投资到企业自己的养老金计划中。事实上，这种组织即使提供养老福利，其弹性也相当大，并且员工要承担福利的部分成本。

最后，从实际操作的角度来说，企业在选择提供给员工的各种福利项目时，最好首先明确提供这种福利包的目标是什么，这是设计组织福利体系的一个合乎逻辑的起点。它有助于组织选择最为有效的福利项目，并且对这些福利项目是否真正达到了预期目的进行监控。在实践中，一些公司还就自己的福利体系设计给予书面的陈述，表 8－1 中就是一家公司福利目标陈述的示例。

表 8－1　　某公司的福利目标陈述

1. 建立和维持一项员工福利计划的宗旨是：满足员工对于闲暇时间的需要以及降低员工在年老、健康状况不佳以及死亡等情况下所面临的各种风险。
2. 建立和维持一项员工福利计划的基本原则是：在员工自己做出努力的基础上，组织提供适当的补充。
3. 每年根据员工的离职率、未填补职位空缺数、出勤率、员工投诉率以及员工意见调查等因素，就员工福利计划对于员工的士气和生产率所产生的影响进行评价。
4. 每年将本公司的员工福利计划与本领域中的领袖企业进行比较，将一项福利计划所提供的总体福利水平维持在这样一个位置上，即员工的人均福利成本处于这些领袖企业的第二个五分位上。
5. 每年核算新建的、调整过的以及现有的各种福利计划的成本相当于固定薪酬的百分比，并且尽可能地维持在这个水平上。
6. 从福利计划能够为组织带来长期的成本节约以及避免各种重大损失的角度来看，福利计划应当能够实现基金的自我筹集。
7. 做好公司的全部福利计划与公司参与缴费的各种社会保险计划之间的协调工作。
8. 除了那些必须由员工自己承担一部分成本的面向员工家属的福利计划之外，其他员工福利计划都不根据员工的缴费来决定福利的提供。
9. 与所有的员工就福利计划持续沟通。

第2节 员工福利的种类

员工福利计划包括很多福利项目，很难对其进行合适的种类划分。在本节中，我们将福利划分为法定福利、企业补充保险以及员工服务福利等几种类型，最后讨论现在很多公司都在推行的弹性福利计划。需要注意的是，由于立法和其他一些环境的变化，福利领域的变化很快，因此读者需要随时关注现实情况的变化。

一、法定福利

（一）法定社会保险

大多数市场经济国家的企业都要面对很多按照法律规定必须提供的福利项目。这一部分主要介绍我国规定的五种法定社会保险（social insurance）类型：养老保险、失业保险、医疗保险、工伤保险以及生育保险。

1. 养老保险

法律规定的养老保险（pension benefit）又称老年社会保障，是社会保障系统中的一项重要内容。它是针对退出劳动领域或无劳动能力的老年人实行的社会保护和社会救助措施。老年是人生中劳动能力不断减弱的阶段，意味着永久性“失业”。每个人都会进入老年，从这种意义上说，由老年导致的无劳动能力是一种确定性的和不可避免的风险。随着工业化和现代化的发展，世界上大多数国家都已实行了老年社会保险制度。在多种社会保险项目中，老年保险的项目覆盖面最大，对社会稳定的保护作用也最大。从资金的筹集管理和发放方面考虑，现代老年社会保险制度有以下几种基本模式：国家统筹的养老保险模式、投保自助型的养老保险模式和自我保障模式。

国家统筹的养老保险模式的主要特点是：工薪劳动者在年老丧失劳动能力之后，均可享受国家法定的社会保险待遇，但国家不向劳动者本人征收任何老年保险费，老年保险需要的全部资金都来自国家的财政拨款。苏联和我国在计划经济体制下实行的就是这种方式。

自我保障模式也称强制储蓄模式。这种保险制度下的保险基金来自企业和劳动者两个方面，国家不进行投保资助，仅仅给予一定的政策性优惠。这种社会自我保障的做法必然要求企业和劳动者的投保费较高，否则无法得到足够的资金，因此，必须在经济发展迅速而且水平较高的情况下才能实行。世界上只有少数亚非发展中国家实行这一制度，取得成功的是新加坡。

世界上大多数国家实行的是投保自助型的养老保险模式，这是一种由社会共同负担、社会共享的保险模式。它规定：每一个工薪劳动者和未在职的普通公民都属于社会保险的参加者和受保对象；在职的企业员工必须按工资的一定比例定期缴纳社会保险费，不在职的社会成员也必须向社会保险机构缴纳一定的养老保险费，作为参加养老保险所履行的义务，这样才有资格享受社会保险；企业或企业主也必须按企业工资总额的一定比例定期缴纳保险费。

我国于1997年发布的《国务院关于建立统一的企业职工基本养老保险制度的决定》规

定：在我国的大部分地区实施社会统筹与个人账户相结合的养老保险制度。企业缴纳基本养老保险费的比例一般不得超过企业工资总额的 20%（包括划入个人账户的部分），具体比例由省、自治区、直辖市人民政府确定。少数省、自治区、直辖市因离退休人数较多、养老保险负担过重，确需超过企业工资总额 20%的，应报劳动部、财政部审批。个人缴纳基本养老保险费（以下简称个人缴费）的比例，1997 年不得低于本人缴费工资的 4%，1998 年起每两年提高 1 个百分点，最终达到本人缴费工资的 8%。有条件的地区和工资增长较快的年份，个人缴费比例提高的速度应适当加快。2005 年新颁发的《国务院关于完善企业职工基本养老保险制度的决定》对各种缴费比例没有作变动，但扩大了基本养老保险覆盖范围，即当前及今后一个时期，要以非公有制企业、城镇个体工商户和灵活就业人员参保工作为重点。

建立个人账户以后，按本人缴费工资 11%的数额为职工建立基本养老保险个人账户，个人缴费全部计入个人账户，其余部分从企业缴费中划入。随着个人缴费比例的提高，企业划入的部分要逐步降至 3%。2005 年新颁布的《国务院关于完善企业职工基本养老保险制度的决定》规定：从 2006 年 1 月 1 日起，个人账户的规模统一由本人缴费工资的 11%调整为 8%，全部由个人缴费形成，单位缴费不再划入个人账户。

《国务院关于建立统一的企业职工基本养老保险制度的决定》实施后参加工作、缴费年限（含视同缴费年限，下同）累计满 15 年的人员，退休后按月发给基本养老金。基本养老金由基础养老金和个人账户养老金组成。退休时的基础养老金月标准以当地上年度在岗职工月平均工资和本人指数化月平均缴费工资的平均值为基数，缴费每满 1 年发给 1%。个人账户养老金月标准为个人账户储存额除以计发月数。计发月数根据职工退休时城镇人口平均预期寿命、本人退休年龄、利息等因素确定。

《国务院关于建立统一的企业职工基本养老保险制度的决定》实施前参加工作，2005 年新颁布的《国务院关于完善企业职工基本养老保险制度的决定》实施后退休且缴费年限累计满 15 年的人员，在发给基础养老金和个人账户养老金的基础上，再发给过渡性养老金。各省、自治区、直辖市人民政府按照待遇水平合理衔接、新老政策平稳过渡的原则，在认真测算的基础上，制定具体的过渡办法，并报劳动和社会保障部、财政部备案。

2005 年新颁布的《国务院关于完善企业职工基本养老保险制度的决定》实施后达到退休年龄但缴费年限累计不满 15 年的人员，不发给基础养老金；个人账户储存额一次性支付给本人，终止基本养老保险关系。而在新决定实施前已经离退休的人员，仍按国家原来的规定发给基本养老金，同时执行基本养老金调整办法。

2. 失业保险

失业保险（unemployment insurance）是为遭遇失业风险、收入暂时中断的失业者设置的一道安全网。它的覆盖范围通常包括社会经济活动中的所有劳动者。我国于 1999 年 1 月 22 日颁布的《失业保险条例》规定，企事业单位按本单位工资总额的 2%缴纳失业保险费，职工按本人工资的 1%缴纳失业保险费，政府提供财政补贴、失业保险基金的利息和依法纳入失业保险基金的其他资金。

失业保险的开支范围是：失业保险金、领取失业保险金期间的医疗补助金、丧葬补助金、抚恤金；领取失业保险金期间接受的职业培训补贴和职业介绍补贴，国务院规定或批准的与失业保险有关的其他费用。享受失业保险待遇的条件为：所在单位和本人按规定履行缴费义务满1年，非本人意愿中断就业，已办理失业登记并有求职要求。同时具备以上三个条件者才有申请资格。

关于失业保险金的给付期限，具体的规定是，最长为24个月，最短为12个月。其中累计缴费时间满1年不足5年的，给付期最长为12个月；满5年不满10年的，给付期最长为18个月；10年以上的，给付期最长为24个月。对连续工作满一年的农民合同工，根据其工作时间长短支付一次性生活补助。

3. 医疗保险

医疗保险（medical insurance）是指由国家立法，通过强制性社会保险原则和方法筹集医疗资金，保证人们平等地获得适当的医疗服务的一种制度。为了实现我国职工医疗保险制度的创新，在总结我国医疗保险制度改革试点单位的经验，借鉴国外医疗保险制度的成功做法的基础上，1993年，党的十四届三中全会决议中明确指出，要建立社会统筹与个人账户相结合的新型职工医疗保险制度。1998年颁布的《国务院关于建立城镇职工基本医疗保险制度的决定》规定：城镇所有用人单位，包括企业（国有企业、集体企业、外商投资企业、私营企业等）、机关、事业单位、社会团体、民办非企业单位及其职工，都要参加基本医疗保险。乡镇企业及其职工、城镇个体经济组织业主及其从业人员是否参加基本医疗保险，由各省、自治区、直辖市人民政府决定。基本医疗保险费由用人单位和职工共同缴纳。用人单位缴费费率应控制在职工工资总额的6%左右，其中的30%进入个人账户；职工的缴费费率一般为本人工资收入的2%。

4. 工伤保险

工伤保险（injury insurance）是针对那些最容易发生工伤事故和职业病的工作人群的一种特殊社会保险。我国的工伤保险制度最初建立于1950年，1996年颁布《企业职工工伤保险试行办法》。2003年4月16日国务院颁布的《工伤保险条例》自2004年1月1日起开始施行。随着我国经济社会的发展，条例在实施过程中出现了一些新情况、新问题，为了解出现的问题，人力资源和社会保障部在认真总结条例实施经验的基础上，于2010年8月通过了《国务院关于修改〈工伤保险条例〉的决定》，并自2011年1月1日起施行。修改后的工伤保险条例的变动主要在于扩大了其适用范围，提高了工伤保险费的统筹层次，缩短了特定案例工伤认定时间，增设了劳动能力再次鉴定和复查鉴定的期限等。

与养老、医疗、失业保险不同，工伤保险除了体现社会调剂、分散风险的社会保险一般原则外，还具有预防工伤、减少事故和职业病的发生率、体现企业责任等原则。因此，我国采取了与国际接轨的做法，对于工伤保险费不实行统一的费率，而是根据各行业的伤亡事故风险和职业危害程度实行不同的费率，主要包括差别费率和浮动费率两种形式。

首先，我国根据各行业的伤亡事故风险和主要危害程度划分职业伤害风险等级，据此征收行业差别费率。比如，大连市人民政府2004年公布的行业风险等级以及差别费率的分类中，将行业类别分为一类甲乙丙、二类甲乙丙和三类甲乙共8个等级，其中一类甲的行业如金融行业、文化艺术行业的工伤保险基准费率最低，为0.5%；三类乙的行业如石油天然气开采、黑色金属采矿业的工伤保险基准费率最高，为2.0%；其他的行业如仓储业、邮政业、汽车运输业的等级为一类丙，工伤保险费率为0.7%；家具制造业、橡胶制品业、公共设施管理业的等级为二类乙，工伤保险费率为1.3%。其次，在实行差别费率的情况下，政府还要根据各行业或企业的安全生产状况和费用收支情况，定期调整收费率，调整的幅度为本行业标准费率的 5%～40%，这种定期调整企业所缴纳的保险费率的机制，体现了对企业的安全工作进行奖励或惩罚的原则，有利于促进企业重视安全生产，加强安全生产工作。

5. 生育保险

20 世纪 60 年代末以来，我国一直采取由女职工所在单位作为保险责任主体的做法，即由女职工所在的单位承担女职工的生育费用和由于生育带来的经济损失的保险办法。这在当时并不是一种完全意义上的社会保险，而是一种企业保险。但是这种做法逐渐变得对女性的就业极为不利。因此，1986 年以后，我国理论界和实际工作部门开始了对生育补偿方式的探索。1994 年 12 月 1 日，原国家劳动部颁发了《企业职工生育保险试行办法》，对生育保险（maternity insurance）制度提出了一些原则性的意见。这份文件基本上肯定和采纳了生育费用由社会统筹的模式，提出由企业按其工资总额的一定比例向社会保险经办机构缴纳生育保险费，建立生育保险基金。生育保险费由当地人民政府根据实际情况确定，但最高不超过工资总额的 1%。企业缴纳的生育保险费列入企业管理费用，职工个人不缴纳生育保险费。女职工生育期间的检查费、接生费、手术费、住院费和医疗费都由生育保险基金支付，超出规定的医疗服务费和药费由职工个人负担。产假期间按照本企业上年度职工月平均工资支付的生育津贴，由生育保险基金支付。

依据 2011 年 7 月施行的《中华人民共和国社会保险法》的规定，为完善生育保险制度，进一步促进妇女公平就业，保障女职工生育期间获得经济补偿和基本医疗服务，人力资源和社会保障部起草了《生育保险办法（征求意见稿）》，主要对生育保险适用范围、生育保险基金的筹集和使用、生育保险待遇、生育保险经办管理和监督、相关法律责任等内容作了具体规定。截至目前，该文件仍处在征求意见与讨论阶段。

（二）住房公积金

为了加强对住房公积金的管理，维护住房公积金所有者的合法权益，促进城镇住房建设，提高城镇居民的居住水平，国务院于 1999 年 4 月颁布了《住房公积金管理条例》，并于 2002 年 3 月对该条例进行了相应的修改。住房公积金是指单位及其在职员工缴存的长期住房储金，包括员工个人缴存的住房公积金和员工所在单位为员工缴存的住房公积金，它属于员工个人所有。员工住房公积金的月缴存额为员工本人上一年度月平均工资乘以员工住房公积金缴存比例。单位为员工缴存的住房公积金的月缴存额为员工本人上一年度月平均工资乘以单位住房公积金缴存比例。我国住房公积金设有专门机构进行管理，且实行专款专用。

《住房公积金管理条例》只规定了住房公积金缴存比例的范围，没有明确的比例。《住房公积金管理条例》第 18 条规定，职工和单位住房公积金的缴存比例均不得低于职工上一年度月平均工资的 5%；有条件的城市，可以适当提高缴存比例。国家建设部的具体规定是，职工住房公积金的缴存比例为 5%～12%，有条件的地区和单位可以上调。由于我国各地区经济发展水平和各单位的经济效益不同，因此出现了缴纳比例的差异。比如，2013 年 7 月 1 日至 2014 年 6 月 30 日，北京规定的住房公积金缴存比例为 12%，同时单位申请降低公积金缴存比例的下限原则上不低于 8%；广州规定，单位及个人的住房公积金缴存比例为 5%～20%，具体缴存比例由单位和个人根据实际情况自行选择；武汉规定，住房公积金缴存比例为 8%，最高不得超过 12%。关于缴费基数范围，大部分地区都规定，最高以当地政府部门公布的社会平均工资的 300%为限，最低不能低于社会平均工资的 60%。

（三）法定假期

1. 公休假日

公休假日是劳动者工作满一个工作周之后的休息时间。国家实行劳动者每日工作时间不超过 8 小时、平均每周工作时间不超过 44 小时的工时制度。《中华人民共和国劳动法》（以下简称《劳动法》）第三十八条规定：用人单位应当保证劳动者每周至少休息一日。

2. 法定休假日

法定休假日即法定节日休假。根据 2013 年 12 月 11 日颁布的《国务院关于修改〈全国年节及纪念日放假办法〉的决定》（2014 年 1 月 1 日起施行），我国全体公民放假的节日包括：新年，放假 1 天（1 月 1 日）；春节，放假 3 天（农历正月初一、初二、初三）；清明节，放假 1 天（农历清明当日）；劳动节，放假 1 天（5 月 1 日）；端午节，放假 1 天（农历端午当日）；中秋节，放假 1 天（农历中秋当日）；国庆节，放假 3 天（10 月 1 日、2 日、3 日）。《劳动法》规定，法定休假日安排劳动者工作的，支付不低于工资的 300%的劳动报酬。除《劳动法》规定的节假日以外，企业可以根据实际情况，在和员工协商的基础上，决定放假与否以及加班工资多少。

3. 带薪年休假

世界上很多国家都通过法律规定了带薪年休假制度，但是带薪年休假的天数却相差很大。很多西欧国家的员工可以享受每年 30 天的休假时间，而在美国，尽管劳动者可以享受的带薪休假时间是 14 天，但他们通常只休 11 天。[①] 我国《劳动法》第四十五条规定，国家实行带薪年休假制度。2007 年 12 月 7 日，国务院颁布了《职工带薪年休假条例》，并自 2008 年 1 月 1 日起施行。按照《职工带薪年休假条例》的规定，机关、团体、企业、事业单位、民办非企业单位、有雇工的个体工商户等单位的职工连续工作 1 年以上的，享受带薪年休假（以下简称年休假）。职工在年休假期间享受与正常工作期间相同的工资收入。职工累计工作已满 1 年不满 10 年的，年休假 5 天；已满 10 年不满 20 年的，年休假 10 天；已满 20 年的，年休假 15 天。国家法定休假日、休息日不计入年休假的假期。这一政策并非强制规定，各单位可根据生产、工作的具体情况，并考虑职工本人意愿，统筹安排职工年休假。年休假在一个年度内可以集中安排，也可以分段安排，一般不跨年度安排。单位因生产、工作特点确有必要跨年度安排职工年休假的，可以跨一个年度安排。单位确因工作需要不能安排职工休年休假的，经职工本人同意，可以不安排职工休年休假。对职工应休未休的年休假天数，单位应当按照该职工日工资收入的 300%支付年休假工资报酬。

4. 其他假期

在员工福利中通常还包含病假。病假是指在员工因病无法上班时，组织仍然继续给他们支付薪酬的一种福利计划。在美国等一些国家中并无关于病假的明确法律规定，通常由企业自行决定。一般情况下，员工能够请病假的时间长短取决于他们在企业中的服务年限，但是允许员工请病假的天数有一个上限规定。有些企业允许员工在一年当中累积病假天数，但是到年底还未休的病假就自动取消。由于这种做法可能会对员工产生一种错误的激励，鼓励他们在年底之前休完所有的病假，所以，有些企业采取了一些变通的做法，比如，在每年年底

---

① David Futrelle. What Goes on beyond the Cubicle Wall. http：//find. galegroup. com.

或员工退休或离职时，根据员工应休而未休的带薪病假天数支付部分或全部薪酬。

在我国，根据 1995 年原劳动部《关于贯彻执行〈中华人民共和国劳动法〉若干问题的意见》第 59 条的规定：职工患病或非因工负伤治疗期间，在规定的医疗期间内由企业按有关规定支付其病假工资或疾病救济费，病假工资或疾病救济费可以低于当地最低工资标准支付，但不能低于最低工资标准的 80%。另外，根据原劳动部于 1994 颁布的《企业职工患病或非因工负伤医疗期规定》第三条的规定，企业职工因患病或非因工负伤，需要停止工作医疗时，根据本人实际参加工作年限和在本单位工作年限，给予 3 个月到 24 个月的医疗期。对于医疗期在 180 天以内的，发放 70%病假工资；医疗期超过 180 天的，发放 60%疾病救济费。

在我国，员工还可以享受探亲假、婚丧假、产假与配偶生育假等。探亲假的享受对象是组织中与配偶及父母不在同一个区域的员工。达到法定结婚年龄的员工可以享受婚假，晚婚者可以多享受一定的假期。符合生育政策的女职工可以享受产假，而男职工可以享受配偶生育假以照顾分娩的妻子。

除了各种带薪休假之外，国外还有一些非带薪休假计划，美国的法律要求企业必须为员工提供最长可达 12 周的非带薪休假时间，企业可以在此基础上选择提供时间更长的休假。员工主要利用这种休假来追求一些与工作无关的目标或者满足家庭的需要，这种非带薪休假也是一种员工福利，因为员工在请假期间通常能够保留自己的资历，并且能够享受组织提供的其他员工福利。

在休假管理政策方面，国外出现一种更为灵活的休假管理方式：为每位员工提供一个休假账户，将员工可以享受的各种休假，比如病假、带薪年休假等统统纳入这个账户，然后让员工在需要或者愿意的时候动用这个账户中储存的假期天数。这种富有灵活性的休假方式对于年轻员工来说尤其具有吸引力，因为他们倾向于将工作和生活之间的平衡视为工作满意度的最重要来源之一。

二、企业补充保险计划

1. 企业补充养老金计划

我们在前面曾经讨论过的养老保险是社会保障的一部分，是法律所要求的退休福利。由于各方面的原因，法律所规定的养老金水平不会很高，很难保证劳动者在退休以后过上宽裕的生活。为此，很多国家都鼓励企业在国家法定的养老保险之外，自行建立补充养老保险计划，主要手段是提供税收方面的优惠。比如美国的 401（k）、403（b）计划就是为了鼓励企业建立补充养老保险而制定的税收减免计划。我国政府也于 2004 年 5 月 1 日开始实行《企业年金试行办法》。在我国，企业年金是指企业及其职工在依法参加基本养老保险的基础上，自愿建立的补充养老保险制度。我国规定，依法参加基本养老保险并履行缴费义务，具有相应的经济负担能力，并且已经建立了集体协商机制的企业，均可建立企业年金。企业年金所需费用由企业和职工个人共同缴纳，但企业缴费每年不超过本企业上年度职工工资总额的十二分之一，企业和职工个人缴费合计一般不超过本企业上年度职工工资总额的六分之一。职工在达到国家规定的退休年龄时，可从本人企业年金个人账户中一次或定期领取企业年金，未达到国家规定退休年龄的不得从个人账户中提前提取资金。出境定居人员的企业年金个人账户资金，可根据本人要求一次性支付给本人。职工变动工作单位时，企业年金个人账户资金可以随同转移。

此外，我国于2012年开始实行事业单位职业年金办法，具体规定与企业年金基本相同，在缴费方面的要求是单位缴纳职业年金费用的比例最高不超过本单位上年度缴费工资基数的8%。职业年金单位缴费的列支渠道按照国家有关规定执行。个人缴费比例不超过上年度本人缴费工资基数的4%。职业年金单位缴费工资基数为单位工作人员岗位工资和薪级工资之和，个人缴费工资基数为工作人员本人岗位工资和薪级工资之和。

2013年年底，财政部、人力资源和社会保障部、国家税务总局联合下发《关于企业年金、职业年金个人所得税有关问题的通知》，规定从2014年1月1日起，对单位和个人不超过规定标准的企业年金或职业年金缴费，准予在个人所得税前扣除；对个人从企业年金或职业年金基金取得的投资收益免征个税；对个人实际领取的企业年金或职业年金按规定征收个税。按照以往的规定，个人缴费部分不得在个人当月工资计算个税时扣除；企业缴费部分加上个人工资超过个税起征标准的部分，视为个人一个月的工资，按相应标准计算个税。而根据新的规定，在企业缴费和个人缴费部分纳税都做了调整，个税缴纳将递延。企业缴费部分在计入个人账户时，个人暂不缴纳个人所得税；个人缴费部分在不超过本人缴费工资计税基数的4%标准内的部分，暂从个人当期的应纳税所得额中扣除。这有利于促进企业年金和职业年金制度的推行。

总的来说，我国目前在企业尤其是事业单位的补充养老保险方面仍然处于探索阶段。下面我们就美国企业的补充养老保险情况做一个简要的解释。美国的养老金计划有三种基本形式，分别是团体养老金计划（group pension plan）、延期利润分享计划（deterred profit-sharing plan）和储蓄计划（savings plan）。团体养老金计划是指企业（可能包括员工）向养老基金缴纳一定的养老金。延期利润分享计划是指组织会在每个员工的储蓄账户上贷记一笔数额一定的应得利润。储蓄计划是指员工从其工资中提取一定比例的储蓄金作为以后的养老金，与此同时，企业通常还会付给员工相当于储蓄金金额一半或同样数额的补贴。在员工退休或死亡以后，这笔收入会发给员工本人或其遗属。

养老金的基本形式还可以按照其他标准划分，例如把退休福利分为固定受益制（defined-benefits plan）、固定缴费制（defined-contribution plan）和现金余额计划（cash balance plan）。固定受益制包括确定养老金数量的一套准则，这样就可以事先确定员工应得的养老金数额。这个计划说明，为了使员工在退休以后得到某一数量的养老金，究竟应该依据什么原则来确定员工缴纳的养老金费用。而固定缴费制并不确定员工最终所得的养老金数量，只确定计划的定期缴纳额。现金余额计划能将固定收益制和固定缴费制的优势相结合，这种计划里面包含一个类似于401（k）计划的个人账户，而且所有缴费都来自企业，同时这些资金会根据一个预定的利率赚取利息。在固定受益制中，员工在退休之前就可以事先确定他们的退休所得。而在固定缴费制中，员工并不能确定他们的养老金数额，员工的最终所得与养老基金的摊缴额和退休基金的投资收益情况密切相关。在现金余额计划中，企业可以规划它们需要交纳的费用，员工也可以预测自己的退休福利金额。

2. 团体人寿保险计划

人寿保险是市场经济国家的企业提供的一种最常见的福利。大多数企业都为其员工提供团体人寿保险（group life insurance），因为这一适用于团体的寿险方案对企业和员工都有优点。作为一个群体的员工相对个人而言，可以以较低的费率购买到相同的保险，而且团体方案通常适用于所有的员工（包括新进员工），而不论他们的身体状况如何。在多数情况下，企业会支付全部的基本保险费，承保金额相当于员工两年的薪酬收入。附加的人寿保险则由员工自己承担。在个别情况下，即使是基本保险费率也按一定的比率在企业和员工之间分摊，比如 50∶50 或 20∶80。在我国，也有不少企业开始为员工办理团体人寿保险。

3. 健康医疗保险计划

健康医疗保险（health care insurance）的目的是减少当员工生病或遭遇事故时本人或其家庭所遭受的损失。这种企业补充保险形式主要存在于美国等一些经济发达国家。企业通常以两种方式提供这方面的福利：集体投保或者加入健康维护组织（HMO）或优先提供者组织。

集体投保是指企业向保险公司支付一笔费用作为保费，当员工或其家庭发生某些事故时，保险公司可以部分或全部赔偿其损失。从长期来说，企业所缴纳的保费应该等于保险公司向员工支付的赔偿金与保险公司的管理费用之和。但是保险项目必须界定清楚保险的范围以及赔偿金的比率。有时，有些企业还采取自保的形式；也就是说，企业自己划出一部分资金作为员工的保险金，而不再向保险公司投保。这是一种控制健康保险成本的方式，但是，这种做法会将原来转嫁到保险公司的风险重新移回到企业自身。

此外，企业还可以采取加入健康维护组织的方式来为员工提供健康医疗保险服务。健康维护组织在美国比较普遍，它是一种保险公司和健康服务提供者的结合。它提供完善的健康服务，包括对住院病人和未住院病人提供照顾等。和其他保险计划一样，它也有固定的缴费率，通常有助于降低企业的保险成本。优先提供者组织通过与专业的医疗保健服务供应商签订合同来以低廉的费用向加入者提供服务。通常来说，优先提供者组织并不要求员工必须选择它们所提供的服务，但是它们会为那些选择优先提供者服务的员工支付数额更高的费用。优先提供者组织已经迅速成长为美国企业中应用最广泛的医疗保险计划。最近的数据显示，拥有医疗保险的员工当中，大约 2/3 的人加入了优先提供者组织；剩下的员工中大多数加入了健康维护组织。①

三、员工服务福利

1. 员工援助计划

员工援助计划（EAP）是企业针对诸如酗酒、吸毒、赌博或压力等问题向员工提供咨询或治疗的正式计划。基本模式有四种：（1）内部模式，由公司自行雇用全部援助人员。（2）外部模式，公司与第三方签订合同，由第三方提供员工援助服务所需的工作人员和服务内容，提供服务的地点可以是第三方的上班地点、本公司的上班地点或者二者的结合。（3）合作模式，多个公司集中它们的资源共同制定一个员工援助计划。（4）加盟模式，第三方已经与公司签订了合同，但第三方将合同转包给一个地方性的专业机构，而不是利用自己的员工来执行合同。如果实施员工援助计划的第三方在客户公司所在地没有办公地点，就通

① Employee Benefit Research Institute. Typical Health Benefit Package in Private Industry. Facts from EBRI, April 2006, www.ebri.org.

常采用加盟模式向客户公司的员工提供服务。

2. 咨询服务

企业可以向员工提供广泛的咨询服务。咨询服务包括财务咨询（如怎样克服现有的债务问题）、家庭咨询（包括婚姻问题等）、职业生涯咨询（分析个人能力倾向并对职业选择提出建议）、重新谋职咨询（帮助被解雇者寻找新工作）以及退休咨询等。在条件允许的情况下，企业还可以向员工提供法律咨询。此外，一些企业还通过网络等各种方式向员工提供一些有价值的信息，比如 IBM 和得州仪器公司都为它们的员工提供在线课程，指导他们如何护理生病的家庭成员。有些公司的内部网络还会为员工提供各种关于儿童教育、租房、交换家庭物品以及寻求同事帮助的信息。

3. 教育援助计划

教育援助计划是针对那些想接受继续教育或完成教育的员工实施的一种很普遍的福利计划。教育援助计划分为内部援助计划和外部援助计划两种。内部援助计划主要是指企业内部的培训。例如，一些企业尝试在内部开设自己的大学课程，如 MBA 课程，并聘请大学教师来企业讲课等。外部援助计划主要指的是学费报销计划。其目的是鼓励员工学习，同时吸引那些愿意开发自身知识和技能的员工。典型的学费报销计划通常会涵盖注册费用以及与员工当前工作或者在组织中未来职业发展有关的课程方面的费用。当员工证明他们已经完成了组织批准他们参加的课程之后，就可以报销与之相关的所有费用。学费的报销可以采取全额报销、部分报销的方式，也可以采取每年给予固定金额的补助等方式。

此外，还有一些针对员工子女的教育计划。比如，美国《国内税收法》第 529 条款允许孩子的父母以及其他家庭成员在享受延迟纳税待遇的情况下，将一部分薪酬存入 529 储蓄账户。有些州还为这种账户中的缴费提供有限的减税额度。因此，一些企业针对员工为孩子上大学筹集学费的需要，同时利用这种税收优惠，帮助员工制定 529 储蓄计划，即安排一家经纪公司直接将员工薪酬的一部分存入他们自己的 529 储蓄账户。除了提供直接存储的便捷服务之外，企业还可以通过与经纪公司谈判争取到一个较低的管理费。比如，美林证券公司对于企业设立的 529 储蓄账户就只征收相当于平时水平一半的管理费。

4. 儿童看护帮助

在美国，越来越多的公司向员工提供儿童看护帮助。这种帮助可以根据公司介入程度的不同划分为多种形式。企业参与程度最低的一种儿童看护帮助是，企业向员工提供或帮助员工查找儿童看护服务的成本和质量方面的一些信息。在儿童看护帮助方面，参与程度较高的企业向那些已经购买了儿童看护服务的员工提供补贴。在最高的企业参与层次上，企业直接向员工提供工作场所中的儿童看护服务。多项调查显示，提供儿童看护帮助的企业，员工的缺勤现象大大减少，生产率也会有一定程度的上升。

5. 老人护理服务

随着人口平均年龄的提高，企业和个人越来越关心老年人的护理问题。与儿童看护有些类似，老年护理计划的目的是帮助员工照顾不能完全自理的年迈的父母。从企业的角度来说，老年护理福利之所以如此重要，其原因与儿童看护福利一样：帮助员工照顾他们年迈的家人会提高员工的工作绩效。组织提供的老年护理福利主要包括：弹性工作时间、长期保健保险项目以及公司资助的老年人看护中心等。由于我国长期实施独生子女政策，很多作为独生子女的员工都将面对抚养以及护理老人的压力，企业针对这种情况研究制定相关的福利政策是非常有必要的，在吸引和留住员工方面会产生积极的效果。

6. 饮食服务

很多企业为员工提供某种形式的饮食服务，让员工以较低的价格购买膳食、快餐或饮料。在公司内部，这些饮食设施通常是非营利性的，有的企业甚至以低于成本的价格提供饮食服务。这种做法对员工的好处是显而易见的。对企业来讲，则意味着员工不需要花费很长的就餐时间。即使不提供全部就餐设施的企业，往往也会提供饮水或自动售货机服务以方便员工。那些不提供饮食服务的组织可能就要为其不完善的工作设施支付补偿性的差别工资，或者提供饮食补助。比如，谷歌公司不仅为员工提供完全免费的早中晚餐，而且在办公场所为员工准备了各种方便取用而且完全免费的饮料和饼干等食品。

7. 健康服务

健康服务是员工福利中使用最多的福利项目，也是最受重视的福利项目之一。员工日常需要的健康服务通常是法律规定的养老、生育、工伤保险所不能提供的。大多数情况下，健康服务包括为员工提供健身场所和器械以及为员工举办健康讲座等。比如，在工作场所建造的运动场或者由组织出资成立的足球队、篮球队等，这些设施一方面为员工提供了社交的机会，另一方面也有助于员工进行体育锻炼。

对于那些要求比较高、压力比较大的工作来说，有些企业还提供有助于员工缓解压力的福利。比如，让员工享受一次周末旅游、一顿美餐或者任何他们乐于参加的活动，作为对他们工作的褒奖。一家会计师事务所的经理人不定期地带领团队中的女员工去一家美甲沙龙休息，这种做法不仅有助于让员工放松，她还可以与员工轻松愉快地交谈。

四、弹性福利计划

（一）弹性福利计划的内涵

弹性福利计划又称为自助餐式的福利计划，其基本思想是让员工对自己的福利组合计划进行选择。但这种选择会受两个方面的制约：一是企业必须制定总成本约束线；二是每一种福利组合中都必须包括一些非选择项目，例如社会保险、工伤保险以及失业保险等法定福利计划。在上述两个因素的限制下，员工可以挑选福利项目。

传统福利制度所带来的一个问题是：组织提供的福利组合并不适用于每一个员工。在这种情况下，可能企业支付的福利成本很高，但提供的福利对有的员工没有价值。例如，为年龄大的员工提供儿童保健福利计划就没有意义，不能很好地激励员工。而弹性福利计划则为员工提供了多种不同的福利选择方案，满足了不同员工的不同需要。从 19 世纪 80 年代开始，弹性福利计划的数量迅速增长，计划的灵活性也越来越大。

虽然很多企业是因为其他企业实施了弹性福利计划而追随实施的，但是更多的企业会有意无意地从总薪酬管理的角度来分析自己的福利提供行为。这是因为，推行弹性福利计划不仅能够提供最适合员工需求的福利组合，还能够更好地控制福利成本。提供弹性福利计划还有其他很多好处。例如，弹性福利计划促使员工考虑他们所获得的福利的市场价格，从而认识到组织为其提供的福利是有成本的。此外，员工能够选择最适合自己的福利组合，对组织而言，福利成本的付出就获得了最大的回报，否则，组织承担的成本再高，员工也可能感觉不到。最后，弹性福利给予员工更大的权利来控制自己的福利选择，这种做法本身就是一种组织信任员工的信号，有助于增强员工对组织的忠诚度等。

（二） 弹性福利计划的实施方式

企业可以采取多种方式实现从传统福利计划向弹性福利计划的过渡。简单的做法是适当降低基本薪酬，增加福利待遇的可选择性。复杂的做法则可以是运行设计完备的福利选择系统。无论如何，只要员工有机会在一系列的福利计划之间作出选择，弹性福利计划就能够发挥作用。选择何种弹性福利计划方案取决于企业想要从中获得什么。

1. 附加福利计划

实施这种附加福利计划（add-on plan）不会降低原有的薪酬水平和福利水平，而是给员工提供一张特殊的信用卡，员工可以根据自己的需要自行购买商品或福利。发放给员工的信用卡中可使用的金钱额度取决于员工的任职年限、绩效水平，还可以根据员工基本薪酬的百分比来确定。在实施这种福利计划时，信用卡可能局限于某一商场或某一福利提供组织，如某一保险公司。换句话说，信用卡中的钱必须全部花完，不能提取现金，这是与直接薪酬相区别之处。从薪酬的角度来看，任何附加福利计划都会提高组织的薪酬成本。但是，对那些直接薪酬低于市场水平而又想在劳动力市场上具有一定竞争力的组织而言，这是一种很好的办法。

2. 混合匹配福利计划

在实施混合匹配福利计划（mix-and-match plan）时，员工可以按照自己的意愿在企业提供的福利领域中决定每种福利的多少，但是总福利水平不变。一种福利的减少意味着员工有权选择更多的其他福利。当然，如果降低其他福利项目的水平仍然不能使员工对某种特定的福利感到满意，企业就只能采取降低基本薪酬的办法了。

3. 核心福利项目计划

核心福利项目计划（core carve-out plan）是指为员工提供包括健康保险、人寿保险以及其他一系列企业认为所有员工必须拥有的福利项目的福利组合。企业会将所有这些福利项目的水平都降到各项标准要求的最低水平上，然后让员工根据自己的爱好和需要进行选择，或者增加某种核心福利项目的保障水平。

4. 标准福利计划

在这种经常使用的标准福利计划（modular plan）下，员工面对着不同的福利组合。他们可以在这些组合之间自由选择，但是没有权利自行构建自己认为合适的福利项目组合。每一种福利组合都可以称为一个“福利模”。一个福利模与另一个福利模之间的差异可能在于福利项目的构成不同，也可能是由同样的项目构成，但是每种福利项目的水平之间存在差异。如果模的成本不同，那些选择成本较小的模的员工实际上会遭受利益的损失。那些将福利管理外包给专业组织的企业经常使用这种弹性福利模式。

（三） 实行弹性福利计划时应注意的问题

在实施弹性福利计划的过程中，需要注意的一点是，企业往往不能给予在法律允许范围内员工拥有的最大限度的自由选择权。这是因为，一方面，这种做法会因为个别员工的特殊福利要求而大大提高公司的福利成本；另一方面，如果一个员工在其职业生涯的早期阶段作出了并不明智的福利选择，到后来才发现这一选择其实是一种错误，那么企业赋予员工的这种自由度很大的选择权反而会招致员工的怨恨。因此，在实施自助餐式的福利计划时，除了国家法律规定的必选福利项目之外，企业还应该限定某些员工必须选择一些福利项目。在这个基础上，员工才可以作出进一步的福利选择。另外，为了保证福利计划的总成本不超出预算，在提供弹性福利计划之前，还需要在组织内部进行福利调查，给员工一系列可供选择的福利项目，让他们确定自己的福利组合。组织不会提供那些只有少数人选择的福利项目。

第 3 节　员工福利的规划与管理

一、福利规划

福利所要达到的目标模糊、对提供什么样的福利项目难以达成一致以及福利种类的增多、福利成本的迅速增长等各方面的问题，使企业的福利决策变得越来越困难。在企业的福利规划（benefit planning）和决策过程中，企业需要决定提供什么样的福利以及为谁提供这些福利。

（一）提供什么样的福利

大体上来说，福利决策和直接薪酬决策类似，其中最关键的都是成本问题。对企业来说，支付直接薪酬的成本和支付福利的成本是一样的。现代薪酬管理理论把直接薪酬和作为间接薪酬的福利都看成是总薪酬的重要组成部分的思想强化了这一观点。但是，事实上，福利决策和直接薪酬决策还是存在很大差异的。直接薪酬决策往往是单一的，福利决策却不是。这是因为企业有很多福利项目可以选择，而不同的福利组合又会产生不同的影响。员工看待福利的观点会因他们自己的需要而有所不同，不同组织中的员工队伍构成不同，员工对福利的需要和期望自然也不相同。企业在进行直接薪酬决策时，最主要的考虑因素是员工的能力和绩效以及所承担的工作，而福利决策的依据却有所不同。在考虑到底设立什么样的福利计划时，企业应当从以下几个方面入手。

1. 了解国家立法

社会立法要求企业为员工的健康和安全提供保障，同时还要提供各种各样的福利以弥补员工生病、遭受工伤、失业和退休时的收入损失。法律还规定了组织应该如何建立并运营某些特定的福利计划。无论企业是否愿意提供这些福利，也无论员工是否迫切需要这些福利，只要是法律规定的福利项目，企业就必须提供。或许有人认为不应当把企业的福利支出看成是真正地建立在雇佣关系基础上的薪酬支出，只不过是国家对每个公民基本生活进行保障的一种简便方式而已。但是就企业而言，福利支出来源于公司和员工的雇佣关系，是企业雇用员工的一种直接后果，福利就是直接薪酬的一种替代品。从某种意义上来讲，福利水平的提高实际上是以降低直接薪酬水平为代价的。当然，法定福利可能不被员工视为福利，因为他们认为直接薪酬与雇佣关系联系在一起，但是，法律所规定的福利与此不同。因此，如果不能让员工意识到企业的福利支出是要付出很大代价的或者员工认为企业并未提供有价值的福利，企业的福利支出就不会得到任何回报。为此，企业必须就福利的成本问题加强与员工的沟通，让他们意识到企业所承担的福利成本。

2. 开展福利调查

在进行福利决策时，还要考虑到其他企业所采取的福利措施。企业要想吸引和留住员工，保持在劳动力市场上的竞争力，就必须了解其他组织所提供的福利水平。福利调查和薪酬调查的目的是一样的，就是获取劳动力市场信息。事实上在很多时候，薪酬调查本身就包括对福利种类以及福利水平的调查，这是因为福利本身就是一种薪酬，只不过是一种间接的薪酬罢了。因此，在政府相关机构以及行业协会或者咨询公司所主持的市场薪酬调查中往往可以找到福利方面的一些数据资料。一般的福利调查想要得到的是市场上普遍存在的福利项目的形式、内容及其覆盖范围方面的信息。

在薪酬调查中了解到的直接薪酬的信息和福利的信息会有所不同，这是因为，通过对直接薪酬的调查，企业可以了解到自己的薪酬成本达到一个什么样的水平是合理的。但是福利调查所能够提供的仅仅是其他企业所采取的福利实践的信息，至多能够了解到竞争者的总福利成本是多少。至于单个福利计划的成本，不同的企业之间存在很大的差异。这些差异来源于不同企业的劳动力队伍构成的差异以及对福利的不同看法。在一些公司中被看成是福利的项目，在另一家公司很可能不被看成是福利。因此，在进行福利决策时，企业应该计算其他公司所提供的福利在自己公司运行时可能导致的成本，并与员工偏好结合起来。

3. 做好企业的福利规划与分析

对市场上流行的福利的市场调查有可能会导致企业作出一些错误的决策。企业可能仅仅因为很多其他企业实施了这些福利项目而不是自己的员工需要，也去实施某些福利项目。事实上，市场上现存的福利结构大多是这样的状况。这说明，许多企业的福利决策建立在一种对福利的模糊认识的基础之上，即认为多提供福利有助于公司吸引和留住员工，而不是建立在对公司员工的需要和偏好进行认真分析的基础之上。

要对企业内部的福利实践进行分析，就需要对公司现存的福利项目和员工的需要以及偏好进行比较。把福利看成是总薪酬的一个重要组成部分的做法有助于企业把福利规划和吸引、留住员工更好地结合起来。但是这种分析可能会因为不同员工个体或群体之间的差异较大而变得更加困难。

要想获知员工对福利的偏好，可以在组织内部对员工进行问卷调查。问卷没有必要太复杂，可以只包含一系列可能提供的福利项目，让员工对其进行排序——从自己认为重要的到次要的。最好在问卷中包含答卷人的个人特征，这样企业就可以看出什么类型的员工群体偏好什么类型的福利计划。

对问卷调查的结果进行分析，就可以了解现存的福利模式与员工偏好的福利模式之间的差异。未能得到满足的员工福利需求可以作为附加福利，而企业所提供的多于员工需求的那部分福利则属于一种资源的浪费。在一些双职工家庭中，这种状况尤其明显。如果夫妻双方都工作，他们获得的福利往往就会出现重合。这样一来，雇用这对夫妻的两家（或一家）企业就不能从所提供的福利计划中获得最大的价值。这对夫妻也会感到不满，因为对有的福利项目来说，他们得到的太多，而他们需要的其他福利项目则很有可能是两个人的雇主都没有提供的。

4. 对企业的财务状况进行分析

对企业的财务状况进行分析的原因与薪酬水平决策类似，都关系到企业的支付能力问题。我们已经讲过，福利越来越被看成是总薪酬的一部分，因此，企业必须从将成本与员工需要相结合的角度对企业的直接薪酬和福利状况进行总体上的分析和比较。

一方面，根据员工的需要和偏好来进行福利决策，有利于确定符合员工需要的福利类型，并且提高企业所提供福利的成本有效性；另一方面，一旦提供了某种福利项目，员工所关注的就是福利水平而不是企业为提供这种福利所付出的成本。事实上，很多时候，员工对福利范围以及福利水平的重视程度要远远超过他们对企业福利成本的关心。但是，从企业的角度来说，既然福利已经成为总薪酬的一个重要组成部分，就必须实现直接薪酬和作为间接薪酬的福利之间的平衡，如果直接薪酬和福利互不干涉地各自增长，就很可能会导致企业薪酬成本过度增加。直接薪酬的增长实际上还会对福利成本产生直接的影响，例如，休假的成本和节假日的薪酬支付以及养老保险费用的缴纳等。

根据成本和员工需求两种因素来选择福利项目的做法显然对员工和企业都是有利的。虽然在选择福利项目和计算福利成本的时候可以参考其他公司的一些福利数据，但不同企业之间的福利成本计算有很大差异。差异不仅来源于员工队伍的不同特点，还来源于很多其他因素，例如，劳动力成本占总成本的比率、产品需求的变化、技术因素和组织的利润率等。高福利成本通常存在于高利润率的组织、大型组织、工会化组织和劳动力成本比较低的行业中。地理位置的不同和员工群体大小的不同也会导致福利成本的差异。

综上所述，当企业实施较为复杂的福利计划时，可能需要专业化的薪酬福利管理人员以及精通福利分析的专家，因为福利分析是一项对专业知识要求比较高的工作，尤其是在实施保险计划的时候。医疗保险成本的迅速提高和养老保险方面的法律规定迫使企业越来越多地通过外部专家处理企业的保险以及其他一些福利管理问题。

5. 了解集体谈判对员工福利的影响

在工会化组织中，福利的问题通常会在谈判桌上敲定。在工会主义的政治背景下，工会总是要为其成员争取最大的利益。尤其当薪酬增长已经不太可能的时候，福利增长就成为工会显示政绩的重要手段之一。如果工会的需求反映了员工的偏好，企业对自己的立场和员工的需求进行了细致的分析，那么在集体谈判中对福利问题的讨论可能会是一件比较容易的事情。遗憾的是，在很多时候，工会的目标并不能反映员工的偏好。工会可能会努力建立一种在整个行业中都存在的或者取悦大多数工会成员的福利制度，而这种福利制度并不能反映某一企业中的员工偏好。此外，在员工特征比较复杂的企业中，工会领导人面临着和企业一样的困惑，这就是很难在员工偏好和员工需要方面达成一致意见，因而也就搞不清楚到底实施什么福利计划最好。

（二）为谁提供这些福利

如果福利仅仅是一种参与式回报，与员工个人及群体的工作绩效没有关系，那么显然所有员工的福利待遇都应该一样。当然这建立在组织希望留住所有的员工这样一种假设基础之上。在这种情况下，实际上是隐含地假设所有的员工对组织都具有同等重要的价值。但是很多时候事实并非如此。如果组织仅仅希望留住某些特定的员工群体，而对其他员工群体的去留并不十分关心，那么不同的员工群体就有可能会得到不同的福利组合。这是成本/福利问题的延伸——福利支出和组织的其他支出一样，应该为组织创造价值。

对不同员工群体实施不同福利计划的做法会产生很多问题。首先，组织内部会产生地位的阶梯，某些人享有的福利另一些人没有资格享受。没能享受到某些福利的员工自然会产生不满情绪。当他们需要与那些享有特殊福利的员工合作完成组织的某一工作任务时，彼此之间很有可能会产生摩擦。其次，对不同员工群体实施不同的福利计划或福利组合会带来管理上的难题，例如，哪些岗位或管理层级上的员工应该享受什么样的福利，他们的福利计划的种类有多少等，都需要考虑。最后，可能会引发企业外部的问题。某项福利计划只适用于企业中的一部分员工的做法可能会违反某些法律规定。同样，如果组织想通过福利计划达到减免税收的目的，对员工队伍采取区别对待的做法可能会引起麻烦。

然而，尽管存在上述种种问题，大多数企业仍然至少有两种以上的福利组合，一种适用于经理人员，一种适用于普通员工。很多组织对普通员工也进行区别对待，例如，对销售类员工和技术类员工的福利待遇作出区分。

此外，出于对福利成本的考虑，很多企业采取雇用非全日制员工来代替全日制员工的做法，这是因为雇用非全日制员工可以减少很多法律要求组织必须提供给全日制员工的福利。虽然这样的做法会导致员工群体处于不同的组织地位，但是大多数公司认为，这样做是值得的。不过，随着非全日制员工的绝对人数以及他们在劳动力队伍中所占比例的上升，英国等许多国家正在探讨如何使适用于全日制员工的许多法定福利也同样适用于非全日制员工。

二、福利管理

确定应当提供什么样的福利以及对什么人提供福利仅仅是福利规划与管理的一个方面，福利规划与管理的另一个方面是如何对现存的福利组合进行管理。福利管理的内容包括福利申请的受理与处理、与员工进行福利沟通以及在环境变化时对福利进行监控和修订等。

（一）处理福利申请

一般情况下，员工会根据公司的福利制度和政策向公司提出福利申请，企业此时就需要对这些福利申请进行审查，看其是否合理；也就是说，需要审查本企业是否实施了某种相关的福利计划，该员工是否在该计划覆盖的范围之内，以及该员工应当享受什么样的福利待遇等。这并不是一项技能水平要求较高的工作，但是它通常很费时间，并且对从事这项工作的人的人际沟通能力要求较高。这是因为在对福利申请进行处理的时候，还要为那些福利申请被拒绝的员工提供咨询，向他们解释被拒绝的理由。在福利申请的受理以及处理方面，福利管理者能够显示出自己对整个组织的重要价值，因为通过对福利申请者进行认真的审查，并恰当地处理福利申请，可以为企业节省很多不必要的支出。比如，员工所申请的某种福利，可能政府或者其他公共机构可以提供，而不必企业提供。这样，员工的福利需求能够得到满足，而公司也不必承担不必要的福利开支。

（二）进行福利沟通

员工福利要对员工的行为和绩效产生影响，就必须使员工认为福利是总薪酬的一部分。但是很多企业的经验显示，即使企业为向员工提供福利作出了很多努力，员工仍没有意识到组织到底提供了什么福利，或者根本没有意识到组织为此付出了多么高的成本。比如，美国有一项研究专门让员工来做两个方面的估计：一是估计一下企业在他们的医疗保险中投入多少钱；二是估计一下如果自己不以企业员工身份参加健康保险，可能会付出多大的成本。结果表明，员工对于他们所享受的医疗福利的成本以及这些医疗福利的市场价值都大大低估了。员工估计企业为覆盖员工家庭成员的医疗保险所支出的费用只有 24 美元，而这仅仅是企业实际付出成本（64 美元）的 38%。而在这种医疗保险的实际市场价值是 138 美元的情况下，员工的估计却只有 43 美元。[①] 此外，虽然员工非常看重已经得到的福利，但是这并不意味着他们对企业所提供的每项福利计划都很满意。这两种情况表明，企业有必要设计一种完善的福利沟通模式，一方面告诉员工他们都享受哪些福利待遇；另一方面告诉员工他们所享受的福利待遇的市场价值到底有多高。

福利沟通（benefit communication）比直接薪酬信息沟通要困难一些。很多时候，在每一个带薪工作日，员工都有可能会得到直接薪酬方面的信息反馈；换句话说，每工作一天，员工都知道今天自己能够赚到多少钱。然而，对大多数员工而言，福利在很长一段时间内可能都是看不到的。退休福利就是一个很好的例子。年轻人很少考虑有关退休金的问题，所以他们很少意识到公司提供了退休福利待遇。此外，在福利计划本身比较复杂的情况下，企业很难对员工作出详尽的解释。退休金计划就是其中的一个例子，保险领域的专业术语和复杂的退休金计划使得员工即使对此感兴趣，也很难弄清究竟是怎么一回事。

然而，无论如何，企业都应该采取一些有计划的、持续的方式与员工进行福利信息的沟通，让员工对他们享有的福利待遇有一定程度的了解。下面是一些有关福利沟通方面的建议：

第一，编写福利手册，解释企业提供给员工的各项福利计划。这些手册可以包含一本总册子和一系列附件。在福利手册中尽量少用专业术语，力求让普通员工了解其内容。

第二，定期向员工公布有关福利的信息。这些信息包括：福利计划的适用范围和福利水平；对具体的员工来说，这些福利计划的价值是什么；组织提供这些福利的成本。

第三，在小规模的员工群体中作福利报告。这一工作可以由福利管理人员或者部门经理来完成。

第四，建立福利问题咨询办公室或咨询热线。这既有利于员工了解企业的福利政策和福利成本开支情况，同时也可以表明企业希望员工关心自己的福利待遇。

第五，建立网络化的福利管理系统，在企业组建的内部局域网上发布福利信息，也可以开辟专门的福利板块，与员工进行有关福利问题的双向交流，从而减少因沟通不畅导致的种种福利纠纷或福利不满。

（三） 加强福利监控

福利领域的情况变化很快，企业必须紧紧跟随组织内部和外部态势的发展变化。

首先，有关福利的法律经常发生变化，组织需要关注这些法律，检查自己是否符合法律法规的规定。一方面，避免自己在不知不觉的情况下违反国家的法律法规；另一方面，企业以法律法规为依据，寻求有利于自己的福利提供方式。

其次，员工的需要和偏好会随员工队伍构成的变化以及员工自身职业生涯的发展阶段而不断变化。因此，员工的福利需求调查应该是一项持续不断、经常进行的工作，而不能一劳永逸。

---

① ［美］雷蒙德·诺伊．人力资源管理：赢得竞争优势：第 7 版．北京：中国人民大学出版社，2011：587.

再次，与对外部市场的直接薪酬状况变化的了解类似，对其他企业的福利实践的了解是企业在劳动力市场上竞争的一种重要手段。

最后，对企业而言，最复杂的问题莫过于由外部组织提供的福利成本所发生的变化了，例如，保险公司保险价格的改变等。

总之，企业只有对在福利领域所发生的上述种种变化进行有效的监控并随时进行调整，才能保证以较低的成本提供令员工满意的福利项目。

◆ 本章小结

作为一种间接薪酬形式的福利在整个薪酬体系中具有越来越重要的作用。它一方面有利于企业吸引、保留以及激励员工，培育积极、和谐的企业文化，合理降低税收成本；另一方面，能够满足员工的多种不同需要。

虽然员工福利得到迅速的发展，但是在福利管理方面存在很多问题，其中主要是对福利的认识有些混乱、福利成本居高不下以及福利的投资回报率比较低。

员工福利主要包括法定福利、企业补充保险计划以及员工服务福利等。其中法定福利主要是养老、失业等各种社会保险计划，住房公积金以及法定假期。企业补充保险计划包括补充养老金计划、团体人寿保险计划以及健康医疗保险计划等。员工服务福利则包括员工援助计划、儿童老人看护服务、健康服务以及教育援助计划、咨询服务等。

弹性福利计划是一种赋予员工灵活选择权的福利计划，其优点是能够有效满足员工个人的独特需要，但是也增加了福利管理的成本。

福利规划和管理工作非常重要，其中主要是合理确定福利项目以及可以享受的福利范围。同时，还要做好福利申请受理、福利沟通以及福利监控方面的工作。

◆ 关键术语

员工福利（employee benefit）
福利管理（benefit administration）
弹性福利计划（flexible benefit plans）
法定社会保险（social insurance）
养老保险（pension benefit）
失业保险（unemployment insurance）
医疗保险（medical insurance）
工伤保险（injury insurance）
生育保险（maternity insurance）
团体人寿保险（group life insurance）
健康医疗保险（health care insurance）
福利规划（benefit planning）
福利沟通（benefit communication）

◆ 复习与思考

1. 员工福利的发展趋势是怎样的？目前存在哪些问题？
2. 员工福利对企业和员工分别有什么影响？
3. 员工福利主要包括哪些类型？这些福利计划的作用分别是什么？
4. 什么是弹性福利计划？实施弹性福利计划应当注意什么？
5. 福利规划的内容是什么？福利规划主要涉及哪些方面的决策？
6. 为什么说福利沟通非常重要？
7. 企业在实施福利管理的过程中应当注意哪些要点？

案例与讨论

雾霾补贴

2014 年 3 月 12 日，日本电子巨头松下集团在 2014 年春季劳资交涉中宣布，将向外派中国的员工发放污染津贴。这一津贴以中国部分城市高水平的 PM2.5 值作为依据，以补偿严重的空气污染对他们身体造成的危害。事实上，国外大型公司将员工派到海外（特别是发展中国家）时，向员工发放困难津贴（hardship allowance）是常见的做法。同时，在空气污染问题上，许多企业都在悄悄提高驻华外籍员工的福利，或者粉饰成“发展中国家津贴”。而如此大张旗鼓地因为空气污染问题而正式宣布发放补助的国际公司，松下集团是第一家。不过，松下公司发言人拒绝透露详细的补贴金额，也不愿意透露在中国到底雇用了多少名外籍职员，不过他明确表示中国籍员工不在补贴范围。

松下集团这一举措有源可溯，据公开报道，2013 年 12 月 5 日，考虑到北京空气污染问题趋于严重，日本外务省开始研究从 2014 年起增加在北京工作的日本驻华大使馆职员的补贴金额。早在 2013 年 4 月，东芝公司就开始向常驻北京、上海两地的日籍员工支付“危险补贴”。东芝总部称：“我们总是在关注全球的劳动环境变化，并非因为是中国才采取特别的措施。”它同时声明：“是否扩大支付地域，现在尚不确定。”建设、产业机器综合技术大企业小松制作所在中国近年 PM2.5 问题凸显后，马上给所有常驻中国的日籍职员发放能防御 PM2.5 的口罩。小松宣传部说：“虽然公司现在没有支付特别的补贴，但今后会视具体情况采取措施。”

虽然松下集团宣布发放污染津贴，但是这一津贴的覆盖范围并不包括中国籍员工，中国员工亦不得申请这一额外补贴。相关舆论认为，对于在同样空气质量的环境中劳动，松下此举区别对待，有对中国员工歧视之嫌。2013 年 5 月，一份由清华大学、北京大学、美国麻省理工大学和以色列希伯来大学共同做的调查报告显示，长期暴露于污染的空气中，总悬浮颗粒物（TSP）每上升 100 微克/立方米，死亡率将上升 14%，平均预期寿命将缩短 3 年，死亡率的上升几乎都是由心肺疾病导致的。

雾霾对身体健康与寿命的影响是一个长期的、缓慢的过程。松下率先宣布补偿派往中国的日本员工，但却无法在此福利上对中国和日本的员工做到一视同仁。

对于很多跨国公司而言，中国市场在它们的全球战略中日益重要，需要企业中最资深的管理、技术人才坐镇于此，但是屡屡爆表的空气污染水平让许多外籍人员因为健康问题而拒绝前往中国或者选择离开中国。当然，中国市场机遇之大令企业和投资者难以轻言放弃。即使是频频有大动作的日本，据调查也并没有日本外交官因为雾霾而离开中国。

但是中国的空气质量问题确实导致在华投资成本增加。英国猎头公司 ANTAL 国际中国公司负责招聘资讯工作的普莱斯告诉记者，最近四五个月以来，一些外国人在和雇主商议续签合同时，会要求公司支付额外的“危险津贴”作为继续留在北京工作的前提。“这个津贴通常是公司派遣员工到安哥拉、尼日利亚等政治不稳定、可能会有人身安全威胁的地区才会提供的。”普莱斯介绍，一般危险津贴占薪资总额的 1/10。据他了解，某外企支付给雇员在北京工作的危险津贴高达 15 万元。美国一个非政府组织在调查了 365 家外企之后指出，2014 年，高达 48% 的企业因中国空气质量问题在招聘高管人才来华时遇到困难，这一数据在 2008 年只有 19%。

资料来源：雷晓琪．松下向在华员工发雾霾补贴：中国员工不得申请．时代周报，2014-04-03.

思考题

1. 松下集团向派驻中国的员工发放雾霾补贴合理吗？对中国员工不适用此项福利的规定合理吗？为什么？

2. 中国企业应当在雾霾天气给员工发放雾霾补贴吗？为什么？

第9章
特殊员工群体薪酬

学习目的

读完本章之后，你应当能够：

1. 说明销售工作的特征及其对销售人员薪酬管理的影响
2. 论述销售人员薪酬方案的主要类型及其特点
3. 指明销售人员薪酬方案的设计步骤与要点
4. 阐述专业技术人员的特点及其对薪酬管理产生的影响
5. 论述专业技术人员的事业成熟曲线与他们的薪酬决定之间的关系
6. 说明专业技术人员的双重职业发展通道的重要性
7. 论述外派员工的工作特征以及在外派员工的薪酬管理中可能遇到的困难及解决方案
8. 讨论管理人员的工作特征以及在管理人员的薪酬管理中应当注意的问题
9. 阐述高层管理人员的薪酬决定及其管理特征以及应当注意的主要问题

引例

万科的事业合伙人制度

万科企业股份有限公司成立于1984年，1988年进入房地产行业，经过三十余年的发展，成为国内领先的房地产公司以及全球最大的专业住宅开发商。万科是一家股权高度分散的公司，最大股东是华润公司这家国有企业。到2014年3月，华润及其关联公司合计持有万科公司A股股份的15.00%。第二大股东是自然人刘元生（2013年底持有1.21%的股份），王石和郁亮的股份比例非常小。2013年，万科以1 709.4亿元的销售业绩再次“卫冕”中国房地产销售排行榜榜首。但在2014年3月的公司春季例会上，万科总裁郁亮提出了自己的担忧，这就是，受到整个经济形势的影响，万科股价很低，买下公司只需200亿元的资金（即买下大约20%的万科股份）。郁亮提到的“野蛮人”（即风险投资家）来“敲门”的危险并非空穴来风，因为公司在20年前就曾遭遇“君万之争”，即君安证券联合其他四家大股东欲夺取对万科的控制权。在这次内部会议上，郁亮正式提出了“事业合伙人”制度，之后不久又在股东会上对该制度做了进一步表述。

万科方面表示，公司在事业合伙人制度方面进行的探索是成熟市场广泛采用的制度安排，在重视创造力的行业中更为普遍。这种制度安排的出发点是在股东和员工之间、员工和员工之间形成合力，产生背靠背的信任，进一步激发公司的创业热情和创造性，提升经营效益，为股东创造更大的价值，即具有掌握自己的命运、形成背靠背的信任、做大事业、分享成就四大特点。郁亮认为，事业合伙人不仅是一个简单的制度，更是一种发展机制、一种管理机制、一种分享机制。

但外界评论却认为，万科实行事业合伙人制度的本质与目的不言而喻，这就是稳固公司管理层对公司的控股权，防止在股权结构分散、管理层持股极少的情况下，“野蛮人”夺取上市公司的“政权”。事实上，事业合伙人制度正是万科在此之前走访小米、阿里巴巴等互联网公司取得的成果之一，当初马云正是通过提出合伙人制度来获得创始人对公司更多的控股权。这种制度显然也有利于实现管理层个人利益的最大化。

有行业专家指出，房地产行业的发展在很大程度上是拼“老板”的市场判断、融资能力，以拿取地王、盲目扩张为主，而万科却真正致力于行业的工业化发展，更多地依靠品牌以及严格的管理体系与成本控制，这是万科的核心竞争力。万科与其他企业最大的不同在于，其权力层并非依赖单一“大老板”的决策。万科是房地产行业中管理水平最高的企业，一直依赖管理层团队，职业经理人制度比其他同类公司要完善得多。房地产暴利的时代会过去，将来在竞争中拼的是细节、管理和效率，所以稳定管理层以及增加管理层对万科的掌控力显得尤为重要。

万科董秘表示，在万科轻资产运作的转型趋势下，钱不再重要，但人特别重要，因此推行事业合伙人制度在很大程度上有留住人才的考虑。2010—2012 年间，万科曾经出现高管大量出走的情况，三年间大约有一半执行副总裁以及很多中层管理人员离开，这引发了关于万科“中年危机”的大讨论。但事实证明，很多人离开万科之后干得并不好。因此，万科希望通过创造一种新机制，为这些职业经理人提供在企业内部创业的机会，而不是离开万科到外面去创业。

2014 年 3 月 10 日，万科总裁郁亮从二级市场购入 100 万股万科 A，按照当日收市价估算，郁亮 2013 年领取的税后报酬在扣除捐赠额后基本全部买了万科股票。继高管增持后，大股东华润也通过深圳证券交易所交易系统增持 2 640 万股万科 A，占总股本的 0.24%。华润还表示不排除在未来 12 个月内继续增持万科股份的可能性。万科称，目前地产板块估值持续低位，上述一系列增持行为彰显万科管理层和大股东对公司发展的信心。

3 月 28 日，万科股东大会审议通过了 2013 年利润分配及分红派息方案，该方案大幅提高了分红派息力度，以分红派息股权登记日股份为基数，每 10 股派送人民币 4.1 元（含税）现金股息。这意味着万科将一口气拿出超过 45 亿元现金用于分红。相比 2012 年，此次万科分红比例由 15.79%大幅提高至 29.87%，上升程度接近一倍，每股股息同比增长 127.8%。针对人们对大比例分红的疑问，郁亮解释称，股价低迷时，丰厚的分红是市场信心的重要来源。此外，大规模派息并非一次特例，而是长期分红政策。“万科未来会在目前 29.87%的基础上，继续稳步提升派发现金红利占合并报表净利润的比例。”他说。

2014 年 5 月 29 日，万科公告称，代表万科事业合伙人集体的深圳盈安财务顾问企业（有限合伙）于 5 月 28 日在二级市场以约 3 亿元购买了 35 839 231 股万科 A，占万科总股本的 0.33%。盈安合伙表示未来将继续通过二级市场购买万科股票。根据公告，盈安合伙此次购买万科股票的资金中，其中一部分来自万科事业合伙人集体委托管理的经济利润奖金集体奖金账户，剩余为引入融资杠杆融得的资金。这意味着，继项目跟投制度之后，万科的事业合伙人持股计划正式启动。伴随这一计划的落地，万科的事业合伙人制度全面展开。此次合伙人持股计划的资金来源，可以追溯到万科在 2010 年推出的经济利润奖金计划。2010 年，为落实股东导向，鼓励持续创造卓越业绩，万科对原有的业绩考核体系进行调整，并引入 EP（经济利润）作为奖金考核的指标。

早在此次购股行动的大约一个月前，即 4 月 23 日，万科召开了合伙人创始大会，共有 1 320 位员工率先成为首批万科事业合伙人，其中包括在公司任职的全部 8 名董事、监事、高级管理人员。与此同时，万科开始筹备事业合伙人持股计划，所有事业合伙人均签署了承诺书，将其在经济利润奖金集体奖金账户中的全部权益委托给盈安合伙的一般合伙人进行投资管理，包括引入融资杠杆进行投资，同时承诺在集体奖金所担负的返还公司的或有义务解除之前以及融资本息偿付完成之前，这部分集体奖金及衍生财产统一封闭管理，不兑付到具体个人。

在事业合伙人持股计划实施之前，万科另一个重要制度——项目跟投制度——在 2014 年 3 月底悄然展开。所谓项目跟投，是指对于今后万科所有新项目，除旧改及部分特殊项目，原则上要求项目所在一线公司管理层和该项目管理人员必须跟随公司一起投资，公司董事、监事、高级管理人员以外的其他员工可自愿参与投资。根据这一方案，员工初始跟投份额不超过项目资金峰值的 5%。万科还将对跟投项目安排额外受让跟投。项目所在一线公司跟投人员可以在支付市场基准贷款利率后，选择受让不超过项目资金峰值 5% 的份额。从 2014 年 4 月 1 日实施跟投制度到 5 月 25 日，万科已有 19 家公司的 29 个项目进行跟投。大多数项目员工踊跃认购，其中一些项目的认购率超过 300%。万科称，由于一线公司管理层和项目管理者强制跟投，拿错地、拿高价地的风险将得到有效控制，而这恰恰是房地产企业最大的经营风险。

2015 年，中国发生严重的股灾，随后万科深陷横跨三个年头的股权之争。从这年 7 月开始，新兴资本集团宝能通过旗下公司前海人寿、钜盛华连续在二级市场举牌万科，直至 2015 年 12 月成为万科的第一大股东，万科创始人王石开始反击，痛斥“野蛮人”，直言其“不受欢迎”“信用不够”，从此拉开了万科股权争夺战的序幕。此后，接连出现安邦保险的突然杀入、华润不满万科与深地铁的重组方案、宝能系要求更换万科董事会、恒大动机不明买入万科股份。从 2016 年 3 月王石在股东大会上对“野蛮人”言论做出道歉，到发出“万科沦为庄股”的言论，万科股权之争的剧情曲折反复、高潮迭起，为资本市场所罕见。最终，监管层开始介入，终结了持续三年的万科股权之争。

2017 年伊始，万科公告华润以 371.7 亿元转让所持有的公司股份给深圳地铁，股份过户完成后，华润不再持有万科股份，深圳地铁成为第二大股东，恒大书面表示不再增持万科，宝能声明欢迎深铁集团投资万科。至此，2016 年对万科影响最大的股权之争终于尘埃落定。宝能系持万科股本 25.4%，华润持股 15.29%，恒大系持股 14.07%，安邦持股 6.18%，万科管理层通过金鹏资管计划持股 4.14%，万科企业股中心通过德赢资管计划持股 3.66%，万科工会持股 0.61%。

在外界，围绕万科的事业合伙人制度一直存在广泛的争论。2016 年 7 月 22 日，万科 A 发布 2015 年派息公告，每 10 股派 7.2 元，这次派息比例是自 1990 年万科上市以来最高的一次，如此高的派息比例放到万科股权之争的大背景下颇有意味。外界评论，万科管理层选择如此高的派息比例，可以说是一箭双雕，一是拉拢中小投资者，万科多年低分红低股价已经引起中小投资者的普遍不满，此次高比例派息在某种程度上可以减少中小投资者的不满情绪，博得中小股东的同情。二是万科事业合伙人的委托主体盈安合伙通过金鹏资管计划持有万科 4.15% 的股份，分到税后约 3 亿元，与万科事业合伙人关系复杂的另一个资管计划持股 3.66%，分到税后约 2.6 亿元。截至 2016 年 7 月 25 日收盘，盈安合伙持有万科 4.57 亿股股票，市值 81 亿元，浮盈超 32 亿元，投资回报率高达 66%。

此外，由于有限合伙企业人数上限为 50 人，万科 1 320 名员工通过一个信托计划巧妙地将资金注入盈安合伙，避开了限制，但同时面临未来购入的股权属于谁、谁说了算的问题。由于每个人在不同阶段对企业与自身发展的诉求不同，一旦出现重大危机，是否能保持态度与行动的集体一致，是令人存疑的。另外，王石、郁亮等万科高管在合伙人计划里具体持有多少股份至今没有披露过。在工商登记信息中，盈安合伙登记的合伙人并没有万科高管的名字，万科本身也不是合伙人，盈安合伙能否真正代表 1 000 多个事业合伙人？合伙人之间错综复杂的投资与股权结构关系，能否真正避免内幕交易的可能性？根据公开信息，金鹏资产管理计划多次买入万科股票的时点均是在定期报公告前 30 日内或重大事件决策期间。同时，万科合伙人除了少数几次增持公告有具体的增持日期，其余增持公告公布的增持日期均为较长的时间区间，不公布具体增持日期的原因是什么？这其中极有可能涉及内幕交易。2016 年 1 月，曾全权负责盈安合伙的外部融资工作的万科高级副总裁祝九胜辞职，多名市场人士直指其离职跟这些资管计划有关。

最后，虽然万科管理层多次提到，事业合伙人资产管理计划成立的背景是对抗“野蛮人”，但市场普遍认为，万科的事业合伙人制度与上市房企前几年普遍使用的股权激励不同，事业合伙人实际上是管理层收购（MBO）的变种。管理层收购是指公司的经理层利用借贷所融资本或股权交易收购本公司，引起公司所有权、控制权、剩余索取权、资产等变化，从而改变公司所有制结构，通过收购使企业的经营者变成企业的所有者。万科尽管一再宣称自己的事业合伙人不谋求控股权，谋求的是将利益捆绑在一起，更多地强调通过公司经营能力的改善获取更多的分红以及股票市值上升带来的浮盈，但很显然，事业合伙人的最终目的是获得万科的控制权，而不是简单的利益激励制度。2015 年，在中国经历股灾期间，万科高调公布的“100 亿回购计划”最终仅花了 1.6 亿元，与此相反的是，与万科事业合伙人关系复杂的德赢资管计划在此期间迅速成立(因为金鹏资管计划持股已经逼近 5%的举牌线)，3 个多月内先后 15 次追加投资，耗费 64 亿元，彪悍买入万科 3.66%的股份。然而，万科是一家混合所有制企业，第一大股东是国企华润，而 MBO 在国企改革中是非常敏感的话题。当年郎咸平与国内诸多经济学家关于 MBO“原罪”的激辩至今影响深远，因为其极有可能导致国有资产流失。

资料来源：1. 朱开云．万科股权之争将何去何从．北京青年报，2017－02－08.
2. 张昊．万科股东会：郁亮详解“事业合伙人”．中国证券报，2014－03－28.
3. 严政．万科获事业合伙人大笔增持 3 亿元．[2014－05－28]．中国证券网．

我们在本书第 1 章中曾经提及，薪酬在某种意义上是企业与员工之间的一种经济契约（当然也具有心理契约的含义），它体现了二者之间的某种交换关系。当企业达到一定的经营绩效时，它通过向员工支付薪酬来为他们对企业经营绩效的贡献以及生产率实现情况提供奖励。由于每一位员工与其他员工都是存在差异的，因此每一位员工与企业之间的契约都是个性化的。所以，企业向员工支付的薪酬不仅要满足员工对公平的需要，保持薪酬的外部和内部一致性，而且要体现出员工之间的差异。一般来说，企业中大多数的员工群体都处于一种相似的工作环境当中，因此他们的薪酬方案具有很多相近的特征。另一方面，有一些员工群体由于工作的性质以及所处的工作环境比较特殊，所面临的压力、冲突以及所需完成工作任务的特征与其他员工群体之间存在较大的差异，同时，这些员工群体能否妥善解决面临的压力和困境，能否达成既定的绩效水平，对于企业的总体经营绩效具有非常重要的影响。我们把这些人称为特殊员工群体（special groups）。

根据这种标准来看，在不同行业、不同类型、不同体制以及不同规模的企业中，特殊员工群体所指代的具体人群存在很大的差异。但总的来说，随着现代企业经营环境中的不确定因素增加，竞争日趋激烈，全球经济一体化程度上升，技术更新的速度不断加快以及客户越来越挑剔，几种员工群体在企业中的地位和作用变得越来越重要，他们就是企业的高层经营管理人员、基层管理人员、专业技术人员、销售人员以及外派人员。对这些人的薪酬支付妥当与否，在很大程度上会影响企业的竞争地位及其成长。

虽然上述几种类型的员工群体都属于特殊员工群体，但是他们之间的差异很大。这种差异既体现在他们所从事的工作本身的要求以及职位特征上，也体现在工作成果的可衡量程度、绩效表现的可评价性、工作对组织经营目标的重要性、工作对企业盈利状况的贡献等诸多方面。比如，有些员工群体所从事的职位更强调员工的独立工作能力，而另一些职位则更强调团队合作能力；有些员工群体的工作主要是在企业内部完成的，而有些员工群体的工作则需要与外界保持较为紧密的联系，他们要直接或间接地充当组织的代表。此外，分属不同特殊群体的员工本身也存在较为明显的差异，不同类型的员工对企业的忠诚度不同，员工对自己绩效表现的预期也存在差异。因此，针对特定员工的薪酬制度必须根据企业的传统、相关员工群体的特征以及不同职位之间、不同员工群体之间的差别进行设计。特殊员工群体薪酬的独特性既有可能意味着相对于组织里的其他员工群体而言，属于这些特殊群体的员工的薪酬决定基础不同，也有可能意味着他们的薪酬水平或薪酬构成与其他员工群体存在一定的差异。

第1节 销售人员的薪酬管理

一、销售工作的特征与销售人员的薪酬管理

（一）销售工作的特征及其对销售人员的薪酬管理的影响

在现代市场经济条件下，对于绝大多数企业而言，组织经营成功的关键就在于其吸引和留住客户的能力，而销售队伍作为企业和客户之间联系的纽带，充当了决定企业成长和盈利的核心要素。尤其是在当前这样一个经营环境多变、客户需求日益个性化的市场上，企业能否激励好销售竞争中最活跃的分子——销售人员（sales force），培养一支方向明确、士气高昂、训练有素、经验丰富的销售人员队伍，激发他们在合适的时间以合适的方式和合适的价格向合适的客户提供合适的产品，对于企业的市场竞争成败是最为重要的挑战之一。

从某种意义上来说，销售人员是客户了解企业的一个重要“窗口”，他们是客户与企业之间联系的一个最重要的桥梁和媒介。而销售工作的实质则在于通过与客户的互动来说服他们购买企业所提供的产品或服务。虽然也存在企业产品本身就能够吸引客户的可能性，但通常情况下需要通过销售工作来实现企业的经营业绩。

与其他工作相比，销售人员的工作主要具有以下三个方面的重要特征。

1. 工作时间和工作方式的灵活度都很高，很难对其工作进行监督

由于外部市场环境以及客户、竞争对手的情况时刻都在发生变化，因此销售工作本身的灵活度非常高。销售人员的工作时间和地点以及工作方式往往没有一个定式，管理部门很难对销售人员的行为进行直接的监督和控制。销售人员往往是基于个人的知识、经验、社会关系、销售技巧等开展工作的，他们通常在得不到指导和监督的情况下自己安排工作日程，反

省自己的工作。因此，想要通过对销售人员的工作态度、行为或者工作时间进行考核来确定他们的薪酬，难度相当大。

此外，同样是销售人员，由于所销售的产品和服务本身的差异、销售方式的差异以及销售对象的差异，销售工作本身的差异也相当大。有相当一部分销售工作需要销售人员独立进行，而有些销售工作则需要整个销售团队通力协作。但无论是哪一种情况，销售工作的灵活性和挑战性都是非常突出的。

2. 销售人员的工作业绩通常可以用非常明确的结果指标来衡量

销售人员的工作时间和工作态度及行为等不便控制，但是其工作结果通常比较容易衡量。这一点与从事日常行政事务工作、职能管理工作甚至技术工作的其他员工存在相当大的差异。销售人员的工作结果通常可以用销售量、销售额、市场占有率、回款率、客户保留率、销售利润率、销售费用以及售后服务等方面的工作结果来衡量。这就使得对销售人员的绩效评价很自然地以结果为导向，而不是以过程为导向，尽管在某些情况下，企业也会在销售人员的绩效评价中加入一些过程方面的评价要素。

3. 销售人员工作业绩的风险性

一般情况下，销售人员只有持续不断地付出努力，才能达到开发和留住客户的目的。由于他们所面临的工作环境（产品、客户以及竞争对手）本身是瞬息万变的，因此，在销售人员的日常工作中，一个很大的挑战就是要应付风险和不确定性。通常情况下，他们的工作和努力所获得的结果并不具有一致性和持续性。有时，销售人员能够顺利地完成甚至超额完成任务，他们会很有成就感，但是在他们身上也经常发生这样的情况，即在特定的目标上投入了大量的时间和精力，却得不到丝毫回报。此外，不能从管理者处得到及时的反馈、只关注结果和产出、对于如何履行职责得不到清晰的指导、无法充分参与组织的决策制定等多方面的因素，大大增加了销售人员工作的不确定性。

销售工作本身的风险性和挑战性决定了从事这种工作的员工是一群特殊的人。麦克莱兰通过对个人的成就动机进行研究发现，高成就动机的员工最有可能出现在组织的销售部门。其他研究也表明，销售人员通常会给自己制定出富有挑战性的业绩目标，倾向于得到及时的反馈，往往能够在销售和实现目标的过程中得到享受。成功的销售人员大多性格外向、敢作敢为、自我驱动且物欲很强，尤其是对金钱有较高的需求。在大多数企业的销售部门，销售人员都极为关注公司的销售人员薪酬计划。销售代表在判断一种销售人员薪酬计划的好坏时会使用一个简单的问题：“我现在挣的钱是不是比一年前更多了？”销售人员所具有的这种特征，是在进行销售人员薪酬体系设计时必须考虑的一个因素。

虽然销售人员的知识、能力和销售经验等对销售结果的影响较大，但是产品销售的季节性、宏观经济波动、产品本身的性能和质量、竞争对手的替代产品的出现等外在因素对销售人员业绩的影响也不容忽视。在这种情况下，如果企业单纯根据当期的销售业绩来确定销售人员的薪酬，则销售人员很可能会选择在环境好的时候增加工作量，而在环境不好的时候减少工作量；或者在本企业的销售工作比较难做的时候，流动到其他销售形势比较好的企业中去。因此，企业应当设计出一种既让销售人员乐于承担风险，又能对他们所承受的风险提供合理回报的薪酬和奖励制度，只有这样，销售工作及其结果的不确定性才能真正从一种具有负面效应的因素转化为销售人员工作的动力源泉。

此外，我们还必须认识到，销售人员所从事的工作并不是一种单纯的销售活动。除了获取信息、分析信息、寻找订单、物色客户、服务客户、提供反馈、达成交易等销售行为之外，几乎所有的销售工作都要求员工履行一定的管理职责，例如，提供销售报告、汇报竞争对手的活动情况、提供客户反馈意见等。同时，也并非所有的销售活动都是由销售人员来完成的，销售活动通常还要求来自组织各个部门的支持，这些支持中的一部分是事务性的，一部分是管理性的，还有一部分是技术性的。事实上，现代企业的销售工作不再单纯是销售部门的责任，与这一任务有关的部门日趋多样化。从一般意义上来讲，“销售”可以理解为员工与客户间的一种互动，因此，通过这种互动来帮助企业获得、保持或扩张收益流的员工都可以视为销售人员。这样，销售人员的薪酬管理工作就变得复杂了。

最后，随着科学技术尤其是网络经济的迅速发展以及企业管理水平的不断提高，客户购买商品或服务的方式越来越多样化，例如，网上购物、通过物流商供货、向零售商或直销商购买等。这在一定程度上加大了负责销售人员薪酬管理的专业人员的工作难度，因为要确定一件商品究竟是由谁售出的越来越困难。传统的确定员工薪酬尤其是奖金的基础现在可能变得越来越模糊。

（二） 对销售人员薪酬计划的有效性的评价

销售人员对于企业的重要性决定了企业在销售人员的薪酬上往往不惜花费大量金钱。事实上，许多企业将销售人员的薪酬当成是企业达到经营目标的最为有利的工具之一。它们力图通过奖金或者佣金计算公式来向销售人员传递企业最希望达到的那些结果的信息。当然，企业为之付出的代价也不小。根据行业的不同，销售人员的直接薪酬（基本薪酬加奖金）要占到企业总销售额的 3%～10%，这相当于企业销售部门总预算的 50%～70%。那么，企业在销售人员身上所支出的这一大笔薪酬能否获得相应的回报呢？企业管理层通常借助以下几个指标来判断销售人员薪酬计划的有效性。

1. 增长指标

增长对于任何企业都是最重要的一个指标。在销售领域的增长可以体现在：新市场的开拓、新客户的获取以及通过不断的流程改善留住现有客户。当然，在增长指标中，销售额是最重要的指标之一。因此，在对销售人员薪酬计划的有效性进行评价时，一个很重要的问题是：它是否带来了销售额的增长。

2. 利润指标

在大多数情况下，企业都希望销售人员将注意力集中在那些能够带来利润的业务上，越来越大的市场竞争压力迫使企业的高层管理者必须关注企业向客户推销的业务的盈利性。从这方面来看，判断销售人员薪酬计划有效性的另一个问题是：它是否导致销售人员向客户提供了恰当的产品或服务组合，产生了必要的利润。

3. 客户满意度和忠诚度指标

在激烈的市场竞争中，客户的满意度和忠诚度在企业市场份额的扩张和维持方面起着非常关键的作用，而销售人员要对客户的保留负主要责任。因此，要想知道销售人员的薪酬计划是否有效，企业就必须问这样一个问题：它对销售人员的报酬是否使他们以更为有效的方式去留住客户并为他们提供必要的服务。

4. 销售人才指标

在绝大多数企业中，销售人员薪酬计划都是高层管理者用来吸引和留住优秀销售人员的重要工具。只有拥有优秀的销售人员，企业才能有效地将产品或服务销售出去，同时确保与客户进行有效沟通并为之提供必要的服务，因此，有效的销售人员薪酬计划必须能够帮助企业吸引和留住优秀的销售人员。

5. 薪酬投资的收益指标

今天，大多数企业都将客户看成是企业的“资产”，而这种资产是通过对销售人员进行投资形成的。由于对销售人员的投资是企业最为重要的投资之一，因此，企业经常需要对在销售人员身上所进行的投资进行审查，以考察这种投资与上一年相比是否产生了更多的收益。

小专栏9-1

戴尔中国的销售人员业绩造假事件

在2007年1月戴尔中国公司的一次会议上，员工们被告知，只要一季度能完成100万元的销售额，就可以获得130%的全年奖金。于是，很多销售人员采取了假销售的做法，即联合他人向戴尔的账户上打一笔钱作为销售额，过了一段时间再把此钱返还给对方，即通过人为制造虚假销售额的方式来获得130%的全年奖金。这种“数字游戏”给戴尔公司造成的经济损失非常大，由于在银行账户上每进出一笔账都要开发票，而双向的发票纳税都由戴尔来埋单，再加上为打入的钱支付的利息，戴尔公司每出现这样一笔假账，就要付出相当于销售额的6%的代价。戴尔公司发现这一问题之后，在4月份就采取了相应的措施，结果发现，第一季度完成100万元以上销售额的人数顿时减少了大约70%。也就是说，公司中有约70%的销售人员都在用这种玩数字游戏的方式造假。

资料来源：艾叶子．戴尔中国模式走形 70%销售人员涉嫌业绩造假．第一财经日报，2007-04-13.

二、销售人员的薪酬方案类型

在实践中，针对销售人员的薪酬方案是多种多样的，这些薪酬方案的目的都是将销售人员的薪酬与企业的经营目标以及客户的期望联系在一起。在选择薪酬方案时，企业考虑最多的是三个方面的问题：一是薪酬方案的总成本；二是销售职能在企业的经营战略中所扮演的角色；三是销售工作自身的特点。总的来说，市场上存在的销售人员薪酬方案主要有以下四种。

1. 纯佣金制

所谓纯佣金制（commission system），就是指在销售人员的薪酬中没有基本薪酬部分，其全部薪酬收入都是由佣金构成的。佣金通常是以销售额的一定百分比来提取的，所以在实践中又经常称为销售提成。提成的百分比即为佣金的比率，佣金比率的高低取决于产品的价格、销售量以及产品销售的难易度等。比如，在房地产销售中，销售人员的提成比例一般为1%左右。在佣金比率一定的情况下，每位销售人员的佣金收入高低就取决于员工本人的销售业绩好坏。在表9－1中，我们举例说明了纯佣金制销售人员薪酬计划。在这里，销售人员的佣金比率有两个，在没有达到销售定额之前是一个佣金比率，超过销售定额之后是一个更高的佣金比率。显然，该计划的意图在于鼓励销售人员达到更高的销售业绩。

表9－1　　　　销售人员薪酬方案：纯佣金制

薪酬构成	佣金计算方式	
● 基本薪酬：零 ● 目标佣金：6万元/年，每月根据实际销售业绩浮动计发 ● 目标薪酬：6万元/年，上不封顶	实际完成销售目标的百分比	佣金占销售额的百分比
	0～100%	5%
	超过100%	8%

这种薪酬制度的优点是，它把销售人员的薪酬收入与其工作绩效直接挂起钩来，激励作用非常明显。此外，佣金的计算也很容易，薪酬管理的成本很低。但是在这种情况下，销售人员的收入往往缺乏稳定性，易受经济环境和其他外部因素的影响而大幅波动。同时，销售人员会受经济利益驱动，过分强调销售额和利润等与佣金直接挂钩的指标，而忽视其他一些尽管对企业非常重要但是与销售人员的薪酬没有直接联系的非直接销售活动，比如客户信息以及竞争对手信息的收集工作。此外，这一制度还有可能造成上下级之间、新旧从业人员之间较大的薪酬差距，不利于培养销售人员对企业的归属感，容易形成"雇佣军"的思想。

这种销售人员薪酬方案在产品标准化程度比较高，但是市场广阔、购买者分散、很难界定销售范围、推销难度不是很大的行业（如人寿保险、营养品、化妆品行业）中比较常见。比如，在安利这样的直销公司中，许多推销人员都不是直接受雇于该公司，但是他们会根据一定的销售额拿到提成。然而，由于纯粹的佣金制本身存在的缺点和不足，它在属于企业正式员工的销售人员中实施的情况并不常见，更经常地在劳务型销售人员或者兼职销售人员中实行。

2. 基本薪酬加佣金制

在这种薪酬制度下，销售人员每月领取一定数额的基本薪酬，然后再按销售业绩领取佣金。它一方面为销售人员提供了最基本的薪酬收入，解决了纯佣金制下销售人员因收入不稳定而可能会出现的生活问题；另一方面吸收了佣金制的优点，保留了其激励作用。在基本薪酬加佣金的薪酬计划中，佣金部分的计算可以分成直接佣金以及间接佣金两种不同形式。下面我们分别举例说明。

（1）基本薪酬加直接佣金制。表9－2中的销售人员薪酬方案的设计思路是，每位销售人员每年有3万元的基本薪酬，然后再根据每位销售人员的销售业绩计发佣金，佣金的计算方式是销售额的一定百分比。不过，一方面，不同产品的佣金比率是不同的；另一方面，同一产品的佣金比率会随着销售人员的实际销售业绩达到或超过销售目标的程度而有所差异。这种薪酬设计方式实际上是根据50∶50的比例来确定销售人员的基本薪酬和奖励薪酬。

表 9-2　　销售人员薪酬方案：基本薪酬加直接佣金制

薪酬构成	佣金计算方式			
● 基本薪酬：3 万元/年 ● 目标佣金：3 万元/年，每月根据实际销售业绩浮动计发 ● 目标薪酬：6 万元/年，上不封顶	实际完成销售目标的百分比	佣金占销售额的百分比		
		产品 A	产品 B	产品 C
	0～100%	3%	5%	8%
	超过 100%	5%	9%	12%

（2）基本薪酬加间接佣金制。在另一种基本薪酬加佣金的设计中，佣金不是以销售额提成的方式来计算的，而是首先将销售业绩转化为一定的点数，然后再根据点数来计算佣金的数量。如表 9-3 所示，销售人员有一个 4.2 万元的年基本薪酬，每个月可以获得佣金。但佣金是根据产品销售数量来确定的，销售人员每销售一单位的某种产品，便可以得到一个点数（销售一单位的不同产品所得到的点数是不同的），然后将这些点数加起来，乘以点数的单价（在这里是 2 元/点），便可以计算出销售人员应得的佣金数量。

表 9-3　　销售人员薪酬方案：基本薪酬加间接佣金制

薪酬构成	佣金计算方式	
● 基本薪酬：4.2 万元/年 ● 目标佣金：2.4 万元/年，每月根据实际销售业绩浮动计发 ● 目标薪酬：6.6 万元/年，上不封顶	产品类型	单位产品的点数 （每个点等于 2 元）
	A	2
	B	5
	C	8
	D	10
	E	6

3. 基本薪酬加奖金制

这种薪酬制度与第二种制度有些类似，但也存在一定区别。这种区别主要体现在：佣金直接由绩效表现决定，奖金和业绩之间的关系是间接的。虽然该制度也是根据销售额、利润额、销售目标实现率等指标来衡量员工的业绩，然后支付奖金，但通常情况是，销售人员所实现的业绩只有超过了某一销售额，才能获得一定数量的奖金。此外，除了优良的销售业绩，新客户开拓、货款回收速度、市场调查报告、客户投诉状况、企业规章的执行等诸多因素都可以影响到销售人员所得到的奖金数量。下面我们举几个例子来说明这种薪酬制度的设计。

在表 9-4 中，销售人员每年有 4.2 万元的基本薪酬（每月 3 500 元），每月还可以得到奖金，奖金的数量取决于销售人员的销售目标实现度。如果完成了全部销售任务，则销售人员全年的薪酬收入可以达到 6.6 万元（每月 5 500 元，其中基本薪酬 3 500 元，奖励薪酬 2 000元）的目标薪酬水平。但是，如果每位销售人员在 1 月的销售业绩只达到了预定销售目标的 80%，则这位销售人员 1 月所能够得到的薪酬总额为：

$$3\,500+2\,000\times 50\%=4\,500(\text{元})$$

表 9－4　　　　销售人员薪酬方案：基本薪酬加奖金制（一）

薪酬构成	奖金计算方式	
● 基本薪酬：4.2 万元/年 ● 目标奖金：2.4 万元/年，每月根据销售业绩浮动计发 ● 目标薪酬：6.6 万元/年，上限封顶，最高不超过 8.04 万元	实际完成销售目标的百分比	每月目标奖金的百分比
	70%	0
	80%	50%
	90%	75%
	100%	100%
	110%	120%
	120%	140%
	130%	160%

如果这位销售人员 1 月的销售额超过了预定目标，完成了目标销售额的 120%，则其 1 月所能够获得的薪酬总额为：

3 500＋2 000×140%＝6 300(元)

但是，奖励公式本身规定，每位销售人员每年所能够获得的奖金的最高金额是有上限的，即在销售人员达到最高销售业绩（每月都完成预定销售目标的 130%或以上）的情况下，他们全年的奖金数量最高不会超过 3.84 万元（2.4×160%，或平均每月3 200元），即全年最高薪酬收入控制在 8.04 万元以内，或者说，销售人员的最高月薪（基本薪酬加奖金）只能达到 6 700 元。显然，这种薪酬方案有利于组织有效地控制成本，但销售人员可能会在销售目标上与企业讨价还价。

在表 9－5 中，销售人员的薪酬计划也是由基本薪酬和奖金构成的。不同的是，该公司的奖金是根据季度绩效评价结果来确定的，员工的季度奖金相当于他们个人季度基本薪酬总额的一定百分比。该公司的季度绩效评价指标包括销售额、回款率、销售报告、客户满意度等几项指标。季度绩效评价结果划分为 S，A，B，C，D 五个等级，季度绩效评价结果达到 S 级的销售人员，可得到相当于其个人季度基本薪酬总额 140%的绩效奖励。若某销售人员的年基本薪酬为 2.4 万元（每季度 0.6 万元），此人在第一季度的绩效评价结果为 A 级，则这位销售人员在第一季度的薪酬收入就等于 1.32 万元（0.6＋0.6×120%）。在销售人员每个季度的绩效评价都能够达到合格（即 B 级）的情况下，销售人员的目标年薪可以达到 4.8 万元，但年度最高收入不会超过 5.76 万元。

表 9－5　　　　销售人员薪酬方案：基本薪酬加奖金制（二）

薪酬构成	奖金计算方式	
● 基本薪酬：2.4 万元/年 ● 目标奖金：2.4 万元/年，每季度根据总体绩效评价等级浮动计发 ● 目标薪酬：4.8 万元/年，上限封顶，最高不超过 5.76 万元	绩效评价等级	奖金比例 （相当于季度基本薪酬的百分比）
	S	140%
	A	120%
	B	100%
	C	50%
	D	0

在表 9－6 中，销售人员的奖金主要取决于两个指标，一是销售额指标；二是利润指标。在这两个指标所组成的方格中，确定了销售人员在每个季度可能获得的奖金数量。奖金计算的基础是季度目标奖金的一定百分比。比如，如果某销售人员的基本年薪为 6.4 万元，目标

薪酬为 8 万元，则全年的目标奖金为 1.6 万元，即每季度 4 000 元。假定该公司为销售人员确定的享受季度奖金的最低销售额为 10 万元，目标销售额为 15 万元，卓越销售额为 20 万元；最低利润为 4 万元，目标利润为 6 万元，卓越利润为 8 万元。再假定该销售人员在第二季度的销售额为 18 万元，利润为 6 万元，则该销售人员第二季度的销售奖金应当等于目标季度奖金的 112.5%，即 4 000 元×112.5%＝4 500 元。

表 9－6　　销售人员薪酬方案：基本薪酬加奖金制（三）

<table>
<tr><th>薪酬构成</th><th colspan="6">奖金计算方式</th></tr>
<tr><td rowspan="7">● 基本薪酬：6.4 万元/年
● 目标奖金：1.6 万元/年，每季度根据销售额和利润完成情况浮动计发
● 目标薪酬：8 万元/年，上限封顶，最高不超过 9.6 万元</td><td colspan="6">相当于季度目标奖金的百分比</td></tr>
<tr><td></td><td>最低利润</td><td></td><td>目标利润</td><td></td><td>卓越利润</td></tr>
<tr><td>卓越销售额</td><td>50.0%</td><td>87.5%</td><td>125.0%</td><td>162.5%</td><td>200.0%</td></tr>
<tr><td></td><td>37.5%</td><td>75.0%</td><td>112.5%</td><td>150.0%</td><td>162.5%</td></tr>
<tr><td>目标销售额</td><td>25.8%</td><td>62.5%</td><td>100%</td><td>112.5%</td><td>125.0%</td></tr>
<tr><td></td><td>12.5%</td><td>37.5%</td><td>62.5%</td><td>75.0%</td><td>87.5%</td></tr>
<tr><td>最低销售额</td><td>0</td><td>12.5%</td><td>25.8%</td><td>37.5%</td><td>50.0%</td></tr>
</table>

该销售人员每季度的最高奖金额不会超过 8 000 元（4 000×200%），所以，其全年最高薪酬收入会控制在 9.6 万元以内。

4. 基本薪酬加佣金加奖金制

这种薪酬制度设计的特殊性在于，它将佣金制和奖金制结合在一起。如表 9－7 所示，销售人员除了有每年 4.2 万元的基本薪酬之外，每个月还能获得相当于销售额 6%的佣金。此外，在每个季度，他们还可以根据本人所完成销售额的毛利率情况获得相当于本人当季所得佣金的一定百分比的季度奖金。显然，企业一方面鼓励销售人员实现更高的销售额，另一方面还鼓励他们提高销售的毛利率。

表 9－7　　销售人员薪酬方案：基本薪酬加佣金加奖金制

<table>
<tr><th>薪酬构成</th><th colspan="2">季度利润奖金</th></tr>
<tr><td rowspan="4">● 基本薪酬：4.2 万元/年
● 佣金：每月发放，佣金比率为销售额的 6%
● 奖金：季度发放，相当于佣金的一定百分比
● 目标薪酬：6 万元/年，上不封顶</td><td>毛利率</td><td>奖金比例
（相当于佣金的百分比）</td></tr>
<tr><td>15%</td><td>0</td></tr>
<tr><td>20%</td><td>10%</td></tr>
<tr><td>25%</td><td>25%</td></tr>
</table>

对于一个特定企业而言，它究竟选择哪种薪酬支付方案取决于多方面的因素，如自身所处的行业、公司产品的生命周期、组织以往的做法等。以行业因素来说，保险行业、保健品行业、化妆品行业对于销售人员大多采用“高提成＋低固定”的薪酬模式，甚至实行纯佣金制，而在产品技术含量很高、专业性很强、市场非常狭窄且销售周期又比较长的销售领域

中，企业对销售人员的素质及稳定性要求都很高，这时，采用"高固定+低提成/奖金"的薪酬模式就比较合适。

再比如，就产品的生命周期而言，当公司产品刚刚上市，产品没有什么知名度或者知名度很小时，企业最好采取固定薪酬模式，或者采取"高固定+低提成/奖金"的模式，因为在这一时期，产品销售的风险很高，销售人员的努力很可能得不到足够的市场回报，这时就不能让销售人员来承担风险。如果经过一段时期的努力，产品得到了客户的认可，逐渐在市场上打开了销路，销售的风险逐渐降低，销售额处于增长期，这时企业就可以适当降低销售人员薪酬中的固定部分，提高浮动部分，以鼓励销售人员更积极地去扩大市场份额，增加销售额。随着产品达到成熟期，产品品牌或公司品牌对消费者购买行为产生的作用比销售人员的说服工作更为重要，这时企业又可以将销售人员的薪酬方案改回到"高固定+低浮动"的模式上去。

三、设计销售人员薪酬方案的步骤[①]

（一）组建新的薪酬方案设计团队

一个有效的销售人员薪酬计划包括四大步骤：评价、设计、执行、再评价。当然，在进入此过程之前，企业必须组建一个由来自不同领域的员工组成的设计小组。这是因为，销售人员薪酬计划的设计或重新设计是一件非常困难的事情，新的销售人员薪酬计划必须能够反映组织在销售、市场、财务、人力资源、信息系统等五大方面的目标。通常情况下，设计小组要对现有的销售人员薪酬计划进行分析与评价，通过讨论明确现有计划的优点和不足分别是什么，改进的余地在哪里。来自不同部门的员工的参与会使新的计划更有利于促使销售人员的努力方向与企业的目标保持一致。此外，经验表明，当由一个设计小组来确定新的薪酬计划的目标、检验各种可选方案、确定某一计划的可行性，并就变革达成一致时，新的薪酬计划的适用性会更高，执行起来也更容易。

在销售人员薪酬计划设计小组中，来自不同部门的人承担着不同的责任。第一，销售部门。由于销售人员薪酬计划的最终使用者是销售部门，因此，销售部门应当首先将内部目标与外部条件联系在一起。第二，市场部门。市场部门应当提供有关产品和市场营销目标方面的信息。新产品的投放、利润的改善、在细分市场上的渗透情况以及与竞争对手的相对位置比较等信息，都是市场营销计划的构成要素。当然，这些要素必须能够比较现实地反映客户的期望。第三，财务部门。财务部门必须从业务预测的角度提供关于产量以及利润目标方面的信息，这些信息有助于制定一些定额。此外，财务部门还可以对新计划中的薪酬和绩效之间的关系进行检验，从而估计各种不同的绩效薪酬挂钩方式可能产生的成本。第四，人力资源部门。人力资源部门在新的销售人员薪酬计划的设计过程中扮演着至关重要的角色。该部门最适合主持并推进新计划的设计过程。它可以提供销售组织结构、销售工作描述、薪酬等级、薪酬范围安排以及员工对薪酬计划的态度等方面的信息。此外，该部门还可以提供关于外部市场上销售人员的薪酬水平的数据，并确保新的销售人员薪酬计划与企业的管理实践以

① Jerome A. Colletti, David J. Cichelli. Designing Sales Compensation Plans. WorldatWork Journal, 2000.

及法律的要求保持一致。第五，信息部门。信息部门可以帮助设计小组处理绩效和薪酬水平的数据。此外，信息部门还可以开发出能够对新的薪酬计划进行追踪和报告的信息系统。

（二） 评估现有的薪酬计划

对现有销售人员薪酬计划的评价应当能够指出该计划的哪些方面仍然是有效的，改进哪些方面有利于提高销售人员的生产率。毫无疑问，销售人员的薪酬计划必须能够支持企业的战略，如果企业销售产品或服务的方式或者所要销售的产品或服务本身发生了变化，或者客户以及竞争对手的行为发生了变化，那么企业的销售战略甚至销售工作本身也可能发生变化，这时显然需要对销售人员的薪酬计划作出调整。从这方面来说，某个特定销售人员薪酬计划的有效性是有很大局限性的。如果企业不能根据环境的变化及时更新和调整销售人员薪酬计划，则很有可能出现这样一些情况：销售目标如销售额指标、产品组合指标以及利润指标等无法完成；销售人员通过流动、抱怨以及士气低落等方式表达不满；销售管理人员感到现有的销售人员薪酬计划很难确保销售人员的活动与组织的目标保持一致，按照现有的薪酬体系，自己很难推动销售人员达到预定的销售业绩目标。一旦上述情况出现，企业必须尽快审查销售人员薪酬计划。

在对现有的销售人员薪酬计划进行审查和评价的时候，设计小组要根据它实际达成的结果来反思计划本身的内容。这里有三个要素是必须注意的。

1. 对经营战略的支持程度

任何一种销售人员薪酬计划实际上都为销售队伍制定了明确的目标。薪酬计划中的绩效评价指标以及评价办法其实就是对企业所要实现的经营战略，以及期望销售人员完成的目标所做的一种事实上的陈述。因此，设计小组必须通过对高层管理人员的访谈、对销售目标完成情况的分析以及对销售人员的调查来对现有薪酬计划的实施效果进行评价。虽然销售人员薪酬计划的缺陷未必就是造成销售人员未能完成销售目标的唯一原因，但是，如果不存在其他明显的可以辨认的原因的话，企业就必须考虑是不是销售人员薪酬计划出了问题。在具体分析的时候，可以就销售人员的薪酬与他们的销售业绩（比如销售额）之间的相关关系做一个回归，如果在销售人员的业绩和他们的薪酬之间不存在某种稳定的联系，一定是企业的销售人员薪酬计划出了问题。

2. 是否达到了支出目标

对现有薪酬计划进行评价的第二个方面是，它是否达到了企业预定的支出水平。从企业的角度来说，理想的薪酬支出状态是，实际的薪酬支付应当是围绕目标薪酬水平而呈现出来的一种正态分布。然而，如果企业期望有60%～80%的销售人员能够达到既定的销售目标从而得到既定的薪酬收入，但是实际上完成销售目标的销售人员只有30%～40%，企业就需要考虑原有的薪酬计划是否出了问题。此外，与外部市场上其他企业销售人员的薪酬水平的比较，也有助于企业判断自己的薪酬水平和薪酬政策是否具有竞争力。总的来说，企业希望销售人员达到的薪酬水平与销售人员最终拿到的薪酬水平具有较大的一致性。

3. 是否提高了销售人员队伍的有效性

销售人员的薪酬计划还应当有助于销售人员的能力增长，尽管对销售人员的能力增长状况进行判断可能存在一定的困难。销售人员的流失率是对销售队伍稳定程度进行衡量的一个重要指标。通过对来自一线销售管理人员的报告进行分析，或者通过员工满意度或客户满意度调查，企业就可以判断出自己的销售人员薪酬计划是否有利于销售人员队伍的稳定性及其能力不断提高。

对现有销售人员薪酬计划进行审查和评价不仅可以为设计小组提供哪些方面可以继续保持、哪些方面需要改进的信息，而且在这一过程中，通过对高层管理人员的访谈所获得的关于企业经营战略方面的信息，可以帮助设计小组清楚地了解管理层为销售队伍所指出的方向。此外，通过这一审查和评价过程，设计小组还可以清楚地了解，销售工作在本企业中到底是如何界定的，哪些活动属于销售工作的范畴，销售工作与其他工作之间的关系是怎样的。显然，如果对销售工作的界定不清楚，那么在销售人员薪酬计划中所采用的销售绩效指标就有可能会出现失误，销售人员薪酬计划也就不可能真正有效。

（三）设计新的薪酬方案

在设计新的销售人员薪酬方案的时候，首先必须明确新计划的目标是什么。显然，新的薪酬计划的最终目标是支持企业的经营战略，这一点看起来是理所当然的，但是在许多企业的销售人员薪酬计划设计过程中，这一问题被不同程度地忽略了。企业通常只是简单地以“吸引、保留以及激励销售人员”这样一个传统目标作为指南。虽然这一目标仍然很重要，但是，现代企业销售人员薪酬计划设计的哲学基础变得更加具有综合性，对企业经营战略的支持更加突出。通常情况下，企业的销售人员薪酬计划所要达到的目标包括：服务客户，销售产品或服务，完成销售额和财务目标，激励和管理销售人员队伍的绩效，等等。

在确定了新的薪酬计划的目标之后，设计小组还必须对本企业的销售工作进行分析和界定。这是因为，在不同的行业和企业中，企业推销产品、与客户接触的战略和具体方式以及销售的产品或服务本身存在很大差异，而且，由于电子商务等先进销售工具和技术的发展及其普遍运用，销售的角色发生非常大的变化。如前所述，销售工作本身已经超出了销售部门自身的职能范畴，客户服务、电子商务、渠道伙伴、加盟成员等方方面面都参与到销售活动当中来。因此，销售工作所发生的种种变化促使我们必须重新界定企业到底希望销售人员做些什么，销售工作的目标和任务是什么。

此外，为了实现全面客户管理，企业还必须以销售团队的方式与客户进行接触并保持联系。这样，销售工作本身就超出了吸引和保留客户等传统的职能。销售人员必须具有非推销类的技能，而销售责任的分担不仅会对销售人员薪酬计划的各个构成要素产生影响，还会对企业如何为销售团队提供报酬产生影响。

销售人员薪酬计划的设计要素包括：覆盖范围、目标现金薪酬、薪酬组合、绩效衡量以及奖励公式等。

1. 覆盖范围

在设计新的销售人员薪酬方案时，必须首先确定哪些工作属于销售工作，哪些员工属于销售人员。通常情况下，与销售工作有关的活动包括辨认客户、说服客户以及服务客户三个方面。所以，从广义上来说，从事这三种活动的人都可以称为销售人员。但是通常来说，接触客户以及说服客户的程度是判断某种工作是否属于销售工作的两大重要因素。销售人员必须是与客户有所接触并承担说服客户购买公司产品或服务的角色的员工。具体来说，重要的销售人员是指同时承担客户搜寻和客户说服工作的员工，普通销售人员是指不需要主动去寻找客户但是需要通过与客户的接触说服客户与企业达成交易的员工。有许多从事客户服务工作的员工虽然也与客户接触，但其主要目的不是说服客户购买产品或服务，他们就不是销售人员薪酬计划的实施对象。

2. 目标现金薪酬

目标现金薪酬是指当员工达到组织预期的绩效水平时所能够获得的薪酬。这种现金薪酬是基本薪酬和奖金的总和，也就是直接薪酬水平。在确定销售职位的目标现金薪酬时，主要的影响因素是外部市场数据、组织内部的公平性要求以及销售的成本等。大多数情况下，企业会根据自身在劳动力市场上的竞争状况，选择一定的参照物（例如同行业的销售岗位、本地区其他行业的销售岗位、本国其他地区同行业或不同行业的销售岗位），再根据自己总的薪酬政策来确定销售人员的目标现金薪酬水平。这个水平要保证本公司支付的薪酬对外具有吸引力，同时不会因为薪酬水平过高而增加企业的成本负担。当然，除了薪酬调查结果之外，能够对销售人员的目标现金薪酬产生影响的还有其他多方面因素，如企业经营环境，组织的支付能力、传统和习惯，销售人员在组织中的地位等。企业要在这些竞争要素之间寻求平衡，以确定最有利的目标现金薪酬水平。

3. 薪酬组合

薪酬组合强调的主要是直接薪酬内部的构成，即基本薪酬和奖励之间的比例，比例的大小取决于销售工作在客户的购买决策中所起的作用。销售人员在客户的购买决策中所起的作用越大，企业投入奖励部分的钱与投入基本薪酬部分的钱相比就会越多。一些行业调查表明，销售人员的一般薪酬组合通常是 70∶30，即 70％的基本薪酬加上 30％的奖金或佣金。如果销售人员的薪酬组合是 50∶50，即 50％的基本薪酬加上 50％的奖金或佣金，则说明销售人员的销售技巧对客户是否购买公司的产品或服务的影响力更大（有些行业和企业甚至采用 30∶70 甚至更低的比例，即销售人员的基本薪酬在目标现金薪酬收入中仅占 30％，其余的 70％为员工的奖金或佣金）。如果销售人员的销售努力或销售技巧对客户的最终购买决策所产生的影响比较小，那么，很可能会采用 90∶10 的比例，即 90％的基本薪酬加上 10％的奖金或佣金。

4. 绩效衡量

销售人员的奖励性薪酬计划中所涉及的绩效衡量问题包括以下三个方面的内容：选择能够对销售结果进行评价的最合适的绩效指标；制定销售人员绩效标准以明确组织对他们的期望（目标与销售定额）；追踪考察员工的实际绩效完成情况。其中，挑选绩效衡量指标对于有效的销售人员薪酬计划来说是最关键的一步。在实践中，许多企业的销售人员绩效评价方案都力图用很多绩效衡量指标来反映销售人员绩效的方方面面。这种做法看似比较全面地反映了企业对销售人员的绩效要求，但事实上可能由于指标过多而导致销售人员找不到明确的方向。从本质上说，它反映出公司的管理人员在哪些目标是销售工作最重要的目标这一问题上缺乏一致的意见。

通常情况下，对销售工作的绩效衡量应当从销售数量、利润、销售生产率、客户满意度等四大方面入手。其中，销售数量指标是以绝对或相对的方式从数量方面对销售结果进行衡量，其代表性指标有：销售额、销售量、销售额与目标销售额之比、新产品销售额、新客户销售额等。利润指标主要是指销售的盈利情况，其典型指标包括：毛利、毛利率、价格实现度（实际价格与统一报价之比）等。销售生产率是对销售投资的收益改善状况进行衡量的一种指标，其典型指标包括：销售收益、第一次订单收益、某客户群体收益等。客户满意度是对客户的保留和忠诚度进行衡量的一个指标，其代表性指标包括：客户满意度调查的最终结果、账户份额的增长等。

在为销售人员薪酬计划确定绩效衡量指标时，一个常规的原则是：指标的数量最好保持在三个或少于三个的水平上。在这三个指标中，至少有一个是反映产品报酬的销售数量指标，其他指标应当是对这个指标的补充，以明确指出哪种形式的数量指标是最好的。比如，更有利可图的销售数量（用毛利或价格实现度来衡量），更平衡的销售数量（比如同一支销售队伍所完成的产品销售组合），来自某些特定客户的销售数量，哪一个更好？

由于绩效衡量指标的选择直接影响到销售人员薪酬计划的公式设计，因此，它在销售人员的薪酬计划设计中是最关键的一步。如果企业没有清晰地界定和设计好自己的销售工作，使其与购买者的期望以及组织中的其他销售或服务性工作无法保持良好的匹配，就很有可能会选择不恰当或不完善的绩效衡量指标。

5. 奖励公式

销售人员的奖励公式多种多样，我们已经在前面有所阐述，这里就不再谈论具体的公式设计了，主要说明几个操作方面的问题。

一是销售奖金要不要封顶的问题。原则上来说，销售奖金最好不要封顶，但是奖金封顶有利于企业控制成本，尤其是在出现意外或者企业的销售目标制定得不合理的情况下。封顶的方式可以有薪酬总额封顶、奖金百分比封顶、每个订单或账户的销售额封顶以及销售奖励递减等。

二是销售奖励的门槛问题。通常情况下，销售人员都必须达到某一最低销售业绩才能获得奖金。提出最低销售业绩要求实际上是为了抵消企业所支付的基本薪酬成本（在有基本薪酬的情况下），同时确定一个合理的绩效标准。

三是绩效衡量以及奖金支付的周期问题。对销售绩效的衡量可以按周、按月，也可以按季度和年度。在绩效周期少于一年的情况下，销售人员的绩效衡量指标要么是离散型的，要么是连续型的。前者是指销售人员在每个绩效周期中的业绩完成情况是相互独立的，对某个绩效周期中绩效的评价与前面一个或几个绩效周期中的销售业绩没有什么关系。后者是指销售人员在每个绩效周期中的绩效完成情况是相互联系的。比如，对某些销售人员的绩效衡量是以季度为周期的，但每个季度的业绩所反映出来的是从年初开始到当前的绩效完成情况，因此虽然销售人员每个季度都要接受绩效评价并且领取报酬或奖金，但是他们要对整个年度的销售目标负责。一般情况下，根据月度、季度和年度对销售人员进行绩效评价的情况比较多。在销售周期比较短的情况下，基本薪酬可以比较低，奖金所占的份额可以比较大，同时奖金支付的频率会比较高；相反，如果销售周期较长，则基本薪酬应当高一些，奖金所占的份额比较低，奖金支付的频率也比较低，通常是按季度或年度支付。

四是销售业绩的认定问题。销售人员的销售业绩在什么情况下可以作为销售报酬的计算依据，取决于企业自身的簿记、票据、出货以及支付的程序。一般原则是：当销售人员不再需要去考虑某一订单的时候，他们的销售业绩就可以被认定，从而作为计算销售奖金的依据。

（四） 执行新的薪酬方案

好的薪酬设计只是确保销售人员薪酬计划有效的第一个方面，第二个方面的问题是计划的执行。有效的薪酬计划还需要企业在执行方面投入大量的时间和精力，这主要表现在以下三个方面。

1. 计划的发布与沟通

新的薪酬计划制定出来以后，企业通常需要以正式文件的形式对计划加以阐述。对销售人员薪酬计划的说明应当能够揭示新的薪酬计划的目的及其涉及的奖金或佣金的计算方法，还要回答员工最有可能提出的问题。此外，新的薪酬计划的文本应当销售人员人手一份。如果企业无法在所有销售人员在场的情况下宣布新的薪酬计划，主管销售的高层管理人员可以以决策层的名义给销售人员写一封短信，对新的薪酬计划做一个简短的说明。

2. 对一线销售管理人员进行相关培训

实施新的销售人员薪酬计划的时候，对一线销售管理人员进行培训是必要的。这一方面是因为销售人员在如何才能完成工作和实现业绩目标方面需要得到直接上级的指导；另一方面是因为一线销售管理人员需要对下属销售人员的工作绩效作出评价。此外，一线销售管理人员还必须就新的薪酬计划向下属销售人员作出明确的解释。因此，许多企业在实施新的薪酬计划时都要对一线销售管理人员进行培训。培训的大体内容包括：销售奖金在销售人员的管理和激励方面所发挥的作用；企业来年的销售战略；企业原来的薪酬方案是什么，为什么要对原有的薪酬方案进行改革；销售的绩效目标是什么以及如何将这些目标分解到销售人员身上，等等。

3. 对新的薪酬方案的实施情况进行监控

在新的销售人员薪酬计划执行一段时间后，企业还必须对计划的执行情况进行追踪和监控，以确保销售人员能够正确理解新的薪酬计划。同时，管理层必须确信销售人员真的是在调整自己的行为，并朝着企业所期望的目标努力。达到这一目的的一种简单有效的做法是向销售人员做一份问卷调查。调查结果可以帮助管理人员分析：有多少销售人员理解了新的薪酬计划；哪些销售人员对新的薪酬计划还存在模糊的认识，需要进一步沟通；新的薪酬方案是否忽略了某些操作细节等。

（五） 评价新的薪酬方案

新的销售人员薪酬计划执行之后产生的一个很明显的问题是，新的销售计划是否达到了预期的目的？它是有效的吗？通常情况下，销售主管人员所要关注的是新的计划是否导致销售生产率的提高，其主要内容体现在以下三个方面。

1. 客户

对销售人员薪酬计划所产生结果的一个经常性衡量指标是对不同类型客户的销售额。如果销售额的增长是企业的一个关键目标，那么对新客户销售额与相对应的奖励性薪酬之间的关系进行相关分析是很有用的，通过这种分析可以看出到底有多少奖金或佣金用于对新客户销售额的增长提供报酬，当前的状况与企业高层管理人员的期望是否一致。

2. 产品

在销售多种产品的企业中，有些产品的利润率显然要比其他产品高得多。如果企业的产品销售战略已经确定，那么一种比较好的分析方法是，看一看到底有多少奖金或者佣金被用来对新产品或企业主推产品的销售进行奖励。

3. 成本与生产率指标

一般情况下，企业销售人员的奖励预算都是基于预期的销售额确定的。在年底，企业可以将实际支付的奖励性薪酬与期初的奖励性薪酬预算加以对比。按理说，如果全年的销售目标没有实现，那么，全年的实际奖励性薪酬成本应当低于年初的奖励性薪酬预算。然而，常常会出现销售目标没有完成，而奖励性薪酬的成本达到或者超过预算的情况。如果出现这种情况，就意味着可能需要对这种新的薪酬计划进行修正或者重新设计。

小专栏 9-2

葛兰素史克公司调整销售人员薪酬体系

2013 年 12 月 18 日，英国制药企业葛兰素史克（GSK）中国公司宣布，从 2014 年起，将对直接面向处方医生的销售人员（包括医药代表和销售经理）的考核和薪酬体系进行根本性调整，即销售人员的奖金不再以个人的销售指标完成情况为基础计算，公司将根据专业知识、服务质量以及对公司价值观的践行程度对这些销售人员进行考核。与此同时，葛兰素史克公司还将停止向医生提供药品宣讲费，停止直接资助医生参加医学会议。

公司指出，新的销售薪酬体系是为了确保公司把患者的需求作为所有工作的核心，这一措施是基于 2011 年率先在美国成功实施的“以患者为中心”计划推出的。新的销售人员薪酬体系将于同年在全球其他市场推出，2015 年年初在全球执行。由于葛兰素史克是在中国第一家实行这种调整的医药企业，因此，公司表示可能存在风险：这种做法可能会得罪公司商业部门的现有员工以及依赖制药企业提供医药培训且在这方面缺乏替代资金来源的许多医生。

外界的普遍看法则是，葛兰素史克公司的这种调整实际是其针对在中国的贿赂丑闻而采取的补救措施。该公司不仅在 2012 年被美国监管机构开出 30 亿美元的创纪录巨额罚单，而且于 2013 年在中国惊爆丑闻：该公司高管以及销售人员通过各种渠道向医生以及相关领域的官员行贿，以推动医生在处方中开该公司的药品。丑闻暴露之前，该公司每年会给销售代表制定非常高的个人销售目标，同时制定诱人的激励机制：如果完成销售指标，则全年奖金高达七八万元。如果能拿到超额奖金，所得奖金会更高且上不封顶。有时一名普通的销售代表就能拿到 40 万元的奖金。销售业绩好的人员还能进入精英俱乐部，获得去海外旅游的奖励。此外，公司还默许销售人员以讲课费、餐费等形式将销售额的 7%～10%用来向医生行贿，以达到让医生多开药的目的。

资料来源：1. 王霞．葛兰素史克取消个人销售指标 调整薪酬体系．每日经济新闻，2013-12-18.

2. 袁国礼．葛兰素史克行贿内幕：大客户公关费年送近千万．京华时报，2013-09-03.

第2节　专业技术人员的薪酬管理

一、专业技术人员的特点及其薪酬决定

（一）作为一个特殊群体的专业技术人员

专业技术工作通常是指利用既有的知识和经验来解决企业经营中遇到的各种技术或管理问题，帮助企业实现经营目标。这里的知识一般是指通过大学或更高程度的正式学习才可以掌握的知识。专业技术工作大多以脑力工作为主，需要特定员工在工作过程中充分发挥自己的积极性和主动性，利用掌握的知识和工作经验作出决策或进行创新。专业技术类职位大致可以划分为三大类：需要在特定领域具有一定造诣的职位，例如律师；需要有创新精神和创造力的职位，例如艺术家和设计人员；需要具备经营知识和市场洞察力的职位，例如财务人员。综上所述，我们可以把专业技术人员（professionals）定义为具有专门的技术知识和经验或者专业技术资格证书的工程师、会计师、律师、科学家、经济学家等。专业技术人员从事的主要是脑力工作，他们或者把握企业的整体运行情况，为企业的发展提供咨询建议或谋略支持；或者直接从事专业技术研究开发工作，对企业的相对技术竞争优势产生重要的影响。

与组织中的其他各类人员（比如生产人员、职能管理类人员以及行政事务类人员）相比，专业技术人员一个很重要的特征就是，他们对专业和技术的认同程度往往要比对企业的认同程度高。同时，专业技术人员往往与事物（比如数据、信息、材料、图纸或者机器设备等）打交道较多，而与人打交道较少。在一些极端情况下，专业技术人员和企业之间甚至可能是相互独立的，企业只是员工为之提供专业知识和技能的一个客户而已。而专业技术人员在企业中经常遇到技术本身的完美与企业对利润等其他目标的追求之间的冲突。比如，一家制药企业可能希望一种性能还不太稳定的药品尽快上市抢占市场，而药物研制人员却希望药物的稳定性更高一些，应该晚一点上市。再比如，研发人员可能希望研制一种所代表的技术水平更高但是未来的市场前景并不是很确定的新产品，而企业则对产品所代表的技术水平并不十分感兴趣，相反，它可能更关心新产品能否盈利。

企业中的专业技术人员遇到的一个非常大的挑战是知识和技术的更新问题，因为专业技术人员是凭借已经掌握的技术知识和经验来创造性地为企业解决问题的，许多领域中的知识的更新速度都非常快，所以，很多专业技术人员除了要完成日常工作，还必须抓紧时间学习新涌现出来的各种理论和技术知识。由于对自身所掌握的技术知识的先进程度（自己在外部市场上的价值）非常关心，因此，在企业对技术人员提供的薪酬中，除了货币性薪酬之外，有机会更新技术知识或者企业提供学习新的知识和技能的机会，也是对专业技术人员非常有吸引力的一种薪酬。

企业在对技术人员进行管理时遇到的一个主要困难是，专业技术人员要么是专业化程度很高，要么是创造性很强，对他们的工作活动进行监督不仅成本很高（尤其是在管理者不具备专业技术人员所具有的那些知识和能力的情况下），而且毫无意义。事实上，有时根本没

有办法去监控他们的工作过程，而只能对工作结果进行评价。比如，对于软件开发人员来说，关键是要看他们开发产品的时效性以及产品的市场销售状况。当然，有时考察专业技术人员的工作过程是有益的，比如，评价技术人员在研发过程中与其他技术人员之间的合作性以及知识的开放性，或者技术资料的积累情况等，对企业是有利的。

最后，在很多情况下，处于同一领域但专业技术水平不同的人所从事的工作内容基本相同，但是他们在解决问题时所投入的时间和精力或者所起的作用存在很大差异，因此，如果简单地根据他们所从事的工作确定他们的薪酬水平，可能很难反映出不同的专业技术人员对企业所作出的贡献之间的差异。在专业技术人员的薪酬决定中，能否有效地区分不同专业技术人员的专业技术水平是一个非常关键的问题。我国过去对专业技术人员的技术水平主要采取的是评职称的方式，这种方式虽然在一段时期内起到了合理区分技术水平的作用，但是随着时间的推移，职称逐渐变成一种资历而不是真正的技术水平的标志。所以，由国家为所有专业技术人员评定职称的做法已经不能适应我国市场经济的发展。

在市场经济条件下，对专业技术人员的技术水平认定主要有三种渠道：一是各种社会性的专业技术协会，比如电气工程师协会、软件工程师协会、人力资源管理学会等，这些学会或协会可以通过考试以及专业技术认定的方式来确定专业技术人员是否达到了某种专业技术等级。二是企业自己。事实上，越来越多的企业根据自己的需要为本企业的专业技术人员评定内部职称。由于不同的企业对专业技术人员的技术水平要求不同，同时专业技术人员在不同的企业中发挥作用的方式也存在很大差异，因此，各企业自己评定专业人员技术等级的做法能够有效地满足企业的管理需要，尤其是当企业中的专业技术人员类型比较单一，但是技术层次相差很大的时候。三是外部劳动力市场。专业技术人员通常会通过流动找到一份与自己的技术和能力最为匹配的工作并获得相应的收入，因此，在对专业技术人员的技术资格进行鉴定非常困难，或者鉴定成本很高的时候，对其在过去一段时间里在其他企业所得到的实际薪酬水平进行考察，有助于企业了解和判断专业技术人员的实际技术水平和能力。

（二） 专业技术人员的薪酬决定方式

企业在决定专业技术人员的薪酬时可以采用职位评价法。这时所采用的报酬要素强调解决问题的能力、创造性、工作的范围、技术知识和经验要求等。在对专业技术类职位进行评价时，计点法和职位分类法在很多企业得到运用。进行职位评价时，往往把不同的专业技术等级——比如一级工程师、二级工程师等——作为一个单独的职位来看待，它们不仅在任职者的能力要求方面存在差异，有时候在工作职责和工作内容方面也存在差别。

由于专业技术类职位往往更强调任职者的创造性和解决问题的能力，而这样一些报酬要素不容易加以比较和衡量，因此，在现实中，企业很少采用传统的职位评价法来对专业类职位进行定价。大多数企业采用市场定价法。它们往往根据市场状况首先确定一个自己能够承受的最优薪酬水平，同时确定标杆职位的价值，然后再把这些标杆职位以及其他专业类职位插入某个薪酬结构中。在每个专业领域，一般的做法是划分 4～6 个等级，同时使每个等级对应一个浮动范围比较大的薪酬区间。当企业雇用的是具有全球工作机会的专业人员时，这种做法有助于企业保持薪酬水平的竞争力。

小专栏 9-3

梅奥诊所的医生薪酬“大锅饭”

梅奥诊所（Mayo Clinic）于1864年由梅奥医生在明尼苏达州罗切斯特市创建，是一个在世界上极具影响力、代表世界最高医疗水平的历史悠久的综合医学中心，是一个包括门诊、医院、医学研究及医学教育机构等在内的一个全面的医疗保健系统。在各种美国医院排行榜中，梅奥诊所几乎总排在前五名。在《美国新闻与世界报道》（*U. S. News & World Report*）发布的2014—2015年美国最佳医院排行榜中，梅奥诊所位居第一。尖端的医疗技术、出色的医疗效果以及大量的科研投入是确保梅奥诊所能够雄踞各大榜单的因素。

然而，梅奥诊所的薪酬体系却独树一帜。美国的大多数医疗机构都是根据医生诊治的病人数量支付薪酬的。而梅奥诊所的医生却吃“大锅饭”，他们的年薪不与门诊量、手术量、科研产出、绩效表现以及医疗质量等任何因素挂钩，没有任何绩效奖金或分红。所有的医生——无论是世界知名医生，还是刚刚开始职业生涯的年轻医生——拿到的年薪几乎一样。假定预设年薪是50万美元，则第一年拿预设年薪的60%即30万美元，然后逐年等额递增，直至第六年达到目标薪水50万美元。此后，无论医生的资历如何，都将持续稳定在这个水平上。

梅奥诊所的这种薪酬设计与其医疗理念紧紧联系在一起，它相信，协同医疗利用更少的资源提供更理想的结果。事实上，梅奥诊所是最早也是最大的倡导综合性协作医疗（integrated healthcare）的医疗机构。在梅奥诊所，每位患者都有自己的协调医生，他们负责全程协调专科门诊或者会诊。这种处处强调协同、创造协同环境的理念带来的结果是振奋的：病人平均住院天数短，花费少，需要接受ICU治疗的患者比率也远低于平均值。

梅奥创始人威廉姆·梅奥在1932年说过：“梅奥从不是一个利润分享的组织。”也就是说，除了合理的回报，梅奥从一开始就没有将奖金和分红提上议事日程。所有的盈余都用于投资未来。然而，这种薪酬体系不会产生问题吗？它能吸引和留住医生吗？它会养懒汉吗？

由于梅奥诊所的薪酬水平紧跟市场，即使是大锅饭的水平也能在市场上具有相当的竞争力。在运行良好的情况下，诊所每年会适当整体性地提高年薪水平。因此，纯粹从收入的角度来看，大锅饭本身并不会成为绝大多数优秀人才离开的原因。相反，由于没有工作量以及创收的压力，医生有足够的自由把时间花在需要治疗的病人身上，由此产生的满足感和成就感是薪酬本身无法取代的。事实上，梅奥诊所的人员流失率在医疗行业是极低的，只有大约2%。

梅奥诊所认为，通过金钱来激励医疗质量的提升是荒诞的，这是对医学和医生职业的一种亵渎。它巧妙地利用组织文化和同事压力来保证质量。美国医生群体中有一种与生俱来的竞争意识，能够读完医学院、完成住院医师培训进入诊所的都是佼佼者，谁都不愿意成为弱者，这种同伴之间的压力足以约束个人的行为。如果个别医生的价值观与梅奥诊所不符，通常情况下会迫于同伴压力选择主动离开。

而在传统的绩效奖励体系下，医生会让患者做可做可不做的手术，重复做各种检查。

在这种体系下，如果医生把病人的健康状况维持在一个很好的水平，反而成了一件坏事。在所谓多劳多得的体制下，医生如果没有化验和手术可做，收入就会随之降低。

资料来源：1. Riegger M. H. 12 secrets to Mayo Clinic's success. Dvm：the Newsmagazine of Veterinary Medicine，2012.

2. McCarthy D.，Mueller K.，Wrenn J. Case Study Mayo Clinic：Multidisciplinary Teamwork，Physician-Led Governance，and Patient-Centered Culture Drive World-Class Health Care，2009.

3. Bunkers B.，Koch M.，Lubinsky J.，et al. Value-based physician compensation：a link to performance improvement. Healthcare Financial Management Journal of the Healthcare Financial Management Association，2016，70（3）：52.

4. Bunkers B.，Koch M.，McDonough B.，et al. Aligning physician compensation with strategic goals. Healthcare Financial Management Journal of the Healthcare Financial Management Association，2014，68（7）：38.

二、专业技术人员的薪酬设计

（一）专业技术人员的事业成熟曲线及其薪酬决定

从本质上来讲，企业向专业技术人员支付的薪酬实际上是对他们所接受的若干年专业技术训练以及所积累的专业技术经验的价值的一种认可，因此，专业技术人员的技术水平高低是决定其薪酬水平的一个非常重要的因素。专业技术人员的技术水平取决于两个方面的因素：一是其接受过的正规教育和训练水平；二是工作年限和实际工作能力。在专业技术人员所接受的专业技术教育和训练水平一定的情况下，工作年限的长短是专业技术人员技术水平的一个重要决定因素，这一方面是因为很多专业技术知识需要在实践中不断深化，另一方面是因为专业技术人员会在工作的过程中继续学习甚至创造新的知识。因此，在实践中，根据专业技术人员的事业成熟曲线（maturity curve）（见图 9-1）来确定其薪酬水平是一种比较常见的做法。

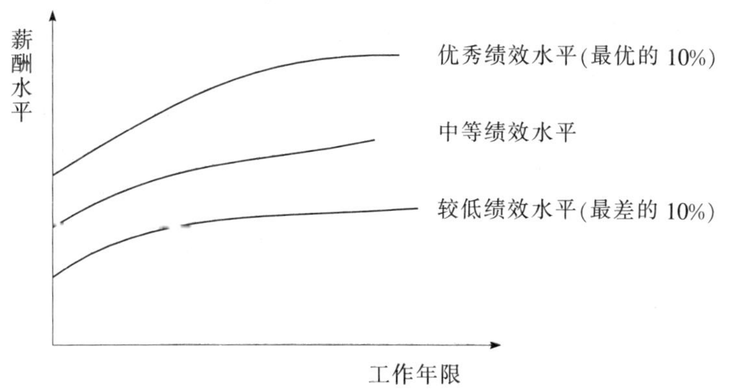

图 9-1　专业技术人员的事业成熟曲线

事业成熟曲线从动态的角度说明了专业技术人员的技术水平随着工作时间而发生变化的情况以及它与专业技术人员的薪酬收入变化之间的关系。成熟曲线所依据的数据来源于对外部劳动力市场的薪酬调查，多数情况下是从专业技术型员工大学毕业这一时点开始收集的。由于某一特定劳动力市场所需要的知识和技术具有相同或相近的性质，因此专业技术人员的参照对象可以选定为在同一时间段毕业、进入相同或类似劳动力市场的那些同行。通常情况下，专业技术人员的事业成熟曲线起步很快，在大学毕业之后的5～7年中上升速度是最快的，每年增幅大约为10%～15%；15～20年之后，随着员工知识的逐渐老化和创造力的减弱，事业成熟曲线开始变得平缓，增幅降到0～5%，其后便相对稳定在一定的水平上。事业成熟曲线反映出，专业技术人员所积累的专业知识和技术在刚刚进入劳动力市场时非常有优势，再加上工作经验的逐渐丰富，其工作能力提高很快，因而，这一阶段的薪酬增长速度也很快。但是经过一段时间以后，随着原有专业知识和技术的老化，工作经验对于价值创造的作用呈现递减趋势，专业技术人员的工作能力提高速度逐渐减缓直至进入一个事业平台，此时，专业技术人员的薪酬稳定在一定的水平上。除了工作年限以外，专业技术人员的实际工作绩效差异也会导致他们的事业成熟曲线不同。在其他条件相同的情况下，工作绩效较高者的成熟曲线位置更靠上一些，而绩效较差者的成熟曲线所处的位置则比绩效平均水平者的成熟曲线更低一些。

（二） 双重职业发展通道

近年来，在专业技术人员的薪酬设计中提得比较多的一个问题是双重职业发展通道（dual career path）。在以职位为基础的传统职能型组织中，决定员工薪酬的一个重要依据是职位在企业中的级别高低。因此，一大批专业技术人员发展到一定的级别之后，就将精力转移到了谋取职位晋升方面。很多时候，虽然专业技术人员不喜欢跟人打交道，也不了解如何跟人打交道，或者说根本不愿意搞管理工作，但是，由于只有做管理工作才能获得职位等级的晋升，因此，许多优秀的专业技术人员最终都以放弃专业技术工作为代价获得了职位的晋升，当然还有相应的薪酬水平的提高。然而，专业技术人员的这种取向对于企业来说却未必有利，因为不懂管理也不喜欢搞管理的优秀技术人员转变角色之后，实际上会给企业带来双重损失。关于这方面的问题，我们在本书的前面几章中已经有所提及，这里就不再赘述。

鉴于上述问题的存在，近些年来，越来越多的企业开始实行专业技术人员的双重职业发展通道（见图9－2）。所谓双重职业发展通道，就是指在薪酬方面专业技术人员可以谋求两种不同的晋升路径：一种路径是走传统的道路，即从从事专业技术工作转变到从事管理工作；另一种路径是继续从事专业技术工作。无论走哪一条道路，专业技术人员同样具有薪酬增加的空间。因此，当专业技术人员达到职业发展生涯一定阶段的时候，他们就会考虑到底是按照原有的轨迹继续发展下去，通过借助自身的专业技能为组织作出更大的贡献而获得更高的收入，还是另辟蹊径，通过承担越来越多的管理职责来获得更高的薪酬。这给专业技术类员工提供了一个更大的发展空间。

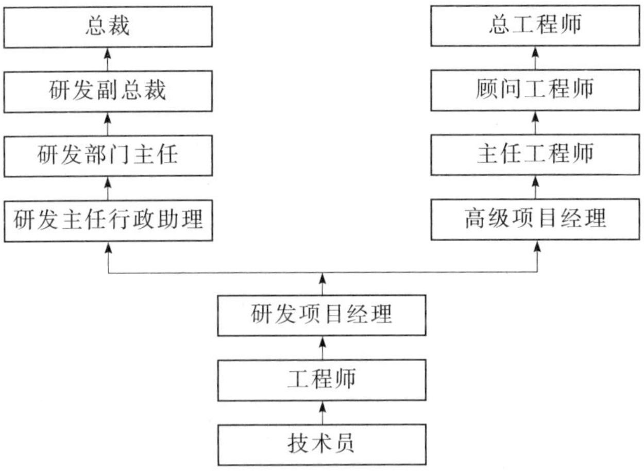

图9-2　专业技术人员的双重职业发展通道

（三）专业技术人员的薪酬水平

由于专业技术人员所掌握的知识与技能是人力资本投资的结果，这种投资与作为劳动力载体的劳动者在很多时候是无法分离的，很容易跟随劳动者本人转移到其他组织当中去，因此，一方面，专业技术人员对技术的认同性高而对组织的认同性相对较低，流动的可能性比其他类型的员工要大一些；另一方面，专业技术人员的劳动力特点决定了他们很容易在不同的组织之间流动而不会导致较大的生产率损失。在实践中，专业技术人员的劳动力市场价格非常清晰，而且受供求影响的波动非常明显。如果其他企业所支付的薪酬水平明显较高，在知识和技能开发方面也不差，则专业技术人员出现流动的可能性非常大。

在确定专业技术人员的薪酬水平的时候，通过市场薪酬调查得到外部劳动力市场上的薪酬水平数据是非常关键的一个步骤。然而，专业技术人员的薪酬调查却不是一件很容易做的事情。一方面，虽然获得关于某一特定类型的专业技术人员（例如工程师或者会计师）的薪酬数据乍看上去不是很难，但这些数据的可用性有时候却并不是很好，这是因为，虽然专业技术人员在企业中看上去都在做同样的事情，但事实上他们的工作内容和工作效果可能相差很大。另一方面，与其他职位类型相比，专业技术类职位的工作内容在不同企业之间的差异可能会比较大，发生变动的可能性也比较大，因此，从其他企业获得的专业技术人员的薪酬数据往往并不适用于本企业。正因为如此，通常情况下，企业一般会以专业技术人员的事业成熟曲线和外部市场上的相应薪酬数据为依据，同时考虑员工个人的知识技能水平以及经验状况来确定他们的薪酬水平。当然，专业技术人员的具体职位可能也是一个参考因素。

对于雇用专业技术人员较多的企业，这些员工的绩效好坏对企业的经营状况以及竞争力的影响非常大。但是由于专业技术人员薪酬的市场敏感度比较高，因此，为了挽留和有效激励组织中的这些核心力量，有实力的企业一般会选择成为特定劳动力市场上的薪酬领导者，至少也会支付与竞争对手持平的薪酬。当企业薪酬的内部一致性与外部竞争性产生冲突的时候，对于技术人员的薪酬决策来说，外部竞争性的重要性远远超过内部一致性的重要性。

（四）专业技术人员的薪酬结构

1. 基本薪酬与加薪

如上所述，专业技术人员的基本薪酬往往取决于他们所掌握的专业知识与技术的广度与深度以及他们运用这些专业知识与技术的熟练程度，而不是他们所从事的具体工作岗位的重要性。这是因为，一方面，专业技术人员对企业的价值差异不是体现在所从事的具体工作上，相反，同类专业技术人员在同一个企业中所从事的工作是极为相似的，但是他们所创造的价值差异极大；另一方面，要对专业技术人员所从事的工作进行评价是一件非常困难的事情，比如在对科研人员、艺术工作者、专业工作者的工作岗位进行评价时，管理者需要接触到相当多的专业词汇，需要与被评价职位的承担者进行大量深入细致的交流。尽管如此，管理人员仍然无法像专业技术人员那样熟练地驾驭专业词汇。因此，对专业技术人员所从事的具体工作岗位进行评价就变得非常困难，尤其是当专业技术人员在企业中所从事的具体工作要随着外部市场情况的变化而灵活调整的时候。

在基本薪酬一定的情况下，专业技术人员的加薪主要取决于他们的专业知识和技能的积累程度以及运用这些专业知识和技能的熟练水平的提高。因此，通过接受各种培训以及获得相应的学习机会提高自身的知识水平和能力，是专业技术人员获得加薪的一个主要途径。由于在知识水平一定的情况下，专业技术人员的工作经验是其生产率的一个很好的预测变量，因此，专业技术人员的薪酬随着工作年限的延长而上升的情况是很常见的。此外，专业技术人员的绩效评价结果对他们的加薪也会有一定的影响。

2. 奖金

在专业技术人员的薪酬体系中，奖金的重要性不大，因为专业技术人员主要是靠知识和技能的存量及其运用来获得报酬的，而在很多时候，他们的这种专业知识和技能本身有明确的市场价值。因此，专业技术人员通常可能获得较高的基本薪酬，即使有一定的奖金发放，奖金所占的比重也比较小。一种可能的例外是，对从事技术或产品研发的专业技术人员，以及研发出为企业带来较多利润的新产品的专业技术人员或专业技术人员团队，企业会给予一定的一次性奖励，或者让他们分享新产品上市后一段时期内所产生的利润。

3. 福利与服务

在福利和服务方面，专业技术人员对一些常规的福利往往不是很感兴趣，但是他们非常看重继续接受教育和培训的机会，因此，在专业技术人员比较多的企业中，企业除了尽力为专业技术人员的工作提供各种物质条件上的便利之外，还会尽量为员工提供一些在国内外进修深造的机会，为他们参加各种学术活动（如专业学术讨论会、科技发明认证会等）提供费用和时间上的便利。企业这样做，一方面是为了满足员工个人发展的需求，提高其对组织的忠诚度；另一方面是要使他们有机会吸收新的科技知识，接触本学科的前沿，学习其他企业同类人员的科研方法，同时建立企业间的技术合作关系，从而为员工个人和企业的未来发展创造条件。

第 3 节　外派员工的薪酬管理

一、外派员工概述

（一）外派员工的定义

当特定的企业进行跨国经营时，一般都会选择向目标市场外派员工，由他们负责产品的销售、服务的提供、新市场的开拓以及与他国企业之间的合作。外派员工（expatriate）通常是指那些因为短期任命而被派至国外工作的员工，他们的任期可能会持续 1～5 年，典型情况下是 2～3 年。针对这一特殊群体，不同的企业通常会制定出不同的人力资源管理政策，以便他们能够努力地完成企业赋予的使命。

在不同的文化环境下，企业对外派员工的理解是不一样的。对于大多数欧洲和日本企业而言，由于国内市场份额在企业的总销售额中所占的比例甚小，因此，企业将员工派驻到国外自然也就被本土员工视做职业生涯的一种常态，甚至会成为一种相当有趣的挑战以及获得晋升的必备条件。而对于产品的国内销售占较大份额的其他一些国家（例如美国、加拿大以及中国）的企业而言，国内市场才是最重要的市场，员工们会把离开本土工作理解成远离企业经营的主流，去为企业进行一种新的尝试，而尝试的结果是成功还是失败似乎并不那么重要。在这样的企业里，外派任务通常会交付给那些具有一定冒险精神、对目标国家比较了解（比如掌握目标国家的官方语言等）或者有一定外派经验的员工。

（二）外派员工的构成

当企业决定走向世界的时候，它在人力资源管理方面所面临的最大挑战在于，挑选出那些适合派往国外的工作人员并对其进行有效的薪酬支付。事实上，这对于那些刚刚走向国际市场，但是力图发展成为一个国际性企业，并逐渐赢得和保持在世界市场上的竞争地位的企业来说，是十分重要的。

从外派员工的来源来看，外派员工可以由两部分人构成：一是母国外派员工；二是第三国外派员工。其中，母国外派员工是指由本国直接派往目标国家工作的员工，又可以称为国外服务员工、国际员工等。第三国外派员工则是指因为工作需要，暂时为其他国家的企业在第三国工作的员工。举例来说，当一名德国人被某日本企业雇用并且被暂时派往美国工作时，他就是第三国外派员工。这里我们主要对母国外派员工的有关特征及其薪酬管理进行阐述。

从企业逐步实现国际化的阶段历程入手，我们可以发现企业外派员工的政策也会发生相应的变化。在企业涉足国际市场的最初阶段，往往只有一两名员工符合企业的外派要求，企业很难有足够的精力去顾及外派员工对陌生文化的适应能力、个人的语言流利程度等问题，因此，原本在国内绩效十分优异的员工在被外派到国外之后却无法胜任工作的现象很常见。此后，随着企业在外派员工方面的经验逐渐增加、竞争环境的日益变化、企业经营理念的日趋成熟，在外派员工的类型、企业外派员工的意图和理念、外派员工的绩效等方面都会发生一定的变化，具体情况可以用表9-8来表示。

表9-8　企业国际化的不同阶段以及员工外派政策

不同的阶段	外派员工的类型	外派员工的理念
起步阶段	皆为母国外派员工	完成工作任务
国际事业部阶段	大多数是母国外派员工，部分是第三国外派员工	即兴发挥
跨国经营的初始阶段	母国外派员工逐渐为第三国外派员工和东道国员工所取代	职业生涯设计和薪酬支付相结合
跨国经营的成熟阶段	更多地使用有利于成本节约的外派员工	在国内和国外都面临更大的职业风险
全球化公司	立足全球网罗人才，不关心国籍问题	良好的职业生涯设计和归国计划

二、外派员工的薪酬管理

（一）外派员工薪酬的定价方式

在确定外派员工的薪酬时，不同的企业可能会选择不同的做法，以适应企业的特殊环境和特殊需求。一般来说，具体的做法包括：谈判法、当地定价法、平衡定价法、一次性支付法、自助餐法等。

1. 谈判法

对于涉及国际业务的企业而言，由于外派员工通常较少，因此多半会采取谈判的方式来与每一位员工单独交涉。在这种薪酬确定方式中，生活费用、居住成本、税率等问题往往不是双方考虑的重点，最终达成的结果在很大程度上取决于双方的谈判技巧以及员工执行特定任务的愿望。

采用谈判法确定外派人员的薪酬操作起来比较简单，管理成本相对其他方法较低，使用范围较为广泛。风险在于，如果公司与处在同样环境下的两名外派员工的谈判结果存在很大差距，而这种差距又被他们发现了，就会损害公司与员工之间的信任关系，挫伤员工的工作积极性和对组织的忠诚度。这一风险可能很大。

2. 当地定价法

所谓当地定价法，是指向处于类似职位的外派员工支付与东道国员工相同数量的薪酬。这是一种以东道国为基准的薪酬计划。如果把员工从一个国家永久性地迁移到另一个国家去工作，或者是让该员工在东道国度过余下的职业生涯，这种做法的优越之处十分明显。它有利于保证员工对企业内部公平状况的认同感，有利于保持企业员工的稳定性。

当企业把员工由生活水平相对较低的国家派往生活水平较高的国家时，采取当地定价法的原因是不言而喻的。如果员工必须缴纳比国内更高的房租、水电费、交通成本、子女教育费用，企业就必须给予员工足够的补贴，这样才能为外派员工提供基本的工作条件和生活条件。

3. 平衡定价法

与当地定价法相对应，平衡定价法的目的在于通过给员工支付一定数量的薪酬，确保员工在东道国享受到与母国相同或相近的生活水平，并使其薪酬水平、薪酬结构与母国同事具有一定的可比性。这是一种以母国为基准的薪酬计划。大多数跨国企业都采取这种方式来确定外派员工的薪酬。比如，一家美国公司在法国雇用的管理人员被派往俄罗斯工作时，公司会基于法国的薪资结构付酬。这位管理人员通常会得到包括生活成本补贴、安置补贴、住房补贴、教育补贴以及艰苦补贴等在内的各种补贴。企业一般还会向这位管理人员支付相对于他在母国工作时的税赋额外多出来的那一部分税款。

在这种方法下，员工的经济实力和购买力基本上不会有什么损失，同时还可以确保员工在企业内部实现最大限度的流动。其不足之处在于操作起来比较麻烦，会给企业带来较高的管理成本。

4. 一次性支付法

当企业使用一次性支付法时，它会在员工的基本薪酬和各种奖金之外提供一笔额外的补贴。这笔钱通常都是一次性付清的，员工可以随心所欲地支配：无论是选择住小公寓，三餐吃鱼子酱，还是送子女去私立学校读书，员工都可以自由选择，而这种选择不会对其既有的薪酬造成任何影响。

与平衡定价法相比，一次性支付法的优越之处在于它可以最大限度地重现员工在母国时的薪酬环境，因此能够更好地满足外派员工对外派前后生活水平持平的要求。但是显而易见，对一次性支付的具体额度的计算是一个甚为棘手的问题。

5. 自助餐法

所谓自助餐法，顾名思义，就是指企业向员工提供各种不同的薪酬组合供员工选择，即在薪酬总量一定的情况下，外派员工可以选择自己认为最理想的薪酬构成及相应的薪酬水平。因此，自助餐法与一次性支付法在很大程度上有共通之处，不过相比较而言，一次性支付法是一种更为开放的体系，它赋予员工更多的自主权，因此也就更容易实现有效的激励。

从本质上说，这些不同的做法之间并不是相互独立的，针对不同类型的外派员工采用不同的支付方式对于企业日常经营而言是很常见的。举例来说，在同一个企业中，企业可能会选择对那些经验尚显不足的员工采用当地定价法；对中等绩效水平的管理者按照平衡定价法提供报酬；而对高层管理人员则采用自助餐式的薪酬计划。几种外派人员薪酬定价方法之间的比较见表 9－9。[①]

表 9－9　　几种不同的外派员工薪酬确定方式

定价方式	适用对象	优势	劣势
谈判法	● 在特殊情况下 ● 外派员工较少的组织	● 比较简单	● 外派员工人数增加以后，操作难度会加大
当地定价法	● 长期外派任务 ● 初级外派员工	● 管理简便 ● 保持和当地员工之间的公平性	● 外派员工的经济状况与当地员工之间本来就存在较大的差异 ● 常常需要通过谈判加以补充

① Calvin Reynolds. Compensation Basics for North American Expatriates. ACA Journal，1994：3.

续前表

定价方式	适用对象	优势	劣势
平衡定价法	● 有经验的中高层外派管理员工	● 保持与国内同事之间的平衡 ● 便于员工在企业内部的流动和重新返回	● 管理起来难度相对较大 ● 会形成一种既得的享受资格 ● 会侵蚀外派员工的经济收入
一次性支付法	● 只执行短期任务（少于三年）并且会回国的外派员工	● 比平衡定价法更有利于保持与国内同事之间的平衡 ● 不会侵蚀外派员工的经济收入	● 汇率的变动使其无法适用于所有的外派员工，只能适用于相当短期的外派任务
自助餐法	● 高层外派管理人员 ● 相对基本薪酬来说总体收入比较高的外派员工	● 比其他做法的成本有效性更高	● 很难适应需求各异的传统外派员工的需要

（二） 外派员工的薪酬构成

毋庸置疑，在薪酬管理乃至整个人力资源管理领域中，外派员工的管理及其薪酬支付都是一个难度相当大的问题。而在各种可能的约束条件下，外派员工对公平性的要求是外派员工薪酬管理的一个关键问题。具体来说，这种公平性包括外派员工与其国内同事之间的公平，外派员工与东道国同事之间的公平，以及母国外派员工与第三国外派员工之间的公平等。在实际的薪酬管理操作过程中，我们必须考虑以下几个方面的问题。

1. 基本薪酬

从大的方面说，外派员工的基本薪酬应该和在国内与其处于相似位置的同事处于同一个薪酬等级，这可以通过职位评价和薪酬等级评定来确定。当然，由于本国和东道国的工作环境不同，工作内容往往也缺乏可比性，加上对外派员工的工作进行有效监管的难度很大，因此操作起来会遇到很多障碍。此外，在同一薪酬等级内部对国内员工和外派员工薪酬水平进行的日常调整，应该在同一个时间段里按照同样的幅度进行。如果组织无法就这一点作出承诺，外派员工很可能会担心自己在加薪时被遗忘，进而降低对组织的承诺水平。

2. 奖金

在对外派员工进行管理的时候，最重要的是使他们保持与在国内时一样的心态。考虑到外派工作往往与一些不利的条件联系在一起，比如工作上缺乏必要的监督和指导，要与陌生的文化打交道，要学会使用另一种语言，要改变既有的家庭生活方式等，在这样的环境下工作，员工必然要付出更大的努力，因此，根据员工的业绩表现向员工支付一定数量的奖金是有一定意义的。当员工的工作结果比较容易衡量时，支付奖金的做法能够有效地解决监督不足的问题。

3. 补贴

国内与东道国的工作环境和生活环境之间存在很大的差异，而企业向外派员工支付补贴的目的就在于，对他们的生活成本进行补偿，使他们得以维持在国内的生活水平。在国内的生活成本比国外的生活成本低很多的情况下，补贴的作用就更不言而喻了。一般来说，企业为外派员工提供的基本补贴通常与税收、住房、教育成本、生活费用、利率差异等有一定的关系。

4. 福利

鉴于外派员工在企业中的特殊地位，企业在制定福利制度时需要对外派员工的福利作单独的考虑。举例来说，东道国的医疗保险、房屋费用、交通成本可能都与国内存在不小的差距，这些必须在福利费用中体现出来。此外，外派员工的假期通常应该更长一些，以保证他们有机会回国与家人团聚。

随着企业经营全球化和国际化的程度逐步提高，上面的这些考虑越来越没有必要，因为国家与国家之间、企业与企业之间的差异会逐步消失，母国和东道国之间的人员调整会变成一件非常平常的事情。事实上，在有些全球化公司中已经出现一些"没有母国的员工"，他们只对企业负责，基于自己的流动性及对组织的承诺获取相应的报酬。

第 4 节　管理人员的薪酬管理

一、管理人员概述

（一）管理层的构成

成为一名管理人员是很多人满足个人成就感的一条重要途径，这是由管理本身所具有的挑战性、丰富的工作内容以及与人打交道的乐趣所决定的。从广义上来讲，管理人员（manager）既是一种内部角色，又是一种外部角色。在组织内部，管理人员要作为领导来引导和监控整个组织的运行，尽量满足员工个人的合理需要；同时，在组织的外部，管理人员还要与各种机构、人员等打交道，以实现组织成员的共同目标。对任何一个组织而言，管理人员从来都是举足轻重的。

通常情况下，规模达到一定水平的企业都有若干个管理层级。总的来说，这些层级可以简单地划分为以下三个。

1. 高层管理人员

高层管理人员位于组织结构的最高层，往往只占员工总数的不到 1%。他们的主要使命在于密切关注企业的外部经营环境，为确保组织高效运转制定总体上的战略目标，同时为组织的成长和发展获取各种必要的外部资源。高层管理人员需要对组织的整体经营状况、主要部门的日常运作以及其他一些重要职能负责，因此，根据组织整体的经营绩效来衡量高层管理人员的工作业绩，是一般企业都会采取的做法。

2. 基层管理人员

基层管理人员，又称为一线管理人员，在组织结构中与高层管理人员处于遥遥相对的另一端。在经营实践中，基层管理人员的工作更多地集中于企业内部，尤其是带领员工完成具体的工作任务，他们主要负责对一线员工的工作进行监督，并为他们提供直接的指导和帮助。从时间取向上来说，基层管理人员的工作更侧重于短期任务，对其绩效考核与评价主要基于一些短期的绩效指标。基层管理人员往往有较大的晋升空间。

3. 中层管理人员

中层管理人员在组织中的位置恰好介于高层管理人员和基层管理人员之间，在很大程度上扮演了二者之间的信息传递者的角色。就其工作内容而言，中层管理人员需要负责的是组织中某一特定职能（比如销售或人力资源管理职能）的正常运行，并且需要在横向上与其他部门进行大量的沟通和协调。在实践中，由于晋升机会有限，很多中层管理人员成了企业中的既得利益者和企业效率低下的根源。他们既不像高层管理人员那样需要考虑战略，忧心于企业的未来走向以及外部资源的获取，也不像基层管理人员那样承担具体的工作任务，有非常大的工作压力。相反，这些人往往变得无所事事或者消极怠工，企业的许多改革和创新都是因为遭到中层管理人员的变相抵制而流产的。因此，在确定中层管理人员的薪酬时，加大绩效管理在薪酬决定中的力度非常必要。

（二） 管理人员的特殊性

明茨伯格在针对管理人员工作进行的一项经典研究中发现，与通行的看法相反，管理人员大都会陷入大量变化的、无一定模式的、短期的活动中，几乎很少有时间静下心来思考，同时半数以上的管理活动持续时间少于九分钟。在这个研究的基础上，他认为管理人员应当扮演三个方面的角色：人际关系营造者、信息传递者和决策制定者。而这三个大方面又可以进一步细化为 10 种不同却又高度相关的角色：挂名首脑、领导者、联络者、监听者、传播者、发言人、企业家、混乱驾驭者、资源分配者和谈判者。[①]

随着管理层级的不同，管理人员扮演的角色也会出现一定的差异。传播者、挂名首脑、谈判者、联络者和发言人的角色对于高层管理人员要比对于基层管理人员更为有效；而领导者角色对于基层管理人员则要比对于中高层管理人员更为重要。常识也告诉我们，管理层级不同，管理人员所扮演的角色、不同的角色所占的时间比重会存在很大差异。

从心理学的角度来说，管理层还会表现出相同或相近的心理特征，它们亦会对组织的薪酬体系设计产生相当大的影响。管理层大多会表现出三个方面的共性，即对组织的承诺、行为取向和对权力的需求。对组织的高度承诺使得管理层时时刻刻把自己与组织联系在一起，并把大部分时间花在工作上，这种高投入同时也要求组织为其提供很高的回报。行为取向是指管理层倾向于快速采取行动，并根据直觉作出判断，组织则根据管理层的行为表现和结果来向其支付报酬。前面还提到，销售人员一般具有很强的成就动机，与之相区别，管理层在对权力的需求方面会表现得甚为明显，乐于控制事态发展并对结果产生影响，这种心理上的需求要求通过组织的薪酬设计加以满足。

（三） 管理人员的工作特征

基于上面提到的研究，明茨伯格进一步指出，管理人员的工作活动一般都会表现出以下三个方面的基本特征：短暂性、变动性以及不连续性。通常情况下，管理人员每天都要处理大量的事务，有时甚至多达上百件，这就注定了他能够投入到每一件具体事情上的时间是相当有限的。同时，由于这些事务的覆盖范围十分广泛，它们彼此之间存在很大的差距，因此

---

① ［美］斯蒂芬·P. 罗宾斯．管理学：第 11 版．北京：中国人民大学出版社，2012：10－11.

管理人员的工作表现出相当明显的变动性和不连续性。与其他工作不同，管理人员往往不可能在干完一件工作以后再去干另一件，他们可能会从一种活动直接跨越到另一种活动。此外，由于不同的管理职位所从事的活动存在很大区别，所以它们表现出来的特征也不尽相同。举例来说，销售和营销方面的管理职位在短暂性和不连续性方面表现得比其他职位更明显。

二、管理人员的薪酬管理

与其他员工群体相比，管理人员可能是企业在进行薪酬管理时需要关注的诸多特殊群体中最重要的一个：管理人员受激励水平的高低会直接作用于组织的经营绩效和员工的工作满意度，进而影响到企业的竞争力。管理人员作为企业的重要组成部分，不仅会直接作用于企业的经营方向和营销策略，其工作作风和领导风格也会对企业的工作氛围、人际关系等产生影响。

同时，管理人员的薪酬管理又是一个甚为敏感的问题，毕竟组织里的各种决策，包括薪酬决策，都是由管理层一手作出的，他们必须让员工相信自己没有以权谋私。此外，虽然管理层在数量上只占组织中员工总数的很小一部分，但企业对他们的薪酬支付却占企业薪酬总额的相当大的部分。正是由于以上种种原因，为管理人员制定合适的薪酬方案就成了一件至关重要的事情。

与其他职位类似，管理人员的薪酬体系同样由基本薪酬、奖金（又可以进一步分为短期奖金和长期奖金）和福利三部分构成。从基本薪酬与奖金之间的比例来看，基本薪酬一般会占到薪酬总额的 1/3～2/3，具体取决于管理人员在组织结构中的位置：位置越靠上，基本薪酬在薪酬总额中所占的比例就越低；而对于基层管理人员而言，基本薪酬几乎就是其全部薪酬收入。

1. 基本薪酬

在确定管理层基本薪酬水平的时候，组织往往会考虑到多种因素，这些因素包括：企业规模、组织盈利水平、销售状况、所占市场份额、组织的层级结构、其他员工群体的薪酬水平等。当然，不同的管理层级所侧重的因素有所不同：高层管理人员的基本薪酬水平主要受到组织规模的影响，中层管理人员的基本薪酬水平往往会受到企业层级结构的制约，而基层管理人员的基本薪酬水平则更多地与其监管的普通员工的人员类型、数量以及他们的薪酬水平有关。通常情况下，基层管理人员与下属员工之间的平均薪酬差距在 30%左右。

从总体上来说，绝大多数企业都会选择使管理层的基本薪酬水平超过或至少相当于市场平均水平。选择这种做法是出于多方面的考虑：管理人员的工作对于企业而言至关重要；管理人员往往都有很长的工作年限和丰富的工作经验；管理层相对于员工总数而言人数甚少；管理人员和外部市场打交道比较多，因此追求外部公平性的意识较强烈；由于企业对管理层的要求比较高，而劳动力市场上的供给又相对较为紧张，因此企业管理人员的薪酬水平需要具有一定的市场竞争力。当然，管理人员的薪酬水平在很大程度上还是取决于其实际的管理能力和绩效水平高低。

2. 短期奖金

企业向管理人员支付短期奖金，意在对其在特定时间段里（通常是一年）为组织绩效作出的贡献进行奖励。通常意义上的短期奖金都是以组织的总体经营绩效为基础的。由于管理人员对于企业总体经营绩效的实现情况有着比普通员工更大的影响力，因此，管理人员的短期奖金与企业总体经营绩效之间的关系会更为紧密。在具体计算方面，管理人员的短期奖金往往以管理人员的基本薪酬为依据，其具体数额取决于管理人员对经营结果的实际贡献大小。当然，上年度企业的利润水平、组织的生产率高低、具体管理行为的成本节约情况、资本和资产的回报率等因素也会对短期奖金的数量产生影响。

在对管理人员的短期绩效进行衡量时，企业既有可能使用总体盈利水平等单一指标，亦有可能使用对于企业成功而言同等重要的多重指标。在后一种情况下，企业必须把握好不同指标之间的权重。比如，在某公司的短期奖金方案中，管理人员的短期奖金取决于四个方面的测量结果：每股收益率（组织的净收入除以已发行的普通股票的平均数量）；权益收益率（组织的净收入除以股东权益的平均值——普通股收益＋优先股收益＋保留收益）；资本收益率（组织的净收入除以它的平均资本）；资产收益率（组织的净收入除以组织的净资产）。

在这种短期奖金方案中，企业会预先在每个公司绩效维度上都设立组织希望达到的预期目标。一旦这些目标得以实现或超过，管理人员就能够得到相当于其基本工资一定比例的短期奖金。在我们提到的这家公司里，企业希望能够保持10%的资产收益率。如果企业能够实现这一目标，管理人员就能够得到相当于其基本薪酬20%的奖金，资产收益率在10%的基础上每增加5%，管理人员的奖金水平会随之上升5%。

3. 长期奖金

短期奖金大多是在一年时间到期的时候以现金的方式向管理人员支付的，长期奖金通常是延期支付的，它与组织的长期经营绩效具有紧密的联系。长期奖金的主要目的在于通过经济上的利益关系促使管理层和企业的经营目标保持一致，从而激励管理人员关注企业的长期发展以及持续达到更高的绩效水平。

短期奖金比长期奖金的适用范围更大。短期奖金适用于各个管理层级，而长期奖金更多的是针对高层管理人员，这在很大程度上是因为高层管理人员的管理行为与组织的长期绩效之间的联系更为直接和紧密。此外，对高层管理人员的工作进行有效监管和激励的难度也更大。近些年来，长期奖励方案越来越受到欢迎。这是因为，一方面，高层管理人员的绩效表现对组织经营状况的重要性日益显露出来，而长期奖金是对其进行有效激励的最佳途径之一；另一方面，长期奖金给企业提供了一种合理避税的机会，采用这种支付方式，企业可以在收到同样或更好激励效果的同时节约较多的薪酬开支，进一步巩固本企业在劳动力市场上的竞争优势。最后，以各种股票计划为内容的长期奖励制度对于吸引和保留管理人员尤其是中高层管理人员所起的作用越来越大，中高层管理人员持股计划被很多人称为“金手铐”。

4. 福利与服务

管理人员，尤其是高层管理人员，通常都能得到名目繁多的福利和服务。它们中的一部分是针对企业所有员工的，还有一部分是专门针对管理人员的（后者往往被称为补贴）。企业之所以选择这种做法，很大程度上是因为保留管理人员对于组织而言至为重要，而特定内容的福利和服务在吸引和保留这些核心员工方面有着不可低估的功效。

在管理人员能够得到的各种福利中，退休福利通常是其中数额最大的。这是因为，一方面，管理人员本身的薪酬水平就高；另一方面，他们的工作年限相对较长。在很多企业里，高层管理人员还会与企业事先签署雇佣协议：如果企业拒绝向其提供一定的经济补偿，就无权直接解雇高层管理人员。由于这种协议无形之中给管理人员提供了甚为坚实的就业保障，所以又有“金色降落伞”的说法。

三、高层管理人员的薪酬管理

（一）高层管理人员的薪酬构成

1. 高层管理人员薪酬的总体情况及其决定因素

如果说管理层是企业里很重要的一个特殊群体，那么高层管理人员更是这一特殊群体中的特殊群体。高层管理人员的绩效表现在很大程度上直接决定了企业的经营状况，而向其支付的薪酬数额在组织的薪酬总额中占据了相当大的比重，其绝对水平非常高，收入最高的首席执行官年薪动辄达到上亿美元。根据《福布斯》的统计，美国500强公司的首席执行官2011年的总薪酬水平提高了16%，达到52亿美元。相比较而言，美国雇员同年的薪酬水平仅仅平均提高了3%。这500名首席执行官的年薪平均达1 040万美元，其中通过行使股票期权而变现的价值以及既得赠股是总薪酬的主要部分，占到61%。股票平均收益为320万美元，比上年的270万美元有所提高，既得赠股价值平均310万美元。年薪和奖金之和则增长到平均350万美元，涨幅为8%。

20世纪90年代中后期以来，美国等一些国家的企业高层管理人员的薪酬上涨速度明显过快。1990年，在《福布斯》杂志评选的800家最大美国公司中，首席执行官的总薪酬（包括固定薪酬、奖金、股票收益等）相当于普通员工平均总薪酬的132倍。此后差距不断拉大，2000年达到高峰，为524倍。尽管随后有所缩小，但很快又上升，到2008年，这一差距仍然达到405倍。在美国企业的高层管理人员与一般员工之间出现的巨大薪酬差距导致员工对高层管理人员的动机和能力不信任，以及对他们的高额薪酬水平的愤恨和不满。如果这些企业高层管理人员拿到的薪酬水平如此之高，而企业同时却在执行解雇计划或者其他成本削减计划，上面的问题就会变得更为尖锐。员工可能会质疑：“如果企业需要削减成本，为什么不降低高层管理人员的薪酬，却拿普通员工开刀?”有研究表明，在高层管理人员和普通员工之间薪酬差距较大的企业中，客户满意度较低，这种情况很可能是员工把自己的不公平感受传达到客户关系之中所造成的。

企业高管人员薪酬过快上涨的现象引起了社会各界的广泛关注甚至责难，监管者和股东都在向企业施加一种更好地将高层管理人员的薪酬和绩效挂起钩来的压力。比如，美国证券交易委员会（SEC）就要求上市公司报告薪酬排名前五位的高层管理人员的薪酬水平，同时要报告在过去五年间本公司相对于竞争对手的业绩水平。2002年通过的《萨班斯-奥克斯利法案》要求，如果一家上市公司由于行为不当导致财务报告不符合要求且被发回要求重新申报，则该公司首席执行官和首席财务官必须在随后的12个月中退还从公司领取的所有奖金、奖励性薪酬以及以股权形式获得的报酬。从2006年开始，美国进一步要求企业更为详细地披露公司高管人员享受的各种特权以及退休福利的价值。这种报告能使公众更容易看到在哪些公司存在尽管公司绩效很差但是高层管理人员的薪酬水平却很高的现象。为此，美国甚至专门通过法律为高层管理人员享受的奖励性薪酬提供税收方面的优惠，比如，公司不能将年薪在100万美元以上的那部分高层管理人员的薪酬做税前抵扣，但是与公司绩效挂钩的那部分高层管理人员薪酬（其中包括股票期权）即使超过100万美元，仍然可以在税前抵扣。

在给高层管理职位（特别是首席执行官）定价时，职位评价基本上不适用。尽管我们一般认为企业的规模和绩效水平会显著地影响高层管理人员的薪酬水平，但21世纪初的很多研究表明，这些因素只能说明首席执行官薪酬的30%。首席执行官的薪酬是由董事会在综合考虑以下各种因素之后确定的：公司经营战略、发展趋势以及企业希望自己在短期和长期中达到什么样的位置。美世咨询公司在2007年的一项研究指出，三个方面的因素能够说明高层管理人员薪酬中存在的2/3的差异：职位复杂程度（控制幅度、直接负责的职能部门的数量、管理层级）、企业支付能力（利润总额和投资回报率）以及高层管理人员的人力资本状况（受教育程度、学习领域以及工作经验）。首席执行官也能对董事会成员产生很大的影响。因此，首席执行官的薪酬有时并不是严格的公平谈判的结果。

在最终确定企业的高层管理人员薪酬的时候，组织除了要保证它的支付哲学是合理的、有效的，与组织的文化和价值观相匹配，还必须确认这种薪酬制度能够促使高层管理人员给组织带来实实在在的价值增值。近些年来，一些企业为了更准确地衡量高层管理人员的贡献，采用了基于平衡计分卡的高层管理人员绩效评估与激励计划，通过全面评估高层管理人员在向股东、客户和员工传递价值方面所作出的贡献来为他们提供报酬，从而削弱他们为了获得奖金而操纵财务数据的不良动机。

2. 高层管理人员的薪酬构成

在高层管理人员的总体薪酬中，基本薪酬所占的比重相对较小，短期奖金和长期奖金所占的比重往往非常大。比如，20世纪70年代，在企业高层管理人员的薪酬中，基本薪酬大约占到60%，短期奖励占到25%，长期奖励占到15%。到了20世纪90年代，基本薪酬的比重已经降到27%，短期奖励上升到43%，长期奖励上升到23%，另外还有7%是以福利的形式支付的。自21世纪以来，美国高管人员的基本薪酬和短期奖励所占的比例进一步下降，长期奖励的比例进一步上升。根据美世咨询公司2007年发布的一项调查结果，在接受调查的首席执行官的总薪酬中，基本薪酬、奖金以及长期激励性报酬三部分的比例分别为16%，22%以及62%。与其他员工相比，高层管理人员的薪酬更多强调绩效奖励，这是因为组织的经营结果更直接地显示了高层管理人员对组织所做的贡献。此外，董事会也日益强调以绩效为基础的薪酬，但如何在短期股东价值和长期股东价值之间取得平衡是一个难题。

第一，企业高层管理人员的基本薪酬通常是由以董事会主席为首的薪酬委员会来确定的，决策的依据是上一年度的企业总体经营业绩以及对外部市场薪酬调查数据的分析。在实践中，不同行业的高层管理人员的基本薪酬水平相差很大。基本薪酬通常是高层管理人员薪酬的一个重要基石，因为企业往往用基本薪酬的一定百分比来确定高层管理人员的福利、奖金以及特权。

第二，以年终奖形式出现的短期激励性薪酬在很多企业高层管理人员的总薪酬中起着非常重要的作用，这种薪酬项目的目的在于激励公司高层管理人员达成短期绩效目标。年终奖的数量在不同行业中差异很大。在金融行业，年终奖可能会比基本薪酬高2.5倍或者更多，而在公用事业单位，年终奖可能只有基本薪酬的30%～40%。个人得到的年终奖数量主要取决于公司的年终绩效以及高管人员的基本薪酬水平、对企业的贡献大小等因素。有些特定企业的高层管理人员通常只能领取基本薪酬，而没有太多的短期激励性薪酬，比如，股票所有权受到严格控制的企业、非营利机构以及受管制行业中的企业。

第三，长期奖金在高层管理人员的总报酬中所占的比重越来越大。其中主要是各种各样的股票期权计划，但是这种计划也受到了猛烈的批评。这种批评的一个主要论据是，股票价格的上涨主要是市场本身的作用，而不是由高层管理人员的努力左右的。还有批评说，有些企业的高层管理人员甚至通过操纵股票价格来获利。此外，当经济状况和市场条件不佳时，股票期权等也就失去了其作为报酬的价值。因此在实践中，一些新的长期奖励计划在开始建立的时候，往往都会要求高层管理人员达到某种既定的业绩目标才有资格享受。

第四，福利和服务在高层管理人员的薪酬收入中起着越来越不可忽视的作用。由于许多高层管理人员的福利都是与其收入水平联系在一起的，因此，高层管理人员的福利（人寿保险、伤残保险、养老金计划）比大多数其他员工要高。这些福利主要体现在三个方面：第一种福利是企业内部福利，包括豪华的办公室、高层管理人员餐厅、特定的停车位、免费体检等。第二种福利是企业外部福利，包括公司付费的俱乐部会员资格、酒店、度假、公司专机以及汽车等。第三种福利属于个人福利，包括低成本或无息贷款、由公司付费的个人财务或法律咨询、使用公司的财产、车载电话、家庭保安系统、收入所得税的申报帮助等。

第五，还存在一些针对企业高层管理人员的特殊薪酬或福利。比如，有的企业会给公司高层管理人员提供一种所谓的"金色降落伞"，即当一家公司的所有权或控制权出现变化时，公司承诺会为高层管理人员提供一种额外的薪酬（可能高达数百万美元）。另一些企业则保证为董事会成员以及高层管理人员提供一笔高额贷款，让他们用这笔钱来购买公司的股票，以此作为对他们的奖励。

下面我们举一个简单的例子来说明企业高层管理人员的直接薪酬构成。假定某公司对企业首席执行官的薪酬做如下设计：基本年薪（50%）＋短期奖励（20%）＋长期奖励（30%）。假定董事会认为这位首席执行官的年度总报酬在 100 万美元是合理的，这位首席执行官每年可以得到：第一，固定的 50 万美元基本年薪；第二，以 20 万美元为基础的绩效奖励；第三，相当于 30 万美元的公司股票。其中短期奖励的金额会因企业当年的实际业绩不同而发生变化，最终可能会超过 20 万美元，也可能会低于 20 万美元。此外，假定公司当年的股票价格为每股 20 美元，这位首席执行官可以得到的长期奖励会是 1.5 万股公司股票。有些企业会根据企业的经营绩效增加对首席执行官的奖励。比如，如果当年的经营业绩很好，公司可能会授予 120%的股票，即不是授予 1.5 万股股票，而是授予 1.8 万股股票。但是，如果业绩较差，也可能仅仅授予 70%的股票，即仅授予 1.05 万股股票。

（二） 高层管理人员的薪酬战略

组织在确定高层管理人员的薪酬战略时，必须对以下四个方面进行充分的考虑：一是风险程度，即绩效薪酬方案希望高层管理人员承担多大风险，他们实际承担了怎样的风险。二是绩效的衡量，即绩效目标的制定和测量方法是否合理，能否激励管理人员实现优良绩效。三是所有权，即高层管理人员能够持有公司多少股份。四是总报酬，即高层管理人员的各种薪酬构成如基本薪酬、可变薪酬、福利以及各种补贴等能否传递恰当的信息，营造出对公司有利的文化。下面我们分别对上述四个问题加以阐述。

小专栏 9-4

我国上市公司高管的年薪

随着上市公司 2015 年报披露完毕，上市公司高管的薪酬也浮出水面。2015 年，上市公司高管薪酬位列榜首的是来自去年遭遇寒冬的钢铁行业的方大特钢董事长钟崇武，他以 2 019.34 万元的薪酬排在沪深两市第一位，这已经不是他第一次问鼎高管年薪榜首，其在 2013—2015 年的年薪分别为 1 974 万元、2 038 万元和 2 019 万元；2012 年则以 1 517 万元居高管薪酬榜第二。公开资料显示，2008 年钟崇武任职南昌钢铁公司（方大特钢前身）时，南钢一度亏损超过 9 000 万元，经过改制和钟崇武的治理，到 2011 年方大特钢实现利润 9.8 亿元，此时钟崇武的薪资也从 2011 年 200 万元飞涨至 1 516.7 万元，此后钟崇武的薪资持续上涨，2014 年达到顶峰。虽然去年钢铁业遭遇寒冬，方大特钢却是钢铁行业中为数不多的连续多年盈利的上市公司之一。

年报显示，有近 300 家上市公司董事长和总经理 2015 年的薪资为 0，年薪低于 10 万元的董事长有 352 位。这是因为上市公司董事长兼任多职或者拥有公司股权，或者在关联企业领取薪酬，不在上市公司领取名义薪酬，实际收入往往高于披露数据。

在 2015 年上市公司高管报酬总额排行榜上，前 20 名里有 9 家企业属金融行业。2015 年薪酬达到 500 万元以上的金融上市公司高管有 39 位，其中超过千万元的只有中国平安首席投资执行官陈德贤一人。由于去年股市迎来一波大牛市，券商也纷纷慷慨发钱。国金证券总经理金鹏 2015 年从公司获得的报酬总额为 972.44 万元，位居上市公司高管薪酬第十位，同比增长达 168%。不过，券商行业高管的幸福日子能持续多久还不得而知。

另外值得注意的是，去年银行业尤其是国有银行高管薪酬因为“限薪令”而被腰斩。其中工商银行董事长姜建清去年的薪酬为 54.68 万元，比上一年 113.9 万元下降 52%；农业银行董事长、中国银行董事长、建设银行董事长、交通银行董事长年薪分别为 56.69 万元、61.79 万元、59.88 万元和 44.8 万元，均大幅下滑。

在披露的年报中，值得投资者注意的是，上市公司中 47 家去年净利润出现下滑，但公司高管却加薪。以德奥通航为例，2015 年董事长的年薪增长了 90%，总经理年薪增长了 79.32%，业绩却从 2014 年的盈利 3 313 万元变为亏损 2 165 万元。这样的例子还发生在中捷资源、梅花生物、塔牌集团、鞍重股份和深信泰丰等公司中。对此，一些投资者表示不解。有专家分析说，上市公司高管一般都有三年或五年的绩效考核期，其薪酬水平要看平均绩效，而不是只看某一个年度。另外，其薪酬水平还要参照行业水平以及地区平均标准。此外，不同所有制的企业，其薪酬水平也不一样。国企高管的薪酬是由主管部门决定的，而私企高管的薪酬通常是由董事长决定的。

在股吧里，有股民表示，上市公司提出的高管薪酬方案虽然也要提交股东大会通过，但中小股东几乎没有什么发言权，实际上是高管自定薪酬，“最后利益受到损害的是上市企业和广大中小股东”。

资料来源：“看不懂的”上市公司高管薪酬 利润下滑高管却加薪．北京晚报，2016-05-19.

1. 将高层管理人员的薪酬与经营风险联系在一起

在绝大多数企业里，高层管理人员的薪酬都和他们的绩效表现挂钩。事实上，在美国最大的 1 000 家企业里，有 3/4 以上的 CEO 都是根据绩效表现获得薪酬的。这种做法在一定程度上是有道理的，因为高层管理人员对于企业的经营绩效往往有着不可推卸的责任。然而，在将高层管理人员的薪酬和业绩风险挂钩时，很多企业却采取了利润分享或者短期奖励的方案。这种薪酬战略的缺陷在于，在组织经营取得成功的时候，组织可以通过红利对高层管理人员进行奖励；但在经营状况不尽如人意的时候，高层管理人员却不必为此承担任何风险。这是因为，如果企业经营不佳，它的 CEO 虽然在年终拿到的红利可能并不是很多，但由于他的基本薪酬仍然很高，同时还有丰厚的福利和补贴，所以他的经济收入实际上并不会受到不利的影响。

事实上，也只是在数年以前，企业才逐渐意识到，只有当高层管理人员的薪酬方案中包含一定的风险因素时，才能给这些人提供最大的激励。因此，越来越多的企业开始选择实施高风险的薪酬方案。一种比较普遍的做法就是在传统薪酬方案的基础上，提高以绩效为依据的直接薪酬在总薪酬体系中所占的比例。当然，具体的操作取决于多种因素。由于企业所在行业、规模、经营状况等不同，所以不同的薪酬方案在确定薪酬水平与业绩风险之间联系的紧密程度方面会存在一定的差异。一般的情况是，高层管理人员的薪酬总额越高，他们所获得薪酬中与风险相联系的那部分所占的比例也应当越高。

2. 确定正确的绩效评价方法

很多企业发现，它们传统上使用的高层管理人员的绩效衡量方法无法再与组织的文化和经营战略相匹配。那些单一的绩效评价指标（比如投资收益率）往往倾向于强调某一方面的要素，而无法把握当今企业的经营环境以及管理实践的变化。

事实上，不同类型的企业在对高层管理人员的绩效评价方面有着不同的需求。具体来说，职能型组织需要了解自身在市场上的可靠程度；流程型组织通常会根据产品质量和客户满意度来衡量自己的绩效表现；时间型组织强调速度，因此要根据企业开拓新市场的能力和潜力来测量绩效；网络型组织通常都是从总体上评判自己事业的成功程度。

为了提高绩效，很多组织选择了更为全面和广泛的经济指标，例如经济附加值（EVA）、市场份额和市场占有率等绩效评价指标。这些指标不仅能更准确地衡量绩效，同时也能够更好地平衡组织、股东和高层管理人员之间的利益关系，因而代表着企业管理领域的新趋势。

3. 实现高层管理人员和股东之间的平衡

高层管理人员与企业所有者的目标可能会存在差异，股东希望实现收益的最大化，高层管理人员则对巩固自己的当前地位更在意。为了使得二者之间的目标协调一致，企业通常会要求高层管理人员承担更多的风险、经历更长的决策期，并通过赋予他们一定的所有权以增强其参与意识。

很久以来，这种理念都是通过相对简单的、没有严格限定的股票期权来体现的。虽然这种举措有可能赋予高层管理人员真正的所有权并使他们的薪酬和风险相结合，但其效果有限。举例来说，由于很少会有股票方案明确规定管理人员需要持股达到多长期限，因此在短期利益的驱动下，很多管理人员都会尽早出手自己的股票。还有一部分人则会在短期绩效实现的时候把股票卖出去。显然，这种激励方法和行为方式对于实现组织的长期发展目标没有什么好处。

运转失灵的股票期权方案在相当程度上体现出很多企业意识上的局限：企业业绩表现并非只是一个年度性的问题，而以年度为单位的薪酬方案显然会把高层管理人员引入歧途。因此，在设计薪酬制度的时候，一个关键的问题就是要在企业的年度绩效和长期收益之间实现良好的平衡。同时，在衡量组织当前使用的长期奖金方案时，不应该仅仅关注它们在市场上的受欢迎程度，更要考虑它们是否支持组织的文化和价值观，能否实现企业的长期经营战略。

4. 更好地支持企业文化

与企业中的其他职位类似，高层管理人员的薪酬也包括以下几个部分：基本薪酬、奖金、福利和补贴等。为了更好地支持企业的经营目标，必须在高层管理人员的各个薪酬组成部分之间实现良好的平衡。一般来说，大多数企业的薪酬战略都会着眼于企业的经营业绩和管理人员的所有权，以此对高层管理人员进行激励。此外，企业的价值观、经营目标和文化也会对组织的高层管理人员薪酬战略产生影响。当一个组织的企业文化发生变化时，改变其高层管理人员的薪酬战略是一件很必要的事情。这是因为，高层管理人员的薪酬不仅要支持组织的文化变革，而且要在很大程度上引导这种文化变革。高层管理人员不能因为迎合了现有的文化和价值观就得到薪酬，他们应该凭借领导了组织的变革、给组织确立了新的愿景和经营目标而得到回报。从本质上来说，高层管理人员的任务之一就是要给组织里的其他职位确立新的行为方式和价值观。

◆ 本章小结

特殊群体主要是指销售人员、专业技术人员、外派员工以及中高层管理人员等几类人员。

销售人员的工作方式和工作时间大多比较灵活，销售工作本身的不确定性也较高，但是工作的结果比较容易衡量。然而，对销售人员的绩效评价又不能完全局限于一些定量指标，往往还有一些定性要求。销售人员的工作特征决定了对这些人实行以奖励为主的薪酬制度是最公平合理的，对不同类型的销售人员可以根据实际情况设计出风险高低不同的多种方案。

专业技术人员通常需要利用一定的知识、技能和经验来解决企业中存在的各种专业和技术问题。专业技术人员的薪酬设计中最关键的几点是：专业技术水平的认定、薪酬结构的合理设计，以及双重职业发展通道的建立。

外派员工是指由于跨国经营而从母国派往其他国家从事经营管理活动的公司员工。在管理外派员工的薪酬时，必须考虑到外派工作的艰苦性，重点关注外派员工和本土员工的薪酬平衡，并且在相关福利（包括各种补贴）方面对外派员工给予足够的补偿和支持。

管理人员也是一个特殊的人群，他们承担着比较大的责任，工作具有短暂性、变动性以及不连续性的特点。管理人员的薪酬通常包括基本薪酬、短期奖励、长期奖励以及福利等内容。其中短期奖励和长期奖励在高层管理人员的年度总薪酬中所占的比重有较大幅度的上升。

◆ 关键术语

特殊员工群体（special groups）
销售人员（sales force）
纯佣金制（commission system）
专业技术人员（professionals）
成熟曲线（maturity curve）
双重职业发展通道（dual career path）
外派员工（expatriate）
管理人员（manager）

◆ 复习与思考

1. 销售工作的特征是什么？这种特征决定了销售人员的薪酬应当如何管理？
2. 销售人员的薪酬方案主要有哪些类型？各自的特点是什么？
3. 如何设计和改进销售人员的薪酬方案？
4. 专业技术人员的工作特征是什么？设计这些人员的薪酬方案时应当注意哪些因素？
5. 什么是专业技术人员的事业成熟曲线？这种曲线与他们的薪酬水平之间存在何种关系？
6. 专业技术人员的双重职业发展通道有何意义？

7. 外派员工的工作特点是什么？怎样通过薪酬管理来鼓励员工接受外派工作？
8. 管理人员的工作特征有哪些？在设计和管理管理人员的薪酬方案时应当注意哪些问题？
9. 高层管理人员的薪酬管理需要重点关注哪几个方面的问题？

案例与讨论

证券公司的员工薪酬

小王是就职于国内前十大券商的一位投行项目助理。2010 年，他领取了 41 万元总薪水，包括 17 万元基本薪酬、14 万元项目提成、6 万元福利和 4 万元补贴。小王的职位在投行部门中算是最低层次的。即使如此，他的薪水也足以傲视其他券商部门，乃至在整个金融行业中也名列前茅。券商行业中的其他岗位，例如经纪人、行政部门人员的薪酬水平就达不到券商的平均薪酬水平，这使一些员工戏称自己“被高薪”了。来自薪酬调查公司的数据显示，2010 年券商的平均年薪为 16 万元，这一平均薪酬水平在金融行业中排名第二，第一是基金行业，券商之后分别是信托、银行和保险业。

券商投行的岗位层级一般分成 8 个，最低是像小王这样的助理（AS）。从事这些工作的员工，刚进入公司薪酬一般在 10 万元上下，随着业务逐渐娴熟，薪酬将上涨至 30 万～40 万元。在助理之上，投行还有经理（A）、高级经理（SA）、副总裁（VP）、高级副总裁（SVP）、总监（D）、执行总经理（ED）和董事总经理（MD）。一个来自坊间的传闻称，一家国内著名券商的董事总经理，一年拿到手的薪水直逼亿元。

投行中最受关注的职位是保荐人，这一职位从级别上来说一般是副总经理（VP）或以上。2010 年保荐人的年薪平均在 240 万元，最高能够达到 480 万元；准保荐人的薪酬也不低，年薪平均达到 89 万元，高位为 140 万元。他们的薪水一般分成四块：基本薪酬、补贴、签字费和绩效工资。一个来自证券公司的实例是，就职于国内前十大券商的一位保荐人基本月薪 4 万元，一年有 13 个月的月薪，签字费一年 80 万元，绩效奖金 81 万元，补贴数万元，总体薪酬超过 200 万元。如果“撞大运”完成一个优质项目，这一数字将大大提升。一位投行的准保荐人，以 40 多万元的年薪进入一家券商工作半年之后，成功完成了一个项目，当年拿到 500 多万元年终奖。保荐人的一个行业“潜规则”是转会费和续约费。“目前，保荐人的转会费在逐年下降，从此前的 200 万元下降到 150 万元左右。到期续约费一般是转会费的 2/3～3/4，不过主要是中小型券商给付较多。”业内人士表示。

如果说投行的薪酬是券商中的顶级，那么研究员的薪酬则算得上是券商的中级水准。“券商研究员并没有如普通人想象中的高薪。一些在券商行业工作 10 年以上的分析师，如果业绩一般且在团队中没有突出贡献，基本月薪不足万元的比比皆是。”一位国际人力资源公司金融行业总监介绍。粗略来看，券商分析人员的薪酬分成几档：明星分析师、资深分析师、有一定经验的分析师、刚入行的分析师。“刚入行的分析师整体薪酬水平很低。一个极端事例是，一位工作于甘肃的分析师助理，基本月薪只有几百元。如果入行 4～5 年，平均薪酬将上涨至 1 万～1.5 万元，资深分析师则上涨到 2.5 万元上下。”明星分析师的薪酬水平则难以统一估算，但如果是进入新财富榜单的明星分析师，其薪酬水平直逼投行。数据显示，对于以“固定薪酬＋年终奖”方式支付薪酬的研究员而言，固定薪酬平均 79.2 万元，总现金收入平均 137 万元，其中高位能达 340 万元。比如，一位分析师在一家地处华中地区的全国前十大券商工作，新财富某行业上榜第一名，基本薪酬 36 万元，岗位津贴 180 万元，年终奖 100 万元。

不过，并不是所有的资深分析师都能拿到高薪。因为除了级别的因素，影响券商分析师薪酬水平的还有一个重要因素——地区差异。一位拥有 10 年证券从业经验，目前就职于江苏省某国企券商的资深分析师介绍说，公司年终奖从未超过 10 万元。“如果市场行情好，年终奖可能有 5 万元左右，如果市场行情一般，大约在两三万元。而如果在一线城市，分析师的年终奖达几十万元是常见的。”但是，这位分析师并不打算跳槽。“一线城市的消费水平比这里高多了，生活习惯、孩子上学等问题需要解决，而且，我们在江苏地区也算是高薪。”

如果说投行人的收入令人感慨，分析师的收入令人羡慕，那么经纪人的收入只能算是平常。同在一线，经纪业务工作人员是券商中薪酬水平明显偏低的。一位在营业部工作的具有 3 年左右工作经验的初级经纪人，平均薪酬水平在 9.6 万元，最低为 4.5 万元。一些刚入行的经纪人面临的情况更为严峻。据一家地处北京的营业部经理介绍，在一些固定薪酬水平较低、提成比例较高的券商中，一些经纪人的薪水以北京最低工资为底线。由于刚入行，不少经纪人每月的变动薪酬仅有几百元或上千元。

券商整体薪酬水平最低的部门是哪一个？分析人士一致推荐行政人员——他们的平均薪酬和投行相比，差距至少在十倍以上。“行政人员的平均薪酬水平在 5 万元上下，但一些国企的券商，工会主席的薪酬可以和业务部门的领导比肩。”一位业内人士指出，“券商的行政人员只能拿到这一行业的平均薪酬，换句话说，券商行政人员的整体薪酬并没有比别的行业行政人员高出一截。唯一的区别是，券商的行政人员在年底一般能够拿到相当于 5～6 个月工资的奖金，而普通行业仅能拿到 2～3 个月的奖金。”造成这一情况的原因是行政人员具有较高的可替代性。行政、后勤人员的岗位整体竞争颇为激烈，在北京，有 87 个人竞争一个岗位，在成都也有 54 个人竞争一个岗位。另一方面，作为一个并不直接创造利润的部门，券商行政人员的变动薪酬水平也较低。

资料来源：陈洁．券商薪酬调查：富贵也参差．21 世纪经济报道，2011-01-21.

思考题

1. 证券公司中的主要职位类型有哪些？不同类型职位的薪酬结构有何差异？

2. 同样是在一家证券公司中工作，不同类别员工的薪酬水平差距却很大，应当如何看待这种情况？

第10章 薪酬预算、控制与沟通

学习目的

读完本章之后，你应当能够：

1. 说明薪酬预算对企业薪酬管理的重要性
2. 指明在薪酬预算中需要作出的关键决策
3. 阐述薪酬预算的外部和内部环境对薪酬预算的影响
4. 论述薪酬预算的两种主要方法
5. 阐明薪酬控制对企业成本控制的意义及其难点
6. 讨论薪酬控制的主要途径
7. 阐述薪酬沟通的目的、意义和基本步骤

引例

亚马逊试行每周30小时工作制

据《华盛顿邮报》报道，电商巨头亚马逊公司将对几个技术部门的部分员工启动每周30小时工作制的试验项目。与实行每周40小时工作制的普通员工相比，这些人只能领到75%的薪水，但享受同样的福利。目前，亚马逊聘用的兼职员工与全职员工享受相同的福利，但这一项目的不同之处在于，包括经理在内的整个团队每周都将缩短工作时长。这一项目将在小范围内开展，由几十人组成。这些团队首先投入公司人力资源部科技产品的开发，固定工作时间为周一至周四的上午10时到下午2时，其余时间为弹性工作时间。这些员工的薪资水平将低于40小时工作制的同事，如果嫌工资低，他们可以选择调换至全职。这几个团队的员工会从公司内外同时招募。

而在一年前，《纽约时报》的一篇报道将亚马逊形容成一家"鼓励员工一周工作超过80小时"的公司，而且员工很少休假。《哈佛商业周刊》的一项研究表明，人的注意力集中度非常有限。一般来讲，人们在一个任务上一次只能专注几个小时，之后就会感到疲倦并精神涣散。在人们的注意力时间达到峰值后，表现就无法提升，甚至会变差。

亚马逊绝非第一个提出这一倡议的公司，但却是做出这种改动的公司中规模最大的。目前，

包括德勤和毕马威在内的企业实行每周四天固定工作日加弹性工作时间的模式，但员工仍需达到每周40小时的工作时长。树屋科技教育公司（Treehouse）在2006年开始实行每周32小时工作制。其首席执行官瑞安·卡尔森（Ryan Carson）发现，在采取每周32小时工作制之后，员工变得更愉快、效率更高。卡尔森的观念是，强迫员工每周工作40小时是“近乎不人性化”的。但支持这种工作时长模式的大有人在。

就在去年7月，墨西哥亿万富翁卡罗斯·斯里姆（Carlos Slim）表示，他的公司政策是，每周工作时间低于30小时，75岁退休。他认为，每周工作四天可以帮助人们更好地活在当下，而不是等到垂垂老矣再来享受闲暇时光。哥伦比亚商学院教授瑞塔·麦格莱斯（Rita McGrath）表示，这一项目或许还能改善亚马逊内部员工的多样性。与其他大科技公司一样，亚马逊公司的男女员工比例并不平衡，尤其是领导层，亚马逊的全球管理职位中男性占到76%。实行30小时工作制可以鼓励同时需要照顾家庭的女性参与到工作中。

亚马逊尚未公布何时组建这个“兼职”团队，因此，这种模式对工作效率和士气的影响效果需要拭目以待。

资料来源：王歆悦．亚马逊试行每周30小时工作制：薪酬减25%，福利不变．澎湃新闻．[2016-08-28]．http://www.thepaper.cn/www/resource/jsp/newsDetail_forward_1520591.

第1节　薪酬预算

一、薪酬预算概述

（一）薪酬预算的概念和作用

所谓预算，就是特定的主体决定要实现怎样的目标以及准备以何种成本或代价来实现这一目标的过程。对于任何一种经济活动而言，通过预算来进行成本控制都是不可或缺的一个环节。鉴于薪酬问题在经济上的敏感性及其对企业财务状况的重要影响，薪酬预算理所当然地成为企业战略决策过程中的一个关键问题。它要求管理者在进行薪酬决策的时候，必须把企业的财务状况、所面临的市场竞争压力以及薪酬预算、薪酬控制等问题放在一起加以综合考虑。同样，在决定更新企业的薪酬结构、为员工加薪或者实施收益分享计划的时候，薪酬预算也是确保薪酬成本不超出企业承受能力的一个重要措施。

所谓薪酬预算（total compensation budget），实际上指的是管理者在薪酬管理过程中进行的一系列成本开支方面的权衡和取舍。举例来说，在新的财务年度，管理者需要综合考虑外部市场的薪酬水平、员工个人的工作绩效、企业的经营业绩以及生活成本的变动情况等各种要素，并对这些要素在加薪中分别占据的比重进行权衡。这种权衡还发生在长期奖金与短期奖金之间、根据绩效加薪与根据资历加薪之间以及直接货币报酬与间接福利支出之间。此外，是主要以薪酬作为激励手段还是转而用其他人力资源管理手段来激励员工，同样是一个值得管理者考虑的问题。

在企业的财务资源一定的情况下，企业在薪酬管理、人员配备、员工培训和其他一些管理举措中所制定的财务预算存在着一种此消彼长的关系。因此，薪酬预算的规模大小可以清晰地反映出企业的人力资源战略重心，它同时也是整个人力资源方案中的重要组成部分，直接关系到企业的经营成功和员工的心理感受。在这种情况下，如果企业在薪酬预算方面不存在正式的制度，而是任由管理者自由决定，就很可能出现在各种人力资源管理手段方面的投入存在较大偏差的情况，员工可能无法得到公平和公正的对待。为了避免出现这种情况，任何管理系统，包括薪酬预算，都应该追求操作的规范化，以利于企业实现提高效率、促进公正以及手段合法等薪酬管理目标。

（二） 薪酬预算的目标

企业是由一定数量和质量的员工组成的集合，这些员工聚集在一起，在实现企业经营目标的同时，也为实现特定的个人目标而努力。从这个意义上来说，薪酬实际上是企业与员工之间达成的一份隐含的契约，它体现了雇佣双方就彼此的付出和给予达成一致意见。正是凭借这一契约，员工个人与企业之间的交换才得以实现。因此，在制定薪酬预算的时候，企业希望实现以下两个方面的目标。

（1）合理控制员工流动率，同时降低企业的劳动力成本。与所有的交换一样，发生在企业与员工之间就劳动力和薪酬所进行的交换也要遵循经济学中最基本的规律：双方都想在提供最小投入的情况下从对方获得最大的产出。具体到企业方面，当它从员工方面得到的收益逐渐增多的时候，它在购买劳动力时需要支付的成本也在逐渐上升。因此，在企业劳动力成本的变动过程中，一定会出现这样一个点，在该点处能够满足企业的边际劳动力成本等于它所获得的边际劳动力收益，即达到所谓的均衡状态。而薪酬预算最重要的目标就在于找到这一个均衡点，以实现劳动力成本和企业收益之间的平衡，保证企业所有者的收益最大化目标得以实现。

（2）有效影响员工的行为。具体来说，薪酬预算能够施加影响的员工行为主要包括两个方面，即员工的流动率和员工的绩效表现。

首先，员工的流动率受到雇佣关系中诸多因素的影响，而薪酬水平是其中非常重要的一个影响因素。企业期望与大多数员工建立起长期稳定的雇佣关系，以充分利用组织的人力资源储备，并节约招募、筛选、培训和解雇方面的支出；而员工通常会要求得到至少等于、最好超过其自身贡献的回报，否则就有可能终止与企业的雇佣关系。有鉴于此，企业在制定薪酬预算的时候，必须考虑如何才能既有效地控制劳动力成本，同时还能保持一个较为合理的员工流动率。

其次，员工的绩效表现对于企业而言是至关重要的。为了促使员工表现出优良的绩效，一种最简单的方法就是把绩效要求与特定职位结合在一起，员工在与企业建立雇佣关系的同时就已经明确了其需要达到的绩效标准。从薪酬预算的角度来说，如果企业在绩效薪酬或者浮动薪酬方面增加预算，而在基本薪酬的增长方面注意控制预算的增长幅度，然后再根据员工的绩效表现提供奖励，那么，员工必将重视自身职责的履行以及有效业绩的实现，而不是追求职位的晋升或者在加薪方面盲目攀比。

（三） 薪酬预算过程中的关键决策

在制定薪酬预算的过程中，企业可能需要作出以下关键决策。

（1）什么时候对薪酬水平进行调整。什么时候对薪酬水平进行调整也就是企业在一年中的什么时间为员工调薪的问题。调薪的时间不一样，同样的加薪方案给企业带来的经济压力是不同的。举例来说，如果一份准备将公司的整体薪酬水平提高 5%的薪酬预算是在年初提出的，那么它意味着本年度员工薪酬总体支出会增加 5%；但如果这份方案是在年中提出的，则组织只需为该预算多支付相当于薪酬总额 2.5%的财务支出。

（2）对谁的薪酬水平进行调整。此处涉及的是薪酬方案的参与率问题。在企业加薪总额一定的情况下，员工的参与比例越高，每个人可以得到的加薪额度就越小。在现实中，一般刚刚加入企业的员工是不会马上得到加薪的，根据企业政策的不同，这段等待期可能从 6 个月到 1 年不等。

（3）企业的员工人数是增加了还是减少了，这种变动是何时出现的。企业员工人数的多少对组织的整体薪酬支出水平影响极大，当员工人数增加或流动比较频繁时，组织的平均薪酬水平可能会随之降低。与加薪的时间问题一样，在不同的时间对员工人数进行调整，对组织所产生的影响也是不同的。

（4）员工的流动状况怎样。对各个部门的预期流动率进行估计往往很困难，但根据市场情况和历年经验对企业整体的流动情况进行评估多半会简单一些。按照估计出来的流动水平，结合流动效应进行考虑，可以在很大程度上增加企业薪酬预算的准确性和时效性。

（5）企业里的职位状况会发生哪些变化。能够对企业里的职位状况产生影响的因素有很多。以技术水平为例，对于特定职位而言，当它的技术含量提高时，员工所得的薪酬也应该相应提高。因此，在制定薪酬预算的时候，应综合考虑企业内部职位发生的整体变化以及各种职位上的人数增减状况。

正如前面所述，薪酬预算在经济上具有相当的敏感性，对企业的财务状况有着决定性的意义。它可以清晰地反映出组织的人力资源战略，同时也是整个人力资源方案的重要组成部分，直接关系到企业的经营状况和员工的心理感受。从这个意义上来说，企业管理者在薪酬预算问题上投入一定的时间和精力绝对是必要的。

二、薪酬预算的环境

在做薪酬预算之前，对企业的内部环境和外部环境加以了解是十分必要的。通过这一步骤，企业可以更清楚地了解目前的处境、市场和竞争对手的真实状况以及所面临的机遇与挑战，同时制定相应的策略。

（一）外部市场环境

任何一个企业与其所处的市场会有不可分割的联系。从薪酬预算的角度来说，了解外部市场的一种常见方式就是进行薪酬调查。通过薪酬调查，企业可以收集到有关基准职位的市场薪酬水平方面的信息，把它们与组织中的现实状况进行比较，有助于企业判断自己在劳动力市场上的定位，从而为预算制定提供准确的依据。不仅如此，随着市场经营环境的不断变化和企业自身情况的改变，有目的地进行市场薪酬调查，对于企业保持相对于竞争对手的劳动力市场优势地位以及确保本企业薪酬预算的时效性是十分必要的。

在进行薪酬调查时，一个很重要的问题是调查数据的时限。薪酬调查的结果所代表的都是调查时的市场状况，而当它们最终被组织获得并应用时，不可避免地会出现时滞的问题。

因此，在根据这些数据对组织的薪酬水平和薪酬结构进行调整时，要把劳动力市场的持续变动情况考虑在内，注意不断地对有关数据进行调整和更新。这对于准确把握外部市场形势、增加薪酬预算的及时性和有效性、增强企业的竞争力都是非常重要的。

（二） 企业内部环境

企业制定薪酬预算的内部环境主要取决于组织既有的薪酬决策和它在招募、保留员工方面支出的费用。为了清楚地把握内部状况，企业必须回答下面这些问题：哪些员工会一直留在组织里？他们会达到怎样的薪酬水平？那些离开组织的员工的薪酬水平又是怎样的？组织需要雇用什么样的新员工？他们应当得到多高的薪酬？

企业内部环境的变动情况主要源于员工队伍发生的变化，例如员工数量的增减以及员工的流动。通常情况下，员工人数的增加和流动的加剧都会降低企业的平均薪酬水平。这是因为，由于资历的缘故，新员工大多处于薪酬等级的底层，资深员工则位于薪酬等级的上部。当以新员工来代替已有员工或增加新员工时，就有可能使得整体薪酬水平下降；而当员工人数减少或流动速度减缓时，则会产生相反的效应。

以员工流动为例来说明。几乎所有的企业都会因为员工辞职、退休或被解雇而面临员工队伍的不断更替。特定职位上员工更替所导致的薪酬差额称为“流动效应”。这种流动效应的规模可以用下面的公式来表示：

员工流动效应＝年度流动水平×计划中的加薪额

举例来说，某组织的年度人工成本支出为 1 000 000 元，劳动力流动率为 15%，计划中的平均加薪率为 6%，那么整体流动效应就应该是 9 000 元（1 000 000×15%×6%）。这样，为了达到该年度 6%的加薪目标，企业的薪酬预算就是 51 000 元，而不是 60 000 元。

值得注意的是，员工流动对于组织而言并非总是一桩便宜的买卖。核心员工的流动会导致组织人力资本储备的丧失。离职员工的工作可能需要雇用临时员工或依靠其他员工加班来完成，而这可能是代价高昂的。同时，雇用和培训新员工的成本也不能忽视。因此，在为制定薪酬预算而考虑有关员工流动的问题时，进行成本—收益分析是至关重要的一环。

另一个会对薪酬预算的内部环境产生较大影响的因素是技术的进步，企业总体技能水平的提高或降低足以发挥出不亚于其他因素的作用。当科学技术的发展带来企业技能水平的总体上升时，即使员工总数减少，平均薪酬水平也会有所上升，而这种上升会给企业的薪酬预算带来种种影响。这些年来随着社会整体技术水平的快速上升，员工薪酬水平随之上涨已成为不争的事实。

（三） 生活成本的变动

企业在制定薪酬预算时，考虑生活成本的变动情况是一种很自然的做法，毕竟薪酬最基本的功用就在于满足员工生活开支方面的需求。在通货膨胀比较严重的时候，如果企业对薪酬水平的调整跟不上生活成本的剧烈波动，往往会招致员工的强烈不满，甚至导致企业经营上的危机。

对员工的生活成本进行衡量实在不是一件很容易的事情，因为它关乎员工个人的消费模式、婚姻状况、抚养人数、年龄大小甚至居住地点之间的地域差别；员工的生活成本反过来也与员工领取的薪酬高低存在一定的关联性。为了简便起见，企业普遍采取的做法是选取消费价格指数（CPI）作为参照物，以产品和服务价格的变化来反映实际生活水平的变动情况。

实践证明，这一做法在多数情况下都可以满足需要。然而现在有不少人对这种做法提出了不同意见。比较重要的理由可以概括为以下三个方面：首先，消费价格指数忽视了个人消费模式中的替代效应，即当一种商品的价格突然大幅上涨时，消费者可能会选择用更便宜的其他商品来代替，而不是像消费价格指数所假设的那样固定不变。其次，消费价格指数假定的消费结构可能是不合理的。举例来说，当房租突然上涨时，对于必须租房的人来说无疑是一场灾难，却不会给未租房的人带来任何影响。但消费价格指数通常是一概而论的，并没有细化出房租上升对不同的人所造成的不同影响。最后，消费价格指数中所设计的消费组合并不能充分代表全体消费者，只能代表部分人口的消费习惯。

由此可见，根据消费价格指数来衡量生活成本的变动，只能算是一种比较粗略的做法，它在企业制定薪酬预算时可以作为一种有益的参考。对于一般的生活成本加薪来说，它足以满足企业的需要。但是如果企业需要更为精确地对生活成本的变化情况进行衡量和反映，则需要做一些更为细致的研究。

（四）企业的薪酬现状

企业在制定未来的薪酬预算时必然会以薪酬的现状为参考。薪酬的现状所涉及的范围相当广泛，涵盖了企业薪酬管理的方方面面。其中比较重要的几个问题如下。

1. 上年度的加薪幅度

相对于企业本年度的薪酬预算而言，上年度的加薪幅度可以作为一种参考，目的是确保企业尽量保持不同年份之间薪酬政策的一致性和连贯性，并在年度支出方面进行平衡。无疑，这种做法对于保持组织结构的稳定性、给员工提供心理上的保障、实现稳健经营都是十分必要的。在数量上，年度加薪的幅度可以用下面的公式来计算：

$$\text{年度加薪比率} = \frac{\text{年末平均薪酬} - \text{年初平均薪酬}}{\text{年初平均薪酬}} \times 100\%$$

2. 企业的支付能力

在其他因素一定的情况下，企业的支付能力是其自身财务状况的函数。当企业的财务处境良好时，它往往具备保持其在劳动力市场上的优势竞争地位的实力，同时还可以通过收益分享以及利润分享等方案与员工分享企业的良好经营绩效。而当财务方面出现问题的时候，企业通常会采取裁员、缩小基本薪酬上涨幅度或缩减可变薪酬的做法来渡过难关。

3. 企业现行的薪酬政策

企业的薪酬政策主要可以分为两大类，即现有的薪酬水平政策和薪酬结构政策。前者可能涉及的问题包括：企业是要做特定劳动力市场上的薪酬领袖、跟随者还是拖后者？哪些职位理应得到水平较高的薪酬？有关薪酬结构的具体问题包括：在企业的薪酬水平决策中，外部竞争性和内部一致性所起的作用哪一个更大？企业里究竟有多少个薪酬等级？各个薪酬等级之间的重叠范围是否足够大？员工在什么情况下会获得加薪？等等。此外，对现有薪酬政策的考察可能涉及的其他问题包括：当前企业里员工个人所获薪酬的具体状况是怎样的？员工和管理者对当前薪酬状况的满意度如何？

正是通过对上述这些问题的回答和反思，企业才有机会总结经验、正视不足、发现问题并认识到改进的迫切性，从而在薪酬预算和控制中有的放矢，提高管理活动的针对性和有效性。比如，某企业在综合考虑上年的加薪幅度、企业的支付能力、生活成本的增长以及外部市场薪酬调查的结果之后得出结论：本公司生产人员的薪酬水平远远超出市场平均薪酬水平，因而下一年度只能根据生活成本的增长情况加薪 2%；职能管理人员的现有薪酬水平与市场平均水平大致接近，下一年度的加薪幅度定为 6%；销售人员的现有薪酬水平大大低于市场平均水平，因而下一年度的加薪幅度确定为 12%。

三、薪酬预算的方法

薪酬预算对于任何达到一定规模的企业来说都是不可掉以轻心的一件大事。虽然企业在这方面采用的方法众多，但最常规的薪酬预算方法无外乎下面两种，即宏观接近法和微观接近法。

（一）宏观接近法

所谓宏观接近法（macro-approach method），是指首先对公司的总体业绩指标作出预测，然后确定企业所能够接受的新的薪酬总额，最后按照一定的比例把它分配给各个部门的管理者，由管理者进一步分配给具体的员工。因此，特定企业里这一流程所需的层级数目与组织结构的繁简程度成正比。在结构比较复杂的传统企业里，这一过程往往甚为繁复，如果管理不力，很可能给组织带来较高的管理成本。

下面，我们将结合企业的实践经验，具体介绍采用宏观接近法进行预算控制的三种基本操作方法。

1. 根据薪酬费用比率推算合理的薪酬费用总额

在企业采取的各种薪酬预算方法中，这是最简单、最基本的分析方法之一。在本企业的经营业绩稳定且增长适度的情况下，管理者可以由本企业过去的经营业绩推导出适合本企业的安全的薪酬费用比率，并以此为依据对未来的薪酬费用总额（包括福利）制定预算；若本企业的经营水平不佳，则应参考行业的一般水平确定合理的薪酬费用比率，并由此推断合理的薪酬费用。薪酬费用比率的计算公式可以表示如下：

$$\text{薪酬费用比率}=\frac{\text{薪酬费用总额}}{\text{销售额}}=\frac{\text{薪酬费用总额}/\text{员工人数}}{\text{销售总额}/\text{员工人数}}$$

由上式可知，如果要在维持一个合理的薪酬费用比率的前提下使薪酬费用总额有所上升，就必须增加销售额；换言之，薪酬水平的提高必须在员工平均销售额的上升范围之内。应该注意的是，这里所说的薪酬费用是指为雇用员工所支付的一切费用，不仅包括基本薪酬、可变薪酬，还包括各种福利费用（含公司为员工支付的保险）。根据通常的经验，薪酬费用总额与销售额的比例大致为 14%，具体数值因企业的规模和行业而异。

我们可以举例对这种方法加以说明。假设某公司根据过去数年的经营业绩得出本企业的合理薪酬费用比率为 12%，公司现有员工 100 名，每人月平均薪酬水平（含福利）为 4 000 元，则现有的薪酬费用和销售总额为：

$$\text{年薪酬费用总额}=4\,000\times 12\times 100=480(\text{万元})$$

$$\text{年销售额}=480\div 12\%=4\,000(\text{万元})$$

假设公司预测年销售额可以增加 10%，即

目标年销售额＝4 000×（1＋10％）＝4 400(万元)

目标薪酬费用总额＝4 400×12％＝528(万元)

薪酬费用总额增长率＝（528－480）÷480＝10％

也就是说，企业销售额提高10％，其薪酬总额亦可增加10％；反过来，若企业欲加薪10％，就必须实现销售额增长10％的年度经营目标。

2. 根据盈亏平衡点推断适当的薪酬费用比率

所谓盈亏平衡点，是指在该点处企业销售产品和服务所获得的收益恰好能够弥补其总成本（含固定成本和可变成本）而没有额外的盈利（这里所说的没有盈利，是指没有经济利润，并不是指没有会计利润，它包含了机会成本的概念）。也就是说，企业处于不盈不亏但尚可维持的状态。这种状态可以用图10－1中的点A来表示。

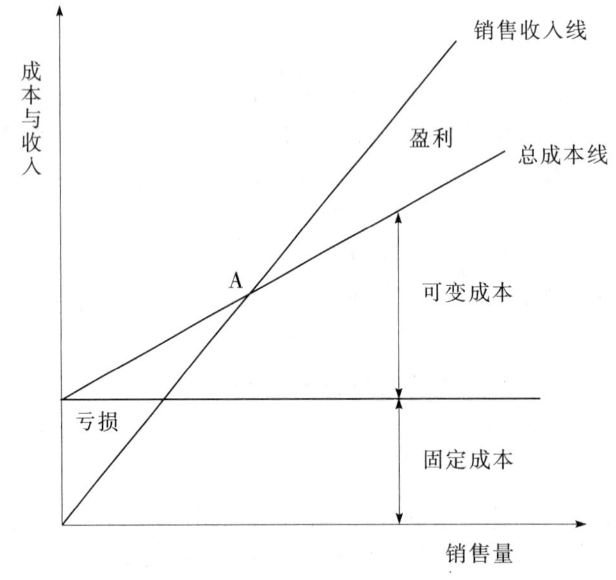

图10－1　盈亏平衡点与企业的薪酬费用比率决策

除了盈亏平衡点之外，我们在这里还要用到边际盈利点和安全盈利点两个概念。其中，边际盈利点是指销售产品和服务带来的收益不仅能够弥补全部成本支出，而且可以付给股东适当的股息。安全盈利点则是指在确保股息之外，企业还能得到足以应付未来可能发生的风险或危机的一定盈余。显然，这三个点与企业销售量的大小是密切相关的，而可能实现的销售量的多少又直接关系到薪酬费用水平的高低。

盈亏平衡点、边际盈利点和安全盈利点所要求的销售额的计算公式分别是：

$$盈亏平衡点=\frac{固定成本}{1-变动成本比率}$$

$$边际盈利点=\frac{固定成本+股息分配}{1-变动成本比率}$$

$$安全盈利点=\frac{固定成本+股息分配+企业盈利保留}{1-变动成本比率}$$

根据上面三个公式，我们可以推断出企业支付薪酬费用的各种比率：

$$薪酬支付的最高比率（最高的薪酬费用比率）=\frac{薪酬成本总额}{盈亏平衡点}$$

$$薪酬支付的可能限度（可能的薪酬费用比率）=\frac{薪酬成本总额}{边际盈利点}$$

$$薪酬支付的安全限度（安全的薪酬费用比率）=\frac{薪酬成本总额}{安全盈利点}$$

现在假定某公司的固定成本为 2 000 万元（含薪酬成本 1 200 万元），变动成本比率为 60%，则在实现盈亏平衡时，

$$盈亏平衡点=\frac{2\ 000}{1-60\%}=5\ 000(万元)$$

$$最高的薪酬费用比率=\frac{1\ 200}{5\ 000}=24\%$$

在实现边际盈利时，假设公司欲实现 600 万元的微弱盈利，则

$$边际盈利点=\frac{2\ 000+600}{1-60\%}=6\ 500(万元)$$

$$可能的薪酬费用比率=\frac{1\ 200}{6\ 500}=18.5\%$$

假设公司除有适当盈余 600 万元之外，还欲为企业的发展保留 1 000 万元的盈余，则

$$安全盈利点=\frac{2\ 000+600+1\ 000}{1-60\%}=9\ 000(万元)$$

$$安全的薪酬费用比率=\frac{1\ 200}{9\ 000}=13.3\%$$

也就是说，在采用成本费用结构的企业里，比较恰当的薪酬费用比率应当是 13.3%。如果达到 18.5%或者 20%，则该企业的经营已经超出常规限度，说明企业可能处于比较危险的状态。

3. 根据劳动分配率推算合适的薪酬费用总额

这里所说的劳动分配率是指在企业所获得的附加价值中，有多少用来作为薪酬开支的费用。其计算公式是：

$$劳动分配率=\frac{薪酬费用总额}{附加价值}$$

式中，附加价值是指企业本身创造的价值，在性质上犹如家庭的可支配收入。它是生产价值中扣除从外面购买材料或劳动力的费用之后，附加在企业上的价值。它是企业进行劳动力和资本分配的基础。附加价值的计算方法有两种：一种是扣减法，即从销售额中减去原材料等外购的由其他企业创造的价值；另一种是相加法，即将形成附加价值的各项因素相加而得出。其计算方法分别是：

$$\begin{aligned}附加价值&=销售额-外购部分\\&=\begin{matrix}净销\\售额\end{matrix}-\begin{matrix}当期进\\货成本\end{matrix}-\left(\begin{matrix}直接\\原材料\end{matrix}+\begin{matrix}购入\\零配件\end{matrix}+\begin{matrix}外包\\加工费\end{matrix}+\begin{matrix}间接\\材料\end{matrix}\right)\end{aligned}$$

$$\begin{aligned}附加价值&=利润+薪酬费用+其他形成附加价值的各项费用\\&=利润+薪酬费用+财务费用+租金+折旧+税收\end{aligned}$$

通常情况下，在企业附加价值中，大型企业的劳动分配部分约占 40%，而小型企业则为 55%左右。

下面我们举例说明如何利用劳动分配率导出薪酬费用总额。

假定某公司目标销售额为 5 800 万元，其附加价值比率（附加价值/销售额）为 40%，目标劳动分配率为 45%，则企业可用的薪酬费用总额为：

$$5\ 800\times40\%\times45\%=1\ 044(\text{万元})$$

反之，若此企业欲使薪酬费用总额上涨到 1 570 万元，则其必须实现的销售额为：

$$1\ 570\div45\%\div40\%=8\ 722(\text{万元})$$

此外，我们还可以运用劳动分配率求出合理的薪酬调整比率。假定某公司上年度薪酬费用总额为 1 225 万元，附加价值为 2 988 万元，本年度第一季度薪酬费用总额为 423 万元，附加价值为 986 万元。按照惯例，企业拟从 4 月份起调整薪酬，预计今后三个月的月平均附加价值可达 364 万元，则合理的薪酬调整幅度的计算如下：

$$\text{上年度劳动分配率}=\frac{1\ 225}{2\ 998}=\frac{102.1(\text{月平均})}{250(\text{月平均})}=41\%$$

$$\text{本年度第一季度劳动分配率}=\frac{423}{986}=\frac{141(\text{月平均})}{329(\text{月平均})}=43\%$$

可见，本年度第一季度的劳动分配率与上年度相差不大。经营者通过综合考虑各种因素，认为本年度第二季度的劳动分配率与第一季度相同，仍为 43%，则

$$\text{第二季度月平均目标薪酬费用总额}=364\times43\%=156.5(\text{万元})$$

而公司 4 月份平均薪酬可调升幅度为：

$$156.5-141=15.5(\text{万元})$$

调升比率为：

$$15.5\div141\times100\%=11\%$$

随着市场环境趋于复杂和企业员工构成日益多元化，现代企业一般都要求薪酬体系能够公平公正地向员工提供高质量和个性化的服务，这就意味着应该向不同的部门和员工支付不一样的薪酬。针对这种需要，大多数企业都在制定薪酬预算时采用了薪酬比较比率这一有效工具。它建立在这样的假设基础之上，即各部门的平均薪酬水平应该和企业总体的平均薪酬水平持平，同时这一水平也应恰好是企业的薪酬区间中值。那些比较比率小于 1 的部门就会加大加薪幅度，而比较比率大于 1 的部门的加薪范围则会相对小一些，从而实现整个企业范围内的大致均衡。

（二） 微观接近法

与宏观接近法相对应，微观接近法（micro-approach method）指先由管理者预测出每一位员工在下一年度里的薪酬水平，再把这些数据汇总在一起，从而得到整个企业的薪酬预算。在企业的经营过程中，这一做法比宏观接近法更为常见。具体来说，整个过程包括以下步骤。

1. 对管理者就薪酬政策和薪酬技术进行培训

在采用微观接近法的情况下，各级管理者是决定企业的薪酬预算能否顺利进行的最重要的力量，因此，在制定具体的薪酬预算之前，有必要首先对他们进行培训。通过培训

使他们具备根据绩效表现向员工支付薪酬的意识，并掌握加薪和预算等方面的常规薪酬技术。培训的主要内容应该包括公司的薪酬政策、薪酬增长政策线、预算技术以及薪酬等级划分的原则等。同时，就市场上的薪酬数据及其分布情况与这些管理者进行沟通也是十分必要的。

2. 为管理者提供薪酬预算工具和咨询服务

工欲善其事，必先利其器。在实际的薪酬管理工作中，向管理者提供一定的工具是十分必要的，这些工具应该包括薪酬预算说明书和工作表格。薪酬预算说明书是对薪酬预算需要用到的技术以及这些技术的具体使用方法作的简要说明，它对管理者起到引导作用，同时也有助于提高管理效率、降低管理成本。工作表格主要提供特定员工在薪酬方面的一般信息，例如该员工一贯的绩效表现、过去的加薪情况、过去的加薪时间。这些数据有助于确保管理者针对特定员工所采取的薪酬管理举措具有一致性和连贯性，更好地实现内部公平。另外，为了促进组织内部薪酬预算的顺利进行，持续地向管理者提供咨询建议和薪酬信息，为他们提供技术和政策上的支持也是非常重要的。

3. 审核并批准薪酬预算

在管理者就各个部门的薪酬预算形成初步意见之后，需要对这些意见进行进一步的审核和批准。事实上，这一步骤又可以细化为若干具体的小步骤。首先，要对这些预算意见进行初步的审核，使它们与组织已经制定的薪酬政策和薪酬等级相符合；其次，把组织内部各个部门的薪酬预算意见汇总在一起，进行总体上的调节和控制，确保内部公平性和外部一致性，保证各个部门之间的平衡；最后，管理层进行集体决议，得出最终的预算意见，并确保得到决策层的批准。

4. 监督预算方案的运行情况，并向管理者反馈

制定出薪酬预算方案以及得到决策层的认可并不意味着薪酬预算的完结，从某种意义上讲，这一过程才刚刚开始。在预算方案下达到各个具体部门并加以执行的整个过程中，管理者必须对该方案的执行状况进行严密监控，一方面要保持与员工的交流，了解他们的看法和态度，并对他们的反应作出积极、快速的反馈；另一方面要从企业全局的角度出发，做好因时因地对方案进行调整的准备。

第 2 节 薪酬控制

一、薪酬控制的意义和难点

（一）薪酬控制的含义和作用

所谓薪酬控制（compensation control），是指为确保既定薪酬方案顺利落实而采取的相关措施。企业正式的控制过程往往包括下面几个步骤：（1）确定相关标准以及若干衡量指标；（2）将实际结果和既定标准进行比较；（3）如果二者之间存在差距，明确并落实补救措施。具体到薪酬管理方面，我们可以这样认为：企业通过薪酬预算，对自己在薪酬方面的具体标准和衡量指标有了比较清晰的认识，而薪酬控制的主要功用就在于确保这些预定标准的顺利实现。

毋庸置疑，这种控制对于企业是十分必要的。具体来说，在外部劳动力市场方面，由于企业在制定薪酬预算时通常要对市场平均薪酬水平、薪酬变动幅度等因素进行大致的估计或预测，因此在很多时候，针对实际情况进行调查并及时调整预期是非常必要的。与此类似，企业在制定薪酬预算时采用的内部信息未必准确（例如年度流动率往往就是一个估计值），同时实际雇佣状况存在随时变化的可能。在这种情况下，为了保证管理人员对整个薪酬体系的切实监控和预定薪酬管理目标的顺利实现，实施有效的薪酬控制对于企业而言具有相当重要的意义。

对薪酬体系的运行状况进行监控，其主要目的在于对之前的预期和之后的实际状况进行对比，但究竟采取什么样的补救措施就要视具体情况而定了。举例来说，企业在制定薪酬预算的时候，可能认为某种特定的薪酬设计会促使员工改进自己的工作绩效，但这种预期并没有实现，其原因可能是多方面的，可能和企业、管理者以及员工本身都有关系。但是，如果预期落空的一个很重要的原因在于预算时的假设条件没有得到满足，那么需要改变的就是薪酬预算本身。

从这个意义上来说，我们需要意识到的一点是，薪酬预算和薪酬控制是一个不可分割的整体：企业的薪酬预算需要通过薪酬控制加以实现，在薪酬控制过程中对薪酬预算的修改意味着一轮新的薪酬预算的产生。薪酬预算和薪酬控制不能被简单看成是企业一年一度的例行公事，而是持续不断地贯穿于薪酬管理的整个过程。

（二） 薪酬控制的难点

对日常经营活动（包括薪酬管理）进行监督和控制不是一件很轻松的事情。实际的控制要受到多种因素的制约甚至阻碍。

1. 控制力量的多样性

在一定程度上，每个人都有控制他人的欲望，当他们作为企业中的员工时亦是如此。在企业中，每个人都为实现组织的整体目标而完成自己的手头工作，同时也为实现自己的个人目标而进行种种努力。他们不可避免地因为受控而要承受来自企业和其他员工的压力，同时也在向他人施加一定的压力。概括来说，企业的控制力量主要有以下三种：企业现有的正式控制体系、来源于小团体或特定个人的社会控制以及员工的自我控制。为了对企业的各项事宜（包括薪酬）进行有效监控，通常要求这三种控制力量整合在一起，对员工发挥相同方向的作用。但事实上，真正实现这种和谐的可能性小之又小，大多数时候，员工必须在各种冲突力量之间进行选择。这也是企业的控制体系总是处于次优状态的一个重要原因。

2. 人的因素的影响

企业的控制体系在不同的时间、不同的环境下，面对不同的对象会发挥出不同的作用。举例来说，如果各项工作职责的设计和履行之间彼此独立，工作周期又比较短，控制体系的作用就会比较明显；如果是一名新员工，对控制力量本身有着较强的需求，控制的效果应该不会太差。但是，如果某项工作职责在最终结果出来以前要求在职者接受多年的培训并且在很长的一段时间里与不同职位的员工打交道，对其进行监控就不会有很明显的效果。在这种情况下，借助社会控制和自我控制的力量往往能够收到更为理想的效果。

3. 结果衡量的困难性

在企业的日常运营过程中，对一些工作行为（例如管理人员的经营决策正确与否）进行观察往往很困难甚至不太可能。出于有效控制的目的，企业往往会针对其希望得到的结果制定出若干衡量指标。这种做法在一定程度上是有效的，但它容易使员工把注意力集中在衡量指标而不是目标上。举例来说，一名管理者可能会把他所有下属的绩效表现都评定为优秀。之所以这样做，可能并不是因为他们的绩效表现真的很优秀，而只是因为获得优秀评价能够加薪 10%，管理者希望他的下属得到这 10%的加薪。在这种情况下，衡量指标的制定和评价就成为控制行为的一部分。

二、薪酬控制的途径

（一） 薪酬控制的对象

在企业的经营过程当中，薪酬控制在很大程度上指的是对劳动力成本的控制。在大多数企业里都存在正式的薪酬控制体系。一般情况下，企业的劳动力成本可以用下面的公式表示：

劳动力成本＝雇佣量×（平均薪酬水平＋平均福利成本）

因此，我们可以认为劳动力成本主要取决于企业的雇佣量以及在员工基本薪酬、可变薪酬和福利与服务这三个方面的支出，它们自然也就成了薪酬控制的主要着眼点。同时，企业所采用的薪酬技术，例如职位分析和职位评价、技能薪酬计划、薪酬等级和薪酬宽带、收益分享计划等，也能够对薪酬控制发挥不小的作用。

我们可以从以下几个方面来关注企业的薪酬控制：第一，通过控制雇佣量来控制薪酬；第二，通过对平均薪酬水平、薪酬体系的构成的调整以及有目的地设计企业的福利计划来达到控制薪酬的目的；第三，利用薪酬技术对薪酬进行潜在的控制。

（二） 通过雇佣量进行薪酬控制

众所周知，雇佣量取决于企业里的员工人数和他们相应的工作时数，通过控制这两个要素来管理劳动力成本可能是最简单、最直接的一种做法。很显然，在支付的薪酬水平一定的情况下，企业里的员工越少，企业的经济压力也就越小。如果薪酬水平保持不变，每位员工的工作时间可以延长，企业就更有利可图。

1. 控制员工人数

有证据表明，在股票市场上，无论是裁员还是关闭工厂都可以算得上是利好消息。因为在市场看来，这些做法会有助于改善企业的现金流量，有效控制企业的成本开支。当然，这种做法的负面作用也是很明显的：裁员不当可能会导致熟练工人的大量流失，从而直接影响到企业的人力资本储备。

考虑到这样的问题，为了更好地管理企业的劳动力成本，许多企业会选择与不同的员工团体建立不同性质的关系：与核心员工之间的关系一般是长期取向的，而且彼此之间有很强的承诺；与非核心员工之间的关系则以短期取向居多，只局限于特定的时间段。非核心员工与核心员工相比，其成本相对较低，流动性却更大。因此，采用这种方式之后，企业可以在不触及核心员工利益的前提下，通过扩大或收缩非核心员工的规模来保持灵活性并达到控制劳动力成本的目的。

本书作者就曾经听一位在一家广东的中外合资企业工作的朋友说过这样一件事情：当公司在 11 月眼看无法完成股东所要求的利润指标时，总经理为了保住自己的位置，采取了大规模裁员的做法，力图通过降低薪酬成本来达到预期的利润目标。虽然这种做法并不妥当，严格来说甚至有违反劳动法的嫌疑，但是它说明了，在有些情况下，薪酬成本控制对于企业来说是多么重要。

2. 控制工作时数

与改变员工的人数相比，改变员工的工作时数往往更加方便和快捷，所以这种做法在企业里更为常见。这里值得一提的是有关工时的法律规范方面的问题。举例来说，很多国家都有明文规定，员工的工作时间在超过正常周工作时数以后，额外工作时间的薪酬应该按照原有薪酬水平的 1.5 倍来计算。因此，对于企业而言，就需要在调整员工人数和调整工作时数两种做法之间作出选择，选择的依据是哪一种调整方式的成本有效性更高。事实上，在实践中，当一个国家的劳动法管辖效力不高的时候，许多企业都会通过变相增加员工的工作时数来达到降低劳动力成本的目的。这种情况在我国经济发达地区的一些劳动密集型加工企业中经常能够看到。

（三） 通过薪酬水平和薪酬结构进行薪酬控制

对薪酬的控制主要通过对薪酬水平和薪酬结构的调整来实现。此处的薪酬水平主要是指企业总体上的平均薪酬水平，薪酬结构则主要涉及基本薪酬、可变薪酬和福利支出这样一些薪酬的构成以及各个具体组成部分所占的比重大小。各种薪酬组成的水平高低不同，所占的比重不同，对企业薪酬成本的影响也是不同的。

1. 基本薪酬

基本薪酬对薪酬预算与控制的最主要影响体现在加薪方面，而在原有薪酬水平之上的加薪一般基于以下三方面的原因：原有薪酬低于理应得到的水平；根据市场状况进行的调节；更好地实现内部公平。任何一次加薪能够发挥的效用直接取决于加薪的规模、加薪的时间以及加薪的员工参与率。

原有薪酬不足导致的加薪意味着起码要把基本薪酬提高到其应处薪酬等级的最低水平线上，这种做法的成本与以下几种因素有关：基本薪酬所得不足的员工数量；理应加薪的次数；实际加薪的规模。举例来说，如果企业具有针对每次加薪幅度的政策规定，那么管理者就需要决定，为了弥补某员工 15%的薪酬差额，究竟是进行一次加薪还是两次或更多次加薪。不同的抉择显然会对企业的财务状况产生不同的影响。

根据市场状况或是企业内部的公平情况来对基本薪酬水平进行调整，更多是为了确保和加强企业的地位，不管这种地位是相对于竞争对手的地位还是存在于员工心目当中的地位。以后者为例，企业中的不公平感既可能源于同事间的同工不同酬，也可能源于上级和下属之间的紧张关系，在某些情况下还与工会和管理层之间的争端有关。因此，为了更准确地制定薪酬预算，管理者需要根据不同的情况选择合适的预算方式。

2. 可变薪酬

越来越多的企业开始在组织内部使用这样或那样的可变薪酬方案。支付形式包括利润分享、收益分享、团队奖励、部门奖金等。它们给组织所带来的成本亦是进行薪酬预算与控制时不得不考虑的内容。

在提高薪酬水平给企业的薪酬控制带来的影响方面，可变薪酬与基本薪酬既有相同点，又有不同之处。一方面，可变薪酬所能产生的影响同样取决于加薪的规模、加薪的时间以及加薪的员工参与率。另一方面，由于大多数可变薪酬方案都是一年一度的，通常在每个财务年度的年底支付，因此它们对组织的影响只是一次性的，并不会作用于随后的年份。

举例来说，现在需要针对某员工制定特定的薪酬支付计划。如果他原来的年薪为 40 000 元，每年加薪比例为 5%，那么 10 年后他的薪酬数额应为 62 000 元，而这些年里企业总共需要向他支付 503 116 元。同时，与基本薪酬相联系的一些福利项目支出也需要相应增加。另一方面，组织也可以保持该员工 40 000 元的基本薪酬水平不变，每年支付大约 26.8%的红利。10 年下来，总成本大约为 503 000 元。这样一来，不仅在一定程度上节约了福利和其他方面的成本开支，还可以保持员工薪酬与其绩效之间的高度相关性，发挥更大的激励作用。

从劳动力成本方面来看，可变薪酬相对于基本薪酬所占的比例越高，企业劳动力成本的变化余地也就越大，管理者可以控制预算开支的余地也就越大。这对于今天崇尚灵活性和高效率的企业来说是一种不错的选择。

3. 福利支出及其他

根据对薪酬预算与控制的作用大小，可以把企业的福利支出分为两类：与基本薪酬相联系的福利以及与基本薪酬基本没有联系的福利。前者多是像人寿保险和补充养老保险这样比较重要的福利内容。它们本身变动幅度一般不大，但是由于与基本薪酬相联系，因而会随着基本薪酬的变化而变化。同时，由于它们在组织整体支出中所占比重较大，因而会对薪酬预算和薪酬控制产生较大的影响。而后者则主要是一些短期福利项目，例如健康保险、牙医保险以及工伤补偿计划等。比较来说，它们对于企业的薪酬状况所能发挥的作用相对小得多。

值得一提的是，福利支出的成本还应该考虑有关管理费用的问题。举例来说，当组织内部实施的保险并非自保险制度时，企业就必须向保险商缴纳一定的管理费用，在进行薪酬预算和控制时应考虑在内。

除去上面提到的基本薪酬、可变薪酬以及福利支出之外，可能对薪酬预算产生影响的因素还有很多。比如带薪休假时间，这种额外休假时间的成本取决于劳动力本身的性质。当不享受加班工资的员工暂时离开职位的时候，一般不需要其他员工来代替，因此没有额外损失。而当享受加班工资的员工休假时，必须把承担其工作任务的人员的成本计算在内（参见小专栏 10-1）。

小专栏 10-1

有关薪酬的六大误解

对于薪酬，人们还存在许多误解，最常见的六个误解如表 10-1 所示。

表 10-1 有关薪酬的六大误解

说法	事实
1. 工资率与劳动力成本是一回事。	这种说法对管理者产生了误导，导致管理决策的失误。根据定义，工资率是全部直接薪酬除以全部工作时间的结果。沃尔玛的收银员工资率按小时计算，每小时 5.15 美元，而华尔街上的经纪人的薪金则按天计算，每天 2 000 美元。劳动力成本的计算既涉及企业向员工支付多少报酬，也涉及员工所生产的产品数量。因此，德国的工厂工人的小时工资率可能是 30 美元，而印度尼西亚工人的工资率却有可能是每小时 3 美元，要判断这些工人的相对成本高低，还要看在相同的时间内，他们能够生产出多少产品。
2. 降低工资率将降低劳动力成本。	如果管理者相信工资率与劳动力成本是一回事，那么，他们通常也会相信这第二种说法。再一次明确指出，劳动力成本是工资率和生产率的一个函数，要降低劳动力成本，就需要同时关注这两个方面。在大多数情况下，降低工资率反而会增加劳动力成本。
3. 劳动力成本在企业总成本中占很大的比重。	这种说法仅仅在某些情况下是正确的。在不同的行业和企业中，劳动力成本占总成本的比重明显不同。许多高层管理者在其财务报告中假定劳动力成本是总成本中所占比重最大的部分，劳动力成本只是在短期内有可能发生变化。
4. 保持低劳动力成本有助于创造有力的、可持续的竞争力。	劳动力成本可能是最不可靠和最不容易持久的竞争优势来源。更好的竞争优势来自质量、客户服务、产品、流程或者技术方面的领先。同时，通过这些方式获得的竞争优势往往比削减成本更难以被竞争对手模仿。
5. 提供个人奖励能够改善绩效。	个人奖励工资可能会破坏个人和组织两方面的绩效。许多研究有力地证明了，这种奖励方式破坏了团队精神，鼓励短视行为，使个人相信薪酬与绩效完全没有关系，而与拥有“恰当的”人际关系以及“逢迎性的”个性高度相关。
6. 人们主要是为了金钱而工作。	人们为了金钱而工作，但是他们更为生命的价值而工作。事实上，他们更有可能是为了乐趣而工作。企业如果无视这个事实，就会简单地用金钱收买其员工，并且会为员工缺乏忠诚度和献身精神付出代价。

资料来源：杰弗里·佩弗．关于薪酬的 6 个危险神话//罗布．戈菲．人员管理．北京：中国人民大学出版社，2000：104-107.

（四） 通过薪酬技术进行潜在的薪酬控制

我们在前面的章节里已经对薪酬技术进行了比较详细的阐述，例如职位分析和职位评价、薪酬政策线、薪酬宽带等。除了一些比较直观的目的之外，它们对于薪酬的预算控制也能起到不小的作用。

1. 最高薪酬水平和最低薪酬水平

一般来说，每一薪酬等级都会具体规定该级别内的最高薪酬水平和最低薪酬水平。其中，最高薪酬水平对于企业薪酬控制的意义较大，因为它规定了特定职位能够提供的产出在组织里的最高价值。一旦由于特殊情况导致员工所得高于这一限额，就会使企业不得不支付

“赤字薪酬”。而当这种情况在组织里很普遍时，对薪酬等级和职位说明书进行调整就很有必要。由于最低薪酬水平代表着企业中的职位能够创造的最低价值，因而一般会支付给那些尚处于培训期的员工。

2. 薪酬比较比率

在薪酬控制过程中，一个经常用到的统计指标是薪酬比较比率。这一数字可以告诉管理者特定薪酬等级的薪酬水平中值，以及该等级内部职位或员工薪酬的大致分布状况。该比率的计算公式可以表示为：

$$\text{薪酬比较比率}=\frac{\text{实际支付的平均薪酬水平}}{\text{某一薪酬区间中值}}$$

当薪酬比较比率值为 1 时，意味着等级内员工的平均薪酬水平和薪酬区间中值恰好相等。

我们在前面已经指出，薪酬区间中值是绩效表现居中的员工理应得到的薪酬水平。在理想情况下，企业支付薪酬的平均水平应该等于薪酬区间中值。因此，当比较比率大于 1 时，就说明因为这样或那样的原因，企业给员工支付的薪酬水平偏高：也许是因为人工成本控制不当，也许是因为多数员工的绩效表现确实突出，或是其他原因。而当该数值小于 1 时，薪酬支付不足的情况就显而易见了。当然，对于为什么会出现这种结果，企业需要进一步分析。

3. 成本分析

数字的说服力往往是最强的，这也是成本分析为很多企业所青睐的原因。在决定一次加薪之前，企业一般会对加薪所带来的经济影响进行深入和透彻的分析，以期了解事情的全貌。同样，企业在制定像销售人员奖励计划这样的薪酬方案时，可以通过对该计划的成本进行测算来达到合理控制成本的目的（参见小专栏 10－2）。

小专栏 10－2

某公司销售人员薪酬计划成本测算工作单

职位：销售代表　　薪酬等级：10　　薪酬等级的中值：6 万元　　总人数：80

奖励标准或奖金基准额：

- 所有指标达到最低要求：9 000 元；
- 所有指标达到目标要求：18 000 元；
- 所有指标达到卓越要求：36 000 元。

步骤一：确定绩效衡量指标及其权重（见表 10－2）。

表 10－2　绩效衡量指标及其权重（%）

绩效衡量指标	绩效衡量指标的定义	权重
销售额	所有产品和服务的净销售额	60
战略产品销售数量	选定产品（比如三四种关键产品）的净销售额	20
新账户销售额	来自新客户的净销售额	20

步骤二：确定绩效目标实现度要求（按绩效衡量指标分别确定，见表 10－3）。

表 10-3　绩效目标实现度要求（%）

绩效衡量指标	获得奖励的绩效目标实现度要求		
	最低要求	目标要求	卓越要求
销售额	91	100	120
战略产品销售数量	81	100	140
新账户销售额	81	100	140

步骤三：预测在不同绩效水平上的分布状况（见表 10-4）。

表 10-4　预期绩效目标实现度以及预期的分布状况预测　单位：人

绩效衡量指标	预期绩效目标实现度以及预期的分布状况预测							
	80%以下	81%～90%	91%～99%	100%～109%	110%～119%	120%～129%	130%～139%	140%以上
销售额	3	5	38	25	5	2	1	1
战略产品销售数量	8	12	24	15	15	0	2	4
新账户销售额	4	16	15	24	5	10	4	2

步骤四：计算每一个绩效衡量指标的不同绩效水平所对应的奖金金额（见表 10-5）。

表 10-5　不同绩效水平所对应的奖金金额　单位：元

绩效衡量指标	预期绩效目标实现度以及相应的奖金金额							
	80%以下	81%～90%	91%～99%	100%～109%	110%～119%	120%～129%	130%～139%	140%以上
销售额	0	0	5 400	10 800	16 200	21 600		
战略产品销售数量	0	1 800	2 700	3 600	4 500	5 400	6 300	7 200
新账户销售额	0	1 800	2 700	3 600	4 500	5 400	6 300	7 200

注：表中的数字为不同销售指标所占权重与不同的预期绩效目标实现度所对应的基准奖金额之积。比如，如果某销售员的销售额指标的目标实现度为 100%，则当所有销售指标的目标实现度为 100%时，企业支付的总奖金额为 18 000元，而销售额指标在总绩效指标体系中占有 60%的权重，因此，该销售人员在销售额指标上达到 100%的要求时所应当得到的奖金数量为 10 800 元（18 000×60%）。对于实际销售目标实现度介于最低要求与目标要求之间以及目标要求与卓越要求之间的情况，可以以填空的方式填入。

步骤五：根据预期的绩效水平来计算各绩效指标所对应的奖励成本（见表 10-6）。

表 10-6　各绩效指标所对应的奖励成本　单位：元

绩效衡量指标	预期绩效目标实现度以及相应的奖励成本							
	80%以下	81%～90%	91%～99%	100%～109%	110%～119%	120%～129%	130%～139%	140%以上
销售额	0	0	205 200	270 000	81 000	86 400		
战略产品销售数量	0	21 600	64 800	54 000	67 500	0	12 600	28 800
新账户销售额	0	28 800	40 500	86 400	22 500	54 000	25 200	14 400

步骤六：汇总计算预期的总奖励成本（见表 10-7）。

表 10-7　预期总奖励成本　单位：元

绩效衡量指标	成本
销售额	642 600
战略产品销售数量	249 300
新账户销售额	271 800
成本总计	1 163 700

三、薪酬的税收成本控制

在企业的薪酬控制方面，一个非常重要的内容是与薪酬有关的税收成本控制。企业的薪酬支付时间不同，企业和员工个人承担的税收成本会存在较大的差异。下面我们从月薪、年终奖以及不同的薪酬项目组合产生的税收成本的角度进行分析。

（一）月薪的个人所得税问题

世界各国的劳动者通常都需要缴纳个人所得税，我国也不例外。《中华人民共和国个人所得税法》自 1980 年通过以来经过了多次修正，2018 年 8 月 31 日做了第七次较大幅度的修正。这次修正将起征点从原来的每月 3 500 元上调到每月 5 000 元，在原有的对个人社会保险缴费部分做税前扣除之外，增加了在子女教育、赡养老人等方面的部分支出税前扣除，同时，还将过去按月计征个人所得税改为对个人全年综合所得计征所得税，但日常采取累计预扣法进行预扣预缴。

在此次修订之前，国家对居民个人的工资和薪金所得、劳务报酬所得、稿酬所得以及特许权使用费所得四种不同来源的收入是分别计税的。其中，对工资和薪金所得按月计税，对其余三种所得按笔计征。而新的个人所得税法规定，将居民个人纳税年度内取得的上述四项所得（即综合所得）累计起来，按纳税年度合并计算个人所得税。不过，新的个人所得税法规定，劳务报酬所得、稿酬所得、特许权使用费所得以收入减除 20%的费用[①]后的余额为收入额，并且稿酬所得的收入额减按 70%计算。也就是说，劳务报酬所得和特许权使用费所得在计入全年综合所得时，只按实际收入的 80%计入（20%作为成本或费用抵扣），而稿酬所得不仅同样按 80%计入年度综合所得，在此基础上还可以再扣除 30%的成本。举例来说，某人如果在某纳税年度获得劳务报酬和特许权使用费共 20 万元，同时获得稿酬 10 万元，则劳务报酬和特许权使用费收入只按 16 万元（20 万元×80%）计入全年综合所得，而稿酬收入只按 5.6 万元（10 万元×80%×70%）计入全年综合所得。也就是说，尽管此人在该年度实际领取的劳务报酬所得、稿酬所得、特许权使用费所得共 30 万元，但真正计入应纳税所得额时只计算 21.6 万元，另外 8.4 万元作为获得这些收入需要付出的成本扣除。

居民个人年度综合所得适用的税率如表 10－8 所示。表中的全年应纳税所得额为每一纳税年度内，居民个人全年的综合所得总额减除全年免征额 6 万元（5 000 元/月×12 个月）以及专项扣除、专项附加扣除和依法确定的其他扣除后的余额。其中，专项扣除包括居民个人按照国家规定的范围和标准缴纳的基本养老保险、基本医疗保险、失业保险等社会保险费和住房公积金等；专项附加扣除包括子女教育、继续教育、大病医疗、住房贷款利息或者住房租金、赡养老人等支出。

在新增的个人所得税专项扣除方面的最新细则规定是：（1）在子女教育方面，纳税人的子女在年满 3 岁后接受学前教育阶段和从小学到博士研究生的全日制学历教育阶段的相关支出，按每个子女每月 1 000 元标准定额扣除，其中高中阶段教育包含技工教育。（2）在继续教育方面，纳税人接受学历（学位）继续教育的支出，在规定期间可按每月 400 元定额扣

---

① 4 000 元以下的减 800 元。

除，但同一学历继续教育的扣除期限不能超过 48 个月；接受技能人员和专业技术人员职业资格继续教育的支出，在取得相关证书的当年按 3 600 元定额扣除。（3）在大病医疗方面，纳税人在一个纳税年度内，与基本医保相关的医药费用扣除医保报销后的个人负担，累计超过 1.5 万元的部分，由纳税人在办理年度汇算清缴时，在 8 万元限额内据实扣除。（4）在住房贷款方面，纳税人本人或配偶发生的首套住房贷款利息支出，可按每月 1 000 元标准定额扣除；符合条件的住房租金根据城市的不同，按每月 1 500 元、1 100 元和 800 元标准定额扣除。（5）在赡养老人方面，纳税人赡养年满 60 岁父母的支出，按照一定标准定额扣除，其中，独生子女按每人每月 2 000 元标准扣除，非独生子女与其兄弟姐妹分摊每月 2 000 元的扣除额度。

表 10-8　　居民个人年度所得税税率表（综合所得适用）

级数	全年应纳税所得额	税率（%）
1	不超过 36 000 元的	3
2	超过 36 000 元至 144 000 元的部分	10
3	超过 144 000 元至 300 000 元的部分	20
4	超过 300 000 元至 420 000 元的部分	25
5	超过 420 000 元至 660 000 元的部分	30
6	超过 660 000 元至 960 000 元的部分	35
7	超过 960 000 元的部分	45

按照新的所得税计算方法，居民个人每个月需要预扣预缴的所得税都必须与本纳税年度之前每个月的工资和薪金累加之后重新计算，即

某月预扣预缴应纳税所得额＝本纳税年度此前各月累计薪酬收入－5 000 元/月×累计月数（累计起征点减除费用）－每月专项扣除×累计月数－ 每月专项附加扣除×累计月数－每月依法确定的其他扣除×累计月数

举例来说，某公司员工小罗在 2019 年 1 月、2 月和 3 月的薪酬分别为 15 000 元、45 000元和 15 000 元。小罗有一个正在上小学的儿子（每月可扣除 1 000 元），需要为首套住房贷款支付利息（每月可扣除 1 000 元）。小罗为独生子女，需要赡养都健在的父母（每月可扣除 2 000 元）。此外，小罗每个月需要缴纳的“三险一金”为 3 000 元（城镇职工个人的缴费基数是按本人上年工资性收入的月平均工资水平计算出来的，在本年度内每月缴费金额相同），同时，小罗还购买了符合扣除条件的商业健康保险每月 200 元。

于是，小罗 2019 年 1 月的预扣预缴应纳税所得额为 2 800 元，即 15 000 元(薪酬收入）－5 000 元（起征点扣除）－3 000 元（专项扣除）－4 000 元（专项附加扣除）－200 元（依法确定的其他扣除）。到 2 月份，小罗的应纳税所得额就变成了 35 600 元，即 60 000 元（15 000 元＋45 000 元，累计薪酬收入）－10 000 元（5 000 元/月×2 个月，累计起征点扣除）－6 000 元（3 000 元/月×2 个月，累计专项扣除）－8 000 元（4 000 元/月×2 个月，累计专项附加扣除）－400 元（200 元/月×2 个月，累计依法确定的其他扣除）。再到 3 月份，小罗的应纳税所得额就变成了 38 400 元，即 75 000 元（15 000 元＋45 000 元＋15 000 元）－15 000 元（5 000 元/月×3 个月）－9 000 元（3 000 元/月×3 个月）－12 000 元（4 000元/月×3 个月）－600 元（200 元/月×3 个月）。

在计算每个月的预扣预缴税额时，可以按照表 10-9 中的速算扣除法快速计算出来。比

如，小罗在 2019 年 1 月份的预扣预缴税额为 84 元（2 800 元×3%），而在 2 月份的预扣预缴税额计算方式如下：首先计算出小罗在 1—2 月总共需预扣预缴的税金，即 35 600 元×3%=1 068 元。由于上月已预扣预缴所得税 84 元，所以小罗本月只需再预扣预缴 984 元。到了 3 月份，首先需要计算出小罗在三个月中累计需要预扣预缴的税金，即 38 400 元×10%（适用的预扣率）−2 520 元（速算扣除数）=1 320 元。由于此前两个月已经预扣预缴了所得税 1 068 元，因此，本月小罗需要预扣预缴的税金为 252 元。

表 10-9　　个人所得税预扣率表（居民个人工资、薪金所得预扣预缴适用）

级数	累计预扣预缴应纳税所得额	预扣率（%）	速算扣除数
1	不超过 36 000 元的	3	0
2	超过 36 000 元至 144 000 元的部分	10	2 520
3	超过 144 000 元至 300 000 元的部分	20	16 920
4	超过 300 000 元至 420 000 元的部分	25	31 920
5	超过 420 000 元至 660 000 元的部分	30	52 920
6	超过 660 000 元至 960 000 元的部分	35	85 920
7	超过 960 000 元的部分	45	181 920

（二）年终奖的个人所得税问题

很多企业都会在每年年底发放年终奖，年终奖同样要缴纳个人所得税。关于年终奖的计税问题，目前的规定主要来自国家税务总局于 2005 年发布的《关于调整个人取得全年一次性奖金等计算征收个人所得税方法问题的通知》。这份文件规定，应当先将雇员当月内取得的全年一次性奖金除以 12 个月，按其商数确定适用税率和速算扣除数。也就是说，员工在领取年终奖时，首先应当将年终奖平均到每个月，求出相当于每个月得到的奖金数，然后将这个月的奖金视为单独的月薪适用相应的税率以及速算扣除数。

在第七次个人所得税法修正之后，财政部、国家税务总局联合发布通知明确，居民个人取得全年一次性奖金，符合以上通知规定的，在 2021 年 12 月 31 日前，不并入当年综合所得，以全年一次性奖金收入除以 12 个月得到的数额，按照表 10-10 中按月换算后的综合所得税率表（简称月度税率表）确定适用税率和速算扣除数，单独计算纳税。计算公式为：

应纳税额=全年一次性奖金收入×按月换算后的适用税率−速算扣除数

此外，居民个人取得全年一次性奖金，也可以选择并入当年综合所得计算纳税。但自 2022 年 1 月 1 日起，居民个人取得全年一次性奖金，应并入当年综合所得计算缴纳个人所得税。

表 10-10　　年终奖按月换算后的综合所得税率表

级数	全月应纳税所得额	税率（%）	速算扣除数
1	不超过 3 000 元的	3	0
2	超过 3 000 元至 12 000 元的部分	10	210
3	超过 12 000 元至 25 000 元的部分	20	1 410
4	超过 25 000 元至 35 000 元的部分	25	2 660
5	超过 35 000 元至 55 000 元的部分	30	4 410
6	超过 55 000 元至 80 000 元的部分	35	7 160
7	超过 80 000 元的部分	45	15 160

由于我国在计算年终奖应缴纳的所得税时直接采用月薪所得税的简单计算方法，即用年终奖的应纳税所得额乘以适用税率，然后减去速算扣除数，结果导致在年终奖的计算中出现一个奇怪的现象：在一些情况下，企业给员工发放的年终奖越多，员工最终拿到手的年终奖反而越少；或者企业发的年终奖多很多，但员工实际拿到的年终奖却增加很少。这就是年终奖发放的所谓无效区间或低效区间问题。由于在 2021 年 12 月 31 日之前，针对年终奖的所得税计算方法并未改变，因此，上述情况依然存在。企业在发放年终奖的时候必须特别注意。

举例来说，如果企业给某位员工发放 36 000 元的年终奖（36 000 元÷12 个月＝3 000 元/月，按照表 10－10 中的规则可确定适用税率为 3%），那么这位员工需要为年终奖缴纳的个人所得税为 36 000×3%＝1 080 元，税后收入为 34 920 元。但如果企业多发 1 元钱，也就是发放 36 001 元的年终奖，则这位员工需要为这笔年终奖缴纳的个人所得税的适用税率就变成 10%（因为 36 001 元÷12 个月＝3 000.08 元/月，超过 3 000 元），于是，这位员工需要缴纳的所得税就变为 36 001 元×10%－210 元（速算扣除数）＝3 390.1 元，税后收入就只有 32 610.9 元，比这家公司少发 1 元年终奖时的税后收入低 2 309.1 元。此外，14.4 万元、30 万元、42 万元、66 万元、96 万元等都是这种临界点。如果不注意这些年终奖临界点，很可能会出现企业的薪酬成本增加而员工却得不到好处的尴尬情形。

出现这种情况的主要原因是，不应该用年终奖的总额直接乘以由平均到 12 个月的金额对应的税率再减去速算扣除数，而应当用应纳税年终奖月平均数乘以适用的税率，再减去相应的速算扣除数。或者是按照下列公式计算：应纳税额＝全年一次性奖金收入×按月换算后的适用税率－速算扣除数×12 个月。道理虽然如此，但令人遗憾的是，我国对年终奖采用的税收政策仍然沿用税法规定的速算扣除数。

有鉴于此，企业有必要在发放年终奖的时候谨慎避开那些无效或低效的陷阱区间。具体来说，年终奖的下列区间均属于此类陷阱区间：36 000～38 567 元；144 000～160 500 元；300 000～318 333 元；420 000～447 500 元；660 000～706 538 元；960 000～1 120 000 元。如果发现年终奖在以上陷阱区间，企业应采取措施，要么少发一点年终奖，要么将年终奖的一部分金额合并到当月薪酬之中进行申报。

在当前情况下，由于员工每个月的薪酬收入和年终奖均需缴纳个人所得税，但两者的所得税计算方式不同，按不同名目计算出来的个人所得税总额很可能会存在差异，因此企业可以通过调整两者在员工年度总收入中的分配，合法降低员工需要缴纳的个人所得税。不过，到 2021 年 12 月 31 日，由于年终奖单独计算所得税的规定取消，年终奖将纳入劳动者个人全年综合所得合并确定适用税率，这个问题就不存在了。

四、人工成本控制

需要指出的是，在实践中，企业除了关心薪酬、福利这样的总薪酬，还关心另一个问题，这就是企业为雇用员工到底花了多少成本，因为企业在员工身上支出的成本远远超出员工的总薪酬成本。这样就产生了人工成本的概念。

国际上通用的人工成本概念是在 1966 年的日内瓦第十一届国际劳动经济会议人工成本会议决议案中通过的。决定对人工成本的定义是：雇主在雇用劳动力时产生的全部费用。其中包括：已完成工作的工资；未工作而有报酬时间的工资；奖金与小费；食品饮料及此类支出；雇主负担的工作的住房费用；雇主支付雇员的社会保险支出；雇主对职业培训、福利服务和杂项费用的支出，如工人的交通费、工作服、健康恢复支出及视为人工成本的税收等。

我国劳动部门以及财政部门分别对人工成本做出了相关的规定，但两个部门在使用的概念以及具体的内容规定方面存在一定的差异，还需要在政策层面进一步统一。

（一） 我国劳动部门关于人工成本的规定

我国现行的人工成本口径是由原国家劳动部颁发的〔1997〕261 号文件规定的，即人工成本的范围包括：职工工资总额、社会保险费用、职工福利费用、职工教育经费、劳动保护费用、职工住房费用和其他人工成本支出。其中，职工工资总额是人工成本的主要组成部分。

1. 劳动部门关于人工成本各组成部分的定义

第一，职工工资总额。指各单位在一定时期内，以货币或实物形式直接支付给本单位全部职工的劳动报酬总额，包括计时工资、计件工资、奖金、津贴和补贴、加班加点工资、特殊情况下支付的工资。

第二，社会保险费用。指国家为职工支付的各项社会保险费用，包括养老保险、医疗保险、失业保险、工伤保险、生育保险和企业建立的补充养老保险、补充医疗保险等费用。此项人工成本费用只计算用人单位缴纳的部分，不含个人缴纳的部分，因为个人缴费已计算在工资总额以内。

第三，职工福利费用。指在工资以外按照国家规定开支的职工福利费用。包括主要用于职工的医疗卫生费、职工因工负伤赴外地就医的路费、职工生活困难补助、宣传费、集体福利事业补贴（包括集体、生活福利设施，如职工食堂、托儿所、幼儿园、浴室、理发室、妇女卫生室等，以及文化福利设施，如文化宫、俱乐部、青少年宫、图书室、体育场、游泳池、职工之家、老年人活动中心等）、物业管理费、上下班交通补贴。

第四，职工教育经费。指企业为职工学习先进技术和提高文化水平而支付的费用，包括就业前培训、在职提高培训、转岗培训、外派培训、职业道德等方面培训的费用和企业自办大中专、职业技术院校等培训场所发生的费用以及职业技能鉴定费用。

第五，劳动保护费用。指企业购买职工实际使用的劳动保护用品的费用，如工作服、保健用品、清凉用品等。

第六，职工住房费用。指企业为改善职工居住条件而支付的费用，包括职工宿舍的折旧费（或为职工租用房屋的租金）、企业缴纳的住房公积金、实际支付给职工的住房补贴和住房困难补助以及企业住房的维修费和管理费等。

第七，其他人工成本支出。包括工会经费，企业因招聘职工而实际花费的职工招聘费，咨询费，外聘人员劳务费，对职工的特殊奖励（如创造发明奖、科技进步奖等），支付实行租赁、承租经营企业的承租人及承包人的风险补偿费等，解除劳动合同或终止劳动合同的补偿费。

2. 人工成本的指标体系

人工成本分析指标体系主要分为三类：一是人工成本总量指标；二是人工成本结构性指标；三是人工成本效益指标。

首先，人工成本总量指标反映的是企业人工成本的总量水平。由于不同企业职工人数不同，因此常用人均人工成本来反映企业人工成本水平的高低。此外，通过人工成本水平在同行业企业间或行业间的横向比较，可以判断企业人工成本水平在同行业企业间或行业间的位置，从而了解企业在劳动力市场上竞争力的强弱。

其次，人工成本结构性指标是指人工成本各组成项目占人工成本总额的比例，可反映人工成本投入构成的情况与合理性。该指标可以反映各组成部分在人工成本中的重要程度；该指标在年度间的纵向比较可以反映各组成部分在人工成本中所占比重的增减变动趋势；该指标在企业间的横向比较可以反映不同企业在人工成本投资方向上的差别。

最后，人工成本效益指标（人工成本分析比率型指标）是人工成本分析的核心指标，是进行企业人工成本控制时常用的指标，是一组能够将人工成本与经济效益联系起来的相对数，可以反映同行业企业间产品市场竞争力的高低。人工成本效益指标包括劳动分配率、人事费用率、人工成本利润率、人工成本占总成本的比重，其中劳动分配率、人事费用率为主要指标。

（1）劳动分配率是指人工成本总量与增加值的比率，表示在一定时期内新创造的价值中用于支付人工成本的比例。它反映分配关系和人工成本要素的投入产出关系。

（2）人事费用率是指人工成本总量与销售收入的比率，表示在一定时期内企业生产和销售的总价值中用于支付人工成本的比例，同时也表示企业职工人均收入与劳动生产率的比例关系、生产与分配的关系、人工成本要素的投入产出关系。它的倒数表明每投入一个单位人工成本能够实现的销售收入。

（3）人工成本利润率是指人工成本总额与利润总额的比率。它反映了企业人工成本投入的获利水平。

（4）人工成本占总成本的比重是指人工成本总额占总成本的百分比。由于各行业要素密集程度不同，有资本密集型、技术密集型、劳动密集型之分，因此，不同行业人工成本占总成本的比重这一指标可能差异很大。

（二）我国财政部门关于人工成本的规定

我国财政部于2006年颁布了新的《企业会计准则》及《企业会计准则指南》，随后不断进行修订。新的会计准则从会计的角度对职工薪酬进行了明确的界定，但这个职工薪酬概念并非人力资源管理意义上的薪酬概念，即不是薪酬或总薪酬的概念，而是最广义的薪酬概念，类似于人工成本。

1.《企业会计准则》关于职工薪酬的具体规定

根据《企业会计准则第9号——职工薪酬》的规定，职工薪酬是指企业为获得职工提供的服务而给予的各种形式的报酬以及其他相关支出。职工薪酬包括以下八个方面的内容：第一，职工工资、奖金、津贴和补贴；第二，职工福利费；第三，医疗保险费、养老保险费、失业保险费、工伤保险费和生育保险费等社会保险费；第四，住房公积金；第五，工会经费和职工教育经费；第六，非货币性福利；第七，因解除与职工的劳动关系给予的补偿；第八，其他与获得职工提供的服务相关的支出。

《企业会计准则指南》对相关问题做出了具体解释：

第一，职工是指与企业订立劳动合同的所有人员，含全职、兼职和临时职工；也包括虽未与企业订立劳动合同但由企业正式任命的人员，如董事会成员、监事会成员等。在企业的计划和控制下，虽未与企业订立劳动合同或未由其正式任命，但为其提供与职工类似服务的人员也被纳入职工范畴，如劳务用工合同人员。

第二，职工薪酬包括企业为职工在职期间和离职后提供的全部货币性薪酬和非货币性福利。提供给职工配偶、子女或其他被赡养人的福利等，也属于职工薪酬。

第三，养老保险费包括根据国家规定的标准向社会保险经办机构缴纳的基本养老保险费，以及根据企业年金计划向企业年金基金相关管理人缴纳的补充养老保险费。以购买商业保险形式提供给职工的各种保险待遇，也属于职工薪酬。

第四，非货币性福利包括企业以自产产品发放给职工作为福利、将企业拥有的资产无偿提供给职工使用、为职工无偿提供医疗保健服务等。

2. 财政部关于职工福利费问题的规定

财政部在 2009 年下发了《关于企业加强职工福利费财务管理的通知》，明确要求加强职工福利费的管理。其中的主要规定包括：

第一，企业职工福利费是指企业为职工提供的除职工工资、奖金、津贴、纳入工资总额管理的补贴、职工教育经费、社会保险费和补充养老保险费（年金）、补充医疗保险费及住房公积金以外的福利待遇支出，包括发放给职工或为职工支付的以下各项现金补贴和非货币性集体福利：

（1）为职工卫生保健、生活等发放或支付的各项现金补贴和非货币性福利，包括职工因公外地就医费用、暂未实行医疗统筹企业职工医疗费用、职工供养直系亲属医疗补贴、职工疗养费用、自办职工食堂经费补贴或未办职工食堂统一供应午餐支出、符合国家有关财务规定的供暖费补贴、防暑降温费等。

（2）企业尚未分离的内设集体福利部门所发生的设备、设施和人员费用，包括职工食堂、职工浴室、理发室、医务所、托儿所、疗养院、集体宿舍等集体福利部门设备和设施的折旧、维修保养费用，以及集体福利部门工作人员的工资薪金、社会保险费、住房公积金、劳务费等人工费用。

（3）职工困难补助，或者企业统筹建立和管理的专门用于帮助、救济困难职工的基金支出。

（4）离退休人员统筹外费用，包括离休人员的医疗费及离退休人员其他统筹外费用。企业重组涉及的离退休人员统筹外费用，按照《财政部关于企业重组有关职工安置费用财务管理问题的通知》（财企〔2009〕117 号）执行。国家另有规定的，从其规定。

（5）按规定发生的其他职工福利费，包括丧葬补助费、抚恤费、职工异地安家费、独生子女费、探亲假路费，以及符合企业职工福利费定义但没有包括在本通知各条款项目中的其他支出。

第二，企业为职工提供的交通、住房、通讯待遇，已经实行货币化改革的，按月按标准发放或支付的住房补贴、交通补贴或者车改补贴、通讯补贴，应当纳入职工工资总额，不再纳入职工福利费管理；尚未实行货币化改革的，企业发生的相关支出作为职工福利费管理，但根据国家有关企业住房制度改革政策的统一规定，不得再为职工购建住房。企业给职工发放的节日补助、未统一供餐而按月发放的午餐费补贴，应当纳入工资总额管理。

第三，职工福利是企业对职工劳动补偿的辅助形式，企业应当参照历史一般水平合理控制职工福利费在职工总收入中的比重。应当由个人承担的有关支出，企业不得作为职工福利费开支。

第四，企业应逐步推进内设集体福利部门的分离改革，通过市场化方式解决职工福利待遇问题。同时，结合企业薪酬制度改革，逐步建立完整的人工成本管理制度，将职工福利纳入职工工资总额管理。对实行年薪制等薪酬制度改革的企业负责人，企业应当将符合国家规定的各项福利性货币补贴纳入薪酬体系统筹管理，发放或支付的福利性货币补贴从其个人应发薪酬中列支。

第五，企业职工福利一般应以货币形式为主。对以本企业产品和服务作为职工福利的，企业要严格控制。国家出资的电信、电力、交通、热力、供水、燃气等企业，将本企业产品和服务作为职工福利的，应当按商业化原则实行公平交易，不得直接供职工及其亲属免费或者低价使用。

第3节　薪酬沟通

一、薪酬沟通的重要性和要求

（一）薪酬沟通的重要性

所谓薪酬沟通（compensation communication），是指组织有计划、有目的地就本企业的薪酬战略、薪酬设计思路、薪酬制度、薪酬政策以及其他员工关心的相关薪酬信息与员工进行公开而坦诚的沟通和交流，促使他们正确地理解企业的薪酬体系所要传达的信息以及鼓励的行为、态度和绩效结果，同时提高员工的薪酬满意度。

薪酬沟通的重要性之一在于它对员工的公平感有着显著的影响。薪酬管理的目的之一就是激励员工，如果他们认为组织提供的薪酬是不公平的，他们将很难受到激励。如前所述，公平理论告诉我们，员工往往会将自己的薪酬与其他员工的薪酬进行比较，而这种比较的结果对组织会产生重大的影响。当员工产生薪酬不公平感时，他们很可能会采取对组织不利的做法，不仅如此，员工对薪酬是否公平的看法还会影响到他们是否愿意接受工作调动或升迁。由于员工的公平感建立在他们的感知基础之上，因而组织可以通过做一些工作来影响员工得到的信息，进而影响他们的感知。如果企业通过薪酬水平研究发现，支付的薪酬已经相当丰厚，它就应当与员工进行沟通。因为如果员工不了解实际情况，他们很有可能会对自己的薪酬得出完全不同的结论。比如，在组织缺乏与员工的沟通的情况下，由于员工通常并不清楚企业在员工福利上到底花费了多高的成本，所以当组织抱怨福利成本飙升并且会对组织的未来产生不利影响时，相当多的员工都持一种怀疑的态度。有时候，员工甚至并不清楚自己到底享受了哪些企业福利，更不要说了解自己所享受的这些福利到底有多高的市场价值。有关员工福利的研究显示，员工在很大程度上低估了他们所享受的福利的成本及其市场价值。①

① H. W. Hennessey, P. L. Perrewé, W. A. Hochwarter. Impact of Benefit Awareness on Employee and Organizational Outcomes: A Longitudinal Field Experiment. Benefits Quarterly 8, no. 2, 1992: 90 - 96; MetLife. Employee Benefits Benchmarking Report. www. metlife. com, June 24, 2007.

在这种情况下，组织在员工福利方面所做的努力实际上并没有让员工感知到，所以很难对他们的公平感和满意度产生积极的影响。此外，员工感知到的薪酬收入和企业实际承担的薪酬成本往往存在较大的差距。比如，一位月薪 8 000 元的员工在税后拿到手的收入只有 6 054 元，但企业为雇用这位员工每个月直接支付的人工成本高达 11 528 元，因为除了支付员工 8 000元的月薪，企业还需要再单独为员工缴纳 3 528 元的“五险一金”。

在薪酬管理的很多方面，沟通都至关重要。举例来说，在制定和实施奖励性薪酬计划的时候，与员工进行的沟通不仅有助于向员工展示奖励性薪酬计划的公平性，在员工理解了奖励性薪酬计划的要求的情况下，这种计划更有可能促使员工表现出组织期望的那些行为。此外，一旦需要改变奖励性薪酬计划，与员工之间的沟通就显得更为重要，因为员工常常会对此类变化感到担忧。所以，在需要对奖励性薪酬计划做任何改变时，人力资源部门应该首先确定，采用哪些方法来就变革的原因向员工做好解释工作。

然而，令人遗憾的是，当前仍有许多企业对薪酬沟通未能给予足够的重视，很多员工对企业的薪酬政策和薪酬制度知之甚少。

有些企业之所以会拒绝或忽视薪酬沟通，不外乎以下几种原因：(1) 企业的薪酬体系和福利制度相当糟糕，既非精心设计的结果，也无法实现持续管理。就它们进行沟通只会给员工带来困惑，造成管理上的纠纷。(2) 一些企业在薪酬体系的设计上投入了很大的精力，结果也不错，但它们宁愿选择薪酬保密制度，理由是“只有这样才与我们的企业文化相匹配”或者“决定薪酬是管理者的事，员工应该无条件接受”。(3) 还有一些企业认为，对薪酬体系沟通得越多，问题和麻烦也就越多，需要管理者做更多的解释和说服工作，这是对时间和资源的浪费。

随着企业对人才的争夺越来越激烈，员工对薪酬公平的要求越来越高，再加上互联网的普及带来的信息快速传递，很多企业发现，不主动与员工进行薪酬沟通的代价会越来越大。一方面，由于薪酬对于员工来说太重要了，因此在很多企业中，在缺乏沟通的情况下，薪酬问题往往成为流言蜚语的主题，员工经常会基于不完整的信息来做出种种假设，而这些假设往往会对他们的工作动机以及工作结果产生极大的影响。另一方面，在制定和执行薪酬方案的时候，有效的薪酬福利沟通已经成为关键的一环，如果薪酬方案无法获得员工和其他管理人员的理解与配合，纵使设计再精良的薪酬体系也无法获得预期的效果。最后，互联网的普及也强化了企业的薪酬福利沟通需求。过去，很多员工对于其他企业支付的薪酬水平往往了解得比较少。而现在，员工可以通过登录官方或私营机构的薪酬信息发布网站获得与自己有关的薪酬数据。在国内，尽管薪酬调查信息的公开发布机制还不是很健全，但是很多人试图通过民间的方式来搜集和发布相关地区和职位的薪酬数据，比如，目前在互联网上有很多所谓的“晒工资”网站，很多人把自己的工资条上传到网站上，尽管这种薪酬信息的准确性及其代表性还存在缺陷，但是比过去完全无法得到相关的薪酬信息有了很大的进步。总之，员工越来越容易获得关于其他组织中的员工所获得的薪酬方面的信息，这样，组织就必须主动地就薪酬问题去与员工进行沟通，对自己的薪酬政策做出解释。

正因为上述种种理由，企业必须意识到精心设计的薪酬体系必须借助良好的沟通才能真正发挥有效激励员工以及提高组织绩效的作用。企业必须尽快转变自己的思维方式，抛弃薪酬是企业单方面决策的事务的观念以及向员工封闭薪酬信息的做法，认识到在薪酬福利沟通方面投入更多的时间和精力是值得的，这种时间和资源的投入并不是无益的成本，而是能够带来高额回报的投入。此外，企业必须牢记，在薪酬管理的整个流程中，薪酬沟通是其中不可或缺的一个组成部分，它应当贯穿薪酬方案由制定到实施、控制、调整的全过程，贯穿薪酬方案的整个生命周期。事实上，企业在刚刚开始设计和开发薪酬方案的时候，就应该考虑到如何就该方案与员工进行沟通。

在薪酬沟通方面，很多企业开展了扎实而富有创新性的工作。比如，日本丰田汽车公司为了让自己的美国员工了解到公司支付给他们的薪酬快速增长的情况，不再将美国汽车工业的薪酬标准作为自己的标杆，相反，把本企业的薪酬水平与每一家丰田工厂所在的各州的通行工资水平进行比较，试图通过这种薪酬比较方式的变化来教育美国员工，以增强他们对薪酬公平性的感知。① 很多公司还通过公司网站提供关于企业薪酬福利的相关信息及解释，并建立员工关于薪酬福利问题的讨论专区，以此作为薪酬福利沟通的一个重要平台。

小专栏 10-3

特定文化背景下的绩效奖励

IBM日本总部曾发生过一个著名的“东京事件”，起因是IBM东京公司的高层管理人员决定秘密重奖几位工作出色的骨干。这件事情本来是一个机密，而且这种做法在IBM美国本部也是一种例行的激励方式，但让管理层意想不到的是，领奖的几个人刚走不久，一些没有得到奖励的人就跑来要求辞职。他们倒不是来闹情绪的，而是感觉别人被重奖了，自己没有得到奖励，这表明自己的工作成绩不突出，得不到领导认可，因此与其继续“混”下去，还不如自己知趣点，主动申请走人，免得日后被老板裁掉更丢人。随后，令高管们更意想不到的是，这些人刚走，那些受到奖励的人也跑来要求辞职！原因更简单：由于自己被老板重奖，结果害得同事们都丢了饭碗；同事们的辞职又害得公司工作陷入被动，所以既对不起同事也对不起公司，只好坚决辞职，以谢同事和公司。

（二） 薪酬沟通中应注意的问题

一般来说，成功的薪酬沟通应该与企业的整体经营战略和沟通策略相一致，并且注意沟通的方式方法，开辟多元化的沟通渠道，从而消除员工对新生事物的顾虑和畏惧，提高员工对薪酬的满意度，帮助企业吸引、保留和激励所需的各类人才。总的来说，在对当前环境下的薪酬沟通进行定位的时候，管理者通常需要注意以下几个方面的问题。

首先，在现代企业中，随着经营环境的风险不断增大，薪酬方案的调整频率越来越高。为了顺应这种趋势，薪酬沟通必须成为企业的一种良好习惯，自然地贯穿薪酬方案开发和执行过程的始终，涵盖组织的方方面面，并处于与薪酬体系同等重要的位置上。因为只有这样，才能确保薪酬体系本身与组织的经营战略和结构体系相匹配，也才能让员工接受企业制定的薪酬调整方案。由于薪酬沟通不可能存在于真空之中，因此它不能静止不动，必须时刻保持动态性和灵活性；必须上升到战略高度，结合组织的大环境加以考虑。有效的薪酬沟通能够很好地强化组织的战略和变革本身，并成为联系它们的纽带。举例来说，当新的奖金方案以质量和客户满意度为基础时，企业必须持续不断地向员工提供有关企业质量改进措施和

① J. Roberson. Toyota Sweats U. S. Labor Costs. Detroit Free Press, February 8, 2007.

客户服务方面的信息，员工也有权进行询问、得到答案并要求组织提供反馈。

其次，也是最为根本的一点是，薪酬沟通必须是公开、诚实和直截了当的。在条件允许的情况下，员工应该能够及时、准确、方便、高效地获得组织在薪酬方面的各种信息，包括企业的薪酬结构是怎样的，员工的薪酬是如何决定的，在什么情况下他们能够得到加薪等。很多时候，信息缺乏（包括薪酬信息的缺乏）往往会让人觉得不安甚至恐惧。至于沟通的方式可以有多种选择，有些企业依靠高层管理人员来向员工传递薪酬变动方面的信息，有些企业则是通过向员工发放小册子，以举例的方式让他们知道自己将会受到怎样的影响。为了增加员工得到薪酬福利信息以及理解这些信息的可能性，企业可以综合使用多种媒介，比如小册子、答疑会议、公司内网、备忘录以及电子邮件等。

最后，薪酬沟通需要企业的薪酬管理人员和直线管理人员共同努力。一方面，专业的薪酬管理人员不仅掌握薪酬管理的一般原理，了解其他企业的薪酬信息以及薪酬管理实践，同时也最清楚本企业的薪酬制度、薪酬政策的目标及其制定过程，所以，他们在与员工进行薪酬沟通时往往有较大的优势。在这方面，人力资源部门以及薪酬管理人员可以采用问卷调查以及小组访谈的方法来了解员工对薪酬的看法，同时通过深入各部门进行讲解，或者是在培训中增加对薪酬福利问题的介绍等方式，主动向员工传递信息，让他们知道企业的薪酬制度或薪酬改革可能对他们产生怎样的影响，从而打消不必要的顾虑。

另一方面，直线管理人员在与员工进行薪酬沟通方面扮演着最为重要的角色，因为他们每天都与员工进行交流。比如，管理人员往往最清楚员工的工作内容所发生的变化，一旦某个职位的工作内容发生了变化，可能就意味着需要对该职位的所属等级进行重新分类。如果一位员工承担了更多的工作责任，那么他常常也期望管理人员能够帮助自己获得更高水平的薪酬。正因为如此，人力资源部门应该帮助管理人员做好薪酬沟通的准备，使他们能够向员工解释为什么组织要按照当前的方式来设计薪酬结构，同时能够根据员工在薪酬方面提出的问题来帮助组织判断是否应当对组织的薪酬体系进行调整。

作为一种人际互动方式，薪酬沟通比其他很多管理沟通更为复杂，对管理者的技巧和素质提出的要求相对较高，如果能在与员工进行沟通方面不断努力、不断创新，则有助于组织获得更加忠诚和更为满意的员工。

小专栏 10-4

薪酬沟通与员工盗窃

有一项研究考察了企业是如何就降薪问题与员工进行沟通的，以及这种沟通方式对员工的盗窃率和他们感受到的公平程度所产生的影响。在这项研究中一共有三家企业，其中两家企业的总薪酬水平削减了 15%，第三家企业的总薪酬水平保持不变（作为控制组）。在两家降薪的企业中，企业以不同的方式将降薪信息通报给员工。在“充分解释”的企业中，管理人员提供了大量信息向员工解释降薪的原因，同时向员工表达了深深的歉意。而在“未充分解释”的企业中，企业向员工提供的信息非常少，也没有表达歉意。作为控制组的第三家企业因为薪酬水平没有变化，所以没有必要进行解释。

控制组和两个降薪组一开始时的员工盗窃率和员工的公平程度认知都是相同的。但是在降薪以后，提供“充分解释”的那家企业的盗窃率比控制组的盗窃率高出 54%，而“未充分解释”的那家降薪企业的员工盗窃率比控制组高出 141%。可见，沟通对员工的态度和行为产生了较大的独立影响。

资料来源：J. Greenberg. Employee Theft as a Reaction to Underpayment of Inequity：The Hidden Cost of Pay Cuts. Journal of Applied Psychology 75，1990：561－568.

二、薪酬沟通的步骤

在企业中就薪酬体系进行沟通可以采取以下六个步骤。[①]

（一） 确定沟通目标

这是一个看上去很明显，但在现实中经常被忽视的步骤。它意味着企业需要确定就什么进行沟通以及通过沟通达到怎样的目的。当企业制定新的薪酬方案或者对既有的薪酬方案进行改动时，企业的薪酬政策以及薪酬方案的执行方式通常也需要进行相应的变革。举例来说，某企业在变革以前实行普遍加薪制度，即依据资历决定薪酬的增加。经过改革，新的薪酬体系改为以绩效为中心，同时建立了完备的奖金激励方案。在一定层面上，这种变革同时也是企业文化的转变，它使得企业更加侧重于责任的承担和对绩效的认可。如果员工不能迅速准确地意识到这种组织文化和导向的转变，必然会给新方案的推行带来一定的困难。

因此，薪酬沟通不仅能够传达有关薪酬的最新信息，而且会影响到员工的态度和行为方式，使他们按照组织希望的方式行事。在这种情况下，企业就薪酬问题进行沟通的目标不仅在于把新的薪酬体系告知所涉及的员工和管理者，更重要的是要把它推销给整个企业，得到组织的认可和接受。这一目标能否达到会直接影响到薪酬体系的设计和执行结果。

我们可以把企业薪酬沟通的目标概括为以下三个方面：一是确保员工完全理解有关新的薪酬体系的方方面面；二是改变员工对自身薪酬决定方式的既有看法；三是鼓励员工在新的薪酬体系之下作出最大的努力。在企业的经营现实中，经过这样或那样的变动，上述三个方面的目标可以适用于大多数薪酬沟通方案。此外，在这三个总的目标之下，企业还可以根据具体情况，结合意欲达到的目的，分别设计出更为具体的沟通目标。

（二） 收集薪酬相关信息

沟通目标确定之后，下一个步骤是从决策层、管理者以及普通员工那里收集他们对薪酬体系的有关看法，既包括对现有体系的评价，也包括对未来变革的设想和期望。只有把这些信息和薪酬沟通目标结合在一起，才可以确保企业和员工的需要都得到关注和满足。另外，询问员工对薪酬体系的观点、看法以及相关态度，这本身已经表明了企业对员工所思所想的重视。同时，员工也能由此获得参与感，并增强对企业的承诺。这些对于企业的经营成功都是十分重要的。

首先，从所要收集信息的内容来看，虽然不同企业在经营状况方面差异很大，想要达到的目标也不尽相同，但还是有一些信息值得所有企业加以重视。比如，员工对企业现有薪酬体系的了解程度如何？员工对企业中的薪酬沟通状况持怎样的看法？他们认为现在的沟通足够吗？在薪酬沟通方面，管理者是否掌握了有效沟通薪酬福利信息的技能？如果企业中出现

① John A. Rubino. Communicating Compensation Programs. ACA Journal，1997.

有关薪酬改革的传言，员工对此持何种态度？在组织文化中，对薪酬公开或保密的有关态度怎样？管理者和员工认为哪些沟通手段对于薪酬沟通来说是最为有效的？当然，这些问题只是应该收集的信息当中的一小部分。鉴于特定的沟通要求，在不同的情况下需要收集不同类型的信息。

其次，从信息收集的方式来看，企业可以采取多种不同的方式来收集信息，主要包括问卷调查法、目标群体调查法、个人访谈法等。

问卷调查是一种应用广泛的信息收集方式。当需要面对为数众多的对象收集大量信息的时候，这种方式最有效。在很多情况下，问卷由开放式问题和封闭式问题共同构成。这样既可以就调查对象对关键问题的真实看法进行衡量和比较，又不会遗漏其他的观点和意见，从而可以确保整个调查的全面性和针对性。当然，为了进一步提高调查的效果，采用其他的必要措施来保证调查的信度和效度也是不可缺少的。

目标群体调查法是指针对意欲调查的对象整体，即企业的员工和管理者，随机抽取一个小型样本展开调查。这是又一种行之有效的信息收集方式。一般来说，每一个目标群体都要能够涵盖组织的各个部门，从而保持样本的充分代表性；同时，管理者和员工最好分属不同的目标群体，以避免可能会出现的管理者威胁员工的情况。有调查显示，当对员工采用合乎规范的目标调查法进行调查时，他们通常表现得更为开放。

有专家声称，在所有可行的信息收集方法中，个人访谈是最为有效的方法之一。这里的个人访谈对象主要是企业决策层以及首席执行官。它的主要功用在于通过了解企业高层对薪酬问题的看法（例如，薪酬体系应该是开放的还是封闭的，是正式的还是非正式的，是简单的还是复杂的，等等），给企业的薪酬沟通事先定下基调和风格，从而大大节约需要花费的时间和精力，并减少管理过程中可能会出现的障碍。值得注意的是，在采用这种方法时，准确理解组织的管理文化，并使得薪酬沟通的基调、风格与之相匹配，是整个过程中最为关键的问题。

除了上面这些方法，其他方法也有一定的可取之处。例如，利用企业中的非正式组织收集信息；根据员工对薪酬方案提出的疑问来发现问题；通过绩效面谈了解员工和管理者的看法。在不同的情境之下，不同的信息收集方式会发挥不同的作用，满足组织不同的目的。

（三） 制定沟通策略

在了解有关员工对薪酬方案的态度和心理感受之后，我们可以着手在既定的目标框架之下制定薪酬沟通策略。虽然已有的研究对于组织应该与员工就什么进行沟通、怎样进行沟通并没有明确的限制，但我们还是能够对企业中的沟通策略进行大致的分类。具体来说，有些企业采取的是市场策略：与向客户推销商品很相似，目标员工和管理者也充当了客户的角色，而组织的沟通目标在于有效控制客户对薪酬方案的预期和态度，提高客户满意度。因此，这方面的相应措施可以包括：就客户对薪酬体系的反馈进行调查；准确告知客户现有薪酬制度的优势和不足；对组织最新的薪酬举措进行宣传。

与之相对应，也有一些企业立足于技术策略。这种策略不太重视薪酬政策本身的质量或优缺点，而是着眼于向客户提供尽可能多的技术细节。这些细节可能包括：组织的具体薪酬等级、特定薪酬等级的上限和下限、加薪的相关政策等。通过这种做法，可以加深目标员工和管理者对薪酬体系本身的认识和理解，更好地实现沟通的目的。

我们不妨举例来说明。通过客户满意度调查，某企业发现大多数员工对于组织如何确定薪酬水平感到迷惑不解；他们拿不准为什么这一职位应该比另一个职位拿更高的薪酬；他们同时认为管理层，尤其是决策层，对薪酬进行的沟通远远不够。面对这种状况，该企业意识到，它不仅要设计和执行新的薪酬方案，而且要就这一体系与员工进行充分的沟通。因此，它所采取的薪酬沟通策略如下：首先，在薪酬方案开始运作之前，以总裁的名义向员工分发备忘录，具体解释新方案的目的以及将会采取的步骤。其目的在于告知每一个人，企业有信心取得成功，而员工作出的卓越成绩也一定会得到丰厚的回报。其次，与关键的管理人员进行一系列会谈，就薪酬方案进行沟通，争取他们的支持。通常情况下，这种会议有两个目的：强调执行该薪酬方案的重要性以及得到大家支持的重要性，并确定由谁负责具体的薪酬沟通事宜。最后，与员工保持持续的沟通，确保他们对新的薪酬方案的执行有一定的参与意识，能够了解具体的运作环节，并对其执行情况保持关注。

（四） 选择沟通媒介

当企业开始着手确定沟通媒介的时候，一般会面临多种备选方案。它们在技术复杂程度上有所差异，沟通效果也有着显著的不同。具体来说，这些媒介可以划分为四大类：视听媒介、印刷媒介、人际媒介以及电子媒介。

视听媒介涵盖的种类很多，包括幻灯片、活动挂图、视频和远程电子会议。在几乎所有的沟通会议中，幻灯片、活动挂图都是常用的手段。而当需要向身处不同地点的员工传达信息时，利用视频则是一种行之有效的方式，可以大大节约管理者的时间。制作精良的录像带或 VCD，成本通常很高。

一般情况下，薪酬手册、书信、备忘录、企业内部刊物、薪酬方案摘要和薪酬指南等都属于薪酬沟通时会使用到的印刷媒介。它们尤其适用于在有限时间内需要将特定的信息向大量员工传播的情况。即使企业选择了视频、远程电子会议等沟通手段，通常也会把印刷媒介作为补充物或参考资料。

在薪酬沟通的所有媒介中，人际媒介应该算是最为有效的方式之一，毕竟薪酬沟通在本质上就是一种人际互动的过程。大型或小型的薪酬会议一般都可以给员工和管理者提供面对面交流和互动的难得机会，而一对一的单独面谈则更有助于薪酬管理者发现诸多问题，包括薪酬沟通过程中可能存在的缺陷。但它对管理者的沟通技巧提出了比较高的要求。

电子媒介是电子化的、以计算机为基础的一种沟通媒介，包括信息中心、电话问答系统、交互式个人电脑程序、E-mail 系统等。在当前的信息社会，它已经成为很多企业很重要的一种沟通手段选择。借助这种沟通网络，管理者可以随时随地解决员工遇到的薪酬问题，就企业最新推出的薪酬和福利方案提供咨询，并为员工提供在线福利自选服务。

在企业的日常经营中，当需要确定沟通媒介的时候，要综合考虑特定媒介的沟通效果和相应的研发成本。最有效的薪酬沟通手段应该能够给沟通双方提供大量面对面的互动机会，同时传达充分个人化的信息，切实满足单个员工或是团队的个别需要。只有这样，才能使得组织内部的薪酬沟通最大化地发挥功效。

（五） 举行薪酬沟通会议

在所有薪酬沟通方案中，最重要的步骤可能是正式沟通会议的筹办和举行。这种会议一般安排在薪酬沟通流程的末期，目的在于就整个薪酬方案进行解释和推销。在一次典型的薪酬沟通会议上，企业一般会就薪酬方案的各个方面进行解释，包括：职位评价、市场数据调查和分析、薪酬等级的确定、奖金方案的制定、绩效评价体系以及薪酬管理方面的问题。当然，由于企业的策略不同，提供信息的详细程度存在很大的差异。同时，员工大多会得到自己的职位说明书和一份详细的薪酬等级分布表，以及有关组织的团队奖励方案、绩效评价系统和薪酬管理体系等的书面说明。

根据会议中所要沟通信息的性质，可以分成流程型信息和政策型信息。流程型信息可能涉及的问题包括：职位评价是由谁进行的，如何对市场信息进行分析，何时会调整薪酬等级。政策性信息则涉及政策和制度方面的问题，比如，各薪酬等级的中值处在什么水平上，为什么要对职能管理人员和技术人员采用不同的绩效评价方法，为什么要维持现有的薪酬差额。同时，正如前面在讨论目标群体法时所提到的，为了避免管理者可能会对员工产生的胁迫效应，在举行薪酬沟通会议时把他们两个群体区分开来有时候很有必要。

（六） 评价薪酬沟通结果

薪酬沟通的最后一个步骤是就整个沟通流程的效果进行评价。当然，从一定程度上说，这种说法是片面的，因为管理者和员工之间的反馈和沟通事实上应该贯穿沟通流程的始终。举例来说，企业进行评价的维度可以包括：薪酬沟通的目标是否现实；收集到的有关员工态度和心理感受的信息的效度如何，是否足以说明问题；选择的沟通媒介是否有效；举行的薪酬会议是不是很切题；员工是否已经消化了他们接收到的信息。依赖这些信息，组织得以对薪酬的整体战略和具体举措加以改进，进而提高整体效用水平。

对薪酬沟通结果进行评价的最佳时期是举行正式会议之后的 4～6 个月，中间的这段时间间隔为员工消化薪酬信息、适应新的薪酬体系提供了一个缓冲。与前面提到的信息收集方法相似，可以采用问卷调查法、目标群体法或面谈的方法来对沟通结果进行评价。在理想情况下，此处的调查对象和前面收集信息的对象应该是同一群人。这样，根据调查对象在沟通前后对特定问题回答情况的不同，企业可以从中提炼出有关沟通是否有效的丰富信息。

评价过程中可能涉及的问题大多会涵盖以下几个方面：企业内部成员对于薪酬和福利方案的理解达到怎样的程度；管理者和员工之间的沟通状况是否让人满意；决策层传达的信息和他们采取的做法之间是否一致；员工是否认为绩效和薪酬体系之间存在联系。类似的问题还有许多。借助这些问题，企业可以对沟通前后的具体状况进行比较，这样不仅能够对本次沟通的效果作出中肯的评价，还可以提供诸多有价值的经验和教训。这对企业进一步提高沟通效果和管理效率大有裨益。

◆ 本章小结

薪酬预算是管理者在薪酬管理过程中进行的一系列成本开支方面的权衡和取舍，其目标是有效控制成本并影响员工的行为。薪酬预算需要注意薪酬水平的调整幅度、调整范围以及人员和职位的变动等情况，同时还需要考虑到组织内部和外部的诸多环境因素。

薪酬预算的方法有宏观接近法和微观接近法两种。宏观接近法是根据公司总体业绩指标作出预测，然后确定企业能够接受的薪酬总额，并分配到各部门。微观接近法则是管理者自下而上进行预测并对员工的薪酬总额加以汇总的一种预算方法。

薪酬预算完成以后，在实际的薪酬管理过程中，薪酬控制非常重要。企业可以通过对薪酬水平、雇佣人数以及薪酬结构的调控来合理控制总薪酬开支。

薪酬沟通不仅有利于增强管理人员和员工对公司薪酬体系的理解和支持，而且有利于将企业薪酬的实际价值正确地传递给员工。薪酬沟通的管理过程包括确定目标、收集信息、制定策略、选择媒介、举行会议、评价结果等几个重要环节。

◆ 关键术语

薪酬预算（total compensation budget）
宏观接近法（macro-approach method）
微观接近法（micro-approach method）
薪酬控制（compensation control）
薪酬沟通（compensation communication）

◆ 复习与思考

1. 薪酬预算在企业薪酬管理体系中的地位和作用是什么？
2. 在薪酬预算中需要作出哪些重要决策？
3. 外部和内部环境会对薪酬预算产生哪些影响？
4. 薪酬预算的两种主要方法是什么？如何操作？
5. 薪酬控制对于企业控制成本的意义是什么？难点有哪些？
6. 薪酬控制的主要途径有哪些？
7. 薪酬沟通的意义何在？应当如何开展薪酬沟通？

案例与讨论

三菱银行薪酬整合触雷

2006年3月，在中国深圳，雇员不到200名的日本三菱东京日联银行深圳分行发生了有150多名中方雇员参与的罢工，矛头直指公司的福利变动与人事纷争。

这起罢工事件引起了日本国内的高度重视，有人惊呼："之前的日本在华企业的罢工事件一般都是由工厂工人引起的，而此次却发生在白领阶层！这给那些正在或准备在中国开展业务的企业敲响了警钟：外派员工必须要挑选那些熟悉中国文化及人才市场的经营人才。"更有人认为，日企要想在中国进一步发展，必须信任本地的管理人才，充分授权，真正做到在中国的企业由中国人管理。然而，日本三菱东京日联银行深圳分行的一名管理人员认为，单纯地把责任推给高管人员的权力之争、日方管理人员水土不服也不尽合理。事实上，人力资源管理部门在并购—整合过程中的不作为，早就为整合的失败埋下了种子。

福利与人事权之争

引发此次事件的直接原因是原日联银行深圳分行的工资与福利比原东京三菱银行更好，直接的导火索则是双方高管人员的人事权之争。2005年12月，日本东京三菱银行正式并购日本日联银行在中国的业务。由于日联银行与东京三菱银行在薪酬待遇方面有一定差距，东京三菱银行的高管人员以控制成本为由，强行要求在薪酬方面有优势的日联银行向三菱银行看齐，削减原日联银行的福利计划。这引起日联银行的20多名中方员工的不满，发起了第一次罢工。尽管第一次罢工以东京三菱银行高管人员的暂时妥协结束，但在掌握人事权的深圳分行副行长高木俊一的授意下，银行宣布解雇数名在第一次罢工中发挥重要作用的发起者。这引起了更多员工的严重不满，包括原日联银行深圳分行的中方副行长。这名副行长在企业被并购后即被高木俊一降了一级。而此次被解雇的有不少是这位中方副行长的昔日爱将。

在数名核心员工被解聘后，人人自危的原日联银行职员联合部分东京三菱银行的职员发起了第二次罢工，指责高木俊一自己在深圳过着奢华的生活，却以控制成本为由降低员工的待遇，强烈要求总部将高木俊一调离深圳分行。“在深圳分行，只有不到 200 名员工，却有将近 150 名雇员参加了罢工。可见高木俊一的确是激起了民愤，”一名东京三菱银行的管理人员透露说，“事实上，中方副行长事先获悉了员工准备罢工的计划，按常理他是中方管理人员的关键人物，一般会出面平息或解决。但可能出于自己平时受日本上司的压制或者罢工可能对自己也有好处的观望心态，并没有主动向高层反映或采取其他措施，最终导致如此极端的罢工事件。这也可以说明东京三菱银行在深圳的并购整合是彻底失败的。”这位管理人员认为，主要是日方高管的独断专行导致了整合的失败，“实际上，从合并之始，双方就在薪酬福利、职责分工等问题上争执不休，也正因为人的因素导致整个并购的失败”。

人力资源管理部门的不作为

人力资源管理专家则认为，这次并购纠纷与人力资源管理部门在整个并购过程中的参与严重不足息息相关。在并购前，日本东京三菱银行的人力资源管理部门就应了解到日联银行的薪酬福利标准在有些方面优于自己，在并购协议签署之前应当向高管层提供解决方案。“通常的解决对策包括三种，一是允许其独立存在；二是对老员工实行老制度，新招员工按并购方的制度即较低的标准执行；三是对本公司薪酬制度进行调整。但不管采取哪种措施，立即对被并购方的薪酬福利标准进行调整都是极不明智的。这会直接伤害被并购企业的员工利益，很容易带来恐惧情绪。在缺乏沟通的恐惧之下，员工冲突很难避免。”人力资源专家认为，“至少从这一层来说，东京三菱银行的人力资源管理部门在并购中并没有找准自己的定位，对并购和整合的参与非常不足”。

原日联银行深圳分行一位管理人员也认为：“从获知并购的第一天起，我们就在担心自己的薪酬福利是否会受到影响。当高层作出决定要我们的福利向他们看齐时，我们心里没底，担心哪一天自己的哪一项利益会再次受损。所以在一些员工的发动下，有了第一次罢工。”在这位管理人员看来，第二次罢工本来是可以避免的，因为高层作出了妥协，至少暂时没有削减福利，但由于日本在华企业一般都由日籍人士担任一把手，“三菱银行的人事权掌握在日本人手里，他们过于独断专行、刚愎自用的性格决定了他们很难听进中方管理人员的建议，而日本人很难掌握第一手的员工心态变化等信息以采取主动措施”。

被忽视的沟通

“在并购—整合中，将自己的文化、制度、规章或程序强加给另一方的做法是非常不明智也是极其危险的，很容易导致员工冲突。显然，东京三菱银行深圳分行产生员工冲突与人力资源管理部门缺乏与员工的有效沟通密不可分。”人力资源专家认为，日本人担任人事一把手并不能成为第二次罢工冲突的一个理由。“在并购和整合过程中，人力资源管理部门应非常关注核心员工的沟通问题。亚洲文化并不强调与员工进行坦诚的沟通，更多的是依赖自上而下式的强硬贯彻推行。实际上，在整合过程中，日本东京三菱银行深圳分行既然已经知道薪酬需要整合，福利需要削减，管理层就应该了解员工需要的是什么，采取其他补偿方式与员工进行一种妥协式的交易。”

沟通，沟通，再沟通，是合并宣布之始就必须做、整合后期必须充分做好的一项工作。可以用到的沟通途径包括邮件、一对一的面谈、小型或大型会议……在整合过程中，员工都非常关心并购对自己的利益以及未来发展的影响，有很多问题需向人力资源管理部门探求、提问。原日联银行深圳分行的一位管理人员说，并购开始后，员工普遍关心的一个最重要的问题是：“并购将会怎样影响我？”“曾经有一段时间，我们极其渴望公司与我们有所沟通，特别是并购后，薪酬福利是否会受到影响？”然而，东京三菱银行深圳分行的沟通并没有伴随整合的进度进行。“我们的心情就好像已经听到了扔下一只鞋子的声响，一直在等着公司扔下另一只鞋子。”这位管理人员调侃说。正是预先的、坦率的沟通的缺乏，加剧了日联银行员工的焦急与忧虑。“获悉福利计划遭到削减，我们的第一反应就是自己被公司抛弃了。公司承诺暂不推行削减计划后，我们在等待管理人员向我们解释和与我们沟通时，却看到一些积极参与罢工的员工被解雇。”

在并购时期，满足员工对信息的需求非常重要，而管理人员要做到这一点其实并不难。在一起德国企业的并购案中，两个企业的高管考虑到企业文化的兼容性问题，连续数天召开闭门会议，列出各自企业文化的类型进行对比，讨论哪些需要保持，哪些需要摒弃，并研讨新企业需要什么样的企业文化，在这个基础上形成了新的企业文化，然后从最高层往下推行。最后，这次并购—整合做得非常成功。

在第一次罢工发生后，日本三菱东京日联银行深圳分行的失误在于，没有改变策略，与员工进行坦诚的沟通从而了解员工的需求，而是继续采取强硬的以自我为中心的解决方式：解雇罢工的积极参与者。这种极端的报复行为无疑加剧了日联银行职员的危机感，最终促成了第二次更大规模的罢工。“有一段时间，谣言满天飞，我们得不到任何有关自己的工作与职业的详细信息。虽然公司的制度没有把矛头直接指向我，但看到副行长的极端做法，我也对未来产生了担忧。在其他员工的鼓励下，我参与了罢工。理由只有一个：保护自己的利益。”一名参与罢工活动的东京三菱银行的员工这样解释。

在这种情况下，解决这个重要问题的方法只有一个：预先的坦诚沟通！而不是事后诸葛亮，等到问题发生后才想起要去重视！“认为一个企业可以在没有任何改变的情况下吸收另一个企业这种想法是非常不切实际的。当两个企业合并时，其中一个必须要比另一个作出更多的改变。平稳的过渡没有捷径，方式只有一个：沟通，沟通，再沟通。”

人力资源管理部门的角色定位模糊

数据显示，70%的并购都不太成功，而失败的一个重要因素是没有进行完整的尽职调查，人力资源管理部门没有深度介入，事先没有意识到很多情况等。企业的并购与整合中，最重要的是人的整合。因此，人力资源管理部门是并购团队中最为重要的部分，其作用是核心的、关键性的，因为人力资源管理部门的职能是评估企业文化的兼容性及整合企业不同方面使其融为一体。人力资源管理部门同时还是被并购企业的雇员获取信息的对象以及重要信息的来源。在并购—整合过程中，人力资源管理部门的重要工作包括：第一，绘制初步的组织设计图，并取得高管层的认同；第二，评估关键员工，在新企业合理调配资源；第三，保留关键员工，并将他们与那些有去意的人员分开；第四，为合并后的企业制定一个整体的薪酬战略；第五，就战略制定与执行进行沟通；第六，整合两个公司的薪酬福利制度并进行分析。

日本三菱东京日联银行深圳分行的罢工事件表明，其人力资源管理部门并没有发挥应有的职责与功能。“人力资源管理部门的表现让公司的高管层、中层经理及员工都很失望，并没有达到各个层级对人力资源管理部门的期望值。”东京三菱银行深圳分行的一名管理人员这样评价。

资料来源：钟孟光．三菱银行薪酬整合触雷．管理@人，2006（9）．

思考题

1. 三菱银行应当如何改进在并购过程中与员工之间的薪酬沟通？
2. 人力资源管理部门在并购过程中的薪酬沟通方面扮演何种角色？

动的东京三菱银行的员工这样解释。

在这种情况下，解决这个重要问题的方法只有一个：预先的坦诚沟通！而不是事后诸葛亮，等到问题发生后才想起要去重视！“认为一个企业可以在没有任何改变的情况下吸收另一个企业这种想法是非常不切实际的。当两个企业合并时，其中一个必须要比另一个作出更多的改变。平稳的过渡没有捷径，方式只有一个：沟通，沟通，再沟通。”

人力资源管理部门的角色定位模糊

数据显示，70%的并购都不太成功，而失败的一个重要因素是没有进行完整的尽职调查，人力资源管理部门没有深度介入，事先没有意识到很多情况等。企业的并购与整合中，最重要的是人的整合。因此，人力资源管理部门是并购团队中最为重要的部分，其作用是核心的、关键性的，因为人力资源管理部门的职能是评估企业文化的兼容性及整合企业不同方面使其融为一体。人力资源管理部门同时还是被并购企业的雇员获取信息的对象以及重要信息的来源。在并购—整合过程中，人力资源管理部门的重要工作包括：第一，绘制初步的组织设计图，并取得高管层的认同；第二，评估关键员工，在新企业合理调配资源；第三，保留关键员工，并将他们与那些有去意的人员分开；第四，为合并后的企业制定一个整体的薪酬战略；第五，就战略制定与执行进行沟通；第六，整合两个公司的薪酬福利制度并进行分析。

日本三菱东京日联银行深圳分行的罢工事件表明，其人力资源管理部门并没有发挥应有的职责与功能。“人力资源管理部门的表现让公司的高管层、中层经理及员工都很失望，并没有达到各个层级对人力资源管理部门的期望值。”东京三菱银行深圳分行的一名管理人员这样评价。

资料来源：钟孟光．三菱银行薪酬整合触雷．管理@人，2006（9）．

思考题

1. 三菱银行应当如何改进在并购过程中与员工之间的薪酬沟通？
2. 人力资源管理部门在并购过程中的薪酬沟通方面扮演何种角色？

图书在版编目（CIP）数据

薪酬管理/刘昕编著．—5版．—北京：中国人民大学出版社，2017.9
教育部面向21世纪人力资源管理系列教材
ISBN 978-7-300-24920-9

Ⅰ.①薪…　Ⅱ.①刘…　Ⅲ.①企业管理-工资管理-高等学校-教材　Ⅳ.①F272.923

中国版本图书馆CIP数据核字（2017）第213213号

面向21世纪课程教材
“十二五”普通高等教育本科国家级规划教材
教育部面向21世纪人力资源管理系列教材
薪酬管理（第5版）
刘　昕　编著
Xinchou Guanli

出版发行	中国人民大学出版社		
社　　址	北京中关村大街31号	邮政编码	100080
电　　话	010－62511242（总编室）		010－62511770（质管部）
	010－82501766（邮购部）		010－62514148（门市部）
	010－62515195（发行公司）		010－62515275（盗版举报）
网　　址	http://www.crup.com.cn		
经　　销	新华书店		
印　　刷	北京鑫丰华彩印有限公司	版　　次	2002年11月第1版
规　　格	185 mm×260 mm　16开本		2017年9月第5版
印　　张	25.25 插页1	印　　次	2020年4月第7次印刷
字　　数	618 000	定　　价	45.00元

教师教学服务说明

中国人民大学出版社管理分社以出版经典、高品质的工商管理、统计、市场营销、人力资源管理、运营管理、物流管理、旅游管理等领域的各层次教材为宗旨。

为了更好地为一线教师服务，近年来管理分社着力建设了一批数字化、立体化的网络教学资源。教师可以通过以下方式获得免费下载教学资源的权限：

在中国人民大学出版社网站 www. crup. com. cn 进行注册，注册后进入“会员中心”，在左侧点击“我的教师认证”，填写相关信息，提交后等待审核。我们将在一个工作日内为您开通相关资源的下载权限。

如您急需教学资源或需要其他帮助，请在工作时间与我们联络：

中国人民大学出版社　管理分社

联系电话：010-82501048，62515782，62515735

电子邮箱：glcbfs@crup. com. cn

通讯地址：北京市海淀区中关村大街甲 59 号文化大厦 1501 室（100872）